MÉMOIRES SECRETS

DE 1770 À 1830,

PAR M. LE COMTE D'ALLONVILLE,

AUTEUR DES

MÉMOIRES TIRÉS DES PAPIERS D'UN HOMME D'ÉTAT.

TOME SECOND.

Bruxelles,

SOCIÉTÉ TYPOGRAPHIQUE BELGE,

ADOLPHE WAHLEN ET Cie.

1841.

MÉMOIRES SECRETS

DE 1770 A 1830.

MÉMOIRES SECRETS

DE 1770 A 1830,

Par M. le Comte d'Allonville,

AUTEUR

DES MÉMOIRES TIRÉS DES PAPIERS D'UN HOMME D'ÉTAT.

Amicus Plato, magis amica veritas.
ARISTOTE.

TOME SECOND.

BRUXELLES,
SOCIÉTÉ TYPOGRAPHIQUE BELGE,
AD. WAHLEN ET COMPAGNIE.

1841

MÉMOIRES SECRETS

DE 1770 A 1830.

I.

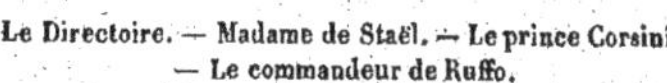

Le Directoire. — Madame de Staël. — Le prince Corsini. — Le commandeur de Ruffo.

La paix venait d'être conclue avec l'Autriche, qui, quoique vaincue, avait obtenu, par le traité de Campo-Formio, des conditions que, victorieuse, elle n'eût pas dédaignées; car les pertes qu'elle avait faites étaient brillamment réparées par l'acquisition d'un territoire plus utile, et par celle d'une situation militaire plus menaçante, sans compter l'expectative d'un accroissement ultérieur très-considérable et de nature à rendre compacte une puissance qui précédemment ne l'était point. Il était clair que Bonaparte voulait ménager le cabinet de Vienne, comme il protégeait alors celui de Turin. A quelle fin? c'était là son secret.

Tout en conservant des formes prudentes à l'égard de son gouvernement, le général de l'armée d'Italie s'était pourtant montré aussi réellement indépendant lors des négociations, qu'il l'avait été à la tête de ses troupes. En vain le Directoire mit-il des obstacles à la pacification, témoin l'envoi, comme un surveillant, du général Clarke, qui s'unit à celui dont il devait épier les démarches et peut-être les vues; témoin les diverses instructions aux négociateurs, celles entre autres du 17 floréal an v (6 mai 1797), et la lettre du 8 vendémiaire an vi (26 septembre 1797). Le fait est que le Directoire, ayant autant besoin de l'état de guerre qu'un autre gouvernement de celui de paix, tout en accusant ses ennemis de nuire à une conclusion généralement désirée, en retardait seul l'époque: c'était tellement là son système qu'il avait rompu les conférences de Lille au moment où un parti anglais poussait le ministère britannique à la paix, malgré les vœux secrets de Pitt et les vives oppositions de Burke.

Certes, le cabinet du Luxembourg, en accompagnant toutes ses notes de phrases injurieuses pour l'Angleterre, en y manifestant des prétentions inadmissibles, et en paraissant vouloir dicter impérieusement des lois à un État, dont les forces françaises de terre ou de mer ne pouvaient, ni insulter le territoire, ni troubler le commerce, manifestait clairement son intention d'occuper les esprits, d'éveiller les cupidités, et de retenir au loin des troupes dont on craignait le retour; aussi, sous de vains prétextes, on en vint à attaquer et à piller le Piémont, la Suisse, Rome et Naples, riche pâture pour les généraux et autres; mais les généraux, que le gouvernement aimait mieux voir loin que près de lui, qu'il tourmentait, qu'il destituait sans motif plausible, dans la crainte qu'ils ne prissent trop d'ascendant sur leurs troupes, se montraient chaque jour plus mécontents, et commençaient déjà à se liguer entre eux contre une autorité bourgeoise et tracassière, mais secrètement, mais timidement encore, dans la vue, non de détruire la constitution, il aurait fallu se donner un chef, et personne n'en voulait, mais dans la vue de pouvoir désobéir à leur gré aux chefs légaux très-méprisés de cette constitution; car ils voyaient, comme la populace déchaînée, le républicanisme dans leur propre indépendance. Les directeurs sentaient donc qu'ils avaient tout à craindre, mais ils ne savaient opposer à ce qui les gênait qu'un despotisme conventionnel; c'étaient là tous les fruits de leur éducation politique. Alarmés de tout et incapables de remédier à rien, ils suspectèrent jusqu'à Mme de Staël, dont la société les avait servis si puissamment au 18 fructidor; elle avait honte des résultats de ses principes, que pourtant elle proclamait encore, ne le cachait point et déplaisait souverainement; aussi Barras, je dirai plus tard à quelle occasion, lui fit-il entendre qu'il l'aimerait mieux hors de France qu'au centre de la république.

Avant son départ, me trouvant en tiers avec elle et le comte de Ségur, dégoûté comme elle des effets et non des causes de nos maux, *vous ne m'aimez pas,* lui dit-elle; tout homme de bonne compagnie sait, d'une manière aimable, répondre à une telle apostrophe. — *Non, vous ne m'aimez pas,* reprit-elle. — *Que vous dire?* répliqua-t-il, *vous ressemblez à ceux qui commenceraient par mettre le feu à la maison, puis se jetteraient dans les flammes pour en sauver les habitants.* — *Charmant! Charmant!* dit-elle.

Il n'en fut pas de même un autre jour, où nous causions dans un coin de son salon, tandis que Chénier exaltait le mérite de nos plus grands écrivains; Mme de Staël l'interrompit par cette exclamation: *Et M. Necker?* — *M. Necker!* s'écrie le grossier personnage, *est-il question de lui quand on parle de nos chefs-d'œuvre littéraires?* C'était un coup de massue pour cette femme, si enthousiaste du génie de son père; aussi quelle différence entre l'homme de la nouvelle cour et celui de l'ancienne société!

A cette époque, les vainqueurs ne semblaient pas beaucoup plus satisfaits que les vaincus n'avaient le droit de l'être. Le 18 fructidor fut donc une nouvelle journée des dupes. Mais, ce qu'on a vu dans tous les événements de la révolution, c'est qu'en regard des royalistes, toujours divisés d'avance, tandis que leurs adversaires ne se sont jamais brouillés qu'après leurs succès, le congrès de Rastadt s'ouvrait et mettait en fermentation toutes les ambitions continentales. En même temps, l'occupation de Rome par les troupes françaises excitait la cupide industrie des agents du Directoire; et Masséna, aussi faible de tête que brave de cœur, avait fui, en pleurant de désespoir, les officiers de son armée, vivement révoltés de l'impudence des pillards, dont les vols pouvaient bien être pour lui un objet d'envie.

Cependant, M. de Talleyrand, qu'on avait vu boitant et le sabre au côté, présenter à la fois au Directoire, et l'ambassadeur du pape, et celui du Grand Seigneur, donnait au guerrier pacificateur, dont il prévoyait et courtisait la fortune, une fête brillante dont les invitations portaient: *On présume assez de votre patriotisme pour croire que vous n'aurez point sur vous de marchandise anglaise.* Je réponds de la niaiserie et non du texte de ce billet, que tout le monde a reçu comme moi, et que j'ai eu tort de ne point conserver comme objet de curiosité.

L'envahissement de l'État romain et l'expulsion du saint-père avaient grandement satisfait la haine dont étaient animés, contre le catholicisme, les deux directeurs Rewbell et La Revellière-Lépeaux, haine que partageait même ce Merlin, dont la jeunesse toute pieuse s'était destinée à la prêtrise. Cette usurpation éveillait déjà la convoitise des États limitrophes du territoire de l'Église, car l'amour du vol était devenu général: rois et peuples spéculaient également sur le bien d'autrui. Depuis la paix conclue avec le roi de Naples, moyennant une contribution de 8,000,000, le commandeur, depuis prince de Ruffo, était ambassadeur de ce monarque près de la république française. Le prince Corsini était celui du grand-duc de Toscane, et il vivait avec nous dans une habituelle intimité; nos liens de société avaient même été resserrés par le service, assez important, que j'avais eu le bonheur de lui rendre.

Son cabinet mettait un très-vif intérêt à connaître les articles des préliminaires de Léoben, que la cour de Vienne refusait de lui communiquer, et que le Directoire tenait secrets. Mais je connaissais l'archiviste, nommé Hermann, que son beau-frère Rewbell retenait dans la misère; je me rendis donc chez lui, laissant dans ma voiture un secrétaire du prince, armé de crayon et de papier. Le brave homme Hermann me parle de sa triste position, de celle surtout de son fils, servant dans l'armée, mal vêtu, mal nourri, ne recevant pas sa solde, et lui-même hors d'état de lui rien envoyer. — *Que ne vous adressez-vous à vos amis? — Eh! qui en a? — Vous avez tort: me voici, que vous faut-il? — Oh! si j'avais seulement huit louis d'or! — Les voilà,* dis-je en les tirant de ma bourse. Mon homme était dans l'ivresse; nous causons. — *La paix est sûre,* lui dis-je. — *Comment? — Les préliminaires de Léoben sont si clairs. — Bon! vous en parlez comme si vous les connaissiez. — Aussi les connais-je;* et j'en improvisai un texte qui le fit rire. Je l'irritai alors au point qu'il ouvrit l'armoire sacrée, en tira les préliminaires et les mit sous mes yeux; c'étaient quatre articles fort courts qui se gravèrent promptement dans ma mémoire; et, prétextant un rendez-vous, je sortis, je dictai ce que j'avais lu, et je procurai pour huit louis au prince Corsini ce qu'il n'aurait pu obtenir au prix de mille.

Encouragé par ce premier succès, Corsini, qui me savait lié avec Talleyrand, vient me trouver et me dit que, la France ne pouvant songer à garder Rome, les deux cours de Naples et de Florence, après s'être concertées, étaient résolues à solliciter du Directoire le partage entre elles des États de l'Église, et qu'à cet effet, outre les stipulations de paix, amitié, alliance offensive et défensive, union intime et sincère de ces deux gouvernements avec le gouvernement français, leurs souverains s'engageraient, pour prix de cette cession, à payer conjointement à la république la somme de 30,000,000; que, de plus, pour favoriser cette négociation, 3,000,000 seraient mis à la disposition du ministre des relations extérieures; que, si je le désirais, le commandeur Ruffo viendrait lui-même me confirmer ce qu'il me disait. Je le priai de ne pas pousser les choses plus loin, ou de s'adresser à tout autre qu'à moi. Autant ce projet me semblait coupable en lui-même, autant je le regardais comme impolitique, dans un temps où tous les trônes, également menacés, devaient, par intérêt de conservation, faire céder leur ambition au principe sacré de la légitimité. En effet, le mépris que la bassesse des rois inspira au Directoire, accrut chez lui le désir et l'espoir de les opprimer.

En consignant ceci dans mes notes, je croyais y déposer mon anecdote relative seulement aux cours de Naples et de Florence, mais les correspondances inédites de Bonaparte m'ont fait connaître un troisième, et même un quatrième prétendant, précurseur peut-être des deux autres; car j'y vois que, le Directoire et son général de l'armée d'Italie avaient, dès longtemps, leurré divers États, par l'expectative du partage des provinces comprises dans la souveraineté pontificale. En effet, l'on trouve dans une lettre du ministre des relations extérieures au général Clarke, du 4 brumaire an v (14 novembre 1796), parmi l'exposé de plusieurs projets de paix avec l'Autriche, ces paroles remarquables : « Modifier le premier projet en substituant aux États de Milan partie des États du pape, la *Romagne*, la *Marche d'Ancône*, le duché d'*Urbin*; transférer le grand-duc de *Toscane* à Rome, lui donner le surplus des États du pape, lui réserver le Sennonais, consentir à le nommer *roi de Rome*..., nous réserver l'île d'*Elbe*, dont le roi de Naples serait dédommagé par *Bénévent*, *Ponte-Corvo* et la *Marche de Fermo*. »

Puis, voici un autre projet où Rome est donnée à l'électeur palatin en échange de la *Bavière* cédée à l'*Autriche*.

Une lettre de Cacault, ambassadeur de France près du saint-père, datée de Rome le 23 nivôse an v (12 janvier 1797), et adressée au général Bonaparte, parle du bruit répandu que le général a promis à *Manfredini* le duché d'*Urbin* pour la *Toscane*. Une autre du même ministre, du 4 pluviôse an v (23 janvier 1797), dit que la cour de *Vienne*, pour prix de son alliance avec le pape, a exigé de l'argent et la cession de *Ferrare* et de *Comacchio*. Bonaparte propose, dans une lettre au Directoire, du 13 pluviôse an v (1er février 1797), de constituer en république le Modénois, le Ferrarois et la Romagne réunis; et de donner *Rome au roi d'Espagne*. Une lettre du général Pérignon, ambassadeur de France à Madrid, du 21 ventôse an v (6 mars 1797), dit que : *Les vues du prince de la Paix seraient que l'Église romaine fût transférée en Sardaigne*.

Toutes ces turpitudes diplomatiques avaient précédé la signature des préliminaires de Léoben, époque après laquelle une décision du Directoire, en date du 6 prairial an v (25 mai 1797), porte que le gouvernement s'en rapporte à Bonaparte pour établir à Rome la *démocratie représentative*.

On lit encore, dans une dépêche du général de l'armée d'Italie au Directoire, du 7 prairial an v (26 mai 1797) : « Le marquis de Gallo désirait fort la marche d'Ancône pour Naples..... L'empereur et le roi de Naples visent évidemment à l'héritage du pape. » Dans une autre du même jour au ministre des relations extérieures, se trouvent ces mots : « Le roi de Naples m'a déjà fait faire des propositions d'arrangement; Sa Majesté ne voudrait avoir rien moins que la Marche d'Ancône. » Et dans une autre, à ce même ministre, du 27 fructidor (13 septembre 1797) : « La cour de Naples ne rêve plus qu'accroissement et grandeur; elle voudrait, d'un côté, Corfou, Zante, Céphalonie; de l'autre, la moitié des États du pape, et spécialement la Marche d'Ancône. »

Cette lettre est remarquable en ce qu'il y est parlé, non-seulement du projet de la prise de Malte, dont il avait déjà été précédemment question (vue politique des plus fausses, car c'était évidemment donner cette île aux Anglais, dominateurs de la Méditerranée), mais de l'occupation de l'Égypte, choses auxquelles M. de Talleyrand répond, le 2 vendémiaire an vi (27 octobre 1797) : « le Directoire approuve vos vues sur Malte..... Quant à l'Égypte, vos idées à cet égard sont grandes; et l'utilité doit en être sentie. »

Bonaparte, dans une dépêche du 8 messidor an vi (29 septembre 1797), avait mandé à Cacault d'empêcher, en cas de mort du pape, que les Napolitains fissent un mouvement sur Rome, en lui prescrivant de dire au général de cette puissance : « Que la république française ne voit pas d'inconvénient à entamer une négociation avec la cour de Naples, sur les différentes demandes qu'elle a faites et spécialement qu'ont faites à Paris M. de *Balbo* (1), et auprès de moi (Bonaparte) M. de *Gallo;* mais qu'il ne faut pas qu'elle prenne les armes. »

Une dépêche de M. de Talleyrand, en date du 18 vendémiaire an VI (10 octobre 1797), dit que le Directoire n'avait consenti à l'accroissement du royaume de Naples que parce qu'il croyait que c'était l'opinion du général ; « mais qu'on ne peut pas repousser l'invasion de l'Autriche sur l'Italie, pour y agrandir en même temps une cour où commande la sœur de l'empereur. »

Ainsi donc, au lieu de deux usurpateurs que je connaissais, en voilà quatre ; et des princes héréditaires, par leur odieuse cupidité, des princes catholiques surtout, en convoitant les États du chef de leur communion religieuse, donnaient eux-mêmes au général Bonaparte les préceptes de cette politique envahissante et sans pudeur, qu'ils n'eurent pas honte de taxer de brigandage, quand, devenu un souverain puissant et victorieux, il ne fit qu'exécuter, pour son propre compte, ce que leur lâche impuissance avait projeté pour le leur.

En définitive, leurs sourdes menées en Italie ne furent que le prélude de ce grand encan des peuples qui, après un succès inespéré, eut lieu à Vienne, au mépris de cette loyauté dont les cabinets européens osaient alors se targuer.

Quant à Corsini, qui eût voulut tenter, qui tenta peut-être, ce que j'ignore, les directeurs et M. de Talleyrand, il ne me confia point les négociations, alors secrètes, qui avaient lieu en Italie. Mais sortons de ces fanges monarchiques, et, avant de rentrer dans celles du Directoire, disons un mot de ce qui se passait alors dans le Nord.

---

(1) M. de Balbo avait remplacé le chevalier de Revel, qui, ayant demandé satisfaction pour un hymne chanté devant le corps diplomatique, et dont le refrain était :

Vive la république, et périssent les rois,

fut chassé comme émigré français parce que, né dans le comté de Nice, conquis par la république, il avait continué à servir son légitime souverain. Notez qu'en même temps on chicanait, comme émigrés, les Français demeurés dans les places conquises par l'ennemi ; mais ce fut lors de l'entrée de Treilhard au Directoire que l'absence de toute équité seconda celle de toute décence, car, dans une audience publique, l'ambassadeur, prince Justiniani, s'étant servi, en lui parlant, du mot *monsieur*, le directeur lui montra le poing, en lui disant avec fureur : « Comment, malheureux, osés-tu m'insulter, en ne me nommant pas *citoyen?* » Ces braves gens-là regardaient de telles grossièretés comme du patriotisme, et croyaient que le salut de la république tenait uniquement à quelques niaiseries révolutionnaires. Eh ! bon Dieu ! n'en rencontrons-nous pas encore de cette force ?

II.

Mort de Catherine II. — Paul Ier. — Rasoumofski. — Kosciuszko. — Narichkine.

J'ai, je m'en aperçois, laissé dans les chapitres précédents une lacune nécessaire à remplir ; elle est relative au décès de la grande souveraine du Nord, princesse sur le compte de laquelle j'aurai d'importants détails à donner, ainsi que sur son vaste empire, encore si peu connu. On les trouvera au cinquième volume de ces mémoires, et ils seront le fruit de plus de vingt ans d'observations consciencieuses. Quant à présent, reportons-nous vers la fin de l'année 1796.

Je me trouvais chez Barras quand on y apprit la mort subite mais naturelle de l'impératrice Catherine. Botto fut le premier à m'en instruire, à voix basse pourtant, car on voulait, avant de rendre publique cette nouvelle, réfléchir un peu sur les résultats probables de cet événement. Il me dit qu'ayant passé quelques années en Russie, il connaissait, et cet empire, et ceux qui le gouvernaient ; puis il ajouta : « Nous allons être témoins d'un règne fertile en extravagances les plus bizarres, et qui finira comme celui de Pierre III. » Deux de mes anciens amis, Fortia et Boisgelin, dans le *Voyage de deux Français au Nord,* avaient déjà fait, dès 1792, la même prédiction ; mais, me méfiant des préventions de ceux-ci et de la véracité de celui-là, j'en parlai le lendemain à l'helléniste Danse de Villoison, homme grave qui avait eu des relations longues et habituelles avec le grand-duc Paul, et il confirma tout ce qui venait de m'être dit.

J'appris encore de lui, et cela m'a été souvent répété en Russie, que ce qui avait principalement altéré les facultés mentales de ce prince, c'était la grande quantité d'opium qui lui avait été administrée ; car le comte André, depuis prince de Rasoumofski, son ami de cœur, mais ami plus intime encore de la grande-duchesse, née princesse de Darmstadt, soupant seul tous les soirs avec le noble couple, n'avait trouvé que ce moyen de réduire le trio à un simple tête-à-tête.

Quant à l'histoire des Rasoumofski, elle est assez curieuse pour que je la rapporte ici. L'impératrice Élisabeth, de très-galante mémoire, ayant remarqué la tournure et les traits de l'un des meilleurs chantres de la chapelle, le fit passer du service de Dieu à celui de sa propre personne, et, selon toute apparence, l'épousa secrètement, ce qui l'éleva au-dessus des plus grands seigneurs de l'empire.

Le frère de ce favori, encore simple paysan dans l'Ukraine, ayant appris que son aîné avait fait fortune à la cour, part de son village, arrive à Saint-Pétersbourg, se présente à la porte du palais Rasoumofski, où il énumère en vain ses noms de baptême, selon l'usage russe; il est repoussé et bafoué par les gens de son frère; mais il s'obstine à assiéger la porte du favori, sous les fenêtres duquel il ne cesse de chanter des airs ukrainiens. Ces chants réveillant chez le comte des souvenirs d'enfance, il s'informe du chanteur; on lui raconte tout ce qui s'est passé. Craignant d'être voué au ridicule par la venue d'un paysan grossier, son si proche parent, le favori le fait enlever par la police, conduire à l'étranger, et mettre là à l'école du ton, des manières et du langage qu'il doit avoir pour ne plus lui faire honte. Ce paysan, devenu par la suite homme de bonne compagnie, fut à son retour enrichi, titré, décoré, et de rang en rang élevé rapidement, sans avoir été militaire, au grade éminent de feld-maréchal.

Revêtu de cette haute distinction et accablé de faveurs, il voyagea en Prusse, où le grand Frédéric, qui savait son histoire, fit exécuter devant lui des simulacres de guerre, affectant sans cesse de consulter son hôte sur les mouvements des différents corps; mais la naïve franchise de l'honnête parvenu désarma le caustique monarque par ces mots : « Pardon, sire, mais je ne suis réellement qu'un feld-maréchal de cour. »

Voici un trait caractéristique de cet excellent homme, qui, en dépit d'une fortune enviée de tant d'ambitieux rivaux, conquit l'amour des Russes par sa bienfaisance, et leur estime par son sincère attachement à son pays.

Dans ses riches domaines de l'Ukraine, précédemment confisqués au maréchal Munnich (1), se trouvait un gentilhomme dont l'unique propriété était à la convenance du favori. L'homme d'affaires de celui-ci chicane l'infortuné gentilhomme, et fait tant, qu'après un injuste procès, il parvient à l'exproprier au profit de son maître. Le pauvre diable, n'ayant plus de ressource qu'en l'équité connue du maréchal, arrive à Pétersbourg afin d'obtenir comme un bienfait ce que lui aurait dû la justice. Le comte tenait table ouverte; les inconnus même y étaient reçus. Il s'y présente tous les jours, et manœuvre chaque fois pour parler à l'amphitryon, qui chaque fois manœuvre aussi pour l'éviter, craignant de trouver en lui un demandeur importun.

Enfin, se voyant au bout de ses faibles ressources, le malheureux tombe malade. Le comte, ne le voyant plus, s'informe de lui, apprend sa détresse, en est touché, lui envoie des secours, un médecin, et l'invite à se rendre chez lui aussitôt son rétablissement. Ce moment venu, le gentilhomme expose ses droits et leur violation. « Que voulez-vous que j'y fasse? répond le maréchal; les lois ont prononcé contre vous. Partez, croyez-moi; voilà de quoi payer vos dettes et fournir aux frais de votre voyage. » Il lui remet alors un rouleau de ducats, écrit une lettre et le charge de la faire passer à son intendant.

Le malheureux gentilhomme, arrivé chez lui dans le plus violent désespoir, se refuse à envoyer la lettre; sa femme l'y détermine. Bientôt l'intendant lui-même arrive; il se jette aux pieds du gentilhomme, et lui apprend que, non-seulement sa terre lui est rendue, mais que, pour le dédommager de ses peines, il lui est fait don d'un village voisin. L'intendant était de ce village et serf encore; il devenait donc celui de l'homme qu'il avait voulu ruiner, et redoutait une terrible vengeance; mais celui-ci le rassure : « Je ne veux pas, lui dit-il, être moins généreux que le maréchal; je vous accorde la liberté, mais à condition que vous quitterez le pays, votre vue me rappellerait de trop vives souffrances. »

Ce bon maréchal, loin d'être comme la plupart des parvenus, fier de sa naissance, avait soigneusement conservé ses habits de paysan, qu'il montrait avec une touchante bonhomie. Il fut le père des cinq Rasoumofski que j'ai connus, savoir : André, présentement établi à Vienne, où il a puissamment influé sur les destinées de l'Europe dans les années 1812 et suivantes; Alexis, le plus fier des descendants d'Adam, qui, à l'imitation du *Glorieux* de Destouches, trouvait au-dessous de lui de parler à ses laquais; d'ailleurs mauvais époux, mauvais père, et ministre pourtant de l'instruction publique jusqu'à sa mort; Pierre, homme des plus médiocres et profondément crapuleux; Grégoire, mauvais écrivain, mais naturaliste instruit, époux de deux femmes vivantes, tandis que Léon, son

(1) Le nom du maréchal *Munnich* est toujours improprement écrit *Munich* dans les ouvrages français.

frère, le meilleur de tous, est mort l'époux d'une femme qui avait deux maris.

Quant au favori, frère du maréchal, et l'auteur de la fortune de sa famille, il avait eu de l'impératrice Élisabeth une fille nommée la princesse Tarakanoff, dont les droits vrais ou faux à la couronne de Russie donnèrent des inquiétudes à Catherine II. Gorani en a raconté la déplorable et révoltante histoire. Toutefois, le libelliste italien se trompe sur le genre de sa mort, qu'il attribue à des coups de bâton, tandis que l'infortunée fut noyée dans les casemates de Saint-Pétersbourg, lors de la désastreuse inondation qui eut lieu dans cette capitale en 1777, année de la naissance de l'empereur Alexandre, dont la mort fut précédée de l'inondation si terrible de 1825.

J'ai dit un mot, en passant, de l'avénement de Paul Ier, sur la mort duquel j'aurai plus tard à donner des détails encore inconnus; mais je crois devoir anticiper sur les événements de l'époque où nous apprîmes la mort de Catherine, pour placer ici un fait relatif à ce prince, trop légèrement jugé, fait que l'on prit généralement pour un trait de folie, quoiqu'il eût été moins injuste d'y voir un esprit plus pétulant qu'irréfléchi.

Kotzebue raconte dans sa longue jérémiade intitulée *Une Année mémorable de ma Vie*, que l'empereur Paul lui fit traduire, pour l'insérer dans les gazettes allemandes, une note portant appel en champ clos aux souverains d'Angleterre, d'Autriche et du Danemark, ayant pour seconds Pitt, Thugut et Bernstorff, comme lui-même aurait eu Koutouzoff et Pahlen, afin de décider ainsi, par les armes, des destinées de l'Europe. Voici ce qui donna lieu à cette note et ce que Kotzebue ignorait.

Le baron de Rosencranz, alors ministre du Danemark, était soupçonné par Paul de s'égayer sur son compte dans ses dépêches. Pour s'en assurer, il fit séduire, pour la somme de 10,000 roubles (environ 50,000 francs à cette époque), le secrétaire du baron, qui, à ce prix, livra les lettres de son maître, invité alors et retenu à la cour. On y trouva, parmi les plaisanteries les plus mordantes sur l'empereur, ce projet supposé d'un combat chevaleresque comme moyen politique. Paul irrité laissa partir les dépêches, puis ordonna à M. de Rosencranz de quitter la capitale et l'empire; mais ne voulant, ni se brouiller avec le cabinet danois, ni avoir à justifier le renvoi de son ambassadeur, et désirant néanmoins que la cour de Copenhague fût instruite des motifs de cette brusque démarche, et n'eût à cet égard aucune réclamation à faire, il avait imaginé la publication, sous le voile de l'anonyme, de la phrase textuellement copiée de la dépêche du ministre renvoyé. Je tiens ce fait du duc de Serra-Capriola, beau-frère de M. de Rosencranz.

Paul Ier, si loyal, si spirituel, et dont l'excellent cœur était si souvent guidé par une assez mauvaise tête, offre, dans son règne si court, nombre de traits de cette nature, et ils expliqueraient quelques-unes de ces bizarreries qui lui sont principalement reprochées par les plus ardents zélateurs des idées révolutionnaires, que le prince avait en crainte et en horreur.

Ce qu'il y a de curieux, c'est que les directoriaux français, qui ne parlaient de lui que comme d'un épouvantable tyran, déportèrent en moins de deux mois trois fois plus d'innocentes victimes que Paul n'envoya d'exilés en Sibérie durant les quatre années de son règne. Il faut encore remarquer que ces contrées, dont le nom est si redoutable aux Russes, sont d'une incontestable salubrité, tandis que le séjour destiné aux déportés avait été choisi en raison de son air infect, et que, selon le vœu de leurs bourreaux, les neuf dixièmes y moururent dans la première année.

Paul, très-violent et fort mal entouré, commit sans doute de grandes injustices, mais, à peine désabusé de ses funestes préventions, il avouait ses torts et les réparait avec générosité. Voulant le bien, aimant la justice, il accordait à tous le droit de lui écrire, et, de peur que ces lettres ne lui parvinssent pas, il avait fait placer sur l'escalier du palais une boîte où tous pouvaient jeter les suppliques qu'ils lui adressaient.

Enfin, ce qui révolta le plus contre lui, ce fut la sévérité avec laquelle il exigea que les riches et les grands payassent leurs dettes. Aussi sa mémoire fut-elle chérie, et sa mort pleurée du peuple; sa fin malheureuse fut également et constamment pleurée par son auguste épouse, la respectable mère de l'empereur Nicolas.

L'empereur Paul avait, sous le règne de sa mère, été plus que négligé par les courtisans, souvent même l'objet de leurs injurieux sarcasmes, ce qui rendit très-irascible un caractère naturellement porté à la bienveillance. Il s'était donné, dans sa résidence de Gatchim, un entourage peu digne de lui. Il ne justifia pas néanmoins, à son début sur le trône, les craintes qu'il inspirait, se contentant d'humilier ceux dont il eût pu très-légitimement punir le crime. Le premier acte de son règne fut même extrêmement noble, car il courut à la prison du brave général polonais Kosciuszko : « Vous êtes libre, lui-il, et n'auriez jamais dû cesser de l'être. Je n'eusse point envahi la Pologne, mais j'en hérite et je ne me crois pas le droit d'abandonner la part qu'en a obtenue la Russie; restez ou partez; voici

500,000 roubles (c'était alors près de 1,000,000 de fr.), car je veux vous dédommager de vos peines en vous procurant une honorable existence. Je ne vous demande qu'une chose, c'est de ne plus porter les armes contre nous. » Kosciuszko en donna sa parole à l'empereur et partit après avoir reçu l'argent, que, dès qu'il fut hors de la frontière russe, il renvoya au tzar, en lui écrivant qu'il était et demeurait engagé par la parole donnée à celui qui avait brisé ses fers.

J'ai connu à Paris cet illustre Polonais, et il m'avait inspiré l'intérêt le plus vif. Je me hâtai, dès mon arrivée en Russie, de visiter les lieux où il avait été détenu; ce n'était point, comme on l'a débité, un humide cachot de Schlusselbourg, mais une maison construite pour lui dans la citadelle de la capitale et entourée d'un petit jardin. Sa réclusion fut certes un crime assez odieux, fallait-il donc l'aggraver encore par des mensonges?

En parlant ici de cet empereur Paul, je ne dois pas omettre ce qui a trait à la famille Narichkine, famille qui ne porte aucun titre, et n'en accepterait même aucun, se croyant au-dessus de tous pour avoir fait couler son sang dans celui des tzars. Elle ne peut citer cependant de véritable illustration, depuis le Narichkine, ami et ministre de la célèbre Sophie, sœur de Pierre Ier; mais elle a occupé constamment les plus grandes places de la cour. Le père d'Alexandre Luvowith y jouait le rôle de bouffon; Catherine, par plaisanterie, lui passa un jour son cordon de Saint-André; il part, court la ville ainsi décoré et annonce à tous et partout cette faveur qui lui est laissée.

Son fils Alexandre, voulant obtenir ce cordon, s'y prit de la manière suivante. Chargé de meubler le palais Saint-Michel, et sachant que l'empereur Paul avait en horreur la couleur jaune, il fait draper en cette couleur la chambre à coucher du prince, qui, en le voyant, lui asséna un violent soufflet. Quelques moments après, il dit à l'empereur : « Votre Majesté n'a qu'à vouloir pour que tout soit à son gré; qu'elle daigne rentrer dans son appartement et elle s'en convaincra. » Paul, mécontent de sa vivacité, y retourne et le voit drapé en bleu céleste moiré, dont on avait enlevé la couverture jaune : « Je vois ce que c'est, dit le prince, vous voulez le cordon de Saint-André; je vous le donne. » Et c'est ainsi que cet homme à bon mots se vit honoré de la plus brillante des décorations russes.

Paul Ier fut tour à tour le protecteur du prétendant (Louis XVIII) et l'ennemi de ce prince exilé. Dans ce dernier cas, le tzar avait-il entièrement tort? Pour décider cette question, il faut dire ce qu'étaient réellement en France les agents royalistes, et les erreurs dans lesquelles certains de ces hommes jetèrent la cour de Mittau et celle même de Saint-Pétersbourg.

III.

Agences royalistes.

Il est pénible d'avoir à blâmer les opinions et la conduite de ceux dont on n'a cessé de partager les sentiments; mais, s'ils furent engagés dans une voie de perdition, le devoir de l'historien est de le dire, comme réprobation du passé, comme leçon pour l'avenir. Ce lui est surtout un devoir quand il a vu, avec une profonde douleur, à quel point l'incontestable pureté du zèle fut souvent égarée par les vils calculs de l'intrigue, et son espoir, brisé ainsi sur un inévitable écueil, au moment où il croyait surgir au port.

Certes, nous séparerons consciencieusement ici les bons des méchants et les trompés des trompeurs; aussi, après avoir précédemment démontré combien furent coupables les agents royaux déportés au 18 fructidor, ces gens à qui le Directoire devait des récompenses et non un mortel exil, nous rendrons plus tard de justes hommages aux hommes vraiment honorables, qui, sous la direction de l'abbé de Montesquiou, et d'autres, vivant encore, que je n'oserais nommer sans leur aveu, osèrent, avec un dévouement aussi courageux que désintéressé, s'occuper en France des affaires du roi.

Écartons les agences royalistes à l'étranger, choses dont nous aurons plus tard à parler en détail, et occupons-nous des agences existant dans l'intérieur, depuis la mort du jeune prisonnier du Temple. Mais peut-être faut-il rétrograder ici comme dans le précédent chapitre.

La catastrophe de Quiberon, que les agents de Paris avaient favorisée de tout leur pouvoir, en pressant la pacification des chouans et des Vendéens, au moment où des secours immenses allaient leur être prodigués, cette catastrophe porta, sans doute, au royalisme armé un coup funeste; il n'était cependant pas irremédiable, car le gouvernement anglais, qui, franchement et seul alors, voulait la restauration de la monarchie française, fit suivre cette coûteuse expédition d'une seconde, très-coûteuse encore, en transportant Monsieur, comte d'Artois, à l'Ile-Dieu, avec des forces suffisantes pour réengager brillamment la partie.

Charette avait repris les armes; et Puisaye, en

dépit des dangers que lui faisaient courir ceux mêmes qu'il servait avec une indomptable ardeur, était parvenu à réorganiser en Bretagne les royalistes dispersés ou découragés après les échecs et le rembarquement des émigrés. Mais les entours de *Monsieur* répandaient les plus infâmes calomnies sur celui sans lequel on ne pouvait rien; et le prince les adopta au point de laisser, en parlant à un des chefs bretons, échapper ces paroles : *J'espérais que vous m'en débarrasseriez.* Puis le brave et loyal duc de Bourbon, ayant paru à l'*Ile-Dieu*, fut obligé de retourner en Angleterre, tant la noble maison de Condé inspirait une outrageante inquiétude.

Enfin, celui qui pouvait seul donner de l'enthousiasme aux peuples et de l'ensemble aux opérations militaires, s'éloignant subitement sans avoir rien tenté, porta le dernier coup au royalisme armé, d'autant qu'en ajoutant, par ses injustes préventions contre Puisaye aux semences de discorde jetées déjà par les agents de Paris, il fit résulter de tant d'erreurs que l'homme vraiment fort, le créateur et l'âme du parti dans une grande province, se vit contrarié de toutes parts, et ne put continuer à rallier à la cause royale, et les constitutionnels détrompés, et quelques conventionnels qui songeaient à trouver dans la monarchie un asile contre les effets des troubles publics. Ses liaisons, si utiles alors avec eux, se trouvèrent rompues dès qu'il ne put leur offrir l'appui d'une force imposante, et ils ne consentirent plus à se lier secrètement aux royalistes que dans le cas où le duc d'Orléans, qui leur offrait plus de garantie personnelle, irait se mettre à leur tête, ce qui accrut contre Puisaye la rage des intrigants de Vérone et d'Édimbourg.

Maintenant qu'était-ce que les agents du roi à Paris? Les mêmes que ceux de M. le régent; car, à peine Louis XVIII eut-il pris le titre dont il héritait par la mort de Louis XVII, qu'en date de Vérone, le 20 février 1796, il déclara : « les sieurs Brothier et Duverne de Presle (Dunan) ses seuls agents à Paris, et les autorisa à se choisir un adjoint qui partagerait leurs fonctions. » Il leur fit envoyer, le 25 du même mois, au premier de son règne, qu'il devait dater ainsi puisqu'il avait reconnu celui de son neveu, l'instruction suivante :

« Le roi a appris avec la plus grande satisfaction que ses agents à Paris, en s'occupant efficacement des moyens de rallier à lui les membres des deux conseils et de l'administration actuelle, n'ont jamais cessé d'avoir en vue le grand but vers lequel doivent se réunir tous les intérêts bien entendus.

» C'est vers un régime essentiellement salutaire et destructif des anciens abus qu'il faut diriger tous les vœux et tous les efforts, en donnant les assurances les plus tranquillisantes des intentions invariables du roi à cet égard; en faisant connaître de plus en plus toute l'étendue des principes de modération qu'ils ont été chargés de manifester, et en intéressant par les plus justes espérances, l'ambition individuelle de tous ceux qui donneront des preuves de zèle et de dévouement.

» Parmi tous les moyens d'accroître l'influence du parti dont les agents du roi entretiennent et excitent les dispositions, il en est trois principaux :

» Écarter efficacement de l'administration les régicides, leurs chefs et ceux des jacobins;

» Travailler et assurer le succès des nouvelles élections;

» Gagner et ramener le plus grand nombre qu'il sera possible des membres du parti connu aujourd'hui sous la dénomination du *ventre*.

» Les plus récentes notions sur la situation actuelle des deux conseils rendent ce troisième point bien important; et le roi croit devoir ajouter cette nouvelle instruction à toutes les précédentes qu'il confirme, ainsi que celles dont vous trouverez à Londres, entre les mains de M. le duc d'Harcourt, les copies signées et approuvées par Sa Majesté.

» Le roi voudrait que vous lui fissiez parvenir des éclaircissements plus étendus sur la circonstance du parti dont vous exposez les intentions, particulièrement sur la connexion que vous avez annoncée dans la lettre du 25 mai, avec une des deux armées principales, et sur l'association qui paraît formée depuis peu et que vous ne faites qu'indiquer dans votre nouvelle lettre. S. M. continue à désirer l'envoi du député qui paraît être en mesure de se rendre auprès ou à portée d'elle.

» Tandis que les agents du roi continueront à fortifier et à étendre le parti qui a témoigné désirer sincèrement se rallier à lui, S. M. applaudit au zèle éclairé qui les porte à rechercher et à saisir toutes les occasions qui pourront se présenter, de parvenir encore plus directement et plus promptement au grand but de leurs travaux; c'est dans ce sens qu'elle approuve entièrement les tentatives qu'ils ont faites pour ramener Kc., Va., Ae., Dl., B., D., B., T., S., Ah., Dr., Er., Af., ainsi que les espérances qu'ils lui ont données, et qu'ils peuvent confirmer; en lui assurant tous les mêmes avantages qui ont déjà été promis, au nom du roi, par M. le prince de Condé, aux généraux et officiers qui se rallieront à son armée. Si vous n'avez pas l'écrit publié par ce prince, je vous l'adresserai incessamment.

» Si les provinces dans lesquelles se trouvent Kc.,

Va., Ae., Dl., Db., Ef., Ah., Dr., Er., Af., ne présentent pas les moyens de fournir aux frais d'entretien du corps de troupes qui se sera déclaré, il deviendra nécessaire de les réclamer du ministre britannique, mais sans s'écarter du principe essentiel des instructions que vous avez déjà et de celles dont la copie signée de S. M. a été adressée à M. d'Harcourt.

» S. M. approuve, dans toute son étendue, la commission que vous mandez avoir été donnée à M. de Rochecotte; *mais il importera cependant de faire en sorte que le parti qui pourra être pris à l'égard de M. de Puisaye, soit tellement justifié par sa nécessité qu'il n'indispose pas d'une manière nuisible ceux des ministres anglais qui se sont montrés ses protecteurs.*

» S. M. a déjà confirmé, par la réponse que j'ai adressée à Q. Q., les changements dans la destination de M. Leveneur, et les commandements en chef confiés à MM. Mallet et Dujuglart : elle est également disposée à approuver tous ceux que ses agents croiront entièrement utiles à l'exécution du *grand plan*, dont l'enchaînement leur a été tracé. Le roi pense qu'il devient de jour en jour plus essentiel d'en lier les opérations avec celles que dirige, dans le point central de l'Est, M. de Précy, dont les relations sont déjà formées d'un côté avec la Franche-Comté et la Bourgogne, et vont s'étendre de l'autre avec la Provence et le bas Languedoc, où les agents du roi travaillent avec succès. D'après les mêmes principes, S. M. désirerait aussi que ses agents étendissent, depuis les provinces de la Vendée et du Poitou, leurs rapports successifs dans la Guyenne et le Languedoc, afin d'envelopper ainsi la circonférence du royaume. S. M. les y exhorte, autant que les circonstances et leurs moyens pourront le leur permettre.

» Quant à l'envoi d'un prince de son sang parmi eux, S. M. les a déjà instruits de son opinion et de ses vues; et elle va s'occuper essentiellement d'un objet auquel elle n'attache pas moins d'importance qu'eux.

» Mais avant que de donner à M. le duc de Bourbon, comme précurseur de Monsieur, ses ordres définitifs, elle veut que vous lui développiez les moyens de prudence qui seront employés pour ne pas se compromettre inutilement, et elle vous recommande de ne pas perdre un instant à cet égard.

» Soyez bien persuadé, Monsieur, de la vérité des sentiments inviolables avec lesquels j'ai l'honneur d'être votre très-obéissant serviteur :

» Le duc de la Vauguyon,

» A Blankenbourg, le 24 novembre 1796.

» J'approuve le contenu de cette instruction, que M. le chevalier Duvernay transmettra à ces messieurs.

» Louis. »

Quant au grand plan d'organisation dont il est parlé dans les instructions ci-dessus rapportées, le voici, tel que Duverne de Presle, dit Dunan, le dévoile.

« Voici le plan qui a été approuvé par le prétendant, qui seul en a connu la totalité. Les ministres anglais, les princes français ont également adopté ce qu'on leur a montré de ce plan. On a cherché à faire marcher de concert les mesures politiques et les mesures militaires.

» La France sera divisée en deux agences.

» L'une, qui comprend les provinces de Franche-Comté, Lyonnais, Forez, Auvergne, et tout le Midi, sera confiée à M. de Précy; l'autre, qui s'étend sur le reste de la France, sera dirigée par les agents de Paris. Ces deux agences s'informeront réciproquement de leur situation par une correspondance régulière et active; aucun mouvement ne sera entrepris par l'une, si l'autre n'en est prévenue d'avance, et si elle n'est en mesure de le seconder.

» Les deux agences auront une correspondance directe avec le roi et une autre avec les agents du gouvernement britannique; cette dernière n'aura que deux objets : le premier, la demande des secours, et pour leur emploi, les agents devront toujours se rendre indépendants des instructions que pourraient leur donner les Anglais; le second objet de la correspondance anglaise, sera de lui donner toutes intelligences qui tendent au service de la cause; mais jamais celles dont le résultat pourrait être de leur faciliter la prise de quelques-unes de nos places maritimes, et en général aucune qui n'aurait d'utilité que pour eux, *le roi et son conseil n'ayant jamais cessé de penser que les services des Anglais sont des services perfides qui n'ont pour but que l'entière ruine de la France.*

Tout prouvait alors la fausseté de cette assertion proclamée, non-seulement par ceux qu'elle servait, mais par des hommes dont elle ne pouvait que ruiner la cause; aussi, la chose est douloureuse à dire, les royalistes, toujours dupes de leurs ennemis, ont su perdre la partie quand ils avaient même en main les plus belles cartes; témoins Quiberon, vendémiaire et le 18 fructidor.

Dunan avouait, dans ses révélations, ses courses en Angleterre pour faire changer les plans autres que les siens, et son opinion que la pacification des chouans et de la Vendée n'était pas un *événement malheureux;* et, tout en déblatérant sans cesse contre les Anglais, il n'en avouait pas moins le besoin qu'on avait des secours de l'Angleterre, car sa déclaration porte :

« Pour préparer et développer ce plan, il fallait des fonds; et l'Angleterre seule pouvait les fournir.

» M. de Précy a obtenu, pour l'agence dont il est chargé, la permission de tirer, sur M. Wickham, ministre d'Angleterre en Suisse, les fonds qu'il jugerait lui être nécessaires, sauf l'approbation de M. Wickham.

» Et moi, j'ai obtenu 60,000 livres sterlings pour mes dépenses préparatoires, l'assurance d'une somme de 30,000 livres sterlings, qui devait m'être payée dans le mois de la proclamation du roi, à condition pourtant que nous n'agirions pas avant les élections, et 15,000 livres sterlings pour achat d'habits blancs pour fournir l'habillement de quelques corps payables, sur la présentation d'un marché à la même époque de la proclamation du roi.

» Enfin on devait faire passer, par nos mains, des fonds, dont la quotité n'était pas encore déterminée, pour transmettre à MM. de Puisaye et de Frotté, dont la position exige des dépenses plus considérables que celles de nos autres arrondissements.

» Quoique le plan n'ait été définitivement adopté que très-récemment, quoique nulle partie des fonds que j'ai obtenus ne fût encore arrivée, il ne faut pas croire pourtant qu'il ne fût qu'à son ébauche; tous les anciens éléments étaient assemblés et voici notre position.

» *M. de Puisaye, qui se croit en mesure de faire seul la contre-révolution, veut depuis longtemps se déclarer; nous l'en avons empêché jusqu'à ce moment;* il étend ses intelligences depuis Brest jusqu'à Laval. Je crois qu'il compte sur plusieurs des corps qui sont employés dans cette partie.

» M. de Frotté se trouvait encore à Londres à l'époque de mon départ; mais il comptait se rendre immédiatement en Normandie, où il a laissé les officiers qui servaient jadis sous ses ordres. A en juger par leurs lettres, les dispositions du pays étaient très-favorables; ils demandaient le retour de leur chef; ils le pressaient vivement, car les royalistes, qui sont assurés d'un canton, croient tous qu'ils n'ont qu'à se déclarer et que la contre-révolution est faite; M. de Frotté a du jugement, du talent; c'est un de nos meilleurs chefs.

» M. de Rochecotte, qui est chargé de préparer le Maine, le Perche et le pays Chartrain, était à Paris. C'est un jeune homme très-actif, très-intelligent; son organisation militaire n'est que de quelques cents hommes; mais uniquement parce qu'il n'a pas eu assez d'argent pour s'en attacher davantage. Il nous assurait que, dans sa partie, tout le monde passait au delà de l'institut philanthropique, et voulait être de celui des fidèles. M. de Rochecotte entretient des intelligences avec les corps répartis dans le Maine; il en a même à Caen. (Il y a, relativement à lui, trois choses que je ne veux vous dire que verbalement.)

» M. de Bourmont ne fait que commencer ses fonctions depuis Lorient jusqu'à Paris; dans cette partie il y a beaucoup de *philanthropes;* les royalistes sont plus rares.

» M. Mallet, ancien aide-major de Châteauvieux, est chargé de la haute Normandie et de l'Ile-de-France, jusqu'à Paris; car tous nos arrondissements, jusqu'à cinquante lieues, forment un triangle, dont un angle s'appuie sur Paris; il est tout à fait organisé, et aura des hommes, tant qu'il voudra, avec de l'argent; *il est le plus en mesure pour les élections.*

» Dans l'Orléanais, est employé un M. Dejuglart; je ne connais pas la mesure dans laquelle il se trouve; je le crois assez avancé.

» Le côté de la Picardie, celui du Sénonois et de la Brie sont encore sans chefs et par conséquent sans organisation; nous attendions un M. Buttes, qui nous est annoncé comme ayant de puissantes intelligences dans la première de ces provinces.

» Nous nous occupions de renouer des intelligences dans la Vendée; nous étions assurés du succès dans le haut Poitou. Un chevalier de Pallu-Duparc a commencé une organisation; il assure avoir des intelligences jusqu'à Rochefort et à Bordeaux; il allait s'y rendre d'Angleterre avec le duc de Lorges, pour organiser le pays sous notre direction.

» A Paris, il y a deux compagnies de formées, une d'elles est aux ordres de M. de Frinville, je crois; je ne connais pas le commandant de l'autre. Paris, comme vous l'imaginez bien, est le foyer de nos intelligences. Jusqu'à présent nous n'avions pas essayé de corrompre à prix d'argent : nous l'aurions tenté maintenant, afin de nous procurer des données justes sur les projets du gouvernement.

» L'agence de M. de Précy est dans un état très-différent de la nôtre. Jusqu'à présent ses préparatifs n'ont guère été que militaires; et ce n'est que dernièrement qu'il vient d'adopter des mesures politiques; il est dans ce moment à Berne, d'où il reçoit continuellement les comptes que lui rendent ses agents particuliers; il en a dans tout le Midi.

» Dès l'année dernière, il avait beaucoup de peine

à arrêter l'ardeur d'une partie d'entre eux, qui voulaient à toute force se soulever. C'est à Lyon qu'il a le plus de partisans. Son grand objet est de s'assurer de quelque ville forte, pour ménager l'entrée en France de l'armée de Condé. Je suis sûr qu'il a des intelligences à Besançon. Je n'avais pas encore eu le temps de reprendre ma correspondance avec lui, et je ne puis savoir rien de plus précis sur sa position.

» La personne, qui nous est connue sous le nom de Thébau, est un nommé Despomelles, qui était maréchal de camp avant la révolution, et membre, je crois, du conseil de la guerre; il a eu de grands rapports avec Lemaître : c'est lui qui a fait le règlement des instituts et des divisions militaires; il est très-possible qu'il se soit chargé de nous remplacer provisoirement; mais provisoirement, car il est trop prudent pour vouloir rester chargé d'une pareille et si périlleuse besogne. Il demeure dans une campagne du côté du bourg l'Égalité, et venait assez rarement en ville. Il se disait très-lié avec MM. de Ségur, et nous assurait qu'eux et leur parti nous seconderaient. »

Ce que Dunan n'avait voulu dire que verbalement, c'étaient les rapports de Rochecotte avec Dossonville, l'un des chefs de la police et qui fut déporté en fructidor, ses intimes liaisons avec Pichegru, et son espoir de rallier à la cause royale le directeur Barras, qu'il m'avait prié de sonder à cet égard.

En voilà assez sur cette agence, dont les plans, si vastes, si romanesques, ne posaient sur rien de solide. Cette agence, qui fit tant de mal à la cause qu'elle prétendait servir, et fut souvent, sans le savoir, l'organe de ses ennemis, était secondée par des brouillons, trompés par elle et la trompant, parmi lesquels nous ne citerons ici que les Nantiat et les Dutheil. De fort honnêtes gens en furent les échos, et les princes exilés, les déplorables dupes, sous la direction de M. d'Avaray, sot, orgueilleux et crédule, dont la présomptueuse ignorance des hommes et des choses s'irritait de toute vérité contraire à ses vœux, et s'enflammait d'une implacable haine contre quiconque cherchait à l'éclairer, ce qui lui faisait commettre nombre d'erreurs souvent stupides et parfois criminelles. Nous en avons vu la preuve relativement à Puisaye, qu'il persécuta et eût voulu faire périr, ainsi que par rapport à l'Angleterre, dont il prescrivait de se défier tout en en sollicitant des secours; ce qui est à remarquer, c'est que ces secours, personnellement accordés aux princes, étaient principalement dus aux soins et au crédit de ce même Puisaye dont le sieur d'Avaray se déclarait le mortel ennemi.

Prévenir l'esprit des royalistes armés contre le seul gouvernement réellement protecteur et le plus accrédité des serviteurs du roi, et jeter ainsi l'inquiétude et la division dans le parti monarchique, déjà si divisé d'opinions, telle fut la politique ruineuse du principal directeur des agents à l'intérieur et à l'extérieur. Endoctrinés par lui, les uns se disaient mutuellement : *Persévérez, espérez, on s'apprête de toutes parts à vous secourir;* or, Dieu sait si, à l'exception de l'Angleterre, un seul des cabinets européens y songeait. Les autres répétaient : *Nous voyons tout, nous dirigeons tout, paraissez! et la France entière se rangera sous vos drapeaux.* En vérité, l'on pourrait dire comme Beaumarchais : *Qui donc trompe-t-on ici?*

Parmi les agents du roi à l'étranger, ce n'est pas sans quelque surprise qu'on trouve le nom de l'abbé de Pradt, qui, *depuis..... mais alors.....* Au reste, cet homme pétillant d'esprit ne fut pas, comme tant d'autres, la dupe du comte d'Avaray. Je dois aussi ne pas confondre avec la foule des intrigants d'honorables personnages, tels que : 1° le vertueux duc d'Havré, de la noble maison de Croï, qui, représentant les princes à la cour de Madrid, ne sut pénétrer, ni la timide politique du cabinet espagnol, ni ses menées ambitieuses et secrètes; 2° le duc d'Harcourt, aussi vertueux et beaucoup plus spirituel, dont la conduite près du gouvernement anglais fut constamment noble et loyale, mais qui fut souvent trompé sur les choses et les personnes par des erreurs qu'accréditaient, et les agents de l'intérieur, et les fausses vues, communiquées de Vérone; 3° l'excellent duc de Polignac, trop peu apprécié, ainsi que son adorable épouse, par le public français. Ce fut à Vienne, où il était accrédité, qu'il perdit celle qui fit son bonheur et sa fortune, celle qu'il ne cessa de regretter après l'avoir vue expirer de douleur moins de deux mois après la mort de Marie-Antoinette, dont on était cependant parvenu à lui cacher l'odieux supplice; honorable personnage qui nous fut enlevé à Saint-Pétersbourg, en 1817, au moment où nous espérions le conserver longtemps encore, homme amèrement pleuré alors de ses nombreux amis, et généralement estimé de ceux qui, sans être intimement liés avec lui, avaient été à même d'apprécier son honorable caractère.

Je ne parlerai que plus tard et en détail de la plus importante de ces missions diplomatiques; celle de Russie, mission constamment infructueuse et qui devait l'être, vu la direction longtemps imprimée à la politique européenne, vu peut-être aussi la nature des hommes qui y furent employés et les notes secrètes qu'on faisait passer par eux.

Enfin, reportons principalement nos regards vers les agents actifs, et ce cabinet qui les dirigeait; puis, demandons-le à tout homme sensé, que pouvait-il y avoir à espérer pour le royalisme de la part de ceux qui, depuis le conseil et les entours des princes, jusqu'aux derniers des agents accrédités, ne semblaient s'étudier qu'à ruiner une cause, souvent favorisée par les circonstances, toujours compromise par la sottise, et au succès de laquelle pourtant un si grand nombre de zélés serviteurs ne cessaient de s'immoler?

IV.

Rochecotte. — Fauche-Borel. — Barras. — Moreau. — Madame de Staël.

Parmi les agents les plus franchement royalistes, je crois devoir en citer deux, qui eurent chacun une fin si malheureuse : Rochecotte et Fauche-Borel. Le premier, brave militaire, mon camarade et mon ami, honora la chouanerie par une sévère discipline; et de ses rangs sortirent le défenseur de Saint-Jean-d'Acre (Philipeaux) et le conquérant d'Alger (le maréchal de Bourmont). Quant à Fauche, toujours dupe de son zèle, il trompa sans le vouloir ceux qu'il prétendit servir, et en fut cruellement puni.

Rochecotte, dont j'ai déjà parlé relativement au 18 fructidor et à l'évasion de Sidney-Smith, avait été rappelé à Paris par un intérêt doublement cher. Une femme intrigante, avec laquelle il était intimement lié, fut arrêtée à Boulogne-sur-Mer, en lui ramenant Mme de Varenne sa sœur, en qualité de femme de chambre. La dame était parvenue à s'évader sous des habits d'homme, et la sœur de Rochecotte en étant alors beaucoup plus compromise, mon ancien camarade vint chercher près de moi les moyens de la sauver. J'avais cessé d'aller au Directoire depuis que ce qui m'y retenait encore, et dont je parlerai à la fin de ce chapitre, y avait rendu ma présence sans nécessité; mais Mme de Roucherolles, très-liée avec les Détillières, chez qui elle logeait, voyait souvent Sottin dans cette maison. Je m'adressai à elle, et, sur ma demande, ce fut en protestant que la sœur de Rochecotte, à sa connaissance, était une véritable femme de chambre, qu'elle parvint à obtenir sa mise en liberté. Mais Mme de Varenne n'imagina-t-elle point, comme bravade, d'écrire à Sottin qu'elle lui avait échappé, quoique n'étant pas une véritable femme de chambre, ce qui compromit Mme de Roucherolles et l'empêcha de pouvoir rendre à d'autres un semblable service. Je cite ce trait parmi plusieurs de ce genre, dont un précédemment, et qui n'était que de l'imprudence, m'avait fait friser de près la guillotine.

Quant à Rochecotte, qui tança vivement sa sœur, rien ne pouvait rompre les nœuds qui dès longtemps nous unissaient. Quoique nous ne vissions pas les choses sous un même aspect, nos vœux étaient les mêmes, mais nos espérances très-différentes : j'admirais l'héroïsme des provinces de l'ouest, mais je n'avais jamais cru qu'elles fussent capables de reconquérir la France au gouvernement monarchique, tant que les princes de la maison royale négligeraient, ou n'obtiendraient point la permission de se mettre à leur tête; tant surtout que ces mêmes princes ne connaîtraient pas mieux l'état réel de la France, la nécessité d'attirer à eux des hommes puissants par leur position sociale, et de se les attacher en rassurant les esprits, les intérêts, les ambitions; en substituant un oubli total à l'amnistie qui est encore une flétrissure, et une franche conciliation à une contre-révolution menaçante. « On juge très-mal, lui disais-je, ce qu'on voit de loin, par les yeux surtout de gens qui vous trompent pour se faire eux-mêmes valoir; on juge mal l'esprit d'un temps, en conservant comme base de calcul celui d'une époque politique et morale qui a totalement cessé d'être. Puis, la question du royalisme armé est négativement décidée depuis *Quiberon* et *l'Ile-Dieu*. Toute entreprise royaliste ne saurait maintenant produire que des dévastations, sans résultats utiles pour la cause de ceux qui l'exciteraient. Ces mouvements ne mériteraient plus même le titre de guerre civile, effrayeraient les gens paisibles, dégoûteraient du royalisme ceux qui ne le réprouvent point, et donneraient une force nouvelle au gouvernement qu'on voudrait abattre, en motivant, de sa part, l'emploi des moyens de répression les plus tyranniques. Va, mon cher Rochecotte, tu es dans une position aussi fausse que périlleuse. Ce que tu tentes, un autre le fera peut-être. Gouverneur-Morris me disait, il y a déjà quelques années : « *Toute démocratie corrompue couve un gouvernement militaire.* Mais, crois-moi, c'est par nos ennemis seuls qu'il peut arriver. — Je le crois comme toi, me répondait-il; mais je suis lancé, je ne puis plus regarder en arrière, et je ne deviendrai point infidèle à mon parti. »

Il ne le fut pas et en tomba plus tard la victime; dénoncé par un de ses officiers, dont il était loin de se défier, on l'entoure; il abat trois des assaillants et va échapper; on crie à l'assassin; il est arrêté, ne peut être sauvé par son fidèle Gustave (Poirier), et meurt en brave ainsi qu'il avait vécu, honoré des regrets sincères de toute sa province. J'étais à Rome quand cette triste nouvelle me parvint, et j'eusse voulu pouvoir au moins répandre des fleurs sur la tombe ignorée de celui qui fut ami vrai, zélé royaliste, ennemi généreux et sincèrement attaché à une patrie, contre laquelle il combattit en se croyant armé pour elle.

Quant à Fauche-Borel, dont le caractère était loyal, le zèle ardent, le royalisme incontestable, puisqu'il lui sacrifia sa fortune et compromit souvent sa tête, il fut presque toujours la dupe d'intrigants plus fins que lui. Innocent agent de mystification, parce qu'il était mystifié, il finit par être puni de ses erreurs comme si elles eussent été des crimes. Cet homme s'était accrédité près de Louis XVIII par les relations qu'il avait établies entre ce prince et Pichegru; une crédulité si niaise qu'on aurait honte de la raconter, si elle n'avait eu des suites funestes, lui fit se persuader qu'il pourrait lier le directeur Barras à la cause royale; voici le fait:

Un certain Monnier, ayant remarqué dans le cabinet de Barras une table qu'on lui assura avoir appartenu à Louis XVI et qui était chargée de fleurs de lys, toutes barbouillées d'encre par le directeur, ouvrit de grandes ou de longues oreilles en entendant dire à celui qui les lui montrait: « C'est le deuil de la monarchie que Barras porte réellement dans son cœur. » Ces paroles, échappées à un confident du puissant personnage, donnèrent subitement à notre nigaud l'idée d'une intrigue royaliste, dont Fauche-Borel devait être l'agent. De là, proposition faite par Monnier à Botto, réponse prétendue favorable du directeur, qu'on regardait déjà comme un nouveau Monck, départ de Fauche, colportant cette grande et favorable nouvelle, escamotage de la mission restauratrice par le marquis de Lamaisonfort, qui trompe le roi comme il est lui-même trompé. Celui-ci est envoyé à Saint-Pétersbourg, où, tout bouffi de son importance, il confie à tout le monde, sous le sceau du secret, qu'il arrive incognito, pour traiter avec l'empereur Paul d'une restauration prochaine et sûre de la monarchie française, chose dont il faut que personne ne soit instruit. De là, demandes de moyens pécuniaires et autres faites au tzar et accordées par lui, négociations à cet effet entre la Russie et l'Angleterre, envois de lettres patentes d'abolition adressées à Barras, promesse de douze millions demandés, disait-on, par le directeur, récompenses à Lamaisonfort, qui croît et qu'on croit avoir opéré une grande révolution.

Et qu'était-ce cependant? Le *ridiculus mus!* Ces derniers détails, je les tiens du comte Rastapchine, ministre de l'empereur Paul. Quant aux premiers, j'en ai été moi-même le témoin.

« Comment, me disait encore Rastapchine, a-t-on pu se laisser abuser aussi grossièrement, et nous compromettre comme on l'a fait? L'empereur en fut vivement outré. Se persuaderait-on que le vicomte de Caraman osa demander, pour seconder un mouvement royaliste totalement imaginaire, l'emploi d'une armée russe, à la tête de laquelle serait le prétendant, qui ne saurait même se tenir à cheval? Enfin, ne poussa-t-on pas les choses jusqu'à nous faire arriver cet intrigant de Dumouriez, dont je ne nie point les talents et surtout l'esprit, mais qui servirait également le ciel et l'enfer, et qu'il fallut chasser? »

Dans le fait, cette prétendue négociation n'aurait pu avoir pour objet que de profiter de la crédulité d'un sot, pour attirer en France quelques-uns de nos princes, afin d'en faire des otages ou des victimes. Y donner si facilement créance, c'était travailler à perdre toute considération près des puissances, dont on implorait l'appui. Cependant, en proie à ses chimères, Fauche-Borel crut plus tard avoir entraîné dans une conjuration bourbonnienne, et Masséna, qui ne s'en doutait point, et Moreau, qui ne fut jamais royaliste, et Berthier, l'âme damnée de Bonaparte, et tant d'autres encore, qui s'en sont fait depuis de faux titres aux faveurs royales.

Bien est-il vrai que plusieurs, et je pourrais les nommer, firent secrètement leur soumission à nos princes, sans leur rendre pourtant aucun service, et disposés peut-être à les conduire au supplice, s'ils les avaient eus entre leurs mains, car (ils l'ont hautement prouvé) ces hommes étaient, pour la plupart, toujours prêts à changer de couleur selon leurs intérêts du moment, pourvu que cela fût sans danger et que leur vanité n'en souffrît pas.

En vain l'aveugle Fauche dément-il lui-même ses propres assertions, en avouant que le passeport qu'il avait cru de Barras n'en était point; que Barras *n'était entré pour rien dans la négociation de son secrétaire; qu'il était surpris qu'on ait parlé d'argent pour lui*. En vain Barras déclara-t-il, en 1819, qu'une proposition, venue de l'étranger, et non provoquée près de l'étranger, avait été transmise au Directoire, ce que prouvent, dit-il, le témoignage de ses collègues et le registre secret où la chose est inscrite, le malheureux n'en persiste pas moins dans son roman politique, se fait chasser de Gand, comme un de ces *faiseurs de projets* qui avaient *assez mystifié de grands personnages*;

choque le roi par des publications qui détruisent l'idée qu'on a de la sagacité de ce prince, change de religion pour se *réaccréditer* auprès de Charles X, et finit par se donner la mort. Son zèle inconsidéré avait été plus nuisible qu'utile; ses révélations étaient un tort; mais une ruine complète fut le résultat de ses constants et courageux quoique infructueux services; et la justice, comme l'humanité, lui devait du pain.

Ces détails m'ont paru nécessaires pour détruire les fausses notions que pourraient perpétuer des mémoires écrits par un homme vrai, mais dupe, et que semblerait appuyer l'intérêt que Louis XVIII eut à faire mettre la main sur les papiers de feu l'ex-directeur; de là résulterait, non une négociation, mais des tentatives de négociations faites par un prince abusé. Il en résulterait aussi une sévère leçon, c'est que, dans les temps de trouble, il faut craindre de trop abonder dans son sens, et se défier des rapports favorables, faits même par les plus honnêtes gens, par ceux principalement qui spéculent sur la facile crédulité du malheur.

Ce qu'il y a de curieux, c'est que, tandis que Fauche et Monnier mettaient en jeu Barras et Botto, celui-ci était en Italie, et celui-là roulait dans sa tête des projets fort peu monarchiques. Assurer, pour et par lui-même son existence, en se plaçant hors de toute atteinte de la part des royalistes ou des jacobins, était alors son véritable vœu.

Il voulait donc, et c'est ce que les agents royaux ne savaient pas, atteindre à la direction suprême des affaires, projet bien moins avantageux pour lui que celui qu'on lui supposait de rétablir la monarchie; mais réaccoutumer la France à l'autorité d'un seul devenait un grand pas vers une future restauration, quand l'homme surtout était incapable par son caractère de conserver la puissance, ce qui le forcerait, comme seul asile, de se jeter dans les bras de la légitimité. Voilà pourquoi j'avais arrangé le premier rendez-vous de Barras et de Moreau; on y avait paru se comprendre, sans oser se l'avouer; un second était préparé, sous le prétexte d'une partie de chasse sur l'étang de Montmorency, où l'on devait se rencontrer comme par hasard; mais Mme de Staël, en ayant, je ne sais comment, été instruite, vint demander au directeur de lui donner à dîner dans la maison de Mathieu de Montmorency qu'elle habitait et qui touchait au lieu désigné pour cette chasse.

Barras crut voir en cela une intrigue, craignit des indiscrétions, rompit la partie, et, tout entortillé de oui et de non, finit par ne plus donner de suite à ses velléités; Mme de Staël fut invitée à voyager; la paix se fit bientôt. Bonaparte revint couvert de gloire; toute ambition usurpatrice disparut à son aspect. Quant à moi, je cessai totalement de paraître dans le salon d'un homme dont Moreau m'avait dit avec juste raison : *Il n'y a rien à faire avec lui.*

V.

Bonaparte.

Bonaparte était arrivé, paré de la double couronne du conquérant et du pacificateur; il avait manifesté dans ses campagnes d'incontestables talents, mais la fortune les seconda d'une manière presque miraculeuse; car si, en 1796, le prince Charles, après ses triomphes sur deux armées françaises, eût marché contre lui, au lieu de perdre une fin de campagne au siége de Khell, ce que le cabinet autrichien exigea pour s'assurer les subsides de la Souabe; si, après qu'il s'était aventureusement éloigné de l'Italie, la cour de Vienne n'avait point été frappée de terreur panique; dans le premier cas, sa couronne militaire était brisée; dans le second il se trouvait probablement contraint à mettre bas les armes. Favorisé, en 1796, par un calcul pécuniaire, aussi impolitique que mesquin, voyons dans quelle périlleuse position il s'était placé en 1797.

Grâce à des sécheresses inconnues encore, il avait passé le Tagliamento, et s'était avancé à quatre-vingts lieues de l'Italie, sans vivres, sans argent, sans grosse artillerie; rien ne s'opposait encore à sa marche; mais la reprise rapide de Klauzen par le général Kerpen, de Batzen par les Tyroliens, de Trente par le colonel Cazimir, et bientôt celle de Bixen, enfin la marche de Landhon sur l'Adige et dans le Véronais, ainsi que l'insurrection de Venise, événements survenus en huit jours, faisaient dire alors à Dumouriez : *Jamais armée n'a été plus près des Fourches Caudines.*

L'Autriche cependant ne jugea pas sans doute les dangers de son ennemi; elle se laissa entraîner par la frayeur des habitants de Vienne, fuyant de toutes parts, et par la terreur de la Banque, fermée trois jours, ne pouvant satisfaire aux réalisations que la crainte lui demandait, chose d'autant plus fâcheuse que, bien que les généraux Wernech et Latour eussent mal défendu le passage de la Lahn et du haut Rhin, ils pouvaient tenir les Français assez longtemps en échec, pour assurer la ruine de Bonaparte, en se repliant sur le prince Charles, qu'ils eussent renforcé, et qu'une position formidable, occupée sur le Danube, aurait mis à même de protéger efficacement la ville de Vienne.

Mais, avant même cette jonction, Bonaparte était forcé de prendre un parti décisif : renfermé au sein d'un pays mécontent, coupé sur ses derrières, ayant à sa droite l'armée d'insurrection de Hongrie, à sa gauche celle du Tyrol, en face l'archiduc Charles, Bonaparte, avec une armée harassée, affaiblie, presque sans munition, tenterait-il le sort d'une bataille, où, vaincu, il demeurait sans ressource; où, vainqueur, il était ruiné encore? puis son ennemi pourrait s'y refuser.

Marcherait-il sur Vienne, distant encore de vingt-quatre lieues? il y trouverait une garnison de trente mille hommes; l'archiduc Charles l'y eût suivi, le général français se serait éloigné davantage des deux armées du Rhin et n'aurait pu alors que chercher les moyens de faire payer cher sa liberté ou sa mort.

Tenterait-il de rejoindre Moreau par la Bavière? mais les montagnes de l'évêché de Saltzbourg, occupées par les impériaux, aidés à leur gauche par les Tyroliens, eussent rendu cette opération presque impraticable.

Chercherait-il à retourner en Italie? comment traverser tant de défilés, défendus à chaque pas, dans un pays d'ailleurs totalement insurgé, et ayant à sa poursuite une armée aguerrie, nombreuse et commandée par l'archiduc Charles.

C'était ainsi que Bonaparte avait compromis les fruits de quatorze victoires; mais l'armistice du 7 avril, suivi des préliminaires du 16, sauva son armée, sa réputation, sa fortune, et il s'empressa de sortir de la souricière dans laquelle il s'était imprudemment engagé. Aussi, quand le colonel de hussards Payen de la Rosière vint dénoncer l'armistice à Laudhon, campé déjà avec les Vénitiens à Pontebo, celui-ci brisa son épée avec fureur : c'est de Payen lui-même que je le tiens.

Bonaparte était sauvé; il y a plus, il avait appris à connaître le cabinet autrichien, et il sut trois fois en faire habilement son profit, d'autant qu'il connut bien mieux encore sa politique lors des négociations de paix.

Encore un mot pour rectifier un fait de l'histoire contemporaine ; Bonaparte, en envoyant au Directoire les préliminaires de Léoben, disait y avoir joint une lettre de l'archiduc Charles; elle ne se trouva point dans sa dépêche; et les directeurs en firent fabriquer une qu'ils publièrent. Ce n'est pas la seule pièce fausse, parmi les pièces officielles du gouvernement français; et Bonaparte surtout n'a jamais eu de scrupule à cet égard.

Ce général, en dépit des hommages dont il était assiégé, se sentait dans une position extrêmement critique. Il avait été présenté au Directoire par M. de Talleyrand, dont le discours renfermait cette phrase remarquable : « Ah! loin de redouter ce qu'on voudrait appeler son ambition, je sens qu'il nous faudra peut-être le solliciter un jour pour l'arracher aux douceurs de sa studieuse retraite, la France entière sera libre, peut-être lui ne le sera-t-il jamais; telle est sa destinée! »

Bonaparte, objet d'une inquiète et juste défiance, avait acquis, dans l'administration des pays conquis et gouvernés par lui, ce que la simple théorie ne saurait enseigner à des hommes subitement élevés de l'obscurité au pouvoir; à des hommes nécessairement imbus d'idées étroites et dont toute l'éducation politique est réduite à un agiotage d'intérêts privés, de passions, de vanité; à des hommes totalement étrangers à la connaissance pratique des grands et durables besoins de l'État. Bonaparte se trouvait donc infiniment supérieur aux chefs du gouvernement sous lesquels il était forcé de vivre; puis il devait aux négociations dont il fut chargé une saine appréciation des cabinets européens, de leur politique, de leur puissance, de leurs vices, du caractère de leurs ministres, de l'ambition, de la cupidité, des vues plus ou moins voilées de ces ministres et de leurs maîtres. Il connaissait les ennemis de la France, dont il avait personnellement éprouvé les forces militaires et pénétré les ressources; il lui semblait donc assez pénible d'obéir à des hommes dont il n'estimait ni le caractère, ni les talents, après avoir despotiquement commandé à une troupe de braves et imposé des lois à de grands souverains. Son âge lui enlevait jusqu'au prochain espoir de s'élever au moins à la dignité de directeur. Il insinua à ses partisans l'idée de répandre qu'on devrait faire une exception en sa faveur en comptant moins ses années que ses victoires. Trompé dans ses vœux, car il n'était nullement populaire à Paris depuis les mitraillades du 13 vendémiaire, depuis surtout qu'il eut contribué au coup d'État du 18 fructidor, il proposa hautement une expédition contre l'Angleterre, et en secret l'expédition d'Égypte. Mais le Directoire, qu'on a faussement accusé d'avoir voulu exiler ainsi un général qu'il redoutait, résista longtemps à l'accomplissement de ce projet, jadis présenté à Louis XIV par Leibnitz, reproduit sous Louis XV par Savari, appuyé sous Louis XVI par les vœux du commerce de Marseille. Le ministre de la marine, Pléville-Pelet, le combattit vivement ; M. de la Bretonnière, officier distingué de l'ancienne marine, appelé à cette délibération, en démontra tous les dangers, mais Bonaparte répondait à tout et finit par l'emporter.

La France cependant, comme l'Europe entière, fut alors dans une complète ignorance de ce qui allait avoir lieu; et les mouvements incertains de la flotte anglaise dans la Méditerranée prouvent que le cabinet de Saint-James n'en était pas plus instruit que nous.

Le général Dammartin, chef d'artillerie de cette expédition, me proposa alors de se charger d'un jeune homme pour qui la conscription, nouvellement décrétée, et dont on ne pouvait s'affranchir à prix d'or, m'inspirait de vives craintes. « Où le mènerez-vous, lui dis-je? — Je ne puis, répondit-il, vous satisfaire sur ce sujet; mais soyez tranquille, j'en aurai soin comme de mon frère. Tout ce que du reste, je peux vous dire, c'est que la situation actuelle de Bonaparte est insoutenable; qu'il a besoin de laisser les choses marcher ou se traîner tant bien que mal d'ici à deux ou trois ans; de se mettre tout ce temps à l'écart, et de revenir ensuite, soit pour jouir paisiblement de la tranquillité publique, soit pour la rétablir. »

L'expédition partit; et ses détails, comme ses résultats, ruineux pour la France, mais utiles à la fortune de Bonaparte et à la gloire de l'Angleterre, sont assez connus; je me contenterai de faire remarquer ici des choses qui le sont moins, et qu'il est nécessaire pourtant de signaler à l'histoire. C'est, par exemple, sa proclamation affichée à Toulon, en floréal an VI (mai 1798), ainsi conçue : « Soldats, vous êtes une des ailes de l'armée d'Angleterre; vous avez fait la guerre de montagnes, de plaines, de siéges, il vous reste à faire la guerre maritime. Les légions romaines que vous avez quelquefois imitées, mais pas encore égalées, combattaient Carthage, tour à tour sur cette même mer et aux plaines de Zama; les victoires ne les abandonnèrent jamais, parce que constamment elles furent braves, patientes à supporter la fatigue, disciplinées et unies entre elles. Soldats, l'Europe a les yeux sur vous! vous avez de grandes destinées à remplir, des batailles à livrer, des dangers, des fatigues à vaincre; vous ferez plus que vous n'avez fait pour la prospérité de la patrie, le bonheur des hommes et votre propre gloire; *vous allez porter le coup le plus funeste à l'Angleterre en attendant le coup de mort.* Soldats, matelots, fantassins, canonniers, cavaliers, soyez unis; souvenez-vous que le jour d'une bataille vous avez besoin les uns des autres. Soldats, matelots, vous avez été jusqu'ici négligés; aujourd'hui la plus grande sollicitude de la république est pour vous : vous serez dignes de l'armée dont vous faites partie. Le génie de la liberté qui a rendu, dès sa naissance, la république l'arbitre de l'Europe, veut qu'elle le soit des mers et des nations les plus lointaines. »

J'ai rétabli et souligné dans cette proclamation ce qu'on en a retranché dans les publications officielles; je pourrais en faire autant de celles qui sont relatives à la convention d'El-A'rych, où Bonaparte, qui voulait toujours avoir raison aux dépens des autres, a fait commettre une multitude de retranchements, d'interpolations, de faux matériels, qui défigurent entièrement cette portion intéressante de l'histoire des armées françaises (1). C'est ce qu'il était bon de noter ici pour la gouverne des annalistes futurs. Ils remarqueront sans doute aussi cette nouvelle *grâce efficace de la fortune* qui fit rendre, à la première sommation, l'inexpugnable forteresse de Malte, car, si elle eût un moment résisté, ce qu'elle aurait fait sans doute sous l'ancien grand maître de Rohan, Nelson arrivait, et l'expédition était manquée. Cette reddition inespérée fit dire au général Cafarelli : « Nous sommes bien heureux qu'il y ait eu là quelqu'un pour nous en ouvrir les portes. » Mais d'Homperch ne semblait avoir été élevé à la grande maîtrise que pour porter le coup mortel à un ordre principalement illustré par des grands maîtres français, Villaret, d'Aubusson et Lavalette.

Échappé pour la troisième fois à un désastre complet, Bonaparte alla attendre en Égypte ce que lui préparait la plus miraculeuse fortune, et échappa une quatrième fois à toutes les croisières anglaises. Comment n'eût-il pas cru à l'influence de son étoile?

VI.

Mon départ pour l'Italie. — Ginguené. — Brune. — Les Médicis.

Bonaparte avait mis à la voile, en enlevant à la France tout ce que la pénurie du trésor permit d'ar-

(1) Le maréchal duc de Raguse en a relevé une partie dans le tome III, pages 383 et suivantes de ses voyages. Il dit dans le tome IV, page 290, par rapport à la prise de Malte : *On refusa d'admettre nos bâtiments dans le port, ou, du moins, d'en admettre plus de deux à la fois. Si nous avions pu y introduire notre escadre, le projet de Bonaparte était de débarquer dans la ville, et de s'en emparer par un coup de main.* Quant à Bosredon-Ransijat et à Dolomieu, objets d'une exécration générale, nous aurons plus tard à prouver que celui-ci n'eut aucuns torts, et que ceux de l'autre furent bien moindres qu'on ne les a supposés.

mer de cette marine, si imposante sous le règne de Louis XVI, mais alors si déchue et dont l'aventureux général allait compromettre les plus beaux restes.

Quant au Directoire, qui débuta si heureusement, quoique composé d'hommes mésestimés et sans véritables talents, cet ignoble gouvernement avait, au 18 fructidor, en sacrifiant ses intérêts futurs à ses passions du moment, mutilé la représentation nationale, et préparé ainsi sa propre mutilation. N'ayant pu régner que par la force militaire et craignant d'en être dominé, il ne dissimulait plus, depuis surtout l'élévation de Merlin, le projet de *régulariser,* disait-il, *la terreur.* Mais la séparation entre les citoyens et l'armée était déjà prononcée; les chefs de celle-ci murmuraient; ils s'unissaient contre un honteux pouvoir; et, d'autre part, Mme de Montesson, par ses intrigues avec le chevalier d'Azara et un ministre aussi flexible que spirituel, cherchait plus tard à diriger, vers les intérêts du duc d'Orléans, les vœux de ceux qui redoutaient également, et le régime militaire, et la domination des jacobins. Une catastrophe pouvait donc avoir lieu d'un moment à l'autre; j'avais été le témoin d'une première, longue et sanglante; je ne me souciais pas d'en subir une nouvelle. Cela, le désir d'aller chercher au loin une liberté qui avait fui la France, la nécessité de faire respirer à ma femme un air plus doux, et des considérations personnelles, inutiles à rapporter, m'engagèrent à visiter cette belle et poétique Italie, si riche d'antiques souvenirs, si intéressante comme le berceau des beaux-arts modernes, que tant de voyageurs ont traversée et que nul peut-être n'a su peindre.

Je partis donc, et je suivais les boulevards, quand le dessinateur Cassas arrêta ma voiture pour me dire adieu et me recommander de ne point suivre l'exemple de la plupart des touristes : « Attendez, me dit-il, qu'un séjour de six mois au moins vous ait fait connaître des hommes qui ne se livrent pas facilement à l'étranger, mais que celui qui vit parmi eux parvient à cultiver et ne cesse de se rappeler avec estime. » J'ai été à même de sentir la sagesse et le prix de ce conseil.

Après avoir vu, avec de douloureux souvenirs, les ruines de la place Bellecourt, noble trophée révolutionnaire; traversé ce qu'on nomme *les Échelles,* route hardie, creusée, dit Lalande, dans le rocher qu'Annibal fit fondre avec du vinaigre, pris l'on ne sait où; parcouru l'indigente Savoie et franchi le mont Cénis, ce qui me frappa le plus, dès la cité de Suze, ce fut le ton avantageux des militaires piémontais, qu'une guerre où ils avaient indignement compromis et abandonné les Autrichiens, leurs alliés, ne devait cependant pas rendre si fiers. Serait-il donc vrai que ce pays renfermât les Gascons de l'Italie? Le Piémontais, du moins, est aussi brave et aussi spirituel que nos populations méridionales; très-attaché à son roi, il semblait souffrir, comme lui, et pour lui, du despotisme dont le frappaient, et le Directoire, et ses serviles agents. Arrivé dans la jolie ville de Turin, j'aurais vivement désiré pouvoir y présenter mes respectueux hommages à la reine, qui eut tant de bontés pour moi dans ma première enfance, mais comment paraître devant elle sous les auspices d'un ambassadeur républicain?

Cet ambassadeur était Ginguené, dont la tête, d'un beau caractère antique, n'eût pas fait soupçonner toutes les modernes niaiseries qui intérieurement la meublaient. Son ton vaniteux, sans dignité, ses grossiers mensonges, qu'il croyait une habile diplomatie, l'amalgame d'une philanthropie littéraire et d'un machiavélisme politique, en faisaient un personnage aussi odieux que ridicule. Il me reçut avec toute l'exagération de la politesse la plus bourgeoise, qui voulait être digne et ne le pouvait point. Dînant chez lui : « Vous avez vu, me dit-il, passer des troupes sur le mont Cénis? — Oui. — C'est un corps de quinze mille hommes qui vient compléter les cent trente mille hommes que nous allons avoir en Italie. » Je le regarde avec étonnement et je me tais; mais, en sortant de table, il me demanda combien j'avais rencontré de soldats français : « Cent hommes environ. — C'est affreux; le Directoire veut donc nous faire égorger; j'ai écrit sans cesse au ministre, qui ne me répond souvent que par de fort mauvaises plaisanteries! Savez-vous que, dans toute la Péninsule, notre armée ne monte pas à plus de vingt à trente mille hommes, depuis que l'élite des troupes a suivi Bonaparte? Si j'ai tout autrement parlé à table, c'est pour que le rapport en soit fait à la cour, qui va se hâter d'en effrayer le cabinet de Vienne. »

Je savais les plaisanteries mordantes que le petit homme s'était attirées de la part de M. de Talleyrand en nommant son épouse *madame l'ambassadrice,* ce à quoi on lui avait répondu qu'on ne connaissait point d'*ambassadrice,* pas même de *directrice,* sinon des *directrices* de spectacle. J'admirais à la fois, et l'irascible vanité du parvenu, et la grossière finesse avec laquelle il croyait faire de la politique.

Ce fut à Verceil que je rencontrai les premiers officiers cisalpins, véritables caricatures; car, dans leur négligé de garnison, le bonnet rouge déshonorait le costume militaire, à la risée des officiers français, qui, peu d'années auparavant, eussent trouvé aussi sot de s'en étonner que coupable de s'en moquer.

Arrivons à Milan, ce Paris de la Péninsule italique, dont Louis XII creusa les canaux, termina le superbe lazaret; que ce prince dota de plusieurs de ses plus utiles établissements publics et de quelques-unes de ses meilleures lois; car on ne peut parcourir cette ville sans y rencontrer des traces de la puissance et de la bienfaisance françaises. Mais l'époque où j'y arrivai n'était pas celle de la reconnaissance, car, après avoir révolutionné, on pillait, et on outrageait encore ceux qu'on avait pillés.

Brune régnait alors dans le palais du comte Sorbeloni, personnage aussi bas qu'orgueilleux, que j'avais connu à Paris et qui, fou de philosophisme et de superstition, croyait à la souveraineté du peuple et aux larmes d'une statue de la vierge, mais surtout à son propre mérite dont il avait seul le secret; bien différent, sous tous les rapports, du comte Savioli, le premier des poëtes érotiques italiens dans sa jeunesse, célèbre dans son âge mûr comme historien; et remarquable, à près de quatre-vingts ans, par un ton de galanterie que l'esprit, la grâce et le respect des convenances sociales, empêchaient de paraître ridicule. Je l'avais connu à Paris, où les hommes les plus instruits et les femmes les plus aimables cherchaient également à l'attirer dans leurs cercles. Je voulais partir après avoir vu cette immense cathédrale gothique, non encore défigurée par la sottise architecturale moderne qui y appliqua un portique grec; après avoir admiré, mais avec une profonde douleur, les débris du superbe tableau de la Cène, par Léonard de Vinci: je dis les débris, car, mutilé par des envieux, livré depuis aux brosses des barbouilleurs, la salle qu'il occupe avait, à la première entrée des troupes françaises, été donnée par les municipaux milanais comme écurie à la cavalerie; ce à quoi les généraux indignés s'étaient opposés.

Cependant le général Leclerc ne voulut me donner une permission de poste qu'après que j'eusse dîné chez lui, ce qui me fit connaître son épouse, sœur de Bonaparte, si jolie, si prévenante, si leste, presque aimable, à son ton près, par lequel elle ne préludait pas admirablement à celui que devait plus tard avoir une altesse impériale, et même une princesse Borghèse.

Ce dîner, qui retarda mon départ, m'en infligea un autre chez le général Brune. Bon dieu! quelle étrange réunion à la table du futur maréchal! Là se trouvaient, mêlés à nos braves officiers de l'armée, l'exilé Sémonville, bavard comme lui-même, vaniteux comme tous ceux qui n'ont pas le droit de l'être; puis l'ultrajacobin, soi-disant marquis de Saint-Huruge, qui, avant la révolution, répétait à tout bout de champ: *La reine de France à qui j'ai l'honneur d'appartenir*, et, en reproduisant ce propos, substituait alors le nom de Barras à celui de la noble Marie-Antoinette; enfin, car qui se résoudrait à les nommer tous? un blanchisseur du Gros-Caillou, l'ami de cœur du général, homme à figure basse, à regard fauve, qui nous raconta comment, dans cette affaire du Champ-de-Mars, où Lafayette mitrailla les jacobins, il avait, avec son couteau, coupé la tête à un malheureux caché sous l'autel de la patrie.

En quittant cette capitale de la Lombardie, réduite depuis un siècle de 300,000 âmes à 80,000; qui, dans le seizième siècle, fournissait des armes à toute l'Europe, et ne vend plus que des armoiries aux républicains suisses et aux laquais de Paris; que de souvenirs glorieux m'accompagnèrent dans les belles contrées qui me séparaient de Florence? Non loin de ma route était ce champ de Fornoue, où Charles VIII, avec 9,000 hommes harassés, en battit 40,000 de troupes fraîches; sur ma route même, celui de ces deux batailles de Parme, livrées le 9 juin et le 19 septembre 1734, dont le succès contribua à ce traité de Vienne, qui acquit à la France la riche province de Lorraine: car en Italie on ne foule que des cendres et des lauriers français.

Que d'autres décrivent les riches plaines de la Romagne, où des quinconces de mûriers, liés par des guirlandes de pampre, abritent sans leur nuire les trésors agricoles d'une terre prodigieusement fertile; que d'autres s'extasient à la vue du très-mesquin portique de Bologne, de la vilaine tour penchée, de son beau, mais peu décent Neptune; là je n'ai cherché qu'un homme, le comte Savioli, qui y réalisait l'histoire ou la fable du vieil Anacréon en se consolant, perdu dans ses souvenirs, du malheur de voir son pays faire partie de la république cisalpine. Certes, il en avait grandement besoin, car le Bolonais, quoique soumis nominativement au pape, ne traitait avec lui que par ambassadeur, et, grâce à cette liberté à la moderne qu'on lui infligeait, il perdait la liberté très-réelle dont il avait joui durant tant d'années, ses lois toutes paternelles, et ses coutumes si chères à tous.

J'avais passé, sans me détourner pour la voir, assez près de cette île, où trois scélérats partagèrent jadis l'empire de cette vaste portion du monde, la seule alors civilisée, empire demeuré au plus lâche d'entre eux, qui, arrivé au pouvoir par le crime, n'en mérita pas moins de devenir l'idole du peuple dont il forgea et riva les fers.

J'avais hâte d'atteindre Florence pour y embrasser Corsini, chef de la secrétairerie d'État depuis qu'il avait quitté l'ambassade de France, mais que je n'y trouvai pas. Quant au grand-duché de Florence, heureux sous le gouvernement des princes autrichiens, il dut beaucoup à Léopold, qui, lorsqu'on lui reprochait ses espions, répondait : *Je n'ai pas de troupes.* Eh! comment, dans le siècle où nous vivons, et vu l'affaiblissement des idées religieuses, pouvoir, sans police ou sans soldats, régner et gouverner? Ce n'est point à l'intérêt du souverain, c'est à l'esprit du temps qu'il faut s'en prendre.

L'habile et paternelle administration de Léopold n'avait point fait oublier en Toscane le nom de Médicis; il y était encore adoré. *Gaston,* le dernier des princes de cette famille, y a surtout laissé une mémoire extrêmement chère, et l'on aime à répéter ces mots qu'il ajouta au discours qui lui était dicté, lorsqu'il céda ses États à une autre maison : *Je vous donne tout, hors le cœur de mon peuple, que je ne puis céder;* des cris, des pleurs répondirent à cet élan de l'âme; et son image se voyait dans toutes les écoles jusqu'au règne de Léopold qui l'en fit enlever; mais, si elle n'est pas effacée des cœurs florentins, celle du grand-duc Ferdinand III mérite de s'y placer près de l'image chérie des Médicis, près de celle aussi de Léopold, qui, en écartant le faste dont le trône était environné, dit ces mots que l'histoire ne doit pas omettre : *Ma cour m'aurait caché mon peuple.*

Ceux qui comptent plutôt le nombre des aïeux que celui des services publics, ont cru dégrader la race des Médicis, en les faisant descendre, soit d'un charbonnier de Mugello, soit d'un hôtelier de Florence, soit d'un médecin de Charlemagne; leurs flatteurs les ont dit issus de consuls ou d'empereurs romains : voici la vérité. En 1162, Alexandre de Médicis défendit la ville d'Alexandrie contre l'empereur Frédéric Ier. Jean de Médicis est qualifié chevalier en 1220 dans un diplôme de Frédéric II. Évrard de Médicis était podestat de Lucques en 1230; et un autre Évrard, gonfalonnier de Florence en 1314. Jean, son fils, se prononça violemment contre la noblesse en 1360, et le fils et successeur de ce dernier fut Cosme le Grand, élevé à la souveraineté par la démocratie, qui ne s'empara jamais du pouvoir que pour le donner, ou se le laisser arracher. C'est l'histoire de tous les peuples livrés à des agitations politiques; ils se font des idoles, puis les insultent s'ils ne peuvent les briser; et les satires contre les princes, œuvre de tous les lieux et de tous les temps, sont toujours les mêmes : aussi n'a-t-on besoin, en les publiant, que d'en changer les noms et les dates.

Dans mon trajet de Florence à Rome, à travers des lieux habités ou déserts, presque tous fertiles, quoique souvent incultes, je ne me serais arrêté qu'à Sienne, si l'heure où je passai près de la Chartreuse, habitée alors par le vénérable et infortuné Pie VI, m'avait permis d'aller lui rendre hommage de ces respects, dus à son âge, à ses malheurs, à ses vertus, autant qu'au caractère sacré du chef du monde chrétien; peu de Français, quelles que fussent leurs opinions, manquaient à ce devoir. Hélas! il avait quitté, pour ne plus la revoir, cette Rome qu'il avait embellie, rendue heureuse, et qui ne peut que chérir sa mémoire.

Je l'aperçus enfin cette Rome, dont l'histoire nous est plus familière que celle de notre propre patrie; cette cité trois fois la dominatrice du monde, et par ses armes, et par son culte, et par la renaissance des beaux-arts; sur laquelle on a répandu tant de merveilles, sur qui l'on déverse aujourd'hui tant de calomnies; qui valut moins sans doute qu'on ne le crut, et vaut peut-être beaucoup mieux qu'on ne le croit, car il en est presque toujours ainsi des jugements humains. Au reste, un tableau, tout nouveau pour moi, allait frapper mes yeux, celui d'un peuple sincèrement ennemi de la démocratie, et bien loin pourtant d'être ignorant et stupide.

VII.

Anecdotes diverses. — Mon arrivée à Rome. — Pie VI. — Duport. — Bevilaqua. — Garat. — Nelson. — Bonaparte. — La reine de Naples.

Je vais rapporter ici une partie de ce que j'ai vu, ou su, ou même éprouvé durant mon séjour à Rome. Commençons par le tableau qui frappa mes regards à mon premier réveil.

Le lendemain de mon arrivée, je suis tiré du sommeil le plus profond par un assez grand bruit; j'ouvre ma fenêtre, qui donnait sur la place d'Espagne, où je vois s'élever un échafaud. « Quoi! serait-ce l'apprêt d'un supplice? dis-je à mon hôte. — Non, répondit-il, c'est celui d'une fête. — Quel théâtre! bon Dieu! mais qui doivent en être les acteurs? — Nos anciens princes et nos nouveaux rois. » En effet, des troupes garnissaient la place, des jeunes gens bien mis, faisant monter leur bassesse sur cette plate-forme destinée à l'expiation du crime, y coupaient à coups de sabre leurs décorations, les foulaient aux pieds, les jetaient au bourreau, qui, demeuré au bas de l'échelle, les recevait pour les brûler, tandis que des mendiants, payés pour représenter le peuple romain, dansaient en rond aux sons des chants les plus révolutionnaires. Là se trouvaient les chefs civils et militaires, dont la présence n'empêchait pas les habitants de Rome, que la curiosité avait attirés, de laisser remarquer sur leur visage le mépris ou l'indignation qu'ils éprouvaient. Ce fut par ces saturnales que je commençai à faire connaissance avec le très-petit nombre de Romains républicanisés.

Révolutionner Rome avait été le vœu le plus ardent de nos agitateurs, et ils étaient secondés, à cet égard, non par le peuple romain, très-attaché à son gouvernement, mais, qui le croirait? par les puissances catholiques, intéressées pourtant au maintien de la papauté. La fausse philosophie moderne, protégée par les souverains du Nord, et qui avait fait expulser les jésuites de tous les États où ils dirigeaient l'éducation publique; les imprudentes réformes religieuses de Joseph II; le refus, de la part de Naples, de se soumettre à l'hommage de la haquenée; la perte que le fisc romain fit des revenus qu'il tirait de la France par la datterie et les annates, avaient successivement altéré la considération et la fortune du gouvernement pontifical. Il faut noter ici que ces revenus, exagérés par les novateurs, ne s'étaient élevés chez nous, du 1er janvier 1779 au 31 décembre 1788, c'est-à-dire dans l'espace de 10 ans, qu'à 700,569 écus, 80 bayoques (3,766,938 livres 14 s.), ou 367,693 liv. 17 s. 2/5 par année, somme qui rentrait, et au delà, par les bénéfices du commerce sur les modes seules, commerce qui, depuis la révolution et ses réformes illusoires, est échu à l'Angleterre, habile à se prévaloir de nos erreurs.

Quant à Pie VI, qu'on voulait personnellement attaquer, il avait tenu, envers la France, une conduite très-politique; son seul acte impératif fut une bulle toute religieuse et de discipline; car celle qui enjoignait au cardinal de Loménie d'opter entre sa dignité et son serment, n'était que de juridiction à l'égard d'un particulier. L'accueil qu'il fit à *Mesdames*, tantes de Louis XVI, aux émigrés français, aux prêtres déportés, était de convenance, d'humanité, ou de devoir, et nullement hostile. L'assassinat de Basseville fut l'effet tout populaire de l'insolence de ce brouillon et de celle des Français alors à Rome. C'était un essai de trouble, dont la populace fit justice; Rome était réellement menacée par la propagande révolutionnaire. Le souverain pontife, poussé par le cardinal Albani et par cet intrigant d'Azzara, que je devais retrouver en Espagne occupé de nouvelles menées en faveur de la maison d'Orléans, sortant de sa prudence habituelle, arma, comme s'il pouvait espérer de lutter avec succès contre la puissance française. Le comte Gabrielli, les princes Justiniani et Aldobrandini, sont les chefs de troupes levées sans choix; Torlonia, fils d'un boulanger, banquier et marquis alors, et qui devint duc, après avoir successivement servi le pape, les Français, les Anglais, les Russes, puis le pape encore, équipe une compagnie de cavalerie; le prince Colonne lève un régiment; mais tout cela se débande à la première vue des troupes françaises.

Ceracchi, agent de Bonaparte, que plus tard il voulut assassiner, est envoyé à Rome, cherche à y exciter des troubles, n'obtient aucun succès. Mais Joseph Bonaparte arrive comme ambassadeur après le traité de Tolentino, et le parti révolutionnaire recommence à remuer sous les auspices de ce même chevalier d'Azzara qui a changé de rôle, et de la décrépite ou récrépite princesse de Santa-Croce. Mus par ce déplorable couple, quelques hommes du peuple se portent vers l'ambassade de France, feignent de l'insulter; Duphot, qui devait épouser celle qui fut depuis Mme Leclerc, et plus tard princesse Borghèse, se fait tuer comme un fou, par des gens qu'il charge sans en avoir été attaqué; Joseph se retire et menace; d'Azzara refuse son intervention; le Directoire arme, Berthier arrive, Ceracchi, Riganti, Bonelli proclament la république; et Bassal, l'un de ces écrivassiers de constitution périodique, est, tout en grimaçant, obligé de placer le mot *religion* entre ceux d'*égalité* et de *liberté* dans l'acte par lequel on organise l'État romain sur le mode directorial. Quant à Pie VI, l'univers sait, et ses souffrances, et sa résignation, et sa mort; il sait aussi l'intérêt que lui vouèrent les protestants eux-mêmes, et le tribut de vénération généralement payé à sa mémoire.

Je vais parler ici de ce dont j'aime le moins à m'entretenir, c'est-à-dire de moi. J'étais vu de fort mauvais œil par le commissaire français; quelques vivacités imprudentes en avaient été la cause première; et un propos de femme mit, sans que je le susse, le comble à des torts que j'ignorais.

Je n'avais qu'à me louer de Léopold *Berthier*, chef de l'état-major; mais son beau-frère *Bremont* était loin de penser comme lui. Un jour qu'il voulut être impertinent avec moi, je lui en dis sévèrement mon avis. Il se plaint d'être insulté, je lui propose un tête-à-tête à coup de pistolet, il refuse; je lui demande si des coups de canne lui conviendraient mieux, il refuse encore et jure de se venger; voilà mes torts et je m'en accuse. Voici ceux, très-involontaires, d'une femme de mes amis, et je pensai en être la victime.

Mme de Buffon dînait avec le commissaire *Duport*, qui vomit des milliers d'injures contre les royalistes enragés et me mit de ce nombre. Elle me défendit à ce sujet et elle le pouvait, car, royaliste sans fanatisme, je ne méritais pas tant de haine; mais *Brémont* l'échauffait. Celui-ci, en parcourant de vieilles gazettes, avait, pour mon malheur, trouvé ma présentation à la cour. Fort de cette preuve évidente de mes crimes : *savez-vous*, dit le commissaire, *qu'il a monté dans les carrosses du tyran? — Aimeriez-vous mieux*, reprit-elle, *qu'il fût monté derrière?* Le misérable avait été laquais; il prit cette réponse pour une épigramme, et, ne pouvant s'en venger que sur moi, il se promit bien de me faire arrêter, ce qui conduisait à la fusillade, comme durant la terreur à la guillotine, à moins qu'on n'achetât la justice à prix d'or du capitaine rapporteur, qui vendait publiquement la mort ou la vie. Ce qu'il y a de curieux, c'est que ce même Duport, si acharné à ma perte, ayant su mes liaisons avec M. de Talleyrand, vint plus tard à Paris me prier de le recommander à ce ministre. Au reste, la nuit choisie pour la patriotique exécution du ci-devant cuisinier et du ci-devant laquais, je suis réveillé en sursaut par des gendarmes qui brisent mes portes; je descends du second étage que j'occupais, à l'aide de mes draps, et je vais me réfugier dans les ruines du Colisée, puis chez un employé des finances, nommé *Carré*, jusqu'au jour où les commissaires déclarent qu'il y a eu un malentendu et que je peux reparaître. Mais, après quinze jours de tranquillité, ma maison se remplit, en plein midi, de soldats romains armés, guidés par un agent de police, qui me déclara son ordre de me conduire au château Saint-Ange. Que faire? résister c'était compromettre ma femme, mes enfants, mes amis logés chez moi; me laisser prendre, c'était la mort; il n'y avait pas à hésiter et je me risque, mais le chevalier de *Couronel*, attiré par le bruit, arrive et me dit : *Comment! tu te livrerais à cette canaille?* Il commence à repousser les soldats romains, je le seconde; et, armés chacun d'une chaise, nous les poursuivons et les chassons de la maison qu'ils bloquent, en envoyant demander du secours.

Ma femme s'échappe et vole implorer le général *Macdonald*. Celui-ci envoie son aide de camp *Lacroix*, avec ordre de me conduire devant lui pour rendre compte du désordre que j'ai occasionné : c'était le seul prétexte propre à me soustraire à la haine de ceux qui me poursuivaient. Cela réussit; on me réclama, et il répondit que, n'ayant rien pu comprendre à mon affaire et n'étant pas prévenu par les commissaires, il m'avait fait sortir et qu'on pouvait me chercher dans la ville, où je devais être encore. J'entendais ce dialogue de son cabinet; je dînai avec son aide de camp, j'en sortis le soir, et, grâce à *Thiébault*, depuis le lieutenant général, je trouvai un asile chez l'agent des subsistances *Popp*.

Cependant mon aventure avait intéressé les militaires : vingt-cinq soldats armés de fusils, chassés par deux individus sans armes, cela paraissait chose prodigieuse. Dans l'intérêt que les hommes se portent, il entre toujours, et surtout en France, un peu de vanité personnelle, et j'étais Français; l'on me vanta donc, cela me sauva, et je pus reparaître sans crainte.

Voilà mon histoire, qui n'est pas plus merveilleuse que mille autres, mais qui me parut telle par les propos de l'aide de camp avec lequel je dînai. *Pourquoi me persécute-t-on*, lui dis-je? — *Je ne le sais pas*, me répondit-il, *mais...* — *Mais quoi?* — *On dit que vous êtes duc!* — *On a tort; mais cependant quand cela serait?...* Il se tut et moi aussi. J'admirais à part moi cette haine de vanité qui voulait punir encore les grandeurs déchues. Que j'étais loin alors de l'idée que ces mêmes hommes seraient, dans cinq ou six ans, chamarrés de cordons et masqués de titres, qu'ils s'y montreraient beaucoup plus attachés que ceux dont ils avaient persécuté dans leur chute une prépondérance passée, et que, semblables alors à l'arlequin au vêtement mi-parti de deux espèces différentes, ils montreraient tour à tour aux malheureux dépouillés de leur antique existence, ou le costume féodal pour les narguer, ou le costume républicain pour les menacer encore!

Puisque je me suis mis en scène, parlons de ma visite au cazin de Raphaël. Soigné religieusement par le cardinal Doria, qui avait été à son départ obligé de le vendre, il avait été acquis par un nommé Bevilaqua. Je le prie de me le montrer, j'y vais avec lui, je cherche les peintures à fresque que je savais y être, je ne les trouve point, je m'en enquiers, et il me répond : « Il y avait en effet de vieilles peintures, c'était triste et j'ai fait coller dessus un papier de tenture beaucoup plus gai. » Et c'est à Rome qu'un pareil vandalisme put avoir lieu!

Ce fut à Rome aussi que je connus Garat, dont la mission diplomatique à Naples était, pour cette cour, une véritable insulte, qu'il y aggrava en substituant aux compliments d'usage d'insolentes leçons à la reine; c'est à Naples qu'il disait : *Ma présence ici rappelle ces temps où les philosophes voyageaient pour l'instruction des rois.* C'est de là qu'il écrivait à Bonaparte pour lui demander une île à gouverner, afin d'y *faire sortir, des travaux mêmes de la main, les belles sensations et les idées justes* (1). Eh bien! ce même philosophe exalta plus tard la coupable conduite de Moreau dans un écrit sali de flagorneries, adressé à l'empereur Alexandre! Cela était dégoûtant. Voici ce qui ne fut que ridicule.

L'amiral Nelson, après sa brillante victoire d'Aboukir, venait d'être reçu en triomphe dans le port de Naples; tout le monde le savait, et les grotesques consuls romains s'étant adressés aux commissaires français pour connaître les détails d'un événement qui les effrayait, en reçurent la réponse suivante : « Les rois trompent les peuples, des républicains leur disent la vérité. Un combat mémorable a été livré, sur les côtes d'Égypte, entre les armées navales de France et de la Grande-Bretagne. La flotte anglaise est en partie détruite; Nelson, blessé à mort, n'existe probablement plus aujourd'hui. Publiez notre lettre et faites illuminer pour célébrer une action à jamais glorieuse pour la marine française. » J'ai lu cette lettre affichée sur les murs de Rome; j'ai vu l'ordre d'illuminer s'exécuter avec un zèle précédemment inconnu; car le peuple n'était pas dupe de ce grossier mensonge et manifestait une joie qui contrastait avec la mine allongée et sombre des commissaires Bertolio et Duport, auxquels cette jonglerie, sans effet, avait été suggérée par le secrétaire Bassal.

Chaque jour, au reste, amenait un conte aussi ridicule; c'était aujourd'hui Bonaparte, maître de toute la Syrie; demain ce même général, aux portes de Constantinople; puis on le faisait menacer les possessions anglaises de l'Inde, nouvelles officiellement apportées par des courriers, que personne n'avait vues, et auxquelles pourtant la monomanie révolutionnaire ajoutait foi. Mais ce qui ne frappait que trop les yeux, c'étaient, d'une part, des soldats en petit nombre, mal payés, mal vêtus, mal nourris; et, d'une autre, les vampires de l'armée, gens libéraux en grossières insultes à la religion et à ses ministres, en injures journalières à ce bon roi de Naples, dont on se disait encore l'allié, et que Bassal, dans ses bavardes proclamations, nommait le *féroce Capet*.

Sans calculer le peu de moyens militaires que possédait la république romaine, cet homme, aussi lâche de cœur qu'effréné de jacobinisme, cherchait tous les moyens d'entamer une lutte dont il espérait le succès des intrigues qu'il entretenait à Naples; Bremont le secondait en faisant reconnaître les points vulnérables de la frontière napolitaine par des officiers intelligents, dont les reconnaissances militaires sont entre mes mains; ce fut, durant ces menées occultes, que Ferdinand IV prévint l'invasion dont on le menaçait.

Depuis l'avénement de ce prince, petit-fils de Philippe V pour l'intronisation duquel la France s'était épuisée, et fils de Charles III à qui les armées françaises avaient fait rendre le trône de Naples, le cabinet napolitain s'était constamment montré anti-français. Il ne s'intéressa, durant les guerres d'Amérique, qu'au succès de la Grande-Bretagne; et, à l'instigation du cabinet de Saint-James, il refusa de livrer à la marine française des bois dont sa propre marine n'avait pas besoin, et qui eussent été pour lui une riche branche de revenus. L'orgueil sembla pourtant réveiller en 1789 les sentiments de famille, et la révolution française eut dans le gouvernement napolitain un très-ardent, mais très-impuissant ennemi.

Sœur de Marie-Antoinette, Marie-Charlotte, connue sous le nom de la reine Caroline, se lia de nouveau dès lors par un triple mariage (1790) à la maison dont elle sortait; et la politique anglo-autrichienne devint plus que jamais la sienne. En retournant de Vienne à Naples (1791), elle félicita le marquis de Bombelle, ministre de France à Venise, de s'être refusé à la prestation du serment civique, et lui assura, en récompense, une forte pension.

Dès que la république française eût été décrétée, une escadre, commandée par l'amiral Latouche-Fréville, se présenta devant Naples (1792), et le roi fut insulté et menacé par le grenadier Belleville, qui se vanta à ses commettants d'avoir encore poussé l'injure plus loin qu'il ne le fit réellement. Il fallut céder et voiler sa haine, qui se manifesta par une déclaration de guerre, lors des succès de l'Autriche au début de la campagne de 1794; mais au bout de deux ans (1796), le roi de Naples, ou plutôt la reine (car le roi, bon, loyal, ami de la paix, n'était occupé que de ses chasses et de sa colonie de Sancta-Lucia), la reine, dis-je, effrayée de la défection de la Prusse et de l'Espagne, des rapides victoires de Bonaparte, du départ de la flotte anglaise de la Méditerranée, commença à trembler pour sa capitale, et se vit forcée d'acheter la paix au prix de 8,000,000 de francs, léger sacrifice si on le compare aux 350 millions déjà enlevés au reste de l'Italie, somme pourtant qu'il faudrait doubler au moins, si l'on y joignait le montant des réquisitions de denrées, bestiaux, chevaux et les autres fournitures, ainsi que les enlèvements de magasins et les dilapidations, générales ou particulières; commises par les soldats, généraux, et employés civils,

(1) Lettre à Napoléon, Naples, le 12 messidor an VI (30 juin 1798).

Quoique la guerre eût cessé, des intrigues secrètes continuaient encore; car la reine Caroline ne pouvait se départir de ses espérances, si promptement déçues; ce fut dans cet intervalle, et, tandis que la police se faisait par des moyens inquisitoriaux, peut-être nécessaires, qu'on vit la cour de Naples, conjointement avec celle de Florence, chercher à entamer des négociations pour le partage des Etats pontificaux. Ainsi avilies aux yeux de leurs ennemis, ces cours perdaient le droit de réclamer contre des usurpations, puisqu'elles en avaient elles-mêmes provoqué.

Déçue dans une opération coupable, où on ne la voulait pas accueillir comme complice, et inquiète des menées secrètes des agitateurs français, la reine, pour échapper à l'horreur que lui inspirait la présence d'un ministre républicain, se lia intimement avec l'ambassadeur anglais Hamilton, et plus encore avec son intrigante, immorale et violente épouse, femme qui, sortie de la plus basse classe, livrée à la débauche, élevée depuis au plus haut rang, devait pourtant avoir une si haute influence sur les affaires publiques.

Ayant eu, dès l'époque de la paix de 1796, connaissance de la lettre confidentielle par laquelle le roi d'Espagne, Charles IV, communiquait à son frère son intention de déclarer la guerre aux Anglais, la reine en avait fait passer l'avis au cabinet de Londres, qui, en conséquence, fit des dispositions maritimes propres à en atténuer l'effet. Cependant les persécutions contre les agitateurs vrais ou supposés continuaient toujours et ne calmaient pas des inquiétudes, accrues bientôt par la sortie de la flotte de Toulon. Le secret sur sa destination avait été si bien gardé, que l'Angleterre ne savait quel parti prendre pour faire échouer l'expédition qui se préparait; elle se détermina donc à conserver sa station devant Cadix, et à envoyer néanmoins des forces imposantes dans la Méditerranée.

Nelson, déjà lié intimement avec lady Hamilton, qu'il avait connue à Naples dès 1794, quand il y fut envoyé par l'amiral Hood, et qu'il revit une seconde fois quand il y reparut, commandant d'un vaisseau de la flotte anglaise, est détaché par le lord Saint-Vincent avec 13 vaisseaux de guerre; il erre, au hasard, dans l'espoir de rencontrer l'armée navale française, encombrée de troupes, ayant un immense convoi à défendre; et, tandis que toute la côte d'Italie était en alarme; que la cour, plus alarmée encore, hésitait à se réfugier, soit dans les Calabres, soit en Sicile, l'amiral anglais s'était présenté devant Alexandrie et devant Malte, puis avait touché à Syracuse; son expédition semblait alors totalement manquée, car ses navires avaient besoin de ravitaillement avant de se remettre en mer; or, l'armée française, après s'être emparée de Malte, était déjà maîtresse d'Alexandrie. L'influence de lady Hamilton le tira de crise; le cabinet napolitain, déterminé par elle, lui fournit tout ce dont il avait besoin; il remit en mer, joignit l'amiral Bruix à Aboukir, et y détruisit l'armée navale française. Après cette éclatante victoire, il se rend à Naples et y est reçu en triomphe au sein de l'ivresse générale.

Ce récit, conforme à la vérité, prouve sans doute que la première agression eut lieu de la part de la cour de Naples; mais si, opposant aux actes publics des actes secrets, équivalents à une agression réelle, on considère les menées du cabinet du Luxembourg, on verra combien celui-ci était coupable; car les Napolitains, ses agents, qui se plaignaient d'être injustement persécutés, se vantèrent plus tard de ce dont on les avait accusés sans preuves suffisantes.

Cependant la France, occupée ailleurs, ayant à cette époque fort peu de troupes en Italie, contrariée d'abord dans ses projets belliqueux par les deux conseils, et ne vivant, depuis le 18 fructidor, que de banqueroutes, de déportations, de commissions militaires, de lois de terreur, et de révolutions dans le sein même du Directoire, était, à son tour, contrainte à dissimuler les injures qu'elle recevait ou prétendait recevoir à Naples; la pédantesque insolence du petit Garat avait irrité la reine; la mollesse du grand Lacombe Saint-Michel, dont l'humilité parut de la crainte, prépara l'explosion décidée par l'arrivée de Nelson, et que l'Autriche ne seconda que par l'envoi du général Mack.

Que voulait le cabinet de Vienne? voir les Français engagés dans le fond de la Péninsule, afin de pouvoir plus facilement les écraser sur l'Adige. Mais qu'avait à espérer le roi de Naples, dans une guerre sans avantage dans le succès, ruineuse en cas de défaite? Elle eut donc lieu cette guerre, si courte et si bizarre dans ses péripéties, dont les écrivains français ont semé le récit de tant d'erreurs, et qui démontra l'incontestable valeur d'une poignée de Français; la profonde incapacité du général Championet, qui n'eut qu'à ramasser la brillante moisson de lauriers cueillis par Macdonald; l'inconsistance de l'armée napolitaine dont les désastres furent attribués à ce général Mack, comme s'il avait pu obliger, ou ses soldats à se battre, ou ses généraux à lui obéir. Le roi avait fait frapper, pour récompenser la valeur de ses soldats, une médaille, représentant, d'un côté, un guerrier armé de toutes pièces, et de l'autre, un lièvre fuyant;

et la caisse encore intacte tomba aux mains des soldats français. La retraite de Rome, faite un peu trop tard, avait cependant semblé une fuite, et rien n'était plus grotesque que Bremont disant dans son effroi : *J'ai servi chez les Russes; s'ils me prennent, ils me pendront.* Primo, il n'y avait pas de Russes; et qu'eussent-ils pu lui demander, sinon *un plat de son métier?* Au reste, avant le vingtième jour, on était rentré à Rome; et cette courte guerre démontra la fermeté de la reine Caroline, qui eût reproduit peut-être l'héroïque éclat de son illustre mère, si l'âme des grands seigneurs napolitains eût égalé en élévation celle des nobles hongrois. Quelques-uns la trahirent et voulurent s'en absoudre en calomniant cette princesse, digne du sang qui coulait dans ses veines, et dont s'est éminemment montrée digne, à une époque que nous n'explorons pas dans ces mémoires, celle qui, faible de corps, mais forte d'âme, a pour jamais légué son nom à l'admiration de la postérité.

Le mensonge injurieux n'eut pas même, à l'égard de la reine Caroline, le cachet de la vraisemblance, car on osa lui attribuer jusqu'à l'assassinat des plénipotentiaires français à Rastadt. De soi-disants historiens, des biographes, des auteurs de mémoires, dans leur ignorance haineuse et sans pudeur, la supposent à Vienne quand elle habitait la Sicile, lui font donner des ordres de meurtre à ceux qui n'eussent pas osé lui obéir; lui prêtent pour motif l'intention de faire rompre un congrès, déjà rompu, et d'amener des hostilités, déjà victorieusement commencées. Les dates, les lieux, les choses même rendent l'accusation stupide, mais, dans notre siècle, tout ce qui s'élève au-dessus de la multitude est appelé à recueillir un funeste héritage d'injures sans motif, et d'absurdes calomnies, que la perversité aime à reproduire et la sottise à recueillir.

VIII.

Naples. — Championet. — Sa révolte et sa chute. — Macdonald.

Parti de Rome pour échapper à la rage de Bertolio, devenu ambassadeur, et de Duport, nommé ministre romain; ne pouvant diriger mes pas que vers Naples; traversant à cet effet des provinces pillées et insurgées; dénoncé à Mola di Gaète par un marquis italien, transfuge de l'armée sarde, alors agent révolutionnaire, plus tard chassé de l'état-major de Lauriston, et que j'ai vu faire au Nord une brillante fortune militaire, quoique sans talents ni bravoure; près, après avoir échappé à ce misérable, d'être égorgé à Cascano, entre le Garigliano et le Vulturne, je tombe enfin dans cette république parthénopéenne, déjà décrétée avant qu'on la proclamât, et qui n'exista pas même aux jours où elle fut proclamée.

Ce qui, dès l'abord, frappa douloureusement mes regards, ce fut l'aspect de quelques esclaves turcs, indignement traités par nos républicains. Loin de les rendre à la liberté, conformément à leurs prétendus principes, ils les accablaient des travaux les plus pénibles et les plus humiliants; n'avaient d'eux aucune pitié, tandis que nous, *infâmes royalistes*, nous prenions seuls intérêt au triste sort de l'espèce humaine ainsi dégradée. Ce qui m'inspira bien plus d'horreur encore, ce fut le trait suivant :

Un officier nommé Dub...., pris à Itri, et sauvé par un des habitants de cette petite ville, engage cet homme à le conduire au quartier général français. La chose s'exécute, et, pour prix d'un si grand service, le malheureux, à la demande de Dub..... et sur l'ordre de Championet, est fusillé, tandis que le bourreau rit, chez le général, de la déception de celui à qui il doit la vie. Après tant d'années, la figure fauve de Dub..., son infernale joie, les hurlements de sa victime, les coups de feu des assassins, sont encore présents à ma pensée comme la profonde indignation dont alors ils me pénétraient.

Certes je ne prétends pas juger, par ce seul trait, une armée qui renfermait des noms très-honorables, et je dois, avec le même esprit de justice, parler des Napolitains.

Ce qui m'étonna dans leur capitale, ce fut de voir l'activité prodigieuse de ces lazzaroni, représentés comme si paresseux, la foule de gens instruits que je rencontrai dans cette ville proclamée le siége de l'ignorance, la sécurité avec laquelle on parcourait de nuit des rues, théâtres, disait-on, de meurtres fréquents; l'aspect enfin du vrai et noble patriotisme d'hommes que je n'aurais pas crus susceptibles d'une aussi haute vertu.

Les Napolitains se présentaient alors dans la complète nudité morale où les peuples sont mis par une révolution; et c'était le moyen de les pouvoir juger équitablement, soit en bien, soit en mal. Je ferai donc abstraction de toute religion politique à l'égard de ceux dont la situation sociale fut exceptionnelle. Aussi, quoique je sois loin d'éprouver quelque prédilection pour ceux qui se sont révoltés contre leur légitime souverain, je n'en ai pas moins estimé le comte Reario, Cyrillo et quelques autres victimes de la restauration napolitaine; Moliterno et Rocca-Romana surtout, gens d'honneur s'il en fut. Tous deux avaient brillamment servi. Le premier, fils aîné du prince de Massico-Novo, aimait son pays avec idolâtrie, et, dévoué également à son roi, il leva à ses frais deux régiments de cavalerie. Il eût sans doute persisté dans une inaltérable fidélité à un prince qui joua sa couronne aux hasards d'une lutte sans avantages réels, si le général Mack, trompé par de perfides dénonciations, faites sous couleur de royalisme, ne lui eût ôté son commandement de Capoue; si Pignatelli n'avait, par la signature d'un honteux armistice, rendu toute résistance impossible; si, enfin, la cour n'eût pas, en dépit de la reine, abandonné prématurément la partie, dans l'effroi que lui inspirait une populace dont le royalisme devint bientôt une sanglante anarchie.

La fuite de Pignatelli et le départ de Mack, considérés comme des traîtres par les lazzaroni, ayant totalement déchaîné ceux-ci, les honnêtes gens effrayés cherchèrent à former un gouvernement provisoire, qui demeura sans force devant un brigandage toujours croissant. Ce fut alors que le prince Moliterno et les principaux chefs de ce gouvernement, créé à la hâte et par nécessité, ne trouvant, pour préserver la ville du pillage, d'autres ressources que de la livrer aux Français, parvinrent à s'emparer du château Saint-Elme, qui la domine, envoyèrent la populace attaquer Capoue, traitèrent en son absence avec Championet, et ne purent cependant empêcher que les lazzaroni restant dans la capitale la défendissent vaillamment, quoique sans succès, contre l'armée française.

La conduite de Moliterno avait été forcée et conservatrice; celle des lazzaroni, un acte de fidélité admirable, mais dangereux. Le gouvernement, proclamé plutôt qu'établi par Championet, portait en tête: liberté, religion, égalité (choses de forme qui n'engageaient à rien); c'était l'érection d'une république parthénopéenne (afin de se placer aux temps antérieurs de la féodalité, et hors du double domaine des souverains et de l'histoire), un gouvernement composé de vingt-cinq membres, divisés en cinq comités pour la marine et la guerre, la justice et la police, le commerce et l'intérieur, les finances et les domaines, les relations extérieures; les cinq présidents des comités formant un pouvoir exécutif sous la présidence de l'un d'eux, et le tout réuni sous cette même présidence, constituant le pouvoir législatif, mis en action sur la demande de la majorité d'un des comités, de celle du comité exécutif, ou en vertu d'une convocation faite par le président de la république.

Mais cette république, qui n'embrassait que Naples et sa banlieue, n'agissait pourtant qu'en vertu d'ordres militaires que Bassal dictait, et qui, signés par Championet, étaient traduits en lois par les vingt-cinq mannequins prétendus législateurs. C'était l'absolutisme dans toute sa charlatanerie qu'on voulait étendre aux provinces en y portant le fer et le feu, et qu'on ne pouvait faire régner que dans la capitale, en la livrant à de honteuses spoliations.

Championet, fort de sa position éloignée et poussé par Bassal, ennemi du Directoire, crut pouvoir sans danger désobéir au gouvernement qu'il servait. Tous les généraux en chef s'étaient secrètement et mutuellement engagés à en agir ainsi, essai de révolte du militaire contre l'ordre civil. Mais le général de l'armée de Naples fut le seul qui osa exécuter ce que tous s'étaient promis; il renvoya l'agent des finances nommé par le Directoire, lui en substitua un autre de son choix, et singea Bonaparte dans son indépendance, sans conserver les formes dont il la couvrait, et ne le reproduisant en rien par les talents, l'éclat et le génie. Il eût fallu, dans la position qu'il s'était faite, avoir une tête plus forte, être sûr de ses troupes, gouverner, non une ville, mais le royaume qui n'était pas conquis. La ville, ruinée et menacée de famine, fermentait de haine; l'armée n'avait rien à espérer de son général, et ce général n'était qu'un sot sans caractère, guidé par un forcené sans prévoyance; aussi un seul ordre de rappel pour être soumis à une enquête sur sa conduite suffit-il au brisement de la puissance dont il s'était enivré, et pour comble d'avanie, les équipages de Championet, Bassal et autres, sévèrement fouillés, lors de leur passage à Rome, y donnèrent lieu à la confiscation des fruits d'un odieux brigandage.

Je ne nommerai pas les voleurs que Bertolio dépouilla. Je ne citerai qu'un trait remarquable d'impudence. Le commissaire ordonnateur du Br., ayant été arrêté, puis délivré à Itri, n'eut pas honte de demander, pour perte et frais de voyage, 64,000 francs qui lui furent payés. Par contre, ce qui était admirable, c'est la constance de ces soldats à peine vêtus, sans chaussure, mal nourris et point payés, hommes de fer, retrempés au feu et à la fatigue. *Il n'y a pas de plaisir*, disaient-ils, *ces gens-là ne se battent pas*; mais s'ils éprouvaient quelque résistance, la vanité nationale leur inspirait ce propos: *Il y a sûrement là des émigrés.* Ces hommes croyaient que des Français seuls pouvaient résister à des Français! Au reste, ils étaient, plus que leurs chefs, doux aux habitants, et faisaient respecter leurs prisonniers par la canaille qui suivait l'armée. Enfin il fut réservé au noble Macdonald de faire supporter à Naples le nom d'un peuple que Championet et ses entours y avaient rendu odieux, de s'y maintenir avec gloire et de s'en retirer avec autant de talent que de succès.

IX.

Rome. — Le cardinal Ruffo et Nelson. — Les artistes. — Bonaparte. — D'Agincourt. — Piranesi. — Capitulation. — Bartram. — Soldats français. — Corsini.

De retour à Rome, les événements qui rendirent Naples à la domination du roi, durent nécessairement être l'objet de nos plus scrupuleuses investigations; je crois donc utile, non d'en faire ici le tableau, mais de rectifier, à cet égard, quelques erreurs, reçues et presque consacrées.

On a beaucoup parlé du cardinal Ruffo, sous la dénomination du cardinal Hussard, et prêté à cet homme toutes les horreurs auxquelles fut livrée la capitale napolitaine; et cela dans des récits dictés par la passion, et que l'ignorance recueillit. Le fait est que Ruffo, pour éviter l'effusion du sang, comme le sac ou l'incendie de la ville, avait lui-même proposé une capitulation qui garantissait la sûreté des insurgés; elle est acceptée; un capitaine de la flotte anglaise (Foote) la signe; des otages livrés répondent de son exécution; elle commence à s'effectuer; mais Nelson arrive, et, de sa propre autorité, il rompt un accord solennellement conclu par celui qui avait été légalement nommé vicaire général du royaume, et livre les chefs ou les principaux officiers de l'insurrection au bourreau, et la ville aux brigands, dans les murs ensanglantés de laquelle il règne en tigre et protége jusqu'à des vengeances privées; car le royaliste Batistesa éprouve un sort semblable à celui du révolutionnaire Caraccioli, ce fils du noble ami de mon malheureux oncle. Le chef de bataillon Mejean avait rendu les otages livrés par Ruffo; celui-ci se plaint et n'est point écouté; il ne peut que flétrir de son indignation ces cruautés inouies qu'on lui a attribuées, et l'animadversion générale est portée au point qu'ayant dû passer à Rome pour se rendre au conclave tenu à Venise, il n'ose s'y arrêter, et fait porter son dîner au delà de *Ponte-Mole.* Enfin la France l'a connu, et cet homme aussi *aimable qu'instruit, sut s'y faire et s'y mériter des amis*, ce qui n'empêcha pas la calomnie de flétrir sa mémoire; car plus il avait servi la cause royale, plus les courtisans se déchaînaient contre lui, par jalousie de faveur et d'ambition.

Rome, à cette époque, avait totalement perdu son antique amour pour les beaux-arts, dont les chefs-d'œuvre dédaignés tombaient en pourriture et en poussière; et, si cet amour se réveilla, ce fut l'effet de la haute importance que les Français semblèrent y mettre. On n'y rencontrait plus d'artistes régnicoles ou étrangers, hors ce Canova, si excellent comme homme, si remarquable comme sculpteur, dont je visitai souvent l'atelier, et quelques jeunes Français voyageant à leurs frais, car l'Académie de France, l'une des ruines de la révolution, avait fait place au commissariat proconsulaire du Directoire.

Un seul homme honorait alors notre patrie par son caractère et son profond savoir, c'était M. d'Agincourt. Successivement militaire, diplomate, fermier général, mais principalement voué à la culture des sciences, il avait parcouru l'Allemagne, la Belgique, la Hollande, l'Angleterre, l'Islande, pour y étudier, dans les monuments, l'histoire de l'art, quand il arriva à Rome, en 1779, après avoir exploré toute l'Italie; et, quoiqu'il répétât chaque année : *je partirai l'année prochaine,* il ne put jamais s'en arracher et y mourut environné de la considération la plus justement méritée. C'est là qu'il composa son bel ouvrage, intitulé *Histoire de l'art du* v^e^ *au* xve *siècle,* et qu'il échappa (en préparant au monde savant ce précieux héritage) à la hache révolutionnaire qui nous en eût probablement privé. Ce fut lui qui fit placer dans le Panthéon l'image de Poussin; il ne cessa de protéger et d'encourager les jeunes artistes, quelles que fussent leurs opinions politiques, quoiqu'il n'ait jamais cessé d'être un franc et chaud royaliste. Philosophe pratique, la perte de sa fortune n'altéra point son caractère. Il était érudit, profond, mais sans prétention; rien de plus attachant que sa conversation, de plus doux que ses mœurs, de plus respectable que sa vie.

Rome était exactement bloquée, de loin pourtant, par ces farouches Calabrois, soutenus de quelques corps napolitains, qui ne valent pas mieux. Pour éviter les horreurs dont Naples venait d'être le théâtre et se procurer des vivres déjà rares, il fallait se porter fréquemment sur eux, les intimider, enlever leurs magasins; c'est ce que nous faisions avec une garnison de quatre à cinq mille hommes, dont moitié gisait dans les hôpitaux, et à la tête de laquelle se trouvait le général Garnier, ancien maçon de Marseille, ayant conservé le langage, le ton, les manières de son premier métier; devenu général de division sans qu'on sût comment, ne possédant pas même le mérite commun nécessaire à un soldat, et ayant un aide de camp, en tout parfaitement digne de son patron, et qui n'en est pas moins devenu lieutenant général : aussi Rome n'eût-elle pu être préservée de plus grands désastres sans les talents, la valeur et l'activité du général cisalpin Tellier, qui fut pour Garnier ce que Macdonald avait été pour Championet.

Le consulat romain, incapable de tenir les rênes d'une république réduite aux murs bloqués de la capitale, était remplacé alors par un gouvernement provisoire, qui menaça, plus qu'il ne frappa, un peuple haineux, mais calme, dont la sagesse prévoyante ne tentait point de se compromettre à la veille du jour où il ne pouvait manquer d'être délivré.

Durant ce blocus, il arriva une chose assez curieuse. Un spéronat, parti d'Égypte et dirigé vers la France, s'était, pour échapper aux croisières anglaises, réfugié à *Porto-Danso;* les dépêches qu'il portait sont remises au gouvernement provisoire, qui, se voyant bloqué de toutes parts, croit pouvoir les ouvrir. Le rapport qu'elles contenaient et qu'on n'a pas osé reproduire dans la collection des pièces officielles sous la date du 21 floréal an VI (10 mai 1799), où la chose est exposée d'une manière toute différente, s'exprimait ainsi : « Saint-Jean-d'Acre est pris, mais, ayant su que la peste règne dans ses murs, l'ordre a été donné de l'évacuer pour éviter les effets de la contagion. Saint-Jean-d'Acre n'existant plus, mon but est atteint; l'Égypte me rappelle. »

Ce rapport devint l'objet d'une publication officielle, où les échecs, essuyés par l'armée d'Orient, furent transformés en brillantes victoires. Mais, quoique le porteur des dépêches eût été enfermé au château Saint-Ange, pour éviter qu'il révélât les désastres essuyés dans la Syrie, quelques indiscrétions, en détruisant l'effet du mensonge, jetèrent un vernis de ridicule sur ceux qui se l'étaient permis, et l'on crut les maux plus grands que peut-être ils n'étaient. Au reste, personne ne remuait ni ne conjurait, car, si la garnison pouvait craindre d'être égorgée par des brigands, la ville n'était pas assurée d'échapper au pillage.

Pour éviter ce double danger, la garnison de Rome fournit l'exemple d'un événement inconnu encore dans les fastes de la guerre, ce fut de capituler, non avec les troupes qui l'assiégeaient, mais avec le capitaine d'un vaisseau anglais croisant sur les côtes de l'État romain. Cette heureuse idée, due, je crois, à Scipion Mourgues, répondit à tous les genres de crainte; car des commissaires britanniques vinrent régler l'évacuation des troupes françaises, qui laissaient un grand nombre de malades dans les hôpitaux, garantir la sécurité de ceux-ci, veiller à l'entrée dans Rome des troupes régulières, et protéger la marche de la garnison vers Civita-Vecchia, où elle devait être embarquée pour se rendre en France; ce qui fut fait avec une admirable loyauté. En voici un exemple :

La garnison désarmée est assaillie par une forte colonne de brigands, traînant une artillerie menaçante. Le consul anglais Bartram se jette devant leurs canons, arrache la mèche d'une de ces pièces chargée à mitraille, pérore ces furieux, leur annonce, en cas de meurtre, la sévère vengeance de l'Angleterre, et c'est au péril de sa vie qu'il parvient à sauver des soldats français sans défense. Cet homme, à qui j'aime à prodiguer ici d'honorables hommages, avait déjà donné asile au savant Petit-Radel, qui me remit, pour le faire passer à M. de Jussieu, le manuscrit de son voyage dans le Latium antique, et sa dissertation sur les monuments cyclopéens, et sur le gladiateur Borghès, qu'il prouve devoir être un discobole.

Demeuré malade à Rome, ce fut avec surprise que j'y vis les malades français, longtemps livrés par respect humain au libertinage d'une grossière et ignorante impiété, se hâter d'implorer les secours de la religion et recevoir avec respect les sacrements, administrés par les ministres du culte qu'ils avaient peut-être insultés la veille.

Ce fut après la reddition de Rome que nous apprîmes ce qui se passait au delà de nos murs, les désastres des armées du Rhin et de l'Adige, l'expulsion des directeurs Treilhard, Larevellière-Lépeaux et Merlin, à la suite du 30 prairial (18 juin 1799), et la dislocation presque complète du gouvernement français. J'écrivis alors au prince Corsini, homme que la place qu'il occupait mettait au courant des affaires, et dont j'espérais obtenir d'exactes notions sur l'état réel des choses. Sa réponse ne se fit pas attendre; elle portait, en substance, que le gouvernement directorial, sans trésor, sans armée, battu de toutes parts, sans union dans son propre sein, ne pouvait subsister; que *la contre-révolution ne pouvait manquer d'avoir lieu* très-prochainement, et que *malheur alors à ceux qui n'y auraient pas pris part!* qu'il me conseillait de renoncer à tout voyage en France, et d'aller prendre du service dans un corps d'émigrés. Je remerciai Corsini de ses conseils, mais je ne les suivis pas; j'avais trop connu le dessous des cartes, pour croire à la loyauté des alliés, dont la politique envahissante s'était dévoilée dès le congrès d'Anvers, et que mit plus tard à nu la négociation secrète pour le partage de l'État ecclésiastique; puis je savais qu'une intrigue avec le cabinet de Madrid avait dès longtemps été ourdie à l'effet de porter sur le trône de France un prince espagnol à l'exclusion du chef légitime de la maison royale, et j'ai su postérieurement que des menées subsidiaires avaient eu lieu en faveur de la branche d'Orléans.

Toutes ces considérations à part, je me disais que, si j'avais cru remplir consciencieusement mes devoirs en me ralliant à la bannière blanche lors de la campagne de 1792, ce serait y manquer que de marcher en 1799 sous les enseignes, probablement ennemies, des alliés. J'attendis donc ma convalescence pour reprendre, n'importe par où, le chemin de la patrie.

L'évacuation de Rome avait eu lieu le 8 vendémiaire an VIII (30 septembre 1799), et celle du fort Saint-Ange le 10 (2 octobre), c'est-à-dire sept jours seulement avant le débarquement à Fréjus du général Bonaparte; mais nous l'ignorions encore à mon départ de Rome. Quant à la ville sainte, ce qu'il y eut de curieux, ce fut de la voir gardée au nom du pape par des Anglicans, des Russes schismatiques et des Turcs. Cela n'était que bizarre; ce qui fut atroce, c'est la vengeance à laquelle se livrèrent les Napolitains, à l'égard d'hommes sur lesquels ils n'avaient légalement aucun droit de juridiction. Que la populace insultât les magistrats d'une république éphémère, et qui avait disparu, on le conçoit; mais que des militaires étrangers à l'État romain les persécutassent au mépris d'une capitulation, c'était un crime irrémissible, un crime très-impolitique même, car des *scènes d'horreur* n'offraient l'idée d'une restauration monarchique que sous un aspect révoltant, d'autant que la conduite précédente du général Naselli, qui avait voulu chasser de Livourne, comme gens sans aveu, les émigrés de Toulon, les avait forcés de se placer sous la protection du consul de France.

A travers tant d'odieux désordres, j'eus personnellement une douce jouissance, ce fut de sauver la vie et la fortune de l'honnête François Piranesi, nommé jadis consul de Suède à Naples par Gustave III. Il avait eu le bonheur de faire échapper mon honorable ami d'Armfelt à la persécution suscitée contre lui par le régent, duc de Sudermanie. Piranesi avait agi d'accord avec le cabinet napolitain, qui ne voulait, ni livrer d'Armfelt à son implacable ennemi, ni se refuser ostensiblement à la demande qui officiellement lui en avait été faite, et, pour couvrir sa participation à la fuite du noble Suédois, il fit condamner à mort le consul, qu'on avertit assez à temps pour qu'il pût se soustraire à cette sentence.

Piranesi était Romain; la sentence, lancée contre lui, ne l'était que par contumace, et, par conséquent, non exécutoire. Cependant les Napolitains le recherchèrent pour le faire pendre; mais je parvins à le cacher et à l'embarquer avec toutes les planches de son grand et utile ouvrage. Je fus encore assez heureux pour sauver le bon Gagliuffi, célèbre improvisateur latin, que Paris admira plus tard; et qui, né Ragusais, n'eût pas dû être persécuté en qualité de Romain rebelle.

Qui croirait que parmi ceux qui étaient entrés à Rome aussi paisiblement que dans une garnison et sous les auspices d'un vaisseau de guerre anglais, l'un des généraux les plus équitables était le *chef* de brigands Pronio, homme bien supérieur, à tous égards, à ce Fra-Diavolo, qui, au reste, *regardait* son métier de conquérant au petit pied comme tout aussi légitime que celui des conquérants très-haut placés. Enfin l'évacuation de Rome par les *Français* produisit deux effets remarquables : le retour du brigandage hors de ses murs et celui des assassinats journaliers dans l'intérieur de la cité sainte; mais elle allait recouvrer un gouvernement qu'elle aimait et devait aimer.

X.

Départ. — Les ambassadeurs et les généraux en chef. — Sardaigne. — Son gouvernement. — Son vice-roi. — Bonaparte.

J'étais parti de Civita-Vecchia sur un navire ragusais, qui devait me porter en cinq ou six jours à Barcelone, d'où il ne m'en fallait pas davantage pour me rendre à Paris, mais le ciel en avait autrement ordonné. Je crois assez opportun de jeter un coup d'œil sur les hommes qui ont le plus influé sur le sort de cette belle Italie que je quittais avec un si profond regret : ces hommes furent, et les ambassadeurs du Directoire, et les généraux en chef des armées françaises dans la Péninsule italique.

Les *pentarques*, incapables d'administrer la république, dont ils étaient les principaux magistrats, voulaient pourtant régner au delà de leurs frontières; et les ambassadeurs qu'ils envoyaient en Italie, remplissaient exactement leur mission en fomentant des troubles et en protégeant les hommes qui étaient rebelles aux gouvernements près desquels on les avait accrédités : tels furent Garat à Naples, et Ginguené à Turin. Mais, tout en ébranlant les trônes qu'ils cherchaient à faire crouler, ces ambassadeurs montraient dans le choix même qui avait présidé à leur nomination, l'intention d'outrager les princes qui y étaient encore assis, politique haineuse, fruit des actes révolutionnaires des cinq directeurs. Aussi, outre les Guillmardet et les Alquier, envoyés successivement près du Bourbon d'Espagne, que néanmoins on voulait rallier à la république, Garat, qui avait signifié à Louis XVI sa sentence de mort, et Jean-Bon-Saint-André, l'un de ceux qui l'avaient prononcée, furent accrédités près du Bourbon de Naples, dont l'épouse était sœur de Marie-Antoinette. Ginguené enfin, non moins insolent, et non moins perfide, pouvait-il être vu sans horreur par la propre sœur de la royale victime, quand il venait de publier, en blâmant Necker d'avoir parlé des vertus du prince assassiné, ces remarquables paroles : « *Je ne crois pas aux vertus d'un roi impolitiquement, mais non injustement puni.* » Et déclarait, relativement à la persécution essuyée par les votants la mort, qu'il leur *enviait cette espèce de réprobation.*

Quant aux généraux en chef, qui, de mon temps, ont commandé en Italie, ce furent Brune, Schérer, Moreau, Masséna, Saint-Cyr, Championet et Macdonald. Le premier, jacobin féroce et entouré de ses semblables, homme aussi rusé qu'audacieux, *était* parvenu successivement à endormir les Suisses, pour les perdre d'après les vues de Bonaparte, et sous la direction de Talleyrand; il s'était joué de cet excellent roi de Sardaigne, si bon, si populaire, dont le dernier paysan pouvait facilement obtenir une audience, de ce prince aussi adoré qu'adorable, et était parvenu de ruse en ruse à briser momentanément sa couronne. Le second n'était qu'un vieux caporal imbécile, mais probe, qualité qu'on n'accordait point à son prédécesseur. Aussi, en comparant le premier à Masséna, disait-on dans Milan : *sous l'ancien général on ne volait qu'à la brune, et sous celui-ci on vole en plein jour*. Le troisième est l'un des problèmes de l'histoire : beaucoup trop vanté relativement à sa fameuse retraite, peut-être ne l'a-t-il pas été assez pour celle d'Italie, dont son noble adversaire, l'archiduc Charles, a dit, en le comparant à Souvarof : *On a exalté celui-ci et non celui-là, parce que le public est plus frappé de ce qui est brillant que de ce qui est utile.* Masséna est jugé comme homme, peut-être ne le serait-il jamais comme militaire. Abstenons-nous ici de toute opinion avant de l'avoir plus tard mis en scène; mais n'oublions pas en lui ce contraste d'une valeur fougueuse, mais sans vue, et d'une lâcheté d'âme et de caractère qui lui fit jouer, à Rome, un rôle doublement honteux. Saint-Cyr fut un tout autre personnage : fils d'un tanneur, précédemment boucher; maître de dessin d'abord, puis enrôlé dans une troupe comique, d'où les sifflets le jetèrent dans l'armée, Gouvion Saint-Cyr déploya dans le noble métier, auquel il consacra le reste de sa vie, des talents qui le firent justement monter au grade le plus élevé, et qu'il honora par son caractère et sa stricte probité; mérite rare au moment où je le vis à Rome, et qui le fit destituer et envoyer servir sous le général Jourdan, qu'il aurait plutôt dû commander en face d'un homme tel que l'archiduc Charles.

Quoique royaliste, j'aime à donner des éloges mérités à un homme qui fut, quoique avec prudence, l'ennemi constant de toute espèce de monarchie. Je remarquai cependant chez lui de ces contrastes qu'on rencontre assez fréquemment parmi nos révolutionnaires. Saint-Cyr, ami de l'égalité républicaine, avait honte de son ancien état et refusait de reconnaître les premiers talents dramatiques avec lesquels il avait figuré sur le théâtre du Marais.

Championet, qui, sous aucun rapport, ne peut lui être comparé, ne fut qu'un geai revêtu des plumes du paon; mais la postérité abusée ne l'en dépouillera peut-être pas. Celui auquel il dut ses seuls succès, Macdonald, est à la fois un militaire distingué et véritablement un homme de bien; je donnerai peut-être ailleurs des détails sur sa vie que j'ai étudiée dans toutes ses phases depuis sa plus tendre enfance. Ici je ne prétends parler que du caractère de celui des guerriers de la république qui a le plus réellement honoré le nom français.

Battus par des tempêtes, retenus par autant de calme plat, jetés hors de notre route, nous tombons enfin dans le port de Cagliari, cité bizarre, peu fréquentée, que je ne décrirai point ici, où je pense néanmoins que quelques détails sur le gouvernement de l'île, dont elle est une des deux capitales, ne sauraient être déplacés, car c'est le seul monument politique du moyen âge demeuré encore debout au sein des institutions modernes.

La constitution de la Sardaigne avait été donnée à cette île par Pierre d'Aragon, vers le milieu du 14e siècle; c'était celle de la Catalogne, mais fondée sur une base plus rigoureusement féodale; car, 1° la plus grande partie du territoire se compose de seigneuries, ou de biens ecclésiastiques, et le reste, à un petit nombre de propriétés près, de vastes communes, dont la culture était et est encore instantanément et arbitrairement louée à tel ou tel, sous promesse de les faire valoir; mais les pâtures sont réservées à la jouissance de tous, ce qui empêche de les soigner, de les arroser, de les égoutter; et voilà l'une des principales causes du dépérissement de l'agriculture, de l'industrie et de la population. 2° Les nobles sont tout et peuvent tout; ils sont même à l'abri d'une condamnation à la peine capitale, puisque, pour le crime de lèse-majesté, leur sort doit être décidé par sept gentilshommes, intéressés à les absoudre. Cet inconcevable privilége ne remonte qu'aux premières années du 16e siècle, mais il démontre la puissance dont jouissaient alors les seigneurs sardes. Ce privilége a produit les plus funestes effets; car la cour de Madrid d'abord, puis celle de Piémont, ayant seules le droit de vendre la noblesse, leur avidité l'a multipliée de la manière la plus désastreuse pour le pays. 3° A l'exemption de toutes peines, pour une noblesse extrêmement nombreuse, se joint celle de toutes les charges publiques et des impositions indirectes, avantage que le clergé, extrêmement riche, partage avec elle; et le fardeau qu'à cet égard ils eussent dû supporter, retombe entièrement sur le paysan, peu ou point propriétaire : aussi tout ce qui a quelque éducation cherche-t-il à entrer dans l'Église; et tout ce qui possède quelque chose, à devenir noble, ce qui ajoute à l'oppression et à la misère du peuple. 4° Pour surcroît, les droits féodaux sont si multipliés en corvées et redevances qu'ils complètent la ruine du cultivateur, en portant à la fois, et sur ce que le travail produit, et sur le temps nécessaire à y employer.

Enfin, pour maintenir cet état d'oppression, les cortès de Sardaigne, ou *stamenti*, se composent de trois ordres intéressés à ne point voir s'en alléger le poids; ce sont : 1° les possesseurs de fiefs; 2° les députés des villes, bourgs et villages royaux, choisis parmi des prétendants à la noblesse; 3° les dignitaires ecclésiastiques.

Si un corps politique de cette nature (qui, en législation, ne peut rien sans la sanction souveraine, et le prince rien, sans sa participation) avait eu à défendre un ordre de choses utile à la propriété générale et particulière, qu'eût-on pu imaginer de mieux que ces *stamenti*, réunion des grands propriétaires, convoquées tous les trois ans? Mais, outre que cet intervalle, qui s'étendit bientôt à celui de dix années, nécessitait une administration intermédiaire indépendante, qui, comme toutes celles qu'on irrite sans les borner, doit tendre et arriver à l'arbitraire, l'ordre gouvernemental ci-dessus exposé était très-vicieux en lui-même; car tolérable peut-être aux jours de l'ignorance populaire et de la modération des grands, choses incompatibles avec l'accroissement du luxe de ceux-ci et des lumières de ceux-là, avec l'établissement des universités, et la marche de la civilisation, progrès (dirai-je heureux ou malheureux?) l'institution de ces *stamenti* ne pouvait enfanter que ce qu'elle a produit, ruine, misère et troubles.

On n'en était cependant pas encore arrivé là; et toute l'animadversion populaire, dirigée par la noblesse principalement, s'était tournée contre le gouvernement, accusé de tous les maux qu'on éprouvait; et, parce que ces maux étaient réels, on croyait devoir les attribuer à ceux qui, ayant envahi tous les pouvoirs, en faisaient un trafic scandaleux. De plus, ils étaient presque en totalité Piémontais. Enfin on se plaignait de ce que l'administration légale de la Sardaigne, assez bien balancée théoriquement parlant, avait fini par tomber entre les mains tyranniques du vice-roi et d'un secrétaire d'État. Puis, la législation, très-confuse en ce qu'elle se composait de lois romaines, d'anciennes coutumes sardes, de décisions sanctionnées du *stamenti*, d'édits royaux et d'ordonnances du vice-roi, publiées par lui, quand elles avaient été consenties par l'assemblée réunie du conseil d'État et de la suprême audience royale, était encore obscurcie par de nombreux commentaires et contrariée par une multitude de chartes locales : mille actes illégaux en accroissaient journellement l'informe chaos.

Quant à cette administration, considérée dans ses formes constitutionnelles, elle résultait des attributions diverses : 1° du conseil d'État et de la suprême audience royale, habiles à diriger la haute administration et à rendre exécutoire les ordonnances des vice-rois; 2° de la trésorerie; 3° du tribunal des contestations; 4° du tribunal de commerce; 5° de l'administration des tours de garde, et, au-dessus de tout cela, du vice-roi, représentant le monarque, du général gouverneur de la ville, et de l'intendant général, ou régent de Sardaigne, chef de l'administration et des tribunaux. Puis, à un rang inférieur, se trouvaient les municipalités, nommées jadis par la voie du sort, puis choisies, à tour de rôle, sur une liste de notables, formée par le gouvernement.

Quant à Sassari, capitale du nord de l'île, elle avait un gouverneur particulier, cumulant les fonctions civiles et militaires, une magistrature civile et criminelle, à laquelle ce gouverneur présidait, un consulat, ou tribunal de commerce; puis un vice-intendant et un vice-trésorier, le tout soumis à la vice-royauté de Sardaigne.

L'administration de la Sardaigne, constamment négligée par l'Espagne, avait été, sous la domination de la maison de Savoie, un objet de spéculation pour les intrigants piémontais, qui y avaient obtenu presque seuls des emplois ou des évêchés. Puis, sous prétexte de répression de désordres, de réforme d'abus et de centralisation administrative, le vice-roi, à force d'ordonnances, consenties par les deux conseils, dont les membres attendaient tout de lui, était parvenu à attirer à sa chancellerie toutes les décisions, légalement réservées à des autorités diverses. Dès lors, lui et son secrétaire d'État avaient été tout; et tout, disait-on, ne se faisait plus dans son secrétariat qu'à prix d'or (inculpation vraie ou fausse, mais que l'arbitraire fait toujours supposer). Le roi même ne pouvait être instruit du sort de ses peuples; le secrétariat, à qui on eût renvoyé le peu de plaintes, échappées à sa surveillance, était devenu le seul intermédiaire entre eux et leur souverain. Furieux d'une telle administration, les Sardes révoltés s'armèrent, au nombre de 12 à 15,000, pour appuyer les demandes faites par la noblesse d'un édit réformateur, dont le but principal eût été le renvoi de tous les administrateurs piémontais. Mais les Français ayant entrepris alors contre ce pays leur extravagante expédition (janvier 1793) avec des vaisseaux dont les équipages étaient insubordonnés, et avec des troupes de bandits, ou de Corses haïs des Sardes; de plus, l'ayant exécutée de la manière la plus absurde, sous un général sans talent, qui ne connaissait pas même le lieu où il aurait dû débarquer, ni ce qu'il pouvait opérer d'utile après son débarquement, l'amour de la patrie parut effacer alors tout autre sentiment; et l'ennemi, d'autant plus facilement vaincu qu'on se trouvait fort, en raison du rassemblement occasionné par l'insurrection, se crut trahi quand il se trahissait lui-même par impéritie; il fut repoussé et abandonna, outre son artillerie, ses munitions, ses bagages et ses armes, un vaisseau de ligne et une frégate, que l'ignorance des équipages et des pilotes avait fait échouer dans le golfe.

La cour de Turin, étonnée et ravie de cette noble conduite du peuple sarde, parut d'abord écouter ses plaintes avec bienveillance et se montrer prête à les accueillir favorablement; mais, rendue bientôt à sa fausse politique, plus frappée du danger d'un événement révolutionnaire que du patriotisme déployé contre l'ennemi, elle trompa indignement des espérances légitimement conçues; et de nouvelles et sanglantes insurrections s'ensuivirent (les 23 avril, 6 mai et 20 juillet 1794); le gouverneur et l'intendant en devinrent les victimes; et le gouvernement, accordant à la révolte ce qu'il eût dû accorder à la fidélité, publia (8 juin 1796) un édit portant : 1° amnistie pleine et entière; 2° convocation des *stamenti* de dix ans en dix ans; 3° confirmation des priviléges, lois et coutumes; 4° et 5° réserve aux sujets sardes des évêchés et emplois civils sur présentation de trois individus, la vice-royauté seule exceptée; 6° établissement de la milice nationale et d'un conseil d'État mieux constitué.

Le gouvernement a cependant, depuis lors, manqué de nouveau à quelques-uns de ses engagements; mais les malheurs du roi, qui, en 1799, n'eut plus d'autre asile que la Sardaigne, sa présence à cette époque, ses mœurs douces, sa bienfaisance, sa piété, le juste respect qu'inspira son épouse, sœur du roi martyr, effacèrent des torts qu'on n'attribuait qu'à ses ministres, intéressèrent tous les cœurs, exaltèrent tous les esprits, et l'on n'en parlait qu'avec amour sous l'équitable administration d'un prince de son sang, qu'en partant il y avait laissé comme vice-roi, et que j'y trouvai lors de mon arrivée à Cagliari.

Ce serait sortir du cercle dans lequel je dois me renfermer ici que de détailler les richesses naturelles de la Sardaigne et les immenses ressources qu'on en pourrait tirer; mais, au moment où Malte, bloquée par les Anglais, devait nécessairement tomber en leurs mains, effet de l'occupation de cette île par Bonaparte, je devais balancer les avantages offerts par la conquête de la Sardaigne, préférablement à celle de l'Égypte, à la veille déjà d'être perdue, et dont l'invasion coûtait à la France une belle flotte, l'élite de ses troupes et de ses généraux; ce qu'elle avait acquis en Italie.

Certes un établissement solide en Égypte pouvait être un utile dédommagement de la perte déjà assurée, comme produit des idées et des actes révolutionnaires, de notre importante colonie de Saint-Domingue, en ouvrant ainsi la voie à un riche commerce avec l'Arabie, comme en servant d'entrepôt à celui de l'Inde; mais, assiégée d'Arabes, presque dénuée de ports, et éloignée de la métropole, elle nous aliénait le plus fidèle et le plus ancien de nos alliés, ne pouvait être conservée que par une marine maîtresse de la Méditerranée, et nous jetait parmi des peuples que leur religion eût toujours faits nos ennemis. La Sardaigne, au contraire, nous soumettant des peuples de notre religion et dont le sort eût été amélioré par nous, pouvait être conservée sans les secours même d'une marine puissante, et ne nous faisait pas un ennemi de plus que nous n'en avions; enfin, si l'on était obligé de dommager la cour de Savoie, nos conquêtes en fournissaient les moyens à sa proximité même, car à Dieu ne plaise que je sois ici l'approbateur des spoliations! et le Milanais, déjà abandonné par l'Autriche pour un riche dédommagement, en faisant du Piémont un État puissant et compact, devenait, par son infériorité relative, et l'inadvertance du cabinet de Vienne, un allié de la France et un bouclier pour ses provinces méridionales. Combien donc l'occupation de cette île, de concert avec son souverain, ne devenait-elle pas utile! Elle était à notre porte, possédait des ports nombreux, et nous liait au continent de l'Afrique, dont la fertilité assurait, les subsistances de nos provinces du Midi; puis, sa population, doublement utile comme cultivatrice et adonnée à la mer, eût été pour nous une pépinière de matelots, et un dédommagement de la perte de Saint-Domingue, par des cotonneries, sucreries et indigoteries faciles à y établir; par les ressources qu'elle eût offertes à notre marine, en bois, chanvre et fer, ainsi qu'en bras pour les exploiter; par le génie de ses habitants, susceptible d'un grand développement moral. Cette île encore eût offert un asile à tout ce que la France ne pouvait, ou nourrir, ou occuper, ce qui en aurait accru l'industrie et la civilisation. De plus, en ouvrant un placement nouveau, chaque jour plus large, à nos draps, à nos quincailleries et à nos marchandises de luxe, elle eût fourni à nos fabriques des soies, des huiles, des laines, des soudes, des cotons que nous tirons de l'étranger; à nos armées, des chevaux excellents; à notre marine, des goudrons, des toiles à voile faciles à y fabriquer. Nous eussions pu faire entrer dans nos échanges avec l'Inde, l'Amérique et le Nord, des coraux plus abondants sur les côtes de Sardaigne que sur celles d'Afrique, où nous allions jadis chèrement et péniblement les arracher sous la protection incertaine du Bastion de France. Ajoutez à cela ses vins et ses eaux-de-vie, ses fruits et ses raisins secs, ses sels, dont le Nord s'alimente, et ses pâtes, supérieures à celles de Naples. Ses biens domaniaux eussent donné aux finances de l'État un moyen de liquidation d'autant plus favorable qu'ils auraient eu le double avantage d'accroître la population sarde en la francisant et la civilisant. Enfin, cette conquête nous amenait, autant que l'Égypte, et plus sûrement encore, au système vers lequel nous marcherons peut-être trop tard, celui de la centralisation de l'industrie commerciale dans les contrées les plus voisines de l'ancien monde, et des colonisations européennes sur les côtes de la Méditerranée, système qui ne peut avoir d'ennemi que l'Angleterre (puissance dont les intérêts sont anti-continentaux), et l'Amérique qui y verrait la perte de son espérance de dominer un jour l'Europe. Ce système conservateur de notre supériorité sur le reste du monde serait en effet le résultat de l'occupation de la Sardaigne; car les heureuses positions de Cagliari, de la belle rade de Palma et de l'île Saint-Pierre donnent une puissante protection au Bastion de France, établissement qui date de 1560, qui avait été définitivement assuré par les deux bombardements d'Alger (1682 et 1684), et dont alors l'importance deviendrait incalculable. Ce bastion, situé à l'extrémité du territoire algérien et près de la frontière de Tunis, permettrait à la France, devenue propriétaire de la Sardaigne, de se porter médiatrice entre les deux États d'Alger et de Tunis, ou plutôt protectrice de la seconde de ces puissances contre la première, que nous devons moins ménager que sa rivale: 1° en raison de la dépendance où Gibraltar la met de l'Angleterre, et parce qu'elle n'est pas également soumise à la Porte Ottomane, notre alliée naturelle; 2° parce que Tunis, une fois soustraite à la tyrannie algérienne, avec la fertilité miraculeuse de son sol, la variété de ses productions, l'industrie native, mais aujourd'hui étouffée de son peuple, ses dispositions à la piraterie, ses bons ports, sa situation près du cap Bon, qui défend la rade de la Goulette, et qu'il faut nécessairement reconnaître; Tunis, dis-je, alliée de la France, qui la protégerait et la borderait de ses colonies africaines, servirait, avec la station maritime de Cagliari et la chaîne, continuée par la Corse, des propriétés françaises, à nous faire exclusivement dominer dans la Méditerranée, et à mettre même dans notre dépendance le Portugal, vu la faculté que nous aurions de lui accorder ou de lui refuser des grains qu'il ne recueille pas en quantité suffisante sur son propre sol.

Voilà ce que je pensais et ce que j'écrivais à Cagliari même. En vain opposerait-on à ces idées la haine inspirée aux Sardes contre les Français et leur conduite en 1793. La France, alors regardée comme impie par un peuple religieux, se présentait à ses yeux en ennemie dévastatrice; mais qu'on lui apporte la liberté, et il ne regrettera pas le despotisme piémontais; qu'on agisse loyalement avec lui, et sa franchise naturelle y répondra; qu'on ménage son clergé, que surtout on honore sa *Madona de bon air*, aussi révérée d'eux que saint Janvier l'est des Napolitains, et l'on parviendra à se les attacher. J'ajouterai ici un mot à ce que j'écrivais alors : c'est que les intérêts présents et futurs de l'Europe exigent impérieusement que la côte de Barbarie se change enfin en colonies chrétiennes et civilisées; car, dans son état actuel, elle ne saurait qu'être à jamais un repaire de pirates. Les deys, en effet, ne peuvent exister que par le brigandage dans un état précaire de puissance où un trésor est nécessaire, et, pressés d'ailleurs, comme ils le sont, par les brigands du désert, avec une population que l'islamisme rend trop faible pour se livrer à l'agriculture, trop inquiète pour se livrer à l'industrie, trop esclave pour songer à l'avenir.

En écrivant ces derniers mots chez Antonio Radovitch, consul de Raguse, homme excellent qui m'avait offert un logement dans sa maison, j'étais loin de prévoir qu'une colonie française dût, trente ans plus tard, s'établir sur le territoire algérien, et que l'annonce de cette nouvelle conquête, due à la maison de France, serait suivie d'une ignominieuse expulsion. Mais l'idée d'un échange qui nous eût valu la Sardaigne m'était venue la première fois que j'avais été, aussitôt mon arrivée, faire ma cour au duc de Genevois, vice-roi alors de l'île et postérieurement roi de Sardaigne. « Eh bien! me dit-» il, vous avez donc enfin un roi? — Comment! » Louis XVIII? — Oh! n'allons pas si vite! Peut-» être y arrivera-t-il aussi, mais ce n'est pas lui » encore; c'est Bonaparte. Après avoir laissé en » Égypte son armée, totalement délabrée, et qui » doit y périr, attaquée par les Turcs, les Anglais » et les Russes, il s'est emparé du pouvoir sous le » titre, il est vrai, de consul. Qu'importe le nom » quand on exerce l'autorité! Cromwell ne fut-il » pas roi plus que Charles Ier, son prédécesseur, et » que son successeur Charles II? La république est » détruite : attendez tout des circonstances et du » temps. »

Le duc de Genevois espérait des jours meilleurs d'un état de choses qui, en France, remplaçait une république anarchique par une quasi-royauté. Quant à moi, j'admirais l'état arriéré de la Sardaigne au début du XIXe siècle; la situation très-pittoresque de Cagliari, totalement armée d'artillerie prise à la flotte et à l'armée de Truguet et de Casa-Bianca; le costume romain, conservé là comme en Écosse; et j'y passai mes plus heureuses matinées chez les respectables pères de la Merci, dont la vocation est aussi utile que périlleuse, et parmi lesquels je rencontrai des hommes instruits, aimables, parlant très-bien le français, et qui me donnèrent de pressantes recommandations adressées aux dominicains de Barcelone.

XI.

Le vicomte de Noé. — Lettre de madame de Roubaix à Bonaparte.

Durant mon séjour à Barcelone je ne vis point le prince de Conti, peu la duchesse d'Orléans, mais beaucoup Mme de Bourbon, où je ne rencontrai pas d'autres Français que le vicomte de Noé, frère de l'évêque de Lescar, un des prélats les plus distingués du clergé de France. Ceux qui aiment les saines et judicieuses prévisions peuvent lire, dans un mandement de cet évêque, l'annonce et les détails de notre révolution, comme résultats inévitables de l'affaiblissement des idées religieuses. Quant au vicomte, il voyait bien dans Bonaparte un véritable souverain, mais croyait fermement que, s'il ceignait la couronne, elle serait brisée avant sa mort, et le serait par l'Angleterre. Homme honnête, mais roide, il se trouvait personnellement dans une position aussi fausse que curieuse. Jadis maire de Bordeaux, il avait, en cette qualité, eu de violentes querelles avec le maréchal de Richelieu, gouverneur de la province; et ce grand personnage, l'ayant fait traduire, pour insulte grave, devant le tribunal des maréchaux de France, avait obtenu contre lui une sévère condamnation. Le vicomte de Noé, qui, depuis son procès, s'était réfugié en Espagne, crut, dès qu'il sut Monsieur (Louis XVIII) arrivé à Vérone, devoir aller lui présenter ses hommages, mais ce prince refusa de le recevoir, en lui ordonnant de se soumettre préalablement à l'arrêt du tribunal qui l'avait jugé.

Cette conduite inattendue de la part d'un proscrit à l'égard d'un proscrit, franchement royaliste, ne fit pas dévier celui-ci des sentiments de fidélité qu'il considérait comme un devoir; car le *légitimisme* (si je puis me permettre une expression qu'appelle notre langue politique et qui lui manque), le légitimisme est un sentiment d'autant plus inaltérable qu'il naît et s'alimente aux mêmes sources que la société civile. Quels sont en effet les éléments producteurs et vivificateurs de tout corps de nation réellement constituée? La famille, premier type social, la propriété qui la fixe, l'hérédité qui la conserve, l'habitude qui la consacre : en cela seulement se rencontrent des principes de stabilité auxquels on ne saurait utilement en substituer d'autres. Eh bien, c'est dans ces principes, c'est dans leur conséquence nécessaire que consiste le *légitimisme* : par lui le présent est lié au passé qui l'éclaire, à l'avenir qu'il féconde, chaîne sans solution de continuité, à laquelle tous les vrais et durables intérêts se rattachent ou se rattacheront tôt ou tard. Le légitimiste ne conjure pas : homme de foi sincère et vive, il attend que le torrent des erreurs ait achevé son cours, et ne reparaît que pour en balayer les fanges, dont lui-même il n'a pas été souillé; son irrésistible force est dans un principe positif, applicable à tous les temps, à tous les lieux, à tous les gouvernements. Si des actes inconsidérés peuvent en retarder le triomphe, ce triomphe n'est pas moins inévitable.

Ainsi pensait le vicomte de Noé, qui, à cet égard, n'était pas toujours d'accord avec Mme de Bourbon, dont la politique se montrait un peu trop romanesque, mais toujours pure d'intérêt personnel.

Quant à cette excellente princesse, on a dit et répété dans plusieurs brochures, et notamment dans des mémoires récemment publiés, qu'elle avait sollicité des bienfaits du meurtrier de son fils; c'est une calomnie : il appartient à celui qui fut le sincère admirateur de son esprit, de son caractère, de ses douces vertus, de détruire une injurieuse erreur, et de la démentir par des faits.

Après une longue détention et le pillage, très-illégal, de sa fortune, il avait été, par le gouvernement directorial, assigné à cette charitable princesse une pension de 50,000 francs, faible dédommagement des biens qui lui avaient été ravis, et dont le fonds montait de 11 à 12 millions. Cette pension devenait donc pour elle une propriété, et, de la part de ceux qui la servaient, une dette sacrée. Cependant, lorsqu'elle se vit exilée en Espagne, tout inoffensive qu'elle était, cette pension, sa seule et légitime propriété, cessa de lui être payée; et ses gens, dont elle était adorée, la faisaient vivre du fruit de leurs épargnes. Elle brûlait du désir de s'acquitter envers eux, de récompenser une aussi généreuse conduite; ses justes réclamations n'étaient point écoutées. Bonaparte arrive d'Égypte; son éloge retentit de toutes parts; l'âme éminemment française de Mme de Bourbon en est émue; on parle de ses bienfaits; elle compte sur sa justice et lui écrit cette lettre, qu'elle me confia lors de mon passage en Espagne, que Benezech ne voulut pas remettre à son adresse, et dont l'original est encore entre mes mains, la voici :

« De Barcelone, en Espagne, ce 26 nivôse an VIII.

» Citoyen consul,

» Accoutumée depuis longtemps à subir le sort » qu'il a plu à la divine Providence de me départir, » j'attends tout de sa bonté, qui, j'espère, vous » inspirera de veiller au sort d'une femme fidèle à » sa patrie, qui se trouve bannie de son sein, sans » jamais l'avoir mérité, ni par aucune action, ni » par aucun sentiment. Privée de toute sa fortune, » n'ayant point encore reçu cette année la pension » qui lui a été assignée par l'ancien gouvernement, » elle vous instruit seulement de sa position, citoyen » consul, afin qu'elle puisse ressentir les effets de » votre bienveillance générale. Étrangère dans tous » les temps à toute espèce de politique, mes goûts » sont la solitude et de pouvoir consacrer mes » jours au soulagement de mes semblables; mon » étude est de connaître la vérité et de m'y livrer » tout entière; mes désirs sont d'être là où je pour» rai faire le plus de bien et où la divine Providence » me voudra placer. Je crois qu'elle doit se déclarer » par l'ordre du gouvernement français à mon » égard; je l'attends donc, citoyen consul, avec » soumission et confiance, de la part de celui sur» tout qu'elle protége si évidemment et qui vient de » se montrer si juste envers tous. »

« M.-F.-B. D'ORLÉANS, *femme* BOURBON. »

La date de cette lettre (26 nivôse an VIII) est de 1800, plus de trois ans avant la catastrophe du duc d'Enghien. Postérieurement à cet événement, si cruel pour une bonne et tendre mère, Mme de Bourbon ne l'eût pas écrite; mais, entourée de gens à qui elle devait son pain, elle eût pu, sans abaissement et sans honte, réclamer du gouvernement ce qui était à elle, ce qui lui avait été assigné, non comme faveur, mais comme droit, par une autorité antérieure à celle qui régnait alors; car un assassinat n'est pas une quittance. Qu'on cesse donc de chercher à flétrir la mémoire d'une femme véritablement adorable et aussi résignée dans l'infortune que modeste et bienfaisante dans la prospérité! Qu'on cesse surtout de prétendre avoir été la bienfaitrice de celle qui, ne voyant dans la grandeur que des devoirs, dans le malheur que des épreuves expiatoires, ne manifesta jamais, ni orgueil, ni bassesse.

XII.

Mon retour. — Le 18 brumaire et ses suites. — Lettre sur madame de Bourbon.

A mon retour d'Espagne, Toulouse devait être pour moi le sujet d'une double surprise : j'y trouvai dans la personne du conventionnel Richard un préfet régicide et très-républicain, devenu le zélé protecteur des émigrés et des royalistes, et j'y appris, ce que je n'eusse jamais pu concevoir, que les juges de Calas, objets ailleurs d'une complète réprobation, avaient laissé dans cette ville une mémoire généralement révérée.

C'est là encore que j'obtins quelques détails sur l'infructueuse tentative d'insurrection faite en 1799. Le prétendant (Louis XVIII), croyant avoir partout de nombreux partisans parce qu'on lui désignait comme tels tous ceux qui déblatéraient contre le gouvernement existant, funeste et grossière erreur! avait, dans son organisation précipitée, une agence royaliste qui embrassait les départements situés au-dessous de la Loire, prêts, disait-on, à se lever en masse au premier signal, sous le commandement du marquis de Bouillé, qui devait à cet effet y être envoyé.

Le moment semblait des plus favorables : Bonaparte bloqué en Égypte; les Français chassés de l'Allemagne et de presque toute l'Italie; le Directoire chancelant et méprisé; les honnêtes gens effrayés de la naissance du jacobinisme par la réunion des hommes les plus forcenés dans le club du Manége; et la loi des otages, résurrection de celle des suspects. Aussi un courrier, arrivé le 2 août 1799, ordonnait-il, de la part du roi, une insurrection générale, pour la nuit du 8 au 9 août, dans les treize départements, disposés, croyait-on, à proclamer la royauté. Mais le royalisme, dans le Midi, n'est qu'un feu de paille, et il n'eut pas même alors cet éclat momentané qu'il aurait dû manifester. Des mouvements sans ensemble et bientôt réprimés ne produisirent d'autre effet que de conduire au supplice nombre de malheureux; et toutes ressources eussent été enlevées à ceux mêmes qui purent se sauver en Espagne, si les religieux, désobéissant à l'ordre royal de les livrer à leurs bourreaux, ne les avaient soigneusement cachés! Enfin la fusillade ne cessa que par l'effet de la révolution du 18 brumaire, époque à la suite de laquelle les proscrits recouvrèrent, et leur liberté, et leurs propriétés. C'était, comme bien d'autres, une de ces échauffourées, aussi nuisibles qu'on les croyait utiles à la cause en faveur de laquelle on s'y livrait, soit par un zèle aveugle mais véritable, soit par des calculs beaucoup moins purs, et qui, en effrayant les gens paisibles, les rejetaient dans le parti auquel ils eussent été tentés de renoncer.

Après avoir visité le respectable père Corbin, instituteur jadis de l'auguste élève de mon oncle, et parlé avec lui du vertueux Louis XVI et de sa noble épouse, dont le souvenir nous était si cher, je m'acheminai vers Paris, où j'arrivai après deux ans d'absence, durant lesquels le gouvernement directorial, en suivant son système de bascule, était parvenu, de sottise en sottise et d'échec en échec, à consommer, sans le savoir, ni le vouloir, la révolution commencée le 18 fructidor en faveur de celui qui, sachant prévoir, attendre et profiter, se montrait l'homme le plus brillant, le plus audacieux et le plus éclairé de cette époque.

Tout facilitait alors son élévation au pouvoir suprême ; car, outre l'impuissance absolue du Directoire, la crainte non éteinte encore d'une contre-révolution, que nos rapides revers avaient réveillée, ralliait à lui les hommes de la révolution. Les royalistes, paisibles ou neutres, se figuraient qu'on ne pouvait, en abattant la république, travailler que pour le roi, tandis que ceux qui étaient plus actifs ruinaient sa cause en torturant le peuple par des velléités impuissantes.

Les amis de l'ordre et de la tranquillité, dans toutes les classes, n'espéraient qu'en lui contre le renouvellement tenté de la terreur; et les militaires, qui le considéraient comme leur ouvrage, se groupaient naturellement autour de lui.

D'une autre part, les puissances étrangères, longtemps effrayées de l'esprit démocratique, devaient voir avec plaisir un retour vers les anciennes idées gouvernementales, ainsi que le pouvoir dominateur d'un homme qui, s'il était prévoyant et sage, sentirait le besoin de se faire pardonner sa puissance au dedans par une prospérité, fruit d'un état de paix généralement désiré, et au dehors par l'absence d'une ambition perturbatrice qui, après tant de dévastations, n'aurait plus les peuples pour auxiliaires.

Je n'ai point été le témoin de cette révolution du 18 brumaire, exécutée avec moins de vigueur qu'on n'avait mis d'audace à la concevoir et montré de finesse à la faire tourner entièrement au profit de celui qu'elle éleva, et jugée en France moins sainement qu'à l'étranger : le public, à mon arrivée, n'en présageait point encore les effets. Sieyès, par une fausse application des leçons de l'histoire, avait aveuglément fondé l'empire de César en ne croyant établir que le consulat de Brutus, et, quoique des gens raisonnables se réveillassent alors du pénible rêve de la république, toutes les illusions révolutionnaires ne cessaient pourtant pas encore. Necker même, deux ans après cette mémorable journée, ne distinguait point les traits d'un véritable monarque sous le masque diaphane du premier consul; Paris n'y voyait pas plus clair que lui, mais jouissait avec ivresse des fruits de cette dictature, beaucoup plus absolue que ne l'avait jamais été la monarchie proscrite comme despotique, heureux d'être enfin débarrassé du jacobinisme, car la soumission à un maître lui semblait le résultat le plus favorable d'une révolution faite contre les rois.

Tout, en effet, renaissait comme par magie sous le pouvoir d'un seul; il ne pouvait donc être environné d'assez d'hommages celui qui ramenait avec lui le lustre des armées, l'espoir de la paix, la sécurité intérieure, celui à qui l'on devait le rétablissement du culte, le rappel des proscrits, la réduction du nombre des prisonniers d'État de 9,000 à 250. Aussi La Harpe (discours au Lycée, 5 frimaire an IX), après avoir exposé les maux dont on souffrit, s'exprimait-il en ces termes : « C'est dans ce mo-

» ment que la Providence appelle du fond de l'É-
» gypte, presque seul, sur un petit bâtiment, à tra-
» vers une mer couverte de vaisseaux, un homme
» qui, en abordant sur nos côtes, n'apporte d'au-
» tre force que celle de son nom ; et, dès qu'il a
» touché le sol de la France, elle est sauvée. Tout
» se rangea, presque de soi-même, devant celui qui
» seul réunissait la volonté, le pouvoir et le talent
» de gouverner ; et la France commença dès ce mo-
» ment à rentrer dans le rang des nations civili-
» sées. »

Les événements qui s'étaient succédé depuis 1789 réalisaient complétement la prophétique protestation des princes contre la double représentation du tiers état aux états généraux, protestation qui se terminait ainsi : « Par une suite des lois générales
» qui régissent toutes les constitutions politiques,
» il faudrait que la monarchie française dégénérât
» en despotisme, ou devînt une démocratie, deux
» genres de révolution opposés, mais tous deux
» funestes. » Nous avions passé à travers celle-ci pour arriver, de triomphe en triomphe, et comme résultat définitif, à celui-là, seul gouvernement dont la France fût devenue susceptible, vu la fausse et ruineuse situation morale dans laquelle ses erreurs l'avaient placée. Les effets d'un principe anarchique n'avaient pu d'abord être réprimés que par la hache du bourreau ; ils allaient l'être de nouveau par le glaive plus noble du guerrier ; car il faut, pour leur propre salut, commander sévèrement aux hommes qui ne savent plus obéir qu'à la force.

Mais, avant de tracer la marche de Bonaparte du siége consulaire au trône impérial, comme tout aujourd'hui se calcule en argent, voyons ce que cette révolution, si vantée dans chacune de toutes ses phases, avait coûté à la France, c'est-à-dire établissons en chiffres son bilan à l'époque de 1800.

J'ai déjà parlé de ce déficit, pour l'examen réparateur duquel l'assemblée dite *constituante* avait été convoquée dans les formes et sous la qualification d'*états généraux,* déficit qui fut la seule chose qu'elle laissa subsister, qu'elle accrut même ; car, nonobstant 75,476,000 livres de réformes dans l'administration, il s'éleva encore à 252,044,000 livres, et l'on ne put se procurer qu'un revenu de 451,100,000 livres pour faire face à un service de 612 millions, somme même insuffisante, et à laquelle des emprunts forcés et des émissions d'assignats suppléèrent.

J'ai parlé plus loin des énormes dépenses nécessitées par la première campagne de la révolution, dépenses plus fortes à elles seules que celles qui furent occasionnées par la somme réunie des frais de chacune des trois guerres précédentes.

J'ai parlé encore de l'état déplorable des finances au moment où allait être tenté le coup d'État du 18 fructidor. Voyons maintenant ce que, dans son ensemble, nos dix années de troubles, de crimes, de massacres, de spoliations nous ont coûté pour prix de l'élévation d'un maître sans frein, substitué à celui qui ne chercha qu'à restreindre son pouvoir. Il sera cependant impossible d'en établir ici le bordereau avec une complète exactitude ; car comment faire entrer en ligne de compte cette foule de charges réelles, pesantes, mais incalculables, résultant de suspension de travail occasionnée par les gardes, fêtes et cérémonies nationales ; de dépenses en habits, armes et équipements, en orgies et expéditions civiques ; de sacrifices volontaires, soit de l'amour paternel en faveur d'un fils soldat, soit de l'enthousiasme patriotique en contribution pour les défenseurs de la patrie ; de réquisitions de tous genres, accrues de tous les abus, de toutes les vexations exercées par ceux qui en étaient les agents ; de la multiplication des salaires improductifs, doublement à charge en ce qu'ils enlevaient encore des bras à la reproduction ; des effets sans nombre vendus à vil prix à l'étranger, pour solde de valeurs improductives que notre sol, nos fabriques et nos colonies cessaient de nous fournir en quantité suffisante ; de dévastations et démolitions dans un grand nombre de provinces, outre ces choses qu'on ne peut calculer, et qui, certes, montèrent à des sommes effrayantes, outre que nombre d'objets encore échappent à toutes recherches, parce qu'une multitude de charges ou dépenses publiques ne passèrent ni par la trésorerie, ni par la haute administration ? Posons ici les valeurs calculables dévorées durant cette effroyable décade.

Sans donc parler de 48 milliards d'assignats, rescriptions, ou mandats, lancés contre la prospérité publique et particulière, les dépenses des divers gouvernements essayés de 1790 à 1800 absorbèrent, en argenterie d'église, 45 millions ; en fonte de cloches, 15 millions ; en domaines nationaux, vendus successivement au denier 22-20-18-15 et 8, pour 2,482,038,140 francs, somme de l'estimation, inférieure également, et au taux où la dépréciation du papier-monnaie les fit monter, et à celui de leur valeur réelle, et qu'on n'exagère pas ici en l'élevant de moitié en sus de la mise à prix, puisque, lors de la vente par loterie d'un grand nombre de maisons nationales, on pouvait, en prenant tous les billets d'une série, doubler son capital de la main à la main, et qu'il fut quadruplé pour ceux qui attendirent quelques années ; portons donc cet objet à au moins 3,733,057,210 francs ; et, en y joignant le prix de l'argenterie et des cloches, montant ensemble à 60 millions, voilà déjà 3,793,037,210 francs de valeur vénale à cette époque, et vu la dépréciation de propriété, montant antérieurement à 6 milliards, auxquels il faut ajouter, en contribution sur l'étranger, celle de 2,821,425,000 francs; ce qui, abstraction faite des dilapidations particulières, donne dans ce calcul, imparfait même encore, 6,614,482,210 francs, somme énorme, mais très-inférieure cependant à la réalité.

Quant à celle de près de 3 milliards, arrachée à l'étranger, elle se compose : 1° de contribution par arrêtés, montant à 655,315,000 francs sur les Pays-Bas, Liége, pays entre Rhin et Meuse, Clèves et possessions prussiennes, Hollande, Franconie, Wurtemberg, Bade, Souabe, Bavière, Lombardie, Parme, Modène, Venise, Romagne, Naples, Gênes, État de l'Église, Toscane et Suisse; 2° d'enlèvement d'argenterie, mobilier, magasin dans les Pays-Bas, Électorats et Italie pour 305,110,000 francs; 3° de 1,861,000 francs en emprunts forcés à Parme, Gênes, Lucques, Florence, Brême, Hambourg; en enlèvements de magasins en Belgique, Italie, Suisse et autres États; en réquisitions dans tous les lieux où on portait la guerre; en revenus séquestrés ou expropriations; en saisies de meubles et dépôts; en spoliations à Naples, Caserte, Barri, Bénévent, Mont-Cassin, Florence, Lucques, sans compter des vols plus secrets, tels que celui du portefeuille de Raphaël, par Vik......; du camée d'Auguste, par Du.......; de tableaux, vases et statues, par Pe......, Garnier et autres.

Ajouterai-je à cette somme de près de 7 billions, et qui certes monta beaucoup plus haut, en valeur absorbée, comme nous l'avons expliqué ci-dessus, plus de 2 millions d'hommes immolés, soit par le fer de l'ennemi, soit par le glaive des bourreaux; et la perte de Saint-Domingue, la plus riche des colonies européennes; et cela pour acquérir la Savoie, la Belgique et les départements du Rhin, qui plus tard devaient nous être enlevés, et vivre sous un despotisme militaire, le seul gouvernement possible, vu la ruine complète de toutes les bases sociales?

Voilà pourtant notre bilan à l'époque du 18 brumaire an VIII (9 novembre 1799). Cependant tout avait semblé devoir concourir à la liquidation des anciennes dettes de l'État; des payements en assignats sans valeur, et qui ne coûtaient que les frais de fabrication; la suppression des pensions promises; la confiscation des rentes, ou finance, appartenant aux émigrés ou suppliciés; diverses banqueroutes, et notamment celle des deux tiers mobilisés après le 18 fructidor : aussi ne montaient-elles, en l'an VIII (1800), qu'à 89 millions de rentes qu'on eût pu alors racheter au-dessous du dixième de leur valeur nominale. Mais les recouvrements avaient été faibles et difficiles. Passons les quatre premières années de la république, où ils furent presque nuls, et arrêtons-nous à l'an V, où ils ne s'élevèrent qu'à 340 millions, quoique, indépendamment du service des créanciers, il eût été ouvert des crédits aux départements ministériels pour 368,421,355 francs, somme inférieure aux dépenses présumées, montant à un milliard. L'aperçu de ces mêmes dépenses, pour l'an VI, était de 643,436,381 francs, réduits par les deux conseils législatifs à 616 millions; mais les recettes ne passèrent pas 527,321,716 francs, ce dont il résultait un déficit de 88,678,284 francs. Les dépenses de l'an VII furent portées, par aperçu, à 600 millions; puis un supplément de 125 millions fut demandé cependant, en dépit d'un emprunt forcé de 100 millions, remplacé bientôt par une contribution d'un quart des revenus, qui ne produisit que 60 millions, ce qui ramena vers le système ruineux des réquisitions. On ne put faire entrer au trésor que 309 millions, tandis que les dépenses montèrent à 360 millions. Aussi la France avait-elle perdu l'Italie, et vu toutes ses armées désorganisées et son administration en souffrance dans tous les services.

Mais tout sembla renaître à l'arrivée de Bonaparte. La terreur produite par la loi des otages cessa; les insurrections furent étouffées par des mesures fermes et douces; les troupes françaises reprirent leur ascendant sur l'étranger; l'administration devint plus régulière, et le gouvernement plus économe. Le Directoire avait demandé pour l'an VIII 375 millions, applicables aux dépenses ordinaires; et, pour les dépenses extraordinaires, 395 millions, ce qui faisait un total de 770 millions. Le premier consul réduisit cette demande à celle de 375 millions; mais les recettes montèrent à 608,684,207 francs, parce qu'on obtint un supplément de 89 millions en rachat de rente, en cautionnements et dégagements de conscrits, ainsi que 6 millions de bonification sur les frais de recouvrement, ce qui permit, en l'an IX, de ne lever sur les peuples que 486,721,413 francs. Mais aussi il fut, pour cette année-là, ajouté 87 millions, pris sur les pays occupés par les armées françaises. Ainsi recommencèrent les recettes extérieures qui avaient dû leur origine aux premiers succès de Bonaparte en Italie, et que son absence avait considérablement diminuées.

A tant de bienfaits, dus à l'administration de celui qui réunissait à un très-haut degré tous les genres de talent, s'en joignirent bientôt de nouveaux par des traités propres à consolider les conquêtes faites au nord de l'ancienne France, à nous faire rendre quelques-unes de nos colonies et à solder nos dettes américaines par l'acquisition et la rétrocession de la Louisiane. Des actes utiles succédèrent encore : c'est la confection d'un Code civil ; la renaissance du commerce et de l'industrie ; le rétablissement du culte, et la rentrée des émigrés. Mais telle est l'affreuse position d'un usurpateur, qu'on ne lui tient compte de rien. Aussi, tandis que tous les amis de la tranquillité et du bonheur public applaudissaient à ses œuvres, que les militaires observaient sa marche avec curiosité et inquiétude, que les ambitieux valets se groupaient autour de lui, les deux seuls partis, persévérants dans leurs principes, les royalistes et les républicains vrais, ne cessèrent de conspirer contre lui.

La vie de Bonaparte est un des sujets les plus riches qui puissent un jour être offert au génie de l'historien, digne de la peindre. Il aura principalement à faire admirer le coup d'œil étendu, rapide et juste qu'il jeta sur les hommes comme sur les choses à son retour d'Égypte, et la sagacité profonde avec laquelle, sans trop hâter ni retarder sa marche, en sachant habilement profiter de toutes les circonstances qui se présentèrent, cet homme extraordinaire parvint, en moins de quatre années, sans négliger aucun des devoirs qu'il s'était imposés, à se faire conférer le titre du pouvoir, que, comme premier consul, il n'avait pas cessé d'exercer, très-supérieur, sous ce rapport, à Jules-César et à Cromwell. Certes je n'entreprendrai point ici ce sublime tableau ; mais, rentrant dans le cercle plus circonscrit de mes propres souvenirs, je dirai quelques-unes des choses que l'histoire croira devoir taire, que bien des contemporains ignorent, ou regardent comme peu dignes d'être rappelées, et qui me semblent au contraire appartenir à l'histoire réelle et complète des hommes et des mœurs.

Lors de mon arrivée à Paris, Bonaparte venait d'en partir pour se mettre à la tête de ses troupes, et l'on y riait assez généralement de cette armée de recrues, réunie par enchantement à Dijon, que toute l'Europe regardait comme une chimère, et contre laquelle les Autrichiens ne crurent devoir faire aucune disposition de défense. Les royalistes et les républicains en plaisantaient, et ceux-ci reçurent un courrier qui leur causa la plus vive joie en leur annonçant la défaite du premier consul ; mais cette joie fut courte, car un courrier, parti quelques heures après le premier, apporta la nouvelle de la victoire de Marengo (du 14 juin 1800 — 25 prairial an VIII), qui rendait à la France, et l'Italie, et Gênes même qui venait de tomber au pouvoir des alliés. Aussi la haine chercha-t-elle à lui en ravir l'honneur en l'attribuant au général Desaix, et à flétrir son caractère en supposant que ce général avait été assassiné par ses ordres, quoiqu'il fût tombé sous les coups de l'ennemi.

Tandis que le peuple se réjouissait d'un événement dont l'orgueil national était flatté, les deux partis extrêmes apprenaient avec crainte ou voyaient avec indignation que le triomphateur se fût fait recevoir à Milan selon le cérémonial usité à l'entrée du souverain et que l'illumination du dôme des Tuileries représentât une couronne royale, peu séduits l'un et l'autre par cette phrase de la dépêche consulaire, que les valets du château répétaient avec admiration : *J'espère que le peuple français est content de son armée.*

Il est bon de remarquer que ces deux partis se composaient de diverses nuances, qui, chez les royalistes, étaient les niais, croyant tout ce qu'ils désirent ; les lâches, qui désirent sans oser l'avouer ; les intrigants, qui se mêlent de tout et ne sont bons à rien ; et des chouans, mais en petit nombre alors, toujours prêts à agir. Les républicains renfermaient dans leur sein les mêmes nuances avec plus d'avantages de situation, plus de vigueur, plus d'ensemble, une constance égale et une plus forte masse de gens d'exécution. Si l'on compare les jacobins ou les républicains enragés aux enragés royalistes, très-différents de but, mais capables de se servir des mêmes moyens pour y arriver, on verra qu'ils conspiraient simultanément contre la vie de l'homme qui n'avait encore fait que du bien et semblait disposé à en faire encore.

Parmi les premiers, l'italien Ceracchi, sculpteur romain, et l'un des plus ardents révolutionnaires de Rome, s'était fait remarquer par son intrépidité et un calme qui voilait une âme de feu. Se croyant un nouveau Brutus, et voulant poignarder Bonaparte, il lui avait demandé une séance pour faire son buste. Elle lui fut refusée ; et je l'ai entendu s'en plaindre chez Duverger, mais sans dire son projet, à défaut duquel une machine infernale est imaginée et doit servir de signal à l'insurrection des faubourgs, que dirigerait le général Rossignol. Mais la police en eut connaissance et prévint cet attentat par une foule d'arrestations, dans lesquelles furent compris le prince Charles de Hesse et Félix Lepelletier.

Ce coup manqué, les royalistes enragés marchèrent dans la voie tracée par leurs émules ; et leur meurtrière machine, près de laquelle je passai peu avant son explosion, et que j'entendis après avoir traversé le guichet du Louvre, manqua l'effet désiré par ses auteurs et fit un grand nombre de victimes dans la soirée du 3 nivôse an XI (24 décembre 1800). La police, prévenue alors contre les jacobins, fut longtemps sans connaître ceux à qui l'on devait attribuer cet exécrable forfait. Elle en saisit enfin quelques-uns, mais Limolan et ses principaux complices lui échappèrent. Le procès de Saint-Régent, arrêté comme ayant mis le feu à la machine, se fit publiquement et le conduisit à l'échafaud, tandis que le gouvernement, qui voulait frapper à la fois les deux partis, déporta, par arrêté que confirma le sénat conservateur, un grand nombre de jacobins, non jugés.

Je suivis avec intérêt ce procès; et, dans cette affaire, quatre choses me parurent extrêmement curieuses: 1° que Saint-Régent, par un sentiment de pudeur morale, assez remarquable dans un homme qui se permettait un crime atroce, ne révéla point son nom, ni ne cria *vive le roi!* comme tous les royalistes suppliciés; 2° que Limolan, dénué de tout, ne put fuir qu'après avoir reçu 50 louis de l'agent anglais pour les prisonniers de guerre, et fut embarqué par le capitaine Wright, qui croisait sur nos côtes pour faciliter l'entrée et la sortie des agents royalistes; 3° que, quelques jours avant cet événement, Marsollier de Vivetière, le plus paisible des hommes, avait reçu de Londres un manifeste au nom du roi, enfermé dans une bougie, avec ordre de le faire imprimer aussitôt la mort du premier consul; très-effrayé, il le jeta au feu; mais la police, qui en eut connaissance, fit arrêter cet aimable et timide écrivain, que sauva Dalayrac, son ami, en répondant de lui près de Fouché; 4° que M. Dupetit-Bois, tuteur des jeunes demoiselles de Gayon, compromises dans cette affaire pour avoir donné asile à l'un des coupables, ne put, quoiqu'elles fussent innocentes dans le fond, les sauver d'une peine afflictive qu'en corrompant les jurés.

Quoique Benezech y eût mis beaucoup de mauvaise grâce, et Mme de Montesson, une extrême froideur, Bonaparte, par un sentiment d'équité qui lui fit alors accorder des pensions à beaucoup d'officiers généraux de l'ancien régime, ordonna le payement de ce qui avait été alloué à Mme de Bourbon; mais on ne cessait de répandre sur son compte les plus ridicules mensonges, ce qui m'engagea à adresser, le 8 messidor an VIII (27 juin 1800), au journal intitulé *le Publiciste*, la lettre que voici et qu'il ne voulut pas insérer dans sa feuille:

« Votre journal, Monsieur, est trop recommandable par le ton et les principes qui le caractérisent pour qu'on ne soit pas aussi étonné d'y voir qu'empressé d'y relever la plus légère déviation dans une marche aussi conforme que la vôtre à celle de l'opinion publique. Vous ne serez donc pas surpris de la démarche que m'imposent en ce moment, et mon amour pour la vérité, et mon respect pour le malheur. J'ai lu, dans votre numéro du 6 messidor, une lettre concernant deux des plus intéressantes victimes du despotisme fructidorien; et certes je suis disposé comme vous à applaudir à ce qu'on y dit sur le compte de Mme d'Orléans, femme éminemment respectable, femme à qui néanmoins l'on rendrait peut-être un plus grand service en parlant un peu moins d'elle, de ses enfants, de ses occupations et de ses désirs. Mais, pour exalter une vertu si hautement proclamée, pour intéresser à des infortunes plaintes si généralement, fallait-il, Monsieur, déverser le ridicule sur des vertus plus modestes, sur des malheurs plus grands et plus résignés? et, supposé que Mme de Bourbon eût ce genre de dévotion que lui prête votre correspondant (car je ne vous accuse pas de partager sa coupable irrévérence envers l'infortune), qui aurait le droit de scruter ce qui se passe au fond de son cœur? qui se croirait assez pur pour oser se constituer son juge? qui serait barbare au point de la blâmer d'opposer une égide aussi salutaire aux traits redoublés de l'injustice et de l'adversité? Quoi! tandis que le sentiment et le respect s'imposent un silence pénible sur des qualités adorables, embellies d'esprit, de grâces, et surtout de constance et de résignation, sur une perfection qui s'ignore elle-même, qui fuit l'ostentation comme on fuit d'ordinaire l'obscurité; sur une femme qui, étrangère à toutes les factions, n'a pas cessé d'être fidèle à une patrie dont elle n'a pas cessé d'être persécutée; qui ne regrette de son ancienne fortune que le pouvoir de faire le bien, et qui, sous le régime actuel, jouirait avec ivresse du bonheur de pouvoir le faire sans éclat; qui professe, dans la simplicité de son cœur, les préceptes les plus sublimes d'une religion dont la morale est toute céleste, quoi! votre correspondant, sur la foi sans doute de quelques propos, aussi inconsidérés que méprisables, oserait l'arracher en quelque sorte à l'obscurité de sa retraite pour la livrer aux risées insolentes du désœuvrement et de la sottise! Ceci est plus qu'une légèreté, Monsieur; c'est un tort, et un tort grave. Il y a plus: votre correspondant joint encore le mensonge aux plaisanteries les plus déplacées. Non, il ne connaît pas, il n'a point vu Mme de Bourbon! Retirée, solitaire, presque inaccessible, elle n'eût pu livrer qu'à l'amitié l'entrée de son simple et respectable asile; mais l'amitié, toujours indulgente, aurait-elle publié ce qu'elle croirait des faiblesses? eût-elle adopté, en en parlant, un langage révoltant d'indécence et de légèreté? eût-elle surtout avancé comme des vérités les assertions fausses

» auxquelles vous avez vous-même donné cours par » l'opinion généralement conçue de votre véracité? » Personnellement témoin de ce qui a trait à ses oc» cupations habituelles, je pourrais sans doute op» poser ici aux attaques dirigées contre elle un » tableau simple et ravissant de sa vie angélique, si » je n'étais retenu par mon respect pour Mme de » Bourbon, qui, j'en suis certain, ne supporterait » pas un éloge, quoique mérité et véritablement » senti, avec autant de patience qu'elle a supporté » jusqu'à ce jour sa longue, injuste et pénible infor» tune! Je me flatte que, loin d'être choqué de ma » lettre, vous ne verrez dans l'étonnement qui l'a » produite qu'un nouvel hommage rendu aux prin» cipes qui font si avantageusement distinguer votre » excellent journal. »

J'ai su pourquoi ma lettre n'avait point été insérée dans *le Publiciste*, journal en correspondance avec les entours de Mme d'Orléans, qu'on était parvenu à brouiller avec sa belle-sœur; et, si je rapporte ici cette lettre, c'est comme un dernier hommage à la mémoire d'une princesse trop généralement méconnue, et que je puis louer avec d'autant plus d'indépendance, que je ne partageais point ses opinions politiques.

XIII.

Paris sous le consulat. — Bonaparte. — Lafayette. — Garat. — Moreau. — Encore Garat.

Le répèterai-je encore? Ce n'est point une histoire que j'écris : on chercherait donc en vain dans ces Mémoires une marche strictement chronologique; ce sont les souvenirs de ma vie que je retrace, c'est l'amusement de ma vieillesse que j'offre à l'instruction historique de mes enfants. En réunissant ici des notes sur tout ce que j'ai vu ou su, j'ai pensé que les reproduire, sans acception de doctrines ou de personnes, était la seule et véritable impartialité.

En procédant ainsi, que de disparates n'ai-je pas eu à présenter dans les tableaux successifs des opinions et des mœurs! C'en est un très-curieux à contempler aujourd'hui que celui de la société française telle que nous la vîmes se montrer entre les deux époques de la chute de la république directoriale et de l'exaltation de Bonaparte à la dignité impériale. Or, j'en atteste tous ceux qui ont alors vécu à Paris, l'anarchie la plus complète régnait dans les esprits comme dans les intérêts. Beaucoup de royalistes croyaient, un plus grand nombre feignaient de croire que le premier consul travaillait à la restauration de la maison de France; et c'étaient, à cet égard, des propos vrais ou prétendus de Joséphine et d'Hortense. Les jacobins, de leur côté, voyaient avec dépit que, sous le titre subsistant encore de république, on organisait réellement un gouvernement militaire, mais ils se flattaient pourtant que, tôt ou tard, ce nom ramènerait la chose. Des républicains, plus modérés qu'eux, et incapables à la fois de grandes vertus ou de grands crimes, rêvaient Bonaparte assassiné, un jour ou l'autre, par des chouans ou des jacobins, et ne pouvant alors avoir qu'eux seuls pour successeurs. Ces propos m'ont été tenus mille et mille fois. Quant aux royalistes modérés, ils regardaient l'élévation de Bonaparte comme favorable à la restauration future de la monarchie, si les princes de la ligne directe laissaient surtout voir en perspective l'intronisation de la maison d'Orléans, seule capable, à leur avis, de rassurer les intérêts et les esprits sur des craintes d'expropriation et de vengeance. Aussi, la nouvelle ayant couru que le duc de Berry était mort d'un coup de sang, une foule de gens honnêtes mais trembleurs se persuadèrent que le trône allait se relever; et Monciel me disait à cette occasion : « C'est un coup de partie pour le prétendant, qui ne » peut réellement revenir que sous l'influence d'un » héritier tel que son cousin. Nous ne pourrions, » et moi tout le premier, le servir que dans cet » espoir. »

Le pouvoir consulaire n'imprimait aucun respect, quoique tout courbât devant lui et qu'il disposât de tout. Cependant le sentiment le plus généralement éprouvé, était celui qu'il n'y avait encore rien de fixe ou de nécessairement durable dans les destinées de l'État, et conséquemment dans celles des particuliers. Aussi les acquéreurs de biens nationaux, doublement menacés, par l'opinion qui les flétrissait encore, et par le projet supposé au gouvernement de leur demander un supplément de payement pour des domaines obtenus à vil prix, redoutaient-ils d'être atteints; et les plus timides ou les plus consciencieux firent-ils quelques arrangements avec les anciens propriétaires.

Une foule d'émigrés demeuraient pourtant dans la misère, sans pouvoir retrouver en France les ressources qu'ils avaient laissées à l'étranger; car ceux mêmes qui y avaient exercé des professions industrielles se voyaient repoussés par les commerçants français, et cela avec une jouissance d'orgueil vraiment barbare.

Cette classe de commerçants, celle des gens de la bourgeoisie, élevée, par les circonstances, au premier rang de la société, avait pris alors et exagérait les vices reprochés jadis par elle aux grands seigneurs de l'ancien régime, et ne les parait pas du moins d'un ton de décence et de grâce propre à en dissimuler la turpitude.

L'éducation néanmoins s'étendait dans un cercle plus vaste que celui qui la renfermait avant nos troubles publics; la masse avait acquis plus d'expérience, quoiqu'elle n'en profitât pas assez; et une espèce de pudeur flétrissait l'étalage de l'irréligion comme chose de mauvais ton et de mauvais goût. La littérature, les journaux, le théâtre, les romans avaient, à cet égard, subi une heureuse réforme, et, si vous trouviez chez les libraires les œuvres des philosophes du dix-huitième siècle, on vous disait assez généralement : « Tous ces livres ne sont plus » bons qu'à être envoyés en Allemagne ou en » Russie. » Enfin, les ouvrages dramatiques qui avaient le plus de succès étaient ceux qui étaient empreints du même esprit, tels que les comédies de Colin-d'Harleville; *le Maréchal de Catinat; l'Antichambre*, qui fit exiler Dupaty.

Le gouvernement, inquiet de la marche de l'opinion, proscrivit *la Partie de chasse de Henri IV*, interdit les représentations de *Mérope*, fit mutiler *Héraclius* et cesser la mise en scène d'*Édouard en Écosse*. Ayant fait supprimer dans la tragédie d'*Adélaïde du Guesclin* les vers suivants :

Oui, le sang des Bourbons fut toujours adoré :
Il faudra, tôt ou tard, que de ce trône sacré
Les rameaux, dispersés et battus par l'orage,
Plus unis et plus beaux, soient notre unique ombrage!

on les épiait et on ne cessait d'applaudir au lieu où ils auraient dû être dits. Toutes les boutiques d'estampes étaient chargées de portraits de Louis XVI, les uns avec cette inscription : *Image d'un bienheureux;* d'autres avec ces vers :

Louis ne sut qu'aimer, pardonner et mourir;
Il aurait su régner s'il avait su punir.

Bonaparte, au contraire, était un constant sujet d'épigrammes et de caricatures. Le vit-on approcher du trône, on le représenta conduisant un troupeau de dindons avec une gaule, et au bas était écrit : *l'An-pire des Gaules*. Dans une autre caricature, une femme, condamnée pour avoir volé un diadème de diamants à Mme Demidoff, était présentée à ses genoux en lui disant : *Est-ce donc un si grand crime que de dérober une couronne?* Hélas! c'était là tout le royalisme de cette époque! On riait du ton, de la tournure, des discours de Napoléon, et tout se groupait néanmoins autour de lui, le militaire surtout, quoique les généraux affirmassent qu'ils l'arrêtaient dans ses vues ambitieuses, car on avait à la fois désir et honte de s'attacher à une fortune qui semblait devoir tout dominer. Où était d'ailleurs celui qui, ayant pu l'oser, l'aurait voulu même alors? Tous ceux qui étaient capables de lui faire ombrage avaient disparu ou allaient disparaître : Dumouriez, Hoche, Joubert, Desaix, Pichegru, Moreau. Tout le reste était faible, servile, sans un éclat rival du sien, sans un caractère que le sien n'écrasât pas. On ne le menaçait donc qu'avec timidité; et ces menaces lui étaient rapportées avec exagération en vue de s'accréditer près de lui; c'était une dégoûtante hypocrisie de *séidisme*. Aussi la police n'avait-elle plus qu'un objet : c'était la sûreté du premier consul. Il prenait lui-même à cet égard, et certes l'on ne pouvait l'en blâmer, des précautions que nous pouvons attester comme témoin : un piquet de gendarmes, le sabre nu, l'accompagnait sur la route de la Malmaison; au Théâtre-Français, un escalier particulier conduisait à sa loge; et la porte d'en bas était fermée par une grille dont les deux battants ouverts barraient le passage et l'isolaient du public, depuis le marchepied de sa voiture; et toute circulation était interdite alors par des gendarmes à l'entrée de la rue Montpensier. Une police inquisitoriale terrifiait les imaginations, et, si l'on n'osait pas encore déclarer la pensée esclave, on la tyrannisait du moins en faisant des visites chez les imprimeurs pour y briser les presses, depuis surtout que L'Isle de Salle avait dit, dans un de ses ouvrages, que *le sort de la France ne serait jamais fixé tant que celui des Bourbons ne l'aurait pas été.*

L'ouvrage de Châteaubriand sur le christianisme produisit alors une grande révolution morale. Dès qu'il parut, la religion devint une mode, et l'impiété, le cachet de la mauvaise compagnie.

Quant à la vraiment bonne compagnie, on ne la rencontrait alors que dans quelques salons; mais elle n'avait plus de centre, plus de foyer vivificateur, et consistait bien davantage dans la constance des sentiments que dans l'élégance des formes. Ce qui restait des hautes classes de l'ancien régime honorait ses doctrines légitimistes par la pureté de ses mœurs comme par l'invariabilité de ses opinions. Étranger aux crimes de la terreur, aux vices de la pentarchie, ce noble royalisme, exempt seul de toute espèce de tache, vivait encore de souvenir et d'espoir. Aussi, dans le faubourg Saint-Germain, voyait-on avec dégoût les Demidoff, les Divoff et autres étrangers s'approcher du premier consul; et l'exaltation du chevalier de Boufflers en faveur de

Napoléon y inspirait du mépris pour le spirituel et excellent homme. Quant à la société de Mme de Montesson, elle était extrêmement mêlée, cette femme si remarquable ayant voulu se lier au présent, sans abjurer le passé, dont elle offrait encore le plus parfait modèle.

Ce qui est aussi vrai qu'il paraîtra peut-être extraordinaire aujourd'hui, c'est qu'alors, à propos de mariage, la première question était : *Est-ce une famille présentée? a-t-elle eu des places à la cour? le roi ou les princes les connaissent-ils?* Toutes ces niaiseries irritaient les gens de la révolution, et abusaient sur l'avenir ceux qui en étaient les ennemis. J'ai dit *niaiseries*, et c'est peut-être à tort, car cela tenait à des sentiments honorables. En effet, les dames, qui avaient professé avant nos troubles des idées généreuses en faveur du peuple, et qui, durant la terreur, s'immolèrent pour tout ce qui souffrait, ne séparant pas la haute naissance des devoirs qu'elle impose, dirigeaient leurs vœux et ceux des leurs, sans tiédeur et sans mélange, vers des princes, injustement proscrits, ainsi que vers leurs fidèles serviteurs; et c'est par elles que le souvenir des Bourbons n'a pas péri au sein de l'égoïsme général.

Bonaparte ne se méprenait pas sur l'effet de cette persévérance; il en redoutait l'influence sur l'opinion publique; mais des extravagants s'exagéraient le pouvoir d'une telle influence et se livraient à de mordants sarcasmes, prenant un mot piquant pour un poignard exterminateur. Cela et tant d'autres choses de même nature prouvaient, chez nombre d'individus, l'irritation contre le présent, bien plus que le vœu positif d'une contre-révolution, rêvée par un tas de fous qui croyaient avoir rendu au roi les plus grands services, quand ils étaient parvenus à répandre dans des rues désertes, ou dans des allées obscures, quelques chansons, ou pamphlets royalistes. Cependant, outre le salon de Mme de Montesson, dont les fêtes attiraient des gens de toutes sortes, des raisonneurs de toutes doctrines se rencontraient chez le consul Lebrun, et des peureux chez le ministre de la police Fouché, où le comte de Luxembourg (duc de Beaumont) passa pour un espion parce qu'il était sot et bavard.

Quant à Moreau, qui venait de faire un très-riche mariage, on ne voyait chez lui que des hommes mécontents du gouvernement; et il commençait à attirer les regards des royalistes, qui espéraient opposer cet homme, si court de vues, si faible de caractère, à ce Bonaparte, personnage le plus réellement fort que la révolution ait mis en évidence, et qui, outre l'éclat dont il s'était revêtu, se trouvait environné de véritables *séides* : c'est la qualité que Mme d'Abrantès donne elle-même à son époux.

Quant à celui-ci, je rapporterai un fait dont j'ai été témoin chez Garechi. La bonne compagnie fréquentait alors ce café; il occupait le rez-de-chaussée; et le haut l'était par une maison de jeu. Junot, commandant de Paris, y monte, mais en frac, fait l'insolent, menace de sa canne, et on l'assomme. « *Je suis*, dit-il, *le commandant de Paris. — Si tu l'étais, tu serais en uniforme.* » Et, tout en le connaissant bien, et parce qu'on le reconnaissait, on redouble en le traitant d'*imposteur*. Furieux, il court se plaindre au premier consul, qui lui répond : *Tu n'as que ce que tu mérites pour t'être compromis; tais-toi et ne recommence pas!*

Un homme bien différent, ce fut ce Lafayette, vrai don Quichotte de la révolution, qui, ne voyant jamais que dans son propre miroir, ne sut de sa vie juger le présent ou l'avenir, et, drapeau des factions, les favorisa sans les diriger, ni savoir où elles aboutiraient. Homme à idée fixe, espèce de folie tout autre que la fixité des sentiments, lors du vote pour le consulat à vie, il écrivit à Napoléon la lettre suivante : « Lorsqu'un homme, pénétré de la reconnaissance qu'il vous doit, et trop sensible à la gloire pour ne pas aimer la vôtre, a mis des restrictions dans son suffrage, elles sont d'autant moins suspectes que personne ne jouira plus que lui de vous voir premier magistrat à vie d'une république libre. Le 18 brumaire a sauvé la France, et je me sentis rappelé par les professions libérales auxquelles vous avez attaché votre honneur. On vit depuis, dans le pouvoir consulaire, cette dictature réparatrice qui, sous les auspices de votre génie, a fait de si grandes choses, moins grandes cependant que ne le sera la restauration de la liberté. Il est impossible que vous, général, le premier dans cet ordre d'hommes qui, pour se comparer et se placer, embrassent tous les siècles, vouliez qu'une telle révolution, tant de victoires et de sang, de douleurs et de prodiges, n'aient, pour le monde et pour vous, d'autres résultats qu'un régime arbitraire. Le peuple français a trop connu ses droits pour les avoir oubliés sans retour; mais peut-être est-il plus en état aujourd'hui que dans son effervescence de les recouvrer utilement; et vous, par la force de votre caractère et de la confiance publique; par la supériorité de vos talents, de votre existence, de votre fortune, pouvez, en rétablissant la liberté, maîtriser tous les dangers, rassurer toutes les inquiétudes. Je n'aurais donc que des motifs patriotiques et personnels pour vous souhaiter, dans ce complément, de faire établir à votre gloire une magistrature permanente; mais il convient aux

» principes, aux engagements, aux actions de ma » vie entière, d'attendre, pour lui donner ma voix, » qu'elle ait été fondée sur des bases dignes de la » nation et de vous. » Son vote était ainsi conçu : « Je ne puis voter une telle magistrature jusqu'à ce » que la liberté politique soit suffisamment garantie : » alors je donnerai ma voix pour Napoléon Bonaparte. » Ce vote et cette lettre amusèrent le premier consul : « C'est un honnête homme, dit-il, » mais un fou qui se croit encore en Amérique. »

Un autre fou, Garat, prétendait que Napoléon avait l'âme trop élevée pour s'abaisser jusqu'au rang des rois, intronisation que tout le monde dit et crut avoir alors devinée, quoique presque personne alors ne se doutât qu'elle dût si promptement avoir lieu.

Généralement on jouissait du présent sans trop s'inquiéter de l'avenir. Quant à Napoléon, une chose le choquait beaucoup plus qu'elle n'eût dû le faire, c'était l'affectation du public à lui opposer le général Moreau. Il connaissait trop bien cet homme pour le redouter; il se sentait si supérieur à lui, qu'en l'absence des passions politiques, il savait bien qu'il ne pouvait être mis à son niveau; mais son orgueil souffrait de toute comparaison à cet égard; et, dans un moment d'irritation, il dit à Fouché : « Il faut » que cela finisse! il n'est pas juste que la France » en souffre. Qu'il se trouve au bois de Boulogne; » son sabre et le mien en décideront. » Chargé de ce message, le ministre apaisa les esprits, mais ne réconcilia pas les cœurs.

Une autre idée tourmentait bien davantage le premier consul; nous en parlerons dans le chapitre suivant. Terminons celui-ci en notant qu'au moment où Napoléon semblait n'avoir plus d'ennemis à redouter dans sa belliqueuse carrière, un homme, encore inconnu, sir Arthur Wellesley, depuis duc de Wellington, étudiait aux Indes orientales ce grand art de la guerre, dans lequel il devait un jour se montrer l'heureux et funeste rival du plus brillant des guerriers nos contemporains.

Revenons encore à Garat, qui n'a pourtant d'importance que comme type, malheureusement assez commun, d'une lâche servilité populacière. Cet homme, doué d'un caractère doux mais faible, traîné, comme malgré lui, à la suite de toutes les factions régnantes, les réprouvant pour la plupart, quoiqu'il les favorisât avec une apparence de zèle; révolutionnaire modéré d'abord, puis lancé par crainte dans la voie des Mirabeau et des Barnave; Girondin avec Vergniaud et consorts; flétri du nom de *Garat-Septembre*, quoiqu'il protestât n'avoir pas égorgé de ses propres mains; accusé par Bertrand La Hosdinière, député régicide, d'avoir *soustrait des pièces favorables à Louis XVI;* dessert, lors de leur chute, ces Girondins qu'il avait asservis, et se réfugie sous l'égide de Danton; rédige le journal dit *Du salut public;* mais, n'ayant l'énergie, ni du crime, ni de la vertu, il s'aliène également, et les honnêtes gens, et leurs ennemis; et ne produit, comme toujours, que des phrases ambitieuses, sans liaison, sans but, boursouflées pour en masquer le vide. Esprit vague, caractère sans consistance, cœur pusillanime, Garat n'eût été que ridicule sans une révolution qui le rendit coupable, et ne le fit échapper à la terreur qu'en en préconisant les excès. Dans sa vanité grotesque il se rêvait philosophe, orateur, administrateur et diplomate. Nous avons dit sa conduite en janvier 1793, celle qu'il tint à Naples, sa curieuse lettre à Napoléon; nous avons dit qu'il devait, plus tard, faire l'éloge de la conduite de Moreau, nouvelle et basse apostasie; et nous le reverrons, plus tard encore, couronner son intermittente existence, et par son décalogue législatif de 1815, et par la vive frayeur que cette œuvre lui inspira, quand des fous, très-nuisibles à l'autorité qu'ils prétendaient servir, lui procurèrent le lustre, trop honorable, d'une intempestive persécution, qui en fit un des saints de la religion des niais.

XIV.

Lettre de Bonaparte au roi d'Angleterre. — De Louis XVIII à Bonaparte. — De Bonaparte à Louis XVIII. — Négociations du comte Markoff. — Lettre de Louis XVIII au duc de Serra-Capriola. — Du prince de Condé au comte d'Artois. — Essais de Bonaparte.

Bonaparte, qui savait à quel point l'opinion générale était prononcée en faveur de la paix, mais dont l'intérêt appelait de nouveaux trophées, propres à rendre aux armées françaises un lustre terni par les désastres de la dernière campagne, et à son autorité nouvelle un éclat de nature à la consolider, s'était empressé d'écrire personnellement au roi d'Angleterre, forme extra-diplomatique qui lui offrait le double avantage de sembler vouloir et ne point obtenir promptement l'objet de sa démarche, ce qui le conduirait de note en contre-note jusqu'au moment où ses triomphes en Italie, et ceux de Moreau en Allemagne, lui procureraient une position telle qu'il pût entamer avec les cabinets de Vienne et de Londres des négociations dont l'issue fût plus conforme à ses ambitieux désirs. Je n'entrerai pas dans les détails de ces négociations universellement connues, à quelques erreurs près, que nous pourrons avoir à signaler.

Un autre objet l'occupait également, quoiqu'il n'osât pourtant l'avouer; et la preuve en est dans quelques mots jetés au hasard et que l'intimité a recueillis. Cet objet, c'était le droit de la maison de France à un trône vers lequel ses propres vœux s'élançaient. Louis XVIII, longtemps trompé par ses agents de l'intérieur du royaume, avait enfin confié ses intérêts à des hommes éminemment purs. L'abbé de Montesquiou dirigeait cette agence, aussi honorable que les agences précédentes l'avaient été peu. D'après ses judicieux avis, le prince exilé écrivit, en date du 20 février 1800, la lettre suivante, que le consul Lebrun remit au premier consul de la part du loyal et zélé Montesquiou : « Quelle que soit leur » conduite apparente, des hommes tels que vous, » Monsieur, n'inspirent jamais d'inquiétude. Vous » avez accepté une place éminente, et je vous en sais » gré. Mieux que personne vous savez ce qu'il faut » de force et de puissance pour faire le bonheur » d'une grande nation. Sauvez la France de ses propres fureurs! vous aurez rempli le premier vœu » de mon cœur. Rendez-lui son roi! et les généra» tions futures béniront votre mémoire. Vous serez » toujours trop nécessaire à l'État, pour que je » puisse assez acquitter par des places importantes » la dette de mon aïeul et la mienne.

» LOUIS. »

Joséphine et Hortense le pressaient d'accéder aux vœux du roi. Il y eut bientôt de nouvelles propositions, y relatives, faites à Milan par le chevalier de Vernègues, mais il renvoya celui-ci sans réponse favorable, et assurait celles-là qu'il ne voulait point jouer le rôle de Monck. Cependant la légitimité, qui ne lui semblait pas un principe vain, l'occupait sérieusement, quand il reçut de Louis XVIII cette seconde lettre, arrivée par la même voie que la première : « Depuis longtemps, général, vous devez » savoir que mon estime vous est acquise. Si vous » doutiez que je fusse susceptible de reconnaissance, » marquez votre place, fixez le sort de vos amis. » Quant à mes principes, je suis Français. Clément » par caractère, je le serais encore par raison. Non, » le vainqueur de Lodi, de Castiglione, d'Arcole, » le conquérant de l'Italie et de l'Égypte ne peut » pas préférer à la gloire une vaine célébrité. Ce» pendant vous perdez un temps précieux. Nous » pouvons assurer la gloire de la France : je dis » *nous*, parce que j'ai besoin de Bonaparte pour » cela, et qu'il ne le pourrait sans moi. Général, » l'Europe vous observe, la gloire vous attend, et » je suis impatient de rendre la paix à mon peuple.

» LOUIS. »

Bonaparte, après avoir hésité durant six à sept mois, fait et refait sa lettre, répondit enfin en ces termes, le 24 décembre 1800 : « J'ai reçu, Mon» sieur, votre lettre; je vous remercie des choses » honnêtes que vous m'y dites. — Vous ne devez » pas souhaiter votre retour en France; il vous fau» drait marcher sur cent mille cadavres. — Sacrifiez » votre intérêt au repos et au bonheur de la France; » l'histoire vous en tiendra compte. — Je ne suis » point insensible aux malheurs de votre famille, et » j'apprendrai avec plaisir que vous êtes environné » de tout ce qui peut contribuer à la tranquillité de » votre retraite.

» BONAPARTE. »

L'empereur Paul Ier, qui avait autant de légèreté dans l'esprit que de véritable bonté dans le cœur, et dont le caractère, aigri par la conduite de sa mère, ne l'empêcha point de demeurer fils respectueux, s'était montré l'ennemi acharné de Bonaparte, puis, par un nouveau caprice, son admirateur le plus exalté. Ce prince, aussi loyal que spirituel, mais aussi irrascible qu'inconsidéré, qui voulut le bien, mais eût fini par ruiner son pays, chassa de Mittau, sans respect pour l'infortune, sans égard pour le sang royal, ce malheureux Louis XVIII, obligé, au cœur de l'hiver, et dénué de ressources, d'aller chercher un nouvel asile, qu'il n'obtint qu'à Varsovie, où le roi de Prusse fut charmé de pouvoir lui louer 12,000 ducats (1) un palais qui sans cela ne lui eût rien rapporté.

Paul Ier, semblable à cet enfant qui criait : *Je veux la lune!* rêvait la conquête de l'Inde sur les Anglais, dont il était mécontent; il demandait, pour cette expédition, et des troupes françaises, et le général Masséna, quand il disparut de la scène politique. Le petit Kalitchoff, c'est ainsi que la princesse de Vaudemont le nommait, apprit cet événement par un courrier qui entra dans son hôtel *en criant : Bonne nouvelle! l'empereur est mort!* Ce ministre fut remplacé par le comte Arcadi-Ivanowitch Markoff, homme plus fin que Luchésini, mais d'une laideur parfaitement peinte par quelqu'un de ma connaissance, qui le comparait à un poisson mort.

Alexandre Ier venait de monter sur le trône. Convaincu, comme tout le reste de l'Europe, que le

(1) Le ducat polonais vaut 15 sous de France.

procès des Bourbons était irrévocablement perdu, et le sort de la France fixé, ou près de l'être, il voulut, pour se débarrasser des sollicitations qui l'assaillaient, et ruiner, chez les princes proscrits, tout espoir, faire définitivement assurer à Louis XVIII et à sa famille un sort qui, dans ses idées, devait les satisfaire, et couper court à toutes demandes ultérieures d'intervention dans leur cause. Il chargea donc le comte Markoff de cette négociation, que Talleyrand fut autorisé à suivre avec lui par Napoléon, ivre de joie d'une telle démarche. Quelques mots seulement avaient été jetés à cet égard dans une conférence subséquente, sous un tout autre prétexte. Markoff cherchait, par des phrases toutes diplomatiques, à ramener la question sur ce sujet, quand le ministre des relations extérieures lui dit : *Monsieur le comte, nous sommes tous deux de vieux routiers. Ne finassons point! quittons le masque et parlons franchement! Vous voulez des dédommagements pour le comte de Lille; nous le voulons aussi. De quoi est-il question?* Toutes les demandes de Markoff sont accueillies, hors une seule. Le ministre russe voulait que les sommes allouées par le gouvernement français passassent par les mains de l'étranger et parussent venir de lui; le ministre français tint absolument à ce qu'elles fussent données et reçues directement. *Mais ce serait les déshonorer*, dit Markoff. — *Précisément*, répliqua Talleyrand; *cela seul peut nous engager à quelques sacrifices.* Ce mot termina la négociation; et le ministre russe, à qui je devais bientôt être allié, écrivit à sa cour que, *vu les intentions manifestes du cabinet des Tuileries, il se croirait flétri lui-même s'il passait outre.* En conséquence, il demanda qu'*il ne fût plus question de cette affaire, ou qu'un autre fût chargé de la traiter à sa place.*

De ce jour commença, entre Napoléon et Alexandre Ier, un ton de réserve et de froideur qui devint de la haine chez l'un, et de la défiance chez l'autre. Quant à Louis XVIII, manquant de tout à cette époque, il fut bientôt tiré de gêne par les soins du duc de Serra-Capriola, ministre de Naples à Saint-Pétersbourg, homme des plus recommandables, et qu'une intime liaison de plus de quinze ans m'a mis à portée d'apprécier. Ce fut lui qui, prenant pour base les indemnités dues aux princes en raison des biens envahis de Stanislas Leczinski, obtint une forte pension pour le roi; et celui-ci, dans sa lettre du 25 janvier 1802, dit textuellement au duc : « Comme » père de famille, je sens mille fois plus vivement » que je ne puis vous l'exprimer le succès des soins » constants que vous vous êtes donnés pour faire » *assurer le pain* de mes enfants et le mien. » Et ce prince, à qui l'étranger assurait *du pain*, descendait de Henri IV, dont les domaines, réunis à la couronne, avaient doté la France d'un revenu équivalant à plus de 50 millions de rente à cette époque de 1802!

A cette même époque le prince de Condé écrivait à Monsieur, comte d'Artois, en date du 24 janvier : « Le chevalier de Rolle vous rend compte, ainsi que » moi, de ce qui s'est passé hier. Un homme, arrivé » la veille, à ce qu'il m'a dit, à pied, de Paris à Calais, homme d'un ton fort simple et fort doux, » malgré les propositions qu'il venait faire, ayant » appris que vous n'étiez pas ici, est venu me trouver » sur les onze heures du matin; il m'a proposé, » tout uniment, de nous défaire de l'usurpateur par » le moyen le plus court. *Je ne lui ai pas donné le* » *temps de m'achever les détails de son projet,* » *et j'ai repoussé cette proposition avec horreur,* » en l'assurant que, si vous étiez ici, *vous feriez* » *de même;* que nous serions toujours les ennemis » de celui qui s'est arrogé la puissance de notre roi, » que nous avions combattu cet usurpateur à force » ouverte, que nous le combattrions encore si l'occasion s'en présentait, mais que jamais nous n'emploierions de pareils moyens. Pour mieux convaincre cet homme que vous pensiez comme moi, » j'ai fait venir le baron de Rolle, à qui j'ai exposé » le sujet de la mission; j'ai fait entrer l'homme, » je lui ai dit que le baron avait toute votre confiance, qu'il connaissait la grandeur de votre âme, » et que j'étais bien aise de répéter devant un témoin aussi sûr tout ce que je venais de lui dire. » Le baron a parlé comme moi. Après cela, j'ai dit » à l'homme que ce qu'il avait de mieux à faire était » de repartir, attendu que, s'il était arrêté, je ne » le réclamerais pas. J'espère, Monsieur, que vous » approuverez ma conduite. »

Que cette mission, si noblement repoussée, fût ou non une tentative de la police française pour se procurer des armes contre les princes exilés, qu'on cherchait à faire considérer comme des assassins, Bonaparte n'en poursuivait pas moins sa marche vers un trône objet de ses vœux; il tâtait à ce sujet l'opinion publique, et, parmi les tentatives qu'il fit pour la connaître, je crois devoir ici en signaler cinq : 1° une très-mince brochure, sortie des presses de l'État, et qui fut attribuée généralement, soit à Lucien, soit à Napoléon. On y repoussait toute comparaison entre celui-ci et Cromwell, et on semblait annoncer que le premier pourrait très-légitimement prétendre à un plus haut rang. 2° L'appel à Paris de deux députés de chaque département. Ces hommes, arrivés dans la capitale, s'y crurent destinés à placer la couronne sur la tête du premier consul, et ne cachèrent pas leur dévouement à cet égard ; mais on les congédia, à leur très-grand regret, car la plupart avaient spéculé, et sur l'ambition de Bonaparte, et sur les fruits de leur propre servilité. 3° L'arrivée à Paris du fils du prince de Parme, nommé par lui roi d'Étrurie. Son projet était-il d'avilir les Bourbons en se montrant le protecteur de ce prince, ou de chercher à savoir quel intérêt exciterait un membre de cette maison ? Quoi qu'il en soit, ce nouveau monarque se vit abreuvé d'outrages ; on placarda à sa porte : *Ici l'on donne Médiocre et Rampant*. Paraissait-il en public? on disait : *C'est un acquéreur de biens nationaux*, et c'était la plus sanglante injure qu'on pût alors adresser à quelqu'un. Je le vis souvent chez Mme de Montesson, et notamment à une fête qu'elle lui donna, et où il fut placé à la droite de la maîtresse de la maison. Cambacérès vint s'emparer de son siége, dont un moment il s'était levé, ce qui le força de demeurer debout pour éviter de paraître s'apercevoir de ce manque d'égards. Au reste, il n'était nullement ridicule, quoique les gens de la révolution s'étudiassent à le représenter comme tel. Quand il voulut aller au théâtre on ordonna de représenter *OEdipe*, où se trouve ce vers :

J'ai fait des souverains et n'ai pas voulu l'être!

il sentit l'application et refusa tout autre spectacle. Enfin ce prince, qui rappelait ce que le comte d'Artois avait été dans sa jeunesse, épuisa tous les sarcasmes déversés par tous les partis tant sur lui que sur son épouse, infante d'Espagne, véritable enfant alors, et à qui on n'accorda pas toute l'estime qu'elle méritait, car c'était un titre à la défaveur publique que d'avoir été produit par celui qu'on devait pourtant regarder encore comme le sauveur de la France. 4° La tentative d'érection d'une notabilité nationale, composée de trois classes : la première de 500,000, aptes à toutes les fonctions publiques inférieures ; la seconde, de 50,000, destinée à remplir les places supérieures des départements; la troisième, de 5,000, à qui les plus hautes fonctions étaient réservées. Tout cela se faisait par vote, d'abord sur la totalité de la population ; puis, par réduction, les élus choisissant entre eux au scrutin les 50,000 qui devaient, par la même voie, former la liste des 5,000. Mais la canaille seule s'en étant mêlée, le département de Paris, chargé de dépouiller les registres de votes, eut ordre de choisir ce qu'il y avait de meilleur et de suppléer au reste par des inscriptions arbitraires. On me le dit, et je ne voulais pas le croire. Pour m'en assurer, je demandai à être sur la liste des 500,000 ; on me le promit, et j'y fus placé sans avoir paru dans aucune assemblée électorale ; mais je refusai l'offre qui me fut faite de monter successivement à celles des 50,000 et des 5,000 ; et quand on passa de ce projet à celui qui fut postérieurement adopté, on me cita comme notable et j'allai voter. Voilà pourtant comment on se rit de ce qu'on nomme cette souveraineté du peuple, sur laquelle Napoléon voulait, plus tard, fonder ses droits à la couronne ! 5° L'établissement enfin de la Légion d'honneur, chose qui commença à diriger dans un sens nouveau les vanités nationales. C'était une noblesse en germe ; mais les uns en riaient, les autres y faisaient peu d'attention. Quelques-uns cependant sentirent où cela conduisait ; et le discours de Chauvelin au tribunat, unique monument de cette prévision, qu'on regardait alors comme une erreur, prouve combien les hommes en apparence les plus éclairés sont souvent aveugles sur ce qui va changer tout le système de leur existence privée et publique.

Tandis donc que les uns rêvaient encore en Bonaparte un nouveau Washington, et que les autres se flattaient qu'il se réduirait au rôle de Monk, le premier consul, marchant constamment à son but, après avoir fait la paix avec le Portugal et la Russie, imposé à la Suisse et à l'Italie sa présidence ou sa médiation, reçu les hommages et les demandes d'un grand nombre de princes allemands, signé la paix d'Amiens (27 mars 1802), et bouleversé tout le corps germanique, se fit nommer consul à vie par des votes, bien différents de ceux de ces notabilités dont nous avons parlé ; car, quoiqu'on fût invité à mettre à son gré sur les registres *oui* ou *non*, le pauvre abbé de Guitteri, très-révolutionnaire au reste, ayant écrit et signé en grosses lettres *non*, se vit enfermé à Sainte-Pélagie, et n'en sortit qu'à la sollicitation de Truguet, dont son frère était aide de camp, mais en recevant l'ordre de ne plus approcher de Paris de moins de trente lieues. Les votes favorables furent donc presque seuls reçus ; et un général, dont j'ai oublié le nom, écrivit au premier consul que, *voyageant alors, il avait été s'inscrire en* oui *dans tous les registres qu'il avait trouvés ouverts sur son passage.*

XV.

Négociation pour l'abdication de Louis XVIII. — Instruction donnée par le roi de Prusse. — Lettre de Louis XVIII à ce monarque. — Félicitations de l'agence royaliste. — Projet d'empoisonnement.

Le traité d'Amiens n'était pas encore rompu, quoique Napoléon mît journellement, par ses envahissements, de puissants obstacles à sa parfaite réalisation; mais cette paix avait pourtant été signée, en dépit des opinions de Pitt, qui disait très-judicieusement à M. Otto : *Comment regarder comme solide un pouvoir qui n'est pas à l'abri d'un coup de pistolet?* Bonaparte ne voyait donc d'autre obstacle au dernier pas qu'il lui restait à faire que dans cette légitimité dont il voulut effacer les traces afin de se rallier le royalisme.

Sûr du comte d'Hangwitz, ministre en crédit du roi de Prusse, il envoya près de Frédéric-Guillaume un de ses officiers, chargé de préparer une négociation à l'effet d'obtenir l'abdication de Louis XVIII, et lui dit : « Le prétendant peut devenir roi de Pologne; et ce royaume peut recouvrer son ancienne » splendeur. J'indemniserai la Prusse en lui donnant la Hollande. La Russie, qui dans ce cas céderait ses possessions en Pologne, serait indemnisée » en Turquie; et l'Autriche aurait la Silésie prussienne en indemnité de la Gallicie. L'Angleterre » ne peut désapprouver ces arrangements; elle pourrait garder Malte, et réunir à l'électorat de Hanovre » les villes de Hambourg et de Brême. » Il avait d'abord eu l'idée de créer, en faveur du prince exilé, une souveraineté en Italie.

Par suite des communications du premier consul, le roi de Prusse remit, le 10 février 1803, l'instruction suivante à M. de Meyer, président de la régence de Varsovie : « Quoique vous soyez déjà » instruit par moi et par mon ministre de l'objet » qui vous a fait appeler à Berlin et de la manière » dont je l'envisage, je vais vous rappeler ici, avec » le fait, quelques observations essentielles qui devront surtout vous guider. — Le premier consul » de la république française m'a fait une ouverture » aussi intéressante que délicate. Tant qu'il a pu » croire encore son autorité exposée aux chances de » la fortune, tant que la guerre a entretenu les souvenirs et les haines, il n'a pu s'occuper qu'avec » beaucoup de réserve des victimes de la révolution. » On ne peut disconvenir cependant que, même » dans des temps moins calmes, il n'ait fait pour » les émigrés et pour le clergé tout ce que la prudence ne défendait pas. Mais que sont les pertes » de quelques particuliers, comparées au sort de » cette illustre maison qui, pendant tant de siècles, » avait occupé le trône de France, et qu'une destinée » inouïe en avait précipitée? Les Français se devaient sans doute de ne pas oublier jusqu'au bout » ce qu'elle leur fut; et, quoique entraînés d'événements en événements vers un ordre de choses » qui ne se détruirait plus sans ramener les mêmes » horreurs tôt ou tard, ils ont dû croire leur honneur intéressé à ne pas abandonner toujours à des » mains étrangères le sort de leurs anciens maîtres. » Le premier consul ne demande pas mieux aujourd'hui que de payer la dette de la nation. S'il n'est » plus en son pouvoir de revenir sur le passé, il peut » offrir aux princes l'indépendance et des moyens » de splendeur; il peut leur assurer des apanages » brillants, et, en les sanctionnant par des traités et » des garanties solennelles, mettre du moins cette » famille infortunée à l'abri de nouveaux revers. » — Voilà ce que veut Bonaparte. Sans doute, ces » intentions, qui honorent son caractère, ne lui » seraient pas pardonnées s'il voulait gratuitement » s'y livrer, si les sacrifices auxquels il est prêt à » consentir n'avaient pour but et pour prix de mettre le dernier sceau au nouvel ordre de choses. » La condition des offres serait donc la renonciation » libre, entière et absolue de tous les princes de la » maison de Bourbon à leurs prétentions au trône, » ainsi qu'à toutes les charges, dignités, domaines » et apanages qui seraient fondés sur ce premier » titre. — Plus la discussion était délicate, plus le » premier consul a dû l'être sur le choix des moyens. » La conséquence et la loyauté finissent toujours » par commander la confiance. Il n'a pas craint que » je compromisse la sienne; et, comme c'est dans » mes États que le chef de la maison de Bourbon se » trouve dans ce moment-ci, il m'a invité à lui » transmettre ses intentions. Je puis juger la question sous quelques rapports; elle m'est étrangère » sous d'autres. Mais, quel qu'en soit le résultat, je » n'ai pas dû me refuser à la communication qu'on » me demande. S'il était dans la façon de penser des » princes de tirer avantage des offres qu'on leur » adresse, eux-mêmes auraient pu me faire un reproche de n'en avoir pas été l'organe, et, quelque » éloignés que soient les intérêts des deux partis, ce » n'est pas moi qui les éloignerai davantage. — Pour » m'acquitter de l'office en question, j'avais besoin » d'un homme qui fût sur les lieux, afin que les observateurs ne conçussent pas des soupçons précoces d'un homme qui, déjà connu de la maison de » Bourbon, inspirât la confiance par sa place et par » son caractère. J'ai fait choix de vous, sûr que » vous sentiriez tout ce que cette commission a de » délicat en elle-même et d'intéressant, même pour » moi, pour moi qui, inébranlable sur les principes » dès que la force des choses et mes devoirs de » souverain les ont une fois déterminés, ai toujours » voué aux Bourbons le sentiment d'intérêt qui leur » est dû. — La première proposition du général » Bonaparte est très-générale, et ne pouvait être » que telle. Il devait s'assurer d'abord de l'accueil » que rencontreraient des ouvertures plus précises. » Il ne s'agit donc aujourd'hui que de constater la » façon de penser des princes sur la question même.

» S'il est des offres qui puissent obtenir d'eux le » sacrifice des espérances qu'ils nourrissent peut-» être encore, s'ils ne rejettent pas tout à fait les » avantages réels qu'il s'agit de mettre à la place, » j'en instruirai sur-le-champ le premier consul. » Alors je ne tarderai pas à avoir des données plus » précises sur les intentions de celui-ci. Je vous les » transmettrai successivement; et vous, à votre » tour, vous poursuivrez les communications com-» mencées.

» Rendu à Varsovie, vous laisserez passer quel-» ques jours sans voir leurs altesses royales, ni » aucun de leurs entours. Quelque peu vraisembla-» ble qu'il soit qu'aucune personne au monde sup-» pose à votre voyage un objet qui les regarde, vous » en serez plus sûr de dérouter les curieux. D'abord » après, vous vous occuperez de faire parvenir au » comte de Provence l'avis important que je vous » confie. J'abandonne absolument à votre discerne-» ment le choix des formes dont vous voudrez vous » servir, ou celui de l'organe que peut-être vous » préférerez; car ici encore on doit aux princes de » justes ménagements : l'infortune est prompte à » s'effaroucher, et il s'agit d'un objet qui touche à » leurs affections les plus chères. Peut-être vaudra-» t-il mieux préparer insensiblement le comte. Vous » connaissez ceux qui possèdent sa confiance; vous » jugerez de ce qu'il sera possible d'obtenir par eux; » car, ce que je crains surtout, c'est que les calculs » les plus justes, les intérêts les mieux prouvés » n'aient peine à trouver accès dans un cœur que » les malheurs ont aigri. Et il importe, avant tout, » que la première réponse ne porte pas un caractère » fait pour rendre à jamais ineffaçables les ressenti-» ments, et impossibles des tentatives nouvelles. — » Les motifs dont vous pourrez faire usage pour » appuyer les offres du premier consul sont si évi-» dents, si forts, qu'il semble à peine nécessaire de » vous les retracer. — Le premier point de vue, je » dois l'abandonner aux princes. Il est un sentiment » d'honneur qui, dans toutes les situations, con-» serve son empire, ou qui même s'exalte dans l'ad-» versité; il sera de tous le plus difficile à vaincre, » mais une réflexion essentielle le combattra : le » gouvernement qui veut traiter avec les Bourbons » n'est point celui qui les a dépouillés. Bonaparte » est l'ouvrage de la révolution, mais il en était » l'ouvrage nécessaire, mais il ne se range point » parmi ses premiers auteurs. Loin d'avoir renversé » le trône, il l'a vengé ; et tous les partis qui ont » désolé la France ont disparu devant sa fortune. Ses » plus grands ennemis, s'ils partent pour le juger » de l'époque où il a saisi les rênes de l'État, con-» viendront qu'alors il fut le bienfaiteur de la » France. Il y a, ou je me trompe, il y aurait de » l'exaltation à n'écouter qu'un ressentiment aveu-» gle quand l'objet n'en existe plus, et à vivre dans » le passé quand il s'agit de fixer enfin l'avenir. Et » cet avenir, quel est-il pour les princes? J'honore » la fidélité qui ne transige point avec ses devoirs; » et, s'il est quelques Français encore qui, dévoués à » leurs anciens maîtres, se raidissent contre les évé-» nements, se refusent aux calculs de la raison et » préfèrent à une résignation qui les désespère des » illusions qui les flattent, je les plains, mais je les » juge. Mais les princes n'ont de devoirs qu'envers » eux-mêmes; ou, s'ils s'en croient encore envers » la nation française, après que celle-ci a rompu » tous liens avec eux, c'est une raison de plus pour » voir les choses telles qu'elles sont. *La révolution » qui les a exclus du trône est, dans les calculs » humains, consolidée sans retour.* Un gouver-» nement ferme a pris en France la place de ces fac-» tions éphémères entre lesquelles le pouvoir avait » flotté. La paix règne dans l'intérieur et règne au » dehors. Toutes les classes, fatiguées de dix ans de » secousses, et instruites des maux qui accompa-» gnent les révolutions, ont, avant tout, un besoin, » celui du repos. Toutes tiennent à l'ordre actuel » des choses : les unes, par des espérances qui n'é-» taient pas autrefois les leurs; les autres, par la » crainte de perdre ce qui leur reste. Le système » entier des propriétés, tel qu'il existe aujourd'hui, » est le résultat successif des différentes époques de » cette période orageuse ; et un nouveau boulever-» sement effraie ceux même qui, dans le secret de » leurs cœurs, pourraient former des vœux diffé-» rents. Une main habile tient les rênes ; une force » armée immense les maintient. La religion a repris » tout son éclat, ou, n'ayant du moins subi dans son » appareil extérieur que des modifications sanc-» tionnées par le saint-siége, elle a calmé les con-» sciences alarmées, elle les a intéressées elles-» mêmes au nouvel ordre de choses, elle a ôté aux » ennemis du gouvernement le dernier moyen de » travailler contre lui dans l'ombre. Mais, si, dans » l'intérieur, rien n'annonce qu'il reste aux Bour-» bons un parti et des espérances, la voix des puis-» sances de l'Europe s'est plus fortement pronon-» cée. Toutes l'ont élevée pour cette famille illustre » tant que l'empire irrésistible des choses ne les a » pas ramenées à d'autres devoirs; toutes aujour-» d'hui ont reconnu la république : ce ne sont plus » des relations passagères, dictées par le besoin du » moment; ce n'est plus l'espérance, ou la crainte, » qui transige avec l'ambition, ou le danger; c'est » un système nouveau, lié dans toutes ses parties, » fondé sur les traités les plus solennels; et, si ces

» derniers ne sont pas éternellement un jeu, *l'honneur des souverains qui s'armaient, il y a dix ans, pour la cause des Bourbons, est lui-même engagé contre elle.* Dans cet état de choses, se » flatter d'un événement qui les rappelât au trône » serait pour eux une illusion funeste. S'ils s'obstinent à la caresser, ils se privent d'avantages » précieux dans leur abandon; et qui peut calculer » encore jusqu'où cet abandon peut aller? La Providence a mis sur le trône de Russie un homme » rare, qui, avec les moyens que donne un empire » immense, possède le cœur le plus noble; mais les » descendants de Louis trouveront-ils toujours un » Alexandre? et cette existence précaire ne doit-elle » pas effrayer pour eux le chef de leur illustre » maison? Aujourd'hui que ses résolutions sont » encore de quelque prix aux yeux du gouvernement » français, aujourd'hui que les années n'ont pas » encore frappé de prescription les titres de sa famille, il peut obtenir de grands avantages, il peut » se faire mettre sous des garanties respectables, il » peut laisser à ses enfants un autre héritage que » des espérances et des persécutions. Et le devoir » lui-même, si les adhérents qui lui restent en France » ont de justes titres sur son cœur, le devoir lui-même ne semble-t-il pas d'accord avec l'intérêt? » Alors seulement, quand les Bourbons auront prononcé sur les devoirs de ceux des Français qui » payent leur fidélité, soit de l'exil s'ils ont émigré, » soit d'une existence pénible et dangereuse s'ils » sont restés dans leur patrie, le dernier prétexte de » troubles aura disparu; ces menées obscures d'un » zèle aveugle, toujours nulles dans leur résultat, » mais successivement funestes à tant d'individus, » cesseront; maint bon catholique ne tourmentera » plus sa conscience de scrupules inutiles; la paix » intérieure ne craindra plus ces atteintes vaines; » et, pour prix des longs outrages dont on a accablé » la famille des Bourbons, c'est elle qui aura sacrifié » de justes ressentiments à ces respectables motifs, » c'est elle qui aura consolidé le repos de sa patrie!

» — Tels sont en partie les arguments que vous ferez » valoir sur l'esprit du comte. J'attendrai avec impatience que vous m'en appreniez l'effet. S'il laisse » la porte ouverte aux négociations, vous ne serez » plus le seul qui y soit initié. D'un côté, le premier » consul n'attend sans doute que ce moment-là pour » y intéresser l'empereur de Russie; de l'autre, ce » serait au comte de Provence à moyenner l'adhésion des autres princes. Je me réserve, dès lors, » de vous adresser des instructions plus étendues, » et, en attendant, je prie Dieu qu'il vous ait en sa » sainte et digne garde.

» Frédéric-Guillaume. »

Tout le monde connaît le refus de Louis XVIII à la communication qui lui avait été faite; voici la lettre dont il l'accompagna:

« J'ai cru devoir mettre ma réponse par écrit aux » offres qu'il a plu à Votre Majesté de me transmettre; et je prie M. le président de Meyer de la » lui faire parvenir. Mais je ne puis me refuser à y » joindre cette lettre, d'abord pour la remercier » des expressions pleines d'amitié pour moi qu'elle » a ordonné à M. Meyer d'employer en s'acquittant » de sa commission, ensuite pour déposer dans le » sein de Votre Majesté quelques réflexions que je » n'ai pas cru devoir placer dans ma réponse. — » Non-seulement la démarche actuelle de M. Bonaparte établirait mes droits, s'il est nécessaire, mais » elle dévoile encore ses anxiétés; et je me félicite » de les voir en des mains aussi augustes. Je sais » tout le parti que je pourrais tirer de cet aveu. » Mais j'aime mieux garder le silence, si l'on ne » me force à le rompre. C'est un égard que je crois » devoir au souverain généreux qui m'accorde un » asile dans ses États. La grande âme de Votre Majesté m'est trop connue pour ne pas séparer ses » pensées des mesures que ses relations semblent » lui dicter. — Les rois, pour épargner à leurs sujets les horreurs de la guerre, ont pu céder à des » circonstances impérieuses. Le malheur me prête » son appui; je suis seul; c'est à moi à maintenir » les droits de tous, en ne sanctionnant jamais une » révolution qui finirait par renverser tous les trônes. — M. Bonaparte pouvait marcher à la gloire; » il a préféré la route qui conduit à la célébrité. » Mais, si jamais, écoutant la voix du devoir et de » son véritable intérêt, il osait cependant s'en fier » à ma seule parole, ce serait alors que je verrais » avec joie Votre Majesté devenir médiatrice entre » nous et donner sa loyauté pour garant de nos engagements réciproques. — Je vais transmettre » (ainsi que je l'ai déjà fait à l'égard de mon neveu) » à mon frère et aux autres membres de ma famille » l'ouverture qui vient de m'être faite. »

Les princes des trois branches de la maison de France adhérèrent au noble refus de Louis XVIII, et terminèrent unanimement leur protestation par ces mots: « Si l'injuste emploi d'une force majeure » parvenait (ce qu'à Dieu ne plaise!) à placer, de » fait, et jamais de droit, sur le trône de France, » tout autre que notre roi légitime, nous suivrions » avec autant de confiance que de fidélité la voix de » l'honneur, qui nous prescrit d'en appeler jusqu'à » notre dernier soupir à Dieu, aux Français et à » notre épée. »

Les honorables membres de la nouvelle agence royaliste, ayant eu communication de ces refus et protestations, en témoignèrent au roi leurs félicitations dans une dépêche remarquable où se trouvent ces paroles : « Ce n'est pas nous qui offrirons » à Votre Majesté de vaines espérances, fondées sur » les troubles du dedans, ou du dehors, et sur les » moyens de les exciter. Votre Majesté sait assez, » puisque c'est notre premier titre à sa confiance, » que nos vœux ne s'unissent point à l'intervention » de la politique étrangère, et que notre caractère, » nos principes et les devoirs qu'elle nous impose » nous éloignent également de l'esprit de conspiration et de faction. Mais nous dirons à Votre Majesté que les conseils de la raison s'accordent avec » les inspirations de l'honneur. A-t-on voulu intéresser sa générosité en montrant le repos de la » France attaché au sacrifice de ses droits légitimes? » Mais où sont les partis qui invoquent le nom de » Votre Majesté? où sont les intrigues qui s'ourdissent à l'ombre de ce nom sacré? Non, la France » repose dans une paix profonde depuis qu'un » homme, aussi extraordinaire que sa fortune, a » saisi les rênes du gouvernement. Les uns jouissent du calme sans souvenir et sans prévoyance; » les autres gardent leur foi à Votre Majesté, croyant » lui obéir en se soumettant à cette autorité provisoire dont ils reconnaissent la nécessité et que la » main de Dieu paraît avoir élevée pour confondre » et les principes et les exemples de la révolution : » c'est donc à l'avenir qu'appartiennent toutes les » sollicitudes. »

Cet avenir vers lequel ces nobles agents portaient leurs vœux était le retour à l'hérédité par l'effet des besoins sociaux et du temps; *la dictature même sortie de la révolution* leur semblait *une route frayée* vers l'antique monarchie; car, disaient-ils, *au terme marqué* par la Providence, il ne se présenterait pas un *autre Bonaparte*, un tel pouvoir ne survivant point *aux besoins et aux circonstances dont il fut l'ouvrage*.

Le roi de Prusse, cependant, très-effrayé du refus qu'il avait à transmettre, demanda qu'on gardât plus de mesure dans les termes de la réponse aux communications faites en son nom, menaça Louis XVIII des vengeances du premier consul et de l'abandon même de toutes les puissances; le prince exilé demeura ferme; et, peu après, des hommes envoyés de France pour l'empoisonner furent, quoique leurs tentatives eussent été prouvées, soustraits à toute poursuite par la police prussienne, qui, loin d'accueillir contre eux de pressantes sollicitations, les fit évader. Parmi les scélérats qui se présentèrent alors devant Louis XVIII, il se trouvait un colonel de gendarmerie nommé Rochejaen, que j'avais connu en Italie; cet homme demandait au roi une lettre de recommandation pour l'empereur Alexandre; mais sa mission, dénoncée de Paris et accompagnée de son signalement, éclaira le roi, qui, l'ayant désigné à la police, évita de tomber sous ses coups. J'ai su ces derniers détails de mon respectable ami Edgeworth. Louis XVIII, dont la sûreté était compromise à Varsovie, obtint de nouveau un asile à Mittau, où précédemment il s'était déjà fait aimer et respecter. Ceci est noté dans ce chapitre par anticipation. Passons maintenant d'un crime projeté à un crime trop réel.

XVI.

Pichegru. — Le prince de Condé. — Le duc d'Enghien. — Mort de ce prince. — Note diplomatique de Talleyrand. — Lettre de l'empereur Alexandre. — Dénégation des auteurs du meurtre.

L'émigration, qu'on pourrait nommer *politique*, et qui avait eu pour objet de défendre la cause royale, avait dès longtemps cessé. Elle avait prolongé son existence dans l'armée de Condé; ses derniers vestiges disparurent à la dissolution de ce corps, dont le noble chef habitait l'Angleterre, ainsi que Monsieur, comte d'Artois, qui d'Édimbourg dirigeait une agence royaliste, souvent en contradiction avec l'agence beaucoup plus sage que Louis XVIII avait composée des hommes les plus honorables.

Le prince de Condé, en apprenant l'élévation de Bonaparte au consulat, s'était écrié : *Pourquoi n'est-ce pas Pichegru?* Il accueillit avec joie ce général, échappé si miraculeusement de Cayenne avec six de ses compagnons d'exil, en parcourant, sans vivres, sans boussole, cent lieues d'une mer agitée. Le prince, ce *vétéran des gagneurs de bataille* (1), abjurant toute étiquette, le serra dans ses bras en lui disant : « Eh bien, nous voilà tous » deux sous la protection du roi Georges. — Monseigneur, répondit le conquérant de la Hollande, » tous les émigrés doivent une vive reconnaissance » à un monarque, à une nation qui les accueillent » aussi bien; mais pourquoi M. de Wurmser a-t-il » voulu que nous fussions ici? S'il s'était le plus légèrement prêté à vos désirs et aux miens, j'aurais » l'honneur de vous faire en ce moment ma cour à » Chantilly, et tous deux nous jouirions du plaisir » d'avoir coopéré à placer Louis XVIII, au palais » qu'occupe un étranger. »

(1) C'est l'expression dont Bonaparte se servit dans une lettre où il invitait le maréchal de Broglie à rentrer en France.

C'était un beau caractère que celui de ce Pichegru dont Napoléon dit plus tard à O'Méara qu'*il le considérait comme le plus grand général qu'avait eu la république*. Traité en Angleterre avec la plus haute considération, il reçut la proposition de visiter quelques établissements militaires : « Non, » répondit-il ; je puis rentrer dans ma patrie et être » destiné à vous attaquer ; je ne voudrais point alors » me voir aider des souvenirs qui me feraient violer » les lois de l'hospitalité. »

Le duc d'Enghien n'était point alors près de son aïeul. Ce jeune prince, si éminemment digne du sang qui coulait dans ses veines, adorateur d'un pays dont son illustre maison avait accru la gloire, admirateur de la valeur française, constamment généreux envers ses prisonniers, eût aimé à causer, sur le grand art qu'il professait, avec un homme qui s'en était montré l'un des modèles ; mais il ne pouvait s'arracher d'Ettenheim, où des liens chers et connus le retenaient ; il y partageait ses loisirs entre les soins d'un amour cru légitime, des courses à pied dans les montagnes de Suisse et l'ardeur de la chasse. Son aïeul, inquiet pourtant d'une situation si rapprochée de la frontière française, lui écrivit, le 16 juin 1803 : « On assure ici, depuis » plus de six mois, que vous avez été faire un voyage » à Paris ; d'autres disent que vous n'avez été qu'à » Strasbourg. Il faut convenir que c'est un peu » inutilement risquer votre vie et votre liberté ; » car, pour vos principes, je suis tranquille de ce » côté..... Vous êtes bien près, *prenez garde à* » *vous*, et, ne négligez aucunes précautions pour » être averti à temps et faire votre retraite en sû- » reté, en cas qu'il passât par la tête du consul de » *vous faire enlever*. N'allez pas croire qu'il y ait » du courage à tout braver : ce ne serait qu'une » imprudence impardonnable aux yeux de tout l'u- » nivers, et qui ne pourrait avoir que *les suites les* » *plus affreuses* ; mais, je vous le répète, *prenez* » *garde à vous !* Rassurez-nous en nous répondant » que vous sentez parfaitement ce que je vous de- » mande, et que nous pouvons être tranquilles sur » les précautions que vous prenez. » Dans sa réponse, du 18 juillet, le prince disait à son aïeul : « Il faut me connaître bien peu pour avoir pu dire » ou cherché à faire croire que j'avais mis le pied » sur le territoire républicain autrement qu'avec le » rang où le hasard m'a fait naître. Je suis trop fier » pour courber bassement ma tête ; et *le premier* » *consul pourra peut-être venir à bout de me* » *détruire, mais il ne me fera pas m'humilier*. » On peut prendre l'incognito pour voyager dans les » glaciers de la Suisse, comme je l'ai fait l'année » passée ; mais, pour la France, quand j'en ferai le » voyage, je n'aurai pas besoin de m'y cacher. Je » puis donc vous donner ma parole d'honneur que » pareille idée ne m'est jamais entrée et ne m'en- » trera jamais dans la tête. Des méchants ont pu » désirer, en vous racontant ces absurdités, *me* » *donner un tort de plus à vos yeux*. » (C'était contre leur gré qu'il s'était lié à la princesse de Rohan et qu'il habitait près d'elle.) « Je suis, poursuivait- » il, accoutumé à de pareils services, que l'on s'est » toujours empressé de me rendre, et je suis trop » heureux qu'ils en soient enfin réduits à employer » *des calomnies aussi absurdes*. »

M. de Vauborel avait aussi cherché à éclairer le duc d'Enghien sur les dangers qu'il pourrait courir ; et le prince lui répondit : « Je vous remercie de » votre avertissement sur les soupçons que mon sé- » jour ici pourraient inspirer à Bonaparte, et les » dangers auxquels m'expose sa tyrannique influence » sur ce pays. *Là où il y a des dangers, là est le* » *poste d'honneur pour un Bourbon*. » M. de Lanan lui écrivait aussi de Munich, en date du 11 février, pour l'inviter *à s'éloigner un peu plus des rives du Rhin*, et recevait du prince, dans sa réponse, la nouvelle de l'arrestation de Moreau, sans que cela pût le déterminer à céder aux avis qu'on lui donnait de toutes parts.

Tandis que tout Paris était vivement occupé du procès Moreau, Pichegru et Georges, arrêtés et traités de *brigands* dans des affiches placardées, expression qui indignait le public, peu affectionné alors à Bonaparte, je me rappelle que, rentrant chez moi, le 21 mars 1804, je trouvai mon hôtesse baignée de larmes. Je lui en demande la cause ; elle n'a la force que de me montrer et de me remettre un arrêt imprimé, vendu dans les rues douze ou quinze heures après l'événement qu'il publie, et portant condamnation et exécution du duc d'Enghien, que tout Paris croyait paisiblement occupé de littérature, de chasse et d'amour. De quelle indignation ne fus-je point frappé en lisant que l'acte condamnatoire reposait sur les motifs suivants : 1° d'avoir pris les armes contre la république (délit effacé par l'amnistie) ; 2° d'avoir offert ses services au gouvernement anglais (assertion fausse, car il était en froid avec sa famille pour ne l'avoir pas suivie en Angleterre) ; 3° d'avoir accrédité près de lui des agents britanniques, pratiqué des intelligences et conspiré contre la sûreté de l'État (accusation sans preuve écrite ou testimoniale, et que sa conduite même démentait) ; 4° de s'être mis à la tête du rassemblement d'émigrés formé dans les pays de Fribourg et de Baden (et alors il n'en existait de tels ni là ni ailleurs) ; 5° d'avoir pratiqué des intelligences dans la place de Strasbourg (et l'on n'a ni accusé ni signalé aucun de ses prétendus agents); 6° d'avoir été fauteur et complice de la conspiration contre la vie du premier consul (or le procès qui s'instruisait alors prouve qu'il y était totalement étranger). A tant de mensonges le procès-verbal imprimé joignait même encore ceux-ci : 1° qu'on a fait lire au prévenu les pièces à charge; quoiqu'il n'en ait été produit aucune; 2° que celui-ci a été interrogé sur l'accusation et entendu dans ses moyens de défense; 3° que le jugement a été prononcé conformément à l'article 2 du titre IV du Code militaire, *Des délits et peines*, et du 1er de la seconde section du titre Ier du Code pénal, portant peine de mort, l'un contre *tout individu... convaincu d'espionnage pour l'ennemi;* l'autre contre *toute conspiration tendante à troubler l'État.* Mais il n'y avait là ni conspiration ni espionnage. Enfin un procès de cette nature ne devait pas avoir lieu à huis clos; il exigeait un défenseur, un appel en révision, la signature régulière de l'arrêt; et tout cela avait été omis dans ce qu'on nommait un *jugement*, exécuté avant qu'il eût été régulièrement rédigé. Il y a plus : le détachement destiné à l'exécuter était commandé avant même que cet arrêt eût été prononcé; et le malheureux prince périt assassiné non loin du siége de gazon où, à l'abri d'un chêne, saint Louis, son vingt et unième aïeul, rendait la justice à ses heureux vassaux...

Jamais événement, depuis la révolution, n'avait produit une impression aussi vive et aussi générale; l'horreur qu'il inspirait se lisait sur tous les visages. Le lendemain 22, je vis le peuple, et les femmes surtout, arracher l'arrêt placardé, insulter ceux qui le criaient, nommer *écorcheurs de Bonaparte* les soldats à uniforme rouge, de la garde soldée dite *nationale*, qu'on croyait les assassins du prince. Guétri, que je rencontrai, me parla de la manière froide et légère avec laquelle le premier consul avait annoncé cette nouvelle à celui dont il était lui-même l'aide de camp; il le lui avait rapporté saisi d'horreur; et des personnages haut placés osaient, sans pudeur, vanter cet acte de barbarie!

Ce que j'ai su depuis lors, c'est qu'un homme à bons mots et à mauvaises actions avait chaudement pressé, dans un écrit de quatre pages, dont la minute existe encore, le chef de l'État *à ce meurtre, propre à démontrer aux Parisiens qu'il n'était pas le partisan des Bourbons;* que la coupable mission refusée par le colonel Lacuée, dès lors tombé dans la disgrâce du premier consul, avait été acceptée par Caulaincourt, qui recueillit le prix du sang; et que Talleyrand fit passer, en date du 11 mars 1804, au baron d'Edelsheim, ministre d'État, à Carlsruhe, la note suivante : « Je vous avais envoyé » une note dont le contenu tendait à requérir l'ar» restation du comité d'émigrés français, siégeant à » Offenbourg, lorsque le premier consul, par l'ar» restation des brigands envoyés en France par le » gouvernement anglais, comme par la marche et le » résultat des procès qui sont instruits ici, reçut » connaissance de toute la part que les agents anglais » à Offenbourg avaient aux terribles complots tra» més contre sa personne et contre la sûreté de la » France. » (Notons qu'il n'a été question de rien de tout cela dans le procès.) « Il a appris de même » que le duc d'Enghien et le général Dumouriez se » trouvaient à Ettenheim. » (Dumouriez n'y était point, et le ministre français à Carlsruhe, dans une dépêche, que Talleyrand ne produisit pas, parlait du prince comme vivant très-paisiblement à Ettenheim). « Et comme il est impossible qu'ils se trou» vent en cette ville sans la permission de son » altesse électorale » (c'était du consentement de Bonaparte), « le premier consul n'a pu voir sans la » plus profonde douleur qu'un prince auquel il lui » avait plu de faire éprouver les effets les plus » signalés de son amitié avec la France pût donner » un asile à ses ennemis les plus cruels, et leur » laissât ourdir tranquillement des conspirations » aussi inouïes. — En cette occasion extraordi» naire, le premier consul a cru devoir donner à » deux petits détachements l'ordre de se rendre à » Offenbourg et à Ettenheim, pour y *saisir les in» stigateurs* d'un crime qui, par sa nature, met hors » du droit des gens tous ceux qui manifestement y » ont pris part. *C'est le général Caulaincourt qui, » à cet égard, est chargé des ordres du premier » consul.* Vous ne pouvez pas douter qu'en les exé» cutant il n'observe tous les égards que son altesse » peut désirer. »

Le prince fut arrêté chacun sait où, comment et par qui. Je ne rapporterai point son journal en date des 15, 16, 17 et 18 mars, qui dénote à la fois sa tranquillité personnelle et ses inquiétudes *pour la santé de la princesse de Rohan;* elle eut encore sa dernière pensée, car le conseiller d'État Réal signa la pièce qui voici : « Reçu du général de brigade » Hullin, commandant les grenadiers à pied de la » garde, un petit paquet contenant des cheveux, » un anneau d'or et une lettre, ce petit paquet por» tant la suscription suivante : *Pour être remis à » Mme la princesse de Rohan, de la part du duc » d'Enghien.* » Ce général Hullin a donné de curieux détails sur une procédure dont l'avocat Dupin a signalé tous les vices.

L'indignation qu'elle produisit fut aussi vive à l'étranger qu'en France; celle qu'on éprouva à Vienne demeura muette, et n'en était pas moins profonde. Le prince Louis de Prusse jura dès lors qu'il ne serait heureux que s'il pouvait voir sous son sabre l'assassin du prince. L'empereur Alexandre témoigna son horreur, et pour le crime, et pour la violation du territoire germanique. Il écrivit au prince de Condé : « Monsieur mon cousin, » j'ai reçu les deux lettres de votre altesse du 6 et » du 18 avril, sur l'enlèvement et la fin tragique » d'un prince dont je connaissais les exploits et les » qualités si rares à son âge. Les vues de la politique ne devant point étouffer les sentiments d'humanité, j'ai manifesté ouvertement les miens sur » cet événement, et je désire qu'en l'apprenant » votre altesse en ait ressenti quelque consolation. » — Il est certain que je n'aurais rien négligé pour » sauver, s'il eût été possible, ce digne rejeton » d'une race illustre; mais je n'ai appris ses dangers que quand le coup était déjà frappé. Maintenant que votre malheureux et illustre petit-fils » n'existe plus, je ne puis que déplorer avec vous » sa cruelle destinée et prendre la part la plus vive à » vos chagrins, vous priant d'être persuadé des sentiments sincères d'estime et d'intérêt avec lesquels je suis, de votre altesse, le bien affectionné » cousin,

» Alexandre. »

Ce crime odieux, et qui m'affectait doublement *en raison* des bontés que la mère et l'aïeul de l'innocente victime m'avaient témoignées, n'était ni le fruit du fanatisme, ce qui, sans l'excuser, l'eût expliqué du moins, ni celui de l'ignorance, qui en aurait atténué l'horreur. Aussi Napoléon chercha-t-il à en rejeter la responsabilité sur d'autres; et Savary voulut-il s'en disculper dans un temps, après s'en être publiquement vanté à Saint-Pétersbourg chez la princesse Viesemski.

Quant à Talleyrand, hautement accusé d'en être le principal auteur, il aima mieux, chez un peuple facilement oublieux, laisser tomber cette accusation que de s'en défendre; mais l'histoire citera et stigmatisera les vrais auteurs de cette sanglante tragédie.

Après avoir laissé tomber de la plume de tels noms on aime à en signaler d'autres aussi honorables que purs : celui, par exemple, du vicomte de Chateaubriand, qui, nommé ministre près de la république du Valais, allait à la Malmaison pour y recevoir ses instructions, quand il apprit la catastrophe du duc d'Enghien, et qui donna aussitôt sa démission, sans calculer les dangers auxquels il s'exposait. Je citerai encore celui de M. Saladin, qui, revenant de Nancy à Paris, est instruit en route de la même catastrophe, se démet à l'instant de sa place près du grand juge, compromet ainsi sa fortune, et retourne, indigné, dans le sein de sa famille.

Qu'il serait doux, qu'il serait consolant d'avoir à reproduire un plus grand nombre de traits de cette nature!

CONCLUSION.

Si maintenant nous promenons notre pensée sur les événements qui suivirent la chute du trône, l'inexorable histoire nous représentera successivement un règne de sang, un règne de fange sous la convention nationale, ou le Directoire; puis, après la *contre-révolution* du 18 brumaire, ce complément obligé du coup d'État exécuté le 18 fructidor, elle nous montrera des jours prospères, dus à l'unité du pouvoir et au génie réparateur de celui qui s'en saisit. Mais de quel sentiment sombre et pénible n'est-on pas affecté en songeant que ce consulat, salué de tous les vœux par les gens de bien, et nourri, dans l'opinion, des plus flatteuses espérances, ne sera offert à la postérité qu'enveloppé entre deux crimes aussi révoltants qu'inutiles; car il commença par le meurtre inique et perfide du comte de Frotté, et finit par l'assassinat du duc d'Enghien!

XVII.

Napoléon. — Saint-Domingue. — Lucien Bonaparte.

Ce que doit principalement éviter l'homme qui écrit sur les affaires de son temps, c'est d'exagérer, soit le bien, soit le mal, dans la peinture de ses personnages. La conscience publique, réagissant, absoudrait d'une partie de leurs torts réels les hommes qu'il aurait calomniés; ceux, au contraire, qu'il aurait vantés outre mesure seraient brusquement rabaissés : on en viendrait à douter de leurs qualités véritables, et tous seraient classés par l'opinion commune au-dessus et au-dessous de leur valeur politique et morale.

Pour échapper à ce double écueil, il faut, sans acception de personne et de doctrine, dire ce qu'on a vu, ce qu'on a su, ce qui en fut ou dut être le résultat. Il faut le dire sans haine comme sans amour, tout en gardant une sincère estime pour la vertu, une profonde indignation contre le vice. En cela consiste l'impartialité historique.

C'est ainsi du moins que je la comprends. Je crois l'avoir prouvé de reste, et le prouverai encore en parlant de Napoléon : je serai vrai, dussé-je ainsi froisser quelques susceptibilités irascibles, quelques ignorances entêtées ou crédules : pour soutenir une noble cause, l'arme la plus puissante est la stricte vérité.

Le règne de Napoléon existait de fait depuis le 18 brumaire. Ce règne si favorable à la fortune publique allait être hautement déclaré; mais il devait y avoir aux pans de manteau impérial des taches d'un sang héréditairement héroïque. Un prince avait été mis à mort, un prince de cette maison de France à qui, depuis l'avénement des Bourbons, l'État devait un sixième de son territoire, d'immenses domaines, ses premiers canaux, ses formidables frontières, la plupart de ses établissements utiles et un lustre de gloire inconnu avant cette période.

Cette maison avait imposé notre langue et nos mœurs, notre prépondérance en un mot, à tous les États de l'Europe; elle avait fait descendre jusque dans les dernières classes cette aménité, cette *politesse* que le monde appelait *française*, parure sociale brutalement déchirée par les sales mains de la révolution.

La chute de cette maison avait effrayé l'univers.

Un homme était venu, audacieux et fort; seul il avait essayé de renouer une ère de gloire nouvelle aux antiques gloires de la monarchie; sous son consulat régénérateur, on oubliait un temps de ténèbres et d'ignominies.

Mais cet homme, se hâtant vers le trône, commit un crime en chemin. Un énergique crayon put le représenter secouant sur sa famille ameutée la tête du plus jeune des Condé en disant :

« *Je vous fais princes du sang!* »

Saisir l'autorité suprême dans une république qui gémissait sous l'oppression d'une impuissante stupidité fut chose plus facile peut-être qu'on ne pense. La conserver, l'étendre, lui donner quelque stabilité, c'était le véritable problème à résoudre. Un brillant succès militaire consacra le nouveau pouvoir; mais les deux paix conclues avec l'Autriche et l'Angleterre, quelque utiles et glorieuses qu'elles fussent d'ailleurs, faisaient refluer au centre de l'État des soldats et des généraux d'un esprit inquiet; on vit revenir surtout les compagnons de ce général Moreau, que l'opinion tentait d'opposer au premier consul. De là son premier embarras.

Napoléon voyait les révolutionnaires industriels graviter vers sa brillante étoile; mais les royalistes neutres du faubourg Saint-Germain murmuraient encore; mais la masse, que des corporations ne disciplinaient plus, pouvait devenir hostile entre les mains des factieux : il fallait user en même temps, au profit de son ambition à demi satisfaite, les instruments de son élévation et ceux qui auraient pu lui faire obstacle. C'était là un prudent calcul; et l'expédition contre Saint-Domingue fut décidée.

Cette colonie, autrefois riche entre toutes, devait aux hommes et aux principes de la révolution une ruine presque complète. Les commissaires Santhonax et Polverel, par leur intempestive déclaration de la liberté des noirs, par l'incendie de la ville du Cap, avaient occasionné un dommage évalué, indépendamment de ses suites incalculables, à la somme de deux cents millions. La colonie fut livrée aux Anglais : ceux-ci, à la vérité, ne purent s'y maintenir; mais les pertes immenses de la métropole ne reçurent aucune compensation, et la voie fut ouverte à cette lutte sanglante des noirs et des hommes de couleur. Toussaint Louverture conduisait les premiers; les autres eurent à leur tête Péthion, Raymond, et plus tard Rigaud.

Celui-ci, ayant été vaincu par le héros nègre, fut forcé de se réfugier en France. Toussaint, bien qu'il ne reconnût dès lors que nominativement les autorités françaises, fut déclaré général en chef et gouverneur par le Directoire. Cette apparente soumission ne l'empêcha pas de se faire élire premier magistrat de la colonie. Il gouverna en vertu d'une de ces constitutions dont un pouvoir fort sait faire tout ce qu'il veut. Or Toussaint avait d'autant plus d'empire sur les noirs, que lui et ses affidés montraient à tout propos, dans une perspective effrayante, la domination des blancs ou des hommes de couleur, ce qui était un retour à l'esclavage.

En même temps, il demandait aux chefs de la nation française l'acceptation du régime qu'il venait d'établir et la confirmation de sa haute dignité; mais nul ne pouvait prendre le change : il temporisait pour asseoir sa puissance; et tout annonçait que Saint-Domingue était perdu par le fait.

Dans un pareil état de choses, il y avait deux routes à suivre. Reconnaître le pouvoir absolu de Toussaint Louverture, en assurant des priviléges au commerce français et des dédommagements aux colons; ou reconquérir la colonie à l'aide d'une force armée imposante. Beaucoup de gens sages, la plupart des anciens administrateurs de Saint-Domingue, et le général Lavaux, qui n'avait point quitté l'île, penchaient pour le premier avis; mais tout le commerce soutenait le second.

Ceci entrait mieux dans les vues secrètes de Napoléon : aussi obtint-il d'une foule de négociants aveuglés par l'intérêt les avances nécessaires aux frais d'une expédition qui n'avait, pour lui, d'autre but que de jeter loin du continent des hommes dont il craignait les tendances révolutionnaires.

Le prêt montait à soixante millions. Pour inspirer plus de confiance à ceux dont il obtint et ne rendit jamais l'argent, Bonaparte força sa sœur Pauline à suivre son mari Le Clerc. Mme de Montesson célébra le départ par un grand bal. J'y vis le jeune Corse: ses manières n'étaient pas plus décentes à Paris qu'à Milan.

Quant à Le Clerc, commandant de l'armée expéditionnaire, c'était un général médiocre de talent et faible de caractère. Il arriva en vue de Saint-Domingue le 2 février 1802. Loin d'étonner l'ennemi par une attaque brusque et décisive, il s'avisa de négocier, ce qui donna à Toussaint le temps de massacrer une partie des blancs, et d'incendier de nouveau la ville du Cap, ainsi qu'un grand nombre d'habitations.

Cependant, quoique l'armée ne s'élevât pas au-dessus de 1,500 hommes, elle parvint, en moins de trois mois, à disperser l'ennemi sur tous les points. Toussaint et ses principaux chefs furent bientôt réduits à se soumettre.

Le Clerc avait été puissamment secondé dans ses opérations par les mulâtres, dont les intérêts étaient les mêmes que ceux des blancs. Toussaint, Dessalines et Christophe attendaient : ils savaient que le temps, la maladie, la famine leur offriraient bientôt l'occasion d'une nouvelle et victorieuse révolte. Le Clerc, d'ailleurs, commit deux fautes majeures, dont plus tard les insurgés devaient profiter. La première fut d'essayer une organisation systématique là où il ne fallait encore qu'un gouvernement militaire, et de faire entrer dans cette administration des hommes dont il pouvait à bon droit suspecter les vues ultérieures. La seconde fut de confier le désarmement des nègres à Dessalines, l'incendiaire du Cap, le principal lieutenant de Toussaint Louverture. Il faut bien le dire : ces fautes dérivaient de ce pauvre esprit politique que Le Clerc et son état-major avaient apporté de France.

Dessalines mettait la plus perfide adresse dans l'exécution de ce désarmement. Il le fit porter à dessein sur les nègres qui n'avaient pas pris part au soulèvement. Couvrant ses intentions secrètes d'un voile d'obéissance zélée pour les chefs de l'armée expéditionnaire, il massacra un grand nombre de noirs, en ayant soin, bien entendu, d'épargner ceux sur lesquels il croyait pouvoir compter; et, pourtant, lorsqu'un œil inquisiteur éclairait sa conduite, il étendait le carnage à ses amis eux-mêmes. C'est ainsi qu'il évita le sort de Toussaint, enlevé et conduit en France. Après cet événement Dessalines déserta. Il se mit à la tête des siens, et sut envenimer leur rage en leur apprenant que l'esclavage était maintenu à la Martinique, récemment rendue à la France par les Anglais.

Les circonstances devinrent de plus en plus favorables au chef noir. Une épidémie meurtrière décimait les rangs de l'armée française, et, pour comble de malheur, Le Clerc mourut, laissant le commandement à Rochambeau.

Ce général, très-brave et non sans quelques talents, était un petit monstre de figure et de caractère. Jadis colonel du *Royal-Auvergne*, méprisé de ses officiers, en horreur à ses soldats, repoussé de la société, la révolution lui était nécessairement devenue un refuge. Commandant aux Antilles, il s'empressa, dans ses proclamations, d'associer son nom à ceux des régicides. Chef de l'armée de Saint-Domingue, il s'y montra l'émule de Marat par ses débauches, et de Carrier par sa barbarie. On avait déjà assez de peine à résister aux nègres. Il accrut le nombre de ses ennemis en révoltant les mulâtres, dont il fit noyer un grand nombre. Le premier fut le général Bardet, à qui l'on devait l'occupation et le salut du Port-au-Prince. Tous également menacés, après avoir puissamment servi la cause française, finirent par s'armer contre elle; et l'armée expéditionnaire, chassée successivement de tous ses postes, fut réduite à capituler.

La paix avec l'Angleterre était rompue; le chef de la station britannique offrit des conditions qui eussent assuré le salut des colons; Rochambeau les refusa, aimant mieux capituler avec Dessalines, à qui il abandonna ses hôpitaux remplis de malades; mais il n'en fut pas moins forcé de se rendre prisonnier aux Anglais, qui le conduisirent à la Jamaïque.

Le vicomte de Noailles fut plus heureux. Le zélateur emporté d'une révolution qui conduisit à l'échafaud son père, sa mère, sa femme, et le contraignit lui-même à s'expatrier, appelé à Saint-Domingue par Rochambeau, s'y conduisit héroïquement, sut échapper aux Anglais avec toute sa garnison et prit à l'abordage une corvette ennemie; mais il reçut une blessure dont il mourut à la Havane, couronnant ainsi de lauriers une vie qui avait besoin de ce lustre expiatoire. Il laissa deux fils : l'un mort dans la campagne de Russie, l'autre parant son nom d'une brillante auréole de vertus chrétiennes.

L'État perdit à Saint-Domingue des hommes, des vaisseaux; et le commerce, une somme considérable dont il n'a jamais été remboursé. Après l'issue malheureuse de l'expédition, Dessalines ordonna le massacre des blancs et fut proclamé empereur d'Haïti; puis il tomba sous les coups de Christophe, qui prit le nom de Henri Ier; puis on vit renaître la lutte sanglante des noirs et des hommes de couleur; puis enfin, l'empereur nègre, ne pouvant plus résister aux armes de ses ennemis, termina son règne et sa vie en se brûlant la cervelle.

J'ai vu revenir Mme Le Clerc, portant extérieurement un deuil qui n'était point dans son cœur.

J'ai rencontré plus tard, sous le nom de la princesse Athénaïs-Henri, la fille de Christophe, qui a, dit-on, composé des Mémoires sur le règne et la fin tragique de son père.

Rétrogradons maintenant et abordons l'affaire de Moreau, Pichegru et Georges Cadoudal. On ne saurait confondre ces accusés avec le duc d'Enghien, comme le prouvent surabondamment les pièces mêmes de leur procès. C'est le mot, ce fut un procès; tandis qu'après le meurtre du prince, Lucien Bonaparte s'écriait, en parlant de son frère :

« Fuyons; il a trempé ses mains dans le sang! »

XVIII.

Moreau. — Cadoudal. — Pichegru. — Les Polignac. — Le marquis de Rivière. — Le faubourg Saint-Germain.

Rien ne fut de nature à causer au public une plus vive surprise que l'annonce de cette conspiration où figuraient ensemble Moreau, connu pour aveugle républicain, Pichegru qui, au 18 fructidor, avait repoussé la coopération des royalistes, et Georges Cadoudal, intrépide chef de chouans, généralement considéré comme ne répugnant à aucun acte propre à assurer le succès de son parti.

Rien n'inspira aussi plus d'indignation que de voir, dans une liste dite de ***brigands***, les deux noms du conquérant de la Hollande et du vainqueur de Hohenlinden. Mais, avant de mettre ici en scène trois personnages si différents de caractère, d'opinion et peut-être de vues politiques, jetons un coup d'œil sur les tentatives plus ou moins sérieuses qui avaient menacé la personne ou l'autorité du premier consul depuis son élévation au pouvoir.

Tous les partis y avaient pris part, royalistes, constitutionnels, jacobins. Pour garantir l'État de ces agitations, toujours plus ou moins funestes à la prospérité générale et particulière, Napoléon avait été forcé de faire renaître, sous le nom de *tribunaux spéciaux*, ces juridictions *prévôtales* que la révolution avait stigmatisées.

Mais, en même temps, il se fit conférer le droit de grâce. Ce droit retombait dans les attributions du grand juge Regnier, qui, pour qu'il fût équitablement exercé, plaça à la tête du bureau y relatif M. de Colnel, ancien magistrat au parlement de Nancy, homme de conscience et d'honneur.

Napoléon voulait le bien; il le voulait par lui et pour lui. Incapable de ces ridicules terreurs que prennent les gouvernements sans énergie, il ne fit que rire des menées de ce général Desnoyers, homme de peu d'influence sur le soldat. En compagnie du baron de La Rochefoucauld, personnage aussi crédule que médiocre, ce Desnoyers crut pouvoir offrir à Louis XVIII le concours de toute l'armée du Rhin. Bonaparte le sut et ne s'en émut point.

Il n'en fut pas de même lorsque après la rupture du traité d'Amiens le parti royaliste ourdit en Angleterre une conjuration nouvelle. Autant l'agence correspondant avec Mittau était observatrice et sage, autant celle d'Édimbourg était inconsidérée et désireuse de brusquer les événements. La première était persuadée que le monarque ne pouvait avoir d'utiles chances de restauration à moins qu'auparavant l'unité du pouvoir n'eût été rétablie par une main audacieuse et forte; la seconde se figurait que, Napoléon une fois tombé, le roi serait nécessairement rappelé : idée fausse! espoir prématuré! De là résulta le projet de faire contre Bonaparte ce que lui-même avait fait contre le Directoire. On ne songeait pas qu'en agissant ainsi on travaillait pour la république.

Écartons ici les intrigants tels que Fauche-Borel, l'abbé David, Lajolais, ainsi que les dupes, au nombre desquelles se trouvaient les Polignac, Rivière et autres, pour parler des trois principaux chefs de la périlleuse entreprise. Plusieurs furent condamnés à perdre la tête ou la liberté en punition d'un complot qui n'avait point eu et ne pouvait, de sa nature, avoir un commencement d'exécution. En effet, il eût fallu pour cela réunir une force que l'on n'avait pas, et attendre, comme chef suprême, un prince absent, à la présence duquel toute action était subordonnée, et qui probablement n'arriverait point. Cette remarque, que nul n'a faite encore, est indispensable à l'exacte connaissance de cette affaire comme à la vérité de l'histoire.

Commençons par Moreau. Je demeurai fort surpris de le voir compromis dans une conjuration royaliste, lui qui, à cette époque, me parlait dans un sens tout différent. Je citerai la lettre que, de la prison du Temple, il écrivit au premier consul, en date du 17 ventôse an XII (8 mars 1804) :

« Voilà bientôt un mois que je suis détenu comme » complice de Georges et de Pichegru, et je suis » peut-être destiné à venir me disculper devant les » tribunaux du crime d'attentat à la sûreté de l'État » et du chef du gouvernement.

» J'étais loin de m'attendre, après avoir traversé » la révolution, et la guerre, exempt du moindre » reproche d'*incivisme* et d'ambition, et surtout » quand, à la tête de grandes armées victorieuses, » où j'aurais eu les moyens de les satisfaire, que ce » serait au moment où, vivant en simple particulier, » occupé de ma famille et voyant un très-petit » nombre d'amis, qu'on vînt m'accuser d'une pa- » reille folie. Nul doute que mes anciennes liaisons » avec le général Pichegru ne soient les motifs de » ces accusations.

» Avant de parler de ma justification, permettez, » général, que je remonte à la source de cette liai- » son, et je ne doute pas de vous convaincre que *les* » *rapports qu'on peut conserver avec un ancien* » *chef et un ancien ami,* quoique divisés d'opinion, » *et ayant servi des partis différents*, sont loin » d'être criminels.

» Le général Pichegru vint prendre le comman- » dement de l'armée du Nord au commencement de » l'an II ; il y avait environ six mois que j'étais gé- » néral de brigade; je remplissais par intérim les » fonctions de divisionnaire. Content de quelques » succès et de mes dispositions à la première » tournée de l'armée, il m'obtint très-promp- » tement le grade que je remplissais momentané- » ment.

» En entrant en campagne, il me donna le com- » mandement de la moitié de l'armée et me chargea » des opérations les plus importantes.

» Deux mois avant la fin de la campagne, sa santé » le força de s'absenter : le gouvernement me char- » gea, sur sa demande, d'achever la conquête d'une » partie du Brabant hollandais et de la Gueldre. » Après la campagne d'hiver, qui nous rendit maî- » tres du reste de la Hollande, il passa à l'armée du » Haut-Rhin, me désigna pour son successeur, et la » convention nationale me chargea du commande- » ment qu'il quittait. Un an après je le remplaçai à » l'armée du Rhin. Il fut appelé au corps législatif, » et alors je cessai d'avoir des rapports fréquents » avec lui.

» Dans la *courte campagne* de l'an V, nous prîmes » les bureaux de l'état-major de l'armée ennemie : » on m'apporta une grande quantité de papiers, que » le général Desaix, alors blessé, s'amusa à par- » courir. Il nous parut, par cette correspondance, » que le général Pichegru *avait eu des relations* » *avec les princes français*. Cette découverte » nous fit *beaucoup de peine*, et à *moi particu-* » *lièrement*. Nous convînmes de la laisser en oubli. » Pichegru, au corps législatif, pouvait d'autant » moins nuire à la chose publique que la paix était » assurée. Je pris néanmoins des précautions pour » la sûreté de l'armée relativement à un espionnage » qui pouvait lui nuire. Ces recherches et le déchif- » frage avaient mis toutes les pièces aux mains de » plusieurs personnes.

» Les événements du 18 fructidor s'annonçaient, » l'inquiétude était assez grande. En conséquence, » deux officiers, qui n'ignoraient point *cette* » *correspondance, m'engagèrent à en donner* » *connaissance au gouvernement*, et me firent » entendre qu'elle commençait à devenir assez pu- » blique, et qu'à Strasbourg on s'apprêtait à en in- » struire le Directoire.

» J'étais fonctionnaire public, et je ne pouvais » garder un plus long silence. Mais, sans m'adresser » directement au gouvernement, j'en prévins *con-* » *fidentiellement le directeur Barthélemy*, l'un » de ses membres, en le priant de me faire part de » ses conseils, et le prévenant que ces pièces, quoi- » que assez probantes, ne pouvaient *cependant* » *faire des preuves judiciaires*, puisque rien » n'était signé, et que presque tout était en chif- » fres.

» Ma lettre arriva à Paris peu d'instants après que » le citoyen Barthélemy eut été arrêté ; et le Direc- » toire, à qui elle fut remise, me demanda les pa- » piers dont elle faisait mention.

» Pichegru alla à Cayenne, et, de retour, succes- » sivement en Allemagne et en Angleterre ; je n'eus » aucune relation avec lui. *Peu de temps après la* » *paix d'Angleterre*, M. David, oncle du général » Souham, qui avait *passé un an avec lui* à l'ar- » mée du Nord, m'écrivit que le général Pichegru » était le seul des *fructidorisés non rentrés* ; et il » me mandait qu'il était étonné *d'apprendre que* » *c'était sur ma seule opposition* que vous vous » refusiez à permettre son retour en France. Je » répondis à M. David que, loin d'être opposant à » sa rentrée, je me ferais au contraire un devoir de » la demander. Il communiqua ma lettre à quelques » personnes, et j'ai su qu'on vous fit positivement » cette demande.

» Quelque temps après, M. David m'écrivit *qu'il* » *avait engagé Pichegru à vous demander lui-* » *même sa radiation; mais qu'il avait répondu* » *ne vouloir la demander qu'avec la certitude de* » *l'obtenir;* qu'au surplus, il le chargeait de me » remercier de la réponse que j'avais faite à l'impu- » tation d'être l'opposant à sa rentrée, qu'il ne » m'avait jamais cru capable d'un pareil procédé, et » qu'il savait même que, dans l'affaire de la *cor-* » *respondance* de Klinglin, *je m'étais trouvé dans* » *une position très-délicate*. M. David m'écrivit » encore trois ou quatre lettres très-insignifiantes » sur ce sujet. Depuis son arrestation, il m'écrivit

» pour me prier de faire quelques démarches en sa » faveur. Je fus très-fâché que l'éloignement où je » me trouvais du gouvernement ne me permît pas » d'éclairer votre justice à cet égard, et je ne doute » pas qu'il n'eût été facile de vous faire revenir des » préventions que l'on aurait pu vous donner.

» Je n'entendis plus parler de Pichegru que très-» indirectement, et par des personnes que la guerre » forçait de revenir en France.

» Depuis cette époque jusqu'au moment où nous » nous trouvons, pendant les deux dernières cam-» pagnes d'Allemagne et depuis la paix, il m'a été » quelquefois fait des ouvertures assez éloignées » pour savoir s'il serait possible de me faire entrer » en relation avec les princes français. Je trouvais » tout cela *si ridicule* que je n'y fis pas même de » réponse.

» Quant à la conspiration actuelle, je puis vous » affirmer également que je suis loin d'y avoir eu la » moindre part. Je vous avoue même que je suis à » concevoir comment une poignée d'hommes épars » peut espérer de changer la face de l'État et de re-» mettre sur le trône une famille que les efforts de » toute l'Europe et la guerre civile n'ont pu parve-» nir à y placer; et que, surtout, je fusse assez dé-» raisonnable, en y concourant, pour perdre le fruit » de tous mes travaux, qui devraient m'attirer de sa » part des reproches continuels.

» Je vous le répète, général : quelque proposition » qui m'ait été faite, je l'ai repoussée par opinion, » et regardée comme la plus insigne de toutes les » folies; et, quand on m'a présenté les chances de » la descente en Angleterre comme favorables à un » changement de gouvernement, j'ai répondu que » le sénat était l'autorité à laquelle tous les Français » ne manqueraient pas de se réunir en cas de trou-» bles, et que je serais le premier à me soumettre à » ses ordres.

» De pareilles ouvertures, faites à moi, particu-» lier isolé, n'ayant voulu conserver nulle relation, » ni dans l'armée, dont les neuf dixièmes ont servi » sous mes ordres, ni avec aucune autorité consti-» tuée, ne pouvaient exiger de ma part qu'un re-» fus. Une délation répugnait trop à mon caractère. » Presque toujours jugée avec sévérité, elle devient » odieuse et imprime un sceau de réprobation sur » celui qui s'en est rendu coupable vis-à-vis des per-» sonnes à qui on doit de la reconnaissance et avec » qui on a eu d'anciennes liaisons d'amitié. Le de-» voir même peut quelquefois céder au cri de l'o-» pinion publique.

» Voilà, général, ce que j'avais à vous dire sur » mes relations avec Pichegru ; elles vous convain-» cront sûrement qu'on a tiré des inductions bien » fausses et bien hasardées de démarches et d'actions » qui, peut-être imprudentes, étaient loin d'être » criminelles ; et je ne doute pas que, si vous m'a-» viez fait demander, sur la plupart de ces faits, des » explications, que je me serais empressé de vous » donner, elles vous auraient évité les regrets d'or-» donner une détention, et à moi l'humiliation » d'être dans les fers, et peut-être d'être obligé » d'aller devant les tribunaux dire que je ne suis » pas un conspirateur, et appeler, à l'appui de ma » justification, une probité de vingt-cinq ans qui » ne s'est jamais démentie, et les services que j'ai » rendus à mon pays. Je ne vous parlerai pas de » ceux-ci, général : j'ose croire qu'ils ne sont pas » encore effacés de votre mémoire; mais je vous » rappelerai que, si l'envie de prendre part au gou-» vernement de la France avait été un seul instant » le but de mes services et de mon ambition, la » carrière m'en a été ouverte d'une manière bien » avantageuse quelques instants avant votre retour » d'Égypte; et sûrement vous n'avez pas oublié le » désintéressement que je mis à vous seconder au » 18 brumaire. Des ennemis nous ont éloignés de-» puis ce temps.

» C'est avec bien des regrets que je me vois forcé » de parler de moi et de ce que j'ai fait; mais, dans » un moment où je suis accusé d'être le complice » de ceux que l'on regarde comme agissant d'après » l'impulsion de l'Angleterre, j'aurai peut-être à me » défendre moi-même des piéges qu'elle me tend. » J'ai l'amour-propre de croire qu'elle peut juger » du mal que je puis encore lui faire par celui que » je lui ai fait.

» Si j'obtiens, général, toute votre attention, » alors je ne doute plus de votre justice.

» J'attendrai votre décision sur mon sort avec le » calme de l'innocence, mais non sans inquiétude » de voir triompher les ennemis qu'attire toujours » la célébrité. »

Cette lettre, que Moreau n'aurait peut-être pas dû écrire, donne du moins un démenti formel à cette accusation, tant de fois dirigée contre lui, d'avoir dénoncé Pichegru après son arrestation. Elle ne répond pas d'une manière aussi péremptoire à ce qui faisait l'objet du procès. Ce qu'il celait dans sa lettre, c'est qu'il avait vu Pichegru. Cela était pourtant, à telles enseignes que ce dernier, en sortant d'un rendez-vous où Moreau lui avait dit : *Faites-moi nommer généralissime, et j'amènerai les choses où vous voudrez*, s'écria : *Ce gredin veut aussi tâter de la puissance; mais, je le connais, il serait incapable de la conserver vingt-quatre heures*.

Espérait-il voiler sa conduite à un homme qu'il

offusquait, à un homme qui avait annoncé son arrestation par ces mots : *Pichegru y perdra la vie, Moreau l'honneur?* Je l'ignore.

Il est douteux que Napoléon voulût immoler son rival. Peut-être voulait-il le flétrir par une amnistie après sa condamnation. Et cependant on cherchait à effrayer ses défenseurs ; on incarcérait Le Merer, envoyé par le barreau de Rennes. Quoi qu'il en soit, s'il évita cet opprobre, ou pis encore, ce fut moins en raison de l'intérêt très-réel et presque général qu'on lui portait, que grâce à la fermeté de ses juges, et surtout à celle de mon savant ami Clavier. Lorsque Savary dit à celui-ci : *Condamnez-le, et je vous proteste que le premier consul lui fera grâce,* Clavier répondit : *Et qui nous accordera la nôtre si nous le condamnons?*

Une chose certaine, c'est que le rapport du grand juge Regnier sur ce qu'on nomma *la conjuration du 27 pluviôse* (17 février 1804) est une pièce supposée, quoiqu'elle ait été imprimée au *Moniteur.*

Regnier se conduisit fort lâchement à cette époque ; mais la conduite de Moreau lui-même fut-elle plus noble? La postérité le jugera, tant sur ce sujet que sur le dernier acte de sa vie.

Celui qui montra le plus de caractère dans les suites de ce projet avorté d'un 18 brumaire légitimiste, ce fut Georges Cadoudal. C'était lui qui, à l'Ile-Dieu, avait répondu à cette question du baron de Roll : *Garantissez-vous la vie de son altesse royale? — Sa vie, non; mais son honneur.*

Ennemi acharné de Bonaparte, il était déjà depuis cinq mois à Paris quand Pichegru y arriva le 16 janvier 1804. Entouré des siens, il eût pu maintes fois attenter aux jours de celui dont il espérait se défaire dans une commotion militaire, et non par un lâche assassinat. Ce devait être un combat hautement et loyalement livré. Il attendait que Monsieur, comte d'Artois, fût à Paris, prêt à saisir le pouvoir, pour attaquer en plein soleil le premier consul avec une troupe égale à son escorte.

A cette combinaison chevaleresque succéda dans les fers une fermeté exempte de réticences ou de fanfaronnade. Ce noble caractère ne se démentit pas un seul instant, et resta le même jusque sur l'échafaud, où il sollicita la faveur de mourir le premier pour donner l'exemple à ses compagnons d'infortune.

Quant à Pichegru, dont la mort devint le sujet de tant de versions contradictoires, il était naturel qu'on l'attribuât au même homme qui venait de faire assassiner le duc d'Enghien. *Elle lui fut nuisible!* dirent ses partisans. La chose est loin d'être prouvée. Puis, cet homme, de beaucoup supérieur à Moreau, et par son caractère et par ses talents, devait l'offusquer bien davantage. Était-il coupable pour avoir rompu son ban, pour avoir désiré faire et cependant non exécuté ce que le premier consul allait opérer à son propre profit? L'absoudre n'était pas sans danger, le condamner devenait révoltant.

Pour ce projet supposé de lui donner le commandement de Cayenne, c'est un roman absurde, et qui, sans mériter qu'on le réfute, prouve seulement, de la part de ceux qui le débitèrent, le besoin de faire disparaître l'homme, et de rester en apparence étrangers à sa mort. Desmarets, qui chercha tous les moyens de prouver le suicide, atteste, sur la foi, dit-il, du marquis de Rivière, que Pichegru, errant avec le fidèle ami de Monsieur, comte d'Artois, avait totalement perdu la tête ; mais ces courses communes sont démenties par le procès et les Mémoires du marquis.

Au reste, on ne connaîtra probablement jamais avec exactitude les détails relatifs à la mort du général Pichegru ; mais voici, à cet égard, ce que j'ai appris ou vu. Le général, enfermé au Temple, y soignait beaucoup les blessures qu'on lui avait faites en l'arrêtant. *J'ai besoin de me bien porter,* disait-il avec une franchise trop imprudente; *car, certain de périr, je veux du moins faire, devant mes juges, connaître le tyran de la France.* Les visites, plusieurs fois renouvelées durant la nuit, selon l'ordre établi dans les prisons, eussent empêché ou fait plus tôt découvrir son suicide, vrai ou prétendu. Il y a plus (et je tiens ce fait d'un homme de toute confiance, fournisseur alors de ce lieu de détention), le service de la tour fut changé pour cette nuit même où mourut le général prisonnier.

Maintenant voici ce que j'ai vu. C'est que le récit du suicide, affiché le matin sur les murs de Paris, fut, une heure après, reproduit dans un nouveau placard substitué au premier, et où cet événement était raconté avec des détails tout différents ; puis, lors de l'exposition du cadavre dans une des salles du palais de justice, des sentinelles empêchaient d'en approcher, et l'on apercevait seulement qu'il était presque entièrement couvert. Enfin on croyait si peu à la justice, qu'avant le grand procès, si l'on demandait aux ouvriers occupés à la construction des gradins nécessaires à l'auditoire ce qu'ils faisaient, leur réponse était : *Des cercueils.*

Ce qui, à cette époque, honore le caractère français, c'est que l'agent de change Leblanc, qui livra Pichegru aux hommes de police pour une somme de 60,000 fr., fut ignominieusement chassé de la bourse ; je crois aussi qu'on lui refusa partie ou totalité du prix de son crime.

Il y eut, dans le cours de ce sanglant procès, deux touchants épisodes. Ce fut d'abord le débat des deux frères Polignac : chacun d'eux cherchait à attirer sur lui seul toute la culpabilité, dans l'espoir de sauver l'autre. Jules de Polignac disait à ses juges : « Si l'un de nous deux doit succomber, ah! » sauvez-le! Trop jeune pour avoir goûté la vie, » puis-je la regretter? — Non, s'écriait Armand, » tu as une carrière à parcourir; c'est moi qui dois » périr! »

Quelques instants après, le président montre au marquis de Rivière un portrait saisi lors de son arrestation, et lui demande s'il le reconnaît. « Je suis trop loin, » dit-il. On le lui remet ; il le saisit et le couvre de baisers en s'écriant : « Croyez-vous » que, même de loin, je ne le reconnaissais pas! » Mais, avant de mourir, je voulais le voir encore » de plus près! » C'était l'image chérie de Monsieur, comte d'Artois.

Le sort des victimes inspira le plus vif intérêt : Regnault de Saint-Jean-d'Angely en témoigna surtout à M. le marquis de Rivière. J'aime à noter ce fait, car le devoir de l'historien est de mettre l'éloge en regard du blâme.

Du reste, le marquis de Rivière, ayant refusé de fuir comme on le lui proposait, ne dut sa commutation de peine qu'aux sollicitations de sa sœur et à la bienveillante entremise de Mme Bonaparte.

Il me souvient qu'à cette époque où le sang du duc d'Enghien fumait encore, les royalistes se disaient, en parlant de Napoléon : *Lequel d'entre nous serait assez vil pour se rapprocher de cet homme?*

Eh bien, beaucoup, parmi ceux qui parlaient ainsi, méritèrent bientôt la flétrissure de ce mot du nouvel empereur : *Je leur ai ouvert mon antichambre, et ils s'y sont précipités!*

En effet, ne voit-on pas dans la domesticité impériale des Montmorency, des Montesquiou, des Rohan, des La Rochefoucauld, des Talleyrand, des d'Aubusson, des Mortemart, des Brissac, des Clermont-Tonnerre, des Béarn? qui dirais-je encore?...

Voilà jusqu'à quel degré d'abaissement a pu descendre cette portion du fier faubourg Saint-Germain! cette aristocratie si vaniteuse, et pourtant si complétement nulle! Passe pour ceux qui entrèrent dans l'administration publique : administrer, c'est moins servir l'homme que l'État. Passe surtout pour ceux qui prirent le parti des armes : la gloire ennoblit tout. D'ailleurs les émigrés avaient soutenu les efforts de l'étranger jusqu'au jour où l'égoïsme des cabinets européens ne prit plus la peine de se cacher. Quand ils virent que là leurs efforts ne servaient en rien leur roi légitime, dont la cause n'était plus celle de tous ces rois ligués contre la France, ils durent se ranger autour du drapeau qui n'était pas le leur, mais qui humiliait ces puissances, assez imprévoyantes pour avoir méconnu brutalement naguère leur généreux et fidèle dévouement. En effet, à part l'Angleterre qui les avait accueillis avec une sorte de cordialité, à part la Russie dont l'hospitalité se payait en leçons données à ses jeunes nobles, tous les autres États de l'Europe prodiguèrent l'outrage au malheur. Des princes légitimes traitèrent indignement, et bien imprudemment peut-être, les martyrs de la légitimité.

XIX.

Bonaparte. — Arrestations des Anglais. — Projet de descente. — Fabrication de faux billets de banque de Londres, Vienne et Saint-Pétersbourg.

Bonaparte, durant son consulat, avait opéré des réformes utiles, de grandes économies et une amélioration remarquable dans le personnel des agents du gouvernement. Cependant ses épurations ne furent pas aussi complètes qu'on aurait pu le désirer. Le mode des cautionnements (26 février 1800), resserré dans un cercle trop étroit, ne liait point, comme jadis la vénalité des charges, cette forte garantie sociale, un assez grand nombre de particuliers aux intérêts de l'État. La faculté exclusivement réservée à la banque de France d'émettre des billets (14 avril 1803) détruisait la caisse des comptes courants, alors plus véritablement utile au commerce et plus indépendante. Enfin le Code civil, créé par une république démocratique, et adapté à une institution monarchique, ruinait d'avance, en consacrant la dissolution de la famille, les bases de cet édifice impérial.

Napoléon, en effet, homme du présent qu'il savait comprimer, et non d'un avenir qui, dégagé de sa main de fer, devait reprendre un funeste essor, Napoléon ne sut point asseoir sur la reconstitution de la famille naturelle, et des familles sociales, non plus que sur la riche hérédité des races, l'hérédité du pouvoir qu'il rétablissait. Il ne sut ni lier les grands propriétaires à sa fortune, ni discipliner les masses par des corporations. Lui seul pourtant eût été capable de reconstruire ainsi une société brisée par des théories désorganisatrices.

Bientôt, celui qui avait violé le territoire germanique pour se souiller d'un assassinat méconnut les règles consacrées d'un droit politique européen en faisant arrêter (le 22 mai 1803) tous les Anglais voyageant en France, et cela avec une rare perfidie à l'égard de lord Elgin, retenu prisonnier, après avoir demandé et obtenu passage sur notre territoire. Ce n'était pas là la conduite tenue de part et d'autre chez les deux nations rivales lors de la guerre d'Amérique : aussi beaucoup d'Anglais parvinrent-ils à s'évader, aidés par nombre de gens indignés de l'inique mesure dont ils étaient les victimes.

Alors commença cette longue et impuissante comédie, ce simulacre d'un projet de descente en Angleterre, ce camp de Boulogne où Napoléon, monté sur un trône en plein vent, reçut les hommages de ses troupes. C'est dans ce petit port marchand que l'on creusa un vaste bassin pour recevoir les chaloupes canonnières destinées à opérer l'invasion *du sol britannique*; ces chaloupes, que le public nommait des *péniches*, et qui furent le sujet de tant de plaisanteries, étaient construites sur toutes les rivières. Les frais qu'elles nécessitaient étaient en partie votés par les départements, c'est-à-dire par ceux qui en avaient le maniement, ou qui voulaient plaire à l'autorité aux dépens des contribuables, étrangers à ce vote qui les dépouillait. On construisit de ces légères barques à Paris même. A la grande joie des badauds, on embarquait des soldats sur une des rives de la Seine, pour les débarquer sur l'autre, afin de démontrer comment on traverserait la Manche.

Cependant ces légers bateaux, sortant de tous les fleuves, se rendaient au lieu destiné à les recevoir. Ce qui est curieux et peut-être oublié aujourd'hui, c'est qu'on les fit escorter par de la cavalerie et de l'artillerie légère. Voici comment : les chaloupes, conduites à rames, ne prenaient la mer qu'en l'absence des croisières anglaises, dont l'approche était signalée par des vigies placées sur toutes les hauteurs. Ces chaloupes, qui tiraient peu d'eau, longeaient alors la côte, et l'artillerie accourait pour foudroyer les embarcations britanniques, comme la cavalerie pour charger les troupes ennemies qui auraient hasardé une descente. C'est ainsi que toutes les flottilles purent sans danger atteindre le port de Boulogne, où Napoléon avait fait construire un fort en bois, dont l'objet était de défendre la plage. Ses matériaux, choisis par l'agent forestier Caumartin, jadis officier dans mon régiment, se composaient d'arbres qui, longtemps le jouet des vents, avaient acquis une solidité égale à celle de la pierre. Caumartin existe encore et peut affirmer ce fait. Quant au fort, devenu inutile, il a été détruit durant la restauration, à la demande, dit-on, du cabinet de Saint-James.

L'Angleterre opposa à ce projet d'invasion l'armement de tous les bâtiments douaniers, de constantes croisières, d'infructueuses attaques de la flottille embossée, et l'ordre, si elle prenait la mer, de la couler bas sans faire de prisonniers.

Quoique à Paris on se moquât d'une expédition regardée comme chimérique, le marquis Ducrest et le duc de Lévis n'y firent pas moins divers essais pour tenter de la rendre plus praticable. Le duc de Lévis, pour le dire en passant, avait pourtant joui en Angleterre de la plus généreuse hospitalité. Le marquis Ducrest construisit un bateau en planches, dont l'essai, sur un plus grand volume, avait si mal réussi à Hambourg.

Ducrest, plein d'imagination et nullement dépourvu de connaissances, était l'un de ces hommes qui, discréditant leurs véritables talents par l'affiche de ceux qu'ils n'ont pas, finissent par être flétris du nom de *gens à projets*. Le crédit de Mme de Genlis, sa sœur, lui avait valu la place de chancelier du duc d'Orléans. Voulant s'élever au-dessus de ce lucratif emploi, il présenta à Louis XVI, lors des notables, un plan de restauration des finances, dans l'espoir qu'on le chargerait de l'exécuter. Repoussé par le monarque, il crut s'en venger par la publication de son mémoire et n'en recueillit que des ridicules. Bientôt, avec son maître, dans le délire de jalousie que lui causait la faveur de M. de Laclos, il intenta au prince un procès qu'il fut contraint à plaider lui-même, aucun avocat n'osant alors se faire entendre en justice contre un des coryphées de la révolution, prétendue régénératrice du bonheur et des vertus sociales.

Il en fut de même de l'un de mes parents, le baron de Baussencourt, qui ne put trouver un huissier assez hardi pour porter une assignation au beau-frère du tribun Mirabeau, ce nouveau roi des halles.

Mais écartons des traits, caractéristiques pourtant de la tyrannique effervescence populaire, et retournons au premier consul.

Le projet, réel ou imaginaire, d'une descente sur le sol britannique n'était pas le seul moyen agressif que Bonaparte eût conçu pour nuire au gouvernement anglais. Ne pouvant l'attaquer corps à corps, il songea à ruiner son crédit en atténuant celui de sa banque par la fabrication de fausses *banck-notes* jetées à profusion sur son territoire.

C'est à la rupture du traité d'Amiens que cette idée lui fut présentée comme représailles d'une inondation de faux assignats durant les années 1795, 96, 97, 98 et 99, prétexte doublement absurde. En effet, ces faux assignats étaient de deux sortes : ceux fabriqués au nom du prince, portant l'effigie royale, destinés à soutenir la Vendée, papier-monnaie qu'une restauration effectuée aurait remboursé ; et ceux faits et répandus par des faussaires : or rien de tout cela n'émanait du cabinet de Saint-James; puis, si même ce cabinet eût été souillé d'une telle infamie, cette paix momentanée, qui rendit à la France une partie de ses colonies, aurait entièrement effacé de part et d'autre tout dol antérieur à sa signature, et cela, conformément aux principes généralement consacrés par le droit politique européen. Enfin cette mesure honteuse fut plus tard adoptée contre les banques de Vienne et de Saint-Pétersbourg. Sous quel prétexte cette fois ?

Le projet arrêté d'abord relativement à la banque de Londres, on trouva des hommes assez téméraires pour tenter, au risque de leur vie, la difficile et périlleuse entreprise de se procurer à prix d'or tous les instruments nécessaires à la confection des banck-notes, ainsi que les notions les plus secrètes sur leur émission, leur vérification et le mode d'investigation suivi contre les auteurs ou distributeurs des faux billets, car la banque commençait toujours par payer, pour ne point nuire à son crédit.

Tout cela obtenu de la corruption des employés anglais, la falsification fut opérée dans une maison de la rue du Mont-Parnasse, et réussit à souhait. Mais, comme la banque de Londres ne crée chaque jour de billets que pour la somme dont elle présume avoir besoin le lendemain, comme elle en prend note et les soumet chaque fois à des stigmates qui varient d'une émission à l'autre, la vérification devient facile, on recherche le premier distributeur, et, d'ordinaire, il est atteint, jugé et pendu sans que le droit de grâce puisse être appliqué à son délit.

Pour se soustraire donc aux prompts effets d'une inévitable découverte, les agents Ber...., Bl..... et Malchus ne négocièrent leurs banck-notes qu'en Écosse et en Irlande, afin d'en réaliser les produits avant que, portées à Londres, elles eussent pu être reconnues fausses. Cette prudente instruction leur avait été donnée avant leur départ; et l'encombrement des objets de manufactures anglaises durant la guerre leur valut d'abord d'immenses bénéfices ; mais, la fraude ayant enfin été dévoilée, les deux premiers des trois agents furent obligés de fuir et s'évadèrent sur un smogler. Celui-ci fut capturé par un canot de la douane française, et conduit à Boulogne, où nos fripons autorisés, jetés en prison par le commissaire de police, se virent bientôt réclamés de Savary, qui ordonna même de leur fournir les moyens de se rendre librement à Paris.

Quant au troisième de ces infâmes agents, le juif Malchus, moins adroit que ses collègues, il fut pris, condamné et mourut sur un gibet.

Le premier des trois faussaires ci-dessus désignés, ne se tenant point encore pour battu, recommença plus tard son odieux commerce en Allemagne et sur la Baltique. Hambourg fut alors le siége de ses opérations, que rendit fructueuse l'activité de la contrebande avec l'Angleterre, par Heligaland et Anholt. Ber.... et son associé Ta..... avaient été recommandés aux autorités françaises de cette ville sous un prétexte qui masquait leurs vues réelles, et ils y furent particulièrement protégés par Bourrienne.

Cependant une grande émission de banck-notes nuisait aux intérêts des nouveaux sujets de Napoléon; la police locale, qui n'était pas dans le secret du gouvernement, ne voyant en cela que des particuliers coupables, les fit arrêter, et un ordre de Savary, leur protecteur et leur caution, les rendit encore à la liberté : ce ministre accorda même à leur méfait de fructueuses récompenses.

Bourrienne, plus tard, voulut marcher sur leurs traces et pour son propre compte; mais Napoléon, qui le suspectait, depuis surtout qu'en promettant l'appui de ses amis à des députés du Mecklembourg, il leur avait soutiré un million, choses que nous aurons plus tard à détailler, Napoléon envoya, par Berthier, l'ordre à Gouvion Saint-Cyr de le chasser de Hambourg, et au commissaire de police, par l'autorité compétente, celui de le faire arrêter s'il n'obéissait point au commandement militaire.

Schulmeister, cet habile espion, succéda à Bourrienne dans le commerce des banck-notes. La déplorable issue de la campagne de Russie put seule y mettre un terme. Dès lors on chercha à jeter un voile sur cette criminelle combinaison; et, si nous en avons suivi la marche jusqu'à son terme fatal, c'est que les immenses pertes, essuyées par le commerce européen, en raison de l'abondance des fausses banck-notes, combinées avec les effets du système continental, irritèrent une classe d'hommes antimonarchiques par vanité, et qui devinrent par intérêt les implacables ennemis de la France impériale.

Les variations de ce frauduleux commerce expliquent aussi la complète disgrâce de Bourrienne, personnage assez maladroit pour se faire fripon sans devenir riche.

Je ne m'excuserai pas d'avoir ici, comme ailleurs, manqué aux règles de la chronologie; je vais même les violer encore en parlant, par anticipation, des deux fabrications illicites des billets de banque d'Autriche et de Russie.

Celles-ci eurent lieu sous le prétexte, assez bizarre, que Drack et Spencer-Smith avaient remis à ces deux puissances de faux assignats qu'elles employèrent à la solde de leurs armées. Notez qu'à l'époque dite les assignats étaient disparus depuis longtemps, et que, même dès 1795, on fut obligé d'en émettre de 10,000 francs, ceux d'une somme inférieure coûtant plus en frais de fabrication qu'ils ne conservaient de valeur réelle.

Or Napoléon, maître de Vienne en 1805, fit continuer, au profit de la caisse militaire, la fabrication des billets de banque autrichiens, en y employant les ouvriers qui précédemment en avaient été chargés. Mais le très-habile chef de sa police profitait des nuits où le travail était interrompu pour faire imiter par des ouvriers venus de France tous les instruments de fabrication dont ils avaient les modèles sous les yeux.

Les résultats de cette œuvre de ténèbres furent adressés à la maison du Mont-Parnasse pour y attendre l'occasion de les mettre à profit. Cette occasion se présenta lors des querelles qui précédèrent la guerre de 1809; et, avant que les hostilités éclatassent de la part du cabinet de Vienne, des hostilités sécrètes, perfides, ruineuses, avaient eu lieu de la part du cabinet des Tuileries. Déjà, en effet, Augsbourg, Ratisbonne, Trieste et autres villes voisines de l'Autriche, étaient inondés de faux billets viennois, que le commerce faisait pénétrer dans les États héréditaires, dont ils enlevèrent plus de 40 millions. De là ce discrédit de la banque autrichienne au moment où le crédit lui était le plus nécessaire; de là, en partie, le prompt et désastreux traité signé par l'empereur François II.

Une semblable opération eut lieu relativement à la Russie. A l'époque où, sur le Niémen, Napoléon jurait amitié à l'empereur Alexandre, il envoyait Savary à Saint-Pétersbourg avec l'injonction de se procurer les moyens de fabriquer de fausses assignations de banque. Ce ministre y parvint, et il en résulta un troisième atelier de fausse monnaie fictive dans la maison du Mont-Parnasse, triple fabrique qui, bien que très-secrète, fut découverte par un préfet de police auquel on imposa silence.

Savary avait-il donc le droit de se plaindre comme il l'a fait dans ses Mémoires, et peut-on reprocher à l'empereur Alexandre de lui avoir refusé protection dans ses malheurs?

Cette opération, plus perfide peut-être que les deux autres, ne réussit pas aussi bien; nul placement de ces assignations ne put être effectué avant la rupture que l'on méditait, car on savait en Allemagne l'impossibilité de faire rentrer en Russie, même les assignations de banque véritables, ce qui leur enlevait toute espèce de valeur à l'étranger. Pour remédier à cet inconvénient, on destina les produits de la frauduleuse fabrique à solder les achats qu'on ferait en Russie après avoir franchi la frontière, et on fit suivre l'armée par une masse énorme, chargée sur trente-quatre fourgons, tandis qu'une masse égale et subsidiaire était déposée dans la forteresse de Torgau. Il fut totalement impossible de réaliser cette espérance illusoire dans des villages détruits, en face de paysans universellement armés, et sur les cendres désertées de Moskou. Aussi cette masse d'assignations, demeurée sans écoulement, fut-elle détruite par le maréchal Mortier quand il évacua l'antique capitale moscovite.

MM. Stuart, Pozzo di Borgo et de Bombelle, au nom de l'Angleterre, de la Russie et de l'Autriche, demandèrent, en 1814, la restitution des instruments de fabrication et de leurs produits; on ne leur remit que ces instruments, ainsi que de grossières maculations dont ils se contentèrent.

Telle fut cette opération, plus machiavélique que réellement utile à celui qui s'en rendit coupable : une fois dévoilée, ne suffisait-elle pas pour motiver, de la part des trois États susnommés, un projet de guerre à mort contre celui qui attaquait sourdement et à la fois chez ses rivaux le trésor public et les fortunes particulières?

XX.

Napoléon. — Curée. — Nisas. — Boisgelin. — Markoff. — Mon départ pour la Russie. — Pétersbourg. — Paul Ier. — Benigsen. — Rastapchine.

Durant le cours d'un procès qui fit périr les uns, exiler ou incarcérer les autres, seuls résultats de cet absurde complot dont le succès même n'eût pas amené une restauration de la monarchie légitime, Bonaparte s'élevait au rang suprême et allait entourer son exaltation d'une auréole de gloire dont l'éclat éblouirait au point de ne plus laisser voir le sang qui rougissait sa main. Cette gloire, idole de la France, devait, dans l'enivrement de la vanité nationale, substituer ses illusions ruineuses aux biens réels qu'on était en droit d'attendre du nouvel empereur.

Mais qui prévoit son avenir? Bonaparte alors eût-il pu s'imaginer qu'il courberait sous sa main triomphante les sceptres de trois formidables puissances; que cette main serait unie à celle de l'auguste fille des Césars modernes; qu'il deviendrait à la fois l'orgueil et le fléau de son pays; l'objet de la haine et de l'admiration de l'Europe; et que, mémorable exemple des vicissitudes de la fortune, après dix ans de prospérité sans égale, sa chute étonnerait plus encore que son inconcevable fortune?

Il avait dit au peuple qu'en ceignant la couronne il voulait *assurer sans retour le triomphe de la liberté et de l'égalité*. Ce fut à la voix du républicain Curée qu'on le sollicita de revêtir la pourpre impériale; et, tandis que Carnot, seul fidèle aux opinions politiques qu'il professait, osa, seul aussi et à l'applaudissement général, élever la voix contre un tel vœu, Carion-Nisas fit retentir la tribune de ces mots : *Famille que la France appelle à régner, vous venez d'entendre votre titre! Famille que la France écarte à jamais, vous venez d'entendre votre condamnation!* C'est ce même homme qui, à la dissolution du tribunat, dont il faisait partie (1807), émit le vœu qu'on remerciât l'empereur. *Qu'eussiez-vous fait de plus*, s'écria Carnot, *si l'on vous avait chassé à coups de pied?* C'est encore ce même Nisas qui, en 1814, osa protester de sa fidélité aux Bourbons!...

Hélas! c'en était déjà bien assez d'avoir entendu un prêtre (Talleyrand) faire l'apologie d'un assassinat (celui du duc d'Enghien); d'en avoir vu un autre (Jacques Roux) conduire son roi à l'échafaud : devions-nous en rencontrer un troisième prêchant en l'honneur de celui qui immola le plus jeune des Condé, après avoir prononcé à Reims le serment du sacre de Louis XVI, et à Londres l'oraison funèbre de ce prince? Ceci donna lieu à une caricature où, dans ses trois fonctions successives, l'orateur était représenté placé au sommet de trois tours, au bas desquelles on lisait ce calembour épigrammatique: *Les tours du cardinal de Boisgelin*.

Bonaparte atteignait le but auquel il tendait; solennellement proclamé, il allait être sacré par le souverain pontife; ses actes portaient déjà le nom de *Napoléon, empereur;* cependant le vote populaire, sur lequel il fondait son pouvoir, n'était point encore généralement émis, et conséquemment connu. Des registres ouverts dans toutes les municipalités et les administrations, chez tous les notaires et officiers publics, recevaient les votes, non encore recueillis et comptés, de tous les fonctionnaires qui voulaient garder leurs places, des hommes qui espéraient en obtenir, d'une foule de gens qui couraient de registre en registre pour y multiplier leur propre vote. Les armées de terre et de mer furent comprises en masse sans qu'on les consultât. Qui sait d'ailleurs s'il n'en fut pas ici comme à l'égard du vote pour le consulat à vie, où la liste des votants devint l'œuvre arbitraire des gens chargés du recensement des suffrages? Voilà pourtant ce titre d'élection populaire que Napoléon et les siens osaient opposer au titre héréditairement consacré par trente générations de rois! Et, après tout, ce charlatanisme était bien excusable. Conçu par l'audace, accueilli par l'intrigue ambitieuse, ce grossier mensonge n'en a pas moins abusé les sots.

Bonaparte exigea un serment de ceux qu'il venait de rayer de la liste des émigrés; il étendit même cette mesure à ceux qui en avaient été rayés par la convention nationale. J'étais du nombre de ces derniers, et je ne voulus pas violer la chasteté du seul serment que j'eusse prêté jadis. En vain mes amis m'en pressèrent-ils : sans blâmer personne, sans penser à me jeter dans l'une de ses niaises conjurations, plus nuisibles qu'utiles à une restauration, je m'y refusai et je pris le parti d'aller visiter la Russie.

Rien ne me retenait en France. J'avais abandonné à des enfants, dont l'un n'était pas le mien (Mlle de Béthune), les droits que mon contrat de mariage me donnait à la succession de feu mon épouse, c'est-à-dire la jouissance de notre charmante maison de campagne de Draveil, et une part égale dans la succession.

Je partis donc, encore étourdi des injures prodiguées par la populace au cortége qui proclamait à son de trompe le nouvel empereur. J'arrivai à Mons à travers l'étonnement stupide qu'éprouvaient les populations de se trouver subitement sous ce joug monarchique, si violemment brisé en leur nom, après avoir constamment juré depuis douze ans haine à la monarchie, après avoir vu écrit et placardé qu'elle *ne se relèverait jamais!*

C'est dans cette ville belge, devenue française, que j'entendis proclamer encore, en face de la garnison, cette monarchie, faite avant le recensement des votes. Ce fut une cérémonie des plus lugubres. Les soldats, dont le vœu unanime fut pourtant compté, défilèrent sans qu'aucun d'entre eux eût répété le cri de *Vive l'empereur!* lancé par le général commandant Rey. L'aide de camp de celui-ci, qui était son frère, demanda même un congé pour ne pas se trouver à cette muette ovation.

La nécessité de devenir les sujets d'un homme récemment leur camarade froissait alors la vanité d'un grand nombre de généraux, dont plusieurs, à cette époque, cherchèrent à entrer au service de la Russie; ce qui, pour leur bonheur, leur fut refusé. Je ne citerai ici que le général Aboville, parce qu'il s'était adressé à mon futur beau-frère, le gros général Heracli-Ivanovith Markoff. J'ai entendu alors celui-ci se plaindre, chez la comtesse Protassof, des soupçons du gouvernement, qui lui supposait l'intention de débaucher quelques militaires français.

« On a d'autant plus de tort, disait-il, que les nôtres » leur sont bien supérieurs; je ne voudrais qu'un » régiment des gardes russes pour culbuter toute » cette armée française; Bonaparte est une *bête* qui » n'y entend rien; j'ai vu ses grandes manœuvres, » cela fait pitié! Faisons la guerre à ce gaillard-là, » et vous verrez comme nous le *bousculerons!* » L'ambassadeur son frère, quoique très-spirituel, pensait de même, et ne contribua pas peu à une rupture, dont le résultat fut la bataille d'Austerlitz.

Si j'ai noté ce désir qu'eurent quelques militaires d'embrasser le service étranger, c'est comme une de ces nombreuses inconséquences de l'esprit révolutionnaire, toujours en contradiction avec lui-même. En effet, pour se soustraire à un sceptre chargé de lauriers, dont allait s'écouler des torrents d'utiles et brillantes faveurs, ceux qui brisèrent le sceptre paternel de Louis XVI voulaient, par amour de la liberté, se précipiter sous le joug de l'autocratie. Mais revenons au sujet de ce chapitre.

Je n'entendis que des sarcasmes sans frein sur le compte de Bonaparte dans le trajet de Mons à l'extrême frontière; mais, après l'avoir franchie, ce n'était plus qu'un concert universel d'éloges et d'acclamations. A Amsterdam, Brême, Hambourg, Lubeck, qui devaient plus tard fermenter de haine contre lui, mon froid silence était vu avec indignation. Ce qui me surprit bien davantage, ce fut de rencontrer les mêmes opinions à Saint-Pétersbourg, et surtout à Moskou. Les belles dames de la somptueuse métropole du Nord avaient cependant pris le deuil du duc d'Enghien; mais ce prince était déjà mort depuis trois mois quand j'y arrivai, et là on oublie aussi promptement qu'à Paris; puis on savait que l'empereur, quoique indigné d'abord du terrible assassinat, aimait peu nos princes ainsi que leurs adhérents; on connaissait ses principes très-antimonarchiques, communiqués plus à son esprit pourtant qu'à son grand cœur par son instituteur La Harpe; on savait également que le grand-duc Constantin, ce prince bizarre que j'aurai plus tard à peindre, haïssait les royalistes français et se plaisait à lancer d'injurieux sarcasmes contre ceux qui les auraient voulu servir. Enfin la société russe, accoutumée à ne priser que la fortune et la puissance, pouvait-elle refuser ses hommages à l'homme revêtu de ce double et brillant éclat?

Après avoir admiré cette capitale, la plus belle de l'Europe, et qui chaque jour s'embellit avec une miraculeuse rapidité, après avoir visité ses îles si fraîches et leurs maisons d'été enveloppées dans des buissons de fleurs, je contemplai avec intérêt la prison du noble Kosciusko, que depuis peu je venais de quitter; puis je voulus explorer le palais Saint-Michel, aussitôt ensanglanté que bâti et devenu désert depuis la mort violente de Paul Ier. J'étais conduit par un vieux domestique de la cour qui, les larmes aux yeux, nous montrait l'escalier dérobé par où les assassins avaient pénétré dans les appartements du tzar. Les murs de cet escalier étaient rayés en zigzag par les épées de ces hommes préparés au meurtre par l'ivresse. Il nous montrait la porte où les deux hussards de garde tombèrent baignés dans leur sang; le mur récemment construit qui empêcha le tzar de se réfugier chez l'impératrice, dont il avait ainsi séparé l'appartement de sa chambre à coucher, le souvenir de sa mère lui ayant fait redouter comme une ennemie sa vertueuse épouse; l'armoire où il se cacha derrière des drapeaux; le paravent au-dessus duquel s'éleva la tête du général Benigsen, chef de la bande, qui dit aux assassins, effrayés de ne pas voir l'empereur: *Le voilà! Si vous hésitez, je vous fais massacrer tous!*

En effet, Phon-der-Palhen, principal auteur de cet attentat, était au pied du palais pour en faire disparaître les acteurs, et jouer le rôle de sauveur du prince dans le cas où il se fût soustrait aux coups des meurtriers.

Ce vieux domestique ne put nous montrer le lit de camp sur lequel, après avoir été frappé par ses officiers et achevé par l'un de ses chirurgiens qui lui coupa les carotides, il fut jeté sanglant encore. *L'impératrice mère*, nous dit-il (et une de ses femmes me l'a confirmé), *fit enlever ce lit avec ses draps souillés de sang, et le fait porter partout où elle réside.*

Les deux heyducques qui suivent constamment Marie Feodorovna sont les deux hussards blessés à la porte de feu son époux.

N'ayant plus rien de remarquable à voir, je partis pour Moskou, où le comte Rastapchine, qu'on avait fait exiler par le prince pour lui enlever jusqu'au dernier de ses fidèles serviteurs, me dit: Je ne l'aurais pas défendu, la chose était impossible; mais, » grâce aux moyens que m'eût fournis la place de » directeur général des postes, je l'enlevais et le » conduisais rapidement ici, où, entouré de la noblesse, peu affectionnée sans doute, mais électrisée par la présence de l'empereur, il aurait » imposé à ses ennemis, plus empressés à fuir qu'à » le combattre. En Russie, Dieu et le tzar sont » deux objets également sacrés pour la multitude. » — Mais, lui répondis-je, vous connaissiez son » caractère inquiet et facilement soupçonneux; votre » attachement à sa personne ne vous préserva pas » de disgrâce et d'exil; qui sait si, même après le » plus important et le plus fructueux des services, » il ne vous en eût pas moins repoussé encore? —

» Peut-être, répliqua le comte; mais j'aurais fait mon » devoir. »

Ce mot est noble; mais, comme Rastapchine, qui semblait alors disparu de la scène politique, devait y reparaître d'une manière remarquable aux yeux de l'Europe entière, il faut peut-être opposer ici son caractère réel à ce que l'erreur a pu débiter, soit en bien, soit en mal.

Né du grippe-sou qui avait fait une brillante fortune en dirigeant celle de la famille Tolstoï, et petit-fils d'un paysan, quoiqu'il fît publier en Angleterre, par les soins de son ami Smirnof, aumônier à Londres de l'ambassade russe, qu'il descendait de Tchingis-Kan, l'or de son père avait commencé pour lui une fortune de cour qu'il accrut par son mariage avec une comtesse Protassof, demoiselle d'honneur, et qu'il couronna en annonçant le premier à Paul Petrowitch la mort de sa mère. Homme d'une profonde ignorance, il savait la voiler; fin courtisan, avec une apparence de franchise, il était parvenu à écarter ceux dont le savoir et l'expérience eussent pu nuire à son ambition, tels que Markoff, le comte Panine et autres. Aussi, devenu ministre, et ayant le sentiment de son insuffisance, ne communiquait-il que par un intermédiaire, ou par écrit, avec les ministres étrangers chaque fois qu'il s'agissait d'affaires d'État. Aimable d'ailleurs dans son salon, il possédait assez d'esprit pour plaire à ceux qui ne le voyaient point habituellement. Il s'était ancré dans la faveur de Paul Ier par un exact espionnage, et en contrefaisant à merveille (car il était excellent comédien) les gens ridicules, les Allemands surtout, ce qu'il se permettait devant l'impératrice, sans respect pour elle, et malgré l'attachement qu'elle témoignait hautement en faveur des hommes de son pays. Toujours prêt à pressentir et à servir les caprices de son maître, antirévolutionnaire d'abord, antibourbonien plus tard, il contribua puissamment, et par des menées secrètes, à l'union de Paul avec Napoléon, à l'expulsion de Dumouriez dont il redoutait les talents, à celle de Louis XVIII, et n'en fut pas moins joué par Phon-der-Palhen... Plus tard il rêva dans son exil, mais rêva tout seul, le rôle du duc de Choiseul à Chanteloup. Il s'y consuma d'ambition sans aliment, car il avait contre lui l'empereur Alexandre, qu'il avait précédemment dédaigné et que ses propos ne ménageaient point; l'impératrice mère, qu'il outragea; les grands, qu'un parvenu avait offusqués; les nombreux rivaux, qu'il écarta; et, je le dirai à son honneur, une foule de fripons, dévoilés par sa rigide et clairvoyante probité.

XXI.

Manuscrit de famille.

J'avais, dès 1805, épousé la comtesse Catherine Antonowna, fille du comte Antoine Ségueitch de Munich, petit-fils du maréchal de ce nom, homme dont Catherine II disait : *S'il n'est point un des enfants de la Russie, du moins est-il un de ses frères*. Parmi les papiers que le baron de Walken me remit à la mort de mon beau-père, dont il était le neveu, se trouvent les fragments que voici, et que je ne crois pas étrangers à l'histoire morale de la Russie. Je copierai seulement ici ce qu'il m'a été possible de retirer d'un manuscrit raturé, déchiré en partie et souvent indéchiffrable. Il faisait partie des papiers du comte Antoine, et me fut remis avec d'autres manuscrits de famille que je compte un jour mettre en ordre. Ce sont des fragments sans liaison, mais qui se suivent.

. . . . . . « Mon grand-père (le maréchal) était un homme bien moins considérable encore par sa haute fortune et sa noble réputation que par son génie militaire, ses talents en administration, les services qu'il a rendus à la Russie et son noble caractère. Tout avait déjà été éprouvé en lui, dans une alternative brillante de succès et de revers, quand sa fidélité au bienfait fut mise à une dernière épreuve lors de son extrême vieillesse.

» Il couronna sa vie par une soumission zélée, courageuse, inaltérable.

» On lui a reproché son entêtement. Mais il voulait le bien et le faisait. Il pouvait exiger l'obéissance de ses subordonnés. S'il l'exigea durement, c'est qu'il avait affaire à des gens qui ne respectent que ce qu'ils craignent.

» Il avait de lui-même une grande opinion. Sentant ce qu'il valait, il devait, pour être utile, le faire sentir aux autres.

» De combien d'ingrats n'a-t-il pas fait, ou protégé, ou réparé la fortune? Du temps de la persécution contre les Dolgoroucki, l'ordre était donné de n'en élever aucun au grade de colonel. Pourtant, après la prise de Khotine, le maréchal en promut à la fois trois à ce grade qu'ils avaient mérité. Il fut blâmé, mais il tint bon et l'emporta par cette obstination qu'on lui reproche. Il releva ainsi cette noble maison...

» Le maréchal fut constamment religieux. Il avait puisé ces sentiments dans ses entretiens avec Fénelon, pendant sa captivité à Cambrai. Un exil de vingt ans le ramena davantage encore aux idées du ciel, ressources du juste contre les injustices de la terre. Il mourut calme, après avoir repassé toutes les actions de sa vie.

« — Fritsch, dit-il à son secrétaire, lis-moi les » pièces de mon procès. »

« Et après cette lecture :

» — Dieu soit loué! s'écria-t-il, je ne me re» proche rien. »

« Et il expira...

» Il avait fait de grandes choses à l'armée et au ministère. Il en reste de lui autant que de Pierre Ier et plus que de tous les autres souverains. Il avait le droit d'en écrire; il l'a fait.

» Je laisserai ces précieux écrits à mes enfants, car il avait défendu aux siens de les imprimer du vivant de ceux dont il parle, ne voulant point les humilier...

» Mon père eut moins de génie, mais des mœurs plus douces, et d'aussi belles qualités dans un autre genre... Il prolongea son honorable carrière jusqu'à un âge fort avancé...

» Moi que l'intrigue a toujours écarté des affaires, moi qui n'ai que vu, et jamais fait, ai-je le droit de juger les événements de mon temps? Je le crois; mais, ce que j'ai à dire ne pouvant devenir public, je serai vrai comme quand on s'entretient avec sa conscience...

» J'étais bien jeune alors, et voici l'une des choses les plus anciennes que je me rappelle : Mon père, attaché naguère à la légation du comte Golofkin, ministre de France, allait partir, en 1762, pour sa mission de Copenhague. Il venait de recevoir ses instructions, et avait touché 30,000 roubles (alors 150,000 francs) pour ses équipages. Il était allé à Oraniembau saluer l'empereur, alors très-occupé de sa troupe *holstenoise*. Il avait vu l'impératrice à son palais de Péterof, où le favori Soltikoff était déjà remplacé en secret par le beau et plus substantiel Orloff.

» Cette princesse dit alors à mon père, qui me l'a souvent répété depuis : *J'espère, monsieur le comte, que nous nous reverrons bientôt.*

» L'aîné de mes trois frères, deux de mes sœurs et moi nous devions accompagner notre père. Nous étions à déjeuner chez la maréchale pour prendre congé, et déjà les chevaux de poste battaient le pavé de la cour.

» Tout à coup, à la profonde tranquillité succéda un fracas subit et formidable. C'étaient des canons qui passaient à toute course, des soldats en désordre qui couraient à leurs quartiers, des troupes marchant en différents sens. Tout le monde s'inquiète, s'interroge, on ne sait que répondre et que penser. Mon père ordonne à mon frère aîné de monter à cheval et d'aller savoir la cause d'une agitation si extraordinaire; il saute sur un cheval de voiture, part et revient bientôt avec cette nouvelle :

« Tout le monde se rend au palais pour prêter » serment à l'impératrice, et on crie par les rues » *Vive Catherine II!* »

« Le maréchal se trouvait alors près de l'empereur, et nous n'en avions aucune nouvelle. Mon père conseilla à la maréchale de se rendre au palais, ce que du reste avaient déjà fait les gens les plus favorisés de l'empereur, et jusqu'à Panine, gouverneur du grand-duc Paul Petrowitch.

» La première question que lui fit l'impératrice fut :

« — Où est le maréchal?

» — A Oraniembau.

» — Ne craignez pourtant rien de moi, » reprit-elle...

« Le maréchal se conduisit comme il le devait à l'égard d'un prince son bienfaiteur. Lui seul avait de la tête, du courage et du zèle. Les troupes, trompées, mais non séduites, n'auraient jamais combattu l'empereur. Pour vaincre, il n'avait qu'à paraître. Il ne le voulut pas.

» Mon grand-père ne le quitta qu'au moment où il fut conduit à Robkha, après s'être abandonné lui-même.

» Alors il vint à Pétersbourg se présenter à l'impératrice, qui lui dit :

« — Vous êtes donc mon ennemi?

» — Non, répondit-il, mais j'ai fait mon devoir; » et Votre Majesté Impériale ne serait point où elle » se trouve si on avait suivi mes conseils. Son étoile » l'a emporté sur mes avis, et il ne me reste plus » maintenant qu'à lui présenter ma tête.

» — J'ai autant besoin de votre tête que de votre » bras, dit-elle. Soyons amis, monsieur le maré» chal! »

« Il s'inclina, baisa la main qu'elle lui tendait, et se crut dans la plus haute faveur.

» Douce illusion qu'il conserva le reste de ses jours.

» Pour ce qui regarde mon père, la nouvelle cour fit de nouvelles nominations, et il ne partit point pour sa mission de Danemarck; mais l'impératrice lui fit don des 30,000 roubles, en lui disant : *Je vous les donne pour la dot de vos filles.*

» Depuis lors, mon père vécut estimé, mais sans crédit, dans une cour qui ne put jamais pardonner au maréchal son crime de fidélité envers ce bonhomme de Pierre III, si barbarement traité d'abord, et ensuite si lâchement assassiné.

» Il méritait mieux pourtant. C'est lui qui a détruit l'infâme chancellerie secrète, digne rivale de l'inquisition, et que la police n'a jamais pu reproduire dans toute sa rigueur. Il était bon et clément; il avait suspendu le cours des injustices de la très-humaine Élisabeth. Mais il est flétri parce qu'il a succombé.

» Et il a succombé parce qu'il n'était qu'honnête homme, vis-à-vis d'ennemis qui ne l'étaient pas.

» Après ce crime, que de fortunes bizarres! que de gloires curieuses! Et tout cela sera consacré par le succès qui justifie, et par l'histoire qui, sous un gouvernement despotique, ne se nourrit que de souvenirs adulateurs.

» Mes voyages?... Ils ne sont guère plus intéressants que ceux du célèbre Frontin, bien que faits plus commodément peut-être. J'étais trop jeune pour voir, trop dissipé pour retenir.

» Deux de mes frères étaient à Gœttingue, où ils n'apprirent rien de bon ni de mauvais, ce qui les rendait dignes en tout point de faire d'excellents valets de cour, sûr et sublime moyen de parvenir. Pour Ivan Ségueitch, mon aîné, et moi, le favori du maréchal, on nous fit voyager, et nous partîmes ensemble pour la Suisse.

» Russes, qui voulez le bien de vos enfants, ne les envoyez pas là. Vous les verriez, à leur retour, faux, malheureux ou coupables.

» La Suisse ne nous suffit pas; et, trompant le vœu de nos parents, nous passâmes une partie de notre temps à Paris et en Italie.

» En France, on nous offrit du service; en Italie, des chapelets.

» Ce sont des gens subtils et amusants que ces Romains qu'un littérateur français de ma connaissance n'appelait jamais que *les Italiens de Rome.* J'y vis jouer toutes les grandes marionnettes, car on y fit un pape pendant mon séjour...

» En somme, qu'ai-je appris dans mes voyages? Le voici :

» En Suisse, à penser.

» En France, à danser.

» En Italie, à railler de tout.

» La première de ces choses devait me dégoûter de la Russie de Catherine II, mais la seconde pouvait y servir ma fortune, si la troisième ne la ruinait. C'est ce qui m'arriva.

» Je fus d'abord militaire; mais, au lieu de rester à la cour, ou d'être courtisan aux camps, je m'avisai d'agir en soldat, ce que trente ans et plus n'ont point encore pu me faire pardonner. Voici mon crime dans toute sa noirceur.

» Mais parlons de mon mariage, qui y contribua indirectement.

» Le premier acte d'un esprit d'indépendance, conquis à l'étranger, fut de me marier sans le consentement de mes parents. J'étais amoureux comme un fou; mais un sage l'eût été de même. Outre que ma femme était jeune, jolie, spirituelle et bonne, elle possédait tout ce qui est bien autrement essentiel à la cour : d'une naissance distinguée, sa mère, Henrikof, tenait à la famille impériale. Cette mère, Marie Siméonowna Tchoglokof, était riche et en crédit près de l'impératrice. Ce n'était donc pas là ce que le Français appelle *un mariage de garnison.* Mais toute médaille a son revers...

» Mon père avait obtenu que je serais envoyé pour apporter la nouvelle de la première victoire. La victoire n'arrivait pas, je l'espérais à peine, et je brûlais de venir me marier. Je demande de partir en courrier; l'impératrice m'interroge.

» Alors j'eus la malheureuse idée de parler vrai. Je dévoilai les désastres de la campagne de 1769; je dis les fautes du grand nombre, les turpitudes de tous.

» Catherine s'étonna, Orloff s'irrita. Je déplus; je vis que j'étais perdu sans retour.

» Je me fis magistrat...

» Mais j'avais la faiblesse d'être honnête homme. Je voulus rendre la justice, dépister les fripons, etc., chose horrible dans ce pays. La voie que je suivais, loin de m'ouvrir le sénat, me conduisit tout doucement dans la solitude de ma campagne.

» Cultiver les fleurs, soulager les paysans et attendre la mort sans la désirer ni la craindre, voilà ma vie. Je ne désire ni ne regrette rien. Mais peut-être, partout ailleurs qu'en Russie, eussé-je été digne de prétendre à plus, et capable de faire mieux...

. . . . » Toutes les grandes impératrices ont eu, je crois, des favoris, à commencer par la Sémiramis d'Orient pour finir par la *Sémiramis du Nord.* Mais celle-ci me semble l'avoir emporté de beaucoup sur les autres.

» Élisabeth, outre les Schouvalof et les Rasoumofski, qui ont gagné à ce métier une fortune confisquée à ma famille, se livrait à tous les objets de ses caprices. Plus d'un beau grenadier fut secrètement, et les yeux bandés, introduit dans la couche impériale, sans se douter des illustres faveurs qui lui étaient imposées. Malheur à lui s'il paraissait le soupçonner, car il était à l'instant même relégué en Sibérie.

» Catherine fit mieux. Elle avait déjà eu, avant son exaltation au trône, Poniatowski et Salticof, quand Grégoire Orloff la charma, la couronna et la subjugua. On le savait; mais il fallait bannir toute gêne. L'Anglais Rogerson, médecin du corps, stimulé peut-être par Orloff lui-même, qui n'eût pas été fâché de se faire épouser, s'adressa au conseil et lui exposa que tout était incomparable dans la grande impératrice, les besoins physiques comme les facultés morales; que l'excès indomptable des premiers la tuerait si on n'y apportait remède (1).

» Les ministres, patriotiquement épouvantés de ce rapport, se consultent et décident qu'il y a lieu de se jeter aux genoux de Sa Majesté Impériale pour la supplier de prendre un mari.

» La reine répondit :

« — J'y ai songé, mais la crainte de rendre mon
» peuple malheureux par un mauvais choix m'a re-
» tenue. Cédant à cette crainte, j'ai mieux aimé me
» résigner à mon sort que de compromettre celui
» de la Russie. »

« Est-il besoin de dire tous les éloges qu'on prodigua à ces nobles sentiments! Cependant l'effroi était loin d'être calmé. Ces scrupules de Catherine ne remédiaient à rien. Dans cette conjoncture délicate, on supplia humblement la souveraine de prendre au moins un favori en titre qui, en cette qualité, serait considéré comme le sauveur de l'État.

» Nouveaux scrupules de la dame. Instances, larmes, prières de la part des ministres. En désespoir de cause, on fit intervenir la patrie en faveur de cette débauche publique.

» Catherine dut céder enfin et se dévoua au bien général.

» De là une suite non interrompue de quinze ou vingt favoris qui, dès qu'ils avaient les qualités requises, étaient déclarés les premiers de l'empire et des hommes de génie; même le bon et bête Lanskoï, qui fut emprisonné; même le fat et blafard Yermolat, et tant d'autres qui ne valent pas la peine d'être nommés.

» En vérité, c'est une belle chose que le gouvernement *gynécocratique* tel que nous l'avons subi! Il n'y avait plus de fortune que pour ceux qui préparaient le lit impérial ou qui y figuraient. Quant à moi, je ne possédais ni les vertus merveilleuses de ceux-ci, ni la complaisance estimable de ceux-là, ni la souplesse utile qui éleva les Bedboradko et les Markoff.

» Parmi tous ces favoris, un seul a laissé quelque nom : Potioumkin. C'était un véritable sauvage au sein des recherches de la civilisation. Il voulait tout, se dégoûtait de tout, et cajolait les faiblesses de la souveraine avec une rudesse qui voulait être de la franchise. Il finit par mourir d'une indigestion, seul, et dans un désert, digne fin d'une si belle vie!...

. . . . » C'est un singulier personnage que cette princesse Dachkoff. Sa tournure, ses manières, sa voix, ses goûts sont ceux d'un homme. Elle a pourtant eu un fils et une fille; mais, comme si sa maternité était une erreur du hasard, elle n'a jamais pu souffrir ni l'un ni l'autre.

» *Président* de l'Académie, elle faisait recevoir des candidats tout exprès pour leur envoyer des masses de mémoires imprimés qu'elle se faisait payer fort cher et comptant. Son harpagonisme faisait honte au héros de Molière.

» Cette femme cosaque avait une maison de campagne voisine de Saint-Pétersbourg. Les jeunes gens ne manquaient jamais d'y aller faire leur cour, accompagnés d'une nombreuse valetaille. *Que de fainéants!* disait-elle en affectant la surprise, *il faut leur rendre de l'activité!* Et elle les envoyait travailler à ses jardins, ce qui lui épargnait des hommes de peine. On en riait. On riait aussi de la voir arracher les dragonnes et découdre les galons des officiers aux gardes en leur disant : *Quelle honte de porter de telles vieilleries!* Puis elle les revendait aux fondeurs.

» Elle rendit à Catherine un service tout à fait dans son caractère. Orloff, l'assassin de Pierre, malade d'une fièvre chaude, menaçait, dans son délire, de sortir et de tout révéler. La princesse s'approcha de son lit et s'écria de sa voix de corps de garde : *Qu'on garrotte ce drôle et qu'on lui donne le knout!*

» Ces mots, qui réveilleraient tout bon Moscovite, fût-il mort, n'échouèrent point auprès d'Orloff. Le délire cessa subitement, et, grâce à ce singulier remède, il n'eut plus envie de se vendre, lui et sa puissante complice...

» On a très-inexactement raconté à l'étranger ce qui regarde Schaim-Gherai, dernier kan des Tatars de Crimée. Voici son histoire dans toute son exactitude :

» Catherine II avait élevé ce prince sur le trône comme elle éleva Poniatowski sur celui de Pologne, non pour le récompenser du même mérite, mais en vue du même succès. Le Tatar, en effet, se voua à la Russie et combattit les Turcs; mais ses sujets mécontents le forcèrent de fuir. Pour le venger, l'impératrice s'empara de son pays. Le Tatar, retiré en Russie, eut une maison à Varonish, 70,000 roubles de pension, et un cordon bleu, sur la croix duquel, vu la différence de religion, était seulement inscrit ce mot : *Fidélité*. Entouré d'une suite nombreuse et portant un uniforme vert, semblable à

(1) On n'avait pas alors encore la ressource des princes de Cobourg.

celui de Catherine elle-même, il ne lui manquait, pour être Russe, que d'abjurer et de couper sa barbe. Encore cachait-il cette dernière sous les plis d'une large cravate de soie noire.

» Le plus grand plaisir de ce prince détrôné et désœuvré était de tirer à coups de fusil sur les troupeaux des mougiks...

» Bientôt, fatigué de son oisiveté, il voulut se retirer chez les Turcs, et gagna la Bessarabie. Là il réunit les Tatars du Budziac et se mit à trancher du souverain.

» Les Turcs envoyèrent 4,000 hommes contre lui. Trahi par les siens, il fut pris et envoyé à Rhodes. On lui conseilla maintes fois de rester tranquille; mais il n'en tint compte, et se réfugia chez le consul de France, qu'on somma de le livrer sur-le-champ.

» Le consul répond d'abord qu'il ne le peut sans souiller son pavillon. — *Portez votre pavillon ailleurs,* lui dit-on, *et laissez-nous faire!* Il y consentit; et Schaim-Gheraf, saisi, fut aussitôt étranglé.

» Comme on voit, si un gouvernement a des torts envers cet homme, ce n'est pas celui de Russie.

» Voici une rouerie politique qui mérite d'être notée. Tout le monde sait comment, après l'extinction de la race Kettler, la Courlande passa sous la puissance du favori de l'impératrice Anne. Devenu souverain d'un pays qui n'avait pas voulu le reconnaître pour l'un de ses gentilshommes, Biren ou Biron régna, fut exilé, puis rétabli sur le trône par la Russie, qui a toujours des fonds et du loisir disponibles quand il ne s'agit pas des serviteurs de l'État.

» Il y eut de cette *illustre* famille un second duc qui laissa plusieurs filles et point de garçons. La Prusse alors traita d'un mariage avec l'une d'elles pour l'un de ses princes, dans la vue de réunir à la couronne un pays limitrophe de son antique domaine. Le cabinet de Berlin crut devoir faire part de cette négociation à celui de Saint-Pétersbourg, qui répondit aussitôt par l'approbation la plus flatteuse.

» Mais il garda une arrière-pensée et chercha à faire tourner à son profit l'idée que la Prusse lui avait étourdiment communiquée. Voici comment on s'y prit :

» Le dernier duc de Courlande avait pour frère une sorte de bandit, fabricateur en France de fausses lettres de change. On l'avait emprisonné pour ce fait, et il aurait mal passé son temps si on n'eût employé en sa faveur sa fortune et son crédit. Les fausses pièces détruites et payées, le faussaire fut relégué en Pologne avec une faible pension.

» De ce personnage étaient nés plusieurs filles et garçons; l'impératrice les déterre, et leur fait insinuer l'idée de réclamer la couronne ducale, en s'adressant à elle, bien entendu, pour soutenir leurs droits. Ils viennent donc tous, princes et princesses, tomber aux pieds de l'auguste souveraine, qui s'attendrit immédiatement et leur promet son appui. Conduits à Riga par Boudborg, on les y entoure de dames et d'officiers comme de futurs héritiers d'un trône. Leurs prétentions sont officiellement déclarées à la Prusse, ainsi que les intentions généreuses de la Russie.

» Puis Phon-der-Palben se rend à Mittau; il fait jouer près des gentilshommes courlandais ses ressorts accoutumés, et la réunion du pays à la Russie est unanimement votée.

» Les princes et les princesses souverains et souveraines redeviennent de simples Biren, mais sont élevés aux frais de l'État. L'un des frères est mort dernièrement; tous les autres vivent heureux et bouffis de la plus satisfaisante vanité.

» Pour les filles du véritable duc, ou, pour ne pas se tromper, de la duchesse, on les a vus, dignes fruits de cet arbre de corruption, changer d'amants comme leur mère...

» Au charlatanisme politique joignons un trait de charlatanisme intérieur. Le célèbre philanthrope Howard étant venu en Russie, où il a fini par laisser sa dépouille mortelle, Catherine le pria de visiter les prisons et de lui en dire son avis, ce qu'il eût fait sans qu'on l'en priât. *Comment les trouvez-vous?* lui demanda-t-elle. — *Pires,* répondit-il, *que dans aucun autre pays du monde.*

» Howard, sur la prière de Catherine, fit un plan d'améliorations, et on commença aussitôt à bâtir pour l'exécuter.

» Mais l'édifice terminé, on représente à Catherine que le bâtiment est trop beau pour des misérables, que chacun voudrait se faire scélérat pour y avoir un logement, etc., etc.

» Catherine réfléchit. Les gazettes avaient déjà parlé de son projet; sa philanthropie était désormais suffisamment établie dans certains ouvrages étrangers. On fit de la prison une caserne; et les malheureux prisonniers continuèrent à pourrir et pourrissent encore dans leur ancien et infect cloaque.

» Voici un trait qui s'est passé près de moi. Unghern, gentilhomme distingué par sa naissance, mais ruiné par une vie pleine des plus honteux désordres, ne trouvant plus ni ressource ni crédit, se retira au Lub de Dago, et y construisit, pour son habitation, une haute tour, sur le sommet de laquelle une salle, tout en vitrage, servait de théâtre à ses orgies. Ce lieu de débauche, illuminé dès que la nuit arrivait, et placé près de dangereux écueils, semblait un phare et abusait les malheureux navigateurs. Dès qu'un naufrage était annoncé à Unghern, il descendait avec les sicaires qu'il entretenait du fruit de cet effroyable revenu; alors on égorgeait les équipages, on pillait les cargaisons, et, pour faire disparaître toute trace de ce forfait, on brûlait ou coulait les navires.

» Tout cela n'avait pas été sans s'ébruiter, mais Phon-der-Palhen, beau-frère d'Unghern, parvint toujours à étouffer les rumeurs naissantes.

» Les enfants mêmes du misérable ignorèrent longtemps sa conduite, jusqu'à ce qu'enfin un précepteur, envoyé de l'étranger au comte Saltikof et épargné par Unghern pour élever son fils, fut conduit à s'ouvrir à ce dernier.

» Furieux de se voir découvert, le monstre assassina l'enfant, et poursuivit longtemps le précepteur, qui fut assez heureux pour s'évader.

» Enfin ces crimes eurent un terme; les horreurs du Lub de Dago furent publiées en Allemagne; l'empereur Alexandre en fut instruit; et Unghern fut envoyé en Sibérie, châtiment bien doux pour un homme cent fois meurtrier, pour un parricide.

» Au récit de semblables monstruosités, ne croirait-on pas que les siècles ont rétrogradé et que nous vivons aux époques les plus barbares du moyen âge?

» Il faut cependant rendre justice à Catherine II. Si elle donna l'exemple d'un favoritisme odieux, si, sous prétexte de réforme, elle commença à démolir l'édifice de Pierre Ier, du moins ne se vengea-t-elle jamais de ses ennemis.

» Dans l'assemblée imaginée par le charlatanisme et réunie pour édifier un recueil de lois, il y avait des gens de toutes sortes, et, parmi eux, un véritable sage, dont, à cause de cela, le nom s'est oublié.

» Cet homme gardait obstinément le silence. Enfin, pressé par les questions du comte Panine, il répondit : *Avant de songer à donner un code de lois, il serait bon de savoir si Sa Majesté Impériale compte renoncer à l'usage de promulguer des ukases formels de sa propre et unique volonté.*

» Le comte, effrayé de cette question, la répète à l'impératrice, qui le lendemain fait dissoudre l'assemblée.

» La fin du règne de Catherine II fut malheureuse, tourmentée par un libertinage qui enivrait encore sa tête, quoiqu'il ne fît plus d'effet sur ses sens.

» La honte d'avoir échoué dans le mariage négocié à Stockholm fut la cause de cette attaque d'apoplexie qui fit passer la couronne russe de la raison sans mœurs à la vertu sans raison; car c'était un très-bon fou que Paul Ier, mais il ne fallait pas l'approcher de trop près. Bien qu'il s'étonnât que *l'honneur* ne fût pas l'unique mobile des personnes dont il s'entourait, il leur prodiguait volontiers coups de pied et coups de canne. Aussi Nelidiaski, son secrétaire, quand on lui rendait des honneurs en sortant du cabinet impérial, disait-il : *Quelle différence d'accueil si ces gens savaient comment je viens d'être traité!* Mais il était prompt à se repentir, et plus d'un valet de cour spécula sur un soufflet pour obtenir une croix ou une pension.

» Paul Ier fut massacré au palais Michel, qu'il venait de bâtir. Le jour où il tomba fut un moment d'ivresse presque universelle. Par une imitation stupide de la France, on nomme maintenant son règne *la terreur*.

» Personne ne peut juger notre ordre civil s'il n'a vécu longtemps parmi nous. Pour moi, je me souviens d'avoir vu les derniers jours d'un autre temps où les seigneurs exerçaient dans leurs terres une autorité presque patriarcale. Les lois et maximes de Pierre Ier, à qui nulle idée utile n'échappa, eussent prolongé cet ordre de choses. Mais actuellement les terres sont morcelées, la cour attirant à elle toutes les ambitions; les riches livrent leurs sujets à des intendants; les pauvres vendent, font des dettes qu'ils ne payent pas, et les paysans, pressurés, accablés par de nouveaux maîtres ou des intermédiaires insatiables, détestent la main qu'ils devraient honorer et bénir. Le lien de reconnaissance est rompu entre le paysan et son seigneur...

» Mais laissons ces tristes sujets.

» Quoi qu'en disent les émigrés français, Bonaparte est un personnage de taille surhumaine. Comme militaire, cela va sans dire; mais comme politique encore plus. Ce n'est pas sa fortune qui m'éblouit; c'est le génie qui l'en a rendu digne. Plus grand que tous les trônes qu'il abaissa, plus grand que le trône même qu'il a fait le premier du monde, je vois en lui un nouvel Hercule, seul capable de nettoyer les étables d'Augias.

» Le prince de Mittau est estimable; il a de l'esprit, de la bonté, du savoir, des vertus; mais il faudrait autre chose que cela pour régénérer l'Europe corrompue, pour gouverner la France légère et vaniteuse, pour renouveler les hommes et affermir les institutions naissantes. Bonaparte fut généreux à Tilsitt comme à Presbourg; qu'il le soit encore, et sa puissance est à jamais consolidée, et sa prépondérance est favorable aux intérêts de tous les peuples.

» La royauté, dans une main habile et ferme, est conforme à nos mœurs modernes. Elle fut avertie de ses dangers et de ses devoirs par la révolution française; elle fut sauvée des erreurs démocratiques par le règne conservateur de Bonaparte. Qu'elle n'oublie pas cette double leçon!

» Ah! je le dis avec une conviction profonde, puisse un jour la Russie voir s'élancer sur son trône un homme semblable à celui que tous les peuples doivent envier à la France! Que ne ferait-il pas des Russes si malléables? à quel degré de gloire et de prospérité n'élèverait-il pas cet empire? Mais, si un tel bonheur ne nous est pas réservé, que la paix du moins règne entre les deux souverains, et, qu'au lieu de prendre les modes de la France, nous lui prenions plutôt des lois économiques, administratives et judiciaires... Les peuples n'ont qu'une émulation de haine, qu'une lutte de sang et d'orgueil : que ne luttent-ils de sagesse! que ne rivalisent-ils d'industrie et de vertus!... Tel est le dernier, mais stérile vœu sans doute, d'un homme qui connaît trop son pays pour l'aimer tel qu'il a le malheur de le voir! »

XXII.

Représentations de la diète de Courlande.

Voici les représentations rédigées par le baron d'Heking, et adressées à l'empereur Alexandre sous ce titre :

Examen impartial des avantages ou des inconvénients qui résulteraient d'un changement dans les rapports qui subsistent actuellement entre les paysans de Courlande et leurs maîtres,

Présenté à la diète de Courlande le 14 mars 1805.

« Pour peser dans la balance de la raison les avantages ou les inconvénients qui résulteraient d'un changement dans les rapports qui subsistent actuellement en Courlande entre les paysans et leurs maîtres, il faut se défendre également, et de l'exaltation qui voudrait élever un mieux imaginaire sur les ruines du bien effectif, et de la prévention superstitieuse qui repousserait tout ce qui tend à rectifier les abus anciens.

» C'est en se plaçant entre ces deux extrêmes, c'est en n'écoutant que les sages leçons de l'expérience, en défendant son esprit et son cœur de la magie de quelques idées brillantes en théorie, mais nuisibles en pratique, qu'on peut se flatter de résoudre le problème proposé.

» La première question qu'il faut agiter, c'est celle de savoir si le paysan courlandais est réellement heureux à présent? J'ose répondre affirmativement. Je ne dis pas de ce bonheur chimérique que sollicitent les métaphysiciens, qui, prêtant aux paysans leurs passions, leurs besoins, leur manière de voir et de sentir, concluent faussement qu'ils ne sont pas heureux; mais de ce bonheur qui résulte d'une santé robuste, d'un bon vêtement pour chaque saison, d'une habitation saine, de tous les besoins réels de la vie satisfaits, d'un secours toujours assuré de la part de leurs maîtres et de leurs bienfaiteurs dans tous les événements malheureux, d'une justice administrée par leurs égaux mêmes, enfin de toutes ces jouissances douces que l'on trouve en général chez les paysans courlandais.

» Je ne fais pas honneur de ce bien-être du paysan à la sensibilité philosophique de nos jours; il est le résultat d'un sentiment plus profond, plus universel, et, par conséquent, plus actif et plus durable; c'est l'intérêt, ce puissant mobile de tous les hommes qui dicte impérieusement aux maîtres de conserver leurs paysans s'ils veulent se conserver eux-mêmes. En effet, si le paysan était mal nourri et mal vêtu, il serait faible, maladif et mourrait jeune; mais, l'intérêt constant du maître étant que ses paysans soient forts, robustes et bien portants, il faut donc qu'eux et leur famille jouissent d'une aisance qui les mette en état de se bien nourrir et de se bien vêtir. Ce rapport naturel est fondé sur la nature des choses, et l'on ne peut ni l'altérer, ni le changer, sans nuire au paysan qui jouit de ce bien-être, et au maître qui en partage les fruits.

» Qu'on ne m'objecte pas qu'il peut y avoir des maîtres durs et barbares qui maltraitent leurs paysans!...

» Je répondrai :

» 1° Que tout homme qui agit décidément contre ses intérêts est un insensé; car c'est un axiome universellement reconnu, que personne ne veut se nuire à soi-même; il n'est donc pas permis de supposer que tous les seigneurs terriens de la Courlande soient tombés en démence...

» 2° Il n'est pas permis, en bonne logique, de conclure d'un abus partiel au vice général d'une institution; sans quoi il n'existerait aucune bonne institution sur la terre, parce qu'il est physiquement et moralement impossible qu'il s'en trouve une seule dont les passions humaines n'abusent ou ne puissent abuser.

» 3° Comme il est démontré que, de toutes les bases que l'on peut donner à l'agrégation sociale, la plus solide est celle qui porte sur l'intérêt réciproque, il en résulte que les rapports actuels entre les paysans courlandais et leurs maîtres forment le lien le plus fort, le plus naturel, et, par conséquent, le plus sage et le plus juste.

» Pour développer davantage cette vérité de fait, je comparerai le paysan et le journalier étranger libre avec le paysan courlandais qui ne l'est pas; et tout homme impartial sera à portée de juger qui des deux est réellement le plus heureux.

» Je suppose les rapports actuels d'intérêt immédiat brisés entre le maître et le paysan affranchi. Dès lors, si le chef de la famille paysanne tombe malade, si sa récolte est mauvaise, si ses bestiaux périssent, il se trouve dans l'impossibilité de remplir son contrat; et, comme le seigneur n'est plus obligé de lui procurer des soulagements et des secours, il ne reste à ce paysan infortuné d'autre fruit de sa liberté que de mendier avec ses enfants et de périr souvent de misère. C'est ce qu'on a vu en France et en Italie, où l'indigence des journaliers, des manœuvres et des paysans de plusieurs contrées, malgré leur prétendue liberté, était au delà de toute expression. Les philosophes du jour ont reproché ces malheurs aux gouvernements, mais à tort; car quel gouvernement pourrait nourrir tous les fainéants d'un royaume, ou tous ceux qui, par de longues maladies, se trouvent hors d'état de gagner leur subsistance?

» Aussi un écrivain célèbre a-t-il prouvé avec évidence que les serfs du Nord sont, de fait, plus heureux que les paysans libres du Midi, parce qu'ils sont les éléments intégrants du corps que forme chaque terre particulière, dont le seigneur est la tête, et les sujets les membres.

» Ceux qui connaissent mieux les livres que les hommes ont crié au paradoxe en parcourant les idées profondes de Linguet; mais il leur était plus facile de contourner des phrases, de présenter le riant tableau d'une félicité mensongère, que de raisonner avec justesse; il est plus aisé de dégoûter le laboureur content jusqu'ici de sa position et de ses travaux rustiques, en lui offrant une liberté indéfinie qu'il ne comprend pas, que de lui inspirer cette sagesse pratique qui lui ferait chérir les sentiments habituels dans lesquels il a trouvé si longtemps son bonheur et sa conservation certaine. « Si je deviens » libre, disait un paysan courlandais, je ne travail- » lerai plus; car, si la liberté consiste à ne faire que » ce qu'on veut, je ne veux plus travailler. » On voulut en vain faire comprendre à cet homme que tous les gens libres travaillent, depuis le souverain jusqu'au dernier des sujets. « Non, répondit-il, être » libre et travailler, c'est une contradiction. » Et ce que disait ce paysan est la façon de voir générale et naturelle de toute cette classe d'hommes incapables de spéculations métaphysiques, et par là peut-être plus heureux que ceux qu'on tâche d'éclairer à demi.

» Telle a été dans tous les temps la façon de voir des affranchis. Qu'on ouvre les annales de la France, de l'Italie et de l'Allemagne, et l'on frémira du tableau des horreurs que ces affranchis commirent lorsqu'on eut brisé les liens doux et utiles qui les unissaient à leurs maîtres.

» Tous les chemins furent alors infestés de bandits qui voulaient vivre sans travailler, et il a fallu plus d'un demi-siècle de sévérité et de supplices pour réprimer ces fainéants dangereux. Les roues et les gibets répétaient dans ces siècles malheureux, sur toutes les routes, la triste leçon de ne rien innover dans ce genre, mais de laisser au temps seul le développement graduel et lent de ce passage d'un état fixe et déterminé à un état précaire, dont les passions déréglées abusent toujours et que la raison ne peut ni refréner ni diriger à son gré.

» Que peut en effet signifier pour le paysan ce mot sonore mais vague de *liberté*, dont la complexité d'idées rend la définition si difficile? Les nations qu'on croyait si éclairées n'ont-elles pas répandu des flots de sang pour atteindre ce fantôme destructeur que des philosophes malavisés leur offraient sans cesse en leur promettant une félicité chimérique, dont la recherche n'est trop souvent qu'un crime, et dont la possession même n'enfante presque toujours que désordre et confusion?

» Interrogez là-dessus Cicéron, ce philosophe républicain; il vous dira « que personne n'est libre » que le vrai sage. » Mais nos paysans ne sont pas encore des sages; il serait donc dangereux de les troubler dans la situation heureuse où ils se trouvent. D'ailleurs, tout changement immédiat dans les rapports établis en Courlande entre le paysan et le maître attaquerait à la fois, et le droit sacré de la propriété, et la sûreté personnelle, considération puissante qui seule mériterait d'être développée séparément.

» Je me contente de demander pourquoi les paysans de France, quoique libres, brûlaient les châteaux des seigneurs, même de ceux qui les avaient comblés de biens? Parce qu'on avait brisé les liens antiques qui unissaient par des rapports réels les seigneurs et leurs vassaux, pour y substituer de nouveaux rapports chimériques et contraires à la nature des choses. Or les mêmes causes produiront toujours les mêmes effets, avec cette différence que l'explosion pourrait être bien plus terrible dans le Nord. Toutes les combinaisons fondées sur l'expérience, sur un véritable amour de l'ordre et du bonheur social, vont dicter à la noblesse courlandaise les mesures circonspectes et bienveillantes que les circonstances actuelles exigent. Elle se flatte d'avoir saisi, dans toute son étendue et avec toutes ses nuances, l'idée sublime de notre auguste souverain à l'égard du paysan; elle saura répondre à ses intentions magnanimes d'une manière analogue à l'importance de l'objet, sans blesser les engagements sacrés qui garantissent l'honneur et la fortune des familles, sans léser les intérêts de la couronne en diminuant ses revenus, et sans anéantir tous ces actes sur lesquels reposent la confiance générale et le crédit public.

» Elle prescrira comme un devoir uniforme ce que l'intérêt éclairé avait déjà introduit individuellement; elle réprimera quelques abus partiels, elle effacera jusqu'aux traces de ces lois absurdes qui depuis longtemps n'existent plus de fait en Courlande, mais qui flétrissent encore son code, en rappelant les siècles barbares qui les virent naître et qui sont indignes du siècle qu'Alexandre le Juste honore; elle défendra la vente individuelle des paysans, excepté dans le cas où le complètement des recrues rendrait cet arrangement nécessaire, ou bien lorsque l'agriculture solliciterait le déplacement des familles entières sur d'autres terrains dans le même gouvernement; elle fera établir partout les jugements des paysans par leurs pairs, ainsi que cela est déjà établi de fait dans la majeure partie des terres nobles : et c'est ainsi qu'elle consolidera à jamais le sort heureux dont jouissent depuis des siècles les paysans courlandais, en y apposant le sceau irréfragable d'une détermination solennelle, unanime et volontaire de la part des propriétaires, dont les droits ont été itérativement confirmés par le meilleur des souverains. »

XXIII.

De quelques émigrés.

L'émigration a eu ses charlatans et ses parvenus comme la révolution. Quelques-uns ont fait de brillantes fortunes, soit à l'étranger, soit en France sous la restauration. Tels sont les Blacas, les Maisonfort et autres dont je n'ai que faire de relever ici la profonde nullité. Ceux-là sont les parvenus.

Quant aux charlatans et aux aventuriers déterminés à tout, cuirassés d'effronterie et d'audace, ils ont souvent beaucoup mieux réussi que le commun des honnêtes gens.

La Russie fut leur terre promise. Là un ancien laquais se donna pour le descendant de l'illustre famille de Ligny-Luxembourg, éteinte depuis longtemps, et fut cru sur parole. Les deux impératrices Marie Feodorowna et Élisabeth Alexiowna, toujours prêtes à accueillir le malheur, protégèrent très-particulièrement cet audacieux imposteur.

Je parlerai à son tour du petit La Loubrerie, dit *Laval;* voire des Guignard, dits *Saint-Priest.* Mais le souvenir d'un charlatan fort ridicule, quoique assez spirituel, se présente ici. Parlons d'abord du chevalier d'Angard.

Le chevalier d'Angard, né à Avignon, avait servi dans la marine jusqu'au grade de lieutenant de vaisseau. La guerre ayant éclaté entre la France et l'Angleterre à l'occasion de la révolution américaine, il donna sa démission. Cela fut mal vu alors, mais depuis il se targua de ce fait, prouvant, selon lui, qu'il avait dès lors prévu les suites de cette fièvre des esprits dont la guerre d'Amérique était le premier symptôme.

Retiré paisiblement à Paris, il se créa un petit empire de société. Il possédait des formes polies, un caractère complaisant, quelque instruction, et ce bon ton des coteries du second ordre, lié intimement, il faut bien le dire, à celui de ce qu'on nomme *la bonne compagnie.* Avec tout cela, il se croyait et était cru l'un des modèles dans l'art de vivre.

Il quitta cette douce existence pour émigrer en 1792. Pendant deux ou trois ans, il erra en Allemagne; mais le charlatan littéraire et politique ami de Diderot et correspondant de Catherine II, Grim, qu'il vit à Gotha, lui ayant appris comment les émigrés étaient accueillis en Russie, le chevalier rêva subitement des grâces et des honneurs dans ce fortuné pays.

Mais c'était là un long voyage à faire, et le chevalier n'était pas en fonds. Pour se faire remarquer tout d'abord et pour suppléer à sa pénurie, il s'avisa d'un expédient fort ingénieux. Catherine reçut une missive où M. le chevalier d'Angard s'annonçait comme possesseur d'un secret de la plus grande importance et qu'il ne pouvait confier qu'à Sa Majesté Impériale en personne.

En forme de *post-scriptum,* il insinua qu'il attendait les fonds nécessaires pour le voyage.

Catherine, surprise d'abord de ce message, finit par en rire et bientôt ne s'en occupa plus; mais Platon Zouboff, l'un de ces trois frères Zouboff qui furent les derniers favoris de Catherine, lui persuada de le faire venir. *C'est un fou*, dit-il, *nous nous en amuserons.*

Trois cents ducats furent envoyés au chevalier d'Angard, qui, dans sa joie, faillit perdre l'esprit. Une seule chose l'embarrassait : ne connaissant pas la langue russe, il s'effrayait de traverser ce pays barbare. Le chevalier était un véritable enfant de Paris, une digne fraction de ce million d'êtres qui passent par le monde pour les plus spirituels qui existent, et qui quelquefois sont les plus... Mais ne rabaissons pas notre pays.

Heureusement pour lui, ce brave et galant chevalier de Vitri voulait rejoindre son ancien colonel, le baron de Stedingk, alors ambassadeur en Russie. Ils partirent ensemble.

A son arrivée, le comte Markoff fut chargé d'interroger l'homme au secret.

Impossible d'en tirer une parole. L'impératrice, l'impératrice seule doit écouter cette précieuse révélation.

Il y eut nombre de pourparlers; mais vainement essaya-t-on de vaincre l'obstination du discret chevalier, qui enfin ne se détermina qu'à grand'peine à confier au papier son mystère.

Tout ceci avait intrigué au plus haut point la cour. L'impératrice attendait le résultat avec impatience, lorsque Markoff lui remit l'important manuscrit.

Voici ce dont il était question :

Darius, avant la bataille d'Issus, avait enfoui en un certain lieu (connu du chevalier d'Angard) tous ses immenses trésors. Le chevalier offrait à Sa Majesté Impériale de remplir ses coffres avec l'or du roi de Perse.

Cette opération financière n'obtint pas tout le succès qu'elle méritait. D'Angard passa pour fou de plus en plus, et lors de l'avénement de Paul Ier, comme on disait à ce prince que feu l'impératrice avait déboursé trois cents ducats pour le faire venir : *Qu'on lui en compte trois cents autres*, reprit l'empereur, *et qu'il décampe !*

Mais, dans l'intervalle, le chevalier n'était pas resté oisif. Il avait su capter la comtesse Rastapchine, dont le mari jouissait de la plus haute faveur, et qui parvint, non-seulement à faire révoquer l'ordre d'expulsion, mais à lui obtenir une place de bibliothécaire avec d'excellents appointements.

Je ne l'ai vu que très-vieux. Dans sa jeunesse il avait pu être fort bien; mais alors son corps, un peu courbé, aidait à l'air béat qu'il se donnait; sa politesse affectée désirait être prise pour celle de l'ancienne cour; ses petits yeux, d'ordinaire à demi fermés, semblaient avoir peine à découvrir ce que leur masquait un nez suffisamment volumineux.

Quoique intrigant d'assez bas étage et fou, le chevalier avait parfaitement jugé l'issue des événements politiques de la France et de l'Europe. Ses prévisions à cet égard furent confiées, à sa mort, à la comtesse Golovine qui, en 1812, fit passer ses papiers à Alexandre. Celui-ci admira la profonde sagacité de cet homme qu'il avait regardé jusqu'alors comme un insensé charlatan.

D'Angard était un vrai missionnaire jésuite. Il convertit nombre de femmes au catholicisme. Son apostolat fut continué par le comte de Maistre, ministre de Sardaigne. Le résultat de leurs efforts fut l'expulsion de la compagnie de Jésus; et la Russie fut ainsi privée du seul corps enseignant qui méritât ce nom sur son territoire.

Autres charlatans!

Les Saint-Priest offrent un singulier exemple des bévues de la fortune. Traités à l'étranger comme s'ils avaient eu tout le mérite qui leur manquait, ils oublièrent complétement les princes : ceux-ci, dans leur malheur, ne pouvaient plus rien pour eux. Depuis, la restauration, intelligente rémunératrice, les a comblés de faveurs pour leurs services imaginaires et leur fabuleuse fidélité. Bref, nous les avons vus, dignes ou non, monter au rang des plus grands seigneurs.

Le comte de Saint-Priest, autrefois ambassadeur en Turquie, homme de bonne mine et comptant bien, ne manqua pas, lorsqu'il fut forcé d'émigrer, de faire souvenir la Russie de ses utiles et peu honorables services. En effet, il avait jadis déterminé la cession de la Crimée, ce qui lui avait valu l'ordre de Saint-André, et beaucoup de diamants à sa femme. Celle-ci, femme intrigante s'il en fut, était la sœur du ministre de Naples en Suède : ce fut près de lui que M. de Saint-Priest alla d'abord chercher un asile.

De Stockholm, il implora la bienveillance de l'impératrice, et obtint des terres pour lui et une place au corps des cadets pour son fils aîné Emmanuel.

Pourtant, lors de la première effervescence populaire, il avait donné l'exemple et quitté bien vite son titre pour se faire appeler *Guignard*, nom primitif de sa famille.

Mais les cours étrangères croyaient sottement que ceux qui avaient aimé d'abord la révolution étaient plus compétents pour la juger que ceux qui, plus prévoyants, ne l'avaient jamais aimée.

Et M. Guignard fut partout parfaitement accueilli.

Après l'avénement de Paul, M. de Saint-Priest

rejoignit Louis XVIII à Mittau. Là il fut ministre des affaires étrangères; mais, fier, tranchant, brouillon, il retourna bientôt à Saint-Pétersbourg, où l'empereur refusa de le recevoir.

Pour Mme de Saint-Priest, elle avait trouvé moyen de se lier avec la jeune princesse Lapoukine, alors dame des pensées de l'empereur Paul. Elle s'était introduite là, en qualité de sibylle, à la faveur d'une certaine dame Palmer, espèce de femme de chambre confidente. Elle tirait les cartes à la princesse, lui disait sa bonne aventure, etc., etc. Mais elle fit tant de sottises, dit tant d'extravagances, se mêla de tant d'intrigues, que l'empereur finit par intervenir. Il chassa les enfants du service, et renvoya la mère à Mittau, accompagnée d'un chasseur chargé de ne pas la perdre de vue.

En désespoir de cause, les fils partirent pour l'armée de Condé, qu'ils quittèrent avec empressement à la nouvelle de l'avénement d'Alexandre.

Celui-ci les reçut bien : ils reprirent leurs grades et leur ancienneté. Lors du décret qui permit aux émigrés de rentrer en France, ils obtinrent un congé et s'en allèrent tâter le terrain. Ne le jugeant pas suffisamment sûr, toute la famille se prit d'un enthousiasme définitif pour la Russie.

Excepté toutefois le père, qui rentra en France, et mourut méprisé de Bonaparte, près duquel il avait fait d'inutiles bassesses.

L'aîné des fils, Emmanuel, était un petit homme trapu, assez bien pris dans sa taille, entraîné par un mouvement perpétuel, s'agitant, s'évertuant, se contractant pour paraître vif et spirituel. Sa vie ne fut qu'une longue et fatigante grimace. Il était, du reste, beau danseur, et assez bon officier, en ce sens qu'il battait ses soldats sans miséricorde.

Le second, Armand-Charles, suivait partout son frère à la piste. C'était un jeune homme de taille ordinaire, triste, commun, ennuyé, en un mot parfaitement insipide.

Il épousa la sœur de la comtesse Tolstoï, vieille fille de trente-cinq ans, connue sous le nom du *Patriarche*.

Ce mariage lui valut 30,000 roubles de rente (environ 100,000 francs), outre un capital de 100,000 roubles.

Louis, le cadet, et sans contredit le meilleur de tous, n'a joué en Russie qu'un rôle très-secondaire : celui-ci, devenu grand d'Espagne, a du moins mérité sa fortune, et l'a justifiée par sa fidélité au malheur.

Avant de laisser là les Guignard, disons que leur généalogie tire son plus grand lustre de deux conseillers au parlement de Grenoble, lesquels, sans remonter plus haut que le XVIIe siècle, descendent d'un certain Guignard, bourgeois de Paris, dont le fils *acheta* une savonnette à vilain.

Disons encore que cet Armand-Charles, dont les enfants sont moitié Russes, moitié Français, est en lui-même un bien honnête homme. Il serait fort étonné de sa fortune si la sottise pouvait s'étonner de quelque chose. Aussi ne pourrait-il guère comprendre qu'il était plutôt né pour être M. Guignard, bourgeois de Paris, que M. le comte de Saint-Priest, pair de France.

Laval, qui portait peut-être ce nom comme les *Champagne* de comédie, et qui n'en a pas moins, depuis sa fortune, pris les armes, la livrée d'une illustre famille, branche de celle des Montmorency, était fils d'un riche épicier banqueroutier du midi de la France.

Il se faisait nommer en émigration *le chevalier de La Loubrerie*. C'était un homme chétif de corps, et plus encore d'esprit. Ne sachant trop que faire, il commença à poursuivre la fortune en courant de capitale en capitale.

A Constantinople il s'attacha au comte de Choiseul-Gouffier. Il portait un habit de hussard et faisait partie de la maison en qualité de garde, d'aide de camp, ou de chasseur. Il fut aussi secrétaire du comte de Maulevrier-Colbert, ministre de France à Cologne. Mais, ce dernier ayant perdu sa place, Laval le quitta, en reçut cinquante louis, et vint cela avec tenter fortune en Russie.

Mais il y avait là un triumvirat composé de Français émigrés qui fermait le passage aux autres. C'étaient le comte d'Esterhazy, le comte de Choiseul-Gouffier et le marquis de Lambert. Laval, assez bien reçu d'abord et devant être attaché à la chancellerie du prince Platon Zouboff, favori de Catherine, fut écarté par l'infernal trio, et envoyé, en qualité de secrétaire, au comte Phon-der-Palhen, gouverneur de Mittau. A l'avénement de Paul, il revint à Pétersbourg, mais sans cesser de correspondre avec Palhen, dont il se fit l'espion.

A cette époque, Laval noua une intrigue avec une demoiselle Kasitski, belle-sœur du prince Beloulski, dont j'aurai à parler plus tard. C'était une héritière puissamment riche, et ridicule au moins autant. Ce qu'il y eut de curieux dans ce roman, c'est que le duc de Laval, alors à Saint-Pétersbourg, avec son fils, Eugène de Montmorency, chercha à obtenir pour lui la main de la demoiselle. Voilà donc en présence un beau jeune homme de vingt ans, portant l'un des plus illustres noms de la monarchie, et un criquet, laid et sot, affublé d'un nom volé ou pris au hasard. Personne n'élèvera un doute sur le résultat de cette lutte inégale : Montmorency l'emportera !

point. M. le chevalier de La Loubrerie était un séducteur, quoiqu'il n'en eût pas l'air. La Russe refusa nettement le mariage qui l'eût honorée et ouvrit ses bras au fils de l'épicier. Mais ce n'était pas le compte de la mère, qui renferma l'amante affligée et l'entoura d'espions.

Le roman finit comme ceux de nos faiseurs. La demoiselle implora le secours de Paul Ier contre la prétendue tyrannie maternelle; et le pauvre empereur, lui donnant gain de cause, fit bénir l'union des deux amants.

A peine mariée, Mme de Laval fit souffrir toutes sortes d'avanies à son mari, qu'elle méprisa bientôt complétement. Le pauvre homme, qui avait tant convoité la fortune, manqua du simple nécessaire, et n'eut pas même la permission d'inviter un ami à sa table. Ce fut Mme Kasitski elle-même qui, oubliant les torts du petit Laval, et prenant en pitié sa triste situation, répara la dureté de sa fille en lui faisant cadeau d'une terre de trois cents paysans.

L'empereur Paul, devenu le protecteur de ce singulier couple, voulut l'honorer en lui conférant un certain rang, et donna la clef de chambellan à Laval. Sous le règne d'Alexandre, les fonctions de cour perdirent d'abord de leur éclat, et Laval se désolait; mais l'impératrice mère recommença, vers le printemps de 1806, à vouloir donner de l'éclat à ses entours; alors Laval fit son service de chambellan comme les autres.

Il fallait l'entendre durant cette période de gloire: *L'impératrice*, répétait-il à tout propos, *a raconté cette chose dimanche, lundi telle autre. Moi j'ai fait telle réponse à Sa Majesté Impériale. Elle m'a beaucoup parlé, l'impératrice... beaucoup et souvent.*

Pour multiplier autant que possible les occasions de se trouver auprès des princes, Laval demanda et obtint la place d'aide du maître des cérémonies: celui-ci était alors un certain commandeur de Maisonneuve, fils d'un marchand de vin banqueroutier. Bientôt Laval voulut prendre le pas sur son chef en sa qualité de chambellan: leurs débats, on ne peut plus grotesques, amusèrent longtemps la cour d'Alexandre. Deux fils de banqueroutiers de bas étage disputaient à qui présenterait les plus grands personnages de tous les pays au puissant empereur de Russie!

Ce Laval, je l'ai vu rire des princes français malheureux; mais il offrit des secours à Louis XVIII au moment où celui-ci, montant sur le trône, n'en avait plus besoin: cette escobarderie fut récompensée par un brevet de comte.

Qui sait, avec sa fortune, avec le nom, les armes, la livrée qu'il a usurpés, ses belles alliances et le temps, si ses descendants ne passeront pas un jour pour les rejetons d'une branche des Montmorency expatriée durant nos troubles?

XXIV.

De quelques Russes.

J'avais l'intention de ne parler qu'en passant du prince Beloulski, dont j'ai déjà prononcé le nom; mais puisque les auteurs de la *Biographie des contemporains* (tome II, page 334) ont commis la bévue d'en faire un personnage illustre, disant que ce fut *l'élégance du style de ses dépêches* qui le fit rappeler de sa mission de Turin, assurant qu'il possédait *le talent de la poésie française*, et que *Voltaire a parlé de ses productions avec éloge*, je vais opposer à ces pauvres jugements ce que, étant sur les lieux, j'ai vu et entendu à cet égard.

Les éditeurs de la Biographie précitée n'ont avancé, par rapport à ce personnage, qu'une seule vérité incontestable: c'est *son hospitalité envers les Français expatriés*. Ils auraient pu même ajouter que cette hospitalité ne se rencontrait que chez lui, et que lui seul, de mon temps, faisait aux étrangers les honneurs de son pays. Quoiqu'il fût plein de grâces dans ses manières et d'esprit dans la conversation, quoique son goût fût sûr et sa sagacité grande dans ses jugements sur la littérature et les beaux-arts, il devenait du plus parfait ridicule dès qu'il écrivait ou qu'il parlait, soit de ses vers, soit de ses tableaux.

Lors de sa mission à Turin, il rédigeait ses dépêches en vers, et quels vers! Voilà pourquoi il fut rappelé. Quant à son *talent de la poésie française*, pour me servir de la phrase légèrement tudesque des académiciens rédacteurs, on en pourra juger par ces vers, extraits de son *Épître aux troubadours*, regardée comme son meilleur ouvrage:

> Longtemps, sur ce rocher qui plane sur les ondes,
> Sur ce crâne éternel qui joint les quatre mondes,
> Tout cet antique esprit d'honneur, de loyauté,
> S'était réfugié loin du peuple hébété.

Voilà pour le sublime. Arrêtons-nous au sentimental avant de passer à sa triste gaieté. On lit dans la même épître les vers suivants, parmi les cent quarante qu'elle contient:

> J'aime à la fois les fleurs, les champs, les coquillages,
> Les beaux seins palpitants, les yeux bien affilés,

Les fruits, les diamants, les ruisseaux, les ombrages,
Les fossettes, les mains, les jolis pieds moulés...
Je m'intéresse à tout, à la mélancolie,
À la peine, au plaisir, au malaise, au bonheur
D'un oiseau, d'un lapin, d'un arbre, d'une fleur.
D'un marbre même encor sur sa base fleurie;
Car, croyez-moi, tout sent les charmes de la vie!

Voilà les productions de l'homme dont Voltaire *a parlé avec éloge!*

Mais le comble du ridicule, c'est son ode pindarique à la jeune princesse Dolgorougki. Là on ne trouve pas même ce ton décent et ce respect pour les convenances qui caractérisaient d'ordinaire le prince Beloulski. La voici :

Couvert d'une noble poussière,
Que Pindare s'élance et chante, à plein grouin,
Un char volant dans la carrière,
Ou le vainqueur à coups de poing,
Sur la barrière du grand monde;
Pour moi, tranquillement assis,
Je confie aux échos de la machine ronde
Que rien n'est comparable aux tendres abatis
De la princesse Pudibonde,
Cou flou, pied fin, bras arrondis.

Je défirais l'Amour lui-même
Et son baiser le plus ardent
De choisir plus beau complément
De membres arrondis, d'abatis au suprême.
C'est bien le blanc-manger des dieux au firmament!

Je confie aux échos de la machine ronde
Que rien n'est comparable aux tendres abatis
De la princesse Pudibonde,
Cou flou, pied fin, bras arrondis.

Hélas! serait-il vrai, Pudibonde charmante,
Que ta belle maman, pour arrondir ce cou,
T'a claqué d'une main savante,
T'a claqué doucement je ne saurais dire où?
Bienheureuse la claque active et sémillante
Qui produit tant de fleurs, tant de grâce ondulante
Dans le plus onctueux des cous,
Dont l'Amour et moi soyons fous!
Tel jadis au Parnasse, et sans la moindre peine,
Un joli coup de pied fit jaillir l'Hippocrène.

Je répète aux échos, aux échos attendris,
Que rien n'est comparable aux tendres abatis
De la princesse Pudibonde,
Cou flou, pied fin, bras arrondis.

Cependant, plus hardi, mon compagnon de joie
Va forcer, sous le nom d'hymen, bientôt sa proie.
Sous le nom d'amitié qu'oserais-je espérer?
Et serai-je réduit à sans cesse admirer
Ce cou qui va toujours, s'incline et se déploie?
Dis, de grâce : *Nenni*, pour me combler de joie!
Je répète aux échos, aux échos attendris,
Que rien n'est comparable en la machine ronde
Aux doux et tendres abatis
De la princesse Pudibonde,
Cou flou, pied fin, bras arrondis.

Les biographes libéraux pouvaient fort bien ne pas connaître de pareils vers; mais comment n'avaient-ils pas lu, avant de parler, l'*Épître aux Français*, imprimée avec le nom de l'auteur, et qui, à la suite d'un torrent d'injures grossières, se termine ainsi :

. . . . Réponse, s'il vous plaît.
Mon adresse, en Europe, est *Apollon cadet*.

Le prince Beloulski *permettait* à la gouvernante de sa fille de lui faire apprendre par cœur les vers de Racine et de Voltaire, mais il ajoutait : *C'est beau, mais un peu vieux. Madame, il faut lui donner de mes vers à moi.*

C'était, dans un autre genre, une sorte de baron de Bach.

Un jour Mme Lebrun voulut visiter sa galerie. Sur le seuil il l'arrêta et lui dit :

« Que venez-vous admirer, madame?

— Vos tableaux, prince.

— Mes tableaux? J'en ai beaucoup. Quel genre?

— Le genre historique.

— Ceci est vague... Quelle école?

— L'école romaine.

— Elle a eu tant de peintres!... Lequel?

— Raphaël.

— Madame, Raphaël a eu trois manières. Dans laquelle désirez-vous le voir?

— Dans la troisième.

— Cela me suffit! »

A ces mots, prononcés avec toute la solennité désirable, il la fit s'arrêter devant la plus damnable croûte qui soit sortie d'un pinceau tatar.

En passant à Lyon pour se rendre à Turin, il s'égara dans les rues de la ville et chercha vainement son hôtel. Fatigué, il arriva devant une maison illuminée d'où sortait un harmonieux tapage de voix égayées et de violons.

Il monta, se nomma et demanda la permission de se mêler à la fête.

Le maître de la maison, grand et robuste gaillard, à la physionomie quelque peu sinistre, le reçut néanmoins avec politesse; et le prince, après avoir dansé, s'assit au souper de famille, entre cet homme et un autre taillé sur le même patron.

Il y avait dans cette maison une gaieté calme, s'animant par bouffées, une gaieté que chacun semblait avoir peine à soutenir. On eût dit que tous chassaient avec effort des pensées qu'ils avaient consignées sur le seuil de leur esprit jusqu'au lendemain. Le prince, intrigué, s'amusait comme un fou et trinquait de la meilleure grâce du monde avec ses deux voisins.

Cependant son guide, qui l'avait perdu, conduit par des indications recueillies en chemin, entra à son tour dans la maison et parut à la porte. De là il faisait des signes que le prince ne comprenait pas ou ne voulait pas comprendre, tant il s'amusait dans cette aimable et franche société bourgeoise, le grand seigneur!

Enfin son guide l'apostropha à voix haute et le pria de sortir.

« O mon prince, lui dit l'homme éperdu, vous ne savez pas chez qui vous êtes! Cet individu assis à votre droite...

— Eh bien?

— C'est le bourreau de Lyon! »

Le prince fit un bond jusqu'au bas de l'escalier; mais son guide impitoyable le poursuivait en disant :

« Et cet autre assis à votre gauche...

— Qu'était-ce encore?

— Le bourreau de Montpellier, mon prince! Ces deux fonctionnaires marient aujourd'hui leurs enfants. »

On était au milieu de la nuit. Le prince n'attendit pas le jour, fit atteler, et partit, croyant avoir à ses trousses les deux fonctionnaires et tous ceux qu'ils avaient décapités.

Quoi qu'il en soit de ses travers et de sa légèreté, la mort de Belonlski a laissé un grand vide à Saint-Pétersbourg; on ne l'oubliera pas de longtemps, car il était aimable et bon; et, dès qu'il ne parlait point de tableaux ou de ses vers, sa conversation était réellement enchanteresse.

Le comte Rastapchine est un de ces hommes que le hasard seul a tirés de l'obscurité pour laquelle ils étaient faits, et qui, entourés d'un éclat que rien en eux ne justifie, apparaissent à la postérité, à leurs contemporains même, embellis ou défigurés par un prisme menteur.

Rien de plus divers que les opinions émises sur le comte de Rastapchine. En France, c'est un barbare. Dans le reste de l'Europe, on lui prête une âme grande et fortement trempée. Dans son pays, il est haï et méprisé.

Or, loin d'être un barbare, il est aimable et poli. Loin d'avoir une âme grande et forte, il est irrésolu, et son caractère est sans consistance. Enfin, loin de mériter la haine et le mépris de la Russie, il est honnête homme et chérit son pays.

En résumé, il est au-dessous de la louange comme il est au-dessus du blâme. C'est un homme européen, que personne ne connaît.

Son arrière-grand-père était un paysan serf, appartenant à la famille de Tolstoï. Son nom était Rastapcha (ce qui signifie *grappilleur*); mais un de ses fils, affranchi et devenu intendant de son maître, comme je l'ai déjà dit, changea ce nom pour celui de Rastapchine afin d'éviter les allusions sanglantes et les rapprochements entre son nom et sa profession. J'ai vu le portrait de ce Rastapchine Ier, confiné dans les écuries du comte, à son insu. Il servait de thème habituel aux railleries et aux grossiers sarcasmes des palefreniers.

Dans cet utile emploi qu'ils tinrent pendant deux générations, les Rastapchine firent rapidement fortune. Le père du comte actuel avait 30,000 roubles (environ 100,000 francs) de rente.

Ce dernier, placé fort jeune dans les gardes, put, à cause des libéralités de son père, fréquenter des gens beaucoup au-dessus de lui. Par son mariage, il devint chambellan.

Dans cette nouvelle charge, il eut l'adresse de ménager le grand-duc Paul Pétrowitch dont tout le monde se moquait. Informé tout d'abord de la mort de l'impératrice, il fut le premier à l'annoncer au grand-duc : de là son immense faveur sous ce règne.

Après l'assassinat de l'empereur, Rastapchine avait pour ennemis l'impératrice mère, que, pour amuser le feu prince, il avait impudemment tournée en ridicule, et tous les grands que la présence d'un homme de peu avait offusqués. Il tomba dans une disgrâce complète.

Mais il sut se relever; et ce trait d'une habileté médiocre est pourtant l'acte le plus adroit de sa vie.

L'empereur, plein de respect pour la mémoire de son aïeule, n'avait cessé de faire acheter et brûler tous les ouvrages qui flétrissaient sa sanglante usurpation. Le plus redoutable de tous devait être les Mémoires de la princesse Dostikoff, qui, complice de Catherine, la connaissait mieux que personne et ne la ménageait pas.

La princesse mourut. Rastapchine, abusant d'un secret confié par cette femme à ses derniers moments, s'empressa de dénoncer au comte Koutchoubey, alors chargé de la police, la personne qui se trouvait avoir en main les Mémoires et devait les faire imprimer en Angleterre. Alexandre récompensa magnifiquement ce service; et Rastapchine fut grand chambellan, général en chef, et gouverneur de Moskou.

En cette dernière qualité, sa conduite fut aussi absurde que coupable. L'incendie de Moskou, cet acte prétendu de sublime patriotisme, ne fut que le résultat du hasard et de l'imprévoyance. Cela est si vrai que, si un Russe était soupçonné d'y avoir prêté la main, sa vie ne serait plus en sûreté entre les frontières de l'empire. Le gouvernement continue et ne cessera jamais d'attribuer cet immense sinistre à l'armée française elle-même.

Je pense en avoir dit assez sur ce personnage, devenu illustre comme par un coup de dé. Pour achever d'esquisser rapidement son portrait, j'ajouterai seulement que, tout en possédant plusieurs langues, ce qui est en Russie le *nec-plus-ultrà* d'une éducation distinguée, il était, sur toutes les choses que les enfants savent dans le reste de l'Europe, de l'ignorance la plus crasse. Une conversation vive, brillante, un recueil assez bien fourni de contes burlesques, une espèce de talent pour la comédie, voilà ce qui a fait sa fortune.

Il y a loin de cet homme, ordinaire dans le bien comme dans le mal, au héros ou au monstre qu'on nomme par le monde le comte Rastapchine.

XXV.

Des femmes du Nord et des deux impératrices.

C'est avec un double sentiment de respect et d'amour qu'on doit parler de la femme, de cet être providentiel, auquel nous sommes attachés par tant de liens comme fils, frères, époux et père. Quoique marchant à grands pas dans mon seizième lustre, j'aime à reporter ma vue ou mes souvenirs vers cette brillante fleur de l'espèce humaine.

Où pourrait-on être plus à même de l'observer qu'au sein de cette capitale du plus vaste empire de l'univers, dans les somptueux salons de cette cité, la plus belle sans contredit qui soit au monde, où tant de peuples divers semblent se donner rendez-vous? Qui n'y a contemplé avec ravissement ces nobles Polonaises, dont tous les mouvements sont autant de grâces, ces Livoniennes au teint si frais, ces dames russes, au ton si parfait, à l'éducation si soignée, ces femmes plus recommandables encore comme épouses et comme mères qu'elles ne sont séduisantes par leur élégance et leurs attraits. Les honteux exemples de Catherine II ont glissé sur leurs mœurs, aussi pures que décentes, sans laisser de traces; elles ont abandonné au trône les souillures, gardant, au sein de la famille, l'union la plus chaste et la plus exemplaire.

Après avoir payé aux femmes du Nord ce juste tribut d'éloges, qu'il m'est doux d'avoir à leur offrir ici le plus brillant modèle! Je ne le placerai point dans ces humbles chaumières, qu'en ce siècle on vante beaucoup et qu'on visite peu, mais sur le trône. Eh! qui ne sentirait pas combien il est heureux de pouvoir adorer ce qu'on doit respecter! Qui n'éprouverait pas surtout cette double impression, ravissante ensemble et dominatrice, en contemplant S. M. l'impératrice Marie Feodorowna, issue de cette illustre maison de Wurtemberg, dont l'origine, obscure comme tout ce qui remonte vers la nuit des temps, semble se confondre avec celle des anciens rois de France!

Cette auguste princesse, qui, par son heureuse fécondité, affranchit aujourd'hui la Russie de la crainte de ces troubles dévastateurs, où l'incertitude de l'hérédité la jeta durant le dernier siècle, paraît être une de ces créatures privilégiées, destinées par le ciel à réconcilier jusqu'à la misanthropie même avec l'espèce humaine. Pourvue de cette aménité de caractère, apanage d'un cœur essentiellement bon; douce, modeste, patiente dans les épreuves inévitables de la vie et dans les inconvénients plus inévitables encore de la grandeur; qu'on la considère comme fille, sœur, épouse ou mère, comme sujette ou comme souveraine, on la voit être éminemment et constamment ce que la morale spéculative pourrait exiger de plus parfait; il semble que le sort n'ait si rapidement varié son existence que pour développer plus de vertus et présenter plus de modèles.

Durant ses voyages, des qualités extérieures qu'embellissaient le goût et la culture des arts, la firent généralement admirer; et les étrangers qui l'approchèrent s'aperçurent que de si brillants avantages n'étaient chez elle que les ornements d'une nature adorable; mais l'heureuse Russie devait seule en recueillir les fruits abondants et journaliers. En effet, le tableau imaginaire d'une vie inaccessible aux traits de l'envie ou de rivalité même, n'offrirait que celui de la conduite habituelle d'une souveraine qui, regardant comme appartenant à ses devoirs tout ce qui intéresse l'humanité, n'a point encore laissé perdre une seule journée à sa bienveillance, également étendue, active et éclairée. En la plaçant à la tête de tous les établissements utiles à l'infortune, à la misère, ou à la moralité publique, Paul Ier s'est acquis des droits irréfragables à la reconnaissance de la postérité; dès lors ils se sont tous perfectionnés ou multipliés. Les demoiselles nobles ont reçu une éducation plus soignée; les autres en ont obtenu une conforme à leur état. La vieillesse et l'enfance, l'infirmité et l'infortune, la grossesse et la viduité, ont vu s'ouvrir pour elles de nombreux asiles; et, si le philosophe observateur est émerveillé, si le riche fastueux ou bienfaisant est excité, si le misérable enfin est consolé à l'aspect de ces monuments somptueux qui font l'honneur et l'embellissement d'une opulente capitale, de quel respect n'est-on pas pénétré en apprenant que la bienfaisance qui les éleva les visite elle-même et les surveille avec soin, je dirais presque avec amour?

Il ne manquait plus qu'un trait à tant de vertus : c'était d'être offertes sous des formes nobles et séduisantes; et le sort a accordé encore aux Russes ce dernier bienfait. Il y a plus : le ciel aurait-il voulu se manifester à leur égard par une de ces combinaisons fortuites que l'imperfection de nos facultés intellectuelles nous fait nommer hasard? C'est dans le château de Montbéliard que l'impératrice mère a reçu le jour; c'est là que les blessés de Zurich ont été transportés; là des ennemis secoururent l'humanité souffrante, comme si, inspirés par des lieux que sa naissance a consacrés, ils s'étaient vus contraints, par la bonté suprême dont cette auguste princesse est l'image, de devenir subsidiairement la preuve que tout ce qui la rappelle est ou doit devenir pour la Russie la Providence même.

A ce portrait ébauché par une admiration dénuée de tout intérêt, je veux joindre celui d'une autre princesse qui semble née pour recueillir le bienfaisant héritage de tant de vertus.

L'accord constant des vertus et du rang suprême compose un tableau tellement enchanteur, qu'on serait tenté de le reléguer parmi les fictions poétiques; mais de quel charme ne vient-il pas nous pénétrer quand, s'offrant réellement à nos regards, il s'y embellit encore de cette modestie vraie qui commande à la fois et repousse l'hommage? Comment concilier les devoirs également imposés par le respect et l'admiration? Les anciens qui, dominés par l'exaltation d'une vive reconnaissance, ne croyaient pouvoir attribuer qu'à la Divinité seule ces faveurs spontanées et ineffables dont la cause semblait échapper à leur amour, adorèrent, sous le nom de *dieux inconnus*, les auteurs de tant de bienfaits voilés : oserai-je imiter cet exemple en parlant ici d'un être vraiment céleste, d'une perfection digne de s'ignorer elle-même, d'une personne enfin qui, trop élevée pour n'être point aperçue, mais trop pure pour désirer de l'être, ne conçoit pas une pensée qui ne soit une vertu, ne pratique pas une vertu qui ne devienne pour elle une jouissance ravissante? La nommerai-je? Non, certes! Que je rende seulement quelques-uns de ses traits, et la vérité même attestera qu'ils ne peuvent convenir qu'à elle.

Présenterai-je son image au peintre, au poete, au physionomiste, au moraliste observateur? Le premier, en voyant cet air de simplicité noble qui n'appartient et ne sied qu'aux grâces jointes à la vraie grandeur morale; en voyant, dis-je, une tournure en quelque sorte aérienne, saisira l'idée de ces substances incorporelles créées par l'imagination et ne touchant à la terre qu'en raison des biens qu'elles lui prodiguent; l'autre s'exaltera dans la contemplation du beau idéal de cette bonté sans apprêt que l'esprit avoue et que la convenance embellit; celui-là découvrira dans ses regards toute la transparence d'une âme candide et pure; le dernier s'étonnera de voir enfin se réaliser à ses yeux un modèle supérieur à ceux dont il s'était plu à concevoir hypothétiquement la pensée. Aucun d'eux néanmoins ne saurait rendre suffisamment ce qu'éprouvent en la voyant ceux qui l'approchent, ce qu'éprouvent ceux même que son rang éloigne d'elle en entendant prononcer son nom, nom qui, offrant à tous l'idée des perfections réunies du cœur, de l'esprit, du caractère et des talents, saurait arracher des éloges à la froide personnalité même.

Il serait également difficile, et de nombrer les biens qu'elle eût voulu faire, et de suivre ceux qu'elle répand; car son âme est plus vaste que les trésors dont elle dispose; et, cachant ses dons comme on dissimulerait un vice, sa délicatesse officieuse s'étudie à placer un voile mystérieux entre le bienfait et la reconnaissance.

O céleste pudeur de la bienveillance, vous commandez ici celle d'un éloge qui ressemblerait trop à la flatterie pour ne pas déplaire à l'objet qui eût inspiré un si juste hommage!

Je ne prononcerai donc point son auguste nom, mais vos vœux le porteront journellement vers le ciel, indigents qu'elle a secourus, malheureux qu'elle a consolés; je ne la louerai point de se montrer parfaite comme fille, sœur, épouse, amie; pour elle toute vertu est un devoir, et tout devoir un plaisir.

Que n'ai-je à la contempler encore dans les jouissances si pures de la maternité? Elle fut mère; mais, hélas! elle a cessé de l'être; un vaste empire a ressenti sa douleur, il en a gémi avec elle, il en a gémi pour elle et pour lui-même. Oh! si le ciel ne lui fit entrevoir ce bonheur, conçu de ceux-là seuls qui l'ont éprouvé, que pour le lui ravir à l'instant, ne voulut-il pas développer mille vertus nouvelles dans une résignation angélique? ne voulut-il pas présenter un exemple de bienveillance, peut-être unique, en faisant découler des sources mêmes de la plus vive affliction des torrents de bienfaits sur l'enfance nécessiteuse?

Mais pourquoi persisterais-je à dire que je n'ai pas

voulu la nommer? son nom est déjà sur toutes les lèvres comme il règne dans toutes les pensées; elle seule pourrait modestement le méconnaître; et ce dernier trait suffirait encore pour manifester son image...

Ces deux portraits, incomplets encore, de deux impératrices, Marie Feodorowna et Élisabeth Alexiowna, font partie d'un tableau moral de la Russie dont on découvrira l'esquisse dans ces Mémoires.

XXVI.

Itinéraire du roi (Louis XVIII). — Ses agents. — Dupuytren. — Mes honorables amis.

Le roi, sur de vaines notions fournies par quelques intrigants, croyait avoir en France un puissant parti prêt à le replacer sur le trône; on lui avait persuadé que plusieurs généraux (1), et jusqu'à Berthier même, se prêteraient à une restauration. Sur la foi de ces promesses, il traçait ainsi son itinéraire :

« Depuis ma sortie de France, le 21 juin 1791, je n'ai pas fait un pas qui n'ait tendu à m'en rapprocher, ou, du moins, à me tenir le plus à portée possible de mon malheureux peuple égaré. Je me suis d'abord établi à Coblentz, à deux petites journées des frontières, jusqu'au commencement de la campagne de 1792. Après cette campagne, obligé de passer le Rhin, je pris pour asile la petite ville de Hamm, sur la Lippe; j'y suis resté jusqu'à ce que le vœu des Toulonnais m'appelât chez eux. En arrivant à Turin, d'où je comptais m'aller embarquer à Gênes, j'appris l'évacuation de Toulon; je restai à Turin. Quatre mois après, le roi de Sardaigne, mon beau-père, en raison même de mes instances pour rejoindre son armée, m'obligea de quitter le Piémont. Le duc de Parme, mon cousin, ne put me garder chez lui; j'allai m'établir à Vérone. De là je sollicitai avec une constante et inutile chaleur, de l'Espagne et de l'Angleterre, mon passage à la Vendée. Au bout de deux ans le sénat me chassa. Alors, malgré l'opposition formelle de l'Autriche, j'allai joindre sur le Rhin le corps de Condé. N'ayant point comme mon cousin le prince de Condé et mes braves gentilshommes d'engagement personnel avec l'empereur d'Allemagne, exposé d'ailleurs à des désagréments continuels, lorsque la retraite fut ordonnée sur le Danube et que je ne vis plus les montagnes d'Alsace, je m'éloignai. Je n'étais pas venu dans l'intention de verser au cœur de l'Allemagne le sang français pour des intérêts étrangers. Assassiné en chemin, j'allai à Blankenbourg, dans le duché de Brunswick. Après le 18 fructidor, le Directoire exigea du roi de Prusse de me faire renvoyer. J'essayai en vain d'obtenir un asile en Saxe. Alors, ne pouvant rester en Allemagne, j'acceptai avec douleur l'offre généreuse que me fit Paul Ier d'aller résider à Mittau. Il m'en chassa au bout de trois ans; et le roi de Prusse me toléra à Varsovie. J'essayai inutilement d'obtenir dans les États de ce prince un séjour plus rapproché de la France. J'ai quitté Varsovie pour aller en Suède conférer avec mon beau-frère sur l'acte qu'il était de mon devoir d'opposer à l'usurpation ouverte de Buonaparte; et pendant mon séjour à Colmar, le roi de Prusse m'interdit le retour dans ses États. Il a donc fallu accepter les offres réitérées de l'empereur Alexandre et rentrer en Russie.

» Voilà mon itinéraire depuis quinze ans. Ma correspondance fait foi de mes efforts sans cesse et infructueusement renouvelés auprès de toutes les puissances pour que moi et les miens puissions prendre une part active à la guerre.

» Cette esquisse n'est pas consolante, mais elle est nécessaire à présenter à ceux qui désirent avec tant de raison mon rapprochement et mon activité. Les efforts les plus infatigables furent renouvelés à cet effet un an avant le début de cette désastreuse campagne; et en ce moment même je suis en état de prouver que je travaille au même objet.

» Depuis le commencement de la révolution, tout en France et au dehors tourne dans un cercle vicieux. Chez l'étranger, beaucoup d'esprits imbus des idées philosophiques ont aimé, aiment peut-être encore la révolution, puisque tous l'ont crue *populaire*, et, par conséquent, indestructible. Mais, comme en même temps on voyait bien qu'elle désorganisait tout, on s'est flatté que, dans cet état de désordre, il serait facile de faire des conquêtes; et cette idée n'est pas encore totalement effacée, témoin le dernier traité entre les puissances qui, soit dit en passant, rappelle assez bien la peau de l'ours. Cette double erreur est la source de la conduite constamment tenue à mon égard. On croit, d'une part, qu'il n'y a plus rien à faire pour moi; de l'autre, on craint, ne me mettant en avant, de se compromettre si l'on ne réussit pas, et de nuire, si l'on réussit, à des projets ambitieux ultérieurs. Je suis très-sûr que l'empereur de Russie n'a point

(1) Quelques généraux en effet (et je pourrais en citer plusieurs) déposaient secrètement entre les mains du comte de La Châtre, et autres, leur soumission à un prince qu'ils eussent néanmoins fusillé s'il fût tombé en leur pouvoir.

de tels projets; mais tout me prouve qu'il partage l'autre erreur, et cela suffit pour qu'il agisse envers moi comme les autres souverains.

» En France, cette conduite des puissances a inspiré contre elles une méfiance qu'on ne peut dire mal fondée, mais qui cependant a des effets très-funestes. De plus, les yeux ne pouvant percer à travers le nuage qui enveloppe moi et les miens, on nous accuse de tout abandonner; et cette injustice m'afflige profondément sans que je puisse entièrement la condamner. Dieu seul voit les choses telles qu'elles sont; les hommes ne peuvent juger que sur les apparences. Il en résulte cependant un découragement, une inertie qui de plus en plus creuse l'abîme.

» Placé entre les deux partis, je leur crie également : *Vous vous trompez!* mais d'une part ma voix n'est pas entendue, de l'autre elle n'est pas écoutée.

» Je sais bien que, si je pouvais me montrer, me rapprocher seulement, cela serait très-utile; mais les puissances n'y consentent pas, parce que la chose leur paraît au moins superflue. Je sais également qu'un mouvement en France leur ouvrirait les yeux; mais ce mouvement ne s'opère pas parce qu'on n'en ose pas même espérer le succès, d'après l'opinion qu'on a des puissances et de moi-même. Voilà le cercle vicieux dont je parlais tout à l'heure.

» Quelles instructions puis-je donc donner? Quels pouvoirs puis-je départir? Qui en revêtirais-je? On demande que je parle de nouveau : à qui? comment? en quel langage? J'oserai ici citer les paroles de l'Évangile : *Ils ont Moïse et les prophètes, qu'ils les écoutent! car, s'ils ne les écoutent pas, un mort ressusciterait qu'ils ne l'en croiraient pas.* Pour suivre l'application : Moïse et les prophètes, c'est ma déclaration du 2 décembre 1804; le mort qui ressusciterait serait une garantie nouvelle. Tout est renfermé dans ma déclaration. S'agit-il d'un militaire? Conservation de grade, de l'emploi, avancement proportionné aux services, abolition du règlement de 1781, tout y est assuré. Veut-on aborder un administrateur? Son état sera maintenu. Un homme du peuple? La conscription, cet impôt personnel, le plus onéreux de tous, sera aboli. A ceux dont l'état n'est pas spécifié dans la déclaration? Le plus simple raisonnement, par analogie, suffit pour les satisfaire. Que je voulusse excepter l'armée, cela s'entendrait; mais par quelle prédilection conserverais-je ce juge, cet administrateur, tandis que je dépouillerais celui qui exerce d'autres fonctions et qui aurait aussi bien mérité qu'eux? A un nouveau propriétaire? Je me déclare le protecteur *des droits et des intérêts* de tous. Un coupable enfin? Les poursuites sont défendues, l'amnistie générale est solennellement annoncée, la porte du repentir est ouverte; et sur tous ces points on ne peut douter de ma bonne foi, puisque je ne fais que citer des instructions qui ont six ans de date.

» Quelle plus ample instruction peut-on recevoir? Des pouvoirs sont inutiles; le zèle suffit pour prêcher une pareille doctrine. Des pouvoirs d'ailleurs ne peuvent se donner qu'à un petit nombre de personnes. Ma déclaration peut faire autant de missionnaires qu'on en tirera d'exemplaires, et ce sont des missionnaires qu'il faut en ce moment. Les pouvoirs enfin sont nécessaires pour traiter, nous n'en sommes pas là; mais non pour convertir, et c'est la conversion qu'il faut avoir pour objet. Si je me trouve, comme Henri IV, dans le cas de racheter mon royaume, je donnerai des pouvoirs à qui cela sera nécessaire, mais actuellement ce n'est pas le cas d'en donner.

» Mittau, le 22 mars 1806.

» LOUIS. »

Quoique cet itinéraire soit d'une date postérieure à l'époque où nous sommes parvenus dans ces souvenirs, nous croyons devoir le placer en tête de la liste des agents du prince.

Les premiers furent le marquis de Lambert, dont j'ai dit un mot.

Le comte d'Esterhazy, qui plut par ses sarcasmes sur la personne du grand-duc Paul, et disparut de la cour à l'avénement de ce prince.

Le vicomte de Caraman, qui sollicita le commandement d'une armée russe pour Louis XVIII, hors d'état de monter à cheval.

Le marquis de La Ferté, vieux capitaine retiré qui se donna pour un autre La Ferté, colonel de chasseurs, et se fit faire maréchal de camp. Il était d'une ignorance si grande qu'un jour, entendant parler de la bataille d'Arbelles, il dit : *Probablement l'artillerie d'Alexandre était mieux servie que celle de ce Darius.*

Le comte de Blacas, dont je n'aurai que trop souvent l'occasion de parler. Cet homme, que ses incartades firent chasser de Russie, osait, dans sa vanité stupide, surmonter ses armes d'une couronne royale. J'hésiterais à parler ainsi si je n'avais un de ses cachets sous les yeux. Mme de Fleury aurait dit de lui comme du baron de Breteuil : *Ce n'est parbleu pas une bête, c'est un sot!*

On a dit à tort de lui qu'il avait déposé aux pieds de Charles X exilé son immense fortune, acquise en un an; tandis qu'on a gardé le silence sur l'action de Dupuytren, ce chirurgien de génie, qui vint offrir au prince proscrit la moitié de ses biens, montant à plus de 6 millions.

Il ne me reste plus à citer que deux agents du roi, le comte de Brion (Perceval), qui ne vous eût point pardonné de l'appeler par son véritable nom dont il rougissait, personnage des plus médiocres, et sa doublure le chevalier de Vernègue, l'ami de la grande et sèche Tolstoï, qui finit par l'épouser sans prendre son nom. Celui-ci, intrigant s'il en fut jamais, était le valet de Blacas, qui le patronait.

Que de ridicule n'ai-je pas vu déverser sur ces hommes et sur celui qui les employait! Quelle leçon pour ceux qui, placés dans les mêmes circonstances, doivent, plus que tous autres, ne faire que des choix honorables!

Fatigué des intrigants et des sots, j'ai besoin de reposer ma pensée sur le souvenir de mes véritables amis.

Je dois mettre en tête de cette liste peu étendue le respectable abbé Edgeworth. Il y a peut-être de l'orgueil à se nommer l'ami du saint confesseur de Louis XVI; mais s'en vanter est un hommage rendu à la vertu la plus pure. Cet homme, devant qui l'empereur Paul, frappé de respect, mit un genou en terre en demandant sa bénédiction, mourut à Mittau des suites d'une maladie gagnée dans les hôpitaux en y soignant des prisonniers français. Le comte de Lille (Louis XVIII) lui consacra l'épitaphe suivante :

D. O. M.

HIC JACET
REVERENDISSIMUS VIR
HENRICUS ESSEX EDGEWORTH DE FERMONT, SANCTÆ DEI
ECCLESIÆ SACERDOS, VICARIUS GENERALIS DIOCESIS PARISIENSIS OR.
QUI
REDEMPTIONIS NOSTRÆ VESTIGIA TERENS,
OCULUS CECO,
PES CLAUDO,
PATER PAUPERUM,
MORIENTIUM CONSOLATOR
FUIT,
LUDOVICUM XVIUM,
AB IMPIIS REBELLIBUSQUE, SUBDITIS
MORTI DEDITUM,
AD ULTIMUM CERTAMEN
ROBORAVIT,
STRENUOSQUE MARTYRO COELOS APERTOS
OSTENDIT,
E MANIBUS REGICIDORUM,
MIRA DEI PROTECTIONE
EREPTUS,
LUDOVICO XVIII°
EUM AD SE VOCANTI
ULTRO ACCURRENS,
ET, PER DECEM ANNOS,
REGIÆ EJUS FAMILIÆ,
NEC NON ET FIDELIBUS SODALIBUS
EXEMPLA VIRTUTUM,
LEVAMEN MALORUM
SE SE PRÆBUIT.
PER MULTAS ET VARIAS REGIONES
TEMPORUM CALAMITATE
ACTUS,
ILLI QUEM SOLUM COLEBAT
SEMPER SIMILIS,
PERTRANSIIT BENEFACIENDO,
PLENUS TANDEM BONIS OPERIBUS,
OBIIT
DIE XXIIA MAII MENSIS, ANNO DOMINI 1807
ÆTATIS VERO SUE LXII.

REQUIESCAT IN PACE.

Dimitri-Alexandrowitch Novosilzof est l'un des hommes les plus estimables que j'aie connus. Fanatique d'honneur et de loyauté, il ne put se courber aux bassesses nécessaires pour faire fortune dans son pays; bien différent en cela de son ancien camarade le prince Lapoukine, qui lui disait : *Savez-vous pourquoi je suis parvenu? C'est que je n'ai jamais dit ni oui ni non.* Novosilzof avait été élevé par Abraham Chomex, l'un de ces hommes que les prétendus philosophes du XVIIIe siècle poursuivirent avec tant d'acharnement. Voltaire alla jusqu'à écrire à Catherine pour le faire chasser de Russie, car ces messieurs refusaient le feu et l'eau à leurs adversaires; mais Catherine refusa. Dimitri ne m'en parlait jamais que les larmes aux yeux.

Quant à l'amiral Nicolas Sinsconowitch, comte Morowinof, la Russie entière se courbe devant ses éminentes vertus. Aussi modeste qu'instruit, c'est un véritable patriarche au sein d'une société qui de jour en jour s'éloigne de la simplicité primitive, dont il fournira peut-être le dernier modèle. Il daigna m'accorder son amitié, et m'en donner de loin des témoignages. C'est en face de son portrait que je tiens de lui, que je me dis ici aussi fier de cette amitié que de celle du vénérable Edgeworth.

Je n'oublierai point deux autres hommes qui furent aussi mes amis. Ce noble et chevaleresque d'Armfelt, qui joignait aux sentiments monarchiques l'amour d'une sage et solide liberté, et ce duc de Serra-Capriola, serviteur dévoué des Bourbons, qui leur sacrifia une immense fortune et qui repoussa constamment les offres brillantes de Napoléon.

Dans ces pages qui sont *mes souvenirs*, n'avais-je pas le droit d'inscrire ces quelques noms qui me furent et me sont si chers?

XXVII.

Écrits russes sur la bataille d'Austerlitz.

Si je publie ici trois écrits russes relatifs à la bataille d'Austerlitz, c'est pour éclairer mes lecteurs sur quelques grossiers mensonges contenus dans les relations napoléoniennes. A quelques exagérations vaniteuses près, ces trois écrits méritent créance. J'ai été à même d'en constater la véracité. Chercher toujours la vérité historique dans des documents nationaux n'est pas du patriotisme, mais de la niaiserie. Il faut nécessairement comparer.

Observations sur les rapports des gazettes concernant les derniers événements dans la Moravie, en décembre 1805.

« Ayant remarqué dans différentes feuilles publiques des erreurs sur la mission dont fut chargé le prince Dolgorouky de la part de son souverain, près de Bonaparte, erreurs confirmées par le 30e bulletin de l'armée française, on se croit en devoir de les réfuter, pour ne pas encourager les rédacteurs de fausses nouvelles.

» L'officier russe, envoyé chez Bonaparte, à sa demande (après le refus que fit l'empereur de Russie d'avoir une entrevue avec lui), arrivé aux avant-postes de l'armée française, n'y attendit pas longtemps sans voir venir Bonaparte, entouré de deux escadrons; il s'approcha de l'officier russe avec beaucoup de civilité, lui parla quelque temps, en marchant sur la chaussée, de choses insignifiantes, puis, s'arrêtant tout d'un coup, il dit: *Eh bien, nous battrons-nous longtemps?* Sur sa réponse qu'il était impossible de décider cette question, il demanda: *Mais que me veut-on? Pourquoi l'empereur Alexandre me fait-il la guerre? Que veut-il de moi?...* Sur quoi il s'établit une discussion politique...

» La conversation dura une heure, Bonaparte revenant toujours à ses propositions d'envahissement, et l'officier russe les rejetant au nom de son souverain et ne demandant que la sûreté réelle et la tranquillité de tous les États de l'Europe; enfin, persuadé par les discours de l'officier russe, qu'il n'était pas possible d'engager l'empereur Alexandre à imiter sa conduite en s'emparant des États de ses alliés, Bonaparte rompit la conversation, disant brusquement: *Eh bien, nous nous battrons!* sur quoi l'officier russe, sans rien répondre, s'en retourna.

» Pour ce qui concerne le récit de la journée de Wischau, il n'est pas plus véridique que ceux des affaires de Lambach, d'Amstetten et surtout de Krems, qui furent toutes à l'avantage des Russes; dans la dernière même on détruisit presque la division du général Mortier: un général, 65 officiers, 1,500 soldats prisonniers, 5 drapeaux et 8 canons furent les trophées pris sur les Français. A l'affaire de Hollabrunn, l'arrière-garde russe, forte de 5,300 hommes, fut seule assaillie; et, quoique l'armée française, de 40,000 hommes, conduite par Bonaparte, eût attaqué, après avoir cerné les Russes de tous côtés, et occupé le village de Sutzelsdorff, par où ils devaient se retirer, cependant les Russes, préférant toujours périr les armes à la main que de se rendre prisonniers, percèrent au travers de l'armée ennemie, firent quelques prisonniers, enlevèrent un drapeau, sans en perdre un seul des leurs, et rejoignirent leur armée avec une perte qui n'était pas plus considérable que celle des Français, malgré la grande supériorité du nombre de ces derniers.

» A l'affaire de Wischau, où l'empereur Alexandre se trouva lui-même, en s'exposant partout où il y avait le plus grand danger, l'avant-garde russe, qui fut seule engagée, remporta un très-grand avantage, puisque la perte des Français, en prisonniers seuls, fut de 24 officiers et plus de 500 soldats.

» Quant aux noyés qui crient encore du fond des lacs, la fiction est trop ridicule pour qu'il soit nécessaire de la réfuter; tout ce qu'on se croit obligé d'affirmer, c'est que personne n'a eu l'occasion de se noyer, à la bataille d'Austerlitz, quand même on en aurait eu la bonne volonté. »

Lettre d'un officier russe sur les derniers événements militaires en Moravie, décembre 1805.

« Eh bien, oui: par la résolution funeste que prit l'empereur François II à la suite de la bataille d'Austerlitz, elle fut rendue décisive, mais elle n'en a pas moins prouvé la discipline et le courage intrépide des armées russes.

» M'étant trouvé à cette bataille et pouvant en donner des détails bien exacts, tant à cause du commandement que j'ai eu que du grade que j'occupe dans l'armée russe, je me fais un devoir, mon ami, de rectifier les erreurs dont j'ai trouvé remplis tous les papiers publics.

» On fait monter l'armée russe à 80,000 hommes; cela n'est pas exact: elle n'allait pas effectivement au delà de 62,000 combattants de tous grades sous les armes; les Autrichiens avaient 17,000 hommes, mais, la plupart, des recrues de nouvelle levée qui n'avaient que le nom et l'armement de soldats. Les Français nous étaient supérieurs au moins de 15 à 20,000 hommes, le corps d'armée du général Bernadotte les ayant joint la nuit même qui précéda la bataille.

» On a tué tant de Russes et de tant de manières, que c'est ridicule. Mais assurément aucun Français n'osera affirmer qu'il a vu des corps entiers se noyer dans des lacs et disparaître. Les noyades heureusement ne sont plus de saison... Il est incontestable qu'aucun Russe n'a été noyé, et même aucun n'en a eu l'occasion.

» On fait monter les prisonniers de 20 à 30,000 et même 40,000 hommes. — Et comment pourrait-on appeler une *bataille de géants* celle où on prendrait autant de prisonniers? Il faut une armée de lâches pour laisser 20 généraux et 40,000 hommes prisonniers; non-seulement il n'y aurait aucun honneur de combattre une telle armée, mais il serait honteux même de se servir d'armes et de soldats contre elle.

» D'après le nombre de tués, noyés et pris, il y aurait eu bien plus de monde qu'il n'en était venu sur le champ de bataille. Ce qui est vrai, c'est que la totalité de la perte ne va pas à 12,000 hommes, en y comprenant les tués. Dans le nombre des prisonniers on peut affirmer hardiment qu'il y en a bien peu sans être blessés. La perte des Français n'est pas moindre, leurs officiers mêmes en sont convenus, et le nombre des généraux qu'ils ont perdus le prouve clairement; l'armée française n'a pas été en état de poursuivre, les jours suivants, l'avantage qu'elle a remporté; toutes ces belles marches pour entourer l'armée russe sont des fictions. Ils n'ont fait que le lendemain de la bataille une tentative d'attaquer l'arrière-garde russe à Urschitz, et, après un combat qui dura jusqu'à l'obscurité de la nuit, ils durent renoncer à la forcer dans sa position. L'armistice même, et surtout l'empressement à engager l'empereur François II à faire retirer l'armée russe de ses États, prouvent assez que cette armée était encore bien capable de résister et d'empêcher qu'on ne dictât une loi arbitraire à l'empereur d'Allemagne, comme cela ne manqua pas d'arriver, ayant consenti à se priver de la seule armée qui pouvait et voulait encore le défendre.

» 120, puis 150, puis encore jusqu'à 180 pièces de canon de pris! Heureusement que le colonel Le Brun, dans son rapport à Paris, n'en donne que 70. Ce qui est vrai, mon ami, c'est qu'il en reste aux Russes plus de 200.

» 20 généraux prisonniers! — De fait il n'en reste que 6 au pouvoir des Français, dont 5 sont blessés; la liste que j'ai lue porte des noms absolument méconnaissables. Des princes Galitzin, Repnin et Sibirsky, aucun n'est général : le premier est capitaine d'un régiment de hussards; le second, chef d'un escadron des chevaliers-gardes ; et le troisième, chef de bataillon d'un régiment d'infanterie; les deux derniers ont été pris après avoir été blessés.

» 6 drapeaux ont été perdus par les Russes, qui en ont aussi enlevé plusieurs aux Français. Quant aux gardes impériales, non-seulement elles n'ont perdu aucun drapeau, mais le régiment des gardes à cheval, commandé par son altesse impériale le grand-duc Constantin, a enlevé ceux du 4e régiment de ligne français.

» Le commandant en chef de la garde impériale n'a pu être pris : c'est le grand-duc qui la commandait en personne et avait combattu à sa tête.

» Après avoir démenti des récits dont la vérité est si facile à établir ou à détruire, que croire, mon ami, des révélations qu'on a faites au public, à la suite des entretiens particuliers ou des communications confidentielles, par exemple, du prince Dolgorouky, de Savary, etc.? Il ne m'appartient pas de les réfuter, mais il faut espérer qu'on ne les laissera pas s'accréditer. Nous n'avons pas d'autres données pour en voir l'absurdité que le caractère généreux et ferme de notre souverain. Mais ses intentions désintéressées, le but digne d'un grand souverain, qu'il s'est proposé, est connu de l'Europe entière : il est au-dessus de la calomnie, il est au-dessus de la justification. »

Traduction d'un article de la Gazette de Saint-Pétersbourg, *du 2 février* 1806 (*v. st.*).

« Troppau, 25 janvier 1806.

» L'issue de la bataille d'Austerlitz est si peu douteuse, d'après ses suites, qu'il n'est presque pas possible de concevoir comment la France a pu communiquer au public des données aussi peu exactes et aussi exagérées sur cette journée. Toute l'Europe, et particulièrement la nation russe, attendent avec raison un rapport fidèle à cet égard.

» Le général Savary a seulement parlé à deux personnes de la suite impériale, et n'a vu qu'un seul aide de camp général et d'autres adjudants qui se trouvaient là avec des rapports de leurs chefs, ou des ordres qu'il fallait leur remettre.

» Les paroles du prince Dolgorouky n'ont pas plu au chef de la nation française; mais il a oublié dans ce moment que les Russes ne font pas partie de ces peuples qui se trouvent sous sa férule.

» L'armée alliée était composée, d'après le bulletin, de 105,000 hommes, c'est-à-dire de 80,000

Russes et de 25,000 Autrichiens; et l'armée française était, d'après lui, considérablement moins forte; mais pourquoi n'en a-t-on pas indiqué le nombre? — Indépendamment de la réserve, dont on dit qu'elle formait à elle seule toute une armée, les forces de l'ennemi étaient composées de 4 grandes divisions, chacune de 20,000 hommes d'infanterie et de 3,000 hommes de cavalerie; et chacune d'elles était commandée par un maréchal et deux généraux de division. L'armée alliée, au contraire, consistait en 52,000 Russes, et à peu près 17,000 Autrichiens.

» La garde impériale, dont le bulletin dit qu'elle avait perdu tous ses drapeaux, les a encore tous, et en a pris même un à l'ennemi.

» Les Français disent que l'armée alliée avait perdu en tués 15,000, et en blessés 20,000 hommes. (Les 20,000 hommes qui ont été noyés, d'après leurs rapports, sont-ils compris dans ce nombre?) Malgré la quantité de marches forcées, le grand nombre de maladies causées par les fatigues de la guerre et par la disette, l'armée russe, y compris la perte faite dans les combats sur le Danube et dans la Moravie, n'a pas perdu au delà de 17,000 hommes. Mais, supposé que la perte eût été aussi grande qu'il est dit dans le bulletin, pourquoi l'ennemi n'a-t-il pas poursuivi l'armée russe, comme le bulletin l'assure faussement, attendu que cette dernière se trouvait encore le lendemain sur le champ de bataille? — La raison en est que l'armistice ne fut conclu qu'avec l'empereur romain, et les troupes russes commencèrent leur retraite d'après son désir. Cette retraite s'effectua dans un ordre parfait et sans aucune perte, quoique l'on prétende, de la part des Français, que leurs troupes avaient poursuivi leurs succès pendant les pourparlers avec l'Autriche. Pour donner plus d'éclat à cette journée, le bulletin dit que la garde française (le corps de réserve) n'avait point eu de part à cette bataille. Cependant il est dit, dans le même bulletin, qu'après que la garde russe eût dispersé un bataillon français, Bonaparte y avait détaché le maréchal Bessières; et les gardes, des deux côtés, en vinrent ensuite aux mains.

» C'est de pareils faux avis que les bulletins français sont remplis; ils ne sont que mal déguisés par le bruit affreux de 200 canons et de 200,000 hommes. Quel avantage un grand capitaine peut-il tirer de rapports aussi faux? Il n'a pas besoin de semblables moyens pour augmenter sa réputation militaire, que personne ne lui a contestée. La postérité ne s'en tient qu'à la vérité. »

Les Russes avaient marché avec l'intime conviction de leur invincibilité. C'était au point que le grand-duc Constantin, apercevant les troupes françaises, s'écria : *Pour vaincre ces gens-là nous n'aurions besoin que de leur jeter nos shakos!*

Mais lui, qui s'était si vaillamment conduit durant la bataille, s'éloigna aussitôt après la retraite avec une rare précipitation. Pour éviter un ennemi qui ne songeait pas à le poursuivre, il traversa ventre à terre un pays ruiné, creva son cheval et ceux de sa suite et ne s'arrêta que forcé par la faim. Mais il n'était pas à bout de peines. Quoi qu'on fît, on ne put trouver qu'un seul canard, dont mon cousin Munich, aide de camp du prince, n'obtint qu'un aileron à ronger.

Quant à l'empereur Alexandre, à peine arrivé à Saint-Pétersbourg, il se hâta d'envoyer à Paris un négociateur. Ce seul fait prouve plus à lui seul que les bulletins fabuleux de l'époque, mensonges qui, si la chose eût été possible, auraient suffi pour flétrir les brillants lauriers d'Austerlitz.

On lira dans le chapitre suivant le rapport du prince Czartorinski sur la manière dont Doubril devait agir pour conclure la paix. Je ne le citerai que pour donner une idée saine des opinions et de la politique du cabinet russe.

XXVIII.

Rapport du prince Czartorinski sur l'envoi à Paris d'un négociateur (Doubril). — Pamphlet semi-officiel.

« Une suite d'événements aussi malheureux que difficiles à prévoir a placé la Russie dans une situation où l'on appréhendait que la mettrait un jour l'agrandissement graduel de la France, si le cabinet de Saint-Pétersbourg ne trouve pas dans l'énergie et l'union des principaux États de l'Europe des moyens pour opposer une digue au débordement de la puissance de Bonaparte. Au lieu de décroître, il a gagné de nouvelles forces dans la lutte trop courte qu'il a eu à soutenir. Plus formidable que jamais, il a renversé ou frappé de terreur les deux puissances qui seules pouvaient lui faire tête en première ligne, et à leur suite tous les États du second ordre. Les liens qui s'étaient formés pour arrêter de concert le torrent sont rompus, ou tellement relâchés, qu'ils ne présentent plus pour le moment aucune sécurité au continent; plus le plan qui devait la lui donner était combiné dans toutes ses parties, et plus son exécution a dû produire de difficultés, lorsque sur un point elle a été totalement en défaut. Enfin la Russie, qui était le soutien de cette masse à peine ébranlée et qui jusqu'ici était réputée hors de l'atteinte de la France, se voit elle-même directement menacée. Dans cet état de choses, pour fixer la conduite qu'il lui convient de tenir, le premier soin doit être sans doute de s'éclairer sur les dangers qu'elle peut courir, sans se les exagérer, ni s'aveugler sur aucun d'eux, afin de pouvoir en déduire avec d'autant plus d'assurance les mesures qu'elle doit adopter pour les détourner.

» Ces dangers peuvent être de deux genres : ou bien immédiats ; et ceux-là sont de nature à donner dès à présent des appréhensions pour l'intégrité des frontières russes ; ou plus éloignés, mais non moins graves que ceux-ci, et alors ils naîtront par la suite du temps, et mineront successivement les ressources de cet empire.

» Les premiers semblent devoir inspirer beaucoup moins d'inquiétudes depuis les dernières communications faites tant par l'Autriche que par la Prusse. L'une et l'autre de ces puissances plient devant Bonaparte, chacune d'après sa position et les circonstances ; mais, en s'arrangeant avec lui, elles éloignent tout danger de celles de nos frontières qui, pour le moment, semblaient les seules exposées.

» Bonaparte, en abandonnant ses projets sur la Pologne, prouve qu'il n'y prenait pas un intérêt bien réel ; car jamais il ne s'était trouvé plus à portée de les exécuter avec facilité ; et cette circonstance servira probablement à lui aliéner ceux même des Polonais que ses promesses avaient égarés. Cependant on ne saurait encore être entièrement tranquillisé à cet égard.

» Quoique le traité de Presbourg paraisse être trop au désavantage de l'Autriche pour qu'on puisse supposer une intelligence secrète entre elle et la France, quoique les communications du cabinet de Vienne aient tout le caractère de la franchise et du désir de se tenir uni à la Russie, on n'a pas encore assez de données à ce sujet pour pouvoir être assuré de la non-existence d'articles secrets dont l'objet serait relatif au sort futur de la Gallicie et des États ottomans, arrangements que la Russie ne saurait permettre sous aucun rapport.

» D'un autre côté, le retard inexcusable que met la Prusse à nous communiquer la convention signée le 15 par le comte d'Haugwitz doit faire supposer que cette transaction contient des stipulations bien peu conformes aux liens qui unissent les deux États. Le cabinet de Berlin ne nous a pas informés davantage des modifications que le roi a proposées à ce traité avant que de consentir à le ratifier, et dont le but principal doit être, dit-on, d'écarter tout ce qui s'y trouvait de contraire aux intérêts directs de la Russie. En accordant même pleine croyance à cette assurance, il peut arriver que Bonaparte rejette les modifications proposées, et dans ce cas il y a lieu de craindre que la Prusse ne se décide à lui obéir, ou, si elle se résout à opposer la force à la force, et que la guerre se rallume, Bonaparte n'en reprendra pas moins son projet sur la Pologne, et forcera peut-être l'Autriche à y prêter les mains.

» Un revirement subit dans ce genre n'est pas impossible tant que nous ne saurons pas avec précision la teneur de ce qui a été réglé entre la Prusse et la France, et que nous n'apprendrons pas la retraite effective et complète des troupes françaises hors des États autrichiens. Comme la chose est au moment de se décider, il serait bon, sans perte de temps, de donner pour ces différentes suppositions des ordres éventuels aux généraux Benigsen, Tolstoï et Koutousoff : ce dernier, entre autres, ne devrait évacuer entièrement la Gallicie que lorsqu'il aurait reçu la nouvelle certaine que les troupes françaises se sont en effet retirées vers le Danube.

» Ces événements, dans lesquels la Russie, au milieu d'un danger pressant, acquerrait de nouvelles ressources par sa propre influence décisive sur l'esprit des Polonais, sont possibles, mais nullement probables dans ce moment.

» Il est à croire que Bonaparte désirera quelques instants de repos, et surtout qu'il ne voudra pas commencer une guerre avec la Prusse. Ses efforts vont se tourner de préférence contre l'Angleterre et vers le Midi. La Prusse tâchera sans doute de profiter des malheurs de l'Europe pour faire des acquisitions, et elle aura pour Bonaparte toutes les complaisances qu'il lui demandera, mais elles ne seront poussées que précisément jusqu'au point auquel la Prusse croira pouvoir s'avancer sans craindre qu'il en résulte une guerre inévitable avec la Russie.

» L'Autriche, selon toutes les apparences, ne pense pour le moment qu'à se refaire en réorganisant son gouvernement intérieur. Elle sera entièrement nulle et passive, mais toujours portée, par système et par les sentiments de l'empereur François et de son ministre actuel, à rester unie à la Russie. Dans le cas où la cour de Vienne serait obligée d'agir, et elle agira aussitôt qu'elle sera en état de le faire, il est probable qu'elle s'y résoudra plus facilement pour s'opposer aux empiétements de la France que pour les favoriser en se déclarant contre nous. De cette façon la Russie se trouverait hors de toute atteinte de la part de la France du côté du nord et de ses frontières polonaises. Son attention principale pourra d'autant mieux se porter vers le midi sans crainte fondée d'en être détournée. C'est de ce côté seul qu'elle a, pour le moment, les dangers les plus imminents à conjurer. Bonaparte, étant parvenu à arracher à l'Autriche la Dalmatie vénitienne et les bouches du Cattaro, acquiert un surcroît de moyens maritimes et des facilités infinies pour exécuter les plans qu'il médite depuis longtemps sur l'empire ottoman, et qui jusqu'ici avaient été entravés par l'éloignement qui le séparait de ce pays.

» Quels que soient cependant les nouveaux avantages qu'il vient d'obtenir, il se passera probablement quelque temps avant qu'il puisse les mettre en œuvre; et la Russie, soutenue par l'Angleterre, sera fort en état de lui faire tête de ce côté. Bonaparte n'y pourra point porter des armées bien considérables; il faudra qu'il laisse la plus grande partie de ses forces pour garder la vaste étendue de pays qu'il tient sous sa dépendance et pour observer l'Autriche et même la Prusse, auxquelles il ne saurait entièrement se fier pour les liaisons que le cabinet de Saint-Pétersbourg s'efforcera d'y conserver. La Russie, au contraire, libre probablement de toute autre inquiétude, pourra tourner exclusivement ses soins et ses efforts du côté de la Turquie et employer à cet objet la plus grande partie de ses moyens immenses.

» La Russie, dans les circonstances calamiteuses qui ont empiré l'état de l'Europe, ne se trouve donc pas dans une situation qui doive lui inspirer de trop grandes inquiétudes. Elle les fera cesser entièrement en montrant plus d'énergie que jamais, et en procédant avec assurance au développement des mesures que son honneur et sa sûreté vont lui dicter. Malgré les malheurs qui ont empêché l'heureuse exécution des plans qui avaient été arrêtés, les fruits de la conduite qui a été tenue jusqu'à présent ne seront pas entièrement perdus. Si nos suppositions à l'égard de l'Autriche se vérifient, ce sera une preuve bien marquante de l'avantage que donne une confiance méritée. Bonaparte vainqueur, et avec toutes ses forces, n'aura pu engager la cour de Vienne à accepter ses bienfaits et à se lier à lui, uniquement parce qu'il n'inspire pas de confiance, tandis que cette même cour, dans son malheur et ne pouvant plus s'attendre à être secourue par la Russie, se tient encore à elle, parce que le caractère de Sa Majesté Impériale lui commande la confiance. Il ne dépendra que de nous d'empêcher que cette confiance ne s'affaiblisse dans l'Angleterre; et ce sentiment, déjà inculqué à tous les cabinets, contribuera beaucoup à nous préserver de toute entreprise directement hostile de la part de nos voisins, et se consolidera même, si le développement des mesures militaires et une conduite soutenue et conséquente répondent au caractère de force et de dignité qu'il convient à la Russie de maintenir.

» La France va dominer par la terreur en Allemagne, en Italie et dans la plus grande partie de l'Europe. En vain voudrait-on s'y opposer, le temps seul, ou des changements subits et imprévus, peuvent remédier à ce mal; mais, si Bonaparte prétend atteindre la Russie par son côté vulnérable et sensible, elle saura lui opposer des difficultés insurmontables devant lesquelles il peut encore succomber, ou du moins reculer et devenir plus raisonnable. La Russie, quoique hors de l'atteinte de l'ennemi d'un côté, et quoique supérieure à ses moyens là où il pourrait tenter de l'attaquer, doit désirer cependant de ne point continuer la guerre. Elle ne l'a jamais souhaitée, et maintenant qu'on ne peut plus espérer d'améliorer le sort de la partie de l'Europe qui gémit sous le joug de Bonaparte, le vœu d'une pacification prompte, si elle est possible, doit sans doute être écouté de préférence. Peut-être, par ce moyen, pourrait-on plus facilement parvenir à un état de choses qui donnât des sûretés suffisantes, du moins pour les pays qui jouissent encore de l'indépendance, et sauver aussi quelques États qui, par leur confiance dans le soutien de la Russie, se sont dévoués à la cause commune, comme nommément le roi de Naples. Peut-être que Bonaparte, pour gagner l'amitié de la Russie, consentira à lui procurer des avantages qui pourraient être mis en balance avec ceux qu'il a lui-même obtenus.

» Ce n'est que par ces motifs que la paix peut devenir désirable à la Russie, et ce n'est qu'autant qu'ils seront remplis, que son honneur et son intérêt seront à couvert par un arrangement amical avec Bonaparte. Si la Russie tâche de traiter directement avec lui, elle n'aura, pour ainsi dire, rien négligé de ce qui pouvait mener à des résultats aussi importants. La Russie, par ce moyen, en allant droit au but, saurait avec plus de promptitude et de précision à quoi elle doit s'en tenir vis-à-vis de la France. Elle aurait l'avantage d'arrêter peut-être les plans que d'autres cours veulent concerter avec la France à son détriment. D'un autre côté, tout ce qui pourrait compromettre le moins la dignité de la Russie, tout ce qui pourrait affaiblir la confiance qu'elle inspire, là où ce sentiment lui vaut un retour sincère, doit être soigneusement évité. Ces considérations, quoique en apparence contraires, semblent toutefois pouvoir se combiner. L'envoi d'un employé pour soigner les prisonniers russes en France serait, entre autres, une manière facile de remplir nos vues à cet égard. Cet envoi paraît être, dans tous les cas, absolument nécessaire pour porter des secours aux sujets de Sa Majesté Impériale, souffrants dans une captivité très-dure; et je ne vois aucun inconvénient de munir cet employé d'une instruction pour écouter ce qu'on pourrait lui dire et pour en rendre compte ici. La dignité n'en sera pas blessée; et des explications franches, données aux cours dont nous sommes intéressés à conserver la confiance, préviendraient aisément tout soupçon défavorable.

» L'embargo à mettre sur les propriétés françaises ici, et le renvoi des agents commerciaux qui nous débarrasserait d'une foule d'individus dangereux, auraient aussi, à mon avis, atteint le double but par les explications qui auraient eu lieu dans cette occasion avec M. Lesseps; et je pense qu'il sera nécessaire de recourir à cette mesure aussitôt que celle qui a été adoptée à ce sujet n'aura pas l'effet attendu.

» Sans vouloir ici m'étendre davantage sur ce point particulier, je me bornerai à faire observer qu'il est peut-être moins important qu'il ne semble au premier coup d'œil. Ce n'est pas tant une démarche faite auprès de Bonaparte qui le rendra plus docile à nos désirs, mais la contenance que nous garderons, les mesures militaires qu'il nous verra prendre et notre conduite envers les autres États de l'Europe. Ce n'est qu'autant que la Russie lui imposera et lui deviendra nécessaire, qu'il se décidera à la rechercher; et son intérêt lui indiquera bientôt la manière d'y parvenir.

» C'est donc sur ces objets et sur ce qui peut lui donner une pareille impression que notre attention doit principalement se fixer, et, d'après les faits et les observations réunis dans cette opinion, il semble qu'on peut la résumer comme il suit :

» 1° Ne rien négliger pour faire entrer la Prusse dans un système défensif général, qui du moins ne permette pas à Bonaparte d'aller au delà des limites actuelles de sa puissance. Assurer la cour de Berlin de secours puissants, si elle en avait besoin, et employer surtout les soins les plus assidus pour arrêter les complaisances de la Prusse à l'égard de la France, en laissant deviner à la première de ces puissances qu'il y aurait des cas où la guerre entre elle et la Russie serait inévitable. Du reste, ne pas s'expliquer sur les acquisitions que la Prusse veut faire par la protection de Bonaparte; ne pas se montrer contraire à des avantages qu'elle pourrait désirer ; mais ne pas les sanctionner à présent, et attendre, pour prendre un parti à ce sujet, le moment de la paix générale ou celui que d'autres circonstances peuvent amener à ce sujet.

» 2° Encourager l'Autriche dans la confiance qu'elle nous témoigne et dans son désir de rester unie avec nous. Pénétrer si des articles secrets ont en effet été signés à Presbourg; et leur teneur. Interroger la cour de Vienne sur le système qu'elle veut suivre, sur ce qu'elle compte faire dans ces circonstances, sur ses ressources présentes et à venir.

» 3° S'entendre au plus tôt avec l'Angleterre sur les mesures à prendre relativement à la défense de la Turquie. Marquer au ministère anglais la plus grande confiance afin de le faire consentir à nos vues, à la marche que nous voudrons tenir.

» 4° Déclarer au roi de Naples que, quoique la Russie soit obligée de retirer ses troupes de son royaume, où elles ne peuvent lui être utiles, tandis qu'elles sont d'un besoin indispensable pour la défense de la Turquie, elle ne fera pas la paix sans y comprendre ses intérêts; et lui conseiller, en attendant, de s'arranger avec Bonaparte.

» 5° Rassurer la Suède sur la possession de Stralsund.

» 6° Témoigner à Constantinople beaucoup de tranquillité sur nous-mêmes et beaucoup d'inquiétude sur la Turquie. Demander une réponse catégorique sur la conduite qu'elle compte tenir et sur les mesures qu'elle compte prendre, en lui offrant l'assistance la plus puissante contre la France.

» 7° Redoubler nos soins pour attacher à la Russie tous les peuples d'une même origine et d'une même religion, sujets de la Porte; leur fournir sous main des secours pécuniaires et des munitions, afin que ces peuples ne se livrent pas à Bonaparte, mais au contraire deviennent une première barrière contre lui, et que, si, par leur moyen, on ne peut prévenir la prise des nouvelles provinces esclavonnes par les Français, on leur en rende du moins la possession très-précaire.

» 8° Mettre les forces de terre et de mer sur un pied formidable et en état d'agir à tout moment; le faire même avec une sorte d'ostentation et en prenant des mesures qui mettent en évidence les résolutions énergiques et les grands moyens de la Russie.

» 9° Tandis que vers le nord et l'occident, conformément à la marche de notre cabinet, la Russie ne prendra qu'une attitude d'observation et de surveillance, elle doit se préparer à prendre une offensive vigoureuse au midi, au moyen de laquelle on soit à même d'y prévenir autant que possible partout Bonaparte, au premier avis que l'on aura qu'il procède de ce côté à l'exécution de ses projets. A cet effet, armer une flotte considérable dans les ports de la mer Noire, réunir une armée de

100,000 hommes sur les frontières de la Moldavie, qui marcherait immédiatement en avant aussitôt que les Français feront la moindre entreprise contre la Turquie, ou que l'Autriche, en vertu de quelque concert secret, voudra s'emparer d'une province turque; laisser dans la Méditerranée toutes les troupes de terre qui s'y trouvent et une escadre pour être en état, non-seulement de défendre Corfou, mais aussi, dès qu'un seul Français sera entré sur le territoire turc, pour s'opposer, de concert avec les Anglais, à leurs progrès ultérieurs.

» 10° Enfin, sans désirer la continuation de la guerre ni la craindre d'aucun côté, accueillir les propositions pacifiques qui pourraient nous être adressées. Tout en convainquant Bonaparte de notre énergie, lui montrer aussi qu'on n'est pas contraire à des voies d'accommodement. Profiter à cet effet des occasions, en faire naître même pour l'engager à s'expliquer afin de connaître ses vues et quel parti l'on pourrait tirer de son amitié; mais ne chercher la paix, que la Russie n'est nullement réduite à solliciter, qu'autant qu'elle pourra la faire avec honneur et sûreté. »

Non content d'envoyer Doubril près du gouvernement français et de le charger d'instructions écrites modelées sur ce rapport, et d'instructions verbales, de la part de l'empereur, qui, frappé d'épouvante, voulait la paix à tout prix, on entamait, en même temps, des négociations avec toutes les cours européennes.

En outre, le ministère faisait imprimer à Saint-Pétersbourg, chez Plachard, sous la rubrique d'Osnabruck, un pamphlet semi-officiel intitulé : *Tableau politique de l'Europe pendant l'année* 1805 *et les trois premiers mois de* 1806, par M. le comte de S....

Ce pamphlet, dont les matériaux étaient fournis par le duc de Serra-Capriola, fut rédigé, sous la direction du prince Czartorinski, par le marquis de la Maisonfort, et exposait la politique de la Russie en foudroyant celle de Napoléon. Il passa près du cabinet des Tuileries pour être émané de la cour d'Autriche. Napoléon s'en irrita vivement et en détesta davantage l'homme qu'il venait de dépouiller dans les rigoureuses stipulations de la paix de Presbourg.

Quant au tzar, rongeant son frein, il cherchait à la fois à se mettre en mesure de prendre parti, selon les circonstances, pour ou contre Napoléon.

XXIX.

Opinion de Dumouriez sur Bonaparte.

Le général Dumouriez, accouru d'Angleterre et protégé par le cabinet britannique, mettait son ambition à combattre l'empereur des Français, auquel il se croyait très-supérieur comme politique et même comme militaire. Ses premières démarches furent près du roi de Prusse, par la reine et Hardemberg; mais ses trois lettres à Frédéric-Guillaume demeurèrent sans succès, et de plus sans réponse.

Alors il s'adressa à l'empereur Alexandre; et voici les fragments de sa communication à ce monarque :

« L'opinion publique, cette sotte reine du monde, ne juge que par les succès. Il faut tâcher de la mettre d'accord avec la raison.

» Buonaparte est l'enfant de la fortune; son plus grand talent vient de ce qu'il en est persuadé. Au lieu de réduire sa célébrité à sa vraie mesure, on a tout attribué à son génie supérieur : de là est résultée l'opinion de son invincibilité et l'inutilité de la résistance.

» Sa politique est précipitée, fausse, indiscrète; sa science de gouvernement est arbitraire, injuste, violente; il ne connaît ni les lois, ni les finances, ni le commerce : il ne sait que dépenser follement, ruiner, détruire.

» Il lui reste donc son talent militaire; mais ce talent si vanté, et si heureux jusqu'à l'année 1807, peut être contesté. Aucune de ses victoires n'a été le fruit de l'art; il aurait dû perdre toutes ses batailles si les généraux ennemis avaient su profiter de ses témérités. Son expédition d'Égypte, sa pointe en Styrie, sa guerre de Saint-Domingue, la position de ses escadres ne sont que des tissus de faux plans ou de mauvaise conduite. Les Anglais seuls, jusqu'à l'année 1807, lui ont donné quelques corrections.

» Il paraît que la Providence réservait à l'empereur Alexandre le mérite d'arrêter ce torrent. C'est donc à cette époque qu'on peut commencer à asseoir un jugement sur le faux éclat de gloire qui a accompagné Buonaparte jusqu'à celle à laquelle cette même Providence a vraisemblablement fixé sa punition.

» L'examen de sa conduite en 1805, 1806 et 1807 suffira pour l'apprécier à sa juste valeur.

PREMIÈRE ÉPOQUE. — GUERRE CONTRE L'AUTRICHE.

» La rapidité et l'audace ont fondé la gloire et les succès de cette guerre de deux mois sans que l'art militaire y ait eu aucune part, d'un côté ni de l'autre. C'est à qui ferait le plus de fautes. Les Autrichiens avaient l'avantage de l'attaque, mais ils n'en ont pas profité; et, se livrant à leur lenteur ordinaire, ils ont donné à Buonaparte le temps de rassembler sur le Haut-Rhin, non-seulement les troupes placées le long de ce fleuve, mais aussi celles de la Hollande, des côtes et de l'intérieur, qu'à la vérité l'Angleterre aurait pu forcer à rester en arrière si elle avait mis en mer, pendant l'été, des escadres légères, avec quelques troupes de débarquement, pour menacer les côtes de la Manche, et particulièrement la Hollande et le port de Boulogne.

» Buonaparte, dégagé de cette inquiétude par l'inaction de l'Angleterre, et de toute crainte du côté du nord de l'Allemagne par la funeste neutralité de la Prusse, dont il s'était assuré par la corruption publiquement reconnue du ministère prussien, ayant pourvu à la sûreté de l'Italie en renforçant Masséna, a donc pu porter ses forces et son point d'attaque sur la Souabe.

» L'occupation d'Ulm par les Autrichiens était une mesure bien prise; mais il fallait bien se garder de tracer un front de lignes jusqu'à Memingen. Des lignes ne demandent qu'une attaque brusque; une place exige un siége, c'est au moins du temps gagné. Il fallait donc n'établir que la place d'Ulm avec une garnison de 10 à 15,000 hommes et un général intrépide, qu'on aurait, dans tous les cas, livré à lui-même.

» Pendant que le général aurait travaillé avec cette forte garnison à mettre sa place en parfait état de défense, l'armée du général Mack aurait dû s'avancer rapidement dans le Wurtemberg, brusquer le fort de Kehl et Bâle, et se placer sur le Rhin; pendant ce mouvement audacieux, mais conséquent, les troupes du Voralsberg, du Tyrol devaient pénétrer par la Suisse et les Grisons, menaçant, par le pendant des montagnes, les derrières de Masséna, que l'archiduc Charles aurait attaqués vigoureusement en front en passant l'Adige. Les divisions russes, arrivant successivement, auraient considérablement renforcé le camp de Schellenberg, et le roi de Prusse, entraîné par cette ouverture de campagne vigoureuse, non-seulement n'aurait pas livré passage au travers de ses États aux troupes françaises, mais, secouant la perfidie de ses ministres, aurait masqué Mayence et menacé le bas Rhin.

» Le changement du genre de guerre, dès son principe, et la partiale neutralité du roi de Prusse ont secondé l'audace de Buonaparte; il a poussé en avant sans aucune précaution, il n'en avait pas besoin; il a continué sa route sans obstacle le long de la rive gauche du Danube, laissant en Souabe une force qui menaçait le front des lignes entre Ulm et Memingen. C'est alors que l'incapacité de Mack a encore aidé la témérité de son ennemi : il avait un grand fleuve entre lui et l'armée française.

» Si, laissant Ulm garni et détruisant le reste de ses lignes, il eût marché le long du Danube par la droite, s'il eût en même temps renforcé le camp de Schellenberg avec une partie des troupes qui étaient inutiles dans le Tyrol, Buonaparte n'eût pas pu traverser le fleuve devant lui, ou, s'il y eût réussi, le général Mack se serait posté derrière le Lech et eût pu défendre pied à pied la Bavière, bien sûr de recevoir à temps les renforts du camp de Wels et les divisions russes.

» Au lieu de cela, il a attendu l'ennemi dans ses lignes, qui ne valaient plus rien puisqu'elles étaient tournées, et il a été pris.

» La perte d'une armée, l'abandon de l'Italie au sein de la victoire, la fuite en Bohême, la prise de Vienne, la neutralisation de la Hongrie ont été les suites de ces premières erreurs. Enfin on s'est arrêté à Austerlitz pour y donner une bataille qui seule pouvait sauver Buonaparte, qui, par sa marche triomphante et téméraire, s'était placé au fond de la nasse. Il se trouvait à deux cents lieues de ses frontières, sans forces suffisantes pour couvrir par échelons cette trop longue communication...

» Ainsi cette brillante campagne, bien loin d'être un chef-d'œuvre de l'art, est l'opération la plus téméraire, la plus contraire aux véritables règles de la guerre et à la conduite d'un général sage et expérimenté; et, si elle avait eu le résultat que méritait son imprudence, le conquérant eût fini par être poignardé par ses propres soldats, ou puni par une nation abusée et victime de ses projets fougueux.

DEUXIÈME ÉPOQUE. — GUERRE CONTRE LA PRUSSE.

» Cette guerre, encore plus courte et plus décisive que la précédente, avait été prévue et prédite par un observateur expérimenté qui avait fait passer au roi de Prusse trois lettres, que cet infortuné monarque n'a peut-être jamais lues; dans ces lettres on lui traçait ses dangers imminents et les funestes résultats de sa conduite.

» Son traité d'échange du pays de Hanovre avait scellé son déshonneur et complété sa perte en l'isolant de tous ses alliés naturels. Sa confiance dans une armée qui conservait plus de réputation que de force réelle, l'a persuadé qu'il pouvait lutter seul contre une nation enorgueillie de ses victoires. Brouillé avec l'Angleterre et la Suède, il a encore dédaigné le secours de la Russie. Mais, ce qui a achevé sa perte, c'est le système de guerre qu'il a adopté.

» Quoique Buonaparte eût laissé hiverner 150,000 hommes dans l'Allemagne méridionale, il n'était prêt nulle part pour la grande attaque dont il menaçait la Prusse. Il n'avait encore rien rassemblé sur le bas Rhin; et ses divisions, partant de la Bavière et de la Souabe pour se rassembler sur le Mein, s'y rendaient les unes après les autres, sans ensemble et avec le désordre de marches précipitées dans une saison avancée.

» Le roi de Prusse aurait dû rassembler son armée à la tête du Turinger-Wald pour couvrir le débouché de Hoff et garantir la Saxe. L'ennemi, arrêté dans son mouvement, à sa droite et à son centre, aurait été forcé : 1° de changer entièrement le front de son attaque; 2° de la verser entièrement de la droite à la gauche, de dresser sa ligne offensive par le pays de Fulde, la Hesse et la Westphalie; par conséquent donner le temps à l'armée de Hollande de s'assembler sur le bas Rhin, et de pénétrer par le pays de Munster pour former l'aile gauche de la ligne d'attaque.

» Le roi de Prusse aurait gagné tout le temps de l'hiver, pendant lequel il aurait pu : 1° se raccommoder avec l'Angleterre en cassant sur-le-champ son indigne traité d'échange, et lui restituant le pays de Hanovre, que le roi d'Angleterre se serait trouvé engagé à garnisonner et défendre lui-même; 2° s'assurer de la part de la Russie, non pas d'un secours insuffisant, comme il l'avait demandé et presque accepté avec répugnance; mais d'une grande armée qui, jointe aux Saxons, aurait pénétré en Franconie, débordant la droite de l'armée française, aurait enlevé Wurtzbourg et Francfort et aurait menacé Mayence; 3° par un quart de conversion à droite présenter un front parallèle à la ligne d'attaque de Buonaparte, ayant son aile droite formée du roi de Suède, d'un corps russe et des Anglais, comme en 1805, et sa gauche de l'armée hessoise.

» Cette disposition générale aurait démontré toute la témérité du plan d'attaque de Buonaparte, et aurait donné la juste mesure de ses talents militaires, dont ses succès, en voilant ses fautes, exagèrent l'opinion.

» Au lieu de ce système sage et méthodique, le roi de Prusse, entraîné par son mauvais destin, a voulu confier le sort de ses États et sa couronne au hasard d'une bataille générale.

» Cette bataille était décidée d'avance dans le conseil du roi de Prusse; et son plan était peut-être déjà communiqué au vainqueur par ses infidèles ministres. Jetons un voile sur les détails affligeants de cette funeste journée. Ne nous appesantissons pas sur l'abandon de la Sala, des magasins de Naumbourg et des défilés au-dessus de cette ville. C'est dans les champs d'Auerstadt et d'Iéna qu'a été enterrée la monarchie prussienne et l'honneur de la célèbre armée du grand Frédéric. La déroute a été complète : quinze jours après, il n'existait plus que le corps du brave général Blücher, qui seul a succombé avec gloire. Magdebourg, Spandau, Stettin, Custrin, Hameln ont à peine attendu la sommation du vainqueur; pas un coup de canon n'a interrompu le sommeil des traîtres ou lâches commandants qui les ont rendues.

» Tel est le tableau de la guerre de Prusse, qui montre dans le vainqueur moins d'habileté que d'audace, et qui aurait terminé sa carrière de gloire et aurait anéanti ce fléau du monde, si l'Autriche, débouchant en Franconie, derrière cette armée victorieuse, eût arrêté le cours de ses triomphes, et, pour sa propre sûreté et sa propre gloire, eût sauvé la Prusse par une diversion à laquelle Buonaparte n'avait rien à opposer. A la vérité, l'Autriche avait à reprocher au roi de Prusse la même timide apathie après la bataille d'Austerlitz. Mais était-ce le moment de se venger? Indépendamment des motifs de grandeur d'âme et de noblesse, que les ministres n'éloignent que trop de l'âme des souverains, et dont la voix est toujours étouffée dans les conseils par une politique étroite, froide et imprévoyante, ne s'agissait-il pas du salut de l'Allemagne? Y avait-il assez longtemps que l'empereur avait déposé sa dignité pour avoir oublié qu'il était le chef de l'Empire?

TROISIÈME ÉPOQUE. — GUERRE DE POLOGNE.

» En deux campagnes Buonaparte avait terrassé l'Autriche, anéanti la Prusse. La saison était très-avancée. A sa place un conquérant sage (s'il en peut exister) se fût arrêté sur l'Oder, au moins jusqu'au printemps, et eût employé son hiver à organiser l'Allemagne, à s'assurer aussi parfaitement de la soumission de l'Autriche que de celle des souverains *éphémères,* ses humbles vassaux, attelés à son char, sous le nom de *confédération du Rhin;* il eût partagé ses conquêtes entre ses favoris, il eût achevé de soumettre les places de la Silésie; il eût pareillement pris, avant l'arrivée des Russes, Dantzick et Colberg ; il eût enlevé au roi de Suède Stralsund ; il eût laissé reposer son armée, il l'eût recrutée, rhabillée, réarmée aux dépens des pays conquis ; il eût formé une armée allemande pour soulager et renforcer la sienne ; il eût négocié avec ses ennemis, toujours atteints de la *pacificomanie*, pour les diviser, les égarer, les intimider surtout il eût caché ses projets ultérieurs pour les mieux préparer. Si sa tête fougueuse eût pu se plier à une pareille conduite, c'en était fait de la liberté du monde.

» Ces projets ultérieurs méritent un développement. Leur étendue gigantesque a effrayé et émerveillé toute l'Europe, au lieu de la réunir contre leur exécution. La tête volcanique de Buonaparte, comme celle de Méduse, a pétrifié tous les cabinets. Cependant ces projets n'étaient encore que vagues, *même dans la pensée* de Buonaparte, et il n'en est éclos un plan que depuis l'heureuse issue de la courte guerre de Prusse. Voici ce plan : Anéantir l'empire de Russie, ou contraindre l'empereur Alexandre à faire une paix humiliante, qui aurait été sur-le-champ suivie d'une alliance, dont la dissolution de l'empire turc et son partage entre la France, l'Autriche et la Russie, eût été la base et le prix. Alors proposer la paix, aux conditions de rendre Malte, le cap de Bonne-Espérance, les conquêtes dans les deux Indes et la liberté des pavillons. Sur le refus d'acceptation, qui n'était pas douteux, engager tout le continent de l'Europe dans une guerre navale contre *les tyrans des mers*, sous le prétexte spécieux d'assurer la liberté des pavillons et du commerce. En cas de réussite, Buonaparte se serait trouvé chef d'une ligue *sainte*, et, réunissant les trois marines du Nord à ses autres moyens navals, aurait repris avec plus d'activité son projet favori d'invasion, chimérique jusqu'à présent, mais qui, par cette croisade, aurait acquis de la réalité.

» Il fallait d'abord, ou gagner la Russie, en l'intimidant par l'exemple récent de la rapide catastrophe de la Prusse, ou lui faire la guerre à mort, anéantir cette puissance et la rejeter en Asie. Comme la négociation a manqué ; comme, bien loin de se laisser effrayer ou égarer, l'empereur Alexandre, avisé par le récent traité d'Oubril, non-seulement s'est résolu à la guerre, mais a empêché le roi de Prusse de faire la paix ; comme il ne restait plus d'alternative à Buonaparte, il a adopté, avec la précipitation irréfléchie qui le caractérise, la partie de son plan qui devait anéantir une puissance qui osait lui résister et s'opposer à l'exécution de ses projets ultérieurs.

» Voici ce plan tel que cet homme ardent l'a conçu, et que les circonstances le déroulent successivement :

» 1. Le rétablissement du royaume de Pologne, qui aurait procuré 100,000 hommes, irréguliers à la vérité, mais soumis aux mouvements de son armée, aux ordres de ses généraux. (Il est à croire que le commandement des Polonais était la destination de Masséna.) Il paraît aussi qu'on comptait fermement s'assurer de l'accession de l'Autriche au rétablissement de la Pologne, en lui donnant la Silésie en indemnité de la portion qu'elle avait gagnée par l'anéantissement de cet ancien royaume.

» 2. La déclaration de guerre de la Turquie, qui, se jetant sur la Valachie et la Moldavie, aurait débordé la gauche des Russes, chargée de la défense du Dnieper, du Bog et de l'Ukraine, et aurait coupé la communication de la Crimée.

» 3. L'attaque de la Géorgie, de la mer Noire et de la mer Caspienne par les Persans, dont la diversion aurait forcé l'empereur Alexandre à tenir une armée en Asie, et aurait affaibli ses moyens de défense en Europe en les divisant.

» 4. Un traité avec le roi de Suède, qui lui aurait rendu et garanti la Poméranie prussienne, la Livonie, l'Ingrie, la Finlande, enfin toute la bande du midi, de l'est et du nord de la Baltique, aurait fait de la Suède une grande puissance, et aurait réduit l'empire de Russie au point de faiblesse et de nullité où il végétait avant la naissance de Pierre le Grand.

» 5. Buonaparte, comptant toujours sur son invincibilité, et surtout sur le nombre de ses bataillons, se réservait la tâche, qu'il croyait facile et assurée, de donner une bataille décisive et de dicter ses lois dans Pétersbourg.

» Ce plan est spécieux, il est vaste, il éblouit ; mais il ne peut pas soutenir la coupelle de l'analyse, et le simple bon sens suffit pour en démontrer l'extravagance, etc...... »

Dumouriez croyait fermement que l'armée russe était destinée à clore les succès de Napoléon. Ses prévisions semblèrent justifiées d'abord par l'issue des deux batailles de Poultousk et de Prussich-Eylau ; car ces luttes sanglantes, dont Napoléon fit des victoires, furent pour lui de véritables échecs. Dans la première, en effet, il ne put emporter les positions russes et se vit contraint à se retirer vers Varsovie ; dans la seconde, il tenta en vain de percer jusqu'à Kœnisberg pour y enlever les magasins de l'ennemi.

Mais la bataille de Friedland fut une brillante revanche ; aussi amena-t-elle cette paix de Tilsitt, où les deux empereurs, sacrifiant, l'un, la Prusse, dont il se disait le sauveur, tout en profitant de ses dépouilles; l'autre, la Turquie, qu'il feignait de protéger, combinèrent entre eux la conquête de l'Espagne pour la France, et pour la Russie celle de l'empire ottoman.

C'est à cette époque qu'une politique envahissante succéda chez Alexandre à la politique généreuse qui l'avait précédemment inspiré.

XXX.

Sac de Lubeck.

Cet événement déplorable se trouve raconté dans une longue lettre de M. de Villers à Mme la comtesse Fanny de Beauharnais. Nous en extrairons quelques passages :

« Après la bataille d'Iéna, l'armée prussienne subit la plus complète dispersion. Contre toute apparence, un corps, formé à la longue par la réunion fortuite des fuyards, se dirigea vers Lubeck, à travers le Luxembourg, sous la conduite du maréchal Blücher.

» Le mercredi 5 novembre, dans la matinée, nous vîmes arriver inopinément, à la porte qui donne vers le Meklembourg, quelques détachements de cavalerie prussienne, avec quantité de chariots remplis de blessés, de malades et de mourants; tous étaient dans le plus piteux état, harassés, couverts de lambeaux, périssant de faim et de soif.

» Nous entendions fort au loin gronder le canon; nous étions dans l'attente de quelque nouvelle; notre inquiétude était vague, et nous ne pouvions encore nous persuader que la ville courût quelque danger. Mais, à cinq heures du soir, le corps entier du général Blücher se présenta devant la même porte de la ville. En vain le sénat prodigua-t-il les protestations, les oppositions, les prières; en vain allégua-t-il sa neutralité, et chercha-t-il à se couvrir de l'égide de la justice et du droit des gens; le chef prussien méprisa cette unique défense des faibles et pénétra avec son armée dans la ville.

» Le lendemain matin et jeudi 6, on entendit canonner en avant des trois portes de la ville sur toute la rive droite de la Trave. C'étaient les trois corps français qui attaquaient et repoussaient les avant-postes prussiens. Des boulets et des obus commençaient à siffler au-dessus de la ville et à tomber dans plusieurs quartiers. Grâce au noble prince de Ponte-Corvo, le mal fut moins grand du côté de son attaque. Au moment le plus décisif, et où ses nombreux obusiers, déjà placés sous le feu à mitraille des batteries prussiennes, commençaient à jouer sur la ville, emporté par le plus beau sentiment d'humanité, il s'élance, l'épée haute, sur ses pièces les plus avancées, et crie au brave général Éblée, qui commandait l'artillerie : « Ne jetez pas d'obus sur la ville; nous aurons assez de nos canons pour vaincre les Prussiens! »

» Ceci se passait vers midi. Bientôt la porte dite *du Bourg*, la plus voisine de la maison R..., fut forcée par le corps du maréchal prince Bernadotte. Prussiens et Français entrèrent pêle-mêle dans la ville. Dans la rue, au-devant de notre maison, commença alors un combat, ou plutôt un massacre acharné. On se tirait à brûle-pourpoint. L'embrasure assez profonde des portes, les échoppes, les caves, toutes les coupures fournissaient aux assaillants et aux ennemis qui combattaient en se retirant des redans d'où ils ajustaient à coup sûr. On se battit jusque dans l'intérieur des maisons, où nos soldats poursuivirent les chasseurs prussiens dans les chambres et jusque sur les toits.

» Lorsque le feu eut cessé dans la ville, et que les Français en furent tout à fait maîtres, ce qui eut lieu vers trois heures, les habitants, rassurés, se crurent hors de tout péril, et se félicitèrent d'être ainsi délivrés par les troupes d'une puissance protectrice. Ce sentiment fut général. Mais qu'il fut cruellement trompé! Précisément alors commença dans tous les quartiers de la malheureuse ville une scène de pillage et de meurtre qui changea bientôt cette confiance trop hâtive en consternation et en désespoir. Je ne partageais point l'illusion de mes hôtes. J'ai été moi-même assez longtemps soldat pour savoir quel sort est réservé à une ville prise d'assaut. Mon parti était pris d'avance. Je jetai mon chapeau rond, en pris un retapé, et, muni de la cocarde nationale, mon ancien sabre d'aide de camp sous le bras, mon manteau bleu sur les épaules, je me postai ainsi à la grande porte de la maison, dont la belle apparence n'attirait que trop les regards cupides des troupes de pillards et de maraudeurs qui allaient par les rues, enfonçant portes et fenêtres, et pénétrant partout. J'eus le bonheur de les tenir tous écartés du seuil que j'avais résolu de défendre.

» Cependant la nuit approchait, et, avec elle, le désordre devait encore s'accroître. Les trois maréchaux s'étaient mis à la poursuite de l'ennemi, et ne revinrent que tard en ville, vers neuf heures du soir. M. R... nous apprit qu'il avait offert sa maison pour y loger le prince de Ponte-Corvo. Quelque temps après arrivèrent partie des équipages et de la suite du maréchal. Une garde fut bientôt placée à la porte de la maison, et me releva ainsi de mon poste. Enfin le maréchal lui-même parut, exténué des fatigues de cette journée et des précédentes, tenant à la main son épée, qu'il venait d'employer à sauver sur son chemin plusieurs maisons du pillage. « Madame, dit-il à Mme R.... d'un ton ému et affectueux, en lui présentant la main pour monter, je ne viens pas ici pour vous faire du bien, mais le moins de mal que je pourrai. » Peu après on lui annonça qu'il était servi. Il nous fit inviter, M., Mme R... et moi, à nous mettre à table avec lui, ce qui eut lieu tous les jours jusqu'à son départ, le 22 du mois. En mon particulier, il me témoigna infiniment de bienveillance et de bonté. Il permit que je portasse le titre de son secrétaire, et que je fisse valoir son autorité pour arrêter où je pourrais des violences. Certes ces armes bienfaisantes me furent d'un grand usage. La nuit du 6 au 7, comme plusieurs de celles qui la suivirent, ne m'offrit plus un moment de repos ni de sommeil. Dès qu'il fut connu que le maréchal Bernadotte logeait chez M. R...., la porte fut assiégée par une foule empressée de femmes en pleurs, d'hommes pâles et en désordre, qui invoquaient du secours. Je suivais au hasard les premiers qui m'entraînaient. Je marchais au milieu des troupes à cheval et à pied, qui se croisaient, des trains d'artillerie et de chariots, sur un pavé couvert d'une boue infecte délayée de sang, trébuchant contre les cadavres d'hommes et de chevaux dont les rues étaient jonchées, et sur lesquels je tombai une fois, ce qui me remplit d'une horreur inexprimable. Je me relevais, et cherchais à ressaisir mon chapeau, parmi tant d'objets de dégoût, quand j'entendis venir, du bout de la rue, un régiment, qui avançait au son de sa musique. Cette musique militaire jouait un air vif et gai. Je ne puis vous peindre, madame, l'impression foudroyante et tout à fait inattendue que fit sur moi cette musique. J'étais immobile, je ne voyais plus. Quand je revins à moi, je sentis mes yeux humides; une de mes mains était engagée dans mes cheveux, qu'elle s'efforçait machinalement d'arracher; je n'en pouvais plus; il me fallut employer toutes mes forces pour ne pas retomber sur ce même pavé d'où je venais de me relever.

» Le lendemain 7, de très-grand matin, le grand-duc de Berg et le prince de Ponte-Corvo montèrent à cheval avec tous leurs généraux pour aller forcer les Prussiens dans leur dernière position. A neuf heures et demie, M. Blücher envoya aux deux princes un officier parlementaire; peu après il vint lui-même; et la capitulation fut arrêtée et signée au village de Ratkau. La situation des habitants fut encore plus triste ce soir que le précédent, parce que de nouvelles troupes rentrèrent, qui n'avaient point encore pris part au butin, et parce qu'on fit aussi venir dans la ville les vingt mille Prussiens prisonniers, qui, mal enfermés dans les églises et leurs cimetières, profitant de la nuit et du désordre général, se répandirent dans les maisons voisines, où ils commirent de très-grands excès.

» Arrivons à la soirée du vendredi 7, dont la mémoire surtout m'est en exécration. La confusion était aussi grande que la veille dans les rues, par les troupes et les prisonniers, qui, comme je l'ai déjà dit, rentraient dans la ville; la désolation était plus grande dans les maisons, qu'on recommençait à dévaster; je reconnaissais à peine les gens qui s'offraient à moi. Hommes et femmes ressemblaient à des spectres. On dépouillait au nom de l'empereur! — « Au nom de l'empereur! donne-moi ta bourse, ta montre, tes chemises, ta femme!... » Cette profanation est révoltante. — *Tout ton argent, ou je te tue!* était la formule ordinaire, appuyée d'un fusil, d'un sabre, ou du bout d'un pistolet. Bien des infortunés furent égorgés pour ne pas obéir assez vite. M. Grell, saisi au corps dans sa demeure par ces furieux, donna d'abord tout ce qu'il avait sur lui. Trouvant sans doute que c'était trop peu, ils se mirent à le fouiller, et crurent sentir autour de ses reins une ceinture remplie d'or; ils écartent ses vêtements; au lieu de ceinture, ils découvrent le bandage d'une hernie qu'avait le malheureux. Irrité de sa méprise, l'un d'eux plonge son sabre dans les entrailles du vieillard, qui tombe mort aux yeux des siens.

» Au travers de tant d'incidents cruels et tragiques, il y en eut d'extravagants et de grotesques. Un vieil avocat célibataire, homme grand et décharné, soit qu'on lui eût enlevé tous ses habits, soit qu'il se crût plus en sûreté sous ce déguisement, revêtit l'habillement et la coiffe de sa servante, et arriva en cet équipage, rempli d'effroi, à l'hôtel du sénat, au milieu duquel il se précipita en jetant de hauts cris et où l'on fut longtemps à le reconnaître. Un autre homme âgé fut lié par des dragons à la queue d'un cheval pour leur servir de guide jusqu'à Travemunde, par une nuit et un temps effroyables. Une femme de la classe moyenne, seule dans la maison avec sa fille, renversa dans son vestibule quelques meubles, y jeta çà et là quelques vieilles hardes, défit sa coiffe, affecta de pleurer et de se désoler en se roulant par terre; et, en cet état, la porte ouverte, elle attendit les maraudeurs, qui tous passèrent leur chemin, s'imaginant que d'autres y avaient déjà mis bon ordre. J'ai vu des chasseurs et des hussards courir les rues avec des pelisses de femmes en satin et en velours, avec des grands châles, des fleurs et des plumes à leurs bonnets, des colliers de perles au cou.

» Mais une calamité plus affligeante que l'incendie, que la spoliation, que la mort même, parce qu'elle est une violation des droits les plus sacrés, une profanation de tout ce qu'il y a de plus saint, de plus doux et de plus pur dans la vie, ce sont les outrages faits à un sexe faible par la brutalité qui ne connaît plus de frein. Des misérables, couverts de sang, profitent des angoisses de la terreur pour empoisonner de leurs horribles voluptés d'infortunées victimes, des femmes à demi mortes. La plupart ne survivront pas longtemps à leur flétrissure; et les malheureuses familles, les époux, les mères, les amants en conservent à jamais dans leur âme un ressentiment rongeur qui les tue. On a enterré, la semaine dernière, une jeune créature de dix-huit ans, belle, pieuse, modeste, bonne, auparavant l'amour et la joie de ses parents, de tout son quartier. La femme d'un ouvrier, mariée de l'avant-veille, a été moins malheureuse parce qu'elle a moins vécu. Livrée à vingt-deux de ces hommes dénaturés, ils s'aperçurent enfin qu'elle avait cessé d'exister... elle n'était qu'agonisante. La maison, que j'ai vue, est située près d'un étang, qui est dans l'enceinte du rempart : ils y lancèrent cette infortunée le plus loin qu'ils purent; mais, à cause des eaux basses, elle resta parmi les roseaux dans la fange du rivage, où elle expira au bout de quelques heures...

» Revenu de ma course nocturne, au milieu de la désolation, et sentant que le sommeil ne pouvait approcher de mes yeux, je me mis à écrire de grand matin, au respectable prince de Ponte-Corvo la lettre que je vais transcrire ici :

« Monseigneur, qu'il soit permis à un Français, » que votre altesse sérénissime a daigné accueillir » avec estime et bonté, d'élever sa voix vers vous » pour vous supplier de mettre un terme aux mal» heurs d'une ville amie de la France. Monseigneur, » les soins importants qui vous accablent n'ont » peut-être pas permis à tous les humbles détails de » la vérité de parvenir jusqu'à vous. Je me jette aux » pieds de votre altesse sérénissime pour la sup» plier, non pas de réparer des maux irréparables, » mais de prévenir ceux qui peuvent encore arriver, » que chaque minute voit naître. Je n'ai pas la pré» somption de vouloir éclairer votre sagesse ; mais » je pense qu'une proclamation solennelle, faite au » nom des trois maréchaux, dans laquelle on dirait » au soldat que, *l'ennemi étant entièrement dé» fait, la paix étant de retour sur ce territoire » ami de la France, tout excès y doit cesser sur» le-champ*, produirait un bon effet. »

« Le résultat de cette démarche fut un *ordre du jour* fort sévère pour le 1er corps, et qui fut d'un effet salutaire. Les dispositions disciplinaires de cet ordre ne furent connues que de l'armée du prince ; mais il en fut extrait l'article troisième, qui fut imprimé et affiché partout. Il était ainsi conçu :

« Les habitants de Lubeck et de son territoire » sont mis sous la sauvegarde de Sa Majesté l'em» pereur et roi ; tout soldat qui porte atteinte à leur » tranquillité est criminel.

» Le maréchal prince de Ponte-Corvo rappelle » aux troupes du 1er corps que la ville de Lübeck, » quoique prise de vive force, ne doit pas être con» sidérée comme une ville ennemie, et que le soldat » français, bien loin de se conduire en vainqueur » farouche, doit être sensible et humain après la » victoire. »

» La journée du samedi et la nuit d'ensuite ne furent guère moins orageuses et moins affligeantes que les deux qui les avaient précédées. Les chefs ne purent parvenir à rétablir un peu d'ordre que le dimanche 9 de novembre, qui fut encore néanmoins, ainsi que bien des jours suivants, témoin de plus d'un acte de violence, surtout au moment du départ de différents corps. Les nouvelles que commençaient à apporter les gens de la campagne, qui se risquaient dans la ville, fendaient le cœur ; et les mauvais traitements que ces pauvres gens essuyaient des troupes légères et de la cavalerie cantonées chez eux étaient pires peut-être que les désordres de la ville, où du moins l'on avait encore la possibilité d'obtenir du secours et de la protection.

» Toutes ces pertes réelles cependant, madame, sont bien loin de monter à la somme exorbitante qu'ont coûtée ensuite à la ville les réquisitions énormes et de toute espèce pour l'entretien, la nourriture, l'habillement, le transport des troupes et des munitions, la table des généraux, officiers, commissaires, etc. J'estime sûrement trop bas la masse du dommage en l'évaluant à une somme de 12 millions de francs!... »

Quidquid delirant reges, plectuntur Achivi!

XXXI.

Conférence d'Erfurth. — Traité secret. — Biographie du baron Vincent.

La conférence d'Erfurth, cette solennelle comédie, si épiquement célébrée par les admirateurs de Bonaparte, ne fut point son premier pas vers sa ruine (il avait déjà fait bien du chemin vers ce but), mais ce fut du moins la cause directe des premiers symptômes de sa décadence. Je ne parlerai point de l'entrevue en elle-même. Assez d'autres se sont extasiés sur cette réunion inouïe de rois et d'empereurs, présidée par un soldat de fortune. Je dirai seulement en passant que des écrivains, fort recommandables peut-être, ont nié péremptoirement, depuis plusieurs années, cette vérité si évidente pourtant, savoir que le congrès eut pour cause première les commencements des revers de l'armée française en Espagne.

L'erreur est volontaire, puisqu'elle est palpable, et il est à peine utile de la réfuter.

Comme nous le voyons par le discours de Canning, l'Angleterre, avant l'ouverture des négociations, avait demandé si l'Espagne serait représentée.

Bonaparte répondit *qu'en aucun cas* il ne serait permis au peuple espagnol d'être admis au traité, parce qu'il était en rébellion contre le roi que sa volonté lui donnait.

L'Angleterre pouvait-elle admettre cette réponse? Elle s'abstint. C'était le but que Bonaparte voulait atteindre. En faisant des ouvertures à cette puissance, il n'avait eu d'autre objet que de populariser la continuation de la guerre en Espagne.

Quant à l'empereur d'Autriche, on craignait sa présence plus qu'on ne la désirait. Alexandre s'en expliqua de manière à provoquer cette seconde abstention. M. de Metternich même ne put faire partie du congrès, et l'Autriche y fut représentée seulement par le baron de Vincent, porteur d'une lettre de François II à Napoléon.

Les deux auteurs réels, parmi tant de comparses en scène, étaient le tzar et Bonaparte; tous deux étaient là pour se dire, comme les docteurs de la comédie: *Passe-moi la rhubarbe, je te passerai le séné.*

Aussi, à part quelques arrangements relatifs à la Prusse et autres *bagatelles,* les négociations furent-elles presque entièrement particulières et secrètes. Leur traité secret (qui ne l'est plus) fut un échange de concessions par rapport à l'Espagne et à la Porte Ottomane.

Au lieu de m'étendre sur un sujet rebattu jusqu'à satiété, je mettrai sous les yeux de mes lecteurs la biographie de ce baron de Vincent, porteur de la lettre de François II à Bonaparte, lettre qui reçut, soit dit en passant, une réponse des plus arrogantes. Le baron est un de ces hommes qui ont joué un grand rôle et sont nonobstant peu connus. Il mérite de l'être par l'intrépidité avec laquelle il s'est acquitté de diverses fonctions diplomatiques délicates et dangereuses. De ma part, c'est un hommage rendu au souvenir d'une liaison aussi chère qu'honorable.

Nicolas-Charles, baron de Vincent, grand-croix des ordres de Saint-Étienne de Hongrie et de Léopold d'Autriche, commandeur de l'ordre militaire de Marie-Thérèse, de celui de Saint-Louis et de l'ordre du Bain d'Angleterre, grand-croix de plusieurs autres ordres étrangers, conseiller intime, chambellan, colonel propriétaire d'un régiment de chevau-légers de son nom, général de cavalerie des armées de Sa Majesté l'empereur d'Autriche, et son ambassadeur près la cour de France, était né à Florence le 11 août 1757, et descendait d'une ancienne famille noble du royaume de Naples, qui en sortit à l'époque et à la suite des événements qui eurent lieu lors de l'extinction de la maison de Souabe (Hohenstauffen). Plus tard, vers 1437, elle s'établit en Lorraine, où elle resta jusqu'au moment de l'échange de ce duché contre la Toscane. A cette époque elle y suivit le duc François Ier.

Le baron de Vincent fut destiné, ainsi que ses ancêtres, au service de la maison d'Autriche, et entra comme sous-lieutenant, le 17 avril 1775, dans le régiment de Saint-Ignon, qui fut ensuite Arberg, et connu plus tard par la brillante valeur avec laquelle il s'est signalé sous le nom des *dragons de la Tour.*

Ce fut à la tête d'un escadron de ce régiment, en 1790, que le baron de Vincent, qui n'était encore que capitaine, se distingua d'une manière éclatante dans la guerre contre l'insurrection de la Belgique, et qu'ensuite de ces faits d'armes, le chapitre de l'ordre de Marie-Thérèse l'admit au nombre de ses chevaliers.

Il devint, en 1806, colonel propriétaire de ce régiment dans lequel il avait fait ses premières armes, et qui porta alors le nom de *chevau-légers de Vincent.*

Le baron de Vincent a fait toutes les campagnes de 1792 à 1815. En Belgique, en Allemagne, en Italie, son nom est attaché à presque tous les faits militaires. Le souverain qu'il servait avec dévouement, et l'armée fidèle qui le comptait dans ses rangs, l'ont remarqué sur les champs de bataille les plus célèbres de ces époques, entre autres Aspern, ou Essling, et Wagram.

Sa carrière militaire fut aussi entremêlée de missions importantes, dont il a été chargé en diverses circonstances; et son nom est également attaché aux négociations de Campo-Formio et d'Erfurth, comme plus tard aux traités de Paris et d'Aix-la-Chapelle.

En 1813 il fut envoyé à l'armée du Nord, commandée par le prince royal de Suède, fit toute cette campagne près de lui, et assista aux batailles de Dennevit et de Leipzig. En avril 1814, il fut nommé par les souverains alliés gouverneur général des Pays-Bas, fonction qu'il remplit jusqu'au mois d'août suivant : alors il les remit au roi Guillaume IV, qui en devint le souverain.

L'empereur d'Autriche le nomma ensuite son ministre plénipotentiaire près le roi de France, Louis XVIII. Le retour de Napoléon de l'île d'Elbe, en 1815, obligea M. de Vincent de retourner à Vienne, d'où l'empereur son maître l'envoya bientôt à Bruxelles, avec la qualité de commissaire autrichien près de l'armée que commandait le duc de Wellington. Ce fut à cette armée, et aux côtés de son chef, que le baron de Vincent fut blessé grièvement à la bataille de Waterloo. A peine guéri de sa blessure, il reprit son poste de ministre plénipotentiaire près la cour de France, et y resta jusqu'au mois de janvier 1821. A cette époque il fut demandé par son souverain pour assister au congrès de Laybach. Il revint au mois de mai suivant à Paris avec le titre d'ambassadeur extraordinaire, et remplit ces hautes fonctions diplomatiques près des rois Louis XVIII et Charles X jusqu'au mois de mars 1826, qu'il remit ses lettres de récréance, étant rappelé par son souverain. Ce fut alors que, ne voulant plus accepter les diverses offres qui lui furent faites, et entre autres l'ambassade de Rome, il quitta la carrière politique et militaire pour se reposer, dans la retraite, de sa vie entière et de ses longues années de service. Il en comptait soixante-deux sous quatre règnes successifs, lorsqu'il mourut, le 7 octobre 1834, à l'âge de soixante et dix-sept ans.

Il s'était retiré en Lorraine, dans sa terre de Bioncourt-sur-Seille, qu'il affectionnait, et où il a demandé d'être inhumé. Là il s'occupait de travaux et de perfectionnements agricoles ; et ses riches et précieuses collections numismatiques et bibliographiques offraient aussi à la fois une occupation et un délassement à celui qui n'a pas été moins distingué par les connaissances que par les actions qui ont jeté tant d'éclat sur sa noble vie.

XXXII.

Lettre de l'empereur Alexandre à Napoléon. — Ukase de 1810. — Friponnerie de Bourrienne.

Les troupes russes, en 1809, n'avaient pénétré en Pologne qu'après la défaite des armées autrichiennes. L'empereur Alexandre, frémissant au seul nom de Napoléon, et craignant de voir ce prince tirer vengeance de sa lenteur à lui prêter les secours promis, masquait sa frayeur par des témoignages d'amitié.

Voici la lettre qu'il écrivait à l'empereur des Français, et dont je conserve l'orthographe :

« Alexandre, etc., etc.

» Monsieur mon frere, les sentiments d'attachement qui m'unissent à Votre Majesté Impériale, » me font prendre un intérêt bien sincere à tout » ce qui la regarde. Cet intérêt est bien plus vif encore quand il sagit du bonheur personel de Votre » Majesté. C'est pour le lui exprimer et pour lui » porter mes félicitations sur l'union qu'elle vient » de contracter que j'envoye auprès d'elle le prince » Kourakin un de mes ministres d'État. Je prie » votre Majesté de même que l'Impératrice son » épouse d'agréer les vœux sinceres que je forme » pour votre bonheur mutuel.

» Je vois dans cette union le garant d'une tranquilité solide pour le continent. Votre Majesté » sçait que c'est l'objet constant de mes desirs. Ce » n'est que cette tranquilité et cette union du continant qui donneront les moyens de forcer l'Angleterre à la paix et Votre Majesté trouvera toujour en moi un allié pret à la seconder de tous ses » efforts pour atteindre ce but.

» J'aime à croire que Votre Majesté rend justice à » toute la sincerite de mes sentiments pour elle et » je la prie de croire qu'ils lui sont voués irrévocablement. Sur ce je prie Dieu Monsieur mon frere » qu'il veuille tenir votre Majesté Impériale en sa » sainte et digne garde.

» De Votre Majesté Impériale,

» Le bon frère

» ALEXANDRE.

« Pétersbourg, le 30 mars 1810. »

Est-il besoin de dire ce que valaient ces témoignages d'affection ?

Bien que le traité de Tilsitt fût avantageux à la Russie, cette puissance avait reconnu un vainqueur. Quand même le souverain ne se fût point senti abaissé par un traité qui reposait sur une apparente égalité, la nation, et surtout le parti anglais, plus nombreux dans la noblesse russe que dans toute autre, se trouvaient humiliés par une paix qui excluait l'Angleterre des ports du commerce de ce grand empire.

Au moment où le système des licences fut accueilli, l'empereur Alexandre voulut l'adopter à son tour. La France y mit des oppositions ; et, ne pouvant plus se concilier avec elle à cet égard, l'empereur Alexandre rendit son ukase du 31 novembre 1810, ukase utile aux intérêts de l'Angleterre et hostile à l'industrie française plus qu'à toute autre.

Le rétablissement nominal de la république de Dantzick, qui n'était dans le fait qu'une place d'armes et un dépôt français, l'occupation des forteresses prussiennes, et enfin la possession de la Poméranie suédoise, du Stralsund et de l'île de Rugen, montraient aux États du Nord la puissance de Napoléon sans limites dans ses empiétements arbitraires et successifs. La confédération du Rhin s'effrayait à son tour. Elle allait être asservie à l'aide de cette ceinture de places fortes et de positions militaires. Les États du deuxième et du troisième ordre d'Allemagne voyaient avec douleur qu'en se confédérant pour échapper à la domination de l'Autriche et à celle de la Prusse, ils s'étaient donné un maître despotique; qu'ils étaient maintenant des portions d'un grand tout qu'on nommait à Paris le *grand empire* ou *l'empire d'Occident*. Ils avaient cédé à une force qui bientôt ne pourrait plus les protéger.

L'Angleterre était trop intéressée à la lutte entre la France et la Russie pour ne l'avoir pas excitée, soit par ses agents auprès de la noblesse russe antifrançaise, jusque-là opposée à son gouvernement, et dont la plus grande partie résidait à Moscou, soit par ses négociateurs près de l'empereur Alexandre, qui, pour avoir travaillé en secret depuis quelque temps, n'avait été ni moins actif ni moins heureux.

La grandeur des préparatifs qu'on faisait en France dut alarmer le cabinet de Saint-Pétersbourg. Le prince Kourakin eut enfin des ordres de traiter. Il était bien tard.

Au mois d'avril, cet ambassadeur développa les bases d'un arrangement avec son souverain. La principale de ces bases était l'indépendance de la Prusse de tout lien politique dirigé contre la Russie, et, par suite, l'évacuation des provinces prussiennes par les troupes françaises.

La Russie demandait aussi une diminution de la garnison de Dantzick, l'évacuation de la Poméranie suédoise et un arrangement avec la Suède. Elle aurait continué l'exécution du système de prohibition contre l'Angleterre, combiné cependant avec des licences, mais d'accord avec l'empereur Napoléon. Un traité de commerce devait être fait avec la France. On se serait entendu pour les indemnités du duc d'Oldenbourg.

On voit que ces propositions réduisaient la négociation à un seul point, l'évacuation de la Prusse, ou plutôt l'éloignement des troupes françaises de la Vistule et du Nord, en ajournant le rétablissement de la Pologne, ce qu'on appelait *le système de Napoléon*.

La Russie armait pour retarder ou pour empêcher l'anéantissement dont Napoléon menaçait la Prusse.

Longtemps Alexandre s'était flatté que cet homme, parvenu au plus haut point de puissance, mettrait lui-même des bornes à son agrandissement, et jouirait enfin en paix de la plus brillante destinée que, dans nos temps modernes, l'ordre de la civilisation permît à une imagination audacieuse de rêver. Alexandre était forcé d'abandonner cet espoir. On ne voyait plus que dans la force des armes le moyen de rappeler Napoléon à la vérité et à la modération.

Je placerai ici, à cause de la date, un petit trait que Bourrienne a omis dans ses Mémoires.

Le traité de Tilsitt (1807) vit naître les deux monarchies de Saxe et de Westphalie, comme de celui de Presbourg (1805) avaient surgi les deux trônes de Bavière et de Wurtemberg. L'Angleterre seule ne les reconnut pas : encore ne protestait-elle point contre leur création, se contentant des sarcasmes du caricaturisme britannique contre le plus exigu des deux royaumes, dont le prince était représenté portant la carte de son domaine sur le bouton de son large vêtement inférieur. L'étendue des États de Jérôme ne laissait pourtant pas d'être inquiétante depuis qu'une partie du Hanovre y était jointe (1810) et que Napoléon avait dit de cet État et de celui de Saxe : « L'un s'appuie sur le duché de Varsovie, » *dont les limites ne sont pas irrévocablement* » *fixées*. L'autre a en perspective une assez grande » étendue de côtes sur la Baltique et la mer du » Nord. »

La Russie était encore soumise au système continental. Le Meklembourg-Shwerin seul, peuplé de 4 à 500,000 âmes et possédant vingt-cinq lieues de côtes, rompait l'unité de surveillance des douanes françaises contre la contrebande du commerce anglais. Aussi ce petit État se croyait-il sérieusement menacé.

Dans cette situation, le duc régnant s'adressa à Alexandre, que, depuis Erfurth, Bonaparte ménageait encore. Le tzar, craignant de donner lui-même l'idée d'une spoliation que peut-être on ne projetait pas, confia à Doubril le soin de pénétrer les vues de l'empereur français. Ceci eut lieu avec une extrême habileté et rassura complétement sur le sort du Meklembourg.

Mais les États de ce duché, redoutant pour leur compte une incorporation qui les eût annihilés, avaient ourdi de leur côté une double intrigue près de Daru et de Talleyrand, afin de savoir s'ils étaient instruits du plan de réunion de leur pays au trône de Westphalie. Daubignosc, secrétaire de l'administration des pays conquis, les rassura sur leur crainte et leur dit que, dans le cas où elle serait fondée, l'argent ne les sauverait pas.

Tel n'était pas l'avis de Bourrienne, alors ministre à Hambourg. D'autres agents des États s'étaient simultanément adressés à lui. Voyant là de l'argent à gagner, il leur avoua avec une feinte répugnance l'existence du plan impérial, sur lequel, dit-il, il avait été consulté. Il parut touché de leur situation et leur offrit ses bons offices.

L'arrangement fut conclu pour la somme de cinq millions, dont un fut à l'instant payé entre les mains d'une tierce personne. Le terme des quatre autres fut désigné.

A leur retour, les députés des États, rassurés par les renseignements favorables arrivés, dans l'intervalle, de France et de Russie, voulurent retirer l'argent. Il était trop tard. Craignant d'ébruiter leur démarche, ils durent y renoncer.

Mais le vol n'échappa point à la surveillance de l'empereur, qui ne se trompa même pas sur le nom de l'escroc. C'est à ce fait que Bourrienne doit sa disgrâce. Et, après tout, on ne peut pas trop s'étonner du silence de ses Mémoires à cet égard.

XXXIII.

Mémoire sur la France par un agent russe.

Ce Mémoire, adressé à Saint-Pétersbourg par un agent russe de Paris, se propose de répondre à ces trois questions :

1° La révolution française est-elle finie?

2° Est-il probable que la dynastie de Napoléon se maintienne sur le trône de France?

3° Quel bien a produit la révolution?

Ce Mémoire, très-curieux, est malheureusement fort volumineux. J'en mettrai quelques courts extraits sous les yeux du lecteur, qui sera peut-être surpris de la largeur de ces vues *russes*.

La première question, bonne à faire en 1810, le serait peut-être encore ; mais la solution de notre manuscrit n'aurait pas d'actualité.

Passons tout de suite à la seconde :

« Napoléon est étranger à la France et l'on s'y plaît à se le rappeler, quoique la vanité nationale en souffre.

» Il est inutile d'établir une comparaison entre lui et d'autres chefs de dynasties, soit anciens, soit modernes; son cas me paraît unique...

» Napoléon abusa de sa fortune et s'aliéna la majorité de la nation française en trompant les espérances qu'elle avait conçues d'arriver enfin, après tant d'orages et d'essais malheureux, à un gouvernement juste et modéré. Je veux croire néanmoins que ses qualités supérieures, qui lui ont ouvert le chemin du trône, lui en conserveront la jouissance jusqu'à la mort; mais, pour qu'il la transmette à sa descendance il me semble qu'il lui faut indispensablement, ou s'assurer que son successeur aura les mêmes talents que lui, ou organiser le gouvernement d'une manière qui ne choque point aussi fortement les intérêts du pays, aussi bien que les opinions du siècle, et n'exige pas sans cesse des mesures violentes et extraordinaires; il faut enfin donner à la France une constitution plus libérale, qui puisse dédommager en quelque façon les Français de tant de malheurs.

» Le divorce de Napoléon avec Joséphine autorise la supposition que, se croyant sûr de son fait, il n'a vu d'autre difficulté à l'établissement de sa dynastie sur le trône de la France que le défaut d'héritier mâle et direct.

» Mais que de circonstances problématiques dans le second mariage! La seconde épouse de Napoléon pourra être stérile ainsi que l'a été Joséphine; elle peut ne mettre au monde que des filles, qui sont exclues du trône par les lois de l'empire.

» Mais, en admettant même que la fortune, épuisant ses faveurs sur Napoléon, réalise complétement ses espérances, le but ne serait qu'à demi atteint; il faut encore que cet héritier soit doué des mêmes qualités que lui pour gouverner paisiblement un pays où tous les ressorts de l'administration sont dans la plus forte tension, où tous les soins d'une organisation politique très-compliquée roulent sur la personne du souverain.

» Je le rappelle, le seul moyen, pour Napoléon, de parvenir à ce but serait celui de se rendre au cri général de la France, qui réclame un meilleur gouvernement et la paix. On assure que Napoléon en a senti lui-même la nécessité et veut lui donner une constitution libérale, mais qui ne serait mise à exécution qu'au bout d'un certain nombre d'années, ou même après sa mort. J'ai de la peine à croire à l'existence d'une pareille pensée. Pour qu'elle pût germer dans la tête d'un conquérant insatiable de gloire et de domination, il faudrait qu'il fût sensible et ami de ses semblables. Malheureusement Napoléon n'est ni l'un ni l'autre, et, plus malheureusement encore, il semble mépriser l'espèce humaine.

» *Quel bien a produit cette révolution* (1) ?

» L'opinion la plus généralement adoptée chez nous est celle que la révolution française n'a produit aucun résultat favorable pour la France, soit pour les droits politiques, soit pour les droits civils des individus (2).

» A Dieu ne plaise que je veuille m'ériger en apologiste de la révolution française! mais en même temps ma raison se refuse à croire que tant de flots de sang aient été répandus en vain, ou n'auront coulé que pour changer la dynastie des souverains de la France.

» Pour savoir si un changement survenu dans l'organisation politique d'un Etat quelconque améliora ou empira la chose, il faut examiner jusqu'à quel point le but qu'on s'était proposé dans ce changement fut atteint. Le but avoué des provocateurs de la révolution était, il me semble, celui: 1° de restreindre l'autorité suprême en donnant au gouvernement une forme nouvelle plus propice aux principes de liberté générale et individuelle; 2° de faire disparaître la grande inégalité entre les différentes conditions, soit dans les droits politiques, soit dans les avantages purement civils...

» Pour ce qui regarde les droits politiques, que je considère comme la pierre angulaire de toute société bien organisée, on peut hardiment avancer que le but a été *jusqu'à présent* complètement manqué; on peut même dire que la nation française a plutôt perdu que gagné au change: un gouvernement militaire a succédé à l'ancienne monarchie absolue. S'il fallait choisir entre ces deux gouvernements, il me semble que le choix ne pourrait être, ni long ni douteux.

» Mais, si la révolution fut inutile et même nuisible aux droits politiques des Français, elle améliora sous plusieurs rapports leur existence civile.

» Plaçons en première ligne la suppression des droits féodaux.

» Secondement, une meilleure organisation dans la partie judiciaire. — Je ne veux pas décider si les lois nouvelles sont meilleures que les anciennes. Je vous ferai observer seulement qu'un code de lois uniforme dans toute l'étendue de l'empire, et rédigé dans un langage intelligible pour tous ceux qui parlent le français, me paraît préférable à un ramas indigeste de lois coutumières et locales, qui, changeant suivant les lieux, en rendaient la connaissance difficile et favorisaient la chicane.

» La suppression des priviléges dont jouissaient autrefois plusieurs provinces en France doit être mise aussi en ligne de compte. Cette uniformité, simplifiant l'administration, accélère sa marche et n'a pas peu contribué peut-être au développement des forces intérieures de la France.

» Le morcellement des grandes propriétés territoriales par la vente des biens appelés *nationaux*, malgré l'injustice du principe dont elle a été la conséquence, est d'un avantage trop évident pour que je m'arrête à vous le rendre sensible.

» Je ne dois pas omettre l'avantage d'une taxation plus égale. Aucune fortune n'est plus exempte de la part qu'elle doit fournir au revenu public.

» Tout n'est donc pas un mal dans cette révolution. Cependant, comme il est difficile d'admettre que la liberté civile puisse subsister sans la liberté politique, et, comme cette dernière a plutôt perdu que gagné au change, je suis d'avis qu'au total on ne saurait se féliciter d'un changement acheté par de si grands sacrifices.

» Il reste à vous communiquer quelques observations générales sur l'influence morale de la révolution ou ses effets sur l'esprit et les mœurs de la nation française.

» Un changement politique qui entraîne avec soi un changement total dans les propriétés ne peut guère être favorable à la moralité de la nation, parce qu'il ne peut être effectué que par la violence et l'injustice et au moyen des plus viles passions qu'il met en mouvement. Un des résultats immédiats d'une pareille révolution est celui d'offrir les plus grandes chances de fortune à ceux qui n'ont rien et d'exposer aux plus grands dangers ceux qui ont des richesses. Il arrive alors que les principes des uns et des autres, subissant de vives épreuves, y succombent souvent.

» La subversion entière des opinions religieuses a dû aussi être fatale à la moralité de la nation française. Ces opinions reçurent déjà une rude atteinte bien avant la révolution, mais c'est elle qui porta à la religion les derniers coups, par l'avilissement dont elle a couvert et le culte et ses ministres.

» En outre, on est encore trop près de ces temps effroyables de la révolution pour que leur influence pernicieuse sur la moralité nationale ne soit pas encore très-sensible. D'ailleurs le gouvernement militaire qui a succédé au régime révolutionnaire, et dont il est lui-même une émanation, bien loin d'être propre au rétablissement des mœurs, est, au

(1) D'abord, et avant tout, elle a neutralisé tout ce qui s'opposait au bien, et aujourd'hui surtout, tout ce qui est bien, peut être réalisé *facilement*. La France est malléable.

(2) Elle a mis au grand jour la dignité de l'homme et lui a montré qu'elle dépendait de lui.

contraire, ce me semble, intéressé à en maintenir la corruption.

» Quant au caractère national, quoiqu'il ait conservé ses principaux traits, on disait que l'excès des souffrances y avait rendu les hommes insensibles : rien n'approche de l'indifférence des Français sur les événements politiques, rien n'égale leur penchant pour tout ce qui peut distraire. Il est juste néanmoins d'observer en même temps que, si la nation française a peu perdu de sa frivolité, il paraît qu'elle a beaucoup perdu de son ancienne gaieté. C'est du moins l'opinion de beaucoup de gens du pays : « Elle ne chante plus autant qu'autrefois, » me disait un Français instruit qui n'a pas quitté son pays depuis la révolution. Je ne puis vérifier cette observation, n'ayant aucune idée de ce qu'il en était autrefois, mais elle prouverait en quelque façon que les malheurs des Français n'ont pas été entièrement perdus pour eux.

» L'influence de la révolution sur les productions de l'esprit peut être appréciée par l'examen du catalogue des ouvrages en tout genre qui ont paru depuis la fin du dernier siècle jusqu'à ce jour. Cet aperçu vous fait voir que tout ce qui tient aux sciences exactes, non-seulement s'est maintenu à sa première hauteur, mais a fait même des progrès considérables. On peut en dire autant des beaux-arts. Mais il n'en est pas de même des sciences philologiques, telles que la littérature en général, l'histoire, la morale, la politique, la critique, etc. Ces précieuses branches de l'esprit humain, bien loin de soutenir la rivalité avec les sciences exactes, se détériorent de jour en jour davantage. Dans le nombre des ouvrages de ce genre qui ont paru depuis la révolution il s'en présente fort peu dont on puisse faire une mention honorable, abstraction faite de ceux qui ont été traduits. D'un autre côté, les journalistes, dont le témoignage, en matières pareilles, n'est pas absolument à dédaigner, ne cessent de gémir sur la dépravation du bon goût et sur la disette de bons ouvrages dramatiques. »

XXXIV.

Mémoire sur l'armée française.

Je vais donner ici la substance d'un mémoire composé par l'amiral Mordvinof, et qui fut, sans la participation de son auteur, communiqué à l'empereur Alexandre en janvier 1811.

L'amiral s'occupe d'abord du caractère français.

« Le Français, dit-il, est généralement brave, actif, impatient. Il aime la guerre et possède le genre d'esprit qui est propre à la guerre. Il aime le mouvement; il en supporte l'excès beaucoup mieux que la continuité du repos. Nulle histoire n'offre autant que la sienne des noms célèbres par les armes ou des expéditions aventureuses.

» Les armées des XVIIe et XVIIIe siècles n'étaient presque composées que de soldats librement enrôlés. Il y avait telle province où c'était une honte de n'avoir pas fait un engagement.

» Le Français, considéré en masse, offre la réunion des deux qualités remarquables et opposées : l'élan et le sang-froid. Il en résulte pour ses armées des soldats ardents et des généraux habiles.

» Ces qualités précieuses sont dominées par un instinct national dont son histoire entière offre la preuve.

» Le drapeau est l'idole des Français : il ne veut pas avoir à rougir devant lui. J'ai vu, après un combat, des déserteurs qui répondaient au reproche de ne s'être pas décidés plus tôt : « Déserte-t-on avant une bataille? »

» Le soldat français a la plus haute idée de son état et de sa nation. C'est au point que, dans le Brisgau et en Italie, quand il éprouvait une résistance inattendue, sa vanité personnelle s'exprimait ainsi : *Il y a là sûrement des émigrés.*

» Il aime à combattre des ennemis braves. Dans le cas contraire, je l'ai entendu dire naïvement : *Ils ne se battent pas; il n'y a pas de plaisir!*

» Celui qui le conduit à la victoire est sûr de son obéissance, en dépit du mépris ou de la haine qu'il peut d'ailleurs lui porter.

» La certitude de trouver un protecteur qui ne l'avilirait pas pourrait le séduire; l'idée d'un ennemi ou d'un vainqueur insolent le révolte.

» Aussi hait-il profondément les Anglais; etc., etc. »

Certes, nul Français ne se plaindra de ce tableau; bien peu même donneront un démenti au dernier trait.

Dans la seconde partie de son Mémoire, l'auteur se livre à une discussion technique touchant le mérite des différents corps composant l'armée française. Il donne avec une grande impartialité le fort et le faible de cette armée. Comme le commun des lecteurs s'intéresserait fort peu à ces détails stratégiques, je les passerai entièrement. Je dirai seulement, ce qui est fort remarquable, que l'amiral y donne le premier rang, pour la science militaire, parmi les capitaines développés par la révolution, au général des Vendéens Bonchamps.

Voici comment il termine cette partie de son Mémoire :

« Les plus grands avantages de l'armée française résultent de l'élan donné au caractère national, de l'habitude acquise par ses généraux de commander de grands corps, de leur coup d'œil formé par l'expérience, de la nature, de la direction et de la force des troupes qui leur sont opposées, de la connaissance qu'ils ont du génie de leur chef et des moyens de le servir comme il aime à l'être, en prévenant, devinant ou achevant sa pensée. Il résulte également d'un système de brigandage qu'une guerre de position ferait cesser en le rejetant dans les embarras d'une tactique qui lui est complétement étrangère. »

La troisième partie est consacrée à peindre et à juger les généraux français. Le lecteur ne sera sans doute pas fâché de savoir comment un Russe apprécie et classe les illustrations militaires de la révolution :

« Masséna est un homme brave jusqu'à l'extravagance, à qui l'armée (française) n'accorde que peu de talents et encore moins de caractère. Il est de l'immoralité la plus profonde.

» Comme tous les généraux médiocres commandant des troupes braves et enthousiastes, il ne connaît que les attaques de front. La vigueur des soldats les fait parfois réussir. Il ne comprend rien aux grandes manœuvres stratégiques. Sa campagne actuelle (de Pologne) peut donner la mesure. S'il s'en tire, ce sera grâce à ses ennemis.

» Jourdan a, comme militaire, mais dans un ordre encore inférieur, les qualités et les défauts de Masséna : c'est un bourreau d'hommes...

» Le passage de l'Ourthe, rivière bourbeuse et sans gué, se fit sur les cadavres amoncelés de ses propres soldats. Il n'a aucune réputation dans l'armée française.

» Macdonald, l'élève et l'ami de Pichegru, est aujourd'hui sans contredit le premier officier de l'armée. Un sang-froid imperturbable, un coup d'œil rapide, une audace calme et persévérante, une activité sans exemple, quand les circonstances l'exigent, sont des qualités que fait ressortir l'indolence habituelle de son caractère. Il est peu aimé de Napoléon, et déteste Moreau, qu'il accuse d'avoir voulu le faire battre à la Trébia. L'attaque dirigée par lui à la bataille de Wagram est une des plus belles actions qu'on puisse citer.

» Ney est avantageusement connu pour son courage. C'est un homme audacieux et intelligent comme commandant de division, mais qui n'a développé aucune idée vaste, et passe pour peu capable de diriger une armée.

» Davoust, camarade de collége de Napoléon, auquel il est dévoué, est un bon officier du second ordre; ses batailles de Poulstouck et de Preussich-Eylau ont donné sa mesure.

» Junot, dont la conduite comme général en chef de l'armée de Portugal fut un modèle de folle confiance et d'ineptie, est dévoué à Napoléon.

» Bernadotte est plutôt un brave qu'un grand général.

» Murat lui est encore inférieur. On cite de lui des traits d'une rapacité inconcevable.

» Oudinot, brave et intelligent, est un des généraux qui ont servi le moins activement, en raison de ses blessures et de sa santé. Tour à tour chef d'état-major, commandant de division et d'avant-garde, il montra dans tous ces postes des talents secondaires, mais estimables. Il n'a jamais commandé en chef.

» Berthier, fripon et poltron reconnu, n'a de mérite que son zèle pour son maître. L'habitude lui a donné une certaine triture des affaires d'état-major. Ses sottises comme ministre de la guerre ont forcé de mettre toutes les portions de cette administration sous des chefs particuliers. Il n'a que le titre, et la transmission des ordres suprêmes. En un mot, sa réputation, très-grande en Europe, est nulle en France.

» Lecourbe, très-supérieur à la plupart de ceux que j'ai cités, a contre lui son attachement noble et invariable pour Moreau, dont il avait commandé l'avant-garde avec succès.

» Dessoles et Regnier ont, par la même raison, partagé la même défaveur. Bons officiers d'état-major, ils se sont montrés médiocres chefs d'armée en Italie et en Espagne.

» Dumas, impitoyable théoricien, homme à systèmes, a tout l'entêtement que peut donner la science dénuée d'expérience. Il a commis dans les Grisons des fautes inouïes, qu'il commettra toutes les fois que l'occasion se présentera. Rien de plus incurable que la présomption jointe à un jugement faux et appuyée sur une certaine somme de connaissances positives.

» Le reste vaut peu la peine d'être nommé depuis la perte du général Sénarmon, officier d'artillerie du premier mérite, et la disgrâce du général du génie Marescot.

» . . . . . Ce que la France a produit de mieux durant la révolution, ce fut, d'une part, Desaix et Pichegru, tous deux royalistes au fond du cœur, dont on a cru l'un assassiné lors de la victoire de Marengo qui lui est due, comme l'autre l'a été au Temple. Quant à ce dernier meurtre, des notions personnelles ne peuvent me laisser aucun doute.

» Ce fut, d'autre part, Dumouriez et Moreau... »

Certes, ces jugements de l'amiral Mordvinof ne sont pas sans appel. Il est injuste pour quelques-uns, sévère pour tous; mais les panégyristes fanatiques de ces généraux sont-ils plus dans le vrai?

Après cet aperçu il passe à Napoléon lui-même :

. . . . « J'ai été intéressé à rencontrer Napoléon dans un temps où le parti antirévolutionnaire songeait à se le rendre utile. Pour cela, je m'étais lié avec le général Dammartin, son seul ami, *si tant est*, me disait ce dernier, *que Bonaparte ait jamais aimé quelque chose*. Dammartin, qui le connaissait bien, m'assura qu'il n'avait aucune croyance à la foi, à l'honneur, à la probité; qu'il n'avait jamais éprouvé un moment de sensibilité; qu'il n'aimait pas le sang, mais était indifférent à son effusion, et toujours disposé à le répandre, sans hésiter, à raison de son ambition, ou de son intérêt. De là le massacre de quatre mille janissaires à Jaffa, deux jours après la capitulation; de là l'abandon des malades et des blessés devant Saint-Jean d'Acre; de là le meurtre du duc d'Enghien.

» Vendôme, Frédéric, Dumouriez avaient des propos aimables qui plaisaient au soldat; Napoléon n'en a que de durs, mais ils produisent le même effet parce qu'ils sont un éloge indirect : *Une bonne-demi brigade ne doit durer qu'une campagne!* disait-il à un corps valeureux et accablé. Et le soldat vaniteux jouissait de sa confiance en lui.

» Un autre trait de son caractère, c'est le vague de ses idées. L'art de les débrouiller a fait longtemps la fortune de Bourrienne, comme elle fait aujourd'hui celle de Maret. A ce défaut il joint un entêtement indestructible pour tout projet qu'il a mis au jour.

» La seule chose qui soit constante en lui, c'est l'ambition de paraître; mais, comme il n'a qu'un but indéterminé, et que chaque succès crée un nouveau désir, le moindre obstacle irrite son cœur haineux, et on ne lui voit jamais ni l'esprit de sa situation, ni le génie de sa fortune.

» Dammartin ne trouvait rien de grand en lui, même en mettant de côté les tristes mobiles de son premier mariage, la basse humilité de sa conduite avant sa fortune, et sa jactance insoutenable lors de ses succès. Mais, sans lui accorder de grandes vues militaires, il admirait son coup d'œil, son audace et sa décision, le croyant néanmoins dénué de cette sagacité qui offre des ressources promptes et sûres dans le désastre. »

L'amiral, après avoir critiqué une à une les campagnes de Napoléon, termine cette partie de son Mémoire par ces paroles remarquables empruntées à Moreau :

« Napoléon est un général audacieux, sans prévoyance et sans vues, qui ne résisterait pas à une longue suite de malheurs; en un mot, il est, comme général, ce que ses anciens amis les jacobins sont comme politiques, c'est-à-dire un instrument aveugle de destruction qui brisera tout si on ne parvient à le briser. »

Passant par-dessus les articles 4 et 5, je mettrai sous les yeux du lecteur la conclusion de l'amiral :

« Le caractère militaire de la France est dangereux pour la tranquillité de l'Europe; son organisation civile et militaire le rend plus dangereux encore que les passions du chef, son système de guerre et l'ambition de ce qui l'entoure; mais ce danger, qu'il faut craindre, un plan militaire sage, ferme et constant, peut le neutraliser; en outre, on peut regarder la France comme un ennemi dont l'armée et les généraux sont au-dessous de leur réputation, qui voit chez lui s'éteindre les talents plus rapidement qu'ils ne se renouvellent, et dont le dominateur, plus craint qu'estimé, n'a point une tête assez forte pour surmonter les dangers que peut et doit lui susciter la Russie, ne fût-ce que pour punir son insolence imprudente et son ambitieuse perfidie. »

XXXV.

Du plan de campagne des Russes. — Portrait de personnages célèbres.

La plupart des ouvrages publiés sur la campagne de 1812 ont admis, comme fait positif, la conception d'un vaste plan de retraite adopté par le cabinet russe, et combiné à l'effet de ruiner, par ses succès mêmes, une armée contre laquelle on avait senti qu'une force rivale ne pouvait rien.

Ainsi ont parlé Labaume, Puibusque, Sarrazin, et l'auteur, quel qu'il soit, du *Manuscrit de Sainte-Hélène*.

En général, cette opinion a trouvé dans le public une créance qu'elle ne méritait pas; on s'est empressé d'ajouter foi à ces récits inventés au hasard, parce qu'ils flattaient la vanité nationale et paraissaient expliquer suffisamment cette incroyable ruine d'une armée sans cesse triomphante.

Et cependant une lecture attentive aurait suffi pour mettre en garde contre ces mensonges inventés après coup. Sans parler de Labaume, Puibusque, etc.; le général Sarrazin, qui n'a jamais su que vendre à l'ennemi sa coupable médiocrité et se plaindre impudemment du peu d'or qu'il en recevait, prétend que l'Angleterre avait fourni à la Russie son plan de défense et insinue que lui-même en était l'auteur; mais, par une contradiction manifeste, il prodigue des éloges à la construction du camp retranché de Drissa, position très-rapprochée de la frontière russe, et qui prouve toute autre chose que l'intention d'une longue retraite.

Un ouvrage à consulter sur cette campagne est celui qui a pour titre : *Mémoire pour servir à l'histoire de la guerre entre la France et la Russie en* 1812. (Londres, 2 vol. in-4°.) — L'auteur, prisonnier à Saint-Pétersbourg, l'a écrit, non-seulement en témoin oculaire et véridique, mais en militaire et en politique aussi instruit que penseur.

Ceux qui voudront connaître à fond les événements militaires de 1812 les trouveront curieusement décrits dans l'histoire qu'en a donnée le marquis de Chambray.

Les considérations suivantes sont tirées d'écrits russes, et principalement d'un ouvrage commandé par l'empereur Alexandre à son aide de camp Bouturline.

Rien, dans la marche réelle des choses, n'atteste l'existence d'un plan sagement adopté et méthodiquement suivi d'une défense nationale préalablement combinée. Il y a plus, les événements eux-mêmes en détruisent jusqu'à la vraisemblance.

D'ailleurs tous ceux qui ont vu l'intérieur de la Russie en 1812 savent que l'empereur avait, depuis plusieurs années, prodigué constamment des millions à la construction du camp de Drissa, et à l'augmentation des ouvrages de la forteresse d'Unabourg, qu'on lui avait fait considérer comme imprenable; qu'il avait ménagé une ligne de places dont Borissof était la clef et qui liait le grand marais de Polésie à celui de Polosk; qu'il croyait posséder, pour couvrir ses vastes provinces, plus d'un million de soldats; qu'il avait enfin formé, outre d'immenses dépôts d'artillerie, trois rangées parallèles et successives de magasins du Niémen au Dnieper.

L'empereur se flattait donc de vaincre, ou tout au moins de résister dans le cas où l'on l'attaquerait.

Mais il ne prévoyait pas même qu'on pût l'oser : aussi sa politique fut-elle surprise en même temps que son armée.

Alors, mais un peu tard, il s'aperçut qu'au lieu de 550,000 hommes qu'il croyait avoir en Pologne, il ne s'en trouvait pas plus de 197,000 des bords du Prouth aux rivages de la Baltique; qu'il ne possédait réellement ni armée, ni généraux, ni armes, ni munitions, ni argent, en proportion de ce qu'il fallait; que la ligne de la Berézina, mal choisie et plus mal fortifiée, ne prêtait à aucune résistance; que le camp retranché de Drissa offrait moins un asile qu'un tombeau; enfin que Smolinsko, qu'on n'avait même pas songé à fortifier, était le seul point propre à couvrir la Russie.

Dès lors le découragement succédant à la jactance, on abandonna l'artillerie, on brûla les magasins, on se rejeta précipitamment en arrière.

La position de Borodino, non-seulement ne couvrait rien, mais en partie exposait l'armée à une destruction complète.

L'ennemi semble l'épargner là, comme plus tard à la sortie de Moskou.

Le nord de la Russie était à découvert. On pouvait l'affamer par l'enlèvement facile des immenses magasins de Twer.

Le salut de l'empire fut alors un véritable miracle. Il résulta de la sécurité, de l'inactivité, de l'imprévoyance de l'empereur Napoléon, et des finesses imperceptibles du général qui lui était opposé.

Certes, la Russie eût pu être sauvée par un plan de retraite combiné habilement et suivi avec fermeté; mais elle ne dut sa délivrance qu'à son ennemi, qui la rendit possible, et à l'hiver, qui permit de l'effectuer.

Mais ceux qui parlent ainsi ignorent ou n'osent dire ce que le tzar ne voulut jamais révéler, de peur de s'attirer la haine universelle de son peuple : l'incendie de Moskou.

Par le fait, Napoléon avait commis des fautes immenses, mais il pouvait encore dicter des lois :

Après la prise de Smolinsko, en restant en Pologne pour y refaire son armée et organiser le gouvernement polonais;

Même après sa marche sur Moskou il pouvait écraser complétement l'armée russe à Borodino.

Enfin, après l'incendie de Moskou, il pouvait encore enlever les magasins de Twer et se porter rapidement sur Saint-Pétersbourg consterné. Koutouzof, incapable d'ailleurs de le suivre, n'aurait été instruit de sa marche que fort tard.

Si, ce qui est douteux, il ne commandait pas la paix à Saint-Pétersbourg, il pouvait ruiner Cronstadt, rompre toutes les communications avec les Anglais, dissiper les levées de milices, et, en forçant ainsi les Autrichiens et les Prussiens à la fidélité, se procurer par eux les moyens d'un triomphe décisif et sûr.

Voilà ce que nul plan de retraite n'aurait pu, ni

prévenir, ni empêcher. C'est du moins l'opinion de tous les gens qui, ne connaissant pas la Russie, ne peuvent avoir aucune idée de ses moyens de défense négatifs.

Quoi qu'il en soit, ce plan avait été donné, comme nous le verrons ; mais, accueilli d'abord par la crainte, une folle présomption le rejeta bientôt. Si pourtant il avait été exécuté comme on le proposait, Napoléon eût été probablement perdu ; mais, au lieu d'y revenir, comme l'eût fait le général Barklay, Koutouzof plaça l'État sur les bords d'un abîme que les fautes seules de l'ennemi purent lui faire éviter.

Je ne m'attacherai pas à rendre compte de cette campagne. Des deux armées opposées, l'une commença par se retirer précipitamment ; l'autre, ruinée dans sa marche par la disette, le fer et la désertion, qui fut immense, revint, après de gigantesques triomphes, renversant sur son passage tout ce qu'on lui opposait, et suivie de loin par des forces supérieures qui semblaient moins vouloir la combattre qu'assister à ses funérailles. Je dirai seulement que, précédemment à ce double désastre, tandis qu'occupé de fêtes à Wilna, on ne s'y doutait de rien, l'Angleterre considérait la Russie comme complétement perdue. Au moment du réveil, on ne sut qu'implorer les secours de Bernadotte ; et celui-ci, moins frappé de son intérêt réel que de la vanité bourgeoise d'être le protecteur d'un grand souverain, accueillit ses ouvertures.

Pour le tzar, il trouva, par d'heureux mensonges, les moyens d'exalter son peuple. Les ravages exercés par ses propres troupes furent attribués à l'ennemi. La noblesse et les paysans rivalisèrent de sacrifices et de zèle dans la levée des milices. Les premiers croyaient que l'ennemi voulait rendre les serfs libres ; les autres croyaient conquérir cette liberté en servant l'État ; bien différents, en cela, les uns et les autres, des Espagnols, dont le patriotisme fut si véritablement pur.

Durant le premier effroi, les Français avaient été à Saint-Pétersbourg l'objet d'un véritable culte. Aux premiers revers de Napoléon, la scène changea complétement. Les prisonniers de guerre furent traités avec une barbarie dont je n'essayerai même pas de retracer les horribles détails.

Trois faibles divisions de l'armée française échappèrent seules. Celle de Macdonald, abandonnée des Prussiens ; celle de Murat, dont presque tous les étrangers désertèrent ; celle de Regnier, auquel les Saxons furent fidèles. Leur retraite fut d'autant plus admirable, qu'elle eut lieu au milieu de tous les fléaux réunis, et sous les yeux d'une armée victorieuse qui ne put jamais les entamer. On n'en étala pas moins avec orgueil les trophées de l'hiver libérateur.

C'étaient des drapeaux conquis dans des fourgons abandonnés, des canons retirés des marais, et jusqu'à un bâton de maréchal, dépouille opime trouvée dans une calèche embourbée.

Avant de dire un dernier mot sur ce plan de campagne, qui fait l'objet de ce chapitre, je tâcherai de peindre les acteurs politiques qui ont joué un rôle à cette époque, en les partageant en cinq catégories. Elles comprendront :

1° Les ministres accrédités près le cabinet de Saint-Pétersbourg ;

2° Les principaux administrateurs du gouvernement russe ;

3° Ceux qui, sous main, en dirigeaient momentanément les affaires ;

4° Les militaires le plus en évidence alors ;

5° Enfin les serviteurs, agents ou conseillers du roi de France.

A la tête de la première catégorie se trouve naturellement placé le duc de Serra-Capriola, ministre de Naples dans cette cour depuis trente-cinq ans, il en connaissait à fond la politique. Ami de son roi, serviteur zélé des Bourbons ; ennemi, mais ennemi sage de toute innovation inexécutable ou inutile, ce doyen éclairé des ministres accrédités à Saint-Pétersbourg joignait à une grande droiture cette finesse italienne qui semble deviner tout par instinct. Il avait, en outre, de l'esprit naturel, une grande aménité, et, quand il voulait, cette loquacité, à la fois piquante et vive, qui cache d'autant mieux les ruses diplomatiques qu'elle ressemble à l'indiscrétion et la provoque.

La considération dont il jouissait était telle que, depuis l'instant où la France devint l'objet d'une terreur générale, tous les envoyés étrangers, hormis celui de l'Autriche, eurent ordre de se concerter avec lui et de suivre ses directions.

Tels furent, pour le Portugal, le petit Bessera, aussi exigu d'esprit que de tournure ; le ministre de Suède, comte de Lewenheim, tête assez légère unie à un cœur droit et à un esprit médiocre, etc. ; de Maistre, envoyé de Sardaigne, qui, avec plus de mémoire que d'esprit, et plus d'esprit que de raison, dut à son aveugle présomption et à son fanatisme ultramontain de nombreuses inconséquences, dont l'empereur Alexandre s'indigna d'autant plus qu'il l'avait d'abord accueilli plus favorablement ; enfin, la légation espagnole où, au noble et loyal Maronia, succéda l'érudit Pardo, le seul de sa famille qui servit le roi Joseph ; puis Zéa-Bermudès, premier agent envoyé en Russie par la junte de Cadix, sous le masque d'un commis marchand de la maison

Colombi, chez qui le zèle et l'activité suppléèrent au talent. Quant à l'insignifiant Bordaix-Assara, il y fut à peu près nul dans le court espace de sa légation.

En regard de ces missions dirigées par le duc de Serra-Capriola, quoique son caractère public ne fût plus reconnu depuis l'intronisation de Murat, nous voyons :

Celle de France, où la nullité bourgeoise du général Hédouville avait fait place aux talents éminemment diplomatiques de Caulaincourt, auquel succéda Lauriston, qui séduisit moins et plut davantage.

Celle d'Autriche, respectable sous le prince de Schwartzenberg, qui partit en disant au tzar : *Si vous êtes contre nous, vous nous forcerez, en cas de malheur, à nous lier avec notre ennemi commun.* Elle devint presque ridicule sous le comte de Saint-Julien, à qui on avait donné pour surveillant le spirituel Sturmer, depuis commissaire à Sainte-Hélène, ainsi que le trop fin et très-grimacier Lebzettern, ministre actuel, espèce d'aventurier politique, propre à tous les métiers.

Quant à celle d'Angleterre, elle eût été constamment insignifiante sans la mission du bizarre et adroit lord Walpole.

Le gouvernement russe était alors ostensiblement dirigé par le comte Roumanzof, véritable homme de bien. Nul n'était plus attaché à son pays ; mais il regardait toute lutte avec la France comme ruineuse, et cherchait à la prévenir par une soumission aveugle à la politique de Napoléon.

Vient ensuite le général Balachof, ministre de la police, c'est-à-dire premier ministre dans un État despotique, où la sûreté du prince est tout. Cet homme, qui ne se soutenait qu'en se faisant l'espion de l'empereur et de sa noble maîtresse (Narichkine), était un intrigant, égoïste, sans utilité, que son premier commis, Sanglant, trahissait.

Le prince Alexandre Galitzin, ministre des cultes, se renfermait prudemment dans ses fonctions. Élevé par des bouffonneries, il avait cru devoir se faire dévot et poussait ce rôle jusqu'au fanatisme.

A ces personnages il faut joindre l'amiral Mordvinof, ancien ministre de la marine et depuis appelé à la tête du conseil par l'opinion publique. Un cœur droit, un caractère loyal le rendait d'autant plus opiniâtre qu'il se sentait réellement vertueux et désintéressé.

Son ami Speranski, sorti d'une classe infime, joignait la souplesse à la fermeté. C'était un homme d'une grande facilité de travail et possédant les plus vastes vues.

Enfin, le prince Alexandre Paltikof. Favorisé des dons de la naissance et de la fortune, il offre le modèle de l'homme vertueux, juste, éclairé, modeste et utile. Fils du gouverneur d'Alexandre, et compagnon des jeux de son souverain, il fut un moment chargé du portefeuille des affaires étrangères. De tous les ministres russes, ce fut lui qui vit le mieux et le plus loin. On ne crut ses prédictions qu'après leur accomplissement ; et lui, dénué d'ambition au milieu de tant d'orgueils humiliés par sa sagesse, a totalement quitté les affaires, ne pouvant, ni approuver, ni combattre avec succès un système administratif, où tout est erreur.

Indépendamment de ces ministres avoués, ceux qui dirigèrent réellement les affaires, de 1810 à 1812, furent, 1° le baron, depuis comte d'Armfeld, homme dont la mémoire me sera toujours chère. Personne n'avait mené une vie plus agitée. Il avait quitté la Suède, puis y était rentré, pour être forcé de fuir encore sous les persécutions de Charles XIII. Chassé de France par Napoléon, à qui jamais il ne pardonna cette insulte, il vint en Russie. Là son expérience et ses talents furent appréciés, et, pendant quelque temps, il fut le principal guide du gouvernement. Peu d'individus ont possédé au même degré un esprit brillant, une conception rapide et vaste, une facilité de travail inouïe. Il paraissait tout savoir, et son seul défaut était d'embrasser trop de choses à la fois. Il perdit son influence au moment où ses talents étaient le plus nécessaires au pays qu'il servait avec zèle, et mourut les premiers jours d'août 1814. M. de Kackelof avait, pour paraître quelque chose, donné dans les rêveries de l'illuminisme. Ses relations mystiques avec le baron de Stein, chef *des amis de la vertu,* lui donnèrent quelque importance.

Quant au baron de Stein lui-même, c'était lui qui, en 1792, avait fait rendre Mayence aux Français. Indulgent pour Bonaparte citoyen, il eut Napoléon monarque en horreur. Plus que tout autre, il contribua à exalter la jeunesse germanique, et devint un des principaux agents de d'Armfeld.

En fait de généraux, je citerai le maréchal prince Koutouzof, homme usé de débauches qui n'avait jamais eu que des talents d'intrigue et une finesse de Pasquin. Tout porte à croire que la postérité le considérera comme un nouveau Fabius.

Benigsen, sujet hanovrien, chef des assassins de l'empereur Paul Ier, avait, comme général du second ordre, des talents réels.

Le prince Bagration n'était qu'un brave, justement illustré à la bataille de Hallabrunn. Nous citerons de lui un trait chevaleresque à la bataille de Borodino, où il fut blessé à mort.

Le maréchal prince Barklay était un excellent général de deuxième ordre, qui avait parfaitement jugé l'espèce de guerre qu'il fallait faire à Napoléon. Malgré la haine universelle, il servit avec dévouement sous Koutousof, qui l'en paya en essayant de le déshonorer. Il servit ensuite sous son cadet Wittgenstein, dont il répara les fautes, et emporta dans la tombe l'estime de tous ceux qui l'avaient connu; mais les Russes prévenus maudiront sans doute à jamais sa mémoire.

Le comte Wittgenstein est le héros du peuple russe, en raison de ses victoires fabuleuses. Il n'a fait en sa vie que des fautes, et en eût fait bien davantage encore sans Barklay. Nonobstant, il lui est de beaucoup préféré dans l'armée russe.

L'amiral Tchitchagof était mal à l'aise dans le commandement d'une armée de terre. Cependant, malgré la perfidie de Koutousof et l'ineptie de Wittgenstein, il réussit à ruiner l'armée française par sa prodigieuse activité. En récompense, l'opinion publique l'a calomnié.

Opperman est la lumière du génie russe. Son camp de Drissa, dominé à demi-portée du canon, dont on ne pouvait sortir que par des issues escarpées, sous le feu de l'ennemi, et si étroites que la rupture d'un seul caisson les eût obstruées; ce camp, dis-je, dans les ouvrages duquel on plongeait de toutes parts, suffit pour le juger, lui et son arme, dans laquelle il n'a point de supérieur.

J'ai déjà parlé de Rastapchine. Il me reste à mentionner trois personnages diversement importants à cette époque, Vismitinof, Palucci et Richelieu.

Vismitinof était gouverneur de Saint-Pétersbourg en 1812. Sa conduite, en opposition avec la fureur insensée de la double populace de la rue et des salons, fut aussi ferme que sage. Les Russes, à cette époque, lui durent tranquillité; les Français, protection.

Le marquis de Palucci, fils d'un gentilhomme modenais, transfuge de l'armée sarde, chassé depuis de l'armée française, se fit de sa honte un mérite qui lui valut de servir en Russie. Après une carrière d'intrigue inutile, il a gagné sa retraite d'aveugle et fidèle agent du despotisme.

Le duc de Richelieu n'est qu'un général et un sujet russe. Considéré comme Français, il deviendrait trop coupable. Sous le premier rapport, il n'est pas même sans erreurs, que de grands services lui ont fait pardonner.

Aimable, probe, il n'a ni talent ni caractère, et joint l'égoïsme le plus complet à une rare indiscrétion.

Parlons enfin des Français. Ils se réduisent à six. Blacas, Brion, Vernègue, La Maisonfort, Polignac et Alexis de Noailles. J'ai déjà parlé de la plupart d'entre eux et je serai d'autant plus bref.

Le comte de Blacas n'émigra guère que pour échapper à ses créanciers. Sa correspondance avec la Russie comme seul ministre de Louis XVIII est remarquable par une inconséquence qui fit beaucoup de tort aux Bourbons. La France a vu depuis sa fortune rapide et son trop honorable exil. C'est encore un homme que l'histoire jugera, bien qu'il ne mérite point que l'histoire s'occupe de lui.

Je ne sais trop si le comte de Brion le valait en talents. On me proposa dans le temps d'être son adjoint. Bien que la chose n'ait pas eu lieu, je n'en fus pas moins admis à la confidence des secrets de la plus niaise de toutes les correspondances et d'homélies par lesquelles le bonhomme répondait aux notes inconséquentes de Blacas.

Le chevalier de Vernègue se croyait politique parce qu'il était faux, adroit parce qu'il était intrigant. Véritable chevalier d'industrie, il se faisait nourrir, loger, héberger par des sots qu'il prétendait protéger.

Le marquis de La Maisonfort, autre petit brouillon, se croyait un bel esprit du premier ordre pour quelques comédies sifflées, qu'il accusait Napoléon d'avoir fait tomber.

Le duc de Polignac ne ressemblait en rien à ceux que nous venons de citer. J'ai connu peu d'hommes aussi respectables.

Quant au comte Alexis de Noailles, fidèle aux us et coutumes de sa famille, il était venu tomber à Wilna avant la campagne de 1812, pour annoncer à l'empereur l'appui d'un parti royaliste formidable et dont il se disait l'agent. Pendant cela, son frère servait dans l'armée de Napoléon : ainsi, quel que fût le vainqueur, ils s'étaient ménagé des appuis. Mystérieux comme tous les gens qui veulent passer pour importants, il allait à deux messes par jour pour plaire à la pieuse princesse de Tarente, calomniait la France pour plaire aux Russes, et maudissait sa propre famille pour plaire aux Polignac.

Dieu merci, je suis au bout!

Revenons enfin au plan de campagne.

Je vivais depuis plusieurs années à Saint-Pétersbourg, solitaire et fuyant le monde. Fermement convaincu que la destruction de la Russie était jurée, qu'on s'y préparait et que rien n'était moins impossible, je voyais arriver avec douleur cet événement funeste qui devait ôter tout espoir à l'indépendance européenne et à la liberté intérieure de la France.

Un jour, causant en tête à tête avec le duc de Serra-Capriola, je lui témoignai mon étonnement de la sécurité de l'empereur. « Il sait à ses dépens, lui

» dis-je, qu'il n'a ni bras ni têtes à opposer à ses » ennemis. Mais que ne songe-t-il à ses neiges ? » C'est là qu'il faut enfouir Napoléon, si l'on ne » veut pas qu'il visite Pétersbourg comme il a visité » Vienne et Berlin. Et, certes, il n'y a pas un mo- » ment à perdre pour lui échapper. »

Content de mes idées, que, sur sa demande, je lui détaillai, il me sollicita vivement de les rédiger et de les lui confier. Je le fis, quoique avec répugnance, en exigeant expressément de n'être point nommé.

Je le fus cependant. L'amiral Mordvinof, à qui mon manuscrit fut remis par le duc, en donna connaissance à l'empereur, qui l'approuva et me demanda un nouveau mémoire sur l'armée française.

Sur ces entrefaites arriva le comte d'Armfeldt, qui, tout d'abord, acquit un crédit que l'intrigue lui fit perdre plus tard.

D'Armfeldt eut communication de mon travail, approuvé déjà par Barklay. Il en fit la base de son système, et fut chargé par l'empereur de me proposer du service, ce que je refusai. Les motifs de ce refus tiennent à des principes dont je n'ai jamais cru devoir me départir et qu'il serait trop long d'exposer ici.

Mais pourquoi, dira-t-on, prêcher la guerre et n'y pas prendre part ?

J'annonçais la guerre comme certaine et ne la prêchais pas.

En outre, j'espérais de son issue une restauration qui mettrait à néant cette révolution, qui, sous prétexte de liberté, n'avait été dès son origine qu'un système d'esclavage plus que jamais consolidé depuis le couronnement de Napoléon.

Mais je ne voulais pas agir personnellement en faveur d'étrangers dont les motifs m'étaient suspects. Je me contentai, cédant à de nombreuses importunités, d'être admis au travail du comité dont d'Armfeldt était l'âme, et à celui des serviteurs du roi qui s'y réunissaient, pour profiter en faveur du prince de toute circonstance heureuse.

La correspondance du roi se poursuivait sur un ton malheureusement nuisible à ses vrais intérêts. C'était contre ses directions, contre son opinion même qu'il fallait le servir. Le duc de Serra-Capriola en gémissait, d'Armfeldt s'en indignait souvent, et l'empereur Alexandre professait pour Louis XVIII le plus grand éloignement.

Je fus chargé dans ce temps de rédiger une biographie propre à faire ressortir les vertus populaires du roi. Ceci était nécessaire, à cause de la réprobation dont le tzar frappait son nom et sa personne.

Alexandre était loin de croire aux brillants succès qui se préparaient pour lui. Ce ne fut que poussé à bout qu'il se détermina à la guerre. Mais l'accusation de parricide que Napoléon fit faussement peser sur lui l'irrita au point de rejeter bien loin toute idée de paix, dût-il être obligé de s'enfoncer dans les déserts de la Sibérie. Aussi, en nommant le prince de Lieven ambassadeur en Angleterre, lui dit-il :

« J'ai choisi le moment où l'armée française est à » Moskou pour fixer votre départ, afin de mieux » marquer que ma détermination inaltérable est de » poursuivre la guerre malgré ce grave événement. » C'est à l'instant où Napoléon se trouve dans mon » cabinet du Kremlin que je vous envoie à Londres » pour y porter la ferme assurance que je ne ferai » pas de paix tant que je n'aurai pas refoulé l'en- » nemi hors de nos frontières, dussé-je, avant d'y » parvenir, me retirer au delà du Khazan. »

Ce qu'il y a de curieux, c'est que le change russe, qui avait baissé durant la paix avec Napoléon, se releva pendant l'occupation de Moskou.

Dans les chapitres suivants nous reviendrons sur quelques détails qui suivirent la paix de Tilsitt et sur ceux de l'incendie de Moskou. Mais notons d'abord ici, ce qui sera prouvé plus tard, que l'empereur Alexandre ne voulut jamais la restauration des Bourbons. Aussi le duc de Serra-Capriola me disait-il : *N'en parlons jamais à l'empereur; ce serait ruiner leur cause.*

Notons encore que le plan de campagne, suivi comme il l'eût été par Barklay, eût épargné à la France des flots de sang, des milliards, la perte d'une portion de son territoire et la honte de deux invasions.

XXXVI.

Suite de la paix de Tilsitt.

Je veux noter ici seulement deux choses nécessaires à l'histoire de ce temps : 1° l'imprudence des projets conçus entre la paix de Tilsitt et la campagne de 1812; 2° les fautes multipliées des trois cours jadis copartageantes de la Pologne.

A peine en paix, le gouvernement russe, alors dirigé par Speranski, se proposa de donner à l'empire, pour directeur des affaires, un conseil suprême formé à l'instar du conseil d'État de Napoléon. Il se serait composé de trente-six membres, pris parmi les personnages les plus distingués du pays, et divisés en bureaux saisis de chaque branche d'administration. Le tout eût été un haut tribunal de révision.

Ce sénat dirigeant se serait partagé en quatre cours supérieures de justice, siégeant à Saint-Pétersbourg, Moskou, Kief et Khazan. Enfin, on devait donner la liberté aux paysans, en commençant par la Corélie, et successivement la Pologne, les provinces allemandes et la Russie proprement dite. Ce projet, prétendu bienfaisant bien plus qu'il ne l'était en réalité, avait sans doute un côté spécieux, mais il eût, à la veille d'une guerre inévitable, bouleversé l'empire en changeant le cours des affaires privées, détruit l'unité d'action, alors même qu'on allait en avoir le plus grand besoin, et enlevé à la fois aux paysans et à leurs seigneurs ce double stimulant dont j'ai parlé, qui soutint principalement leur patriotisme contre les efforts d'un ennemi redoutable.

Le plan de Speranski, outre qu'il avait l'inconvénient de ne rien statuer sur la manière de remplacer utilement pour les peuples la police des seigneurs, eut donc, au temps où l'on voulait l'exécuter, préparé la ruine de l'empire, que Napoléon avait trouvé sans défenseurs. J'ai dit ailleurs comment il fut sauvé par un soulèvement général, fruit combiné d'une fausse crainte et d'une fausse espérance, par la rigueur d'un hiver que le vainqueur n'eût pas dû attendre, par les fausses idées de Napoléon, par les finesses du général Koutousof, que combattait en vain la rage inconsidérée de Robert Wilson, aussi acharné alors contre Napoléon qu'il s'est fait depuis son admirateur passionné.

Passons aux fautes des trois cours copartageantes.

Pour détailler ces fautes, il faut remonter aux premières dispositions de ces trois cours depuis l'origine de la guerre, et voir combien elles furent agitées de cupidité, de craintes et de vanité, qui devaient momentanément paralyser leur puissance.

Catherine II, regardant la révolution française comme un jeu, était parvenue à frustrer l'Autriche de sa part dans le deuxième partage de la Pologne, infâme politique qui, en ravissant la Prusse à la première coalition, et en facilitant plus tard les négociations de Lieben, servit puissamment la France.

Paul Ier devait respecter le repos du lion ; mais, dans son humeur chevaleresque, il le provoqua. De ses trois armées, l'une fut détruite en Suisse, l'autre faite prisonnière en Hollande ; celle d'Italie seule continua les succès commencés par les Autrichiens, succès qu'elle leur laissa couronner sans son appui. Mais la vanité russe, les impertinences de Souwaroff et les déclarations de gouvernements jetèrent des semences de haine entre les deux armées impériales. Pour comble de démence, le cabinet de Saint-Pétersbourg, partageant les préjugés populaires, exigea de celui de Vienne, lors de la campagne de 1805, que l'armée serait sous les ordres de Monck, et non confiée aux talents du prince Charles. Les résultats en furent la capitulation d'Ulm et la défaite d'Austerlitz.

Quant au roi de Prusse, quoique lui et l'empereur Alexandre eussent juré la délivrance de l'Europe sur le tombeau de Frédéric II, il laissa battre, sans les secourir, ceux dont les intérêts étaient les mêmes que les siens ; et l'Autriche le lui rendit l'année suivante avec une imprévoyance également absurde.

Il y a plus : l'empereur Alexandre avait, dans l'été de 1806, et tandis qu'il traitait avec Napoléon, proposé de puissants secours au cabinet de Berlin ; mais l'armée prussienne, craignant la fanfaronnade sans talent des généraux russes, les fit refuser. Le roi de Prusse les refusa même encore après la bataille d'Iéna. Cependant 12 à 15,000 hommes ajoutés à ses troupes eussent pu à Landsberg, où la victoire fut si chèrement disputée, réparer la précédente défaite.

Les suites définitives de tout ceci ont été la paix de Tilsitt, la soumission de la Russie aux vues de Napoléon, et l'incertitude de la Prusse, qui, lors de la guerre de 1809, et tandis qu'une partie des troupes françaises était occupée en Espagne, eût dû, ainsi que la Russie, aider les Autrichiens. Mais le roi de Prusse était subjugué par Alexandre, et celui-ci par l'espoir d'un agrandissement promis par Napoléon. Cet agrandissement se réduisait pourtant à une petite portion de la Galicie, ce qui, joint au district de Byalestack, n'avait accru qu'aux dépens de ses alliés un prince qui sollicitait et ne pouvait obtenir la permission d'envahir les provinces turques de Moldavie et de Valachie.

Cependant le commerce russe était ruiné par le système continental ; son papier-monnaie perdait jusqu'à 75 pour 100 ; il n'avait ni crédit ni alliés. Le peuple, humblement soumis, osait murmurer pour la première fois. La position était donc affreuse ; mais elle changea totalement après la campagne de 1812 ; la Prusse alors, que Napoléon ne sut pas acheter au prix qu'elle mettait à son alliance, se réunit la première à l'empereur Alexandre ; l'Angleterre solda les deux puissances ainsi que la Suède, et travailla à la défection des princes d'Allemagne ; enfin le cabinet autrichien, voyant jour à se placer à la tête des ennemis de Napoléon, fit succéder un rôle actif à celui de médiateur qu'il avait pris au congrès de Prague, où, par parenthèse, Louis Bonaparte envoya un mémoire, écrit et signé de sa main, pour demander aux alliés de le rétablir sur le trône de Hollande. Ce fut alors de ce congrès qu'on vit arriver à l'armée combinée les généraux Moreau et Jomini, dont je parlerai prochainement.

XXXVII.

Incendie de Moskou.

J'ai déjà donné mon avis sur ce grand événement en parlant du comte Rastapchine. Je reproduirai à la fin de ce chapitre l'opinion du général du génie Nempde.

Cette capitale, fondée vers l'an 1200, résidence des grands princes de Russie dès le commencement du XIVe siècle, est située au 55e degré 45 minutes 30 secondes de latitude, et au 55e degré 6 minutes 30 secondes de longitude, sur les bords d'une rivière peu considérable dont elle tire son nom, laquelle prend sa source à l'extrémité du gouvernement de Smolinsko et se jette dans l'Oka, à la frontière des gouvernements de Riazan et de Moskou. On croit qu'Oleg, en s'avançant vers Kief en 879, bâtit une ville au lieu où l'Iaouza et la Néglinna unissent leurs eaux à celle de la Moskva; mais il n'en était probablement resté que la riche habitation de Stépan Ivanovitch Koutchko, qu'Iouri Ier Wodimirovitch visita en 1157 et où il construisit une ville dont les premiers habitants furent les paysans de Koutchko, qu'il avait fait périr. Le prince Daniel Alexandrevitch l'ayant eu pour apanage, fit construire en bois le Kremlin, que Dmitri Ivanovitch Donski reconstruisit en pierre. Iouri Davitovich en fit sa résidence; et les grands princes l'ont successivement étendue; sa circonférence actuelle est de 46 verstes, et, quand on la considère des petites élévations qui la dominent, on croit voir, non pas une ville, mais une plaine semée d'un grand nombre de palais, dont les autres bâtiments qu'on aperçoit ne semblent que les dépendances. Moskou se divise en quatre villes qui ont chacune leur nom et sont enfermées les unes dans les autres.

1° Le Kremlin, ou forteresse, occupe dans le centre un lieu assez élevé dont la base est baignée par les rivières de Moskva et de Néglinna. Là était le palais des tzars, et se trouvent encore les trois églises de l'Assomption, où l'on sacre les souverains; de l'Arkhange-Mikhail, où ils étaient inhumés; et de la Vierge, dont les sommets sont dorés; ainsi qu'un grand nombre d'autres édifices religieux, publics ou privés. On découvre une vue superbe de la terrasse du Kremlin; et ses murs, flanqués de tours, et le clocher d'Ivan-Velikoï en offrent eux-mêmes une très-pittoresque.

2° Le Kitaï-Gorod, ou ville chinoise, qui contient une cour de commerce, composée de plus de six mille boutiques, plusieurs établissements publics, et qui est entouré de remparts construits sous Ivan IV Vassilievitch.

3° Beloï-Gorod, ou ville blanche; elle environne les deux que nous venons de citer; elle renferme un grand nombre de beaux édifices, et des établissements utiles, tels que la grande apothicairerie et l'université, fondées en 1755 par Élisabeth.

4° Zemlenoï-Gorod, ou ville de terre; elle est séparée de la précédente, qu'elle entoure, par une promenade nouvellement plantée, et qui remplace l'ancien rempart élevé par Fédor Ivanovitch en 1591. C'est dans cette ville que se trouve la maison des enfants trouvés.

Moskou est entouré d'un grand nombre de faubourgs. Celui des Allemands (Nemezkaïa Slaboda) forme à lui seul une ville remarquable par sa bâtisse et son étendue. Là se trouve l'hôpital général fondé par Pierre Ier, des églises romaines, luthériennes, calvinistes, plusieurs écoles, et le jardin de la cour, grande et superbe promenade.

Napoléon y arriva le 2 septembre, poussant devant lui l'arrière-garde russe.

Suivant la coutume suivie lors de son entrée dans les autres capitales, il espérait une députation; et, dans cette attente, il s'arrêta à la barrière de Smolinsko; mais personne ne vint, ni pour lui présenter les clefs, ni pour recommander la ville à la magnanimité du vainqueur; il n'y eut rien enfin qui pût donner matière au moindre petit bulletin. Napoléon, attendant toujours, coucha chez un traiteur, à la barrière; ce ne fut que le lendemain qu'il s'établit au Kremlin.

Je laisserai parler ici un témoin oculaire de l'occupation et de l'incendie, et je citerai par extraits la lettre de l'abbé Surag, écrite de Moskou au père Bissi, jésuite, le 19 octobre 1812, ayant soin de faire observer que cet ecclésiastique partageait l'erreur commune alors, touchant la préméditation de la ruine de Moskou :

« La marche rapide de l'armée française depuis son entrée sur le territoire de Russie, la prise de Smolinsko, et les journées sanglantes du 24 et du 26 septembre, après lesquelles les troupes russes se replièrent sur Moskou, semblaient mettre à découvert le système de guerre adopté par le gouvernement russe. On ne pouvait opposer à un ennemi aussi supérieur par le nombre de ses troupes qu'une mesure militaire, seule capable de l'arrêter dans sa marche : c'était de lui faire trouver sur sa route un désert continuel et de le combattre par la famine et les rigueurs d'un climat inconnu. Ce fut par une suite de cette politique qu'on livra à la flamme et au pillage tout ce qui se trouva sur son passage, et qu'on laissa les Français s'enfoncer dans l'intérieur d'un pays ennemi, au travers des déserts couverts de cendres, dans l'espoir de les vaincre sans efforts ou de leur couper la retraite.

» Le 1er septembre (vieux style) l'armée russe, par convention, s'était retirée tranquillement sur la route de Vladimir, en traversant la ville de Moskou la nuit du 1er au 2.

» Le 2, à 6 heures du matin, le général gouverneur de Moskou, Son Excellence M. le comte Théodore Wassilieritch de Rastapchine avait rassemblé toute la police et tous les employés subalternes de la ville dans sa maison, située dans la Loubienka.

» Les prisons ayant été ouvertes par son ordre, deux détenus seuls sont réservés pour comparaître devant lui, le sieur Véréachchagbin, fils d'un marchand russe, qui avait été convaincu d'avoir traduit une proclamation de Napoléon par laquelle il annonçait son arrivée très-prochaine à Moskou, et un Français, nommé Mouton, accusé d'avoir tenu des propos indiscrets et contraires aux intérêts de l'État. Le général-gouverneur, après avoir tout disposé pour le départ, fait avancer le premier de ces malheureux au milieu des dragons de la police : « Russe indigne de ton pays, lui dit-il, tu as osé trahir ta patrie et déshonorer ta famille ; ton crime est au-dessus des punitions ordinaires (le knout et la Sibérie) ; je te livre à toute la vengeance du peuple que tu as trahi !..... Frappez le traître, et qu'il expire sous vos coups ! » Le malheureux expire, percé d'une grêle de coups de sabre et de baïonnette ; on lui lie les pieds avec une longue corde ; et son cadavre sanglant est traîné par toutes les rues au milieu des outrages de la populace. Ensuite le sieur Mouton est appelé : « Pour vous qui êtes Français, lui dit le général gouverneur, gardez-vous bien jamais de tenir aucun propos contraire aux intérêts d'un pays qui vous a accueilli avec bienveillance. » Celui-ci, voulant se justifier, le général-gouverneur lui impose silence en ajoutant : « Retirez-vous, je vous pardonne ; mais, lorsque vos brigands de compatriotes seront arrivés, racontez-leur comment nous punissons les traîtres à la patrie ! » En même temps il donne l'ordre pour le départ, et s'avance lui-même, escorté de toute la police et de tous les employés subalternes, en prenant la route de Vladimir.

» Vers les dix heures du matin, la ville de Moskou, presque entièrement déserte, offrait l'aspect d'une vaste solitude. Au bruit de la marche tumultueuse de l'armée avait succédé un silence, mêlé d'horreur, qui semblait être le triste avant-coureur de quelque grande calamité. Aussitôt on annonce que l'arsenal est ouvert, que les armes sont au pillage ; les échappés des prisons y accouraient pêle-mêle avec la populace pour s'armer. Les portes et les caves des cabarets avaient été enfoncées dès la veille, et l'eau-de-vie ruisselait encore dans les rues.

» Chacun, renfermé sévèrement dans sa maison, mesurait avec une impatience mêlée d'effroi l'intervalle qui s'écoulait entre le départ d'une armée et l'arrivée de l'autre.

» Enfin, vers les 5 heures du soir, le son des trompettes se fait entendre ; l'avant-garde des Français s'avance ; on s'attend à voir la fin de l'anarchie. Le roi de Naples s'établit au delà de la Yaouse, dans la maison de M. Batachoff. Le reste des troupes se répand successivement dans différents quartiers ; et, vers le soir, une compagnie de grenadiers de la nouvelle garde impériale, postée au pont des Maréchaux, détache cinq hommes pour servir de sauvegarde à l'église Saint-Louis. Napoléon, ne voyant arriver au-devant de lui aucune députation, ni aucune des autorités constituées, passe la première nuit à la barrière de Smolinsko. Mais déjà commençait à s'exécuter un projet enfanté dans l'enthousiasme du patriotisme, celui de sacrifier la ville de Moskou au salut de l'empire, et de préparer un bûcher à l'armée française en incendiant cette immense cité. Depuis plusieurs semaines on avait préparé à Voronzavu, maison de campagne de M. le prince de Repnin, située à 6 verstes de la ville, une espèce d'arsenal où se fabriquaient des pièces de feux artificiels, des fusées à la Congrève et d'autres instruments destinés à l'exécution du grand projet. Pour dissiper ou prévenir les inquiétudes ou les soupçons du peuple, un bulletin du général gouverneur avait annoncé d'avance qu'on préparait un grand ballon aérostatique, au moyen duquel on était assuré de détruire toute l'armée ennemie. Quelques jours avant l'arrivée des Français, on avait fait l'essai de ces pièces d'artifice. On ne parlait que d'incendie, les uns avec un air de mystère, les autres plus ouvertement ; et l'empressement des habitants à s'éloigner de la ville annonçait quelque projet sinistre. Le jour même de l'évacuation de Moskou par l'armée russe, un globe de feu qui avait éclaté dans le quartier de Yaouse semblait donner le signal aux incendiaires ; une maison avait été la proie des flammes, tandis que, d'un autre côté, près du pont de pierre, le grand magasin d'eau-de-vie appartenant à la couronne était en feu et qu'on se voyait forcé de sacrifier une partie de ce dépôt pour conserver l'autre ; mais le même jour, vers les onze heures du soir, le feu s'étant manifesté avec la plus grande violence dans les boutiques situées près de la bourse, les magasins, qui étaient remplis d'huile, de suif et d'autres matières combustibles, devinrent un foyer inextinguible. On demande les pompes de la ville : on ne les trouve nulle part. Le bruit se répand que la police les a fait enlever, ainsi que tous les instruments destinés à remédier aux incendies. On cherche à éteindre le feu d'un côté; il éclate de l'autre avec plus de violence. Le mardi 3, un vent du nord-ouest s'étant élevé, l'incendie se propage, et toutes les boutiques sont en feu. Napoléon était venu s'établir au palais du Kremlin. Il n'avait pas été peu frappé de voir au-dessous de lui un incendie considérable, et il avait donné des ordres pour éteindre le feu, lorsqu'on lui rapporta que le feu se manifestait dans plusieurs endroits à la fois; qu'on débitait hautement que le projet avait été formé de livrer la ville aux flammes et de ne laisser aux Français pour conquête que des monceaux de cendres. Napoléon ne put croire d'abord à un projet aussi extrême; mais le nombre des incendiaires pris sur le fait, leurs noms, surnoms et états, leurs dépositions recueillies avec soin, leurs aveux uniformes, consignés dans un écrit qui fut publié à cet effet, ne laissant plus aucun doute à cet égard, on condamna plusieurs d'entre eux à être fusillés; leurs corps furent exposés à différents poteaux. C'étaient, dit-on, pour la plupart des employés de la police, des Kosaques déguisés, des soldats soi-disant blessés, et même des personnes attachées aux églises, qui déclarèrent qu'ils regardaient cette œuvre comme méritoire devant Dieu.

» Cependant la populace brisait avec violence les portes et enfonçait les caves des boutiques menacées du feu. Le sucre, le café, le thé furent bientôt au pillage; puis les cuirs, les pelleteries, les étoffes et enfin tous les objets de luxe. Le soldat, qui d'abord n'avait été que tranquille spectateur, devint bientôt partie très-active. Les magasins de farine furent pillés, le vin et l'eau-de-vie inondèrent toutes les caves; quelques soldats furent trouvés noyés dans le vin; en un mot, la ville fut en proie à un fléau plus terrible que le feu. En effet, le projet d'incendier la ville une fois bien constaté comme une mesure de guerre employée par le gouvernement russe, le pillage devenait comme une représaille inévitable de la part d'un ennemi qui se voyait frustré de l'espoir dont on l'avait flatté. Hé! quel dédommagement offrir à des troupes exténuées par trois mois de fatigues et de combats, éprouvées par des privations de tous genres et assurées par des promesses solennelles de trouver à Moskou la fin de leurs souffrances et la ressource universelle à tous leurs besoins! Mais aussi que n'avait-on pas à craindre d'une arme aussi terrible entre les mains d'un soldat exaspéré et avide de vengeance? Il n'y eut aucune distinction entre le Français et le Russe : l'étranger et le compatriote, tout fut dépouillé de la manière la plus indigne; ceux que le feu avait épargnés ne purent échapper au pillage; et le brigandage fut porté à un tel excès, que plus d'un individu regretta de n'avoir pas été enseveli avec tout ce qu'il possédait sous les cendres de sa maison...

» L'incendie de la ville continuait ses ravages; la Tverskaia était en feu et avait commencé à embraser la Nikitki; une partie de la Pakcovska était pareillement en proie aux flammes, lorsqu'un vent qui s'éleva du nord-ouest accéléra d'une manière prodigieuse les progrès du feu.

» En effet, le mercredi 4, au matin, il n'y avait plus dans toute l'enceinte des boutiques que les maisons des libraires et autres contiguës à l'ouprava Blagotchime qui eussent échappé aux flammes; tout le reste était consumé! Une fusée fut même jetée sur un des bâtiments du Kremlin, dans la vue sans doute d'incendier cette enceinte; mais le feu fut étouffé aussitôt par l'activité de la garde impériale. Alors Napoléon, qui se voyait entouré de feux de toutes parts, pénétrant le dessein des incendiaires, crut devoir prudemment abandonner le Kremlin pour se retirer au palais de Petrowsky.

» Vers les 4 heures du soir, le vent changea et souffla du sud-ouest avec toute la violence d'un ouragan. Le feu, qui avait été mis à quelques maisons au delà de la Yaouse et de la Moskva, étant alimenté par le vent, se développa avec une telle activité qu'on croyait voir un volcan immense dont le cratère embrasé vomissait des torrents de flamme et de fumée : c'était un déluge de feu qui consuma en moins de quelques heures tous les quartiers au delà des deux rivières et toute la Loubianka, tandis que d'un autre côté la Mokavotta, la Pretchuska et l'Arbate offraient le même spectacle. Il faut en avoir été témoin pour s'en faire une idée. On ne rencontrait partout que des malheureux chargés des tristes débris qu'ils avaient arrachés aux flammes, poussant des cris lamentables, et qui ne semblaient avoir échappé au feu que pour tomber entre les mains de brigands qui les dépouillaient sans pitié. Un grand nombre de ces infortunés se rendit au camp de Napoléon à Petrowsky pour implorer sa bienveillance; il parut s'attendrir sur leur sort et leur promit de s'occuper des moyens d'y remédier (1).

(1) Plus de 400 d'entre eux furent recueillis avec autant de

» Le jeudi 5, le vent, qui était directement à l'ouest, continuait à souffler avec la même impétuosité que la veille, et porta des nuages de feu de la Stretinska sur toutes les Mesznisky et la Trouba, enveloppa successivement, dans le même tourbillon, une partie de la Meszniska, la Porte-Rouge, le marché au bois, la vieille et la nouvelle Bassemane, enfin la Slobode allemande tout entière.

» Vers les 5 heures du matin, le ciel se couvrit de nuages, et, la pluie abondante qui tomba le reste de la nuit ayant calmé le vent, l'activité du feu se ralentit. Il n'échappa à cette tempête que quelques maisons éparses çà et là, la Gorokoeoïpolie et la rue Dimidova qui conduit au Jardin d'été.

» Le vendredi 6, la pluie qui continua à tomber ayant abattu le vent, l'incendie parut à sa fin. Néanmoins, le soir, le feu se manifesta encore dans quelques endroits, mais avec moins de violence.

» Le samedi 7, Napoléon crut pouvoir alors rentrer avec plus de confiance dans le palais du Kremlin. Vers le soir, la flamme consuma encore quelques magasins et la porte de la Tverskoï. Cette rue a conservé toute la partie située entre le palais du général-gouverneur.

» Les premiers soins de Napoléon en rentrant au Kremlin furent donnés aux malheureux de toutes les classes. Il ordonna qu'on nommât des syndics pour faire connaître tous ceux qui se trouvaient sans asiles et sans subsistances. Il fit ouvrir des maisons de refuge pour recevoir les incendiés, et promit de leur faire distribuer des rations. Il se transporta à la maison des enfants trouvés, qui avait échappé à l'incendie, fit appeler le directeur, M. le général Tontalmine, se fit rendre compte de l'état de la maison, l'engagea à vouloir bien faire son rapport à Sa Majesté l'impératrice mère, qu'il se chargea d'expédier par une estafette. (Ce rapport est resté sans réponse.) Napoléon s'occupa ensuite du soin des hôpitaux, dont une grande partie avait été préservée de l'incendie. Mais quel fut son étonnement lorsqu'on lui rapporta que ces maisons se trouvaient dans le plus grand dénûment des secours nécessaires, sans médecins, sans remèdes, sans surveillants; qu'on y avait trouvé une quantité prodigieuse de morts, que, sur plus de dix mille blessés arrivés récemment de l'armée, la moitié avait péri faute de secours; que le reste luttait entre le besoin et la mort! On donna ordre aussitôt à tous les chirurgiens de l'armée française d'établir une administration de secours pour tous les genres de maladies, en distribuant les malades dans les lieux convenables, et de faire des rapports exacts de l'état de ces malheureux. D'un autre côté, le maréchal Mortier, gouverneur général de la ville, et le général de division comte de Milhaud, commandant de la place, eurent ordre d'organiser une municipalité et une administration de police pour ramener l'ordre dans la ville et lui procurer des subsistances; mais les lenteurs ordinaires qu'entraînent ces sortes d'opérations au milieu du tumulte des armes et le peu de respect qu'on témoigne aux nouveaux magistrats rendirent leurs services à peu près nuls.

» Le dimanche 8, on croyait pouvoir respirer en pensant que le calme allait succéder à l'orage : mais quel calme! Dans la première semaine personne n'avait osé sortir de sa maison sans se voir exposé à être dépouillé publiquement. Les malheureux incendiés en avaient fait la triste expérience. La deuxième semaine, le séjour des Français n'inspira pas plus de confiance. J'en appelle aux témoins oculaires, qui, pour la plupart, furent autant de victimes. Ce qui avait échappé à la première activité du feu ne devint pas de nouveau la proie des flammes, mais il n'en fut pas de même du pillage : ce qui avait échappé à l'avidité du soldat dans ses premières recherches devint l'objet de sa cupidité; il ne respecta ni la pudeur d'un sexe timide, ni l'innocence de l'enfant au berceau, ni les cheveux blancs de la vieillesse; et les tristes lambeaux de la misère dérobés à la flamme devinrent encore un appât pour les hommes chargés des dépouilles de leurs frères.

» Cependant l'empereur Napoléon, qui, disait-on, n'avait toléré le pillage que pour dérober aux flammes ce qui leur avait été livré, et particulièrement les subsistances, ne put dissimuler ses regrets à la vue de la licence de ses troupes. Il donna les ordres les plus sévères pour arrêter le pillage, et la peine de mort fut décrétée contre les réfractaires. Mais quelle digue pouvait-on opposer au torrent? Le crime fut puni, mais le brigandage ne put être réprimé. Les nouvelles autorités constituées, qui avaient ordre de rassurer les habitants des campagnes circonvoisines et de les engager à procurer des fourrages et des subsistances à la ville, échouèrent dans leurs tentatives. Aucun malheureux paysan ne se hasarda impunément à transporter ses denrées à la ville; il se vit dépouillé en entrant aux barrières, on lui enleva denrées, cheval et voiture, trop heureux d'en être quitte à ce prix! Ces événements souvent réitérés ne laissaient aucun espoir d'approvisionner la ville, la disette était extrême, le citoyen ne vivait que de ce qu'il pouvait obtenir

zèle que de générosité dans la maison de Zapaloff, dévastée, à la Porte-Rouge, et y trouvèrent, non-seulement un asile assuré, mais encore des soins et des subsistances.

de la pitié du militaire; les choux et les pommes de terre étaient devenus la nourriture ordinaire, et le besoin le plus urgent rendait le soldat insolent envers ses officiers. On sentit, mais trop tard, la nécessité de préposer des gardes aux magasins de farine, de vin et d'eau-de-vie que l'on découvrait. Si, dès le principe, les autorités constituées se fussent emparées de ces magasins en établissant un certain ordre pour la distribution des subsistances, il est démontré que la ville de Moskou eût pu être à l'abri du besoin pendant l'hiver entier. Mais cette mesure n'ayant été employée qu'après le pillage, il dut en résulter une dilapidation monstrueuse, et la famine en fut la suite nécessaire. D'un autre côté, la cavalerie manquait de fourrages; les cavaliers, obligés de s'éloigner jusqu'à 30 ou 40 verstes aux environs de la ville pour se procurer des provisions, étaient surpris par des partis de Kosaques répandus tout autour de Moskou, et la plupart du temps les cavaliers et les chevaux échouaient dans ces sortes d'entreprises. Ces pertes réitérées devinrent à la fin très-sensibles.

» Toutes les campagnes autour de la ville étaient épuisées ou brûlées; des temps pluvieux annonçaient la saison de l'hiver; l'insubordination du soldat inspira de justes craintes; on débita qu'on avait envoyé un parlementaire faire des propositions, mais, ces tentatives ayant été sans succès, on dut se déterminer à abandonner Moskou. On mit la plus grande activité à expédier des convois de blessés et de malades sur la route de Smolinsko. On donna ordre de préparer une grande quantité de biscuits. Les rations qui avaient été promises aux indigents retirés dans les maisons de refuge n'avaient pu avoir lieu, vu l'extrême disette. Napoléon fit mettre 50 mille roubles en cuivre à la disposition des syndics chargés du soin de ces malheureux : la répartition qui en fut faite assignait environ 90 roubles à chacun; mais, la difficulté de transporter une monnaie aussi pesante ayant exigé des soins et des lenteurs incompatibles avec la précipitation du départ des Français, cette distribution a été presque sans effet, et le secours promis illusoire.

» Enfin, le dimanche 6 octobre, à quatre heures du soir, on bat la générale, et les troupes ont ordre de se préparer au départ. Une heure après, une partie des régiments se met en marche, et Napoléon quitte le Kremlin après avoir fait enlever la croix de la tour d'Ivan Veliki, qu'il fit expédier en France comme un monument de sa victoire. Le lendemain, le maréchal Mortier transporte son domicile et sa chancellerie au Kremlin; tout ce qui reste de troupes, au nombre d'environ 5,000 hommes, se concentre dans cette enceinte; on expédie à la hâte les derniers convois de malades. Le mardi 6, un parti de Kosaques pénètre par la Tverskoïe en se signalant comme parlementaires. L'officier qui commandait le poste placé dans cette rue les arrête et les conduit avec escorte chez le gouverneur général Mortier, qui leur déclare que, ne s'étant fait annoncer ni par un trompette, ni par un officier subalterne, selon les lois de la guerre, ils sont prisonniers de droit et qu'il va les faire conduire au quartier général de l'empereur Napoléon. C'étaient MM. Vinzengrod, lieutenant général, commandant des Kosaques, et Léon Alexandrevitch de Marichkin, chef d'escadron de hussards. Le soir, les troupes commencent à défiler vers les sept heures, et à onze heures le Kremlin et la ville étaient entièrement évacués par les Français.

» On s'attendait à quelque événement sinistre la nuit même de ce départ. En effet, vers les deux heures du matin, une explosion épouvantable, suivie d'une commotion générale, se fait entendre; c'était l'arsenal qui venait d'être enseveli sous ses ruines par l'effet d'une mine; dans le même temps le palais des tzars est en feu et devient la proie des flammes; trois autres explosions moins considérables que la première détruisent la porte du Kremlin, vis-à-vis la Nikolsky, une partie du sénat et les tours extérieures du Kremlin. On ajoute que les Kosaques étant survenus, parvinrent à couper la mèche qui devait mettre le feu à 48 tonneaux de poudre destinés à faire sauter les cathédrales et la tour d'Ivan Veliki. Dans la grande commotion la cloche d'Ivan Veliki fut détachée et tomba. Les Français, en évacuant Moskou, abandonnèrent à la générosité de leurs ennemis plus de deux mille blessés français qui se trouvèrent à l'hôpital de Galitzin et à celui des enfants trouvés. Une quarantaine de ces malheureux, apprenant qu'ils devenaient prisonniers de guerre, voulurent se retirer, mais ils furent massacrés par les paysans en sortant de la ville, et le lendemain le chemin fut trouvé couvert de leurs cadavres.

» Telle fut la destinée de l'ancienne capitale de la Russie, de la ville la plus grande de l'Europe. Elle était, à proprement parler, la résidence commune de la noblesse russe; c'était l'entrepôt le plus considérable des marchandises nationales; son commerce intérieur était immense; elle renfermait un nombre infini d'établissements célèbres, et aussi utiles aux arts qu'à l'humanité. On comptait, au mois de juillet dernier, environ 9,300 maisons de maîtres, plus de 800 hôtels de seigneurs, dans lesquels l'art le disputait à la richesse des ornements. Aujourd'hui, en calculant le nombre des maisons qui ont échappé aux flammes, on peut évaluer ce nombre à peu près à un cinquième de la ville... »

Voici pour le fait matériel. Examinons maintenant le côté moral.

En 1812, comme je l'ai dit déjà, les bulletins de l'armée française accusèrent le général Rastapchine de l'incendie de Moskou.

Les Russes, de leur côté, rejetèrent sur les Français l'odieux de ce désastre, tandis que les Anglais en attribuaient la gloire aux habitants de cette capitale.

Les historiens qui depuis ont écrit sur la campagne de Russie ne sont pas plus d'accord. M. de Vaudoncourt fait décider au quartier général de Koutousoff le sort de Moskou comme mesure militaire, et fait incendier cette capitale par les ordres de Rastapchine, au moyen de détenus mis en liberté, sans la participation ni même le consentement des habitants.

C'est aussi l'opinion de M. René Bourgeois et de M. Guillot; et l'on fait dire à Bonaparte (*Mémorial de Sainte-Hélène*) : « La population était loin d'avoir comploté cet attentat; c'est elle qui nous livra les trois ou quatre cents malfaiteurs échappés des prisons qui l'avaient exécuté. »

M. Gourgaud assure de même que, si Rastapchine a réussi à incendier Moskou, c'est en cachant aux habitants son funeste projet, c'est en les forçant d'abandonner leur ville par les mesures les plus violentes, c'est en ouvrant les portes des prisons aux malfaiteurs et en leur mettant les torches à la main. « C'était si peu, dit-il, un acte de dévouement, que les habitants qui restèrent à Moskou réunirent leurs efforts aux nôtres pour arrêter les progrès des flammes. »

L'Anglais sir Robert Kerporter dit, au contraire, que les bûchers de l'incendie de Moskou furent allumés par la fidélité.

M. de La Beaume vante également le généreux dévouement des habitants de cette capitale, qui, selon lui, y mirent le feu pour priver les Français des ressources qu'elle renfermait.

De son côté, M. le colonel russe Boutourlin représente les habitants qui étaient restés dans Moskou, s'unissant aux troupes d'incendiaires salariés par Rastapchine, pour mettre le feu à leurs maisons.

M. de Ségur ne fait pas concourir les habitants à la destruction de Moskou, mais il les fait avertir par des émissaires qui pendant la nuit frappent à toutes les portes et annoncent l'incendie. Puis, Rastapchine, ouvrant les prisons, en confie l'exécution à cette foule sale et dégoûtante qui en sort sous la direction de quelques agents de police.

M. de Chambray et M. Larrey ne sont pas aussi tranchants que ces messieurs. Le premier, rapportant que les incendiaires pris en flagrant délit déclarèrent n'avoir agi que par les ordres de Rastapchine, pense que le gouverneur avait reçu des instructions de son souverain pour prendre une telle résolution, tant elle lui semble au-dessus des événements ordinaires.

Le second, s'il désigne, d'après les on dit, comme auteurs de l'incendie de Moskou les Russes échappés des prisons, présume que ces misérables y ont été excités par l'espoir du pillage.

Ces auteurs varient autant dans les détails que dans le principe. Suivant les uns, des fusées incendiaires et des étoupes soufrées et goudronnées furent distribuées aux agents de police pour les remettre aux individus qui étaient destinés à allumer l'incendie; d'autres font employer les matières combustibles par les agents mêmes, qui les placent dans toutes les ouvertures favorables, et surtout dans les boutiques couvertes de fer du quartier marchand. Ceux-ci mettent des pétards dans les tuyaux des poêles, ceux-là des obus chargés dans les poêles mêmes, etc., etc.

Au dire de certains, le signal de l'incendie fut la prise du Kremlin; le feu parut aussitôt à l'hôpital des enfants trouvés, à la banque d'assignations et au bazar; et de là, trois ou quatre mille misérables (remarquez que Napoléon n'en suppose que trois ou quatre cents), destinés à étendre l'incendie, se répandirent dans les différents quartiers de la ville.

Au dire de quelques autres, le feu ne commença qu'à deux heures après minuit, et ce fut dans le quartier marchand, à l'apparition d'un globe enflammé qui s'était abaissé sur le palais du prince Troubetskoi, et l'avait consumé.

La seule chose sur laquelle ils s'accordent tous, c'est l'enlèvement des pompes de la ville, et ils en tirent la conséquence que c'était pour ôter les moyens d'éteindre le feu.

Le comte Rastapchine se charge lui-même de répondre à ces différentes versions :

« Napoléon, dit-il, sentant toute l'importance de l'incendie de Moskou, et prévoyant l'effet qu'il produirait sur la nation russe, autorisée à lui attribuer ce désastre, crut trouver un moyen de détourner de sa personne tout l'odieux de cet acte en le faisant retomber sur le chef du gouvernement russe à Moskou. Alors les bulletins de Napoléon me proclamèrent aussitôt incendiaire; les journaux, les pamphlets de ce temps répétèrent à l'envi cette accusation, et autorisèrent tous ceux qui ont écrit depuis sur la campagne de 1812 à présenter comme authentique un fait entièrement faux.

» Pour concevoir et exécuter un projet aussi horrible que celui d'incendier la capitale de l'empire, il fallait un motif encore plus puissant que celui de la certitude des maux qui en résulteraient pour l'ennemi. Il était hors de toute probabilité que l'incendie se communiquât à tous les quartiers et privât l'ennemi de toutes les ressources que renfermait la ville : ainsi le triste fruit d'une mesure aussi atroce se réduisait à la destruction de quelques provisions de bouche et de quelques logements.

» Une considération plus importante encore aurait détourné du projet d'incendier Moskou, si jamais on l'avait conçu : c'est que son exécution forçât Napoléon à livrer à Koutouzoff une bataille dont les chances étaient en faveur de l'armée française.

» Mais, dans le cas de l'exécution préméditée de l'incendie de Moskou, à quoi bon les globes enflammés, les fusées incendiaires, les pétards et obus dans les poêles? La paille était bien plus sous la main et plus à la convenance des gens qu'on aurait préposés à cela que des artifices dont ils n'auraient pu se servir et qu'ils n'auraient pu cacher. En chauffant les poêles, n'aurait-on pas découvert les pétards et les obus? et, s'ils eussent éclaté, leur effet ne se serait-il pas borné à blesser quelques hommes et à faire prendre des précautions aux autres?

» Quant à l'aveu des gens pris comme incendiaires, qu'en penser? D'après ce que m'ont dit trois d'entre eux, une trentaine d'individus de toutes sortes furent arrêtés dans différents quartiers de la ville et conduits devant le couvent de Petrowsky; là, après l'arrivée de plusieurs officiers, on les rangea en ligne, on en prit treize par la droite, on les fusilla sans autre préambule; on suspendit leurs corps aux réverbères du boulevard avec l'écriteau *incendiaires,* et on renvoya les autres.

» Du reste, il ne pouvait y avoir d'hommes échappés des prisons; tout ce qu'il y avait de détenus à Moskou, montant à huit cent dix individus, fut expédié sur Nigéni-Nowogorode, deux jours avant l'entrée des Français dans cette première ville.

» Il est vrai que j'ai fait partir deux mille cent pompiers avec leurs officiers et quatre-vingt-seize pompes : je n'ai pas cru convenable de laisser à la disposition de Napoléon un corps aussi important; et l'enlèvement des pompes n'est que la conséquence du départ des pompiers.

» Enfin, pourquoi attribuer exclusivement l'incendie de Moskou aux Russes ou aux Français, avec intention et par ordre? La moitié de la population russe restée dans cette ville était composée de gens sans aveu, et il se peut très-bien qu'ils aient propagé l'incendie pour mieux piller dans le désordre.

» D'un autre côté, les soldats français manquaient de tout en arrivant à Moskou; ils se sont répandus dans cette ville immense pour chercher à manger dans les maisons abandonnées de leurs habitants. On ne pouvait s'attendre à beaucoup de précaution de la part des soldats, qui entretenaient des feux au milieu des cours pour se chauffer, ou qui, en visitant de nuit les maisons, s'éclairaient avec des bouts de chandelle, des torches et des fagots. N'est-il pas présumable qu'ils ont mis le feu dans plusieurs maisons par négligence?

» L'ordre du jour, qui autorisait chaque régiment à envoyer un certain nombre d'hommes pour retirer tout ce qui était resté dans les maisons brûlées, était pour ainsi dire une invitation à en augmenter le nombre. »

Rien de plus concluant, selon moi, que cet exposé.

J'y ajouterai seulement quelques considérations empruntées au général Nempde, témoin oculaire de cette catastrophe :

« Presque partout le soldat a été livré à lui-même pour ses subsistances. Muni d'un petit sac de cuir, il portait avec lui sa farine et faisait son pain pour son compte là où il se trouvait un four; mais ces fours, construits fort légèrement pour le service particulier de chaque maison, ne pouvaient pas soutenir un feu continu et mal gradué, ils s'échauffaient et se détérioraient bientôt au point de s'embraser et de communiquer le feu à la charpente du bâtiment à laquelle ils se rattachaient. Le soldat alors ne songeait qu'à emporter sa farine et son pain, et, se sauvant avec ces richesses, il allait s'établir dans un autre endroit, où il en faisait autant. Si le four avait résisté, il arrivait assez ordinairement que le soldat, en s'en allant, oubliait d'éteindre le feu. Alors les bois de lit, les *membrures de* portes qui l'alimentaient, consumés dans la partie intérieure du four, basculaient et embrasaient le plancher. Avant qu'on eût donné des ordres pour arrêter le feu, l'incendie avait fait assez de progrès pour que ces sortes d'accidents, renouvelés trois ou quatre fois dans une ville, en eussent détruit la moitié des habitations.

» C'est ainsi qu'a été brûlée une partie des villes et villages sur le passage de l'armée. Une autre cause d'incendie précédait quelquefois celle-là : c'était le feu mis aux ponts par les Russes, qui se communiquait souvent aux maisons voisines; mais cette cause n'est entrée pour rien dans l'incendie de Moskou.

» Voilà comment l'armée a marché et comment

elle est arrivée devant cette capitale le 14 septembre, exténuée de fatigue et de besoin.

» L'avant-garde traversa la ville sans s'y arrêter; Murat seul, avec quelques troupes, y resta; il se logea près du Kremlin, et les troupes occupèrent le Kremlin, malgré la résistance des habitants qui y étaient restés, et qui croyaient ainsi éviter le premier choc d'une armée qu'on leur avait représentée comme composé d'anthropophages.

» Dès le soir de cette première journée, le feu prit au bazar et à quelques autres bâtiments avoisinants (quartiers où se trouvaient les Français); on se rendit maître de ce feu, et il n'y avait aucune apparence d'incendie le lendemain au matin.

» A dix heures de cette seconde journée, Napoléon, à la tête de son état-major, fit son entrée dans Moskou. J'y entrais en même temps comme directeur général des parcs du génie. Les rues par lesquelles nous passâmes étaient bordées de gens du peuple; on voyait aussi quelques personnes derrière les fenêtres: les maisons et les boutiques étaient fermées.

» En arrivant, mon premier soin fut de chercher des logements pour moi et pour les officiers qui me suivaient. La maison où je me présentai d'abord était fermée comme les autres, les gens en étaient armés de piques, disposés à se défendre; il fallut parlementer pour m'en faire ouvrir les portes.

» La seconde maison où j'allai, tout près de la première, me fut ouverte sans obstacle: il y avait un nombreux domestique, et une vieille dame que j'ai présumé être la grand'mère. Tout y était dans l'état ordinaire d'habitation, les petits meubles journaliers étaient dans les appartements, la musique sur le piano, l'argenterie dans le buffet.

» Peu de temps après que j'y étais installé, je vis revenir les domestiques chargés de butin. Les soldats, malgré la consigne, avaient pénétré dans la ville, les magasins venaient d'être enfoncés, et Russes et Français, chacun courait au pillage.

» Sur le soir, on vint m'avertir que le feu était en deux endroits, non loin de la maison que j'occupais; je m'y transportai: l'un était dans une grande maison en pierre; il avait pris par le four dans lequel les soldats avaient cuit toute la journée. Vainement je cherchai à arrêter les passants pour l'éteindre, ou l'isoler; chacun courait à ses affaires.

» L'autre feu était aussi dans un palais en pierre: les soldats, en faisant leurs recherches, avaient mis le feu aux meubles du rez-de-chaussée par défaut de précautions, et ceux d'entre eux qui se trouvèrent dans les étages supérieurs furent obligés de se sauver par les fenêtres.

» Je jugeai, par la direction du vent, que ces feux, si on ne les éteignait pas, seraient au matin bien près de ma maison, et je fis tenir les chevaux sellés. Ce que j'avais prévu arriva: à dix heures du matin, il ne restait plus de trace de ma maison. A l'approche du feu, la vieille dame était venue se jeter à mes pieds et implorer mon assistance. Je ne pouvais rien contre les flammes; je lui conseillai d'enlever ce qu'elle avait de plus précieux, et je lui offris de la prendre sous ma protection et de partager avec elle l'asile où je me retirais. Elle aima mieux rester jusqu'au dernier moment, comptant toujours sur la Providence.

» Pendant la nuit, d'autres feux avaient éclaté, sans doute par les mêmes causes; en sorte qu'au jour l'incendie prit un caractère désastreux. Napoléon quitta alors la ville, sans prendre aucune mesure pour l'éteindre.

» J'avais été me loger dans une petite maison entièrement isolée; trois de ses côtés donnaient sur une place; le quatrième était séparé de toute habitation par une large rue. Je croyais y être à l'abri du feu: vain espoir! il vint m'y trouver, et par la seule réverbération, les toits, les portes et fenêtres s'enflammèrent. Le maître de la maison fut encore sourd à mes offres, et, s'épuisant avec une petite pompe à lutter contre l'incendie, il vit consumer sa maison du fond de son jardin, où il resta même après sa ruine, sans doute pour veiller sur les objets précieux qu'il y avait enfouis.

» Je ne mènerai pas plus loin le lecteur dans mes changements de domicile; ces deux exemples suffisent pour lui faire voir que les habitants n'avaient nullement été prévenus qu'on dût brûler leur ville, et qu'ils avaient encore bien moins l'envie d'y mettre le feu eux-mêmes. Plusieurs étaient restés; la majeure partie, redoutant le premier moment de l'invasion, s'était retirée dans les environs. Tous avaient laissé des gardiens et devaient revenir le plus tôt possible. Quelques-uns sont en effet revenus; mais, lorsqu'ils n'ont trouvé que des ruines, ils s'en sont retournés pénétrés de douleur, et leurs rapports ont découragé les autres.

» Reprenons la marche des événements: le pillage avait été croissant avec l'incendie; Napoléon avait donné les ordres les plus sévères pour l'arrêter, et pendant quelque temps il fut suspendu. Mais, sur l'observation assez juste qu'on laissait gratuitement détruire par les flammes des provisions dont l'armée manquait, il permit d'enlever des maisons brûlées toutes celles qu'on pourrait y trouver. Ainsi que l'observe M. le comte Rastapchine, ce fut le signal du redoublement du feu.

» Pendant que l'incendie se propageait avec rapidité et semblait devoir tout dévorer, je parcourais la ville, pour la connaître avant sa destruction. Nulle part je n'ai vu l'incendie organisé méthodiquement, mais j'ai vu des malades et des blessés que l'armée russe avait laissés dans les hôpitaux et dans les maisons particulières, seuls et sans assistance, se traînant dans les cours et dans les rues pour éviter le feu, et y trouvant la mort dans la chaleur et la sécheresse de l'air. D'autres, qui n'avaient pas la force de se mouvoir, ont été brûlés par les tisons de leurs poêles, qui en tombant mettaient le feu à la paille sur laquelle ils étaient couchés.

» A ces traits reconnaît-on de la part du gouvernement le projet d'incendier Moskou? N'eût-il pas pris toutes les mesures pour faire évacuer les traînards et les malades russes, dont on porte le nombre à vingt mille? Aurait-il laissé quatre cents milliers de poudre, quinze cent mille cartouches, quarante milliers de soufre ou de salpêtre, cent cinquante pièces de canon, soixante mille fusils, plus de six cent mille projectiles, dont la plupart chargés?

» Et pourquoi mettre le feu après l'entrée des Français? ceux-ci pouvaient empêcher les incendiaires de remplir leur mission. Malgré l'enlèvement des pompes de la ville, on eût pu arrêter le feu dès le commencement, car il n'était pas général, et on lui aurait fait sa part, si les pompes qu'il y avait dans presque toutes les maisons n'eussent pas suffi pour l'éteindre.

» Mais Buonaparte ne donna pas d'ordre pour cela; il avait espéré trouver Moskou habité, et y établir un gouvernement provisoire, qui aurait balancé celui de Pétersbourg. Piqué de n'y trouver que des gens du peuple, il crut, en ne prenant aucune mesure contre l'incendie, que les habitants reviendraient pour l'éteindre; il fut encore trompé dans cette supposition.

» Napoléon a dû détourner le soupçon qui pouvait planer sur sa tête, et, confiant dans les rapports qu'il recevait, il a fait pendre quelques vagabonds qu'on lui dit avoir été pris en flagrant délit. Ils ont pu être trouvés au milieu des flammes, mais ils y étaient pour leur compte, et il est plus que probable qu'ils n'étaient pas salariés pour mettre le feu.

» Quel avantage les Russes ont-ils retiré de l'incendie de Moskou? Nous a-t-il empêché de rester? avons-nous manqué de logements? la majeure partie des vivres n'a-t-elle pas été sauvée? chacun de nous, en partant, n'en a-t-il pas laissé plus qu'il n'en emportait, encore que l'armée fût obstruée de toute sorte de moyens de transport? et, si les habitants étaient restés, n'auraient-ils pas pris leur part de ces vivres? n'aurait-il pas fallu payer l'autre? Je ne crains pas d'avancer que, sauf le but politique que Buonaparte se proposait, l'incendie de Moskou a été favorable aux Français, tandis que les Russes, indépendamment de leurs maisons, de leurs mobiliers et de leurs approvisionnements, y ont perdu leurs archives et tous les actes publics, perte irréparable! »

Après ceci, je pense qu'il ne peut rester aucun doute.

XXXVIII.

Moreau et Jomini.

Lors de la guerre de 1805, l'empereur Alexandre avait offert du service dans son armée au général Moreau, qui alors repoussa cette offre avec une espèce de dédain. Circonvenu et sollicité depuis à cet effet, il céda enfin, après avoir appris les désastres des Français en Russie, et mettant pour condition expresse qu'après la chute de l'ambitieux dominateur on ne contrarierait en rien la France sur la nature de son gouvernement et le choix de ceux qui le dirigeraient. Avait-il en cela une arrière-pensée qu'il devait ensevelir dans la tombe? C'est ce que pourrait faire présumer sa conduite avec Pichegru. Quoi qu'il en soit, il quitta l'Amérique pour venir joindre les alliés, et, aussitôt après son arrivée à Prague, fit demander une audience à l'empereur Alexandre. Celui-ci se rendit aussitôt chez le général pour lui apprendre la marche de son armée et lui en détailler la position.

« Je félicite Votre Majesté, lui dit Moreau, d'avoir » pu exécuter impunément une marche de flanc aussi » dangereuse. Vous avez fait passer vos colonnes » (ce qui ne peut avoir lieu qu'avec quelque désordre) à travers des défilés bien connus de tous les » militaires, le long des positions menaçantes de » l'ennemi, en face d'un homme qui commet peu » de fautes et n'en pardonne d'ordinaire aucune à » ses adversaires. S'il vous avait attaqué, sire, durant ce mouvement hasardeux, dont il ne peut » pas n'avoir point été instruit, tous les succès de » la campagne se trouvaient décidés en sa faveur.»

« — J'en conviens, reprit le prince, mais je n'a» vais pas d'autre parti à prendre. Aussi ai-je eu » soin de faire marcher mes troupes avant la fin de » l'armistice dont j'étais couvert. Maintenant, quelle » opération devons-nous exécuter? »

Après avoir longuement raisonné avec l'empereur Alexandre, Moreau, d'accord avec lui, développa ses idées au conseil de guerre, dont il fit changer le plan de campagne déjà adopté et qu'on commençait même à exécuter.

Le sien, qui fut préféré au premier, consistait à prendre le point fortifié de Pirna pour pivot de l'armée, et, en s'appuyant à droite, à diriger ses nombreuses colonnes de manière à en porter l'aile gauche entre la France et l'armée française, afin d'acculer sur l'Elbe Napoléon, dont toutes les lignes principales et secondaires auraient ainsi été coupées. Privé alors de tout secours en convois de recrues, munitions et vivres, on lui rendait indispensable une grande bataille. Or cette bataille lui serait probablement funeste, vu la prodigieuse inégalité des forces respectives. Dans le cas même, difficile à prévoir, d'un succès, qui ne serait alors que partie remise, s'il osait se maintenir en Saxe, et qui ruinerait son armée, s'il prenait le parti de la retraite, difficile à opérer au milieu d'une innombrable quantité de troupes légères, son avantage serait plus que balancé.

Ce nouveau système d'opérations commençait à s'exécuter quand le général Jomini arriva. Ce général avait profité de l'amnistie de Silésie pour abandonner le bienfaiteur qu'il avait vanté si longtemps avec la plus servile bassesse. Espérant alors avoir plus à gagner à le trahir qu'à le servir, il s'était procuré ses plans de campagne et comptait s'en faire un moyen de fortune près des alliés. Mais, instruit de la présence de Moreau à leur quartier général, il ne put, dans son premier mouvement de désespoir, retenir cette exclamation : « *Voilà donc mon voyage perdu!* — Comment? lui dit-on. — C'est, reprit-il en se remettant de son trouble, c'est que, vu les utiles rapports que j'ai à faire, et les documents précieux dont je suis porteur, les idées de Moreau ne peuvent être les miennes. A sa suite, on marchera en aveugle, tandis que je pourrais conduire sûrement et promptement au but. »

Cependant on veut le voir et le consulter. Désirant trouver le moyen de diriger seul les opérations, il commence par louer avec excès, comme combinaison militaire, le plan proposé par Moreau; mais il soutient que ce plan, devant être d'une exécution assez longue, laisse à Napoléon le temps de changer le sien.

« Il est maintenant en Silésie, poursuit-il, avec la plus grande partie de ses forces.

» Qu'on se porte rapidement sur Dresde, presque abandonné aujourd'hui, et l'on obtiendra facilement le plus brillant succès. Il n'y a dans cette ville que 6,000 habitants, presque tous hors de service, et, le cours de l'Elbe une fois occupé, Napoléon n'a plus aucun espoir de retraite. »

Moreau, consulté, répond :

« J'ai parlé suivant les règles de l'art; mais, le général Jomini apportant des notions qui m'étaient inconnues, je n'ai rien à y opposer et je retire mon avis. »

Changeant donc toutes les dispositions arrêtées, on donna une nouvelle direction aux colonnes, et l'on marcha sur Dresde, qu'on espérait enlever sans éprouver de résistance.

Mais Napoléon, qui ne perdait pas de vue les alliés, s'y était rendu en hâte, réparant l'infériorité du nombre par la rapidité de son coup d'œil et l'audace de ses mouvements : il profita des fautes commises par les alliés, dont l'armée se trouvait coupée dans sa ligne de bataille par une vallée profonde et un cours d'eau, pour la battre en détail, en la frappant du fort au faible. Ainsi, il se porta successivement, et avec le même succès, contre la droite et contre la gauche de la grande armée, qui fut repoussée sur ces deux points. Les alliés essuyèrent une perte de 40,000 hommes tués, blessés ou prisonniers, perdirent la plus grande partie de leurs bagages, et ne regagnèrent qu'avec peine les montagnes de la Bohême. Leur armée eût sans doute été détruite alors si Napoléon, qui ne se fiait à personne depuis l'infâme trahison de Jomini, n'eût été pris subitement d'une attaque d'épilepsie qui le laissa sans connaissance durant deux jours, après lesquels il s'écria : *C'en est fait! le sort de l'empire est changé!*

Ce qui contribua encore à le sauver, ce fut la marche du général Vandamme, engagé sans être soutenu dans des lieux où il eut à lutter contre les formidables débris d'une armée immense, battus et découragés sans doute, mais dont le succès qu'il lui procura rétablit le moral. Sans cet événement, la trahison du général Jomini eût beaucoup mieux servi Napoléon que n'aurait fait sa fidélité.

Quant à Moreau, qui fut frappé à mort sous les murs de Dresde, on aurait peut-être à lui reprocher sa condescendance aux vues de Jomini, si l'on ne savait que sa sagesse passait déjà pour de la timidité près de la jeunesse effervescente du quartier russe. Là on croyait en savoir plus long que lui, et on était prêt à le regarder comme un traître quand il disait : « N'oubliez pas que nous avons affaire à un » général du premier ordre, et qu'on ne saurait » prendre trop de précautions contre celui dont le » coup d'œil est sûr, la pensée rapide et l'audace » sans exemple. »

Aussi le général baron Pahlen me disait-il, en souriant de pitié pour ses camarades, que, dès l'arrivée de Jomini au camp, Moreau ne passait plus que pour un homme fort médiocre; qu'il ne fut écouté, ni sur la marche des colonnes dirigées vers Dresde, ni sur la disposition de l'armée devant cette ville ; et que, s'il avait vécu plus longtemps, il se serait sans doute amèrement repenti d'avoir cédé aux vues de l'empereur Alexandre. En effet, les généraux autrichiens ne le voyaient qu'avec peine, et le cabinet de Vienne n'avait aucune confiance en lui. « Ces gens-là, disaient les ministres » de cette puissance, seront toujours disposés à » faire leur paix à nos dépens dès qu'ils y trouveront jour. »

Au reste, il était impossible à Moreau de diriger une armée conduite en détail par des rois et des princes. Toutes les fautes lui eussent été imputées, et on lui eût refusé la gloire des succès.

En outre, sa présence n'avait produit aucune sensation dans l'armée française. Un général, né de la révolution, armé contre elle, bien qu'il l'eût aimée et d'aimât encore, privé ainsi de l'excuse d'un devoir légitime à remplir, n'avait d'autre justification à espérer que le triomphe. Encore le triomphe n'absout-il qu'un chef de parti, et ne peut rien sur l'homme dont le rôle se borne à des conseils plus ou moins bien accueillis par les ennemis de sa patrie.

Les Russes disaient de Jomini, si brillamment accueilli par le tzar pour les très-menus services qu'il lui avait rendus : « Il n'a aucun tort ; il n'é- » tait point sujet de Napoléon. »

Je voudrais cependant savoir ce qu'ils auraient dit d'un officier étranger de leur armée, eût-il été Français, s'il avait déserté à l'ennemi, et déserté surtout avec leur plan de campagne !

XXXIX.

Honorable conduite de Sébastiani à Constantinople en 1807.

Il m'est doux, comme Français, comme royaliste même, de rendre ici justice à la noblesse d'un homme classé parmi les ennemis politiques de ceux que j'aime et que je regrette,

Je vais donc remonter tout exprès jusqu'à l'année 1807 pour parler du service que le général Sébastiani rendit alors au sultan Sélim.

Le détroit des Dardanelles, ou le Gallipoli, est un canal de douze lieues de longueur, à partir des caps Hellès, ou Greco, et Iénitchéri, qui en marquent l'entrée du côté de la Méditerranée jusqu'à la ville de Gallipoli, près de laquelle il débouche dans la mer de Marmara. Ce canal, de largeur variable, se rétrécit en deux ou trois endroits, de manière à n'avoir que 8 à 900 mètres. Sur ses deux rives il existe de vieux châteaux forts et des batteries formidables, construites à des époques plus ou moins récentes.

Vers la fin de 1806, l'Angleterre et la Russie redoublèrent d'efforts pour entraîner la Porte Ottomane dans la coalition que, pour la quatrième fois depuis 1793, le cabinet anglais avait formée contre la France. Le général Sébastiani, ambassadeur de Napoléon, avait une extrême habileté à déjouer les manœuvres des ambassadeurs Italinski et Arbuthnot; mais le cabinet de Saint-James ayant pris des mesures pour appuyer au besoin l'ultimatum que ce dernier devait présenter au divan, dès le 22 octobre, l'amiral Collingwood, commandant la flotte britannique en croisière devant Cadix, avait reçu de son gouvernement l'ordre d'aller reconnaître l'état des châteaux des Dardanelles et des forts adjacents. Le 12 janvier 1807, il reçut un autre ordre qui lui enjoignit d'expédier une escadre vers les Dardanelles et d'en donner le commandement au vice-amiral Duckworth. Les instructions remises à ce dernier portaient qu'il devait se rendre aussi promptement que possible devant Constantinople, et prendre une position qui le mît à même de canonner et bombarder cette ville en cas de refus de lui livrer la flotte turque.

Duckworth partit. Le 19 janvier seulement il trouva le vent favorable pour donner dans le détroit. A sept heures du matin, l'escadre mit à la voile et s'avança en ordre de bataille. A huit heures, le vaisseau de tête était arrivé par le travers des châteaux, qui commencèrent à tirer, mais dont le feu n'empêcha point l'escadre d'effectuer le passage sans avoir eu beaucoup à souffrir. Duckworth chargea le fameux Sydney Smith d'attaquer et de détruire une escadrille turque qui avait été embossée près de la pointe de Nagara et qui portait le pavillon du capitan-pacha.

Les îles des Princes n'étaient qu'à trois lieues de distance, on apercevait facilement les vaisseaux anglais, dont l'apparition jeta la terreur dans la ville et le sérail. On accusait le capitan-pacha et Feyzi-effendi, qui commandait aux Dardanelles, l'un de lâcheté, et l'autre de trahison. Le premier fut destitué, et le second eut la tête tranchée, tout cela sans examen ni délai.

Sélim voyait sa capitale exposée sans défense ; il crut devoir céder aux circonstances. Dans cette intention, il fit prévenir l'ambassadeur français qu'il se voyait obligé d'accepter les conditions imposées par l'Angleterre, et dont la principale était le renvoi de la légation française.

Le grand officier du sérail, chargé de cette mission près de notre ambassadeur, devait, entre autres motifs, faire valoir celui tiré de son danger. Sa vie, lui dit-il, n'était plus en sûreté. Le peuple, furieux, le regardait comme l'unique cause de la guerre.

Voici la réponse que fit le général Sébastiani :

« Mes dangers personnels, dit-il, ne peuvent m'occuper un seul instant lorsqu'il s'agit, non-seulement de rompre les relations d'amitié qui existent entre la France et la Porte, mais de sauver l'indépendance et l'honneur de l'empire ottoman. Je ne quitterai point Constantinople, et j'attends avec confiance une nouvelle décision, plus digne du sultan Sélim et de la nation turque. Dites à votre puissant monarque qu'il ne voudra pas descendre du haut rang où l'ont placé ses glorieux ancêtres en livrant à quelques vaisseaux anglais une ville de 90,000 âmes qui a des armes, des munitions et des vivres. »

L'effet que produisit cette noble réponse fut magique. Le Grand Seigneur reprit courage ; et l'immense population de la ville et des faubourgs fit éclater son enthousiasme.

Grâce aux efforts de toutes les classes d'habitants, sans distinction de nation ni de secte, ainsi qu'à l'habile direction qui leur fut donnée par l'ambassadeur et tous les officiers français qui se trouvaient à Constantinople, en moins de trois jours toute la partie de la ville qui borde la mer fut mise dans l'état de défense le plus respectable. Les batteries, élevées comme par enchantement, étaient armées de plus de six cents canons de gros calibre, et plusieurs d'entre elles avaient des fourneaux pour rougir les boulets.

Avec les dispositions prises pour défendre la ville on avait fait marcher de front celles nécessaires à la sûreté de la marine turque, dont la possession était si fortement convoitée par l'Angleterre et dont la remise formait la principale des propositions de son ambassadeur. La flotte et tous les établissements se trouvaient réunis dans l'enceinte même du port de Constantinople. Il fallait, par conséquent, pour les attaquer et les détruire, que l'escadre anglaise s'avançât jusqu'à l'embouchure du Bosphore et prît position entre Scutari, la pointe du sérail et Tophane.

Le 1er mars, au point du jour, le vice-amiral Duckworth fit signal de lever les ancres, et à huit heures tous les vaisseaux étaient sous voile en ligne de bataille. Chacun pensait que le moment était enfin venu où il allait réaliser ses menaces. En effet, pendant quelque temps l'escadre courut des bordées, comme si elle eût eu l'intention de s'élever au vent pour s'approcher de Constantinople ; mais tout d'un coup elle revint vent arrière, et fit route vers les Dardanelles.

Duckworth savait les efforts des Turcs pour mettre les Dardanelles en état de défense. Il n'ignorait pas que son second passage serait bien plus dangereux que le premier, et que chaque instant de retard augmentait le péril.

Il partit donc le 5 au matin et arriva bientôt à la partie la plus resserrée du détroit. Vis-à-vis du château d'Abydos, par une idée étrange, que ce fût bravade ou ruse grossière, il ordonna de saluer ce fort de treize coups de canon. En réponse à cette salve, une grêle de boulets et de bombes commença à pleuvoir des deux châteaux et de la batterie de la pointe de Nagara ; les autres forts et batteries ouvrirent leur feu à mesure que les vaisseaux se présentèrent dans le champ de leur tir ; ceux-ci ripostèrent à leur tour, et la canonnade se maintint avec vivacité jusqu'à ce que les Anglais eussent repassé le détroit, ce qu'ils effectuèrent non sans avoir éprouvé de notables dommages. Les plus considérables leur furent causés par des boulets de granit du poids de sept à huit cents livres, lancés par d'énormes pièces en bronze. L'un de ces boulets, qui a été rapporté en Angleterre, pesait sept cent soixante-dix livres et avait un diamètre de deux pieds deux pouces, mesure anglaise.

L'énergique et noble fermeté de l'ambassadeur français sauva ainsi le comble de l'humiliation à la Porte Ottomane, et seule fit manquer l'entreprise de Duckworth.

XL.

Griefs de la Prusse.

D'après une convention particulière faite le 12 juillet 1807, l'évacuation de toutes les provinces prussiennes, que la paix de Tilsitt laissait à Sa Majesté le roi de Prusse, devait être terminée au 1er octobre de la même année, sous la seule condition que les contributions de guerre auraient été acquittées préalablement, ou que l'intendant général des armées françaises aurait reçu et accepté des sûretés suffisantes.

Mais, dans le langage des ministres de Bonaparte, la paix n'était qu'une relâche de guerre pour ramasser de nouveaux salpêtres et faire résonner l'airain avec plus de succès.

Les armées françaises n'évacuèrent que la vieille Prusse jusqu'à la Passarge, puis jusqu'à la Vistule.

Ensuite elles s'établirent hostilement, au nombre de 150,000 hommes et 50,000 chevaux, dans les mêmes provinces, pour y vivre aux frais des habitants. Les commissaires de l'empereur continuèrent à en percevoir les revenus et à les accabler de charges extraordinaires.

On se plaignit; on exigea de nouveaux sacrifices.

Ce ne sont pas les généraux français qu'il faut accuser d'avoir violé ces traités qui devaient assurer aux habitants repos et tranquillité. Chefs de la force armée, ils n'étaient que des êtres obéissants et non délibérants.

Par l'article 16 du traité de Tilsitt, il devait être établi à travers la Prusse une route militaire entre la Saxe et le grand-duché de Varsovie.

On exigea l'établissement d'une chaussée pour l'avantage de l'agriculture et du commerce de la Saxe, celui des bureaux de poste saxons, et la concession de priviléges importants pour la navigation des étrangers sur les fleuves et les canaux de l'extérieur de la Prusse.

Le roi de Prusse crut devoir obtempérer à des demandes aussi exagérées, dans cette confiance que ses sujets conserveraient les avantages attachés à la neutralité. Il fit signer à Elbing la convention, telle qu'on l'exigeait, le 13 octobre 1807.

On dira peut-être qu'à cette époque, si le roi de Prusse, se fondant sur l'inexécution des traités précédents, avait réuni ses armes à celles des puissances belligérantes, Napoléon aurait été défait, et la révolution n'aurait pas fait les ravages affreux dont l'Europe entière a été pendant trop longtemps la triste victime; mais le destin en a décidé autrement.

On éleva de nouveaux incidents; le roi de Prusse les fit disparaître par des concessions qui prouvaient son amour pour la paix.

Cette condescendance, au lieu de forcer Napoléon à faire évacuer les provinces prussiennes, le rendait plus hardi et plus entreprenant.

Il cherche dans l'article 28 de la convention du 12 juillet 1807 un prétexte pour rester en Prusse.

Le roi avait établi à Berlin une commission pour l'exécution du traité, et l'avait spécialement chargée de régler avant tout avec l'intendant général tout ce qui concernait les contributions. Il se trouva obligé, à raison de mauvaises difficultés toujours croissantes, d'envoyer à Paris, au commencement de novembre 1807, son altesse royale le prince Guillaume de Prusse, afin de les aplanir; ce prince ne put obtenir aucune satisfaction.

A cette époque, la commission produisit un compte des contributions dont le solde se montait à 19 millions de francs. Mais le compte de l'intendant général portait les contributions de guerre, y compris les revenus arriérés jusqu'au 12 juillet 1807, à la somme de 154 millions et demi, et ne portait qu'une somme de 35 millions et demi à déduire, somme déjà payée, de sorte que le solde était de 119 millions; ce qui présentait entre les deux comptes une différence de 100 millions de francs. On obtint cependant quelque rabais, et la somme dont l'intendant général exigeait le remboursement avant le départ des troupes fut fixée à 112 millions.

Le roi, toujours dans la même intention de donner la tranquillité à ses sujets, reconnut et accepta ce compte. Mais il va s'élever de nouvelles difficultés sur le mode de payement et sur les sûretés exigées par l'intendant.

Quand Bonaparte faisait des traités, il avait toujours la volonté de les rompre ou d'en paralyser les effets. Il n'a pas dissimulé, à Sainte-Hélène, qu'il visait à être empereur du monde entier et que tous les moyens étaient bons pour réussir.

Le 8 mars 1808, le roi de Prusse acquiesça aux demandes nouvelles et plus décourageantes des envoyés de Napoléon. On présenta un plan d'arrangement dans lequel on fixait le montant des contributions à 154 millions et demi (on ajoutait donc 42 millions au compte définitif de l'intendant général); enfin on arrêta un terme dans lequel il fallait une réponse définitive, ou bien la guerre. Par le traité du 3 septembre 1808, l'armée de la Prusse fut réduite à 42,000 hommes, sans qu'elle pût être augmentée pendant dix ans; on exigeait la remise des forteresses de Glogau, Stettin et Custrin entre les mains des Français, la première jusqu'au payement de la moitié des contributions, et les deux autres jusqu'à l'entière vérification de la totalité du payement; l'entretien de 10,000 hommes de troupes françaises comme garnisons de ces places, et l'approvisionnement de siége pour six mois dans chacune; l'établissement de sept routes militaires et d'étapes entre ces trois places; le grand-duché de Varsovie, la Saxe, Dantzick et Magdebourg; enfin la cession d'une étendue de territoire de dix mille toises autour de la citadelle de Magdebourg, sur la rive droite de l'Elbe; une contribution de 140 millions de francs, l'arriéré des contributions militaires et des revenus de l'État.

Ce fut à l'intervention de l'empereur Alexandre que la Prusse dut un rabais de 20 millions.

Le 5 novembre 1808, le gouvernement prussien fit remettre au receveur général des contributions tous les titres nécessaires pour effectuer le payement des 120 millions qui restaient à solder

L'évacuation du territoire prussien eut lieu enfin, à l'exception des trois forteresses.

Cinq nouvelles conventions furent conclues dans le mois de novembre pour assurer l'entretien des *trois forteresses* sur l'Oder, déterminer la ligne de démarcation autour de ces places, les postes français à établir entre elles, et fixer d'une manière positive les lieux d'étapes et tout ce qui tenait aux marches et à l'entretien des troupes françaises dans *ces pays*.

Tant de sacrifices devaient garantir à la Prusse un état de tranquillité dont elle avait un si grand besoin.

Le traité de Bayonne, conclu entre la France et le gouvernement de Pologne, après une négociation très-secrète, et dans le temps même que le prince Guillaume travaillait publiquement à rétablir l'harmonie entre la France et la Prusse, enlevait à cette dernière puissance ses propriétés dans le grand-duché de Varsovie.

Ainsi voilà le traité de Tilsitt presque sans existence. Enfin, le droit public, les principes de la morale n'étaient d'aucune force dans l'esprit de Napoléon.

Voilà le roi de Saxe grand-duc de Varsovie. Il fait mettre sous le séquestre, comme dévolus à la couronne, les capitaux appartenant aux sujets prussiens, et ceux appartenant aux établissements publics, en y comprenant, non-seulement les fonds de la banque de la compagnie militaire, des deux caisses des veuves, de la chambre des orphelins à Postdam, des hôpitaux, des maisons de force, des chambres de justice, des églises, des fondations pieuses, des universités, des écoles, etc., mais encore un grand nombre de capitaux particuliers. Et quels prétextes donnait le grand vassal de Napoléon à cette exécution forcée des traités, à ces mesures iniques? C'était parce que les propriétaires pouvaient bien être des intermédiaires ou des agents de la banque de Berlin.

Cependant, en vertu d'un second article du traité de Bayonne, toutes les créances réservées (celles des Prussiens) dans le grand-duché de Varsovie, qui, d'après l'état fourni par l'intendant général de l'armée française, montaient à la somme de 43,466,200 fr. 51 cent. au capital, de plus 4 millions d'intérêts arriérés, et tout ce que l'on pourrait encore découvrir, étaient cédés par Napoléon au roi de Saxe, et celui-ci s'engageait à verser dans son trésor la somme de 200 millions de francs.

Une consternation générale se répandit au sein de milliers de familles honnêtes, parmi les veuves, les orphelins qui avaient placé toutes leurs ressources dans cette partie méridionale de la Prusse lorsque la justice et la civilisation y régnaient et qu'on ne pouvait prévoir un tel excès de barbarie.

On fit, mais en vain, les réclamations les plus pressantes. A Paris, on était envoyé à Dresde et à Varsovie, et là on s'excusait sur les engagements contractés avec la France. Le gouvernement prussien offrit, à Dresde et à Varsovie, de faire de grands sacrifices. Il s'engageait à acquitter la somme de 10 millions, qui fut portée ensuite à 20, comme un à-compte de ce que la Pologne devait payer à la France; et enfin, mais plus tard, il offrit la cession de tous les capitaux qui appartenaient réellement à la banque de Berlin et à la compagnie militaire (environ 8 millions d'écus), dans l'espérance d'obtenir mainlevée du séquestre.

Si nous rendons un compte très-circonstancié de ce qui a été fait par le gouvernement de Bonaparte en Prusse, c'est parce que ces détails, contenus dans un ouvrage que nous regardons comme semi-officiel, ne sont pas connus.

Le roi de Saxe, qui craignait plus qu'il n'aimait Bonaparte, ne pouvait cependant pas exercer tous les actes de rigueur qui lui étaient suggérés. En 1811, il donna l'ordre de lever la confiscation des fonds de la caisse des invalides (qui avait été déjà exceptée par l'intendant général français lui-même), de celle de la caisse des veuves et de celles de quelques fondations moins importantes. On ne put cependant le déterminer à ordonner une libération générale des fonds séquestrés, pas même en acceptant les grands sacrifices offerts par la Prusse. On obtint facilement de sa justice qu'il libérât tous les particuliers qui pourraient prouver authentiquement que leurs capitaux séquestrés étaient véritablement leurs propriétés particulières; mais ce mode de justification présentait beaucoup d'entraves : peu de personnes furent admises à faire valoir leurs droits.

Les fonds de la caisse des veuves, et de quelques autres établissements, qui furent réellement rayés de l'état de la convention de Bayonne, montèrent à peine à 22 millions d'écus. Quinze millions d'écus, propriétés prussiennes, restèrent en séquestre entre les mains du gouverneur du grand-duché, et chacun dans le pays sait que la caisse même des veuves et les autres propriétaires des capitaux libérés n'ont jamais pu en disposer, ni en toucher les intérêts.

Voici maintenant un autre chapitre de la *bonne foi* de Napoléon dans l'exécution de ses traités.

Le traité de Tilsitt portait que, jusqu'à une paix définitive entre la France et l'Angleterre, tous les États du roi de Prusse, sans exception, seraient fermés à la navigation et au commerce des Anglais.

Le roi de Prusse avait demandé qu'au moins les vaisseaux prussiens qui se trouvaient dans les ports britanniques, ou en pleine mer, chargés la plupart de blé pour l'entretien des troupes françaises, eussent le temps et les moyens de rentrer, afin que l'Angleterre ne s'enrichît pas des dépouilles de la Prusse.

Mais déjà, le 1er septembre 1809, une ordonnance expresse, publiée à Mémel, ferma aux Anglais les ports de la Prusse; elle fut confirmée, le 9 septembre, par une ordonnance plus stricte, adressée aux tribunaux maritimes.

Cette mesure ne parut pas assez sévère. *Le Moniteur* la jugea trop complaisante, et le gouvernement prussien fut obligé, dans une ordonnance du 11 juillet 1808, de poser les principes et les règles à observer pour l'inspection, l'entrée, la sortie, le transit des marchandises, afin d'anéantir toute relation avec l'Angleterre.

Napoléon trouvait tout ce que l'on faisait marqué au coin de la défiance. Le 11 juin 1808, le gouvernement prussien fut obligé d'appliquer à la Suède le système prohibitif que le traité de Tilsitt n'avait dirigé que contre l'Angleterre. Par un décret du 9 mars 1810, il fut forcé encore de prononcer la confiscation de toutes les marchandises coloniales qui se trouveraient sur tout bâtiment sorti d'un port quelconque de l'Europe, ou d'une colonie des Indes orientales et occidentales avec laquelle la France n'aurait aucun traité d'alliance ou de commerce.

Par décret du 19 juillet 1810, les ports prussiens furent fermés aux vaisseaux des États-Unis de l'Amérique septentrionale. Le gouvernement chercha, par une explication donnée le 5 août, à adoucir la rigueur de cette mesure rétroactive, mais une sommation impérieuse du gouvernement français l'obligea à la révoquer.

Enfin la Prusse fut obligée d'accepter les nouveaux impôts établis par le décret de Trianon, du 5 août 1810, et par celui du 10 octobre, sur toutes les denrées coloniales provenant de confiscations dans les ports de mer, ou de prises sur les États voisins, ou d'un commerce autorisé par les licences françaises, et qui seraient introduites dans le pays; toutes les autres denrées coloniales déjà introduites furent considérées comme produit du commerce de l'Angleterre, et confisquées comme telles. Ce tarif, dont le taux, au moins pour les denrées les plus précieuses, faisait monter leur prix à la moitié et même aux deux tiers en sus de leur valeur ordinaire, et qui, par ce renchérissement, en diminuait prodigieusement la consommation, fut vanté par la France comme l'unique moyen de combattre victorieusement la superbe Angleterre par son côté faible. Mais il aurait à l'instant même anéanti le commerce de la Prusse, si l'on n'eût pas apporté dans son application tous les adoucissements et toutes les modifications compatibles avec le système et le tarif prescrits par la France. Le gouvernement prussien, en adoptant ce tarif, supprima les anciens droits de consommation; il n'exigeait rien absolument sur la matière première destinée aux fabriques du pays, non plus que sur les marchandises en transit, et pour les payements il accordait aux négociants de très-grandes facilités.

Cependant le système continental déploya toute sa rigueur pendant l'automne de 1810. La France déclara *qu'il n'y avait plus de bâtiments neutres*, que les pavillons jusqu'alors regardés comme tels ne couvraient plus que des bâtiments qui faisaient le commerce pour l'Angleterre, naviguaient avec des licences *anglaises* et devaient être considérés comme venant de l'Angleterre; que même, eussent-ils des certificats de consuls français ou des licences françaises, on ne devait y ajouter aucune foi; que toutes les marchandises coloniales, de quelque lieu et de quelque manière qu'elles vinssent, n'étaient que des marchandises anglaises, et devaient dès lors être séquestrées et confisquées. Le bruit se répandit en même temps que des troupes françaises allaient tout à coup occuper les premières villes de commerce de l'Allemagne, pour faire une recherche générale des marchandises anglaises. Elle eut en effet lieu le 22 octobre 1810, à Francfort, dans les villes hanséatiques et dans le Mecklembourg, et l'on n'était pas sans crainte pour les côtes de la Prusse sur la mer Baltique, où le commerce, favorisé par la nature et les circonstances locales, n'avait pas encore pu être tout à fait arrêté. Il ne suffisait plus que le gouvernement prussien eût donné à ses employés les ordres les plus stricts d'exécuter avec rigueur les lois du système continental; il devait donner un grand exemple de cette sévérité, pour prévenir les mesures odieuses de la France qui auraient encore augmenté la crise.

Le roi ordonna, le 28 octobre 1810, à tous les préposés aux douanes de mettre sur-le-champ en séquestre les denrées coloniales et toutes les marchandises regardées comme anglaises qui se trouveraient dans ses États ou qui y seraient introduites, d'en faire la déclaration, et de rechercher exactement leur origine, afin que, dans le cas où leur entrée aurait été illicite, elles fussent confisquées, et, dans celui où elle aurait été légale, qu'on les taxât d'après le tarif continental, sans distinction de transit ou de consommation intérieure. Il arriva effectivement que le jour même où le roi signa cet ordre, à Postdam, la légation française à Berlin envoya une note pour se plaindre, en termes expressifs, de ce que le commerce anglais n'était point assez entravé dans les États du roi, et pour recommander au gouvernement la plus sévère application du tarif, et en général la participation la plus active aux mesures prescrites contre l'Angleterre. « S'il était possible, disait cette note, que l'on » pût penser en Prusse à se soustraire à ces mesures, » l'empereur, forcé de ne consulter que l'intérêt » général, se verrait, malgré lui, dans l'obligation » de les faire observer lui-même. »

Un nouveau décret de Napoléon (du 19 octobre 1810) ordonna dans toute l'étendue de l'empire français la saisie, la confiscation et le brûlement des marchandises de fabrication anglaise que l'on pourrait découvrir, soit dans les dépôts des douanes, soit dans les magasins particuliers. En même temps le gouvernement prussien fut sommé d'adopter les mêmes mesures. Il fut obligé de faire brûler à Berlin, Kœnigsberg, Elbing, etc., ses différentes marchandises de fabrication anglaise. Ce n'était qu'avec la plus extrême répugnance et avec tous les adoucissements possibles que le gouvernement prussien exerçait ces mesures de rigueur contre des particuliers innocents qui, sur la foi des règlements précédents, avaient fait le commerce de ces marchandises, provenant de prises ou de confiscations, et n'avaient jamais pu prévoir l'effet rétroactif d'un décret odieux, contraire à tout principe de justice, inouï dans les annales de la législation prussienne.

Enfin, pour porter, s'il était possible, le dernier coup au commerce de l'Angleterre, l'empereur, vers la fin d'octobre 1810, requit le gouvernement prussien, non plus de fermer ses ports aux bâtiments chargés de denrées coloniales (dont il y avait alors un grand nombre sur la Baltique), mais au contraire de favoriser leur entrée, et, aussitôt qu'ils auraient abordé, de les mettre sous le séquestre, de les confisquer, et de déclarer leurs cargaisons en nature à la disposition de la France, avec cette réserve que leur valeur serait déduite des contributions de guerre dues encore par la Prusse. Cette mesure fut l'objet d'une longue négociation. La Prusse fut forcée de consentir à un traité signé le 28 janvier 1811 par le chargé d'affaires de France. Elle déclarait qu'elle vendait à la France toutes les cargaisons de vaisseaux chargés de marchandises coloniales et mis sous le séquestre dans les ports prussiens, d'après l'estimation qui en serait faite; *qu'ainsi les* commissaires français, dans les différents ports, feraient un inventaire provisoire de ces cargaisons; que les Prussiens veilleraient à ce qu'elles fussent toutes conduites à Magdebourg; que là elles seraient évaluées à leur juste valeur et au taux de la vente; et que, d'après un tarif convenu, on donnerait au gouvernement prussien quittance d'une somme équivalente à leur valeur totale, y compris les frais de transport; qu'enfin cette quittance serait déduite des sommes qui restaient à payer. Napoléon sanctionna cet arrangement, en rejetant trois articles proposés par la Prusse, et en faisant connaître que l'évaluation, peu favorable à la France, l'avait fait balancer quelque temps à l'approuver. La Prusse n'aurait rien autant désiré que d'être dispensée de toutes ces opérations d'estimations et de ventes. Les avantages insensibles, mais réels et inappréciables d'un commerce libre, et de la confiance des peuples dans l'intégrité et la justice de l'administration, lui étaient plus précieux que les profits, quels qu'ils fussent, qu'elle aurait pu retirer de ces mesures odieuses. Au reste, l'adjudication et la vente des cargaisons ne furent terminées à Magdebourg qu'au commencement de 1812.

XLI.

De la première restauration.

La guerre avait fait couler presque autant d'encre que de sang. Les injures les plus grossières ne cessèrent d'accompagner les traits lancés contre celui qu'on nommait *l'ennemi commun des peuples et des rois*.

On ferait aujourd'hui un recueil curieux des déclamations des Gentz, Divernois et autres, parmi lesquels on serait étonné de rencontrer des écrivains tels que Mme de Staël, Benjamin Constant et Schlegel.

La Russie avait aussi fourni son contingent à ce tribut de sottises officielles ou semi-officielles. Elle vomit nombre de pamphlets autorisés, aussi pauvres de style que repoussants de mensonges. Là on ne peignait les Français que comme des sots, des fripons, des barbares sans cœur et sans mœurs.

Et cependant les prisonniers russes, bien traités en France, y étaient généreusement secourus. Ils y contractaient des dettes, quelques-uns même sous des noms supposés, et ne payaient point pour la plupart. Ceci même donna lieu à une foule de réclamations de la part du comte de Noailles, qui ne pouvait en revenir. Le chef russe du bureau des prisonniers, entre les mains duquel passaient les réclamations, m'a souvent confirmé le fait.

Au contraire, les prisonniers français, qui durent une partie de leur malheur à leur respect pour la foi jurée, étaient martyrisés en Russie. Beaucoup d'officiers n'y purent vivre qu'en empruntant de l'argent à 5 pour cent par mois, et, trois mois après leur départ pour la France, ils avaient envoyé de quoi solder leurs dettes.

Je tiens encore ce fait du même chef du bureau des prisonniers, qui faisait avec amertume la comparaison de cette conduite loyale avec la friponnerie infâme de ses compatriotes.

Tandis que le gouvernement russe payait des folliculaires pour outrager la France, les proclamations officielles n'en parlaient qu'avec estime. C'est qu'il désirait ameuter contre elle un peuple dont il exigeait les plus grands sacrifices. Aussi l'exaspération de ce peuple était-elle portée à un tel point, que la nouvelle de la prise de Paris excita chez lui la plus délirante ivresse, et fut célébrée avec un éclat bien douloureux pour les cœurs vraiment français. Il n'était bruit que de la clémence du vainqueur, qui voulait bien ne pas venger la ruine de Moscou par la ruine de la capitale de la France.

Qui croirait qu'un artiste français n'a pas eu honte de célébrer cette ivresse? Mme Lebrun peignit en ce temps un génie inscrivant sur un bouclier la date de la prise de Paris!

Ce qui, pour nous, pauvres royalistes, mêlait quelque douceur à l'amertume de ce triste événement, c'était l'idée que la restauration (due à Talleyrand, ou plutôt aux circonstances, contre le gré de ceux-là mêmes qui semblaient l'opérer) allait rendre à la France et à l'Europe une paix dont elles avaient également besoin.

C'était véritablement un coup du ciel que Moreau eût, avant cet événement, disparu de la scène du monde; car, avec l'esprit que je lui connaissais, il aurait sans doute adopté et fait prévaloir les idées antimonarchiques du sénat, et entraîné peut-être dans son opinion l'empereur Alexandre, déjà fortement prévenu contre Louis XVIII.

Je suis d'autant plus convaincu qu'Alexandre n'était pas, par lui-même, disposé à ramener les Bourbons, que j'en ai acquis la preuve positive dans la correspondance de ce prince avec Mme Narickine, qui ne cessait de le solliciter en faveur des nobles exilés et ne pouvait rien en obtenir à cet égard. Aussi, comme les choses faites de mauvais gré se font toujours mal, il faut, dans les actes relatifs à la restauration, considérer tout comme l'erreur de l'esprit, pour n'y pas soupçonner la plus criminelle perfidie.

La France, avait-on dit, *doit être grande et forte*, pour l'intérêt même de l'Europe; et on la réduisait à ses anciennes frontières quand tous les autres États s'étaient prodigieusement agrandis.

On annonçait la suppression des droits réunis et de la conscription, s'immisçant ainsi, à je ne sais quel titre, dans l'administration d'un gouvernement qu'on avait promis de ne point diriger.

On plaçait l'ennemi naturel de la restauration à portée d'en venir troubler les effets; on lui conservait des titres respectables, on le laissait s'entourer de ses satellites, on forçait le roi à lui payer une pension qui ne pouvait être employée qu'à ourdir des trames contre lui.

Enfin, ces souverains, prétendus restaurateurs des Bourbons, choyaient spécialement tout ce qui avait été attaché à Napoléon, vivaient avec les régicides, protégeaient entre tous les chefs des assassins du duc d'Enghien, et forçaient l'autorité légitime à négliger les amis que ses longues infortunes n'avaient pu lasser, pour favoriser les amis de son adversaire!

Était-ce décent? était-ce même politique?

Certes, on chercherait en vain l'excuse que pourraient faire valoir les puissances coalisées pour motiver leur manque de foi, ainsi que les humiliations et les dangers dont elles entouraient comme à plaisir la royauté rétablie. Blacas nous manda que le roi ne pouvait rien faire pour ses serviteurs les plus dévoués.

Ainsi la restauration, opérée par nous et redoutée de tant d'autres, apprit à tous que la fidélité était un tort aux yeux de celui-là même qui en avait été l'objet, tandis que toute fortune créée, fût-ce par le crime, devenait honorée, inébranlable!

Si les alliés eurent des torts, le roi, je dois le dire, ne s'en montra point exempt. Sans parler ici de ses promesses imprudentes de restitution de conquêtes et de diminution d'impôts, je ne puis taire que, dans la dispensation de ses faveurs, il parut ne vouloir choisir que ce qu'il y avait de plus incapable ou de plus abject parmi ses serviteurs et ceux de Napoléon. Pour l'ineptie, ce furent Ferrand, d'André, etc. Pour la bassesse, combien de noms se pressent sous ma plume que je tais par convenance ou par commisération!

Il est un trait pourtant qui ne doit point être passé sous silence. Tandis que les Noailles étaient comblés de dignités, tandis que Blacas, oublieux de son humilité passée, se voyait affublé de places qui lui valaient plus de 400,000 livres de rentes, les héros de la Vendée mouraient de faim!

Le maréchal Soult était préféré au franc et noble Macdonald.

Puis, par une inconséquence qui touche à la

folie, on oubliait que, de toutes les vanités humaines, la plus ombrageuse est celle des parvenus: après avoir rendu ces gens tout-puissants, on les laissa humilier; que dis-je? on les humilia soi-même.

Louis XVIII, rentré en France comme roi légitime et datant ses actes de la 19e année de son règne, sembla regarder comme uniquement personnelle à lui cette loi imprescriptible de la propriété héréditaire. Sa restauration ne s'appuyait que sur cette base, et il mettait en oubli les droits identiques de ceux dont la fidélité avait tout abandonné pour le suivre. Je sais qu'on ne pouvait revenir, sans bouleverser l'État, sur des ventes et reventes qui intéressaient un grand nombre de citoyens à leur intégrité; mais cette intégrité se trouvait-elle assurée par les promesses d'un roi qui n'avait pas le droit de les faire! Ne l'eût-elle pas été beaucoup mieux par un traité fait entre les spoliés et le gouvernement spoliateur? En rendant justice à qui de droit, on aurait ainsi fermé la bouche à ceux qui ne demandent que des prétextes pour leurs factieuses déclamations.

« Le grand vice de la restauration, me disait le » général d'Auvray à son retour en Russie, est » dans l'inquiétude des accapareurs de biens natio- » naux, qui, par des ventes, reventes, héritages ou » partages, intéressent aujourd'hui près de 12 mil- » lions de Français. Louis XVIII n'a su rien faire » de raisonnable à cet égard, et je crains bien qu'il » n'en ait pas pour un an. »

Je ne voulais pas le croire. Hélas! nous ne l'avons que trop vu. La restauration, qui aurait dû et pu être le signal d'oubli de toute haine entre les Français, vit renaître parmi eux cette haine avec un redoublement de violence. Des intérêts qu'il aurait fallu confondre en les conciliant formèrent dès lors deux partis acharnés s'injuriant, soit au nom de la révolution, soit au nom de la légitimité. La France ne pouvait oublier qu'elle venait de dominer l'Europe et que maintenant elle subissait ses lois. Aussi, datant son humiliation politique du jour de la restauration, c'était le roi qu'elle en accusait, et non l'homme dont l'ambition effrénée avait nécessité le retour de l'ancienne dynastie. Le monarque lui-même prêtait peut-être au ridicule en affectant de se comparer au brave, galant, actif et populaire *Henri* IV, quand tout en lui contrastait avec ce père des rois Bourbons.

Une chose cependant aurait dû frapper tous les esprits et ramener tous les cœurs. Cette auguste maison, qu'on avait toujours représentée comme méditant les plus cruelles vengeances, ne rentrait qu'avec des intentions pacifiques et bienfaisantes; elle réalisait ce que le philosophe genevois Chapuisy regardait comme le plus haut degré de la vertu humaine quand il écrivait en 1796 ces paroles aujourd'hui si honorables pour les Bourbons : « Les » princes de la maison de Bourbon, depuis qu'ils » sont errants et malheureux, ne peuvent avoir » pour les Français que des cœurs d'airain. S'ils » nourrissent au contraire en eux des sentiments » de bienveillance et de bonté pour cette nation » étonnante, leur âme est au-dessus de l'espèce hu- » maine; elle participe de la Divinité. »

Et c'étaient ces princes que chacun se croyait en droit de conseiller avec insolence, d'injurier sans pudeur, de ridiculiser sans retenue!

Jamais pourtant ils ne méritèrent peut-être plus d'égards et de respect. Le cabinet des Tuileries sut conserver une puissante influence au congrès de Vienne. En vain le prince Walkouski Repnim opprimait-il la Saxe pour la forcer à passer sous le joug prussien, en vain l'empereur d'Autriche couvait-il le projet de dominer l'Italie, en vain le tzar voulait-il, en se prêtant aux vues des deux autres, envahir la Pologne; la France, s'opposant seule à la cupidité des trois puissances ci-devant copartageantes du noble domaine des Jagellons, se déclarait la protectrice des États faibles, et eût réussi à les sauver.

Pour la séduire, on lui propose les départements du Rhin, elle les refuse; on s'irrite, elle menace; et Talleyrand la fait régner encore sur les rois qui avaient cru l'abattre.

Alexandre, qui ne pardonnait point au roi de ne lui avoir pas offert son cordon du Saint-Esprit, ni à ses officiers la décoration de Saint-Louis, quoique l'un et l'autre ne pussent, conformément à leurs statuts, être portés que par des catholiques, écrivait à Mme Narickine durant le congrès de Vienne :

« Eh bien, que direz-vous encore de ce misé- » rable prince (Louis XVIII)? Je l'ai remis sur son » trône (on sait comment!); et son ingratitude me » barre dans tous mes projets! »

En compensation de cette irritation générale, la France n'avait pas plus de 100 millions de dettes que deux années de paix eussent effacées; la monarchie française avait déjà repris son rang à la tête des États européens; le maréchal Macdonald, par sa motion sur les dédommagements à accorder aux émigrés, préparait intérieurement une réconciliation universelle; tous les esprits pouvaient concevoir la juste espérance d'une prompte et durable prospérité.

C'est alors que Napoléon, tombant comme la foudre sur notre malheureuse patrie, vint dévorer, en trois mois, sa fortune, sa puissance et sa gloire.

XLII.

Lettre de la reine de Naples à lord Bentinck.

Les Anglais, craignant que les Français, maîtres de l'Italie, ne devinssent nuisibles à leurs opérations et à leur commerce dans la Méditerranée, se déclarèrent les protecteurs avoués du roi fugitif de Naples, et acquirent ainsi un port militaire et commercial d'une haute importance; mais, pour se faire en Sicile un parti qui contre-balançât celui de la famille royale, les Anglais soutinrent les mécontents et les firent jouer à la constitution. Ce funeste jeu entraîna, comme de coutume, à sa suite des haines et des troubles, dont les Anglais se hâtèrent d'accuser la reine, qui aurait voulu les prévenir. Après une espèce d'abdication forcée du roi, une sorte de reclusion de son époux et des princes, celle-ci fut chassée de sa royale résidence.

C'est en partant qu'elle écrivit la lettre suivante à lord Bentinck :

« Nonobstant les procédés actuels, extraordinaires et irréguliers, par lesquels votre cour prétend me forcer, moi, reine des Deux-Siciles, archiduchesse d'Autriche par naissance, à abandonner, après une union de quarante-cinq ans, le roi mon époux et ma famille, pour me retirer dans mon pays natal, tantôt sous le prétexte spécieux, mais faux, de ma prétendue correspondance avec l'ennemi commun (calomnie atroce que je défie qui que ce soit de prouver validement!); tantôt sous celui du penchant violent que j'ai manifesté, ainsi qu'on le prétend, à opposer des obstacles au projet du gouvernement anglais de changer la constitution sous laquelle la Sicile a existé pendant tant de siècles; nonobstant tout ceci, et quoique je sois loin de reconnaître l'autorité du gouvernement anglais, duquel Dieu m'a rendue entièrement indépendante par ma naissance, je ne sens pas moins la nécessité de me soumettre à l'ordre qu'il me prescrit, puisque cette soumission paraît présenter le seul moyen de conserver les intérêts de ma famille, à laquelle, m'étant dévouée pendant toute ma pénible carrière, je n'hésite point à faire ce dernier sacrifice, qui me coûtera peut-être la vie.

» Je vous déclare donc, milord, et, par vous, je déclare à votre cour que c'est à cette seule considération et à aucune autre que je cède, et je suis prête à me mettre en route, vers la fin du mois courant, pour retourner dans les États de l'empereur d'Autriche, mon auguste parent et neveu.

» Je dois refuser d'aller en Sardaigne; car je ne veux pas être séparée de toutes les branches de ma famille, et, quant au terme de ma vie, cette séparation doit être la dernière; et puis, je désire également de ne pas me retirer sur une terre étrangère.

» Je désire qu'on prenne des arrangements pour mon retour dans mon pays natal, qui puissent rendre la traversée aussi courte et aussi peu fatigante que possible; mon âge, ma santé détruite pendant vingt années de peines, de chagrins et de persécutions, ne me laissent pas même l'espoir de terminer mon voyage.

» En me soumettant à cet acte de déférence, comme je ne puis ni ne dois oublier ce qui est dû à ma naissance et à mon rang, je demande, je réclame l'exécution préalable des conditions suivantes, et je suis persuadée, milord, que vous consentirez et vous empresserez d'y satisfaire :

» 1° Qu'il soit pris un arrangement pour assurer à mes créanciers le remboursement de ce qu'ils ont à réclamer, ne voulant pas quitter la Sicile sans remplir un devoir si sacré. Je demande aussi qu'il soit pris des mesures pour que mes diamants me soient restitués, lesquels sont déposés dans la banque de Palerme;

» 2° Qu'il me soit délivré une somme suffisante pour défrayer un voyage aussi long, que je serai forcée de faire avec une suite convenable au rang où la Providence m'a placée;

» 3° Qu'il me soit assuré une somme suffisante pour soutenir ce rang dans le pays où je me retirerai, et qu'elle soit payée tous les six mois d'avance;

» 4° Qu'une permission soit accordée à toutes les personnes que je voudrai attacher à mon service, et à celui de mon fils Léopold, qui accompagne sa mère infortunée, et que ceux qui reçoivent des gages de moi ou des pensions du gouvernement sicilien obtiennent une assurance que ces gages et pensions leur seront exactement transmis en quelque lieu qu'ils résident;

» 5° Enfin, qu'il soit placé à ma disposition une frégate appartenant au roi, une corvette et les transports nécessaires, sur lesquels ma suite et mon équipage puissent s'embarquer; et je demande que le capitaine de frégate soit à mon choix, pour ma tranquillité particulière, attendu que je crains beaucoup les voyages de mer.

» J'ai raison de croire, milord, que vous ne trouverez dans mes demandes que ce qui est convenable et raisonnable, ce dont l'exécution est indispensable dans un voyage aussi long que pénible, et auquel votre gouvernement me force.

» Suivant les renseignements qui me sont venus » d'Angleterre, vos instructions portent de faire » usage de votre influence sur le gouvernement sicilien pour le disposer à faire tous les arrangements » nécessaires et convenables qui seraient demandés. » Puisque vous avez montré une extrême persévérance et fermeté à m'obliger à faire le sacrifice » de mon existence, j'ai raison de croire, milord, » que, sans que vous vous écartiez des ordres de » votre cour, vous conserverez le même caractère » pour assurer les derniers jours d'une princesse » victime de toutes sortes de malheurs, et à laquelle » votre gouvernement et la nation anglaise rendront » tôt ou tard la justice qu'elle mérite.

» Je vous transmets cette lettre par les mains du » général Maufarlane, auquel je dois beaucoup de » reconnaissance et de remercîments pour la ma» nière délicate avec laquelle il s'est conduit envers » moi; ce qui me fait désirer que je puisse conti» nuer à recevoir par lui toute explication ultérieure » au sujet de cette pénible affaire. »

Ce n'était point la reine, mais le gâchis politique favorisé par les Anglais qui avait agité le pays; aussi, tandis que cette malheureuse princesse se rendait à Vienne, dans l'espoir trompé d'y trouver des protecteurs contre l'intronisation de Murat, les troubles continuèrent malgré son absence. Les Anglais furent contraints à les réprimer militairement.

Au moment où la reine mourait presque subitement à Vienne, les Anglais, en quittant la Sicile, y abandonnaient et la constitution et ses auteurs, sous prétexte, dit Castelreagh, que le gouvernement britannique n'avait pas le droit de s'immiscer dans les affaires intérieures des autres États.

La maxime est vraie. Pourquoi ces avides et insatiables marchands ne la mettent-ils pas plus souvent en pratique?

XLIII.

Des cent jours.

J'ai dit sans réticence, en diverses rencontres, le bien opéré par Napoléon, celui qu'il aurait pu faire et les fautes dont il se rendit coupable. Ces dernières devinrent la source de tant d'infortunes, que, malgré le vif éclat répandu sur la France par les utiles et brillantes années de son règne, la restauration n'en dut pas moins paraître à ce pays l'un des plus précieux bienfaits de la Providence.

Bonaparte avait cessé d'être, à ses yeux, le dominateur des rois, l'homme incommensurable, en dépit même de son étonnante campagne de 1814, le chef-d'œuvre peut-être de sa vie militaire. Le prestige de son invincibilité était détruit. Celui de la supériorité de son génie politique n'avait point survécu à ses nombreuses erreurs en Russie.

En outre, il avait irrité les esprits par sa violence imprudente à l'égard de la chambre des députés. Quoiqu'il conservât un grand nombre de partisans parmi ceux qui attendaient de lui leur fortune, son mépris insolemment manifesté pour l'espèce humaine lui aliénait tout ce qui était honnête, tandis que les amis de la licence haïssaient comme despotiques ses actes conservateurs. Enfin la conduite qu'il avait tenue lors du concile de Paris, ses procédés envers le chef de l'Église révoltaient ceux qui avaient gardé des sentiments de religion.

D'une autre part, avec le retour du roi renaissaient en France la paix, le commerce, le crédit, et l'espoir fondé d'un gouvernement paternel et solide à la fois.

Comment donc Napoléon obtint-il des succès si rapides? comment Louis XVIII ne trouva-t-il point de nombreux et zélés défenseurs?

Cette double question est facilement résolue par un exposé de l'état de la France à cette époque.

Les puissances alliées avaient, comme nous l'avons dit, placé le roi dans une fausse et dangereuse position. Ce prince, à qui la France et ses propres serviteurs étaient inconnus, gouverné d'ailleurs par un sot vaniteux, entêté et vague dans ses idées, ne sut rien faire par lui-même, tandis que son inepte favori ne voulait ou ne pouvait rien faire à sa place.

D'ailleurs, le respect qui naît toujours de l'idée de la puissance était refusé à Louis XVIII par ses peuples. Il voulut rechercher leur amour, et ne s'aperçut pas qu'entre rois et sujets il n'y a point d'amour sans respect. Oubliant ou ignorant que les gouvernements manifestent leurs véritables intentions bien plus par des actes que par des promesses, il se montra si prodigue de ces dernières, qu'il dut éveiller par là même des inquiétudes. On proclamait hautement l'oubli du passé; mais on ne faisait rien pour cicatriser des plaies encore saignantes.

En un mot, la restauration avait mécontenté les bons, rassuré les méchants, armé tous les bras et les esprits pervers en repoussant fatalement tous les esprits et tous les bras dévoués.

Qui pouvait donc secourir, dans le cas d'une crise nouvelle, une autorité légitime envers laquelle la trahison n'était point un titre de honte ni la fidélité un titre d'honneur?

Était-ce l'armée ? L'armée fut toujours une nation à part au sein de la nation. L'armée, depuis Napoléon surtout, ne considérait plus la France que comme une sorte de magasin à recrues et à remontes. Indifférente à la nature du gouvernement, aux arts qu'elle ne pouvait ni cultiver ni connaître, haïssant les lumières de l'esprit qui balançaient sa force à elle, l'armée ne voyait de patrie qu'elle-même, d'homme fait pour commander que celui qui procurait pillage, croix d'honneur, épaulettes, etc. Le meilleur, pour elle, devait être, de toute nécessité, celui qui ne devrait son empire qu'à la guerre. L'armée, hostile à la liberté, au calme, à tout principe de conservation et de paix, fatiguée déjà d'un repos dont le règne de Louis XVIII ne lui laissait pas apercevoir la fin, devait voler avec ivresse au-devant de son ancien chef.

Elle avait fait un serment. Qu'est-ce qu'un serment commandé et exécuté comme un temps d'exercice ? Les généraux, libres de refuser ce serment, furent parjures; l'armée ne le fut point. Il y a plus, elle ne pouvait point l'être. L'armée est un corps qui échappe aux lois ordinaires de la moralité humaine. Instituée pour défendre ou frapper, non pour penser où dominer, partout où elle a cessé d'être un instrument aveugle, il n'y a plus eu d'ordre social possible.

Mais pourquoi, dira-t-on, cette soumission rapide et complète de la France aussitôt après le départ du roi ?

Celui qui est maître de Paris le devient à l'instant de tout le royaume, eût-il contre lui l'opinion populaire des trois quarts de la France : là est le centre commun de tous les intérêts. La révolution de 1789, enfantée par la bourse et la populace de Paris, morcela le royaume en départements sans consistance, et effaça toute supériorité individuelle ou de corporation, si utiles cependant dans le double cas d'une agitation intérieure ou d'une invasion étrangère.

Depuis lors, tout se fit à Paris. La république y fut enfantée; la convention, siégeant à Paris, dissipa d'un souffle la fédération qui, sur 83 départements, en réunissait 71. Le terrorisme, créé et détruit à Paris, le fut dans le reste de la France par la gazette seule. Le Directoire et Bonaparte sont tombés de même.

La France devait donc être subjuguée dès que le roi laissait, par son départ, entre les mains de son ennemi, le grand organe de l'État.

Et qu'on ne s'étonne pas que les royalistes n'aient pas combattu pour lui d'un bout à l'autre de la France, comme ils le firent, mais très-infructueusement en Bretagne, en Vendée et dans le Midi. Les royalistes forment un corps sans âme dès que leur chef naturel n'est pas au milieu d'eux.

Pris en masse, ce sont des hommes dont la persévérance dans leur opinion est d'autant plus honorable, que, sacrifiés sous Louis XVI, volés ou assassinés sous la république, ridiculisés à la restauration, ils ne respirèrent véritablement que sous Bonaparte, dont ils ne voulurent point servir l'usurpation. Les factieux les ont signalés de tout temps comme travaillant à recréer leurs priviléges; la plupart n'en eurent jamais. Depuis trente ans ils ont eu celui du supplice, de la spoliation, de l'exil et des outrages.

Si maintenant nous détaillons cette masse qu'on proclame, tantôt faible, pour lui ravir toute influence, tantôt forte, pour en faire un épouvantail, nous y trouvons, d'une part, un nombre considérable d'honnêtes gens, tranquilles et passifs, qui font des vœux très-sincères, mais rien que des vœux pour le raffermissement de la monarchie; puis, un nombre moins grand, mais plus bruyant, de bavards systématiques qui, sans s'entendre entre eux, ni eux-mêmes, veulent la monarchie conformément à un mode d'être, possible ou impossible, puisé dans leurs brumeuses théories; puis enfin des royalistes, ennemis aveugles de la révolution et de tout ce qui en émane, gens dont le zèle voyait avec chagrin dans Louis XVIII autant le successeur de Bonaparte que celui de Louis XVI.

D'une autre part, et parmi les royalistes actifs, sont : les émigrés, dont la restauration ne fit qu'aggraver l'existence; les nobles qui, liés à la royauté par plusieurs siècles de service sans salaire, étaient tombés avec elle, et qu'elle n'avait point relevés.

Venaient enfin ces immortels *Vendéens*, les seuls hommes en France dont le sophisme n'eût point égaré l'esprit, l'intérêt corrompu le cœur, la puissance abattu le courage; ces hommes qui, lorsque tout dans leur patrie était devenu bourreau ou victime, osèrent lutter contre ceux devant qui tremblait déjà l'Europe; ces hommes, l'honneur du nom français, le modèle du dévouement désintéressé, chevaleresque, inébranlable; ces hommes enfin qu'à sa honte éternelle la royauté relevée sacrifia aux héros de la cupidité, de la bassesse et de l'orgueil !

Certes voilà des nuances bien diverses; mais toutes ces nuances se fussent-elles fondues et réunies dans une ardeur commune, que pouvaient faire les royalistes, privés de leur chef ? devaient-ils combattre quand ce chef lui-même fuyait devant le danger ? Non, Louis XVIII, par le seul fait de son abandon, avait rendu toute lutte, inutile contre Napoléon, complétement impossible.

Il y avait un moyen peut-être, et le général Maison avait raison, je crois, de dire : *N'envoyez point d'armées contre lui ; elles passeraient de son côté. Confiez-moi seulement 500 hommes de troupes légères et une batterie volante. Pourvu que je les choisisse moi-même, je vous réponds que Bonaparte est perdu, car il ne s'agit que de lui porter le premier coup.*

Il eût pu sans doute réunir ce petit nombre de soldats fidèles, témoin la conduite du 10ᵉ régiment de ligne sous les ordres du duc d'Angoulême.

Ce même régiment se conduisit héroïquement à Waterloo. Un des grenadiers de ce corps, près d'expirer, dit à l'un de ses camarades : *Quand tu verras le duc, dis-lui que je suis mort en brave sous les batteries de l'ennemi de la France !* Tous, en combattant les Anglais, portaient sur le front un ruban sur lequel était écrit *Vive le roi!* Les étrangers ont voulu faire passer cela pour un acte de bassesse.

En vérité, nul peuple, en Europe, n'est digne de concevoir ce qui s'agite dans la poitrine d'un Français !

Je tiens encore du marquis de La Boissière, major général de l'armée royaliste du Morbihan, qu'il ne put parvenir à organiser régulièrement ses troupes qu'à l'aide des déserteurs qui avaient combattu le roi à Waterloo.

Loin donc de mésestimer cette belle France que la jalousie européenne eût voulu flétrir, plaignons-la d'avoir ajouté foi aux perfides déclarations des alliés ; plaignons le roi d'avoir plutôt compté sur l'étranger que sur ses propres sujets ; et plaignons l'Europe même de s'être vue livrée à l'ambition de ces trois cours qui s'étaient partagé autrefois les lambeaux de la Pologne.

XLIV.

De l'Angleterre.

Je suis loin d'avoir le coup d'œil d'aigle de Mᵐᵉ de Staël, qui me disait avoir l'intention d'écrire un livre sur la Russie après l'avoir seulement traversée au galop de ses chevaux de poste. Je ne prétends donc nullement présenter un tableau de l'Angleterre : je me bornerai à effleurer certains sujets qui préoccupaient vivement Londres à mon passage.

Parti de Cronstadt le 4 août 1815 pour me rendre en France par l'Angleterre, afin d'éviter la Prusse, où les Français n'étaient pas bien reçus, j'arrivai à Londres au moment où l'effervescence causée par la victoire de Waterloo durait encore. C'était bien autre chose qu'en Russie : mille objets d'art ou de toilette avaient déjà pris le nom de la célèbre bataille ; on n'entendait partout que ce nom. Depuis, le peuple anglais l'a éternisée par des monuments plus solides ; il l'a inscrite sur l'écriteau des rues, des places et des ponts. En vérité, si ce peuple vaniteux avait autant de victoires que nous à célébrer, son île entière disparaîtrait sous la profusion de ses trophées.

Et cependant cette glorieuse bataille, piédestal de la renommée militaire de Wellington, fut gagnée, pour ainsi dire, malgré les pauvres combinaisons de son génie. Et, dans tous les cas, les Prussiens n'ont-ils pas, autant que les Anglais, le droit de revendiquer l'honneur de la victoire?

Quoi qu'il en soit, par acte du parlement, il fut accordé en récompense à l'armée une somme de plusieurs millions, ainsi répartie :

A Wellington, 60,000 l. s. (1,440,000 fr.)
A chacun des officiers généraux sous ses ordres, 1,200 l. s. (28,000 fr.)
Aux officiers de campagne (*field's officers*), 420 l. s. (10,080 fr.)
Aux capitaines, 90 l. s. (2,160 fr.)
Aux lieutenants, 33 l. s. (792 fr.)
Aux sergents, 19 l. s. (456 fr.)
Aux soldats, 2 l. s. 21 sch. (60 fr.)

Ce dernier article seul doit monter à plus de 7,000,000 de francs.

Je m'appesantis sur ce fait, parce que rien peut-être, dans l'histoire du peuple anglais, ne peint son moral d'une manière plus frappante. De l'argent! c'est pour lui l'équivalent de tout, même du sang. A d'autres on donne des croix, des honneurs ; à lui, de l'argent !

Je vais encore parler de Wellington à propos du sac de Saint-Sébastien. Sa conduite, lors de la prise de cette ville, est un de ces actes (heureusement bien rares parmi les peuples modernes) qui sont faits pour inspirer la plus profonde horreur. La forteresse était occupée depuis deux jours, lorsqu'il permet à la soldatesque de s'y livrer à tous les genres d'excès sur de paisibles habitants, alliés des Anglais. Les détails que j'en ai lus dans les plaintes espagnoles passent et effrayent l'imagination.

Si une chose peut ajouter à l'indignation qu'on éprouve au récit de semblables méfaits, c'est la brutalité du bourreau en face de ses victimes. La réponse suivante fut faite par le noble lord aux malheureux qui imploraient son appui :

« C'est bien fait ; vous n'avez pas égorgé les Français en garnison dans vos murs. »

Et voilà ce héros, ce juste, dont partout, hors de France, on a dit et imprimé que, par ses vertus comme par ses talents, il offrait le *beau idéal du guerrier!*

Lors de mon séjour à Londres, le sort de Bonaparte excitait un intérêt général ; sa défaite avait flatté l'orgueil britannique ; sa détention à Sainte-Hélène affectait également, quoique par des motifs divers, la haine, la justice, l'inquiétude et la générosité. Beaucoup trouvaient dégradant pour l'honneur national d'avoir donné des fers à l'homme qui, croyant avoir affaire à un ennemi généreux, était noblement et volontairement venu lui demander asile. S'il eût touché le sol anglais, il y fût probablement demeuré libre : aussi le ministère y mit-il bon ordre, répondant par le silence au cri de la presse entière.

J'entendis aussi parler souvent de l'abolition de la traite des nègres. Cette mesure était, pour le moins, aussi blâmée que vantée. Le ministère y avait été entraîné malgré lui. Voulant au moins en tirer quelque profit et se donner l'initiative de son exécution, il imposa aux autres peuples l'obligation de ruiner leurs colonies pour réparer les pertes que l'Angleterre faisait supporter aux siennes. Il y a toujours sous jeu quelque chose de semblable quand nos voisins prononcent le mot de *philanthropie.*

Ce qui occupait alors au plus haut point les esprits, c'était la rupture du mariage de la princesse Charlotte avec le prince royal des Pays-Bas. Voici comment elle eut lieu, suivant ce que m'en dit le comte, aujourd'hui duc de La Châtre, ambassadeur de France à Londres.

Tous les arrangements étaient conclus et le premier grand repas d'apparat allait être donné. Il est d'usage, dans ces circonstances, que la liste des invités soit remise au prince et à sa fille pour qu'ils en retranchent ceux qui leur déplaisent.

Le régent la reçoit, y trouve le nom de sa femme et l'efface.

On la porte à la jeune princesse, qui, trouvant effacé le nom de sa mère, raye aussitôt celui de son futur époux.

Indicible étonnement de la part du père, qui gronde, prêche, sollicite, le tout sans pouvoir rien obtenir. Enthousiasme le plus vif de la part du peuple anglais, qui croit, à ce trait de caractère, flairer une autre Elisabeth.

Par suite de cette rupture, le prince royal épousa une sœur de l'empereur Alexandre ; et la princesse Charlotte, un Cobourg.

Une des plus hideuses pages de l'histoire contemporaine est sans contredit ce qui a trait à la guerre entre l'Angleterre et l'Amérique, durant les années 1812, 13 et 14. La plus coupable tyrannie maritime en avait été la cause. Des cruautés inouïes, l'oubli de toute foi et de toute pudeur, la provocation à la révolte, le massacre et l'incendie marquèrent tous les pas des Anglais.

Mais le sentiment de dégoût et d'horreur inspiré par la politique anglaise était en quelque sorte distrait par les grotesques fanfaronnades du peuple américain. Les relations pompeuses qu'il faisait de ses plus insignifiants succès me rappelèrent ce mot de Moreau, que je tenais de son aide de camp Rapatel : « N'offririez-vous pas, en cas de guerre, lui » disait-on, vos services aux États-Unis ? — Je » m'en garderai bien, répondit-il ; car, dans toute » leur armée, il n'y a pas un tambour qui ne croie » en savoir beaucoup plus long que moi. » Aussi leur histoire vantera-t-elle sans doute un grand nombre de héros de leur invention, et devant la gloire fabuleuse desquels la postérité devra s'incliner.

C'est à Londres que j'aurais voulu envoyer les lecteurs de sir Francis Divernois vérifier, par rapport à l'Angleterre, sa véracité, si souvent démentie à l'égard de la France. Lors de mon arrivée dans cette ville, on y parlait encore avec effroi du système continental, dont Mme de Staël, ou Frédéric Schlegel, ou tous deux de société, ont dit de si spirituelles sottises. Le financier en phrases, de Genève, a été plus loin ; il a prétendu que c'était là une des causes de la prospérité britannique.

Consultez sur ce sujet les négociants de Londres. Ils vous répondront que, sous le coup désastreux de ce système, le nombre des pauvres s'est accru d'une manière effrayante ; que l'Angleterre se trouvait, pour ses subsistances, dans les dépendances de l'étranger ; que le revenu territorial diminuait d'un quart ; que les magasins étaient encombrés de marchandises sans acheteurs ; que les manufacturiers se trouvaient dans l'alternative de cesser de produire ou de se ruiner en produisant ; enfin, que la police ne suffisait plus pour réprimer les désordres, ni les tribunaux pour les punir. Tout mal exécuté qu'il était, si ce système eût duré deux ou trois ans encore, l'Angleterre croulait et tombait au dernier rang des États.

Quant à Londres lui-même, l'impression que produit cette ville sur l'étranger tient beaucoup à la comparaison qu'il en fait involontairement avec sa dernière résidence. Ses rues, dont la largeur et la régularité m'avaient frappé en quittant Paris, ne me semblaient plus que des ornières étroites et sales près des rues vastes et élégamment bâties de Saint-Pétersbourg. Cependant cette dernière ville n'a pas autant de beaux monuments que Londres, et Londres en possède incomparablement moins que Paris.

Je ne dirai pas qu'on s'occupait alors de l'émancipation des catholiques; on s'en occupe toujours. Ce n'est pas là seulement une question de tolérance, c'est une question politique de la plus haute importance.

Si j'étais Anglais, bien qu'attaché au catholicisme, je ne verrais qu'avec effroi cette question se décider en sa faveur. En vain les déraisonneurs de ce temps ont-ils dit que le catholicisme est plus favorable au pouvoir absolu, et que le protestantisme est un élément de liberté : la Prusse et le Danemarck sont protestants; les petites républiques suisses sont catholiques.

Dans la vérité, les catholiques pieux seraient des sujets soumis et fidèles; mais leur incorruptibilité gênerait les vues des ministères anglais.

Avec moins de pureté religieuse, devenus importants dans l'État, et privés cependant des plus hautes dignités, leur intérêt les jetterait dans l'opposition. Qui sait alors où une telle direction pourrait conduire les choses?

La réforme parlementaire les compterait probablement au nombre de ses partisans, parce qu'ils auraient intérêt à la faire adopter. Or la réforme parlementaire serait peut-être, dans les États britanniques, aussi funeste que le fut en France le doublement du tiers ordre. En outre, vu la dissolution réelle de la religion anglicane, qui ne se soutient plus que comme établissement politique, le catholicisme, en faisant des prosélytes qui ne seraient plus arrêtés par l'ambition et la cupidité, parviendrait à atténuer au moins, sinon à détruire, les forces que le ministère tire de la servilité du banc des lords spirituels.

Cette émancipation serait donc, sinon une révolution, du moins son avant-coureur. Aussi les radicaux, qui l'ont senti, la pressent de leurs vœux et de leurs efforts.

L'année qui précède le temps dont je parle, l'Agamemnon de la grande ligue européenne, jaloux de faire consolider par les Anglais la haute réputation libérale qu'il avait conquise à Paris, fit un voyage à Londres. Là il affecta de donner des soins à la princesse de Galles, de choyer les membres de l'opposition, d'accueillir tous les brouillons, même d'intriguer contre le ministère. Cela déplut tellement à la famille royale, que M. de La Châtre m'a assuré que, s'il n'avait hâté son départ, on l'aurait fait maltraiter par la populace.

Puisque je suis à Londres, je me trouve naturellement conduit à parler de sa Société biblique.

Elle sert à inonder le monde de bibles traduites en cinquante langues ou dialectes divers, sous prétexte d'étendre et de fortifier l'esprit du christianisme.

C'est là une idée bien fausse, si toutefois elle n'est pas perfide, ou coupable.

Est-on certain d'abord que ces traductions soient toutes d'une incontestable fidélité, pour les abandonner ainsi aux rêves des interprétations individuelles? Ce furent des traductions dissemblables et des interprétations arbitraires qui produisirent les innombrables sectes nées dans le XVIIIe siècle. Les membres de la Société biblique veulent-ils les multiplier encore? Est-ce pour cet utile objet qu'ils ont dépensé déjà plus de 20 millions? Qu'ils s'applaudissent donc! car, depuis l'existence de leur établissement, le méthodisme, qui soutient que le corps ne peut souiller l'âme, a fait les plus magnifiques progrès.

Quoi! c'est quand il serait plus nécessaire que jamais de resserrer les liens religieux, qu'on cherche à les rompre; et ce sont des souverains qui protégent ce dont ils deviendront les premières victimes! Le catholicisme seul a su se préserver d'une aussi funeste erreur. Quand les sectes sorties de son sein se seront subdivisées à l'infini, c'est dans son sein seul que les débris du christianisme pourront trouver un asile.

Constatons, en passant, un fait qui a souvent été pour moi un objet d'étonnement.

Entre la France et l'Angleterre la proportion des crimes est en raison inverse de celle des populations respectives des deux pays. J'avais fait un tableau comparatif; l'ayant perdu, je dirai seulement qu'en 1788 les crimes atteignirent en France le chiffre de 848. En Angleterre on en compte la même année 2,080.

C'est-à-dire, eu égard aux populations différentes, 1 crime à peu près en France contre 7 en Angleterre.

Depuis, la disproportion a été souvent beaucoup plus remarquable. En 1813, notamment, les crimes se sont élevés à 13,932.

Sans essayer, ce qui serait fort long, de déduire les causes de ce résultat, malheureusement incontestable, je me demande si l'Anglais ne doit pas trembler sur le sort futur et peut-être prochain de son pays.

Bien peu avant mon arrivée à Londres se dénoua un drame lamentable et qui pourra donner une idée du système judiciaire anglais.

Élisa Fenning, d'une famille honorable, mais ruinée, s'était vue forcée d'entrer comme simple servante au service du notaire Turner. Elle avait vingt ans; sa figure était charmante, et son caractère plus séduisant encore. Aussi se fit-elle chérir de ses maîtres, auxquels, de son côté, elle portait une égale affection. Ses petites épargnes étaient consacrées à son vieux père, dont elle était l'unique soutien.

Un jeune homme partageait avec le vieillard les affections d'Élisa. Elle voyait en secret son fiancé toutes les fois que, sans négliger ses devoirs, elle pouvait s'échapper un instant.

Le 21 mars 1815, toute la famille Turner, père et mère, fils et fille, Élisa elle-même, éprouvèrent, à la suite du dîner, de violentes douleurs qu'on attribua aussitôt au poison.

Les mets, préparés par la jeune servante, sont aussitôt visités, et il est reconnu qu'un plat de *dumplings* a été saupoudré d'arsenic.

Élisa, souffrante elle-même des effets du poison, est accusée, emprisonnée et mise en jugement. La pauvre enfant protestait de son innocence. Et, en effet, qu'avait-elle à gagner, ou plutôt que n'avait-elle pas à perdre en immolant ses uniques protecteurs?

Une seule chose jetait du louche dans sa conduite. Elle dit d'abord n'être point sortie, puis elle prétendit avoir été un moment absente de sa cuisine; et, comme cette absence avait eu pour cause un rendez-vous d'amour, elle n'osa point, par pudeur, en avouer le véritable motif.

Mais cela suffisait-il pour faire présumer coupable une pauvre fille, recommandable par sa vie antérieure, empoisonnée elle-même, et qu'aucun témoignage n'accusait?

En Angleterre il semblerait qu'il en est ainsi.

Tout dans ce procès fut rapide et obscur : on eût dit un assassinat prémédité. L'avocat de la jeune fille la défendit à peine. Le *recorder* exposa ainsi l'affaire aux jurés :

« L'accusée a servi les mets à ses maîtres. Elle avoue les avoir préparés seule. Les dumplings sont empoisonnés : le crime doit être imputé à elle seule. »

Et l'exécrable magistrat n'ajouta quelques paroles à ce résumé infernal que pour accuser Élisa de n'avoir porté aucun secours à ses maîtres; et il tut que le poison, dont elle-même était atteinte, l'avait laissée dans l'impossibilité de porter secours.

Élisa, pour toute réponse, répétait :

« Je suis innocente! J'étais honorée, aimée de mes maîtres; je les aimais. »

Le jury la condamna, et le *recorder* se hâta de prononcer la sentence.

Cependant le père de l'accusée, arrivé en toute hâte, se présenta au pied du tribunal et demanda la parole en faveur de sa fille. On la lui refusa.

Que dire encore?

Le *recorder* défendit qu'on fît l'analyse des mets empoisonnés.

Il réprimanda brutalement un juré qui avait demandé un sursis.

Il refusa d'entendre des témoins qui déclaraient qu'avant l'époque de l'empoisonnement, Turner avait dit en leur présence : *Ne me laissez pas libre, car je me détruirais, moi et ma femme. Je le dois; je le ferai!*

Des deux clercs de M. Turner il ne fit entendre que Godsden, dont il n'avait point été question au procès, et non Thomas King, qu'Élisa assurait avoir trouvé dans la cuisine en y rentrant.

Il refusa d'interroger sur l'état sanitaire de l'accusée le chirurgien qui l'avait traitée.

Enfin, chose horrible à répéter, il dissuada M. Turner de signer la demande en grâce de l'infortunée!

Élisa mourut en répétant : *Je suis innocente!* Son père racheta son corps pour quelques schellings.

Certes la justice humaine n'est pas infaillible; mais cet assassinat volontaire commis sur la personne d'une pauvre enfant, soutien de la vieillesse de son père, doit rester comme un monument éternel d'ignominie dans les fastes judiciaires de la Grande-Bretagne.

A Londres, l'objet le plus important pour moi était de recueillir tout ce qui avait trait au roi. On le blâmait assez généralement. D'ailleurs l'opinion semblait être peu favorable à la durée possible du règne de la branche directe de la maison de Bourbon. On lui voyait dans la branche d'Orléans une redoutable rivale. Le chef de cette branche avait, seul parmi sa famille, inspiré aux Anglais une véritable sympathie. On le vantait beaucoup, tandis que le roi était l'objet d'une foule de caricatures plus ou moins saupoudrées de gros sel britannique. Dans l'une Louis XVIII était représenté porté sur les pointes d'une forêt de baïonnettes étrangères. On lisait au bas : *Louis XVIII, rappelé par l'amour de son peuple.*

Je ne dirai plus qu'un mot.

Maître par mon accord avec le capitaine du navire sur lequel je m'étais embarqué de n'y laisser recevoir personne, je lui permis, à Elseneur, d'y donner passage à un négociant anglais. C'était un excellent homme, mais animé de cet orgueil national sans discernement, comme sans objet, qui fait le fond du caractère britannique. Quoique sa patrie eût pu faire, il approuvait et admirait.

Aussi crut-il tout naturel de me montrer sur la rive de la Tamise, opposée à Gravesend, un de ces pontons où furent si inhumainement entassés les prisonniers français.

« Comment, lui dis-je, pouvez-vous m'en parler sans honte? »

Il me regarda d'un air étonné.

« La France, dit-il, avait ordonné d'égorger nos prisonniers.

— Premièrement, cela n'est point. Il ne fut question que de ne pas leur faire quartier (et c'était du temps de Robespierre), mais l'ordre ne fut jamais exécuté. Plus tard celui de votre gouvernement de couler bas tous les vaisseaux armés rencontrés dans la Manche ne révolta personne en Angleterre.

— Je crois bien! c'était une représaille pour l'arrestation de nos voyageurs et la rupture de la petite paix.

— Excuse plus mauvaise encore que la première! La représaille, en ce cas, aurait précédé l'offense de cinq ans; car celle-ci n'eut lieu qu'en 1803, et vos mauvais traitements envers nos prisonniers datent de 1798. »

L'Anglais était hors de garde. Il n'avait probablement jamais soupçonné qu'on pût blâmer son pays.

« Que voulez-vous? dit-il après un instant de silence, nous ne pouvions faire autrement. Nous n'avons pas comme vous des forteresses...

— Nous n'enfermions pas même les vôtres dans nos forteresses, interrompis-je. Relégués dans des lieux désignés, ils y étaient d'ailleurs parfaitement libres, pourvu qu'ils n'en abusassent pas. Ensuite vous aviez des forteresses, témoin celle de Tilleberg, devant laquelle flotte le ponton que vous venez de me montrer. Enfin de vastes bâtiments, entourés de murs et de sentinelles, n'eussent-ils donc pas suffi pour les garder? »

Le pauvre homme ne répondit pas, mais ne fut point convaincu, et moi j'admirai comment, avec une âme bonne et sans fiel, on pouvait être conduit à justifier de telles atrocités.

Avant de quitter l'Angleterre, je ne puis passer sous silence un fait qui m'a souvent étonné : c'est l'extrême indécence des femmes de Londres dans leur costume. *Il est imité de Paris*, disent-elles.

Ce n'est pas une excuse, et c'est un mensonge manifeste.

Ce costume porté par elles à Paris les y fait reconnaître pour Anglaises, les y fait suivre, sinon insulter. J'en ai vu, honnies et montrées au doigt, sortir du spectacle aux cris de tout le parterre. Aussi ne l'y conservent-elles pas longtemps.

XLV.

Lettre de M. Fiévée, préfet de la Nièvre. — Exposé du maréchal duc de Raguse.

Je ne veux point rapporter ici les événements des cent jours, assez d'autres se sont chargés de le faire avec plus ou moins d'exactitude.

Je citerai seulement par extraits une lettre de M. Fiévée, alors préfet de la Nièvre, au ministre de l'intérieur. Elle donnera une preuve nouvelle de ce que j'ai avancé dans un des derniers chapitres touchant la facilité des succès de Napoléon.

« Monseigneur,

» J'ai vu ce matin le sieur..., chargé d'une lettre de vous. Si notre correspondance n'arrive pas jusqu'à vous, prenez-vous-en, ainsi que tous les ministres, à vos commis, depuis vingt ans maîtres de la France et des ministres; car aucun courrier n'a été intercepté.

» Bonaparte était à Autun le 15, à Saulieu le 16. Il sera sous peu à Montargis pour prendre le camp qu'on y assemble (si on l'y assemble), c'est-à-dire pour l'attirer à lui sans un coup de fusil. Toutes les troupes qui passent pour s'y rendre, toutes, sans exception, sont à lui. . . . .

» Vous êtes trahi partout, parce que partout vous avez laissé en place et en activité les hommes de la révolution. . . . .

Les gardes nationales ne s'organisent pas, et elles ne s'organiseront pas, parce qu'il n'y a pas d'armes à leur donner : voyez l'exemple de Lyon! D'ailleurs, à moins que les gardes nationales ne soient depuis vingt ans la seule force publique dans un pays, elles ne peuvent qu'être les auxiliaires de l'armée; et, quand l'armée se range d'un côté, il y a impossibilité que la garde nationale se range de l'autre : elle reste alors ce qu'elle est naturellement, protectrice de l'ordre local dans chaque localité. Toutes les raisons de salut, de patrie, d'intérêt personnel ne peuvent rien contre cette vérité. .
. . . .

» La convocation du conseil général du département ne produira rien. Il ne faut jamais demander aux plus riches propriétaires d'un département qu'ils se compromettent; et, comme l'administration supérieure s'est toujours moquée des conseils généraux depuis leur établissement, ils sont sans crédit et sans autorité sur leurs concitoyens. . .

. . . .

La grande preuve que la France est livrée aux mêmes commis, c'est que toute la correspondance, toutes les sottes illusions qui, l'année dernière, ont précédé et accompagné la chute de Bonaparte, se reproduisent cette année avec un concours de dates vraiment incroyable. . . . .

. . . .

» Pauvre France! où ceux qui dominent n'ont pas su que, pour des hommes qui n'ont ni religion, ni institutions, ni sentiments profonds, il n'y a qu'une vérité qui soit incontestable, c'est la force. Le parti du roi pouvait devenir dominant : il est devenu faible parce que le roi n'a pas voulu qu'il fût un parti. On a prétendu faire d'un Bourbon, roi de France, le chef du parti révolutionnaire constitutionnel, et en voilà les conséquences!

» J'ai l'honneur, etc. »

Vaincu enfin et précipité bien au-dessous de la situation qu'il occupait avant sa folle tentative, Napoléon, dans ses chagrins et dans ses récriminations, s'en prit au sort, à ses lieutenants, à tout, excepté à lui-même, qui était la seule et véritable cause de son malheur.

La plus injuste peut-être, parmi les accusations qu'il a portées à ce sujet, est celle que contient une proclamation datée du golfe de Juan, le 1er mars 1815. Napoléon y accusait formellement le duc de Raguse d'avoir livré Paris aux étrangers.

Celui-ci fit paraître dans le temps une justification, ou plutôt un exposé fidèle des faits qui suffisaient seuls à le justifier.

« Je suis accusé, dit-il, d'avoir livré Paris aux étrangers lorsque la défense de cette ville a été l'objet de l'étonnement général. C'est avec des débris misérables que j'avais à combattre contre toutes les forces réunies des armées alliées; c'est dans des positions prises à la hâte, où aucune défense n'avait été préparée, et avec 8,000 hommes, que j'ai résisté pendant huit heures à 45,000 hommes qui furent successivement engagés contre moi; et c'est un fait d'armes semblable, si honorable pour ceux qui y ont pris part, que l'on ose traiter de trahison?

» Après l'affaire de Reims, l'empereur Napoléon opérait avec presque toutes ses forces sur la Marne, et s'abandonnait à l'illusion que, ses mouvements menaçant les communications de l'ennemi, l'ennemi effectuerait sa retraite, lorsqu'au contraire celui-ci avait résolu, après avoir opéré la jonction de l'armée de Silésie avec la grande armée, de marcher sur Paris. Mon faible corps d'armée, composé de 3,500 hommes d'infanterie et de 1,500 chevaux, et celui du duc de Trévise, fort d'environ 6 à 7,000 hommes, furent laissés sur l'Aisne, pour contenir l'armée de Silésie, qui n'en était séparée que par cette rivière, et qui, depuis la jonction du corps de Bulow et de divers renforts, était forte de plus de 80,000 hommes.

» L'armée ennemie passa l'Aisne, et nous força à nous replier. Mes instructions étant de couvrir Paris, nous nous retirâmes sur Fismes, et nous adoptâmes, le duc de Trévise et moi, un système d'opérations qui, sans nous compromettre, devait retarder la marche de l'ennemi : c'était de prendre successivement de fortes positions que l'ennemi ne pût attaquer sans les avoir reconnues, ou sans avoir manœuvré pour les tourner; ce qui nous préparait aussi les moyens de battre quelques-uns des détachements qu'il aurait faits. Des ordres vinrent de nous diriger à marches forcées sur Châlons. Nous les exécutâmes; mais, arrivés à Vertus, nous fûmes informés que la plus grande partie de l'armée ennemie occupait Châlons, tandis qu'une autre débouchait sur Épernay, et que le corps de Kleist, qui nous avait suivis, passait la Marne à Château-Thierry; et apprenant en même temps que Napoléon était encore devant Vitry et avait une arrière-garde à Sommepuis, nous marchâmes, sans perdre un moment, pour le rejoindre; et, le 24 mars, je pris position à Sondé. Je croyais encore l'armée française à portée; car qui eût pu croire en effet au passage de la Marne sans avoir un pont, et que l'empereur Napoléon eût laissé entre Paris et lui des forces huit fois plus considérables que celles qu'il pouvait rassembler? Le 25, au matin, à peine avais-je acquis la certitude de ce mouvement, que toute l'armée ennemie déboucha sur moi. Je me retirai en canonnant l'ennemi, et toute la retraite se fût faite avec le même ordre, si quelques troupes, malheureusement restées à Bussy-l'Estrée et à Vatry, ne s'étaient pas trouvées ainsi en arrière de nous. Il fallut les attendre pendant une heure à Sommesous, et nous soutenir contre des forces colossales, dont le nombre croissait toujours. Le passage des défilés nous fit éprouver quelques pertes, et nous terminâmes la journée en prenant position sur les hauteurs d'Allement, près de Sézanne. Je ne parle pas de la division du général Pacthod, qui, d'après des ordres directs de l'empereur, manœuvrant pour son compte, donna dans l'armée ennemie, et fut prise sans que j'eusse connaissance de son existence.

» Le lendemain nous prîmes position de bonne heure au défilé de Tourneloup. L'ennemi arrivant, nous continuâmes notre retraite, et je fis l'arrière-garde. Arrivés le soir devant la Ferté-Gaucher, nous trouvâmes le corps de Kleist occupant cette ville et à cheval sur la grande route de Coulommiers, tandis qu'un gros corps de cavalerie dépassait la gauche de l'armée ennemie. Notre position était critique; elle était presque désespérée. Nous nous en tirâmes par un bonheur inouï. Quelques troupes du duc de Trévise couvrirent notre mouvement contre le corps de Kleist; une défense héroïque de mes troupes dans le village de Moutis arrêta l'avant-garde ennemie; la nuit arriva, et nous effectuâmes notre mouvement sans faire aucune perte. Comme nous ne pouvions plus reprendre la route de Meaux, nous suivîmes celle de Charenton, et, le 29 au soir, nous occupâmes Charenton, Saint-Mandé et Charonne.

» Le duc de Trévise fut chargé de la défense de Paris depuis le canal jusqu'à la Seine, et moi depuis le canal jusqu'à la Marne. Mes troupes étaient réduites à 2,400 hommes d'infanterie et 800 chevaux. C'était le peu d'hommes qui avaient échappé à une multitude de glorieux combats. On mit sous mes ordres les troupes que commandait le général Compans : c'étaient des détachements de divers dépôts de vétérans et de troupes de toute espèce qui avaient été réunis plutôt pour faire nombre que pour combattre : ainsi toutes mes forces consistaient en 7,400 hommes d'infanterie de 70 bataillons différents, et environ 1,000 chevaux. Je me portai au jour sur les hauteurs de Belleville; de là je me hâtai d'arriver à celle de Romainville, qui était la clef de la position, et que le général Compans, en se retirant de Claye, avait omis d'occuper; mais l'ennemi y était déjà, et ce fut dans le bois de Romainville que l'affaire s'engagea. L'ennemi s'étendit par sa droite et par sa gauche. Il fut partout contenu et repoussé; mais son nombre allait toujours croissant. Plusieurs mêlées d'infanterie avaient eu lieu, et plusieurs soldats avaient été tués à côté de moi à coups de baïonnette, à l'entrée du village de Belleville, lorsque Joseph m'envoya par écrit l'autorisation que j'ai entre les mains de capituler. Il était dix heures; à onze, Joseph était déjà bien loin de Paris; et à trois heures je combattais encore; mais à cette heure, ayant depuis longtemps la totalité de mon monde engagé, et voyant encore 20,000 hommes qui allaient entrer de nouveau en ligne, j'envoyai divers officiers au prince Schwartzenberg pour lui faire connaître que j'étais prêt à entrer en arrangement.

» Un seul de mes officiers put parvenir, et certes je ne l'avais pas envoyé trop tôt; car, lorsqu'il revint, le général Compans ayant évacué les hauteurs de Pantin, l'ennemi s'était porté dans la rue de Belleville, mon seul point de retraite. Je l'en avais chassé en chargeant moi-même, à la tête de quarante hommes, sa tête de colonne, et assurant ainsi le retour de mes troupes; mais je me trouvais presque acculé aux murs de Paris. Les hostilités furent suspendues, et les troupes rentrèrent dans les barrières. L'arrangement écrit, qui a été publié dans le temps, ne fut signé qu'à minuit.

» Le lendemain matin les troupes évacuèrent Paris; et je me portai à Essonne, où je pris position. J'allai voir l'empereur Napoléon à Fontainebleau. Il me parut juger enfin sa position et disposé à terminer une lutte qu'il ne pouvait plus soutenir. Il s'arrêta au projet de se retrancher, de réunir le peu de forces qui lui restait, de chercher à les augmenter et de négocier. C'était la seule chose raisonnable qu'il eût à faire, et j'abondai dans son sens. Je repartis aussitôt pour faire commencer les travaux de défense que l'exécution de ce projet rendait nécessaires. Ce même jour, 1er avril, il vint visiter la position, et là il apprit, par le retour des officiers que j'avais laissés pour la remise des barrières, la prodigieuse exaltation de Paris, la déclaration de l'empereur Alexandre et la révolution qui s'opérait. En ce moment, la résolution de sacrifier à sa vengeance le reste de l'armée fut prise ; il ne conçut plus rien qu'une attaque désespérée, quoiqu'il n'y eût plus une seule chance de succès en sa faveur avec les moyens qui lui restaient : c'étaient seulement de nouvelles victimes offertes à ses passions. Dès lors tous les ordres, toutes les instructions, tous les discours furent d'accord avec ce projet, dont l'exécution était fixée au 5 avril.

» Les nouvelles de Paris se succédaient fréquemment. Le décret sur la déchéance me parvint. La situation de Paris et celle de la France étaient déplorables, et l'avenir offrait les résultats les plus tristes, si la chute de l'empereur ne changeait pas ses destinées en faisant sa paix morale avec toute l'Europe, et n'amortissait pas les haines qu'il avait fait naître.

» Les alliés, soutenus par l'insurrection de toutes les grandes villes du royaume, maîtres de la capitale, n'ayant plus en tête qu'une poignée de braves qui avaient survécu à tant de désastres, proclamaient partout que c'était à Napoléon seul qu'ils faisaient la guerre. Il fallait les mettre subitement à l'épreuve, les sommer de tenir leur parole, et les forcer à renoncer à la vengeance dont ils voulaient rendre victime la France; il fallait que l'armée redevînt nationale en adoptant les intérêts de la presque totalité des habitants qui se déclaraient contre l'empereur et appelaient à grands cris une révolution salutaire qui occasionnerait leur délivrance. Tout bon Français, de quelque manière qu'il fût placé, ne devait-il pas concourir à un changement qui sauvait la patrie et la délivrait d'une croisade de l'Europe entière armée contre elle, de la partie de l'Europe même possédée par la famille de Napoléon? S'il eût été possible de compter sur l'union de tous les chefs de l'armée; s'il n'eût pas été probable que les intérêts particuliers de quelques-uns croiseraient les mesures les plus généreuses et les plus patriotiques; si le moment n'eût pas été si pressant, puisque nous étions au 4 avril, et que c'était le 5 que devait avoir lieu cette action désespérée, dont l'objet était la destruction du dernier soldat et de la capitale, c'était au concert des chefs de l'armée qu'il fallait recourir; mais, dans l'état actuel des choses, il fallait se borner à assurer la libre sortie de différents corps de l'armée pour les détacher de l'empereur et neutraliser ses projets, et les réunir aux autres troupes françaises qui étaient éloignées de lui. Tel fut donc l'objet des pourparlers qui eurent lieu avec le prince de Schwartzenberg. En même temps que je me disposais à informer mes camarades de la situation des choses et du parti que je croyais devoir prendre, le duc de Tarente, le prince de la Moskowa, le duc de Vicence et le duc de Trévise arrivèrent chez moi à Essonne. Les trois premiers m'apprirent que l'empereur venait d'être forcé à signer la promesse de son abdication, et qu'ils allaient, à ce titre, négocier la suspension des hostilités. Je leur fis connaître les arrangements pris avec le prince de Schwartzenberg, mais qui n'étaient pas complets, puisque je n'avais pas encore reçu la garantie écrite que j'avais demandée, et je leur déclarai alors que, puisqu'ils étaient d'accord pour un changement que le salut de l'État demandait, et qui était le seul objet de mes démarches, je ne me séparerais jamais d'eux.

» Le duc de Vicence exprima le désir de me voir les accompagner à Paris, pensant que mon union avec eux, d'après ce qui venait de se passer, serait d'un grand poids; je me rendis à ses désirs, laissant le commandement de mon corps d'armée au plus ancien général de division, lui donnant l'ordre de ne faire aucun mouvement, et lui annonçant mon prochain retour. J'expliquai les motifs de mon changement au prince de Schwartzenberg, qui, plein de loyauté, les trouva légitimes et sans réplique, et je remplis la promesse que j'avais faite à mes camarades dans l'entretien que nous eûmes avec l'empereur Alexandre. A huit heures du matin, un de mes aides de camp arriva, et m'annonça que, contre mes ordres formels, et malgré ses plus instantes représentations, les généraux avaient mis les troupes en mouvement pour Versailles à quatre heures du matin, effrayés qu'ils étaient des dangers personnels dont ils croyaient être menacés; et dont ils avaient eu l'idée par l'arrivée et le départ de plusieurs officiers d'état-major venus de Fontainebleau. La démarche était faite, et la chose irréparable.

» Tel est le récit fidèle et vrai de cet événement, qui a eu et aura une si grande influence sur toute ma vie.

» L'empereur, en m'accusant, a voulu sauver sa gloire, l'opinion de ses talents et l'honneur des soldats. Pour l'honneur des soldats, il n'en était pas besoin, il n'a jamais paru avec plus d'éclat que dans cette campagne; mais, pour ce qui le concerne, il ne trompera aucun homme sans passion, car il serait impossible de justifier cette série d'opérations qui ont marqué les dernières années de son règne.

» Il m'accuse de trahison! Je demande où en est le prix? J'ai rejeté avec mépris toute espèce d'avantages particuliers qui m'étaient offerts pour me placer volontairement dans la catégorie de toute l'armée. Avais-je des affections particulières pour la maison de Bourbon? D'où me seraient-elles venues, moi qui ne suis entré dans le monde que peu de temps avant le moment où elle a cessé de gouverner la France? Quelle que fût l'opinion que j'eusse pu me faire de l'esprit supérieur du roi, de sa bonté et de celle des princes, elle était bien loin de la réalité; ce charme que l'on trouve près d'eux m'était inconnu, et n'avait pas fait naître les engagements sacrés qui me lient à eux aujourd'hui, et que leurs malheurs actuels, si peu mérités, resserrent davantage encore; engagements sacrés, car, pour les gens de cœur, les égards et les témoignages d'estime valent mille fois mieux que les bienfaits et les dons.

» Où donc est le principe de mes actions? Dans un ardent amour de la patrie qui a toute la vie maîtrisé mon cœur et absorbé toutes mes idées. J'ai voulu sauver la France de la destruction, j'ai voulu la préserver des combinaisons qui devaient entraîner sa ruine, de ces combinaisons si funestes, fruit des plus étranges illusions de l'orgueil, et si souvent renouvelées en Espagne, en Russie et en Allemagne, et qui promettaient une épouvantable catastrophe, qu'il fallait s'empresser de prévenir.

» Une étrange et douloureuse fatalité a empêché de tirer du retour de la maison de Bourbon tous les avantages qu'il était permis d'en espérer pour la France; mais cependant on leur a dû la fin prompte d'une guerre funeste, la délivrance de la capitale et du royaume, une administration douce et paternelle, et un calme et une liberté qui nous étaient inconnus. Quelques jours encore, et cette liberté si chère, si nécessaire à tous les Français, était consolidée pour toujours!

» Les étrangers étaient perdus sans ressource, dit-on, et c'est moi qu'on accuse de les avoir sauvés! Je suis leur libérateur, moi qui les ai toujours combattus avec autant d'énergie que de constance, dont le zèle ne s'est jamais ralenti un moment; moi qui, après avoir attaché mon nom aux succès les plus marquants de la campagne, avais déjà une fois préservé Paris par les combats de Meaux et de Lisy. Disons-le : celui qui a si fort aidé les étrangers dans leurs opérations, et rendu inutile le dévouement de tant de bons soldats et d'officiers instruits, c'est celui, qui, avec 300.000 hommes, a voulu garder et occuper l'Europe depuis la Vistule jusqu'au Cattaro et à l'Èbre, tandis que la France avait à peine, pour la défendre, 40,000 soldats réunis à la hâte; et les libérateurs de la France, ce sont ceux qui, comme par enchantement, l'ont délivrée de la croisade dirigée contre elle, et assuré le retour de 250,000 hommes éparpillés dans toute l'Europe, et de 150,000 prisonniers, qui font aujourd'hui sa force et sa puissance. »

XLVI.

De la France en 1815.

J'avais quitté la France en 1804, époque où la France se flattait d'une paix durable et restauratrice, sous le règne d'un ambitieux soldat devenu souverain. Dix ans de guerres héroïques, suivies de la perte de ses conquêtes et d'une invasion humiliante, telle avait été la punition de son erreur. Une erreur nouvelle lui valut bientôt une autre honte trop méritée pour qu'on s'en étonne, mais aussi trop perfide pour qu'on n'en soit pas révolté.

Je la quittai de nouveau sans savoir si c'était pour quelques années ou pour toujours, et je voulus fixer le souvenir de ce que j'y avais vu comme j'aurais rassemblé ceux d'un pays étranger en lui disant adieu pour jamais.

Je venais de saluer une dernière fois cette opulente Angleterre, qui seule avait offert quelque protection au malheur durant nos troubles; je la voyais alors au plus haut point de sa prospérité, mais rongée par des vices, fruits d'une extrême civilisation. J'avais vu son gouvernement plus vanté que connu, et déjà dans la décrépitude, quoiqu'il ne date guère de plus d'un siècle, forcer tous ses ressorts par suite d'une administration imprudemment envahissante. J'avais admiré pourtant l'adresse de cette même administration, éloignant avec une habileté merveilleuse l'inévitable catastrophe dont le pays est menacé.

Je me disais en quittant Londres :

« Rendons justice à ce qui est bon dans le caractère anglais, et puisse la France substituer à une » rivalité longtemps ruineuse pour les deux peuples une émulation constante pour tout ce qui » est utile et beau ! Bénissons surtout la Providence » d'avoir fait du gouvernement britannique, vicieux en lui-même, l'ancre de salut de la sociabilité durant nos troubles ! Luttons avec l'Angleterre d'industrie, de lumières, d'activité, surtout » d'esprit public, et cessons de nous ruiner sottement dans un conflit sanglant de passions haineuses et de misérables vanités ! N'imitons cependant qu'avec réserve ! Bien des choses sont » mauvaises chez nos voisins. Tout fût-il bon pour » eux, tout ne le serait sans doute pas pour nous. » Aucun peuple n'a jamais pu prendre d'une manière durable ce qui appartient à l'ordre moral, » longuement établi chez un autre peuple. »

C'est avec ces idées, conformes à l'expérience, que je quittai l'Angleterre.

Je fis une partie de ma route avec un jeune Espagnol, intéressant de figure, et qui joignait un ton parfait à un esprit fort distingué. Il avait nom José Malagamba Vallarino.

Ami de Mina et proscrit comme partisan des *liberales*, il ne parlait pourtant du roi Ferdinand qu'avec modération.

« Il est mal conseillé, disait-il, il finira mal; mais » il veut le bien; et nous lui savons gré du moins » d'avoir conservé l'indépendance nationale en ne » se subordonnant point à l'étranger. »

Que ces paroles me sont revenues souvent à l'esprit en voyant l'état de la France! Je n'en étais absent que depuis onze ans, et c'était pour moi un pays nouveau. C'était bien la même terre, le même ciel, les mêmes personnages, au chef et à quelques individus près : mais combien les mœurs et les opinions avaient changé sous l'influence napoléonnienne!

Je rapporterai ici ce qui a frappé mes yeux. Je copierai sur des notes écrites en présence des objets et à mesure qu'ils se présenteront à moi. Ces souvenirs seront sans ordre peut-être, mais l'ordre sera suppléé par l'exactitude, et, du reste, des souvenirs peuvent s'en passer.

XLVII.

Aspect de Paris.

Ce qui me frappa péniblement, et tout d'abord, en arrivant à Paris, ce fut de voir cette capitale du bon goût et du bon ton devenue une ville de garnison pour les armées de toutes les nations européennes. On y rencontrait, outre une foule d'uniformes étrangers, une innombrable quantité d'autres costumes militaires appartenant soit à l'armée française, soit aux Vendéens, aux chouans, à l'émigration, aux troupes de l'ancien régime, soit enfin à la fantaisie de ceux qui les portaient.

Quelle multitude de généraux, de colonels, d'officiers qui n'avaient jamais vu le feu! Et pourtant ils étaient chargés de brochettes d'ordres de tous pays et de toutes couleurs.

Ce qui m'étonna encore, ce fut la nuée de gens titrés, mais tristement couverts, spontanément sortis de leurs gentilhommières en ruines, ou exhumés de tous les cadres de l'émigration. Ces braves gens, si inconnus qu'ils fussent, se croyaient bien modestes quand ils ne se faisaient appeler que *monsieur le comte*.

La jeunesse les insultait en les nommant les *voltigeurs de Louis XIV*. Pitoyable plaisanterie! S'ils étaient ridicules, fallait-il, à leur occasion, vouer au mépris la vieillesse et la fidélité!

Hélas! ce mot de mauvais ton fut bientôt remplacé par celui d'*ultra-royaliste*; et ce dernier, dans une monarchie renaissante, devenait un véritable crime.

Au reste, dans un temps où tout le monde avait intérêt à s'unir, en face d'un ennemi qui ne respectait pas même les agents du roi, dans un lieu où Wellington trônait au milieu des hontes qui l'entouraient, les uns réhabilitèrent, pour ainsi dire, l'expression de *jacobin* en l'appliquant à celui qui avait servi l'usurpateur, sans aimer, ni lui, ni la révolution; les autres voulaient flétrir du nom de *féodal*, mot plein d'amertume dans leur bouche, et, par le fait, dépourvu de sens, le royaliste malheureux qui ne demandait qu'à vivre obscur et à mourir en paix.

Enfin toute aménité, toute convenance, toute raison semblait avoir disparu, toute humanité même; car qui n'a pas vu l'acharnement des salons contre l'imprudent, mais excellent Lavalette? qui n'a pas entendu ces éclats d'un rire inqualifiable, excités par les caricatures contre le maréchal Ney? lâches railleries dirigées contre un homme, coupable, sans doute, mais que les apprêts de son supplice auraient dû, au moins, protéger contre l'insulte et la brutale ironie.

Cette partie du tableau était pénible, mais effacée ou adoucie par le retour d'une illustre maison souveraine, et le juste espoir du rétablissement de la paix, de la prospérité et du crédit public.

Il y avait d'autres causes encore de consolation.

D'abord la direction des esprits était favorable à la monarchie. L'attrait de la faveur et la chute définitive de Napoléon faisaient que les hommes les plus révolutionnaires cherchaient à faire ressortir de leur vie passée quelque trait propre à les rattacher au royalisme. Si, à cette époque, on eût frappé les choses sans effrayer les personnes, la révolution perdait ses principaux appuis. Mais l'esprit royaliste prit une fausse direction, ou plutôt le gouvernement ne sut pas le guider.

En second lieu, ce qu'on savait déjà du choix des députés annonçait cette chambre *introuvable* qui seule pouvait tout asseoir sur une base ferme et solide. Mais, si elle agit sans prudence, les ministres agirent sans bonne foi, et le roi sans fermeté. Celui-ci ne sut rien faire pour rassurer les esprits que son ministère égarait et que la chambre irritait. Quoique l'instinct de tous fût le même, quoique l'accord entre eux fût aussi facile que désirable, on ne parvint qu'à tout compromettre, monarchie et ordre social.

Troisièmement, le roi était enfin respecté; nul n'osait maintenant l'injurier ou le ridiculiser comme au temps de la première restauration. Son absence l'avait fait désirer; et sa puissance, désormais sans rivale, imposait.

Un quatrième motif de consolation se puisait dans la piété publique renaissante. Les églises étaient plus fréquentées qu'avant la révolution. Certaines pratiques étaient moins scrupuleusement observées; mais l'irréligion était honnie, et l'impiété trouvait peu de lecteurs.

Enfin la présence de l'étranger tendait à réunir dans une haine commune contre lui ceux que les différences d'opinions ou d'intérêt divisaient encore. Tout le monde était également indigné de voir les Prussiens qui occupaient le poste du Pont-Royal braquer leurs canons sur les fenêtres des Tuileries. Les Anglais, en les relevant, firent disparaître ces insultantes démonstrations. Mais, en d'autres circonstances, la conduite des vainqueurs de Waterloo, comme celle des vaincus de Ligny, prêtait suffisamment prise au courroux national.

Tout n'était donc pas déplorable alors, mais tout devait le devenir. Je reprendrai ce sujet plus tard.

XLVIII.

Muséum.

Je transcris ici une page de mes souvenirs.

« Voilà huit jours que je suis à Paris. Était-ce donc pour y contempler l'outrage fait à ma patrie et à mon roi! Était-ce pour être l'impuissant témoin de l'impudence de Wellington, qui, après avoir honteusement enfreint la convention militaire signée par lui, ose publier son intention de choquer l'orgueil français, de le *punir!*

» Lady Manesbury sort de chez ma belle-sœur. Elle est indignée de ce qui se passe, et dit, avec son orgueil anglais, honorable cette fois :

« Un général anglais aurait reculé devant cette » infamie, mais Wellington n'est qu'un misérable » Irlandais! »

» En effet, la convention militaire du 3 juillet 1815, conclue entre les Anglo-Prussiens et les Français, porte :

« Art. 11. Les propriétés publiques, à l'exception » de celles qui ont rapport à la guerre, soit qu'elles » appartiennent au gouvernement, soit qu'elles dépendent des autorités municipales, seront respectées.

» Art. 14. La présente convention sera prise pour » règle des conventions mutuelles jusqu'à la conclusion de la paix.

» Art. 15. S'il survient des difficultés dans l'exécution d'aucun des articles, l'interprétation en » sera faite en faveur de l'armée française et de la » ville de Paris.

» Art. 16. La présente convention est déclarée » commune à toutes les armées alliées, pourvu » qu'elle soit ratifiée par les puissances dont les armées dépendent. »

» Ce fut cependant avant la paix (art. 14), sans qu'il y eût eu de difficultés soulevées, difficultés qui, dans tous les cas, eussent dû être (art. 15) interprétées en faveur de la ville de Paris, ni aucun refus connu de la part des alliés (art. 16), que les propriétés publiques garanties (art. 11) furent enlevées par les généraux mêmes qui avaient signé la convention.

» A quel titre d'ailleurs des objets d'art enlevés à Rome, par suite des traités, étaient-ils rendus sans traité, contre la foi promise, à un prince qui ne faisait pas même partie de la coalition?

» Comment l'empereur d'Autriche osait-il réclamer les monuments de Venise, lui qui tenait cette souveraineté de Napoléon lui-même, qui, de la conquête, n'avait retenu que cette faible partie?

» De quel droit le prince d'Orange, devenu roi des Pays-Bas, réclamait-il des tableaux apportés en France avant que ces contrées fussent soumises à son sceptre, quand surtout le traité qui les lui avait données ne parlait aucunement de restitution?

» Sous quel prétexte, enfin, ce qui avait été reconnu explicitement propriété française par les traités de 1814, ce que le roi avait publiquement, et sans réclamation, annoncé être à la France, ce que la convention du 3 juillet garantissait à ce titre, ce qui ne pouvait plus être rétrocédé également que par un traité, était-il militairement enlevé avant qu'un traité eût eu lieu?

» A cette honteuse spoliation, opposons la conduite éminemment patriotique et honorable du peuple de Paris. Dans cette ville où plus de 30,000 malheureux ne savent pas en se levant d'où leur viendra la subsistance du jour, les ravisseurs ne purent trouver, quelques sommes qu'ils offrissent, un seul ouvrier pour les aider. Ils furent obligés d'employer leurs soldats après avoir barré les rues adjacentes par de nombreux corps de troupes.

» Et quand le lion de Saint-Marc, maladroitement enlevé de sa base, tomba et se brisa en morceaux, une acclamation générale retentit parmi les spectateurs indignés. Certes, cette joie était barbare au point de vue de l'art; mais il s'agissait ici, non pas d'un morceau de sculpture, mais du patriotisme offensé d'un grand peuple.

» C'est ainsi que les rois détruisirent notre muséum, le seul monument qui ait pu jamais exister où l'histoire de l'art se lût, écrite dans une collection complète de ses chefs-d'œuvre!

» Et cela par un acte perfide qui outrage une nation puissante, et qui désespère, dans tous les pays, les vrais amis des beaux-arts. »

XLIX.

Traité du 20 novembre 1815.

La spoliation du muséum avait eu lieu militairement, le roi n'ayant point voulu la sanctionner par son consentement. La France en fut indignée encore plus qu'humiliée. Mais une humiliation plus réelle nous menaçait. Le monarque avait sauvé le pont d'Iéna de la rage stupide des Prussiens en déclarant qu'il se placerait au milieu si on persistait à le faire sauter. Il ne put nous préserver de ce dernier malheur. L'horizon politique se rembrunissait insensiblement; mais les esprits étaient distraits par mille événements qui se pressaient en se succédant sans relâche; les uns ne voyaient pas, les autres ne voulaient pas voir. Quelques-uns seulement, ceux qui connaissaient l'hypocrisie des souverains et la servilité des ministres, n'étaient pas tranquilles.

Tout concourait en effet à distraire l'attention des esprits amis de leur pays. C'était l'approche d'une assemblée toute royaliste, l'espoir des uns et la terreur des autres. C'étaient les deux procès du maréchal Ney et du comte de Lavalette. En outre, cette imprévoyance, qui a été l'éternel cachet de la révolution, et un instinct de droiture qui rend plus sévèrement la dupe de ceux qui n'en ont pas, empêchèrent la grande masse des Français de porter la vue sur les malheurs que les alliés préparaient à notre patrie. Pour qu'elle ne pût y échapper, ils commencèrent par forcer le roi à chasser du ministère les deux principaux moteurs des deux restaurations, Talleyrand et Fouché. Leur puissance avait été pour la couronne une double souillure que leur expulsion n'effaçait pas; et leur expulsion devenait une double menace à deux partis dangereux qu'il ne fallait pas menacer, puisque, placés sous la protection de l'étranger, on ne pouvait les écraser. D'ailleurs ces deux ministres avaient dû leur disgrâce : le premier, à la vive, noble et courageuse opposition qu'il avait mise, durant le congrès de Vienne, aux vues ambitieuses de la Prusse et de la Russie; l'autre, à la proposition qu'il fit au roi et aux princes de se retirer à l'armée de la Loire, afin de traiter plus avantageusement avec des ennemis perfides qui se proclamaient leurs amis.

Le nouveau ministère imposé à Louis XVIII par l'empereur Alexandre fut présidé par l'un des généraux de ce dernier, demeuré tel quoique Français. Il fut complété par une sorte d'assemblage de valets qui ne pouvaient se soutenir que par l'étranger, et qui ne pouvaient mériter sa protection qu'en le servant aux dépens de leur pays.

Aussi commencèrent-ils par presser le licenciement de l'armée, ce qui brisait tout instrument de résistance et de salut. Puis, cette opération consommée, les ministres se souillèrent par la signature du traité du 20 novembre 1815, traité qui, en faisant évanouir toutes les illusions des bons Français et des bons Allemands, fut aussi impolitique qu'il était perfide et inéquitable.

Inéquitable, non-seulement à l'égard de la France, mais de l'Europe même; car outre que les alliés avaient fait la guerre pour eux, non pour nous, elle leur avait déjà valu une brillante indemnité. Le cabinet français n'avait-il pas cessé toute opposition à l'envahissement de l'Italie, de la Pologne et de la Saxe, au profit de l'Autriche, de la Russie et de la Prusse? D'un autre côté, ces trois cours n'avaient-elles pas assez implicitement consolidé par leur non-résistance le despotisme maritime de l'Angleterre pour qu'elle ne mît aucun obstacle au succès de leur ambitieuse cupidité?

Les indemnités auxquelles prétendaient les alliés ne leur étaient donc pas dues; et la liquidation, déjà arrêtée en principe en 1814, ne devait pas même charger exclusivement la France, réduite d'un tiers, quand les dettes, objets de cette liquidation, avaient été contractées à l'époque et au nom d'une domination beaucoup plus vaste.

Quant à l'Europe en général, elle voyait par ce traité quatre puissances se déclarer les dominatrices de toutes les autres. Les Allemands particulièrement voyaient (en lisant, *art.* XI, que *nul membre de la confédération* ne peut traiter séparément avec l'ennemi) que la Prusse et l'Autriche la trompaient à la face de tous. Ces deux puissances, en effet, traitaient séparément pour elles et sans consulter leur alliée. Bien plus, la Russie traitait des partages d'États germaniques sans être membre de la confédération, objet qui importait principalement à celle-ci et sur lequel elle fut la seule à n'être pas consultée.

Ce traité était perfide, car il avait été dit à Francfort, par les alliés, que *la France devait, dans l'intérêt de l'Europe, être forte et puissante.* Plus tard ils lui avaient annoncé *une grandeur qu'elle n'avait pas même eue sous ses rois.* Ils avaient proclamé enfin qu'ils ne faisaient la guerre qu'à Bonaparte et que le traité de Paris (1814) *serait maintenu.* Toujours le même langage depuis ce traité de Vienne jusqu'après la bataille de Waterloo! Aussi le roi, déclaré leur allié, s'était-il rendu garant de leurs promesses; aussi les royalistes avaient-ils fait trois diversions en leur faveur dans le Midi, la Bretagne et la Vendée; aussi l'inertie de ceux qui ne pouvaient s'armer et l'accueil que les alliés recevaient à titre de libérateurs avaient-ils fait qu'une seule bataille avait suffi pour décider la querelle; aussi, au moment où un faux mouvement de leur armée devant Paris les menaçait d'une facile défaite, une convention militaire les avait-elle rendu, sans coup férir, maîtres de la capitale. Eh bien, que font-ils pour réaliser tant de promesses, pour reconnaître tant de services rendus ?

Ils imposent à la France le coupable traité du 20 novembre 1815 !

Ce traité, injuste et perfide, était encore très-impolitique.

1° Il laissait des semences de troubles dans cette France qui ne peut s'agiter sans que la tranquillité de l'Europe soit menacée.

2° Il empêchait, par l'énormité des tributs, l'acte conciliateur proposé par le maréchal Macdonald, et qui eût brisé un instrument d'agitation dans les mains des factieux.

3° En faisant subir à une nation fière et forte une paix servile, il créait un élément de guerre future, de mécontentement présent, quand il était de l'intérêt de tous les États de comprimer partout, et principalement en France, le violent amour du pouvoir et de la désobéissance, si inflammable surtout depuis l'introduction du système représentatif.

4° En restituant à la France des colonies impuissantes à couvrir les frais nécessaires pour les garder, il la faisait vulnérable et l'épuisait comme pour la rendre incapable de protéger contre l'Angleterre le commerce européen, qui ne peut cependant pas se passer de son appui. En même temps il la rendait vulnérable par terre en affaiblissant la seule de ses frontières qui fût déjà faible, tandis que la gigantesque Russie s'avançait sur les États germaniques, qu'elle avait déjà opprimés, et que l'Angleterre ne pouvait secourir.

Mais les souvenirs parlèrent plus haut que la prévoyance, et la haine, plus impérieusement que la raison.

En France alors (et ce fut ce qui favorisa surtout ces turpitudes diplomatiques) l'esprit corrompait le cœur sur les affaires domestiques, et le cœur abusait l'esprit sur tout ce qui concernait les intérêts politiques. On craignait tout de l'intérieur, et l'on avait tort; on espérait tout des souverains étrangers, et l'on avait plus grand tort encore. L'estime, l'amour même qu'on leur vouait, empêcha de les supposer à la fois *impolitiques, perfides, inéquitables*. Une cruelle expérience doit décider aujourd'hui si leur conduite en 1814 fut l'effet de la générosité ou d'un reste de terreur.

Enfin ce traité du 20 novembre 1815 fut le premier résultat de la Sainte-Alliance par le spectacle, neuf encore dans les annales des infamies diplomatiques, d'un traité honteux imposé par un congrès de souverains à un souverain qu'ils proclamaient leur *allié*.

L.

Ce que j'ai vu en 1815.

Qu'ai-je vu en France durant le voyage que j'y fis en 1815?

1° Ce que j'avais vu depuis le commencement de la révolution : ceux qui se trouvaient bien de l'ordre existant, disant et croyant cette révolution terminée; mais, en dépit de leur opinion, elle ne l'était point encore. Si l'on eût voulu savoir ce que chacun avait fait, dit ou pensé depuis son origine, il aurait suffi de demander à chacun comment il désirait ou pensait qu'elle dût se terminer.

2° J'ai vu une royauté isolée, sans base dans la propriété, sans aide dans ses corporations, sans appui dans les habitudes, les opinions ou les souvenirs; une royauté que toutes les passions attaquaient et que nulle classe n'était spécialement intéressée à défendre; que chacun jugeait d'après ses vœux, ses préjugés ou sa situation individuelle. Pour ceux-ci, ce n'était qu'un ordre légal, fruit des besoins sociaux démontrés par l'expérience. Pour quelques-uns, ce n'était qu'un thème de politique comme tous autres. Pour un petit nombre, c'était un régime transitoire; mais, pour aucun, ce n'était l'objet de ce sentiment profond et presque religieux qui, durant ma première jeunesse, liait des classes entières à la monarchie.

Aussi on discutait, on se divisait à l'envi sur la double question de la souveraineté de droit et de fait. Quant à la légitimité, qui est à la royauté ce que l'hérédité est à la propriété, elle avait plus d'apologistes apparents que de zélateurs réels. Ses amis mêmes ne l'admettaient, pour la plupart, que comme corrélation aux légitimités nationales, tandis que ses ennemis, sans la nier textuellement, l'attaquaient d'une manière indirecte en combattant le droit divin. Et ils étaient excités à le faire par l'imprudence de certains royalistes qui compromettaient leur propre cause en croyant la rendre plus sacrée.

3° J'ai vu que la proscription irrévocable de Napoléon, l'impuissance de l'armée prouvée dans la courte campagne, en 1815, l'arbitraire des lois d'exception, la surveillance de la police et la présence d'une chambre de députés toute royaliste avaient contribué à faire respecter le nom du roi, livré aux sarcasmes durant la première restauration. Mais on s'en dédommageait cruellement en médisant des princes, en les calomniant même, surtout Madame, duchesse d'Angoulême, généralement nommée par le peuple *Mme La Rancune*. Sans doute elle ne fut pas exempte de quelques torts, mais c'étaient de légères taches à de grandes vertus. Ceux que l'absence seule de la faveur a blessés ont-ils le droit d'épier les larmes et d'injurier la douleur?

Quant à Monsieur, comte d'Artois, la malignité publique le comparait au *ci-devant jeune homme*, héros d'une farce alors fort en vogue. C'était cependant le plus franc, le plus sensible et le plus loyal de tous les princes. Ses deux fils étaient plus aimés. La petite campagne du duc d'Angoulême dans le Midi l'avait *renationalisé*. Il fallut l'assassinat du duc de Berry pour apprendre à la France ce que ce dernier prince valait. En ce temps, on exaltait outre mesure le duc d'Orléans. J'en parlerai ailleurs plus au long.

Revenons au roi. Ici je suis forcé de le dire : Louis XVIII était faux et froid. Il aimait principalement les valets et les favoris, faute peut-être de pouvoir avoir des favorites. Mme de Balbi ne fut jamais qu'un meuble de luxe. Il avait un grand sens, ce qui vaut mieux que de l'esprit, et de l'esprit, ce qui réalise et ennoblit le sens commun. Il possédait un bel organe, qu'il savait faire sensible au besoin; il s'exprimait bien et avec facilité, ce qui rendait le rôle de roi constitutionnel particulièrement favorable à son talent tout théâtral. Il voulait sans doute le bien de l'État, car il y était intéressé. Du reste, sa position était difficile, plus difficile que celle où se trouva Henri IV à son avénement au trône. Malheureusement il ne sut point trouver de Sully. Eût-il rencontré un Richelieu, comme un autre de ses aïeux (ce qui eût été malaisé parmi les étranges personnages dont il aimait à s'entourer), il est douteux que ce bienfait du ciel eût pu profiter à la France.

4° J'ai vu des courtisans d'un jour faire attendre dans leurs antichambres ceux qui, la veille, les faisaient attendre dans les leurs. La plupart semblaient plus fiers de leur propre restauration que charmés de celle de la monarchie, avec laquelle ils s'étaient relevés. Avides de places, d'or et de bassesses, oubliant les bienfaits reçus, repoussant les serviteurs fidèles, voilà ce qu'ils étaient. Ce souvenir me fait encore mal.

L'accueil aimable que je reçus de plusieurs étonna beaucoup. L'explication était facile pourtant : je ne demandais rien.

Quant à eux, ils prétendaient à tout. Ils cherchaient par tous les moyens à se créer une clientèle, oubliant que les ministres d'un roi absolu peuvent seulement suivre ses errements. Il faut prendre une autre marche lorsque tous croient avoir des droits égaux à tout, lorsque principalement quelques-uns le prouvent par des talents que le système constitutionnel fait ressortir et dont le gouvernement a besoin.

Ces hommes formaient une vraie populace de salon, plus polie, mais moins vraie; moins choquante, mais plus ignoble que la populace de la rue.

5° J'ai vu deux noblesses dans un pays qui fit sa révolution au nom de l'égalité, selon son dire, mais véritablement dans l'espoir de sortir de l'inégalité aux dépens de qui il appartiendrait. Aussi, de ces deux noblesses, l'une ne voulait tenir compte d'aucune illustration passée, et l'autre repoussait toute illustration contemporaine. Double sottise! Pour les accorder, n'eût-il pas mieux valu les supprimer toutes les deux de nom, comme elles l'étaient déjà de fait? Alors il n'en serait resté qu'une seule, celle des souvenirs. Celle-là, les rois la reconnaissent, mais ils ne peuvent ni la créer ni la détruire.

La vraie noblesse n'est plus un patriciat comme était la pairie héréditaire, mais une notabilité nationale. Des hommes dits ou brevetés nobles, avec ou sans titres dénués de domination légale, ont-ils ce caractère propre à les faire considérer comme supérieurs aux autres? Non. Quand la noblesse est riche, le négoce l'égale en cela et possède de plus une clientèle qui lui manque à elle. Si elle est pauvre, le négociant la méprise. Se relève-t-elle par ses talents, il la hait, ne la comprenant plus. Il en rit si elle est compagne de l'imbécillité ou de l'ignorance.

La restauration ne donnait rien aux nouveaux nobles, et plaçait les anciens dans la position la plus funeste, celle où l'on est en butte à l'envie sans posséder l'influence qui la fait taire ou en dédommage. La révolution avait ravi à l'ancienne noblesse son existence; mais elle avait survécu à la révolution par les persécutions qu'elle avait éprouvées. La pitié publique lui rendit une espèce d'hommage; elle flatta même, durant ses longues infortunes, la vanité protectrice de ceux qui l'avaient jadis encensée, et dont la vanité, blessée de sa fausse résurrection, la rejeta plus tard. Oubliée de ses ennemis, elle serait morte; si elle subsista, si elle eut l'espoir de se maintenir, c'est à cette misérable haine qu'elle le dut et le devra. On suppléa à l'illustration de ses œuvres par l'illustration des persécutions. Ils ne voyaient pas, les braves gens, qu'en s'effrayant ainsi d'un vain fantôme, c'était le béotisme plébéien seul qui soutenait encore le béotisme nobiliaire!

6° J'ai vu des tribunaux de diverses espèces, cours royales, tribunaux correctionnels et prévôtaux, commissions militaires, etc. Je dirai les impressions que leurs formes et leurs actes produisirent sur moi.

Les cours royales se rêvaient un peu anciens parlements, et cette illusion amenait quelques heureuses réalités, fruits de l'émulation et des souvenirs, mais cette influence ne se manifestait qu'en matière civile; les affaires criminelles étaient à la merci des jurés. Quant à l'inamovibilité des juges, elle fut attaquée de mon temps par des destitutions nombreuses, produites trop souvent par des dénonciations intéressées. Cela causait un grand déplacement, et une multitude de nominations faites avec trop de rapidité. Le ministère voulait se faire des créatures : or le ministère était une faction et une faction peu en rapport avec les besoins de la monarchie.

On dira que ces juges étaient des traîtres. En ce cas, il fallait les juger. Les destitutions auront toujours des prétextes, et l'inamovibilité ne sera plus qu'un mot.

Pour les jurés, j'ai recueilli dans la masse effrayante de leurs condamnations injustes assez d'erreurs judiciaires pour effacer celles de tous les parlements du royaume réunies depuis l'institution des parlements en France.

Les tribunaux correctionnels, saisis des délits de la presse, m'ont paru avilir les mœurs et les lettres : celles-ci en assimilant les écrivains aux scélérats, celles-là en détruisant cette heureuse pudeur que j'ai vu régner encore avant l'intronisation de Bonaparte. Un homme d'honneur eût abandonné ses droits plutôt que d'être traduit devant un tribunal; les fripons même lâchaient leur proie si on les en menaçait, quand ils voulaient conserver au moins un vernis d'honnêteté.

Les tribunaux prévôtaux furent plus effrayants que sanguinaires : c'est, sans défendre leur institution, ce qu'il est juste de dire en leur faveur.

Les commissions militaires ne furent guère plus rigoureuses en général. J'en excepte toutefois celle qui condamna le général Travot. Je parlerai ailleurs de cette infâme affaire.

Pour la jurisprudence de MM. Marchangy et Bellart, il me semble qu'elle eût été approuvée par Louis XI, Henri VIII et des princes infiniment plus modernes. Le cardinal de Richelieu eût vu en eux deux Laubardemont. Heureusement, le barreau français leur fournit pour adversaires des hommes puissants et de conviction inébranlable. Personne n'a oublié leurs noms.

Je ne parlerai ici que d'un seul jugement, celui de Lavalette. Cet homme de mœurs si douces, généralement aimé et fait pour l'être, avait vu s'accroître le nombre de ses amis dans cet état de malheur qui trop souvent nous les enlève. La rage insensée qui le poursuivait semblait lui en donner de nouveaux; sa condamnation, injuste par elle-même, et que le roi, vivement sollicité, aurait dû éteindre par le droit de grâce, fut trompée par sa fuite presque miraculeuse.

7° J'ai vu le clergé, seule corporation hiérarchique encore subsistante, s'honorer par ses mœurs, mais se rabaisser par ses intrigues et ses déclamations souvent injustes et toujours exagérées. L'étranger, qui ne nous vaut pas, recueille avidement tout ce qui se dit et s'écrit sur la corruption de notre pays.

J'ai vu aussi de petits et misérables schismes tels que celui des *louisets*.

La raison dit : « Gardez-vous d'intéresser la conscience à ce qui est seulement du ressort de la politique, ou de mêler la politique à ce qui ne regarde que la conscience. » Puisse le clergé écouter ce conseil, et son utile influence est certaine dans tous les temps!

8° J'ai vu, ce qui m'aurait paru fort innocent si ce n'eût été que niais et ridicule, de petites sociétés secrètes où beaucoup de sots se croyaient utiles à l'État, et où quelques fripons préludaient dans l'ombre à un rôle plus important. Ces pauvres gens se regardaient pour la plupart comme les soutiens de la royauté. J'ai connu leurs signes pour se reconnaître entre eux, leurs correspondances, leurs ressources, quelques-uns de leurs agents sédentaires ou voyageurs. Un abbé de Latil, aumônier de Monsieur, était l'un de leurs chefs; le prince de La Trémoille, de pauvre mémoire, l'un de leurs principaux directeurs. On en eût ri s'il n'eût fallu en pleurer, car les princes n'étaient pas étrangers à ces menées, ce qui donna lieu au bruit aussi perfide qu'absurde qu'ils avaient l'intention de détrôner le roi. Le roi lui-même ne les approuvait ni ne les blâmait positivement : c'était assez son caractère. Il destitua en même temps Pepin de Belisle pour avoir dénoncé ces sociétés, et un M. Séguier pour s'y être fait affilier.

Le grand inconvénient de ces sociétés secrètes était de diviser les royalistes en présence d'adversaires unis. En outre, elles inquiétaient l'administration, plaçaient les agents du gouvernement entre deux influences également respectables, et forçaient la police à exercer une surveillance plus pénible et plus coûteuse. Il est même arrivé que ce conflit nuisît à la sûreté de l'État. Dans l'affaire de Grenoble, voyant des agents et point de chef, on devait penser qu'en plaçant Didier entre sa grâce, accompagnée d'un demi-million, et l'échafaud, il ne manquerait pas de nommer ceux qui le dirigeaient. Didier périt; et le chaînon, si utile à conserver, fut rompu.

L'un des hommes qui, après M. Decazes, fit le plus de mal à cette époque, fut le général Despinois, commandant la division de Paris. La police militaire avertissait par ses imprudentes révélations ceux que la police civile observait; celle-ci se trouvait obligée d'arrêter prématurément des gens qu'elle eût pu prendre en flagrant délit, ce qui sauvait la plupart des coupables. Cependant, si le gouvernement par sa fermeté, et le ministère par ses opinions, eussent rassuré le royalisme, toutes ces menées secrètes n'auraient pu avoir lieu.

9° J'ai vu un ministère despote sans fermeté et perfide sans adresse. Après avoir demandé des lois d'exception comme sauvegarde de la monarchie menacée, ce ministère n'en fit usage que pour irriter la nation contre les députés royalistes, et rejeter sur eux le tort des nombreux exils ou emprisonnements dont lui seul était coupable. Il fut une faction quand il était de son devoir de se montrer l'ennemi de toutes les factions. Les épurations, les nominations dont on a tant accusé le royalisme étaient l'ouvrage de ce ministère; et, quand il faisait tout, c'était sur ceux qui ne faisaient rien qu'il rejetait tous ses torts. Un crime irrémissible de ce cabinet est de n'avoir pas su ou voulu faire diriger par l'autorité royale une assemblée avec laquelle toute espèce de bien était possible et même facile. Il l'irritait et la diffamait trop souvent. On a vu des ministres étrangers chercher à corrompre un cabinet français pour s'en faire servir; mais ici c'était un cabinet français sollicitant des ministres étrangers les notes les plus menaçantes contre l'élan royaliste et par conséquent national des députés. A la voix du duc de Richelieu, les Wellington, les Pozzo di Borgo vinrent souvent effrayer le roi et le conseiller en sens inverse de son intérêt et de celui de l'État. Je ne dis ici que ce que j'ai su de science certaine.

J'ai vu aussi des correspondances du président du conseil des ministres avec des grands seigneurs russes ou des conseillers de l'empereur Alexandre. Je connais peu d'hommes dont la conduite ait été aussi coupable que la sienne.

Quant à M. Decazes, il était entêté, vaniteux, fier de la faveur du roi. Il fit aux princes et aux royalistes des avances qui furent repoussées. De là probablement cette conduite étrange que l'histoire flétrira en l'expliquant.

10° J'ai vu une administration tout à la fois très-coûteuse et très-fiscale. On excusait le premier vice en disant que, sans de forts salaires, le roi ne serait plus libre dans ses choix, obligé alors de prendre des gens riches, qu'ils fussent ses amis ou ses ennemis. C'était, à la rigueur, une vérité, bien que, pour faire des choix au moins scabreux, Sa Majesté n'eût pas besoin d'avoir la main forcée.

On excusait le second en mesurant avec effroi l'énormité des charges imposées par l'étranger. La réponse était péremptoire, mais il eût fallu marcher autant que possible vers un meilleur système. De forts salaires excitent la cupidité; la fiscalité a le grand inconvénient de transformer les créanciers en propriétaires, et les propriétaires en créanciers.

11° J'ai vu avec admiration les soldats de cette héroïque armée, si longtemps l'effroi de l'Europe, retourner paisiblement dans leurs foyers à la voix d'un de leurs plus illustres chefs. C'est avec une vive indignation que j'ai entendu le peuple de la haute société de Paris les signaler comme des monstres, et les ministres d'alors les abreuver de dégoûts. Plus d'équité les eût liés à la cause du roi; un mépris non mérité les aigrissait.

En dépit de cette irritation, un sentiment commun semblait réunir les militaires anciens et nouveaux : c'était l'unanimité de la haine contre la domination étrangère.

Ce qui me parut difficile alors, ce fut le recrutement de la nouvelle armée. 400 000 hommes eussent marché au premier coup de canon; mais le service de paix ne plaisait point aux braves.

En revanche, des gardes nationales avaient été créées partout et propageaient le sentiment démocratique en introduisant les habitués d'arrière-boutique dans les salons des autorités supérieures.

Je remarquai qu'on attribuait assez généralement l'héroïsme des troupes françaises de la révolution au mode de recrutement qui les avait fait lever sur toute la population sans distinction. Il suffit, pour combattre cette bizarre croyance, de demander pourquoi un mode opposé avait amené sous Louis XIV un semblable résultat. Ce n'est pas le recrutement forcé qui, depuis l'époque celtique, a inspiré aux habitants de notre pays cet élan belliqueux qui le distingue toujours; ce mode a même aujourd'hui de nombreux inconvénients.

Il crée un véritable esclavage, inconnu à l'ancien régime, et qui se rapproche des formes despotiques usitées en Russie, en Turquie et en Prusse. Il constitue, sous le règne de l'égalité de droits, une funeste inégalité de fait sous le triple rapport, tant de la diversité du zèle militaire entre les provinces, que de celle des besoins sociaux, très-différents de l'une à l'autre, et de l'assimilation des gens grossiers, accoutumés à une vie dure, aux personnes polies, pour qui les aisances de la vie sont devenues une nécessité. Le riche, dira-t-on, se fait remplacer; mais le pauvre ayant reçu de l'éducation est forcé de servir, et il quitte souvent des parents vieux et infirmes qu'il faisait vivre de son travail. En outre, ce mode fait naître, par l'attrait des remplaçants à prix d'or, un commerce de chair humaine, avilissant pour notre espèce. Il nuit à l'éducation des classes inférieures de la société. Enfin il enlève aux sciences, aux arts des adeptes, à l'agriculture et à l'industrie des bras utiles, tandis que, sous l'ancien régime, le recrutement volontaire se bornait à recueillir les oisifs pour les amender par l'habitude de la discipline.

La justice et l'humanité, la politique même pourraient trouver d'autres vices encore à ce mode, si ridiculement vanté; mais il y a des gens qui ont pris à tâche d'exalter ce qui est aux dépens de ce qui fut.

12° J'ai vu les royalistes insultés sous le nom d'*ultras*, et cette qualification devenir européenne pour désigner ceux qu'on croyait partisans du gouvernement féodal, ennemis de toute liberté, ignorants, stupides, ou mus par un instinct de servitude.

Il existait sans doute des royalistes exagérés; mais, outre que c'était le très-petit nombre et qu'ils étaient peu dangereux, les ministres du roi devaient-ils eux-mêmes injurier ou faire injurier les plus zélés serviteurs de la monarchie? Y avait-il donc réellement des idées féodales dans la tête des *ultras*, dont la majorité eût été vouée au servage par la réalisation de ces idées? Étaient-ils ennemis de la liberté ceux qui seuls cherchaient à l'asseoir sur une base solide? Étaient-ils ignorants ou stupides ceux parmi lesquels on voyait Chateaubriand, de Bonald, Corbière, Villèle, Benoist, La Bourdonnaye et tant d'autres qu'il serait trop long de citer? Était-ce un instinct de servilité qui les poussait à résister à un ministère dont émanaient toutes les faveurs?

Le parti royaliste ne fut pas exempt de torts. Il fut souvent fort ou faible à contre-temps, et intolérant comme la conviction l'est toujours. Il perdit à rechercher comment la révolution était venue un temps qu'il aurait dû employer à trouver le moyen de la terminer. Il s'occupa des hommes quand les choses seules eussent dû l'occuper.

Les royalistes n'aimaient pas la révolution, ce dont je les loue fort, quoique ce soit le plus impardonnable grief de leurs adversaires; car ce n'est pas la liberté, mais l'esclavage que nous devons à la révolution. Le despotisme a toujours régné en elle et par elle. S'il domine un jour sans obstacle, c'est à elle qu'on devra s'en prendre.

Certes, c'était une déplorable chose que de voir, sous un roi restauré, les ennemis de tout ordre, les flatteurs de toutes les turpitudes, faire prévaloir une qualification injurieuse qui, si la puissance leur eût été remise, fût devenue un cri de mort. Déjà même, et grâce au ministère, on entendait dire aux zélateurs de la révolution que les *ultras* devaient être traités en *ilotes;* mais ce qui fut curieux, c'est que le titre de *royalistes purs* que prirent les mêmes *ultras* excita une effervescence de haine et de déclamation parmi les hommes qui leur avaient fait acheter ce nom par trente années d'oppression, de spoliation et d'assassinat, et qui eux-mêmes s'étaient si longtemps pavanés sous le nom de *républicains purs*.

13° J'ai vu la masse des adversaires plus ou moins prononcés du royalisme former un amalgame de plusieurs factions qui se sont divisées depuis.

Les plus conséquents d'entre eux, c'est-à-dire les vrais républicains, se réunissaient chez mon vieil et respectable ami *Clavijo*. J'y ai dîné plusieurs fois avec eux et me suis toujours étonné de l'incohérence de leurs propos et de leurs vues.

Ils accusaient les royalistes d'avoir amené les alliés; et la double invasion avait été le fruit de l'ambition de Bonaparte et d'un règne ruineux de cent jours auquel ils avaient applaudi.

Ils accusaient les royalistes d'être les amis de l'étranger; et l'étranger qui les protégeait contre les royalistes était secrètement appelé par eux à l'usurpation du trône de France; car, trompés dans leurs vœux en demandant un roi aux alliés et dégoûtés du duc d'Orléans, dont ils devinaient l'ambition personnelle et conservatrice, ils conjuraient déjà avec le prince royal des Pays-Bas, chose sur laquelle je reviendrai plus loin.

Quant à Clavijo, homme d'une vertu antique, qui partageait leurs désirs, mais non leurs coupables menées; c'était un savant distingué, du caractère le plus naïf. Il n'avait jamais vécu en idée que sur les places publiques de Sparte ou d'Athènes. Il ne connaissait point les hommes, se payait de vains mots; et son républicanisme désintéressé était un véritable donquichottisme.

14° J'ai vu les théoriciens politiques, depuis lors appelés *doctrinaires*, gens têtus et que nulle expérience ne peut éclairer; qui savent les livres et ignorent les hommes; qui croient que parler et écrire, c'est instituer; qui cherchent les bases des constitutions dans les arguments, non dans les mœurs, et les déposent sur le papier, non dans les intérêts. Triste, misérable et funeste espèce d'hommes! Ils sont ardents au mal dont ils redoutent les effets. Victimes bientôt de leurs erreurs, ils tombent et ne sont pas corrigés. Toujours forts contre les faibles, toujours faibles contre les forts, on les voyait alors s'unir au ministère contre le royalisme, sous les ruines duquel ils devaient s'ensevelir pour reparaître après la bataille, vulnérables mais immortels comme le principe du mal.

Dans les rangs de ces messieurs se trouvaient, outre de véritables jacobins, des hommes froissés par la révolution, tels que de Serre, ancien volontaire de l'armée de Condé, le fructidorisé Camille Jordan, Royer-Collard, agent du roi sous Bonaparte, etc.

C'était une très-bizarre réunion. J'ai vu alors la correspondance intime de l'un de ces ministériels. Celui-ci, très-recommandable et fort accrédité, y parlait sans cesse de réprimer le royalisme. En écrivant un jour sur la réclamation en faveur des biens du clergé, il disait :

« J'ai entendu hier le duc de Richelieu dire, » à dîner, à des députés : « Vous ne voulez pas » qu'on vende les biens du clergé : eh bien, je » vous déclare qu'on les vendra malgré vous, et » que même on va en afficher une plus grande » quantité que celle déjà promise aux créanciers de » l'État. »

Et il approuvait ce propos, qui eût conduit à l'échafaud un ministre anglais. Il approuvait aussi cette indécente plaisanterie de l'abbé Louis, qui, s'adressant à ses collègues, leur disait :

« Je ne sais pas si j'ai mérité d'être pendu comme » ministre du roi, mais je ne suis pas sûr de ne » l'avoir point mérité en qualité de membre de l'as- » semblée de 1815. »

Au reste, le parti ministériel se composait de sept espèces de gens dont les théoriciens faisaient le fond. Il y avait : 1° des doctrinaires exclusifs et purs, 2° des doctrinaires amis et poursuivants des places et faveurs, 3° des ambitieux indifférents sur les doctrines, 4° des jacobins mystifiés, 5° des jacobins purs, 6° des royalistes poltrons et subjugués, 7° enfin ceux qui suivent toujours le torrent dans lequel ils voient le pouvoir se précipiter.

Je ne saurais mieux comparer les doctrinaires purs qu'à ces enfants ingénieux qui déterrent le grain qu'ils viennent de semer pour voir s'il n'aurait point germé déjà par hasard.

Dieu préserve d'eux la France!

15° J'ai vu beaucoup de gens notés comme bonapartistes, mais je crois qu'un bien petit nombre l'était réellement. L'armée, sans doute, avait souvenir de celui qui l'avait si souvent conduite à la victoire; j'ai même rencontré des niais de très-bonne foi assurant qu'ils avaient vu Napoléon en France depuis son exil à Sainte-Hélène, mais il n'y avait point de bonapartistes zélés comme le furent pendant trente ans les royalistes.

L'ambition affamée de quelques hommes pouvait gémir de se voir trompée; la vanité aussi, vice ordinaire de ceux que la fortune élève rapidement, souffrait de quelques mécomptes; et la vanité blessée ne se paye d'aucun raisonnement ennemi de ses prétentions. Cependant tout cela ne formait point un parti. Si l'on en excepte quelques personnes vraiment reconnaissantes des bienfaits reçus, nul ne se fût sacrifié au rétablissement de l'empereur exilé. Bonaparte d'ailleurs avait beaucoup perdu de son crédit sur la nation durant son dernier règne. Nul homme d'honneur ne pouvait aimer celui qui ne croyait point à la vertu. Le nom de *bonapartiste* était donc, à peu de chose près, vide de sens.

16° J'ai vu les commerçants, les banquiers surtout, se regarder comme l'âme de l'État. Malheureusement, les contributions énormes exigées par l'étranger les avaient faits tels, au détriment des intérêts les plus chers. L'argent improducteur devenait donc la première des propriétés; et la banque, une puissance dominatrice.

Or c'est là une domination aussi funeste qu'humiliante. La pensée du commerçant est toute cupide; son caractère, à quelques exceptions près, sans générosité; sa suprématie, impertinente et peu digne; son gouvernement, oppresseur.

Individuellement il offre mille contrastes misérables. Il hait l'aristocratie, et se guinde sur ses pointes pour être lui-même une aristocratie; il aime l'égalité, et veut s'élever au-dessus d'elle; il se dit patriote, et est, de son essence, cosmopolite.

Bonaparte attaqua le commerce, et partout le commerce se ligua contre lui. Le commerce eût été complice de Bonaparte s'il y eût trouvé son intérêt.

J'ai entendu des négociants se plaindre de n'avoir pas de représentants particuliers à la chambre des députés : c'est là leur manière d'être démocrates. Quelquefois ils ont cru qu'une révolution serait pour eux une bonne affaire, affaire de bourse, où ils ne voyaient pas le sang répandu, mais la différence à payer. Ils se sont trompés ces jours-là; et plusieurs ont pleuré le lendemain devant leur caisse vide, que nulle reconnaissance publique ou autre n'a pris souci de remplir.

17° J'ai vu, sous un roi chef de l'émigration, de malheureux émigrés signalés publiquement comme les ennemis de la prospérité et de la liberté de leur pays. Ils perdaient tout sans retour; la restauration qu'ils avaient tant désirée leur enlevait jusqu'à l'espérance; et la plainte même leur était interdite par ces hommes dont l'infidélité avait recueilli le prix dû au dévouement fidèle!

« Ils croient être rentrés chez eux, disaient les » révolutionnaires, et oublient que c'est chez nous » qu'ils sont rentrés. »

Mais les révolutionnaires pouvaient-ils raisonnablement prononcer ces mots : *Chez nous?* Est-ce chez eux qu'ils étaient eux-mêmes depuis trente ans? Non, c'était chez les constituants désorganisateurs, chez les girondins perfides, chez les conventionnels assassins, chez les grotesques directoriaux ; c'était chez Robespierre et chez Napoléon !

Si nous étions rentrés *chez eux*, c'était le chef de l'émigration qui l'avait voulu ainsi ; c'était lui qui avait confirmé la spoliation qu'ils avaient faite chez nous.

« Les émigrés, ajoutaient les mêmes hommes, » n'ont rien appris ni rien oublié. »

Si fait ! ils ont *appris* que le dévouement au pouvoir dans l'exil est récompensé par l'ingratitude du pouvoir renaissant.

Puis ils ont *oublié* cette ingratitude, prêts encore à partager l'exil et à courtiser le malheur.

Mais ils n'ont rien *oublié* que cela, parce que l'oubli est infâme quand il est question des triomphes du crime et des infortunes de la vertu, parce que l'oubli, dans ce cas, serait hypocrisie ou forfaiture. Pardonner est possible; oublier, non !

Était-ce donc à eux d'ailleurs de réclamer l'oubli, à eux qui poursuivaient leurs victimes de calomnie en calomnie ?

18° J'ai vu que le nombre et la gravité des crimes s'était considérablement accru depuis la révolution, quoique dans une proportion moins effrayante en France qu'en Angleterre. J'aurais trop beau jeu si, pour prouver la vérité de cette thèse, je rappelais ici ce temps où *tout fut crime excepté le crime lui-même*.

La parole royale couvrait d'impunité la plupart de ces forfaits ; elle avait notamment amnistié le plus effroyable de tous; mais lui remettre la peine, ce n'était pas l'effacer ; et plus le roi fut indulgent, moins l'histoire doit l'être. Passons-le néanmoins sous silence et ne parlons que de la culpabilité habituelle ; la comparaison entre l'ancien et le nouveau régime sera ici exprimée en chiffres.

Dans l'année 1788, sous ces lois qu'on proclame aujourd'hui si barbares et où nul délit ne pouvait échapper à la vindicte publique, il ne fut prononcé que 848 condamnations, dont 215 par contumace, 412 aux galères, 62 détentions à terme, et 50 seulement au supplice.

En 1813, il y eut 5,844 condamnations, dont 303 à mort.

En 1814, 5,905, dont 185 à mort.

En 1815, 4,636, dont 256 à mort.

La différence n'est malheureusement que trop palpable, d'autant plus que le duel, poursuivi autrefois criminellement, ne l'était pas en 1815.

Les détracteurs de la royauté pourront remarquer que les crimes diminuèrent sensiblement de nombre dès le moment de sa restauration.

19° J'ai vu un grand déplacement de choses et de personnes dans ce qui constitue les mœurs publiques. Ces mots embrassent, dans leur sens général, tout ce qui a trait au caractère d'un peuple, et, dans un sens plus restreint, tout ce qui a trait à la conduite plus ou moins pure des individus des deux sexes dans leurs relations mutuelles.

Sous le premier rapport, j'ai remarqué chez la nation française cet élan belliqueux, ce sentiment d'honneur, cette générosité, cette sensibilité active, cette horreur du mépris, cette présomption qui l'ont toujours caractérisée ; mais j'y ai trouvé plus de passions et moins d'affabilité que jadis ; une éducation plus répandue que lors de ma jeunesse, mais moins de solidité dans le savoir, dans celui surtout qui s'applique à la connaissance de l'élément moral. J'ai trouvé moins de modération dans les désirs, de constance dans les affections, d'attachement à sa profession, celle de la guerre exceptée. J'ai trouvé, en général, une vanité considérablement accrue et prodigieusement susceptible ; une ambition devenue la principale affaire de tous, et à laquelle la plupart des individus sacrifiaient leur état, leurs devoirs et leur bonheur même. Enfin j'ai partout trouvé la haine de l'obéissance et la passion du pouvoir.

Sous le second rapport, il me semble que les classes supérieures s'étaient bonifiées. Chez elles on rencontrait plus de ménages unis et moins de ces intrigues galantes qui divisent les époux. En revanche, les classes inférieures avaient beaucoup perdu à cet égard. Elles copiaient, en les exagérant gauchement, les torts reprochés à cette caste qu'elles imitent et calomnient avec une si rare obstination. En un mot, elles étaient fort dépravées.

Une chose encore qui m'a étonné alors ce fut la fureur inouïe des parvenus pour les décorations, les titres et les appellations respectueuses. C'était là un travers que l'ancien régime ne connaissait point quoi qu'on en puisse dire, un travers que le règne de Napoléon seul a produit. Ceci m'occasionnait un embarras ridicule, mais réel. Je ne savais si, en donnant ou en ne donnant pas du *monseigneur* ou de l'*excellence* à tel ou tel individu, je ne choquerais point, suivant les personnes, les idées passées ou présentes.

20° J'ai vu cette charte, trop verbeuse encore, trop incomplète malgré cela et trop incohérente.

Dans ses dispositions le texte est souvent en contradiction avec l'esprit; et pourtant elle reste la moins imparfaite des constitutions révolutionnaires.

Tous l'admiraient en parole, ce qui prouverait seulement que tous espéraient la réformer ou la commenter à leur profit.

Les administrations la trouvaient irréprochable. En effet elle ne détruisait aucun des décrets conventionnels, directoriaux, ou impériaux, si favorables au despotisme administratif.

Les révolutionnaires y voyaient l'égalité, dissolvant de tout gouvernement, et ils applaudissaient.

Quant aux royalistes, elle était pour eux un triomphe. Ils y lisaient le nom du roi qui l'avait *octroyée* et la voyaient datée de la vingtième année de son règne. Ils avaient en outre un arrière-espoir de la monarchiser davantage.

Les niais, en effet, y considéraient avec un ravissement stupide la juxtaposition d'une royauté constitutionnelle, d'une pairie et d'une représentation nationale. Ils ne voyaient pas que cette dernière représentait seulement des individus; que les pairs n'étaient que des gens brevetés tels; que le monarque enfin demeurait responsable de tout, malgré la déclaration contraire, vu la nullité de la responsabilité ministérielle, reposant, elle aussi, sur des déclarations seulement.

Feu M. Necker aurait dit en la recevant :

« Voilà le gouvernement anglais que j'ai si souvent proposé! »

Car le cher homme ne connaissait guère que l'extérieur de cette institution, si jeune et déjà si décrépite, si simple en apparence, mais en réalité si compliquée dans ses ressorts!

Alors s'élevait une grande et double question, celle de savoir si le roi eût dû la recevoir, ou la donner, la publier, ou la faire accepter. Sur cela les royalistes répondaient :

« Le monarque, en l'octroyant, s'engage plus solennellement à la maintenir que si elle n'eût point été choisie et accordée par lui; sa solidité s'en accroît.

» La proclamation de la charte par le monarque consolide le premier principe de la monarchie; l'hérédité du trône renforce le pouvoir, intéressé, de vanité même, à la faire exécuter. »

Tout cela est vrai en principe; mais les gouvernements sont des faits; et le pouvoir est tout dès qu'on sait l'exercer. Puis le charlatanisme des acceptations populaires, qui est une des folies du temps, était un jeu sûr, sans dangers, satisfaisant surtout pour les sots qui forment l'immense majorité du peuple. Le seul grand mal à éviter c'était de rendre cette question l'objet d'un débat.

Enfin les rois ne faisaient-ils pas accepter jadis leurs ordonnances par l'enregistrement dans un grand nombre de cours? ne les font-ils pas accepter encore par les débats des deux chambres?

Qui peut raisonnablement avancer d'ailleurs que la forme nécessaire pour des objets secondaires et partiels cessât de l'être quand il était question de lois fondamentales, de ces lois que les prédécesseurs de Louis XVIII se trouvaient, suivant leurs propres expressions, *dans l'heureuse impuissance de changer?*

Les révolutionnaires semblaient s'alarmer de l'idée que les anciens nobles, que les courtisans et les princes voudraient la ruine de la charte. S'ils avaient voulu voir les choses telles qu'elles étaient, il leur eût paru clair, d'abord, que les rois ont un pouvoir plus réel et des ressources financières plus étendues et plus faciles sous un régime constitutionnel que sous l'ancien régime; ensuite, que les courtisans avaient d'autant moins perdu à la restauration, telle qu'elle était faite, que la plupart des places étaient à nommer. Ceux mêmes dont la faveur décria le plus l'ancienne monarchie furent, comme de vieux meubles, retirés de la poussière du magasin et réinstallés à la cour. Enfin, l'ancienne noblesse, sacrifiée au service militaire, qu'on disait un privilége quand il n'était qu'une charge, possédait maintenant la faculté de réparer sa fortune par l'exercice des fonctions lucratives, telles que celles de finances, d'éducation, dont elle était pour ainsi dire exclue jadis.

Pour en revenir à la charte, lambeau mal taillé dans la friperie anglaise, dont le temps a fait justice, comme il fera justice de toutes ses parodies ou perfectionnements, elle était, durant mon séjour en France, l'espoir des brouillons, l'effroi des sages et l'amour des sots.

21° J'ai vu, par un vice opposé à celui dont souffre l'Angleterre, les propriétés se diviser et se subdiviser beaucoup trop en France.

Commençons, à cet égard, par poser des faits avoués, et nous en tirerons ensuite les conséquences les plus probables.

La France possède 50 millions d'hectares, formant 118 millions de parcelles, réparties en 10 millions 400,000 cotes d'imposition.

Le relevé approximatif de ces cotes donnait alors :

De 1,000 fr. et au-dessus.	18,000
De 500 à 1,000.	41,000
De 100 à 500.	460,000

De 50 à 100.	504,000
De 20 à 50.	701,800
De 6 à 20.	7,900,000
Cotes omises.	775,200
Total.	10,400,000

Cette division de propriétés, rapidement développée depuis la révolution, devait, sous l'empire d'un code qui l'avait amenée, s'accroître rapidement encore. Ceci explique pourquoi un si petit nombre d'individus concourt à la formation de la chambre des députés, et fait encore à présent prévoir une époque où la France, par une marche contraire à celle de la Grande-Bretagne, arrivera au même état de choses. La majorité, contre-balancée seulement par quelques fortunes de bourse et d'agiotage, laissera une sorte d'hérédité de fait à la représentation nationale. Il y aura en France des *bourgs pourris*, avec cette différence que, chez nos voisins, les choses sont représentées, tandis que chez nous on n'a songé à représenter que les individus.

Passons les torts sans nombre que cette destruction des grandes propriétés fait à l'économie domestique, à l'industrie, au commerce, aux arts, à la prospérité générale et particulière, aux finances de l'État et au crédit public; au soulagement même des pauvres, dont la masse croissante ne trouvera plus de riches en état d'occuper ses bras oisifs; ne nous occupons ici que de l'effet moral de cette division sans terme, et nous verrons l'impossibilité de tirer d'une population, déchue dans son éducation et dans ses lumières, tout ce que l'état social exige de magistrats indépendants et éclairés, d'administrateurs au-dessus de petits intérêts cupides, de députés dignes de s'élever à la hauteur de leur noble mission et de jurys rassurants pour l'innocence accusée.

C'était sur cette base ruineuse qu'était posée la charte de 1814.

22° J'ai vu une population effrayante en enfants de dix ans et au-dessus. C'était l'effet de la conscription qui, en rendant fructueux le métier de remplaçant, multipliait le mariage et accroissait le nombre de ceux qu'il fallait nourrir, tandis que l'immensité des armées diminuait la masse des cultivateurs et producteurs de tous genres.

Et, comme ce vice eût fait des progrès nécessaires chaque année sans la chute de Napoléon, l'on ne peut sans terreur prévoir jusqu'à quel point le mal eût été porté si cet ambitieux insatiable n'eût pas été renversé.

Mais, sans guerre ou colonisation, que faire de cette population surabondante? J'ai vu dans la ville de Vitré, peuplée de 8,000 habitants, la moitié de cette masse plongée dans une misère que l'autre moitié était hors d'état d'occuper ou de soulager. J'ai entendu à Rennes le mendiant, menacé d'être envoyé dans une maison de travail, répondre : *Je ne demande pas autre chose!*

La population était donc encore, et est toujours en France, l'un des vices de l'état social.

23° J'ai vu, en dépit des vices ci-dessus et d'autres qui me restent à noter, la France, comme l'Europe entière, s'exalter au nom de *gouvernement représentatif*. Je dis *au nom*, car attacherait-on à ce nom le sens qu'il eût dû rappeler?

Le système représentatif est d'origine féodale. Né de la propriété qu'il défendit contre le pouvoir, il en créa et maintint l'hérédité. Passé de France en Angleterre, où le despotisme des rois unissait entre elles les diverses classes de sujets, il put s'y enter sur une tige soutenue par de profondes racines féodales et monarchiques. Il n'en a point été de même dans les États appelés à ce genre de gouvernement depuis la révolution française.

Dans ces derniers, c'était l'esprit de commerce, qui, après avoir sapé les fondements de tout ce qui fut, tentait d'y substituer des formes dites *représentatives* quand il ne restait plus de corps à représenter.

La monarchie, semblable à un arbre dont le suc est tari, peut difficilement reproduire les fruits qu'elle tira jadis de la souche rameuse qui recevait par mille pores la nourriture du sol. Elle n'est plus qu'un équilibre sur ce sol auquel elle adhérait si fortement jadis. Cette souche vivifiante, c'était l'aristocratie, ou l'hérédité territoriale, unie au pouvoir. C'est dans son sein qu'est née la représentation anglaise.

Mais c'était de ses cendres dispersées et jetées au vent par la démocratie que naissait la charte de 1814. Demandez aux députés anglais ce qu'ils représentent, ils répondront : *Les communes,* car il y a des communes en Angleterre. Faites la même question aux députés français, ils répondront : *Mon département.*

Or le département n'est qu'une division territoriale. Les intérêts qu'il fallait représenter se subdivisent en ceux des propriétaires, des commerçants, des artisans, des bourgeois, des nobles et des prêtres. Nos députés représentent-ils rien de tout cela? Non. Ils représentent une portion de terre placée dans tel lieu, c'est-à-dire rien de positif, quoique tout cela soit positif dans les intérêts des peuples.

On se plaint de ce que l'esprit d'association, si fertile en heureux résultats, est presque nul en

France. Pourquoi s'en étonner? Le contraire seul devrait surprendre. Cet esprit, qui est celui de ceux qui veulent conserver ou acquérir, et qui réunit les hommes pour les rendre forts, ne peut exister là où les lois tendent à isoler les hommes. C'était lui qui, dans ce qu'on nomme *le moyen âge*, créait les universités, les municipalités, les corporations. Les destructeurs de cet esprit d'association désirable sont ceux qui ont détruit les institutions qui en contenaient les éléments, qui en donnaient le modèle, qui en montraient les avantages et habituaient ainsi dès l'enfance à cette salutaire idée.

Ils ont aussi détruit d'avance par là les bases de leur gouvernement représentatif. Celui-ci n'est fondé que sur la réunion de tous les intérêts généraux, qui se composent, non pas de la masse réunie des intérêts individuels, mais des intérêts collectifs de diverses réunions d'individus, intérêts auxquels il faut être personnellement lié pour les bien connaître et les bien défendre.

Et nous ne voyons cela dans aucun des gouvernements nés de la révolution.

Dans l'état actuel des mœurs et des opinions européennes, le système dit *représentatif* et réellement *délégatif*, appliqué à des sociétés vastes, doit perpétuellement osciller entre le despotisme et l'anarchie, s'il n'est modifié, soit par une corruption dégradante et ruineuse, soit par l'intérêt du commerce et de l'industrie, source de cupidité, mais aliment offert à la surabondance des passions privées, soit enfin par une vertu générale et surhumaine, sur laquelle il serait absurde de compter.

Par le fait, puisque en 1815 on voulait nonobstant ces difficultés, essayer de ce système, il fallait au moins le constituer avec les éléments existants. Or l'aristocratie y était indispensable comme modératrice; et l'aristocratie n'est fondée que sur l'opinion et le pouvoir. Il fallait, pour lui conférer celui-ci, qu'elle fût, de fait et non de parole, à la tête de tous les intérêts sociaux. Il fallait qu'elle fût intimement unie au tribunal placé au plus haut degré de la hiérarchie judiciaire; et, pour que cette mesure ne devînt pas illusoire, il fallait que, dans un ordre de choses où tous peuvent avoir des prétentions à tout, la pairie à vie se composât de ce qui était le plus éminent par ses talents, ses services, ou sa renommée. C'eût été là une réunion infiniment plus respectable, plus imposante, plus utile à la stabilité de l'autorité suprême qu'une pairie héréditaire dont les membres étaient soumis, dans leur esprit, leurs mœurs et leurs talents, aux chances incertaines d'un système de succession flétri par les idées régnantes. Cette hérédité même existait seulement par des priviléges qu'on ne peut, ni établir sans irriter l'esprit public, ni maintenir sans que tôt ou tard cette irritation ne devienne agressive.

Les faits ont trop parlé depuis.

24° J'ai vu la société devenue une espèce d'enfer anticipé. L'esprit de parti y avait succédé à l'ancienne aménité française. Étiez-vous modéré? Ici on vous recevait comme un jacobin, là comme un partisan du despotisme et des priviléges de la féodalité. Ceux mêmes qui s'intitulaient modérés formaient une faction aussi exclusive que les deux autres, ennemie implacable de toutes deux, prenant les raisonnements pour la raison et des systèmes pour des principes.

Il était commun, au sortir des chambres, de voir les députés se reprendre corps à corps dans le monde pour y prêcher en faveur de toutes les opinions ou de toutes les hérésies politiques, et chercher surtout à captiver les femmes, comme directrices nées de l'opinion.

D'ailleurs peu de politesse et un ton détestable, car celui-ci se corrompt et celle-là disparaît au contact de toute exagération.

25° J'ai vu ou cru voir qu'un des plus grands obstacles au gouvernement représentatif était en France l'esprit de société, qui fait de nous le modèle de tous les autres peuples, l'Angleterre seule exceptée, c'est-à-dire le seul peuple où le système représentatif existe et où l'esprit de société soit inconnu.

Ces cercles si aimables où les deux sexes se réunissent, et qui font de Paris le salon de l'Europe, y mettent les affaires publiques dans une sorte de dépendance des jeunes gens, vifs et bouillants d'ordinaire. D'un autre côté, les opinions de ceux-ci subissent naturellement l'influence des femmes; êtres tout à la fois si nobles dans leur élan et si inconsidérés dans leurs passions!

Notre histoire entière nous le prouve, à commencer par François Ier, qui les appela à la cour, qu'elles gouvernèrent, et, par elle, le royaume.

Elles reparurent sous Henri II par les galanteries; sous François II et Charles IX, par une reine mère et son entourage, composé des plus jolies personnes de son temps; Henri IV ne fut défendu contre elles que par Sully; Louis XIII, que par son austérité timide et dévote; elles troublèrent l'État sous le ministère du cardinal Mazarin, qui disait :

« Nous en avons trois... qui nous mettent en plus » de confusion qu'il n'y en eut jamais à Babylone. »

C'étaient la Palatine et Mmes de Longueville et de Chevreuse.

Louis XIV résista à leur domination par cette

hauteur de caractère qui l'empêchait de se soumettre à ce qui séduisait son cœur et ses sens; et le régent, par son froid scepticisme. Quant à Louis XV, *son règne* entier prouve ce que peut leur funeste pouvoir.

La vertu sévère de Louis XVI l'en préserva, mais il était faible. Parmi les femmes de sa cour, celles qui étaient philosophes s'attachèrent à M. Necker; les autres à M. de Calonne. Ce sont elles qui, plus tard, ont forcé le parti royaliste à l'émigration à l'extérieur, à la guerre civile au dedans.

Immortalisées par leur courageux dévouement pendant la terreur, intrigantes par vertu alors comme elles l'avaient été jadis par intérêt, comment ne l'eussent-elles pas été encore en 1815, dans l'espoir de fortifier ce royalisme qu'elles conservèrent principalement en France quand tout tendait à le détruire?

Les femmes sont donc une puissance rivale d'un gouvernement représentatif qu'elles ne dirigent pas; et elles ne le dirigeraient que pour le détruire, *car elles* ne doutent de rien et portent tout à l'extrême.

Voilà ce que j'ai vu en 1815. A quel régime tout cela devait-il nous conduire?

LI.

Assemblée de 1815.

On a beaucoup blâmé la chambre des députés de 1815, et l'on ne peut nier ses erreurs; mais fallait-il lui en faire des crimes?

Ces erreurs d'ailleurs étaient-elles réelles, ou relatives? C'est ce que les faits éclairciront. On a dit que la chambre des députés d'alors avait rendu la chambre des pairs populaire. Peut-être eût-il été mieux de dire que la chambre des pairs avait fait paraître aristocratique la chambre des députés; et, puisqu'il fallait que l'élément aristocratique fût quelque part, on devait bien s'attendre à le trouver là, puisqu'il faisait défaut dans la chambre supérieure.

Les députés de 1815 étaient les seuls qui, depuis 1789, eussent été librement élus par les propriétaires; ils représentèrent l'esprit de ces derniers, essentiellement monarchique en France, et ne représentèrent que cet esprit-là. Ils se réunirent, alarmés encore des atteintes récemment portées au pouvoir royal. S'il devait être ici question de *crime*, il faudrait en accuser ceux qui, pouvant le bien avec la chambre introuvable, se refusèrent obstinément à l'opérer.

L'étranger menaçait, je le sais; mais il n'eût point frappé, dans la crainte de compromettre les avantages inouïs qu'il avait extorqués; une fermeté sage lui eût fait peur. Le royalisme ne devint un parti que quand le ministère fut devenu une faction, contrairement à son devoir.

Récapitulons donc les faits, car ils éclairent ce que les faux raisonnements obscurcissent et ce que les passions s'obstinent à nier.

La chambre de 1815 repoussa le salaire qu'on eût voulu lui attribuer; elle ne fit aucune demande en faveur des émigrés; elle défendit la propriété avec vigueur; elle commença à reconstituer la société en proscrivant le divorce; elle chercha à renforcer la royauté, partie faible de l'institution; elle purgea la France des régicides, cette tourbe qui répondait à la clémence royale par la révolte; en un mot, elle ne travailla que pour le trône.

Le trône la repoussa.

Ses principaux torts sont d'avoir demandé la destitution de magistrats qu'il fallait faire juger pour forfaiture, et de s'être occupée de faire un nouveau budget au lieu d'accuser les ministres de leurs coupables menées à cet égard.

On lui a reproché d'avoir empêché la vente des biens nationaux; mais, donnés à bas prix alors, ils eussent fait baisser le taux des biens-fonds, celui des revenus en bois, les rentrées des propriétaires, et, tout à la fois, la masse de la matière imposable et les moyens de reproduction. J'ai déjà parlé des lois d'exception demandées et exécutées par les ministres qui en accusèrent la chambre.

Voilà les faits sur lesquels reposent les invectives de ses ennemis et qui ont donné lieu à cette ridicule alliance de mots, *la terreur de* 1815. Cette terreur existait, mais dans l'âme des coupables qui redoutaient sans doute dans leur cœur un supplice trop mérité. Une partie avait fui; le reste se taisait. Quelques-uns même cherchaient à se rapprocher de l'autorité. Le ministère fit prendre à tout cela une marche inverse. Il transforma en projets de vengeance de tous les royalistes les propos très-condamnables sans doute, mais impuissants, de quelques rodomonts de coteries.

Terreur de 1815! cette impudente alliance de mots fut inventée par un lâche et répétée par des sots.

LII.

Intérêts anciens et nouveaux.

La France, prise en masse, n'a qu'un seul intérêt, la prospérité de l'État. Quant aux individus qui l'habitent, ils n'ont réellement que des intérêts personnels. Pourquoi donc ai-je vu deux intérêts opposés et unis se diviser la France?

C'est qu'on faisait trop ou trop peu dans tous les genres.

C'est que la charte promettait ce que, momentanément du moins, elle ne pouvait tenir.

C'est qu'on récompensait par des places la fidélité indigente et sans expérience, qu'il aurait fallu satisfaire par des égards ou des secours.

C'est qu'on amnistiait jusqu'au régicide, ce qui choquait la moralité publique, et même les plus simples convenances. On paraissait faible, quand il fallait se montrer fort; indifférent au crime, quand le crime devait indigner; disposé à revenir sur ce que l'amnistie pouvait effacer, puisqu'elle paraissait couvrir ce que rien n'efface.

C'est que d'imprudents propos de salon étaient pris pour des projets, et que le silence perfide des dépositaires de l'autorité ne pouvait qu'accréditer ce bruit.

C'est enfin, et surtout, que le ministère, repoussant le royalisme, le montrait sans soutien dans l'autorité et donnait à la révolution un espoir qu'elle avait perdu.

Dès lors le champ où l'on combattit embrassa, non-seulement l'existence des familles, les fortunes, les places et les vanités, mais aussi les craintes réciproques qui s'accusaient de leurs propres illusions sur les vues supposées de leurs ennemis. Dès lors aussi la charte, qui, tout impuissante qu'elle fût, aurait été suffisante appuyée de l'accord entre la chambre et le gouvernement, devint une sorte d'arsenal commun, placé en lieu neutre, à la portée des deux camps.

Dès lors, pour comble de malheur, on osa opposer les intérêts de la révolution aux intérêts de la monarchie. Plus d'espoir de tranquillité avant que ce conflit d'intérêt ne fût effacé.

Car comment y parvenir? En laissant triompher la révolution? Mais ses principes sont antimonarchiques et même antisociaux. De plus, elle ne fait qu'exalter les passions qu'il faudrait amortir.

En rendant tout aux royalistes? Mais il était trop tard. On en avait appelé contre eux à la nation; on les avait injuriés, ridiculisés; on s'était, par la nécessité du crédit, mis entre les mains de leurs ennemis, dont on avait recréé la puissance!

En balançant les passions les unes par les autres? Mais alors le gouvernement eût été incertain, et, par conséquent, faible.

En satisfaisant ces mêmes passions, improprement appelées *intérêts?* Mais cela était impossible, car elles ne tendaient qu'à se détruire mutuellement depuis qu'on les avait mises en présence. Puis, le crime ne croit jamais au pardon, ni la victime, au repentir.

Il y a plus. Comment rallier entre eux, sans une autorité invincible, et qui n'était plus possible depuis qu'on l'avait laissée s'affaiblir, des hommes auxquels on venait de dire bien haut qu'ils étaient ennemis irréconciliables, quand surtout le souverain ne pouvait, ni rejeter la fidélité sans se déshonorer, ni accueillir la rébellion sans se perdre?

Voilà la situation où l'on s'était mis en créant deux intérêts quand il ne devait y en avoir qu'un. Mais que dis-je, deux intérêts? le ministère, à son insu, en avait créé trois! car, abandonné de ceux qu'il avait ameutés et non pas unis, son triomphe sur les royalistes ne fit que l'affaiblir. Il vit simultanément s'élever les partis *royaliste, indépendant* et *doctrinaire*, qu'il lui fallut courtiser à la fois pour tirer des trois minorités un parti ministériel qui en fournit en quelque sorte un quatrième.

Mais occupons-nous un moment ici des indépendants.

LIII.

Des indépendants.

Flatté par des applaudissements qui étaient une injure parce que c'étaient vraiment des cris séditieux, le ministère ferma les yeux sur la naissance de cette secte d'indépendants, issue des jacobins et associée à toutes les sectes désorganisatrices de l'Europe. Tant que ces hommes eurent besoin du ministère, ils n'osèrent s'en détacher, et lui crut les diriger, comme si l'on pouvait jamais discipliner l'anarchie de l'esprit et du cœur.

Il y avait deux moyens de les réduire : la force, car ils étaient lâches; la corruption, car ils étaient vils.

Dès qu'ils eurent entrevu l'espoir de tout envahir, ils jetèrent le masque. Leur marche fut la même que celle des premiers révolutionnaires.

1° Rendre nuls, à force de calomnies, les plus zélés défenseurs du roi.

2° Encourager le monarque à frapper, ou, du moins, à repousser ses amis.

3° Vanter tout ce que faisait le gouvernement quand le résultat définitif pouvait lui devenir funeste.

4° Accuser leurs adversaires de ce qu'ils auraient dû faire, afin de les en empêcher.

5º Irriter la nation en affirmant que c'était elle-même qu'on haïssait en eux.

6º Faire faire à ceux qui combattaient ce qu'ils ne faisaient pas, penser ce qu'ils ne pensaient pas; les forcer à se défendre quand ils eussent pu accuser; les calomnier sans relâche, sûrs de trouver à point des misérables pour les aider et des imbéciles pour les croire.

7º Soutenir que tout était dans la charte, parce que la royauté, qu'ils ne voulaient pas reconnaître, tout en n'osant pas la nier, ne s'y trouvait qu'implicitement portée.

8º Faire naître et fomenter l'arrière-pensée que cette charte était l'œuvre de la révolution bien plus que de celui qui la donnait.

9º Proclamer les intérêts de la révolution par des termes vagues qui confondaient ceux de ces intérêts qui pouvaient être en quelque sorte légitimes avec ceux que rien ne pouvait appuyer.

10º Crier à la persécution, quand par ces cris ils en prouvaient la non-existence.

11º Déclamer sans cesse en faveur des intérêts nationaux pour s'en faire croire les uniques défenseurs, etc., etc.

Que sais-je encore, et qui pourrait nombrer les lâches et perfides menées d'une rébellion hypocrite, contraire à tous les devoirs comme à la raison même? Si le présent ou des antécédents prochains ne fournissaient pas assez à leurs accusations haineuses, ils remontaient vers le passé, reportant sur ceux qu'ils combattaient tous les torts réunis de leurs ancêtres. Pour cela, ils n'avaient pas honte de falsifier l'histoire.

Ceux qui proclamaient le gouvernement de fait au profit du gouvernement de droit avaient-ils par hasard puisé cette doctrine dans l'institution ottomane dont M. Mouradja d'Hassan, dans un ouvrage imprimé avant 89, citait cette maxime politique: *La légitimité s'acquiert par le triomphe des armes et la possession réelle du pouvoir souverain?*

A ce compte, Henri V et Henri VI furent jadis les souverains légitimes de la France; Jeanne d'Arc, Dunois, Lahire, Charles VII lui-même, à la rigueur, n'étaient que des rebelles!

A ce compte, les alliés eussent été nos légitimes souverains, s'ils se fussent concertés pour river nos fers, ou s'ils eussent daigné accepter les perfides secours offerts par les indépendants eux-mêmes!

Les mots sacramentaux de ces messieurs étaient emphatiques et revenaient sans cesse. Ils parlaient *des progrès des lumières*, *des intérêts moraux de la révolution*, *des services rendus à la patrie*.

Apprécions ces trois choses à leur juste valeur. J'avoue qu'ayant vu ce qui fut autrefois et ce qui était en 1815, ma raison s'étonnait de l'excès de la vanité d'alors.

Qu'est-ce que *le progrès des lumières?* quels en étaient les résultats? avait-on des magistrats qui pussent effacer les Lamoignon et les Daguesseau? des ministres supérieurs aux Sully et aux Colbert? des jurisconsultes préférables aux Pothier, aux Domat? Non.

Pour les arts, était-il des sculpteurs qui fissent oublier Jean Goujon, des peintres, Lesueur? messieurs de l'Académie impériale avaient-ils, à l'insu du monde, produit quelque chef-d'œuvre qui pût égaler le plus modeste des travaux du grand siècle? un essai de Racine? une farce de Molière? que sais-je? une exemple d'écriture de Corneille enfant? avait-on un Pascal, un Bossuet, une Sévigné, un La Bruyère, un La Fontaine? avait-on même un Jean-Baptiste Rousseau, ce qui est pourtant moins que rien? Hélas! non.

Pour la guerre... Ici leur partie devenait plus belle. Mais encore la renommée des Condé, des Turenne, des Vauban, des Duquesne a-t-elle été obscurcie par l'éclat des plus brillants guerriers modernes? Non, à chacun sa gloire!

Enfin, étions-nous plus religieux, plus moraux, plus politiques, plus avancés en économie sociale? Je ne crois pas.

Où donc le progrès des lumières?

Le voici: on fabriquait mieux les bas, les couteaux de table et les tabatières; on était mieux logé qu'autrefois; un luxe commode, mais mesquin, avait remplacé la magnificence gracieuse et réellement artistique de nos pères; on chantait mieux; on dansait autrement; on savait moins et l'on citait plus à propos; on commandait plus rudement et l'on obéissait plus mal; en outre, la vanité courait les rues.

Voilà ce qu'était *le progrès des lumières*. Bien des gens penseront que le mot, en ce sens, n'a point vieilli de 1815 à notre époque.

Passons aux *intérêts moraux de la révolution*.

D'abord, cette alliance de mots n'est, selon moi, qu'une monstruosité des plus audacieuses. Qu'y a-t-il en effet de moral dans la révolution? Est-ce la rage destructive des constituants et leur lâche insolence envers un roi qui les avait faits ce qu'ils étaient? Est-ce le régicide, complément de cette révolution, et l'anarchie, la spoliation, l'assassinat, dignes cortéges de cet incommensurable crime? Est-ce l'amalgame de jouissances sans goût, de cupidités sans frein, d'intrigues sans délicatesse qui constitua la moralité publique *sous* le Directoire? Est-ce le despotisme militaire de Bonaparte, fondé sur les vanités, les prétentions et les désirs bas et effrénés de tous? Ah! ne souillons pas le nom sacré de *morale* en l'unissant à celui d'une fangeuse révolution! Que la sagesse reconnaisse des fortunes faites, des existences consacrées; mais que, sous peine de perdre son noble caractère, elle se garde de reconnaître pour *morale* ce qui les rendit possibles et en rendrait possibles encore d'autres du même genre! L'intérêt d'ailleurs de ces existences et de ces fortunes est de trouver un abri contre la tempête qui les produisit et qui pourrait les détruire.

Ainsi donc, destruction, insolence, vol, assassinat, régicide, bassesse, vanité, despotisme militaire, voilà les *intérêts moraux de la révolution.*

Passons à ce qu'elle appelle *services rendus à la patrie.* Comptons à cet égard avec elle : c'est ce qui a lieu toujours à la fin d'une partie perdue ou gagnée. Or la France, par suite de tous ses triomphes, a perdu Saint-Domingue, l'Ile de France et l'indépendance de ses comptoirs dans l'Inde; elle a perdu les places fortes de sa seule frontière qui fût faible; elle a perdu sa florissante marine; elle a perdu un instant même son indépendance politique, et, sans noter ici les flots de sang et d'or qu'elle a prodigués à des œuvres si sublimes, sans parler du déchaînement de toutes les passions et du froissement de tant d'intérêts, je dirai qu'avec une domination diminuée d'étendue et de richesse, elle sort de ses troubles civils avec une administration plus coûteuse et une dette plus pesante que sous l'ancien régime. De quoi se vantent donc ceux qui disent avoir servi leur patrie? Ils ont secondé une révolution dont nous subissons les résultats; ils ont protégé les échafauds de la terreur; ils ont applaudi aux dilapidations les plus ruineuses, puis aux vues ambitieuses de Bonaparte; et, pour prix de ces services, je leur vois fortune, rangs, titres, décorations; et je les entends demander encore de la reconnaissance à ceux aux dépens de qui ils ont obtenu tout cela!

A Dieu ne plaise que je nie l'héroïsme de nos guerriers! Mais n'y a-t-il pas un milieu entre le méconnaître sans pitié et l'exalter à outrance? Est-ce que le sol sur lequel nous sommes nés n'a pas été, dès la plus haute antiquité, la terre classique de l'héroïsme? Est-ce que l'histoire n'a pas immortalisé celui des Celtes, des Gaulois et des Franks? Est-ce qu'elle ne rappelle pas avec admiration, depuis l'amalgame de ces peuples, les triomphes des Charles Martel, des Charlemagne, des Philippe-Auguste, des saint Louis, des Charles V, des Charles VII, des François Ier, des Henri IV, des Louis XIV? Elle n'oubliera pas davantage celui de Napoléon. Elle rend justice aux Coligni, aux Guise, comme à leurs vaillants adversaires. Elle conservera également l'héroïsme de nos armées et celui des Français qui luttèrent contre elles.

Qu'en faut-il conclure? C'est que les Français actuels sont dignes de leurs ancêtres : voilà tout.

Mais ce n'est pas d'héroïsme qu'il s'agit, c'est de services rendus, et je les cherche en vain. Puis, seraient-ils réels, s'en vanter deviendrait une étrange préoccupation quand c'est sa vanité, sa fortune, son ambition qu'on a servies. Enfin quel est le fruit de ces services si hypocritement exaltés? La ruine et l'humiliation de la France...

Voilà donc, en dernière analyse, *ce progrès des lumières, ces intérêts moraux, ces services rendus,* dont les indépendants font un si bruyant étayage! Leurs prétentions personnelles sont-elles plus solidement fondées que celles dont ils s'étayent? Non, certes! Et quand, opposant leurs œuvres à leurs discours et leurs actions mêmes à leurs actions, je les entends se donner le nom d'*indépendants* en ruinant toute raisonnable *indépendance*, il me semble voir le grand Scipion décoré du titre d'*Africain* après avoir ravagé l'Afrique.

LIV.

Voyages en Bretagne.

Je ne noterai pas ici grand nombre de remarques faites dans mes courses en Champagne, en Berry, en Normandie. Je dirai seulement que la première de ces provinces, longtemps bonne, avait tout à fait changé d'aspect depuis la première invasion des alliés; que, dans le Berry, le paysan s'était laissé persuader que Louis XVIII voulait enlever aux habitants tous leurs misérables chevaux pour en embellir ses attelages et les forcer à tirer eux-mêmes leurs charrues, crédulité stupide, inimaginable pour ceux-là seuls qui ignorent que, plus une chose est absurde, plus il est facile de la faire adopter par des hommes grossiers dont on a su exalter les passions; que, dans la Normandie enfin, si remarquable par sa sagesse durant nos troubles, l'opinion semblait être en général peu favorable aux Bourbons.

Laissant de côté quelques aperçus trop superficiels, je m'arrêterai un moment sur ce que je vis en Bretagne, où j'arrivai peu après que les Prussiens l'eussent évacuée.

L'esprit breton me parut inquiet, tracassier : c'était la faible contre-épreuve du caractère franc et prononcé qu'on leur accorde. Les extrêmes s'y touchent comme partout où l'on a depuis longtemps été habitué à lutter contre l'autorité et à se subdiviser en partis. Mais, comme nos opinions naissent principalement de notre situation, la noblesse bretonne, très-vaniteuse, était généralement royaliste; les bourgeois, non moins vaniteux, se montraient révolutionnaires; et le paysan, presque sauvage, soumis à de vénérables prêtres, était fort facile à armer contre la révolution. Aussi cette province avait-elle été le foyer principal de la chouanerie. Il faut rendre pourtant justice aux Bretons : s'ils se battirent entre eux, du moins n'offrirent-ils pas l'exemple de lâches assassinats. Leur conduite néanmoins n'en était pas plus franche, et, de mon temps les autorités s'y voyaient journellement assaillies de lettres anonymes et de dénonciations intéressées. Mais la misère aussi était grande dans les classes jadis riches et supérieures, ce qui les aigrissait encore. J'ai vu alors une foule de nobles solliciter des places de collecteurs d'impôts. J'ai eu même entre les mains la pétition de l'un d'eux qui briguait une place de geôlier. Quant à la chouanerie, sur laquelle l'histoire de Beauchamp m'avait donné des idées très-fausses, je puis l'apprécier à sa mince et déshonorante valeur d'après les récits de ceux mêmes qui en étaient les plus zélés apologistes. Bien différents des pieux et héroïques Vendéens, les chouans ne commettaient que des brigandages, et leurs chefs ne pouvaient souvent les rallier qu'en les menaçant d'exécutions militaires. Ils voulurent, après la restauration, continuer cet infâme métier; et l'autorité fut forcée de les désarmer, ce qui irrita contre elle les passions cupides qui prenaient sans cesse le masque d'un beau zèle monarchique.

Parmi les chefs de bandes de cette époque, je ne puis omettre Dessol de Grissoles, qu'on proclamait dans toute la France le général des royalistes bretons. C'était un vieux fou, sans armée autre part que dans les gazettes, et incapable de la conduire s'il en eût eu une ; dont le quartier général fut constamment une meule de foin où il s'était caché et d'où il n'eût pas osé sortir. Il ne parut qu'une seule fois à Rennes, quand tout danger fut passé ; il y fut hué et n'échappa à de plus graves insultes que par la pitié de quelques honnêtes gens qui protégèrent sa fuite.

J'appris aussi en Bretagne qu'une foi complète était due aux Mémoires du comte de Vauban, à qui on ne reprochait que le tort de les avoir écrits avec une aussi outrageante vérité.

LV.

Procès du général Travot.

Les amis de la révolution ont beaucoup parlé du procès du général Travot, mais tout ce qu'ils en ont dit est dénué d'exactitude. J'ai été témoin de cette horrible affaire; j'en ai su tous les détails; j'y ai pris part occasionnellement, et j'ai été par circonstance la cause première du salut de l'accusé. Je puis donc en parler sciemment, et venir, avant que le temps ait affaibli mes souvenirs, dire ce qui alors s'est passé sous mes yeux.

Étant au théâtre de Rennes un soir de janvier 1816, le comte de La Potherie, colonel chef d'état-major de la 13e division militaire, vint me trouver dans la loge du préfet et me dit : « Il nous arrive une chose extraordinaire : une dépêche télégraphique du duc de Feltre ordonne au maréchal (le comte de Vioménil, feld-maréchal au service de Portugal), de faire arrêter le général Travot et de lui faire subir un interrogatoire, afin qu'il y ait un commencement d'instruction qui le prive du bénéfice de l'amnistie. Il passera un mauvais quart d'heure, car nous avons ici pour ordonnateur Lucos d'Herville, sans l'adresse duquel nous n'aurions jamais pu faire condamner à Bordeaux les frères Fauchet. »

Je ne connaissais ni Travot ni Lucos d'Herville, mais je pris des informations sur les deux, et je sus que celui-ci était un ancien commissaire des guerres, destitué sous Bonaparte pour malversation, royaliste sous Louis XVIII par intérêt; qui, lors de la fuite de Madame, duchesse d'Angoulême, durant les cent jours, lui avait fait prédire par son fils, jeune somnambule de neuf à dix ans, qu'elle entrerait bientôt triomphante dans son pays, prédiction sans inconvénient si elle ne se vérifiait pas, et utile à sa fortune si elle se vérifiait.

J'appris aussi que Travot avait fait Charette prisonnier; que grand nombre de royalistes bretons, dont plusieurs avaient péri, s'étaient vus en butte à ses persécutions; qu'il avait principalement contribué au non-succès de Larochejaquelein, qui était mort sous ses coups durant les cent jours.

Mais j'appris en même temps que le général Travot n'était pas compris dans la liste des coupables désignés nominativement par les ordonnances du roi; qu'il n'avait pris les armes que postérieurement à l'époque fixée par Louis XVIII lui-même; que le général Lamarque, nécessairement plus compromis, puisque Travot marchait sous ses ordres, n'avait cependant été compris que dans la liste des exilés, et que le ministre Davoust lui-même n'avait pas été puni, quoique tous les ordres émanassent de lui; que, de plus, Travot avait été congédié avec une pension de retraite, accompagnée d'une lettre flatteuse; que, fût-il même positivement accusé, ce ne pouvait être que de *haute trahison*, et que, dans ce cas, conformément à l'art. 33 de la charte, ce n'était pas d'un conseil de guerre, mais de la chambre des pairs qu'il devait être justiciable; qu'enfin la loi d'amnistie serait déjà sanctionnée et publiée lorsqu'aurait lieu l'arrestation de Travot, et que, lors même qu'il n'en serait pas ainsi, l'interrogatoire insignifiant qu'il aurait subi lors de sa capture ne pourrait être, conformément à la lettre de la loi, regardé comme un commencement de procédure.

On se hâta pourtant de l'arrêter, de le conduire à Rennes, de procéder à son jugement. Il chercha un défenseur, mais tous les avocats, signalés comme partisans de la révolution, lui refusèrent leur appui, et ce furent les avocats les plus royalistes du barreau de Rennes qui se chargèrent de sa défense et s'y vouèrent avec un zèle, un courage, une générosité au-dessus de tout éloge.

L'homme, par lui-même, excitait peu d'intérêt; sa conduite durant et après ce hideux procès n'en excita pas davantage; mais les royalistes humains et justes étaient indignés de voir qu'on allait l'assassiner au mépris de la parole royale. D'ailleurs tout avait été informe dans la mise en accusation, tout le fut plus encore dans la procédure. Il récusa le général Canuel, président du conseil de guerre, comme ayant combattu contre lui; mais on n'en tint pas compte. On donna à peine à ses avocats le temps d'improviser leur défense; Canuel, de sa propre autorité, fit afficher contre eux de brutales invectives; ils furent jetés en prison pour avoir imprimé dans leurs mémoires que l'opinion publique avait approuvé leur zèle. Mais voici ce qu'il y eut de plus affreux dans toute cette affaire:

J'ai dit que Lucos d'Herville avait un fils somnambule. Comme j'aime à tout voir, je voulus être témoin de cette charlatanerie, et je me rendis chez le commissaire-ordonnateur, rapporteur du procès, un jour où il avait invité à une séance extraordinaire tous les juges de Travot, et le comte de Pont, brave et loyal gentilhomme de ma province, premier aide de camp du comte de Vioménil. Le comte O'Mahoni, président du conseil de révision, s'y trouvait aussi. D'Herville prit mon empressement pour de la crédulité; il n'était pas fâché d'ailleurs que mon opinion pût exercer quelque influence sur celle du préfet, qui était mon frère.

Après avoir mis son enfant en rapport, disait-il, avec Dieu et les anges, il fit dire à ce petit malheureux que *le général Travot devait être fusillé; que tel était le vœu du roi et l'ordre de Dieu*. De Pont et moi, nous sortîmes indignés de cette atroce fourberie. J'en rendis compte sur-le-champ à mon frère, qui partagea mon horreur. De Pont, de son côté informé, avertit le comte de Vioménil. Mon frère ne s'en tint pas là: le ministre de la police fut incontinent averti de ce qui se passait.

Cependant déjà Travot avait été condamné par le premier conseil de guerre. Le second, pressé par Lucos d'Herville, ne perdit pas un moment pour confirmer la fatale sentence. Elle allait être mise à exécution quand une dépêche télégraphique en suspendit l'effet. Une autre dépêche annonça bientôt que la peine de mort était commuée en celle d'emprisonnement. Les assassins étaient furieux: leur proie leur échappait, et les royalistes honnêtes, humains, consciencieux, leur tournaient le dos.

Le lendemain je disais à mon frère: « Nous » avons sauvé cet homme qui fut notre ennemi, » qui fut le persécuteur des nôtres. Eh bien, qu'il » recouvre sa puissance révolutionnaire! qui nous » assure que nous ne deviendrons pas ses vic- » times? »

Travot est mort fou. Mon frère et moi nous ne nous sommes jamais repentis de notre bonne action; et pourtant j'ai entendu accuser les royalistes des malheurs du général; j'ai entendu citer parmi ses acharnés persécuteurs mon frère qui l'a sauvé! Que les calomniateurs recueillent donc leurs souvenirs! Qui poursuivit Travot? Trois hommes de la révolution, le duc de Feltre, le général Canuel, Lucos d'Herville. Par qui fut-il abandonné dans son malheur? Par les fédérés bretons qu'il demanda vainement pour défenseurs. Par qui fut-il défendu? Par des avocats royalistes, appuyés des royalistes de Rennes les plus distingués. Par qui fut-il sauvé enfin? Par mon frère et par moi, par de Pont et par de Vioménil. *Suum quique!*

INTRODUCTION

DE CETTE DERNIÈRE PARTIE DE L'OUVRAGE.

Quand, vers la fin d'une longue carrière, on publie des mémoires, ou plutôt des souvenirs qui se rattachent à des temps fort éloignés les uns des autres, il est nécessaire, pour n'y laisser ni obscurités ni lacunes, que l'écrivain, ami consciencieux de la vérité, y signale avec soin les fautes commises par son éditeur, et restitue les faits que celui-ci aurait passés sous silence. Tel est l'objet de la présente introduction.

Quelques erreurs, introduites dans le tome précédent, font dire à l'auteur ce qu'il n'a ni dit ni pensé. Je n'ai pas cité un *exemple d'écriture de Corneille enfant*, ni dit que J. B. Rousseau était *moins que rien*. Certes, je suis loin de nier les talents littéraires de quelques-uns de nos contemporains, même ceux de l'ultrà Ronsard, Victor Hugo; mais je dois amèrement déplorer la fausse voie dans laquelle ils se sont, pour la plupart, engagés, et qui me rappelle ce mot prophétique de mon honorable ami *Clément :* « On connaît la basse latinité, et vous êtes assez jeune pour voir naître » aussi le bas français. » — Et, un peu plus loin, en tronquant la rédaction de ma phrase, on me fait mettre en doute nos progrès industriels, dont tout *le mérite pourtant consiste dans la fructification naturelle et nécessaire* d'un héritage déjà reçu, dans le produit d'un élan déjà donné, œuvre du temps, bien plus que du génie; cette marche, physiquement progressive, est moralement rétrograde. En effet, nous devons considérer comme infiniment supérieure au matérialisme social, que l'industrialisme enfante, cette moralité publique et privée, née des sentiments religieux, foyer de ces véritables lumières dont les rayons purs éclairent et fécondent la prospérité, le lustre et la félicité des nations.

Pourquoi avoir rayé ces mots : *Non, jamais les connétables et maréchaux de Montmorency n'ont été aussi fiers que le petit Laval revenant de la cour,* car il me semble que ce dernier coup de pinceau complétait le portrait de ce vaniteux et si ridicule personnage? — Pourquoi surtout n'avoir pas, fidèle à mon texte, dit que le comte de Vioménil, regardant le procès de Travot comme un assassinat, *promit d'accorder un sursis, pour donner à la femme du général le temps de solliciter sa grâce, ce qui eut lieu?* Est-il dans la constante tactique du *libéralisme* de refuser toute justice à un légitimiste?

Je dois noter ici qu'on a trouvé dans mes papiers un chapitre hors d'œuvre, non que je répugne à donner de justes éloges à ceux dont je ne partage point la religion politique, même au signataire de ce honteux traité qui, pour la première fois, humilie notre belle France, au point de soumettre ses intérêts commerciaux à la férule du gouvernement britannique; mais c'est un hors-d'œuvre.

Je ne me serais pas permis, en parlant de deux puissants monarques, ces expressions triviales : *Passe-moi la rhubarbe et je te passerai le séné.*

Encore une observation relative au noble et généreux général vendéen Bonchamp, dont l'éditeur, qui paraît s'étonner qu'on ose vanter ses talents militaires, efface cette phrase : *Il ne lui a manqué qu'un plus vaste théâtre.* Oublie-t-il que le meilleur de nos généraux vivants, l'héroïque conquérant d'Alger, est sorti des rangs de la chouannerie? Mais l'esprit révolutionnaire est si stupide, qu'il se déshériterait volontiers de tout lustre étranger à ses étroites passions. L'étonnante sortie de Ménin, la gigantesque défense de la Pénissière, ces immortelles palmes de l'intrépidité française, ne valent sans doute pas à ses yeux la facile occupation de la Bastille, contre le souvenir de laquelle il vocifère sottement encore, du sein même des douze ou quinze bastilles, produit définitif de la destruction de celle de Jean Aubriot.

Mais des erreurs plus graves encore, et qu'il est de mon honneur comme de mon devoir de signaler, ce sont :

1° En donnant l'extrait d'un mémoire sur l'armée française, de l'avoir faussement attribué à l'amiral Mordvinof, ce dont mon respectable ami aurait droit de se plaindre et de m'accuser.

2° D'avoir, ne distinguant pas ce que je combats de ce que j'affirme, nié d'abord, comme un absurde mensonge, le plan de retraite qu'on finit par avouer. Le fait est qu'il fut tour à tour adopté, abandonné, repris, et que plus tard il servit de type à la marche militaire des alliés. En effet, ceux-ci, après les batailles de Lutzen et de Bautzen, où il n'y eut réellement ni vaincus ni vainqueurs, se retirèrent avec ordre sur leurs renforts, ce qui contraignit Napoléon à s'éloigner des siens : prudente combinaison dont résulta la grande catastrophe de Leipzig. Au reste, ce plan de retraite est textuellement imprimé dans les *Mémoires tirés des papiers d'un homme d'État.*

3° De rencontrer, sur lord Wellington, une interpolation qui ne cadre ni avec mon opinion sur cette bataille de Waterloo, jugée uniquement jusqu'ici par de vaniteuses passions, ni avec le ton de décence dont on ne doit jamais s'écarter en parlant d'un ennemi même vaincu, et à plus forte raison s'il fut vainqueur. Voltaire, dans son poëme de *Fontenoy,* s'était permis ces vers outrageants :

> L'Anglais est abattu,
> Et la férocité le cède à la vertu.

Le public d'alors en fut indigné. Le poëte chercha vainement à s'excuser; et, cinquante ans après, La Harpe, dans son *Cours de littérature,* en parle encore comme d'une coupable et impardonnable injure. Non, je ne me serais point exprimé avec la légèreté qu'on me prête, sur le compte d'un général qui couronna par de brillantes victoires chacune de ses huit campagnes. Puis, selon nos vieux principes, honorer ses rivaux c'est s'honorer soi-même; car il serait trop humiliant de n'avoir eu affaire, vainqueurs ou vaincus, qu'à des imbéciles ou à des lâches.

Après ces justes et nécessaires réclamations, je vais continuer ce volume en remplissant les lacunes laissées dans le précédent, qui, sans cela, demeurerait incomplet. Le dernier chapitre finit par l'action criminelle d'un intrigant magnétiseur; et je vais dans le chapitre suivant parler sur le magnétisme, cette folie à la mode dans ma jeunesse. Ce qui m'y engage, c'est que là sera placé le nom d'un homme le plus brillant que l'histoire ait à transmettre à la postérité; et il paraîtra dans ce chapitre, à raison d'une des plus curieuses anecdotes de la vie de ce personnage si éminemment remarquable, mais dont M. de Tocqueville, dans son discours de réception à l'Académie française, a pu dire avec vérité : *Il était aussi grand qu'un homme puisse l'être sans vertu.*

MÉMOIRES SECRETS

DE 1770 A 1830.

I.

Magnétisme. — Puységur. — Napoléon. — Le comte d'Avaux.

J'ai, dans ma jeunesse, vu jaillir le magnétisme du miraculeux baquet de *Mesmer;* j'ai vu, plus tard, le somnambulisme, naître sous les mystérieuses ombres de l'arbre presque magique de Buzancy. Que de prodiges ne racontait-on pas alors, à Paris surtout, sur les effets physiques et moraux de ce système prétendu médical! C'était, outre des cures aussi rapides que nombreuses, tel paysan qui ne savait point même lire, et n'en improvisait pas moins des vers grecs et latins, dont, au réveil, il n'eût rien compris; c'était l'ignorance devenant instantanément savante, la stupidité rendue lumineuse, l'immoralité prêchant la vertu.

Des femmes dont la plupart n'étaient de bonne compagnie que dans la mauvaise, et eussent paru de la mauvaise dans celle véritablement bonne, si elles y avaient été reçues, mais chez qui des hommes de bon ton ne se faisaient pas scrupule, parfois, de se montrer : ces femmes étourdissaient le monde du récit, souvent assez gai, des crises que leur procuraient de jeunes et jolis magnétiseurs, car elles préféraient ceux-ci comme aptes à un plus haut degré à certaine puissance communicative ou dominatrice, et cela au grand mais discret déplaisir des époux, au bruyant scandale des prudes, et à la profonde indignation des dévots, qui ne regardaient toutes ces choses que comme l'œuvre du démon.

On vit alors jusqu'à de graves personnages partager la vive exaltation féminine; j'en pourrais citer bon nombre, entre autres, mon excellent ami d'Eprémesnil, le très-estimable Bergasse et le non moins recommandable Deleuze, qui a écrit une histoire apologétique du magnétisme.

En vérité, c'étaient de fanatiques énergumènes que les premiers initiés du tudesque hiérophante, qui faisait descendre sur eux l'esprit prophétique à raison de cent louis par tête!

Le comte d'Avaux, plus extravagant que bien d'autres, avait traité pour cinquante mille écus de tout le savoir du maître; et, à ce tort de jugement, il joignit celui d'en refuser le payement, affirmant qu'on ne lui avait rien appris au delà de ce qu'il savait déjà.

Ce même comte d'Avaux s'était fait le système psychologique le plus bizarre, et qu'il liait aux idées magnétiques; système consistant à regarder la société comme peuplée de morts, qui, cependant, allaient, venaient, parlaient, mangeaient, propageaient même leur espèce, ainsi que tous les êtres vivants; gens de l'autre monde, fort impertinents de persister à demeurer dans celui-ci, et auxquels il se sentait tenté sans cesse de dire : *Comment diable ne vous faites-vous pas enterrer?*

Quant au *mesmérisme* (c'était ainsi qu'alors on le nommait), il devint une affaire d'État à l'heureuse époque où les affaires d'État n'étaient point encore devenues l'universelle occupation des sots, des fripons et des niais qui constituaient ce qu'on appelle le public. L'Académie des sciences fut donc chargée de donner son avis sur une chose aussi nouvelle; elle déclara le magnétisme dangereux et immoral, dans un rapport rédigé par Bailly, et éminemment remarquable, tant par l'élégance du style que par la délicatesse avec laquelle des détails presque obscènes y étaient masqués sous la décence des expressions. Le théâtre eut ensuite la mission de ridiculiser ce que condamnait l'Académie, et s'en acquitta avec succès, dans un vaudeville intitulé, *les Docteurs modernes*.

Cette religion, ou cette hérésie hygiénérectique, fort exaltée par *Court de Gébelin*, combattue par *Marivets*, flétrie par *Franklin*, jouit un moment d'une vogue superstitieuse, mais courte; car si ce mode prétendu curatif eut des adeptes, gens d'honneur et de conviction, il eut, et aura sans cesse aussi pour prôneurs, des fripons et des dupes, choses éternellement corrélatives.

Certes, ce fut un des plus consciencieux sectateurs du magnétisme que feu mon vieil ami *Puységur,* premier explorateur du sommeil magnétique; mais je ne puis me rappeler sans horreur les jongleries sanguinaires d'un misérable que je vis mettre en jeu le ciel et la terre pour donner la mort à *Travot,* que nous sauvâmes, et qui vivrait peut-être encore si le choc causé par une sentence terrible n'eût point frappé cet infortuné général d'une irremédiable et funeste impression.

Le magnétisme a eu son donquichotisme, et je pourrais citer à cet égard Mally-Châteaurenaud, impitoyable conventionnel, qui expliquait tout par ce mode, religion, politique, morale, et jusqu'aux pensées individuelles et secrètes qu'il prétendait deviner, quelque rapides qu'elles fussent.

Ce qu'il y a de plus bizarre, c'est que le général Bonaparte, partant pour sa première campagne d'Italie, voulut se faire prédire, par le somnambuliste Mally-Châteaurenaud, le sort qui l'attendait à l'armée. Tout supérieur que fût cet homme, il mit une haute importance aux prédictions de la jeune fille qui lui dit, en lui désignant le temps et le lieu: « Là est le nœud de votre fortune; les dangers seront grands, les obstacles presque invincibles; mais le succès, si vous l'obtenez, vous ouvre une carrière immense, brillante et conforme à tous vos désirs. »

Bonaparte crut que la bataille de Castiglione réalisait la prédiction de la somnambuliste, qu'il fit rechercher avec soin avant son départ pour l'Égypte; ce fut sans succès, et il en parut inconsolable. Que de faiblesse dans un personnage aussi supérieur!

A Dieu ne plaise, cependant, que je cherche à décrier ce système quasi psychologique, qui tendrait à spiritualiser une société que tant d'hérésies morales, professées par des rhéteurs, des romanciers, des historiens et des poëtes, cherchent journellement à matérialiser! En effet, quel est celui qui, placé entre la plus aveugle superstition, source féconde, du moins, d'inspirations poétiques, et une philosophie desséchante qui tue les beaux-arts, ne préférerait pas (pour peu que son esprit et son cœur recélassent encore quelques germes de vie) aux glaces d'un scepticisme sans amour, cette superstition même qui, d'ailleurs très-inoffensive, est un élan de l'âme, sentiment nourri d'espérance et d'avenir?

II.

Esprit de garnison. — Mon oncle.

Je me rappelle, avec une véritable honte, pour la portion inférieure de l'ordre dans lequel je suis né, que lors de mon début en garnison, des officiers, braves gens d'ailleurs, mais d'un ton parfois exécrable, désignaient sous le sobriquet insultant de *toxons*, les bourgeois, objets de leur injuste mépris, ce qui suscitait un grand nombre de duels là où il y avait des écoles de droit ou de médecine. Il faut, en l'honneur de la classe élevée de la société, remarquer ici que les corps les mieux composés, relativement à la naissance, à la fortune, à l'éducation, étaient, plus que tous autres, exempts de semblables torts, et que, sous ce rapport, les gens de cour valaient cent fois mieux que les nobles de province.

Ces derniers, se croyant d'une nature supérieure à celle du peuple, se livraient, par un autre genre d'aberration, à un esprit d'égalité qui, sans cesser de peser sur ce qu'ils voyaient au-dessous d'eux, tendait à abaisser à leur niveau ce à quoi le respect pour la hiérarchie sociale eût dû, pour leur propre intérêt, les soumettre eux-mêmes.

La bourgeoisie, de son côté, se dédommageait des outrages reçus en les rendant au paysan, qu'elle nommait *canaille*. Comme elle était ainsi désignée par de misérables gentillâtres, dont elle enviait le lustre plus apparent que réel; de même que ceux-ci se montraient envieux de celui des grands seigneurs: chaîne de vanités jalouses et froissées.

Ces haines mutuelles ne produisaient pas néanmoins les violents effets dont elles semblaient susceptibles, en raison soit d'une habitude de soumission, qui faisait tout supporter comme destin nécessaire, soit d'une cupidité générale qui subordonnait l'ambition à la faveur et au crédit, depuis que la cour était devenue la dispensatrice de tous les pouvoirs et de toutes les fortunes ; soit enfin que, pris en masse, les hommes s'accoutument à tout. Les haines n'étant donc qu'individuelles encore, il ne faut pas juger du bonheur ou du malheur de ces temps sur ce qu'éprouveraient, dans un tel ordre de choses, ceux parmi lesquels nous vivons aujourd'hui. Puis, quelque condamnable que pût être la conduite de nombre d'officiers en garnison, elle ne s'en unissait pas moins aux qualités les plus essentielles ; car, telle est l'inconséquence de l'esprit et du cœur humain, qu'ils cumulent souvent les plus bizarres contrastes. J'ai connu, par exemple, des duellistes de profession, qui étaient non-seulement de bons camarades, mais des hommes généreux et sensibles ; et tel, que la vanité militaire portait à insulter un bourgeois, eût, en le voyant en danger, risqué, sans le connaître, sa vie pour le secourir.

Mais, pour en revenir à mes propres souvenirs de garnison, je dirai que notre arrivée dans la ville de Caen (1778), où les officiers des corps qui nous précédèrent ne purent vivre en paix avec les étudiants, fit cesser, à l'instant, des querelles fréquentes et sanglantes ; car notre régiment (du roi, infanterie), autrement composé que tous les autres, était plus séparé qu'eux des classes inférieures de la société, et avait avec celle-ci un ton plus convenable. La naissance, les manières, une éducation supérieure, parées de politesse, leur imposaient sans les blesser ; ce que je ne note ici que pour faire remarquer : 1° que plus on s'élevait dans la hiérarchie sociale, plus on était exempt de morgue ; 2° que les hauts rangs de cette hiérarchie étaient respectés en France des classes même les plus turbulentes. Voilà ce qui existait dix ans seulement avant l'époque où ces hautes classes devinrent l'objet d'une haine générale, qu'on prétend, si faussement, avoir précédé et amené nos troubles publics.

En effet, c'était nous, alors, qui nous intéressions le plus au bonheur du peuple, qui attachions le moins de vanité aux distinctions honorifiques, et le plus de prix à une sage liberté. Mes camarades et moi, nous nous étonnions souvent de voir combien l'ordre social avait mis de distance entre l'homme et l'homme, sans égard aux talents et aux vertus, sentiment d'équité naturelle que n'avait point encore éclairé l'expérience. Aussi, mon oncle, le plus droit, le plus généreux, le plus noble des êtres, me disait-il : « J'applaudis à l'élan qui » t'entraîne, mais non au but où il conduirait. Va, » mon ami, loin de chercher à réformer le monde » sur un mode romanesque, admirons ce miracle » de la société qui, par le jeu des inégalités mises » en harmonie dans le monde moral comme dans » le monde physique, prévient, parmi des êtres » passionnés, ces rivalités haineuses que l'égalité » ferait naître en rompant le lien mutuel des be» soins et des services, éléments d'un état de calme, » autrement impossible. Jouir de ce qu'on possède, » ne rien désirer au delà, c'est la vraie philosophie » pratique, car celui qui espère ce qu'il ne peut » atteindre est mille fois plus malheureux que » celui qui se résigne à son sort, et l'état dans » lequel nous sommes ne doit, raisonnablement, » ni nous humilier, ni nous enorgueillir. Est-il » brillant? justifions-le ; est-il médiocre? ennoblis» sons-le, jouissons et n'envions point.

» Garde-toi surtout de chercher des modèles » hors de la patrie. Chaque pays a des besoins, des » opinions, des traditions, des mœurs, des habi» tudes qui lui sont propres ; là résident seulement » les bases, les soutiens et les résultats de son or» ganisation civile et politique, et comme ces » choses diffèrent de peuple à peuple, il s'ensuit que » ce qui assure la prospérité d'un État deviendrait » probablement la ruine de tout autre.

» Notre monarchie continentale et territoriale » doit-elle, par exemple, être soumise aux mêmes » règles que celle commerciale et insulaire des An» glais? Ne crois pas surtout connaître ce gouver» nement britannique si vanté, après avoir lu Mon» tesquieu, qui le peint si mal que, selon lui, son » action est l'effet de la balance de trois pouvoirs, » tandis qu'elle est produite par l'union intime de » ces trois prétendus pouvoirs ; mais descendons ici » de ces hautes régions politiques pour entrer dans » l'habitude de la vie anglaise ; or, qu'y trouverions» nous à envier? Nulle part les rangs ne sont plus » rigoureusement séparés ; nulle part les grands ne » sont plus fiers ; nulle part les basses classes ne » sont plus insolentes. Pourquoi? c'est que celles» ci se croient appelées à tout ; c'est que ceux-là se » réfugient dans leur orgueil, contre l'atteinte des » prétentions populaires ; aussi, nulle aménité, » nulle décence même ; une vanité sans pudeur, » une générosité d'ostentation ; peu ou point de » cette charité que la religion nous commande ; » point d'hospitalité, d'égards, de politesse. Le » peuple y insulte grossièrement tout ce qui ne lui » ressemble pas, particulièrement les Français qui » le vantent, et qu'il se plaît à diffamer sur ses » théâtres. Enfin, sans l'exemple que nous don» nons à l'Angleterre et que, par rivalité d'orgueil, » elle imite quelquefois, les Anglais deviendraient » peut-être des ennemis injurieux et barbares. Un » autre ordre politique et moral n'a-t-il pas pro» duit chez nous des résultats beaucoup plus heu-

» reux? je n'ai pas besoin de te les détailler, ils » t'assiégent de toutes parts. Laisse donc les rêveries de Montesquieu, avec ses trois pouvoirs inconciliables; de Mably avec son rappel à des » temps qui ne sont plus; de J. J. Rousseau avec » son pacte fondamental imaginaire; de tant d'autres avec une représentation populaire impossible; élément de troubles, système ruineux pour » les peuples qui les subiraient; et sois fier d'appartenir à un pays berceau de l'héroïque chevalerie, » sanctifié par les nombreux asiles ouverts à toutes » les misères de l'homme; où le grand siècle du » génie, chargé de vertus, succéda au siècle de » l'érudition et précéda celui des sciences et des » arts; à un pays le modèle de tous les autres et » dont le roi de Prusse, ce brillant héros de notre » âge, a dit: *La balance de l'Europe est dans le* » *cabinet de Versailles.* Sache donc que chaque » époque, chaque gouvernement, chaque condition, a ses avantages et ses inconvénients qui se » balancent et varient selon les temps, les lieux et » les besoins sociaux. »

Mon respectable oncle avait raison; l'expérience des choses et l'étude du cœur humain me l'ont prouvé; mais combien tout a-t-il changé depuis lors! Ce sont les Anglais, les Allemands, les Russes qui deviennent aujourd'hui nos modèles; de nous qui fûmes si longtemps les leurs! Écartons cette idée et revenons à l'objet de ce chapitre.

Une grande catastrophe a vengé la vanité souffrante de l'ordre moyen, devenu tout, quoique sans dignité comme sans favorable avenir; mais l'esprit militaire sépara bientôt la nation en deux peuples distincts, et le soldat, aussi insolent qu'ignorant et vaniteux, raillant grossièrement le savoir, les arts et tous les sentiments généreux, trouva la qualification méprisante de *pékin*, pour ceux que nos petits officiers de garnison nommaient précédemment *toxons*. Est-il donc dans l'ordre naturel des choses que l'homme armé du glaive s'arroge le droit d'outrager le citoyen paisible? S'il en est ainsi, pourquoi s'étonner que le mot *vilain* en ait été un de mépris dans les temps où la noblesse fut la seule force militaire de l'État?

Que conclure de tout cela? c'est que le sabre étant la raison suffisante de toutes choses pour celui qui le porte, rien n'est plus absurde que de ne pas peser dans la même balance les chevaliers féodaux, les officiers de l'ancien régime et les militaires de la révolution, sous le rapport de leurs despotiques prétentions à la supériorité sur les autres conditions sociales!

III.

Messey. — Beauvau. — De Guines.

J'étais trop jeune pour avoir personnellement connu le duc de Choiseul; mais sa veuve, femme si respectable, a été pour moi l'objet d'une sincère estime, et j'aime à me rappeler avec quel enthousiasme elle me parlait de son noble époux, le seul ministre vraiment distingué qu'ait eu Louis XV.

Parmi les souvenirs que je conserve de cet important personnage, en voici un qui ne pouvait s'effacer de ma mémoire. Mademoiselle de Messey, jeune, jolie, mais sans fortune, était sa parente et il cherchait à la marier, ce qui n'était pas facile, car il lui manquait une dot, cette étiquette des filles. Il songe donc au comte de Bussy, homme riche et qui s'était acquis dans l'Inde une brillante réputation, mais sans naissance et sans puissants entours; le duc spéculant sur ces données, fait publier, dans la gazette, le mariage de M. de Bussy avec mademoiselle de Messey; puis appelant le futur, qui ne s'en doutait pas, il lui représente à quel point son silence lui semble injurieux à une noble famille qui a l'honneur de lui appartenir, l'intimide, et le force ainsi à une union à laquelle il n'avait jamais songé, hymen qui ne produisit ni ne devait produire aucun fruit. Madame de Bussy, après l'avoir été de nom, étant devenue veuve, épousa le baron de Talleyrand, à qui elle porta la fortune qu'elle tenait de son époux postiche, riche ornement de sa virginité.

C'était un beau et noble caractère que celui du maréchal prince de Beauvau, bon militaire et diplomate distingué, il avait jugé Frédéric le Grand, encore prince royal, tel que son siècle l'a vu, et que l'histoire le peindra; chose qu'on était loin de prévoir alors. Membre de l'Académie française, nul ne possédait, ne parlait et n'écrivait mieux sa langue, aussi était-il, dans l'Académie, l'un des membres les plus utiles de la commission du Dictionnaire, et il portait le rigorisme grammatical au point de corriger la diction, l'orthographe, la ponctuation de tous les billets qu'il recevait, avant de les jeter au feu.

Durant la déshonorante faveur de la maréchale de *Mirepoix*, sa sœur, près de madame du Barry, il cessa de la voir, mais se rapprocha d'elle et la consola lorsqu'elle fut tombée dans l'infortune et l'abandon. Adorateur fervent de la justice et des lois, qui sont la cause et l'effet de la véritable liberté, il souffrit pour les intérêts du parlement lors de la révolution *Maupeou*, et, fidèle à l'amitié, il s'immola à sa liaison avec le duc de Choiseul; mais si son caractère était admirable, celui de son épouse ne lui aurait cédé en rien, sans l'ambition démesurée qui la dévorait et que semblait justifier la vivacité de son esprit et l'élévation de son âme. Au reste, le prince de Beauvau se montra populaire avec noblesse, et presque républicain, sans tache d'infidélité à ses devoirs; c'était l'illusion d'une générosité sans expérience des troubles publics. Heureusement il mourut avant la terreur, car les valets de la canaille l'eussent indubitablement traîné à l'échafaud.

Le duc de Guines eut jadis, avec son secrétaire *Tort*, un procès qui fit scandale à cette époque et n'en causerait peut-être aucun *aujourd'hui*, tant; comme l'a dit M. de *Lafayette*, nous valons mieux *aujourd'hui* que nous ne valions alors! J'ignore qui avait ou n'avait pas raison, car le jugement dont les deux parties se plaignirent, ne décidait et n'éclaircissait en rien la question en litige; mais ce que je sais, c'est que le duc, qui avait servi brillamment à l'armée et utilement dans ses ambassades, fut extrêmement gêné par l'autorité dans ses moyens de défense, et qu'il était vivement poursuivi par des ennemis secrets et puissants. Ce que je sais encore, c'est qu'il s'était généralement fait estimer des gens qui le connaissaient, et que son commerce était aussi aimable que sûr; c'est sous ces rapports qu'il se présente à mon souvenir.

Rentré en France après le 18 brumaire et dénué de fortune, il logeait alternativement chez mesdames de Vaudemont et de Montesson: celle-ci très-polie et très-affectueuse: celle-là vive, brusque et extrêmement franche; mais ce qui faisait honneur à toutes deux, c'est que leur vieil ami, en vivant chez elles, pouvait se faire l'illusion de croire qu'il habitait encore son propre hôtel.

Tandis qu'il s'accoutumait à une médiocrité pour laquelle il n'était pas né, ou que plutôt les soins de l'amitié l'empêchaient de s'en apercevoir; une lettre de Péronne lui apporte la révélation d'un trésor à lui appartenant et caché par un ancien et fidèle domestique. Il part, arrive, découvre la bienheureuse cachette, en tire un coffre assez lourd, le fait ouvrir et y trouve... de l'or, des bijoux peut-être? Non, sa généalogie et les pièces qui en attestent l'authenticité. Quel mécompte! il eût cent fois mieux aimé des effets revêtus de la signature de Perregaux, que des titres nobiliaires munis de la stérile législation de *Chérin*. Il maudit l'imbécillité de son vieux serviteur; mais revenant à son caractère, il rit avec nous, tant de sa déception que de la niaiserie des prétentions vaniteuses dont il voyait déjà quelques républicains prêts à s'enivrer.

IV.

Louis XVI. — Avant la révolution. — Gibraltar. — La reine.

J'aime à reporter mes souvenirs vers ce vertueux et infortuné Louis XVI, dont le portrait est maintenant sous mes yeux, et c'est un trait notable de sa délicatesse que je vais tracer ici.

Il existait, à la descente du Pont-Neuf, entre les rues Dauphine et Guénégaud, un brillant magasin d'objets de luxe, nommé *le Petit Dunkerque*, maison occupée aujourd'hui par un chapelier : Louis XVI vint le visiter en 1784, accompagné des personnages de sa suite, parmi lesquels se trouvait le comte M... de C..., homme taré, dont la famille, je crois, n'existe plus. Le marchand étala tout ce qu'il avait de mieux, et le roi, qui aimait à protéger le commerce, fit quelques emplettes, exemple suivi par quelques autres; après la sortie du monarque, le marchand s'aperçoit qu'il lui manque une bague d'un très-grand prix, court, atteint le prince et lui dit : « Je ne prétends accuser personne, mais je ne puis retrouver le solitaire mis sous les yeux de V. M. et qu'elle a admiré. — Peut-être, répond Louis XVI, n'avez-vous pas assez bien cherché; vous allez recommencer en ma présence. » Puis se retournant vers sa suite : « Rentrons, » dit-il; et faisant apporter une jatte pleine de son, il y plongea sa main jusqu'au fond et ordonna à chacun d'en faire autant : durant cette opération il avait sévèrement fixé les yeux sur toutes les physionomies et vu les regards accusateurs se porter vers le même individu. Alors il invita le marchand à vider la jatte où, en effet, la bague se retrouva. Peu de jours après je me rendis au *Petit Dunkerque*, et c'est du marchand lui-même que je tiens ce que je viens de raconter. Quant à M. de C..., il fut exilé à Saint-Valery, où sa réputation le fit repousser de toute société honnête, et la révolution arrivant, lui devint un asile. Je l'ai vu commander à Bruxelles avant la retraite de Dumouriez, puis il a disparu, je ne sais où ni comment. Enfin, si au *Petit Dunkerque* il fut sauvé de la honte, c'est que Louis XVI voulut épargner une aussi sensible peine au noble et respectable père de ce misérable.

Aussi fidèle allié qu'il fut bon père, bon époux et bon maître, Louis XVI avait, à la paix de 1783, exigé et obtenu de l'Angleterre la remise à l'Espagne de la forteresse de Gibraltar : elle allait être rendue ; mais le comte de *Florida-Blanca* préféra quelques mauvaises possessions en Amérique ; et ce que le cabinet de Versailles faisait en faveur de son allié n'eut pas lieu. Déjà sous la régence, le marquis de Louville devait, dans une mission que le cardinal Alberoni fit manquer, porter à l'Espagne la promesse de cette reddition faite par l'Angleterre.

Les calvinistes, ces jacobins du christianisme qu'il eût été aussi utile que juste de refréner à leur origine, comme coupables de cette funeste rupture des liens de l'unité sociale, avaient, depuis la révocation de l'édit de Nantes, perdu leur existence civile ; ce monarque, aussi tolérant qu'il était pieux, la leur rendit ; bienfait qu'ils ne reconnurent bientôt que par une profonde ingratitude. Ils s'étaient tout autrement conduits lors de l'avénement de Henri IV, car, en grand nombre à Metz, et sans cesse en guerre avec les catholiques, les deux communions se réunirent franchement alors, pour reconnaître ce père des rois Bourbons.

Ce fut Louis XVI qui, le premier, eut la patriotique idée d'ériger des statues aux hommes qui avaient été l'honneur et le lustre de cette France, pour laquelle il professait avec ferveur un culte d'amour et d'orgueil.

Il lui en fut érigé une à lui-même dans la ville de Philadelphie, où elle est chargée de l'inscription suivante, telle qu'elle m'a été remise par Édouard Livingston :

POST DEUM

DILIGENDA ET SERVANDA EST LIBERTAS,
MAXIMIS EMPTA LABORIBUS,
HUMANI QUE SANGUINIS FLUMINE IRRIGATA
PER IMMENSA BELLI PERICULA
JUVENTE
OPTIMO GALLIARUM PRINCIPE REGE

LUDOVICO XVI,

HANC STATUAM PRINCIPI AUGUSTISSIMO
CONSECRAVIT,
ET ÆTERNAM PRETIOSAMQUE BENEFICII
MEMORIAM
GRATA REIPUBLICÆ VENERATIO
ULTIMIS TRADIT NEPOTIBUS.

Zélé protecteur des arts, il fit, pour les encourager, travailler les artistes et commença cette réunion de tableaux et de sculptures, origine du muséum, pour laquelle, et par ses ordres, fut préparée la galerie du Louvre. C'est à lui encore que sont dus la halle au blé, construite dans le système de *Philibert de Lorme ;* le palais de justice ; l'école de chirurgie ; la clôture et les cinquante-quatre portes de Paris, sur les dessins de *Le Doux ;* le déblayage des ponts encombrés de vieilles maisons dangereusement en saillie sur la rivière ; le port de Cherbourg et divers canaux de navigation.

Ami des découvertes géographiques, c'est lui qui rédigea les instructions de *La Pérouse,* et durant les guerres d'Amérique, il avait ordonné que le capitaine *Cook* fût respecté par tous les vaisseaux de guerre français.

Une trentaine de tableaux les plus précieux du muséum ont été achetés par lui (1).

Mais le monument qui parla le plus vivement à son cœur, ce fut cette pyramide de neige, élevée en 1788 par les mains d'un peuple reconnaissant alors de ses bienfaits, et sur les faces de laquelle on lisait :

AU ROI.

Après avoir brisé les fers de l'Amérique,
Louis triomphateur de l'orgueil britannique,
Aux yeux de l'univers est sans doute plus grand,
Lorsque sa main réchauffe et nourrit l'indigent.

A LA REINE.

Reine dont la bonté surpasse les appas,
Près d'un roi bienfaisant, occupe ici ta place ;
Si ce monument frêle est de neige et de glace,
Nos cœurs, pour toi, ne le sont pas.

A L'AUGUSTE COUPLE.

De ce monument sans exemple,
Couple auguste, l'aspect, bien doux pour votre cœur,
Sans doute vous plaira, plus qu'un palais, un temple,
Que vous élèverait un peuple adulateur.

Ces vers accusaient leur origine toute populaire : l'Académie, telle qu'elle était alors, les eût faits avec plus d'élégance, mais ne les aurait peut-être pas voulu faire ; une portion même de la société n'y eût pas applaudi, tant les mauvaises maximes pesaient déjà sur les cœurs. Que penser, néanmoins, des hommages si vrais et si mérités rendus à la

(1) Le paysage de *Berghem*, nº 176. — Le *Batle*, nº 185. — Le *Cuyp*, nº 226. — Le *Paul Potter*, nº 511. — Le *Slingeland*, nº 630. — Le *Terburg*, nº 665. — Les *vivants*, nºs 7, 745 et 747. Tous les *Van der Werff*. — Tous les *Van Huyzum*. — Les vues de *Gérard Dow*. — L'Hôtel de ville d'*Amsterdam*, de *Van der Heyden*. — Le Calvaire et les Chanteurs de *Carle Dujardin*. — Le Marché aux herbes, de *Métzu*. — La Famille, d'*Adrien Van Ostade*. — L'Hiver, d'*Isaac Van Ostade*. — Les deux Philosophes, de *Rembrandt* et son Ménage du menuisier. — Le Coup de soleil, de *Ruisdael*, et la Forêt aux figuiers, de *Berghem*. — Le Reniement de saint Pierre et l'Enfant prodigue, de *Teniers*, — furent achetés par d'*Angiviller*.

majesté suprême par un peuple, qui, avant que deux années fussent révolues, devait outrager, arracher violemment de son palais, retenir en quelque sorte prisonnier, un monarque dont le célèbre Burke disait (lettre à un membre de l'assemblée nationale, 19 juin 1791) : « La seule offense commise par ce bon prince contre son peuple, c'est » d'avoir entrepris de lui donner une constitution » libre sous une monarchie. C'est pour cela que, » par un exemple qui n'avait pas encore été donné » au monde, il a été déposé. »

Après la mort du roi martyr, le curé de la Madeleine osa, malgré le régime de terreur que la France subissait alors, aller de nuit, suivi de son clergé, prier sur la tombe de ce bon prince, et y versa l'eau bénite, qui le fut bientôt aussi sur les restes inanimés de Marie-Antoinette; car la seule prière de cette noble princesse, au moment de son supplice, avait été d'être inhumée auprès de son époux, et ce dernier vœu fut respecté *par le bourreau!*

V.

Le maréchal de Mouchy. — Marie Lekzinska. — Le président Hénault.

Mouchy, ce personnage dont le caractère tenait également de celui du *Glorieux* de Destouches, et de celui du *Bourgeois gentilhomme,* m'en fournit la double preuve par les deux traits suivants.

Au début de son commandement à Bordeaux, quelqu'un, qu'il avait prié à dîner, lui renvoie le billet d'invitation; on a beau l'excuser vis-à-vis du maréchal, vivement choqué de ce renvoi, en alléguant que tel est l'usage reçu, au cas de non-acceptation : « N'importe, monsieur, répond le fier » seigneur, on garde ces billets-là, c'est un titre » dans une famille. »

Gouverneur de Marly, il était, en cette qualité, présentateur pour la cure de cette paroisse; un ecclésiastique, très-recommandable, à qui l'on avait peint l'extrême vanité du personnage, se présente pour lui en faire la demande, et le dialogue suivant s'établit entre eux : « Monsieur le *maréchal,* je se» rais au comble du bonheur si vous daigniez me » présenter. — C'est trop tard, mon *cher,* vous avez » été prévenu par d'autres, appuyés de puissantes » recommandations — Mais, *monseigneur,* j'ai aussi » des appuis et, j'ose l'ajouter, quelques titres à » produire. — Je vous répète, mon *cher ami,* que » j'ai déjà pris des engagements, et c'est chose » sacrée que la parole du maréchal de Mouchy. — » J'avais cependant compté sur la bienveillance de » *Votre Grandeur.* — J'en suis peiné, *monsieur* » *l'abbé;* comment me dégager à présent?—Enfin, » *monseigneur,* si les engagements de *votre al-* » *tesse* ne sont pas irrévocables!... — Allons, mon » *très-cher abbé,* j'y rêverai, soyez tranquille et » comptez sur moi. » En effet l'ecclésiastique eut, dès le lendemain, sa nomination.

Le duc de Noailles actuel a trop d'esprit, sans doute, pour se sentir blessé de la peinture du ridicule attaché à la mémoire d'un homme de son nom, et il mérite, personnellement, trop d'estime, par les respects qu'il prodigua à Maintenon aux grandeurs tombées, pour qu'on n'aime pas à lui adresser ici de justes hommages; mais issu d'une famille qui fut surchargée de tant de faveurs gratuites, il avait, plus que tous autres, à payer une incommensurable dette de reconnaissance. Enfin, au ridicule près, le maréchal de Mouchy, élevé à cette dignité par la seule faveur, était un brave et loyal homme; très-inférieur pourtant au maréchal de Noailles, son frère. Celui-ci, éminemment spirituel, se fit souvent remarquer par des reparties un peu lestes, témoin celle-ci : on citait, devant la reine Marie Lekzinska, ce propos de la reine Marguerite, épouse de saint Louis, qui, renfermée dans Damiette, qu'assiégeaient les Sarrasins, dit à son vieux chevalier d'honneur : « Je vous demande, si la ville est prise, » de me couper la tête, afin que je ne tombe pas » vive aux mains des infidèles. — J'y songeais, ma» dame, répondit-il. — Et vous, maréchal, dit la » reine, qu'auriez-vous fait? — J'aurais défendu » Votre Majesté, de tout mon pouvoir; mais, à la » dernière extrémité, j'eusse imité le chien qui, ne » pouvant sauver le dîner de son maître, finit par » en prendre sa part. » La pieuse reine, nullement bégueule, n'en fit que rire, car elle souffrait souvent des propos de cette nature, pourvu qu'ils n'attaquassent ni l'honneur du prochain ni les principes de la religion.

Le comte de Tressan, qui fut de sa société intime, ne parlait qu'avec éloge de son esprit, de son indulgence, de son amabilité, sans prétention, mais non sans dignité; voici quelques mots de cette princesse : *Ce n'est que pour l'innocence que la solitude peut avoir des charmes. — Tirer vanité de son rang, c'est se mettre au-dessous et s'imaginer que le piédestal est le héros. — La miséricorde des rois, c'est la justice; et la justice des reines, c'est la miséricorde. — Les courtisans nous crient : Donnez-nous sans compter; et les peuples : Comptez ce que nous vous donnons.* Ayant un jour surpris la duchesse de Luynes, écrivant au président Hénault, elle saisit la plume et traça ces mots : « Je pense que monsieur Hénault, » qui parle fort peu pour dire beaucoup, ne doit » guère aimer le langage des femmes qui parlent » beaucoup pour dire très-peu. Devinez qui? » Et le président répondit par ces quatre vers :

Ces mots tracés par une main divine,
Ne peuvent me causer que trouble et qu'embarras :
C'est trop oser si mon cœur la devine ;
C'est être ingrat s'il ne devine pas.

VI.

De la France avant la révolution. — Opinion de Rome.

La prospérité progressive et rapide de la France, avant la révolution de 1789, ne doit pas être exclusivement attribuée à la richesse de son sol; tant d'autres États, tels que l'Italie, l'Espagne, la Grèce, la Syrie, l'Égypte, l'Inde, la Russie même, qui sont, dans quelques-unes de leurs parties, infiniment plus favorisées par la nature, n'avaient pas atteint le même développement de prospérité. D'où résultait donc celle de la France? C'était de son génie, de son caractère, de son institution; car cette prospérité doit être considérée, non-seulement sous le rapport des produits agricoles et commerciaux, mais encore sous les rapports économiques et politiques. En effet, l'institution française, à la fois cause et produit de l'impulsion nationale, plaçait les rois dans cette heureuse situation qui rend les devoirs également obligatoires et faciles : leur volonté étant absolue en apparence, mais resserrée quoique dans une latitude extrêmement large, libre et éclairée de toutes parts. Aussi la France, essentiellement puissante par ses mœurs, ses lois, son homogénéité, lutta-t-elle seule contre le colosse autrichien, maître de l'Allemagne, de l'Espagne et des Indes. Ses négociateurs, par les traités de Quérasque (1631), de Westphalie (1648), et des Pyrénées (1659), posèrent les bases d'un équilibre que son incontestable prépondérance assurait. Louis XIV, dont on a exagéré l'ambition, ne pesa jamais de toute sa puissance sur l'Europe alarmée. Louis XV, arbitre, comme son prédécesseur, des destinées occidentales, se montra le protecteur constant des États faibles, et, durant la guerre de 1740, il offrit, après chaque victoire, une paix honorable aux vaincus, qu'il fut cependant forcé d'y contraindre. Louis XVI, enfin, ne s'arma que pour la liberté des mers et l'indépendance d'un peuple opprimé. Cette conduite de la part de ces rois, que lord *Chesterfield* (*Lettres* à son fils), et le grand Frédéric (*Histoire de mon temps*), regardaient comme pouvant seuls aspirer à la monarchie universelle, serait le sublime de la vertu politique, si l'on ne devait la considérer comme le résultat de l'essence du gouvernement tel qu'il était alors.

La France n'avait rien à craindre de l'Europe, et l'Europe aurait eu tout à craindre de la France, si ses moyens formidables n'eussent été atténués par quelques causes morales, et ces causes gisaient dans la nature même de son existence sociale. Certes, notre belle patrie ne saurait jamais être infidèle à cet héroïsme dont la voix seule fit taire souvent chez elle jusqu'aux plus douces jouissances de la vie; mais les classes les plus élevées de la nation étaient celles qui influaient principalement sur l'opinion, et l'opinion dominait l'autorité même. Or cette portion si influente du peuple, ne trouvant plus, comme sous le régime chevaleresque, sa fortune dans l'état de guerre, s'était divisée en militaires braves, désintéressés, qui vouaient à l'État leurs bras et leur avenir, et en magistrats servant sans salaire et dont l'esprit était conservateur quoique parfois turbulent.

Puis, nos rois, qui n'avaient raisonnablement rien à désirer au delà de l'exercice paisible de leur autorité, auraient pu craindre, en se livrant à des projets de conquête, de voir se ralentir un zèle dont ils pourraient avoir besoin, pour recruter et entretenir des armées composées de soldats libres.

Le cardinal de Richelieu put désirer réunir à la France les belles et riches plaines du Brabant, alors espagnol; le traité de 1756 eût été utile, en couvrant l'extrême frontière du Nord par la place de Luxembourg, et en substituant à quelques angles rentrants qui affaiblissent cette frontière, une forme convexe favorable à sa défense; mais rien de plus désavantageux qu'une triple ligne de places, pour s'étendre jusqu'au Rhin, ligne nullement militaire, d'autant que l'Autriche, dominée dans des possessions dénuées de forteresses, et nécessairement dans notre alliance, nous permettait de diriger nos forces vers la marine, sans crainte d'en être détournés par une guerre continentale. Dans cet état de choses le rôle politique de la France était purement conservateur.

Devenue par sa puissance, sa position, et son désintéressement nécessaire, le point d'appui des États maritimes contre l'ambition des Anglais, et celui des États méditerranéens contre les vues d'envahissement des puissances continentales, la France, protectrice des mers, alliée de l'Espagne, de l'Autriche, de la Hollande, de la Suède et de la Turquie, garante du traité de Westphalie, protectrice des faibles souverains de l'Italie et de l'Allemagne, pouvait seule maintenir la paix sur le continent; elle seule eût pu préserver d'une ruine complète l'héroïque et belliqueuse Pologne, dont le partage, ce grand crime du dix-huitième siècle, que le duc de Choiseul n'eût jamais permis, entrepris sous le ministère du duc d'Aiguillon, sans opposition, par suite de ses aberrations politiques, fut consommé durant nos troubles révolutionnaires.

Quant au caractère français, il faut distinguer à cet égard l'homme naturel de l'homme social; celui-là est, en France, vif, ardent, vaniteux, avide d'éloges, enthousiaste, aventureux. C'est ainsi que l'ont jugé César, Ammien-Marcellin et nombre d'autres écrivains de l'antiquité. A combien d'écarts ne devait donc pas le porter l'absence de toute civilisation! combien n'en a-t-il point à redouter au sein de la dissolution sociale? Mais dans l'homme social, retenu d'habitude et d'amour par des lois sages et respectées, cette vivacité devient une aptitude à tous les genres de savoir; cette ardeur de l'activité dans leur culture, cette vanité de l'honneur, cette avidité d'éloges deviennent un stimulant de gloire, de générosité, de politesse et d'égards mutuels; l'esprit aventureux, enfin, produit un besoin de paraître, source féconde de l'héroïsme militaire, civil et religieux; de là tant de résultats précieux, tels que la fierté dans l'obéissance, les sacrifices de la fortune au bien public par des services gratuits, de courageuses missions évangéliques, utiles à la gloire nationale comme à la prospérité du commerce. Voilà ce que produisaient et la séparation du peuple en diverses classes, et l'esprit de rivalité émulatrice qui les animait, et la censure qu'elles exerçaient réciproquement entre elles et sur elles-mêmes.

L'honneur et le goût, éléments mystérieux qu'on ne saurait ni méconnaître ni définir, étaient devenus les pivots de l'ordre social; le goût, ennobli par cette union, présidait aux actions comme aux manières, aux procédés comme aux discours. C'est par l'influence de cette religion du véritable goût, sur les actes de la vie sociale, et qui faisaient distinguer sainement ce que les convenances permettaient aux différents âges, que la France produisit à la fois et plus de fous et plus de sages; genre de compensation morale qui, chez le plus aimable de tous les peuples, étendait la sphère du bonheur, en accordant plus de jouissances aux premières années, plus de considération aux dernières. Car on respectait alors la vieillesse, on écoutait l'expérience; ce qui a fait dire à un Anglais, justement distingué comme philosophe et comme historien (Hume), en parlant des Français: « *Qu'ils étaient le seul peuple, excepté les Grecs, qui eussent été à la fois philosophes, poëtes, orateurs, historiens, peintres, sculpteurs, architectes et militaires; que relativement au théâtre, ils avaient surpassé les Grecs, qu'ils surpassaient de beaucoup les Anglais; et que pour la vie privée ils avaient perfectionné le plus utile et le plus agréable de tous les arts, l'art de la société et de la conversation.* » Peinture à laquelle on aurait pu ajouter celle de cette politesse exquise, si naturelle et si noble, qui caractérisait les Français d'alors; cette politesse, faussement confondue, par leurs détracteurs, avec le mensonge, s'accroissant en raison des avantages sociaux, était d'autant plus parfaite en France, que l'homme y avait moins besoin de l'homme. Cette politesse, le seul lien de ceux qui n'ont entre eux que des rapports de société, ne nuisait à aucun de ces rapports et en préparait beaucoup; elle commandait au magistrat, qui ne doit point de faveurs à l'injustice, mais des égards à tous; elle atténuait la rigueur d'un refus et accroissait le charme du bienfait; elle donnait à la vertu comme aux talents une grâce enchanteresse; et si elle ne détruisait pas le vice, guidée par un goût pur, elle obligeait du moins à le dissimuler; elle rapprochait les inégalités sociales par le lien libre d'un commerce mutuel; aussi émoussait-elle les jalousies enfantées par la disparité des conditions. La politesse qui facilite le pouvoir et l'obéissance, qui amortit l'effet de la diversité des opinions, qui console même de l'infériorité sociale, est donc un des éléments de l'ordre et de la félicité publique.

Mais ce que Hume aurait pu ajouter de plus remarquable à la peinture du caractère français, c'est la facilité que chez nous, et chez nous seuls, on avait à se plier à tous les goûts, à se courber à tous les genres de fortune, à supporter gaiement le malheur, à se relever promptement de tous les désastres, à revenir franchement de ses erreurs. Ce qu'il pouvait dire encore, c'est qu'en France la grandeur était sans morgue, et l'ordre moyen sans bassesse, vu l'accueil qu'il recevait en raison des talents reconnus. Il faut être né dans un ordre dominateur pour n'éprouver ni jouissance ni orgueil à commander; et avoir été élevé dans l'obéissance, pour ne ressentir ni humiliation ni haine en obéissant; mais il est nécessaire que ces deux manières d'exister soient fixes, pour que dans l'un on tente de s'en affranchir par une grandeur personnelle, et que l'autre se fasse pardonner les hasards de la naissance et de la fortune, par des vertus et des bienfaits.

Si, dans l'avenir, quelque historien disait donc : « Il fut jadis un peuple, éclairé, brillant, héroïque, » soumis avec respect à ses rois, et éminemment » libre par ses mœurs ; l'aîné, le guide et le mo- » dèle en civilisation de tous les autres peuples, » dont la langue, par sa clarté, eût mérité de de- » venir universelle ; qui vit jaillir de son sein une » foule d'hommes célèbres dans les arts de la guerre » et de la paix ; remarquable par son aménité, » son goût, son ton, sa littérature ; généralement » imité de l'étranger jaloux ; ivre de gloire et d'hon- » neur, mais aimant à exalter les nobles qualités, » les vertus et les exploits de ses rivaux, préféra- » blement aux siens propres ; » il ne ferait que peindre la France telle qu'elle fut ; cependant la postérité, éblouie de cette image vraie mais surhumaine, ne serait-elle pas tentée de la rejeter parmi les œuvres d'une fabuleuse imagination ?

VII.

Lacunes de l'esquisse de l'ancien gouvernement. — Le parlement suivant Dupin.

Pour compléter les tableaux de l'ancien gouvernement français, il faut noter : 1° la division générale du royaume, qui, jadis en douze provinces, le fut depuis en quarante gouvernements militaires, ayant gouverneurs, commandants et lieutenants généraux ; bien entendu que les lieutenances générales n'étaient souvent que des subdivisions, comme haut et bas Languedoc, haute et basse Garonne, haute et basse Normandie ; 2° sa division en départements du génie et de l'artillerie ; 3° en départements des amirautés ; 4° en juridictions des parlements ou conseils supérieurs ; 5° en juridictions des douze chambres des comptes, et des vingt-cinq cours des aides ; 6° en ressorts des nombreuses juridictions consulaires ; 7° en emplacements des cours et hôtels des monnaies ; 8° en ses trente-trois dépôts des marchandises et de ses deux cents sergenteries ; 9° en archevêchés et évêchés, classés en métropoles et en suffragants qui se liaient à des siéges étrangers ou liaient des siéges étrangers à eux ; car *Namur* et *Tournay* ressortissaient à *Cambrai, Fribourg et Porentrui* à *Besançon ;* tandis que *Strasbourg* était suffragant de l'archevêché de *Mayence,* et les trois évêchés (Metz, Toul et Verdun), l'étaient de l'archevêché de *Trèves ;* 10° en neuf chambres ecclésiastiques, juges de la répartition du don gratuit du clergé ; 11° en vingt généralités subdivisées en élections, et douze autres sans cette subdivision, en tout trente-deux, dont le territoire était le même que celui des bureaux des trésoriers de France, établis pour faciliter la recette des tailles et autres deniers royaux ; quant aux élections, elles jugeaient en première instance les différends sur la recette des tailles ou autres deniers royaux ; 12° en surveillance des grandes villes qui, ainsi que Paris, avaient des lieutenants généraux de police, sous lesquels chaque quartier avait un commissaire à titre d'office ; 13° en vingt-quatre universités ; 14° en intendances et subdélégations ; 15° en élections et présidiaux, dont nous avons dit les attributions ; 16° en bailliages et sénéchaussées, dénominations diverses de juridictions semblables, qui jugeaient au civil et au criminel, sauf recours au parlement ; 17° puis nombre d'autres divisions relatives aux duchés et comtés-pairies ou héréditaires, aux châtellenies, maîtrises, eaux et forêts, table de marbre, fermes générales, greniers à sel, domaines, etc., etc. ; — choses qui ne sont plus aujourd'hui que des objets de pure curiosité.

Quant aux revenus de l'État, ils ont varié de siècle en siècle, depuis Philippe-Auguste (1180), époque à laquelle ils montaient à 90,000 francs, exactement balancés par les dépenses, jusqu'à Henri III (1574), qui les porta à 31,654,000 francs ; somme pareillement égale aux dépenses de l'État. Henri IV (1589) les fit descendre à 26,000,000 de francs, ce qui était une modération de tribut de 5,644,000 fr. en faveur des contribuables ; et la dépense n'ayant été portée qu'à 20,000,000 de francs, sous ce monarque, c'était encore une réserve annuelle de 6,000,000 de francs. Mais postérieurement, sous Louis XIV, et après la mort de Colbert, le déficit monta à 78,256,000 francs, effacé en grande partie sous la régence du duc d'Orléans (1716) ; il remonta à 21,295,000 francs, puis à 55,000,000, quand M. *d'Invau* remit le portefeuille des finances à l'abbé *Terray ;* et il était de 35,000,000 à la mort de Louis XV. En 1789, il ne s'élevait qu'à 56,239,000 francs, quand, au lieu de l'effacer, on fit une révolution qui, après avoir absorbé les propriétés du domaine, du clergé et d'un grand nombre de propriétaires, n'a fait qu'accroître et la masse de la dette publique et celle des impôts.

Par rapport aux impôts, dont il serait oiseux de détailler ici la nature et le nom, je rapporterai un fait curieux et trop inaperçu. La capitation frappait à Paris tous les individus, jusqu'aux plus indigents ; mais la perception de cet impôt était confiée, dans toutes les paroisses, à des gens riches et bien famés de l'ordre moyen, nommés commissaires des pauvres, et qui ne pouvaient décemment refuser cette charge qu'on ne leur imposait qu'une seule fois. Ces hommes ne pressuraient point les contribuables, et suppléaient de leurs deniers à ce qui manquait au rôle : nommés l'année suivante marguilliers sans émoluments, il leur était, le reste de leur vie, fourni, par la fabrique de la paroisse, de trente à quarante livres de bougie. Ainsi c'était, en définitive, les gens aisés qui avançaient l'impôt des pauvres, et qui en étaient payés par la caisse paroissiale. Quant aux dîmes et aux redevances féodales, loin d'être des impôts, c'étaient des propriétés, les unes consacrées par le temps, et les autres acquises ; et les supprimer n'était que voler à l'un pour donner gratuitement à l'autre; puis les *lods et ventes* ont été réellement confisqués et accrus au profit de l'État et au détriment des acquéreurs, dont on exige avec rigueur des droits que les seigneurs féodaux modéraient.

On criait contre la multiplicité des charges anoblissantes, qui s'élevaient à environ *quatre mille ;* mais elles procuraient aux riches plébéiens les moyens de s'élever, et n'eussent été un abus que si, par elles, la noblesse fût devenue trop nombreuse, ce qui n'était pas; car, malgré cet énorme recrutement, elle avait diminué en nombre, de moitié, de Louis XIII à Louis XVI; aussi mon grand-père s'étonnait-il d'avoir eu, dans sa terre de Fuligny, trente-trois gentilshommes fieffés, de la descendance desquels il ne restait plus qu'une aimable fille, tant la guerre, principale profession de la noblesse, la dévorait rapidement.

Pour offrir ici un calcul approximatif du nombre des nobles existant en France lors de la révolution, nous devons prendre pour base la Bretagne, qui, proportionnellement, en avait bien plus que le reste du royaume; car il suffisait là, pour entrer aux états, d'avoir fait durant trois générations ce qu'on nommait des partages nobles; or, sur une population d'environ trois millions d'âmes, on comptait trois mille gentilshommes. Ce nombre, multiplié à raison de cinq têtes par famille, donnerait quinze mille individus de tous sexes et de tous âges; adoptant donc le même mode de calcul pour tout le royaume, nous y trouverions, sur trente millions d'habitants, cent cinquante mille têtes nobles seulement. Ah! messieurs les révolutionnaires, vous n'aviez qu'à attendre, le temps et les coups de l'ennemi eussent suffi pour anéantir cette noblesse, objet de votre envie.

Quant aux lettres de cachet, aux exils et à la Bastille, choses dont, certes, je ne ferai pas l'apologie, la rigueur des premières a été grandement perfectionnée par la révolution; et le perfectionnement de la dernière va devenir le produit net de cette même révolution, aussi imprévoyante que déclamatrice ; car douze ou treize bastilles vont succéder à celle qu'on a démolie. Mais, ce qu'on ne saurait faire renaître, c'est l'admirable institution du parlement, sur le compte duquel le célèbre avocat Dupin s'exprime ainsi (*Des magistrats d'autrefois*, pages 10 et suivantes) :

« Nos anciens magistrats se distinguaient... par » une éminente piété... ils y puisaient ce courage » nécessaire pour repousser les séductions ; cet hé» roïsme avec lequel ils résistaient au roi, quand » l'intérêt du roi demandait qu'on le contredît... » La crainte de perdre son état, ses biens et même » la vie, ne pouvait rien sur eux... Leur zèle n'é» tait point aveugle, leur courage ne dégénérait » pas en témérité... Leur amour pour la patrie et » pour le prince était éclairé par une science pro» fonde... leur grande naissance ne leur inspirait » pas une vanité ridicule... mais leur donnait la » fierté nécessaire pour déconcerter... l'importance » des gens de cour, et résister aux sollicitations » des hommes puissants... L'opulence... ne servait » pas seulement à soutenir la dignité de leur charge, » mais à les rendre inaccessibles aux séductions de » la fortune... Leurs grands biens... étaient consa» crés au soulagement des indigents et des prison» niers... évitant avec soin les distractions, les » jeux, les fêtes, les spectacles, et toutes familia» rités avec les gens qui n'étaient pas de leur état. » Qu'on ne croie pas cependant qu'ils fussent de » difficile accès... quiconque les abordait était » frappé de leur dignité, de leur modestie, de leur » affabilité et de leur patience. Pleins de bonté pour » les faibles, ils tenaient leur orgueil en réserve » pour ceux qui venaient en habits dorés les prier » d'être injustes... Si l'on ajoute que ces cours ren» daient la justice depuis plusieurs siècles, et que » leur réputation s'était fortifiée de tout ce que » leurs membres avaient fait d'utile, de grand, de » sage, on aura les principales causes de la consi» dération qu'avait obtenue l'ancienne magistra» ture, la plus illustre qui jamais ait existé chez » aucun peuple. »

Dupin aurait pu citer sur ce sujet ces belles paroles du chancelier de l'Hôpital au parlement de Paris, si éminemment digne de les entendre : « Les » magistrats ne doivent point se laisser intimider » par le courroux passager du souverain, ni par la » crainte des disgrâces. » De là, dans de célèbres remontrances, cette alliance de mots si caractéristiques : « *Soumis, mais fidèles.* »

Citons encore ici un fait aussi caractéristique : le premier président Achille de Harlay était peu riche; le roi lui donna un terrain pour se bâtir une maison; mais ce grand et intègre magistrat, obligé bientôt de s'opposer à l'enregistrement d'un édit, renvoya le brevet de ce don au monarque, qui refusa de le reprendre : renvoi et refus également honorables à tous deux!

VIII.

Lettre de Mme Roland et ses mémoires.

Il suffit, pour juger l'esprit de cette époque, de citer la lettre suivante adressée à Brissot, lors de cette séance où les Français furent divisés en électeurs et non-électeurs; système dans lequel il suffisait de payer la somme de trois journées de travail pour être apte à voter, et celle du marc d'argent pour être éligible; ce qui faisait dire à Camille Desmoulins : « Avec leur marc d'argent, Jésus-» Christ, s'il revenait sur terre, ne serait donc pas » citoyen actif? » Voici cette curieuse lettre :

« Jette ta plume au feu, généreux Brutus, et va » cultiver des laitues... c'est tout ce qui reste à » faire aux honnêtes gens, à moins qu'une *insur-» rection* générale ne vienne nous sauver de la » mort ou de l'esclavage; mais il n'y a point assez » de force et d'instruction publique pour que nous » puissions *l'espérer :* ne venez donc plus nous » prêcher le courage de la patience; la cour nous » joue, l'assemblée n'est plus que l'instrument de » la tyrannie; j'ai vu aujourd'hui cette assemblée, » c'est l'enfer avec toutes ses horreurs; quand on » a vu la marche qu'elle a tenue ce matin, il ne » reste plus qu'à s'envelopper la tête de son man-» teau, ou à percer le sein de ses ennemis. Il me » semble évident, pour toute personne qui a des » idées justes de la liberté, que l'assemblée ne » peut rien faire qui ne soit funeste; *elle fortifiera* » *le pouvoir exécutif :* que faire dans un pareil » état de choses? s'ensevelir dans la retraite, ou se » dévouer comme *Decius!* N'existe-t-il donc pas, » dans l'assemblée, une trentaine d'honnêtes gens, » capables de comprendre les bons principes, pour » les soutenir, pour crier du moins contre les » criailleurs, lorsqu'ils veulent repousser la lu-» mière? Il faut les chercher, ces honnêtes gens, » les électriser, et les conduire : c'est l'art des » gens à caractère d'en prêter à ceux qui n'en ont » pas.

» J'ai le cœur navré; j'ai fait vœu ce matin de ne » plus rentrer dans cet antre abominable où l'on se » rit de la justice et de l'humanité.

» Lorsque Dubois, Dandré et Rabaud ont insi-» dieusement dit qu'il n'y aurait que les mendiants » qui seraient des citoyens inactifs, comment quel-» qu'un n'a-t-il pas observé que, dans toutes les » villes de grandes fabriques, il y a un nombre con-» sidérable d'ouvriers qui, par l'effet des crises » auxquelles sont exposés les objets de leur indus-» trie, sont hors d'état de supporter aucune impo-» sition, et réduits aux secours passagers de l'as-» sistance publique? Ces ouvriers sont pourtant » de braves citoyens très-attachés à la constitution, » et ils n'auront pas le droit d'être armés pour elle, » de partager les droits de citoyens actifs?

» J'avais écrit ces observations à la barre où j'é-» tais; je n'ai jamais osé les envoyer à personne. » Adieu, battons aux champs ou en retraite, il n'y » a plus de milieu! »

Cette lettre est caractéristique, et il en est de même des mémoires laissés par Mme Roland : ils sont, en effet, l'un des plus curieux monuments de l'époque où elle les écrivit; car on y voit, dans leur nudité, toute la passion du *moi* humain, toutes les tortueuses petitesses de l'envie, la vanité plébéienne dans sa plus corrosive acrimonie, et une forte saveur d'aristocratique insolence, enluminée de sale populacerie; cette femme, irritée jusqu'à la folie, à l'aspect de tout ce que le sort plaça au-dessus d'elle, sentait tous les frissonnements de son invincible amour-propre se transformer en une haine inextinguible qui touchait à la fois à la niaiserie et à l'atrocité; car son prétendu modérantisme se nourrissait d'intolérance politique et religieuse. Enfin tout chez elle était et demeura théâtral jusque sur l'échafaud, où sa fermeté fut moins un acte de courage qu'une révolte de l'orgueil déchu et non désabusé, seule religion qu'elle professait, et qui lui faisait simultanément rêver une impérissable renommée et le néant; digne émule qu'elle se montrait des imprévoyants girondins, si sottement créateurs de ce tribunal révolutionnaire qui les jeta aux mains du bourreau.

Notons ici que Mme Roland et ses amis tombèrent sous la hache d'une démocratie trop peu démocratique encore à leur gré, criant au despotisme, quand leurs œuvres mêmes préparaient le pire de tous comme refuge contre l'effet nécessaire des passions vaniteusement anarchiques dont ils étaient animés, tandis que *Gouverneur-Morris*, seul, en présageait déjà les funestes résultats.

Ce qui, en dépit de ses erreurs, rend Mme Roland excusable et intéressante, c'est que, née dans un état d'infériorité sociale qui pesait à son irascible amour-propre, si elle prit, comme tant d'autres, son ambition personnelle pour base de ses opinions politiques, l'excitation de sa tête pour de la vigueur de caractère; après avoir porté dans sa conduite toute la légèreté de son sexe, l'aspect de la mort la montra presque aussi admirable, par l'élan de la ferveur républicaine, que le fut Louis XVI par celui de la croyance religieuse; avec cette différence cependant, que le courage de l'innocente victime résignée, modeste, et qui pardonne à ses bourreaux, l'emporte de beaucoup sur celui qui, éminemment mélodramatique, ne respire que l'orgueil, la haine et la vengeance.

IX.

D'Holbach. — Bailly. — Necker. — De Ménières. — Mounier. — Barère.

C'eût été un profond, mais exécrable scélérat, que celui qui aurait conçu et dirigé froidement la révolution telle que nous l'avons subie; mais la plupart de ceux qui y contribuèrent si puissamment n'en jugèrent point la portée; un grand nombre même la seconda par l'effet d'un sentiment de justice égaré, mais pur; et nous en offrons ici la preuve, en notant que Mallet du Pan, ce zélé défenseur des idées monarchiques, l'accueillit à son début; que Malouet, Bergasse et Guilhermy même, prêtèrent ce serment du jeu de paume, qui brisait déjà le sceptre entre les mains de Louis XVI.

Certes, le baron d'Holbach, dont les excellents soupers firent tant de prosélytes à la philosophie novatrice, mère des principes révolutionnaires, contribua à préparer nos troubles politiques, par le débit de ses ouvrages antireligieux, qu'il n'osa jamais avouer, entre autres *le Système de la nature*, coupablement attribué par lui à *Mirabeau*, déjà mort à l'époque où parut ce pernicieux ouvrage, dont Frédéric le Grand lui-même crut devoir faire la critique. Le baron d'Holbach ne vit pas l'effet de ses œuvres; son âme, noble et généreuse, malgré tant d'écarts, en eût été brisée, et il fut sans doute tombé victime de son existence élevée, s'il n'était mort le 21 janvier 1789, quatre ans, jour pour jour, avant le régicide, auquel, sans le prévoir, il avait indirectement contribué.

Bailly, plus littérateur que savant, était grand, sec, tout d'une pièce. Je l'ai connu chez le président de Ménières; et sa modestie, comme son embarras, étaient tels qu'on aurait eu peine à lire dans sa physionomie et sa conversation, le nom de l'auteur des très-spirituelles *Lettres sur l'Atlantide*, adressées par lui à M. de Voltaire. Quant à Necker, dont on a trop parlé peut-être, nous nous contenterons de dire que sa société se composait de tout ce que la littérature avait alors de plus remarquable; que Mlle Necker s'y voyait entourée d'adorations inspirées par son esprit précoce, cause peut-être de ce ton tranchant que prit et ne quitta jamais Mme de Staël.

Ce qui prouve l'aveuglement des hommes de notre âge, au début de la révolution, c'est que Desmeunier, littérateur estimable, ne sentit pas toute la portée de ses paroles quand il débuta, dans sa présidence de l'assemblée, par un discours où se trouvait cette phrase rendue si curieuse par les événements : « Grâce à vos heureuses combinaisons, le » royaume, aujourd'hui désorganisé dans toutes ses » parties, ne présentera bientôt qu'un ordre parfait » et un spectacle imposant. »

Certes, ces hommes et tant d'autres, tout en contribuant au mal, voulaient réellement et croyaient faire le bien : tel fut le trop célèbre Mounier, qui, l'un des premiers promoteurs de nos agitations politiques, s'exprima ainsi sur le compte de l'assemblée dite constituante : « Jamais le plus long règne » du despote le plus absolu ne ravagea le pays sou» mis à son gouvernement, comme la France, en » trois ans, a été ravagée par l'assemblée nationale » de 1789... L'assemblée vit les crimes se multi» plier, toute subordination se détruire, tous les » liens sociaux se désorganiser.... Elle ne connut » d'autre mérite que la soumission à ses volontés... » on lui parut même coupable toutes les fois qu'on » hésitait à se ranger au nombre de ses stupides » admirateurs... Annonçant des maximes de liberté » pour séduire le peuple, elle se fit un jeu de violer » ses propres déclarations... Après avoir dit que le » peuple était le souverain... elle prescrivit à tous » les citoyens... le serment de maintenir la consti» tution qu'elle avait créée, sous peine d'être dé» pouillés de tous leurs droits... Elle augmenta les » impôts en même temps qu'elle anéantissait les » moyens de les percevoir... Elle a fait tous ses » efforts pour troubler le repos public dans les » autres États... Quelle affreuse idée il faudrait » avoir de la liberté pour savoir qu'elle existe en » France?... Il est facile d'observer que les auteurs » des nouvelles institutions ont accordé au peuple » tout ce qui pouvait flatter... son orgueil, mais » qu'ils n'ont pris aucun soin de son bonheur... » L'assemblée de 1789, qui s'est dite constituante, » a créé dans sa constitution, en faveur des assem» blées législatives, un despotisme aussi complet » que celui qu'elle avait exercé... Le roi

» ne peut faire respecter l'État au dehors... l'existence même de cette royauté impuissante... n'est » pas garantie par la constitution ; sans la révolution de France, on n'aurait aucune idée de l'extravagance, de la profonde immoralité, de la » cruauté que peut se permettre une assemblée populaire... L'assemblée n'est organisée que pour » nuire... Par le renversement le plus extraordinaire, tous ceux... en apparence préposés pour » commander, le sont réellement pour obéir... Quels » sont ceux qui s'enorgueillissent de la liberté? » ceux dont la révolution a satisfait la cupidité, des » malheureux tourmentés par l'ambition, ne connaissant pas d'alternative entre l'autorité et la » dissolution de tous les liens sociaux... Il n'a jamais existé de nations souveraines ; dire que la » souveraineté appartient au peuple est aussi absurde que de dire qu'un général doit être subordonné à ses soldats, un magistrat à ses inférieurs, » un père à ses enfants. Puisque la constitution ne » peut rester dans son état actuel, il faut qu'elle » s'avance jusqu'au dernier terme de la violence » populaire; l'ordre ne peut être rétabli que par un » grand pouvoir... Ceux qui ont imaginé ou secondé » la constitution doivent être responsables de tous » les actes de tyrannie de leurs successeurs... Insensés et cruels auteurs des maux de la France! » si votre âme n'est pas inaccessible aux remords, » combien elle doit être déchirée ! »

Mounier, Raynal, et quelques autres étaient revenus de leurs erreurs ; mais combien en est-il qu'un faux calcul d'amour-propre y fit persévérer, et les aggraver même? Puis, un des grands crimes de la révolution, c'est d'avoir fait d'effroyables scélérats d'hommes estimés, et qui sans elle fussent demeurés estimables. Il n'est pas jusqu'à cet infâme Barère, qui, avec de l'esprit, de la grâce, un ton parfait, des mœurs douces, le désir et les moyens de plaire, ne se fût fait une honorable existence, et n'eût été accueilli par la bonne compagnie, qu'il recherchait et où il n'aurait pas paru déplacé. Son début littéraire avait été l'*Éloge de Louis XII* et celui de *Lefranc de Pompignan.* Dans ces ouvrages, tout monarchiques et religieux, s'il ne manifestait pas des talents supérieurs, le travail et le temps pouvaient l'élever au rang des écrivains du second ordre les plus distingués ; mais arrive la révolution : sa vanité l'y jette, et sa pusillanimité en fait un monstre. Ce qui prouve que la terreur fut le véritable Apollon de cet *Anacréon de la guillotine,* c'est qu'au moment où Robespierre était attaqué, Barère ne savait s'il se prononcerait pour ou contre celui dont le nom seul le terrifiait, quand on lui dit à l'oreille : « *Si tu parles pour le tyran, tu es mort!* » C'est alors seulement que frappé d'un danger si prochain, il s'unit aux ennemis de son ancien maître.

X.

De l'émigration. — Son véritable esprit.

Une ignorance haineuse a si violemment déblatéré contre l'élan chevaleresque de l'émigration, que nous croyons devoir rapporter ici un fragment de l'ouvrage de M. de Villeneuve (1) ; car ce qu'il dit est l'histoire de tous les officiers qui quittèrent leurs corps pour se ranger sous l'antique drapeau historique.

« Le 28 juin 1791, notre lieutenant-colonel, » M. de Malène, convoqua chez lui tous les officiers, et leur communiqua l'ordre qu'il venait » de recevoir de leur faire prêter sur-le-champ le » nouveau serment dont la formule avait été décrétée dans la fameuse séance que tint l'*assemblée nationale*, dès qu'elle fut informée du départ du roi... Qu'avions-nous à faire dans une » telle conjoncture? Fallait-il obéir à l'assemblée » qui venait de s'emparer de tous les pouvoirs? » fallait-il au contraire repousser avec indignation » ce prétendu décret par lequel on exigeait de nous » une soumission qui nous eût rendus traîtres envers l'autorité légitime, puisqu'on ne demandait » pas le serment au nom du roi, dont les termes du » serment ne faisaient pas même mention? Nous » n'hésitâmes point sur l'alternative... Voilà donc le » serment refusé : ce n'était pas assez pour l'acquit » de notre conscience ; nous abandonnions de fait » nos fonctions; car, ne voulant pas reconnaître » l'autorité usurpée par les députés, nous ne pouvions plus rester à la tête d'un corps qui probablement allait être forcé de s'y soumettre : mais » nous devions continuer de servir la cause royale; » nous devions remplir nos engagements sacrés par » tous les moyens qui dépendraient de nous... Ce » n'était plus autour du trône que nous pouvions » défendre la royauté. Cette vérité une fois reconnue, je demande encore quel parti nous restait à » prendre? Il n'y en avait qu'un seul, celui de » *l'émigration.*

» Déjà nous savions que les frères et les neveux » du roi, ainsi que les trois princes de la maison » de Condé venaient de passer en pays étranger;

(1) *Mémoires sur l'expédition de Quiberon*, précédés d'une notice sur l'émigration.

» ils appelaient à eux les royalistes qui voudraient » suivre leurs traces, se proposant de rentrer bientôt » à la tête d'un parti qui, secondé par les armées » de plusieurs puissances voisines, ne pouvait man- » quer, suivant leurs vœux, de rétablir l'autorité » légitime dans tous ses droits. Dès lors il n'y avait » pas même à délibérer pour répondre à cet appel. » Aussi, quatre heures après avoir refusé le serment » à Rocroi, nous sortîmes de la ville; et, avant la » nuit, nous étions hors de France. Deux jours » après, nous faisions partie du rassemblement » d'émigrés qui se formait à Ath, dans le Hainault » autrichien, sous les ordres de M. le comte de La » Châtre. »

La voilà pourtant cette émigration que M. Guizot prétend avoir été le fruit de l'égoïsme!

XI.

Les rois de Prusse Frédéric-Guillaume II et Frédéric-Guillaume III. — Georges IV.

Quand Frédérie-Guillaume II monta sur le trône, on crut généralement que son oncle, le prince Henri, deviendrait son guide dans l'administration de ses États. Ce prince qui s'était plu à le vanter durant le règne de son illustre frère, se flattait de devenir le chef du conseil; mais le roi se contenta d'accroître les revenus de son oncle, ce qui fit dire à celui-ci : *Mon gros neveu est un imbécile*. Et la cour de Reinsberg devint un foyer d'opposition. Les vues ambitieuses du duc de Brunswick furent également déçues; Hertzberg, écarté aussi, fit place au modeste mais adroit Bischoffverder, qui l'emporta même sur le noble comte de Schullenbourg.

Quant aux femmes, nous passerons sous silence le règne des Rietz, Ygenheim et d'Enoff; écartons aussi l'expédition en Hollande du roi de Prusse, en dépit des menaces du gouvernement français, rendu impuissant par les troubles qui commençaient à se manifester dans le royaume, et sa conduite à l'égard de l'insurrection brabançonne, pour arriver à la malheureuse issue de son invasion en Champagne.

Nous avons dit ce qui fit manquer une opération conçue par la générosité la plus pure; c'est-à-dire la lenteur du duc de Brunswick, la cupidité des entours du roi, le peu d'accord entre les cabinets autrichien et prussien, les dissentiments entre Louis XVI et ses frères, ainsi qu'entre les deux ministres Breteuil et Calonne.

Déjà, dès la *Malgrange*, appartenant à un neveu de Calonne, le renvoi de celui-ci avait été décidé; mais Frédéric-Guillaume exigea qu'il ne serait annoncé qu'à Verdun, en disant : « Princes, si le roi » votre frère s'offensait de ce retard, je lui ré- » pondrais par ce mot qu'une reine de vos aïeules » dit à Louis XIV, lorsqu'il balançait sur l'ordre » de l'arrestation de Fouquet, au milieu des fêtes » de Vaux : « *Quoi! mon fils, dans sa maison?* »

Cependant, quand Frédéric-Guillaume eut substitué à une victoire certaine la retraite la plus ruineuse, Calonne revint incognito, et proposa aux princes de se jeter dans Longwy avec les émigrés; mais on les licencia, et le roi de Prusse offrit à LL. AA. RR. un asile au château de Ham, tandis que ce monarque réunissait à l'abbaye de Saint-Maximin, un conseil composé de princes, ministres et généraux; là, devant les agents diplomatiques de l'Angleterre, de l'Autriche et de la Russie, Frédéric-Guillaume propose de déclarer à la France *une guerre de contre-révolution, en renonçant solennellement à toute idée de conquête*. Mais les agents de l'Angleterre et de l'Autriche s'y opposent, ainsi que les petits princes allemands, se flattant tous d'obtenir par la guerre, un accroissement de territoire ou de puissance; et le roi de Prusse, indigné, s'écrie : « Je prends le ciel à témoin que » vous déjouez tous les efforts que je prétendais » tenter pour sauver l'infortuné Louis XVI! »

La guerre continua cependant encore; mais le roi, après avoir assiégé et pris Mayence, rédigea lui-même plusieurs notes explicatives de sa conduite. Nous en avons cité une; en voici une autre : « La justice et l'honneur me prescrivaient la loi de » reprendre Mayence; mon invasion en Champagne » ayant fait tomber cette ville au pouvoir des Fran- » çais, ici se borne le cours de mes hostilités; je » ne sanctionnerai pas, par ma présence, une guerre » qui a pour objet le démembrement de la France. » Je pars, j'emmène les princes de mon sang. Je » rougirais si quelqu'un d'entre eux se trouvait le » témoin d'un partage qui blesse mes principes et » qui répugne encore plus à mes sentiments. Je » laisse une partie de mes troupes sous les ordres » du duc de Brunswick, mais uniquement pour la » défense de l'Allemagne; je confie à sa sagesse et » à son expérience le soin de surveiller les mo- » ments où il pourrait se rendre médiateur favo- » rable aux Bourbons. Mon souhait bien prononcé, » bien soutenu, est qu'ils conservent la couronne » dans leur famille, et qu'ils sauvent l'intégrité de » la France. »

Le duc de Brunswick manqua doublement aux instructions du roi, en négligeant les intérêts de la maison de France, et en ne se contentant pas de couvrir l'Allemagne ; mais il rétablit l'honneur des armes prussiennes par les deux victoires de Pirmosen et de Kaiserlautern. Voyant les Autrichiens menacer Strasbourg, qui leur aurait été livré au nom de Louis XVII, et qu'ils manquèrent pour avoir voulu l'occuper à titre de conquête, et les armées alliées sans plus d'union entre elles que les cabinets n'en avaient dans leurs vues, il remit le commandement de son armée au maréchal de Mollendorf. De cette époque à celle de la paix de Bâle, le roi de Prusse alla se distraire de la perte de ses espérances restauratrices, en prenant part à la guerre de la Russie contre la Pologne, et en portant ses frontières jusqu'à la *Vistule;* mais sa plus douce jouissance fut, jusqu'à son dernier jour, de consoler par des bienfaits ceux qu'il n'avait pu, par ses armes, réintégrer dans leur patrie.

Quant au prince Henri, il animait contre celui qu'il nommait son *gros neveu,* ce prince Louis, si abondamment doté des dons de la nature ; il était à la tête des mécontents, et s'écriait, au temps même où la terreur subjuguait la France et effrayait l'Europe : « On ne peut nier du moins que la ré» volution française n'ait répandu des lumières. — » Ne serait-ce pas, répondait Ancillon, celles d'un » incendie qui dévore au lieu d'éclairer? »

Pour ne pas séparer ici le fils du père, nous allons, en dépit de la chronologie, parler de Frédéric-Guillaume III, qui, sans vues ni génie, eut, grâce aux circonstances, le bonheur d'accroître sa domination plus que ne firent ses prédécesseurs. Excellent homme, médiocre souverain, mauvais politique, soldat intrépide mais nullement militaire, il était aveuglément fanatique de ce qui reste encore de christianisme dans un culte où, fondant ses espérances religieuses sur d'individuelles interprétations des livres saints, on ne peut avoir un corps de doctrine commun et conséquemment une véritable religion; car la religion (1) unit, et le raisonnement divise. Puis, qu'est-ce que de choisir entre des dogmes dont l'intelligence surpasse également la raison humaine, pour accueillir les uns et rejeter les autres ? Qu'est-ce, dans un système fondamental de tolérance universelle, que de se montrer intolérant à l'égard du catholicisme en l'accusant d'intolérance? Ce qui rendait sur cet objet les erreurs de ce bon roi aussi fausses que coupables, c'était qu'il s'aliénait ainsi ses nouveaux et nombreux sujets catholiques, dont il lui était si nécessaire de vaincre la répugnance à se courber sous son sceptre. Enfin, par une double et curieuse inconséquence, ce roi si aveuglément dévot à l'amalgame des deux communions, le calvinisme et le luthérianisme, ne fut-il pas près de sacrifier ses sentiments religieux, en unissant par un mariage sa famille à celle de Napoléon, et l'ambition ne les lui fit-elle pas abjurer quand sa fille embrassa le culte russe, en la plaçant sur les marches du grand empire du Nord? — Au reste, persécuteur avec une perfide hypocrisie, Frédéric-Guillaume III ne fut que la caricature du très-spirituel empereur Julien.

Puisque j'ai parlé de ce roi, pourquoi omettrais-je un autre souverain qui, grâce à son ministre Castlereagh, influa puissamment sur le sort de l'Europe.

Georges IV, né pour tous les talents et toutes les vertus, fut plongé par ses entours dans des vices sans frein et des désordres sans bornes. Les wighs, ennemis de Georges III, et Fox, ainsi que Sheridan, les encouragèrent, en opposant les mœurs prodigues du fils à la parcimonie de son père. Mais devenu régent, il sut juger sa position, se sépara de ceux qui eussent ébranlé le trône, sans néanmoins s'arracher à la débauche, devenue chez lui une habitude. Ce qui l'y replongea, ce furent et les liens matrimoniaux qu'il brisa, et ceux qui l'unirent à une femme dépravée. En effet, il avait secrètement épousé Mme Fitzherberg, femme des plus intéressantes que j'aie connues, et sincèrement estimée; mais comme elle était catholique, ce qui eût ravi la couronne au prince de Galles, ses amis nièrent cet hymen en plein parlement, et il n'osa les désavouer. On fit plus, on mit le payement de ses dettes à la condition qu'il contracterait publiquement un second mariage; et Mme Fitzherberg, qui ne voulut pas acquérir un trône par une abjuration, se sacrifia noblement; ce qui amena l'union du prince avec Caroline de Brunswick. On connaît assez les scandales de sa vie et de son procès pour ne les pas rapporter ici; mais ce que je dois remarquer, c'est qu'elle ne fut condamnée que par un bill d'*attender,* quoique tous les publicistes anglais, depuis un siècle, eussent avancé que tombé en désuétude, un tel acte ne se reproduirait plus dans les fastes de la jurisprudence criminelle anglaise.

XII.

Déclaration de Dumouriez. — Lettre du duc de Chartres. — Dampierre.

Après avoir été contraint à quitter son armée,

(1) *Religio vivit de religione.*

Dumouriez adressa de Francfort, à la convention nationale, la déclaration suivante :

« Ayant appris qu'on avait élevé quelques soupçons contre mes intentions, d'après une prétendue liaison qu'on suppose exister entre moi et Philippe d'Orléans, prince français, trop connu sous le nom d'*Égalité*; jaloux de conserver l'estime dont je reçois journellement les preuves les plus honorables, je m'empresse de déclarer que j'ignore s'il existe réellement une faction d'Orléans; que je n'ai jamais eu aucune liaison avec le prince qu'on en suppose le chef, ou qui en est le prétexte; que je ne l'ai jamais estimé, et que, depuis l'époque funeste où il a déchiré les liens du sang et manqué à toutes les lois connues, en votant criminellement la mort de l'infortuné Louis XVI, sur lequel il a prononcé son opinion avec une impudeur atroce, mon mépris pour lui s'est changé en une aversion légitime, qui ne me laisse que le désir de le savoir livré à la sévérité des lois. Quant à ses enfants, je les crois doués d'autant de vertus qu'il a de vices; ils ont parfaitement servi leur patrie dans les armées que je commandais, sans jamais montrer d'ambition. J'ai une grande amitié pour l'aîné, fondée sur l'estime la mieux méritée; je crois être sûr que, bien loin d'aspirer à jamais monter sur le trône de France, il fuirait au bout de l'univers, plutôt que de s'y voir forcé. Au reste, je déclare que si, d'après les crimes de son père, ou par les atroces résultats des factieux et des anarchistes, il se trouvait dans le cas de balancer entre les vertus qu'il a montrées jusqu'à présent, et la bassesse de profiter de l'affreuse catastrophe qui a mis en deuil la partie saine de la nation et toute l'Europe, et qu'alors l'ambition l'aveuglât au point d'aspirer jamais à la couronne, je lui vouerais une haine éternelle, et j'aurais pour lui le même mépris que je porte à son père.

» *Signé* Dumouriez.

» A Francfort, ce 20 avril 1793. »

Avant cette déclaration, qui fut répandue en France et à l'étranger, le duc de Chartres avait adressé à son père une lettre qui précéda son émigration; elle est datée de Tournay, et prouve à quel point l'armée française était alors désorganisée : cela seul peut la rendre historique. En voici la copie :

« Je vous ai écrit de Louvain, cher papa, le 21; c'est le premier instant dont j'ai pu disposer après la malheureuse bataille de Nerwinden. Je vous ai encore écrit de Bruxelles et d'Enghien. Ainsi vous voyez qu'il n'y a pas de ma faute. Mais on n'a pas d'idée de la promptitude avec laquelle les administrations et la poste font la retraite. J'ai été dix jours sans lettres et sans papiers publics, et il y a dans ces bureaux-là, comme dans tout le reste, un désordre admirable.

» Mon *couleur de rose* est à présent bien passé, et il est changé dans le noir le plus profond. Je vois la liberté perdue; je vois la convention nationale perdre tout à fait la France, par l'oubli de tous les principes : je vois la guerre civile allumée; je vois des armées innombrables fondre sur notre malheureuse patrie, et je ne vois pas d'armée à leur opposer. Nos troupes de ligne sont presque détruites; les bataillons les plus forts sont de quatre cents hommes, le brave régiment des Deux-Ponts est de cent cinquante-neuf hommes, et il ne leur vient pas de recrues; tout va dans les volontaires ou dans les nouveaux corps. En outre, le décret qui a assimilé les troupes de ligne aux volontaires, les a animés les uns contre les autres. Les volontaires désertent et fuient de toutes parts : on ne peut pas les arrêter; et la convention croit qu'avec de tels soldats elle peut faire la guerre à toute l'Europe? Je vous assure que pour peu que ceci dure, elle en sera bientôt détrompée. Dans quel abîme elle a précipité la France!... Ma sœur ne se rendra pas à Lille, où on pourrait l'inquiéter sur son émigration; je préfère qu'elle aille habiter un village aux environs de Saint-Amand. »

Il fallait être bien dépourvu alors d'hommes capables de commander une armée, pour mettre à la tête de celle du Nord, un extravagant aussi inepte que ce *Picot de Dampierre*, que, pour l'empêcher de faire des folies, le comte de Brienne avait placé sous les ordres de mon oncle le baron d'Allonville. Devenu rapidement général en chef, il allait, malgré l'excès de son jacobinisme, être conduit à l'échafaud, comme Custine, Biron, et plus tard Victor Broglie, Daoust et Beauharnais; car il était déjà dénoncé par Marat, quand il se jeta, au camp de Famars, sur les batteries autrichiennes, où il fut blessé à mort. Près de succomber, il voulut à la fois payer tribut à la révolution et à sa conscience : aussi appela-t-il un prêtre assermenté, qu'on retint dans son antichambre, à la vue de tout son état-major, tandis que par une autre issue, il reçut un prêtre non assermenté qui lui donna les derniers sacrements.

Au reste, ce chapitre a pour objet de démontrer combien il eût été facile alors aux alliés de rétablir la monarchie, car les places, en les recevant, croyaient se donner au roi; mais ils se livrèrent à l'esprit de conquête, ce qui, à cette époque, sauva la république et les perdit.

XIII.

Combat du *Vengeur*, ou l'histoire opposée au roman, d'après un rapport officiel.

Les armées de mer étaient aussi désorganisées alors que celles de terre, comme on le voit dans le rapport suivant sur le combat du vaisseau le *Vengeur,* pièce historique officielle, conservée dans les archives de la marine.

« Aujourd'hui premier messidor (19 juin 1794), l'an deuxième de la république française, une et indivisible, nous soussignés, capitaines, officiers, sous-chefs civils et autres personnes de l'équipage du vaisseau le *Vengeur,* coulé bas le treize prairial dernier, nous trouvant prisonniers de guerre, au cantonnement de *Tavistock*, en Angleterre, assemblés pour rédiger le récit des événements qui ont précédé et entraîné la perte dudit vaisseau le *Vengeur,* faisant partie de l'escadre aux ordres du contre-amiral *Villaret*, y avons procédé ainsi qu'il suit :

» Nous trouvant, le 9 dudit mois de prairial (28 mai 1794), par la latitude 17° 24 nord, et par la longitude 17° 28, méridien de Paris : les vents de la partie du sud; l'armée naviguant sur trois colonnes, à huit heures du matin; les frégates françaises à la découverte signalèrent l'armée ennemie, composée de trente-six voiles, vingt-six vaisseaux de ligne, dont sept à trois ponts, un de cinquante servant d'hôpital; quatre frégates, trois corvettes et douze brûlots; le tout anglais. Sur-le-champ, le général, pour mieux reconnaître l'ennemi, fit arriver l'armée française, en conservant toujours l'ordre des trois colonnes; nous faisant arrêter à deux lieues environ de lui, le signal fut fait de former la ligne de bataille dans l'ordre naturel, en se formant sur la colonne du centre. L'expérience de notre marine ne répondait pas, selon nous, à la bonne volonté de plusieurs officiers : nous eûmes la douleur de voir que cette manœuvre ne put être exécutée. Cependant quatre vaisseaux et quatre frégates, détachés de l'armée anglaise, serraient le vent, et paraissaient vouloir attaquer la queue de la nôtre; alors le général *Villaret,* se voyant pressé, et mécontent sans doute d'éprouver ces difficultés, donna ordre à chacun des vaisseaux de prendre rang sans avoir égard à son poste, et au vaisseau le *Révolutionnaire* d'aller à la queue. A huit heures du soir, celui-ci et deux ou trois autres se trouvèrent engagés : nous, nous fûmes témoins du combat jusqu'à dix heures; il nous parut ne leur être pas avantageux.

» L'escadre ne donna point de secours à ces vaisseaux, et continua toujours à l'est, courant même bordée que l'ennemi, à vue; au jour, nous n'avons plus aperçu le vaisseau de notre arrière-garde.

» Le lendemain 10, sur les neuf heures du matin, ventant gros frais, toujours sur le sud, l'ennemi vira d'abord vent devant, par la contre-marche, et porta de nouveau sur la queue de l'armée républicaine, en cherchant à gagner le vent. Nous exécutâmes la même manœuvre, lof pour lof, et reçûmes l'ordre de nous disposer au combat; les vaisseaux de la tête des deux flottes se joignirent bientôt, et le combat commença; mais l'avantage n'était pas égal. L'ennemi pouvait se servir de sa batterie basse, et nous, au vent, la bande de son côté, l'eau s'élevant au-dessus des sabords, nous étions dans l'impossibilité d'en faire usage. Ces inconvénients néanmoins n'étaient pas capables de déconcerter des républicains. Le feu fut très-vif, et se soutint avec la même ardeur jusqu'à midi. Les Anglais, s'apercevant d'un peu de désordre dans la queue de notre armée, voulurent en profiter; la tête de leur ligne vira lof pour lof, par la contre-marche, en prolongeant notre armée sous le vent; ils maltraitèrent plusieurs de nos vaisseaux, et le *Vengeur,* pour les empêcher de couper la ligne, reçut le feu de dix des leurs. Il fallait faire la même manœuvre que l'ennemi; et le général français donna l'ordre d'abord, à la tête de l'armée, de virer vent devant par la contre-marche. Cette évolution ne paraissant pas s'exécuter, *nous ne savons pourquoi*, il fit le signal pour la question de savoir si on ne le pouvait pas. *Il n'eut point de réponse;* il donna ordre de tirer lof pour lof, et ne *fut pas plus heureux*.

» L'instant était critique, et, dans cette circonstance pressante, le chef de l'armée dut s'irriter de trouver tant d'obstacles; mais son génie sut les surmonter; car nous ne pouvons nous empêcher de dire, avec la sincérité qui dicte cet écrit, que le citoyen *Villaret* a montré dans cette crise tout le talent d'un général, et qu'il a justifié la confiance des braves républicains qu'il commandait. Il donna l'ordre enfin de virer de la même manière, tous à la fois, sans avoir égard au rang. Cette manœuvre réussit, et en un quart d'heure l'ordre de bataille fut formé d'une manière satisfaisante. Nous nous trouvâmes sous le vent; le vaisseau le *Vengeur,* par hasard, ou peut-être par la promptitude de son évolution, était à la tête de la colonne, chef de file du commandant; il se battait contre deux vaisseaux à trois ponts, et aurait été maltraité, si les vaisseaux la *Montagne* et le *Scipion* ne fussent venus à son secours; la *Montagne* seconda ses efforts contre l'ennemi, et ils le canonnèrent ensemble pendant environ une heure et demie; mais le *Scipion* eut la précaution de se mettre à couvert du *Vengeur*, et lui coupa son grand étai et les bras de sa misaine. Sur les observations qui lui furent faites, qu'il n'était pas à son poste, par le général et par nous, il alla le prendre presque à l'instant. Tous les vaisseaux ennemis se trouvaient en peloton; ils étaient confondus; le désordre paraissait être parmi eux, et, certes, nous osons dire que les Français auraient pu en tirer parti; mais ils étaient trop affalés sous le vent, et ils s'éloignèrent.

» Le 11, dans la matinée, l'ennemi parut à trois lieues et demie, ou environ, courant la même bordée que l'armée française; nous l'observâmes autant que peut le permettre un brouillard très-épais, et bientôt la brume ayant augmenté, nous le perdîmes tout à fait de vue.

» Le 12, la brume était si épaisse, qu'à peine apercevait-on un vaisseau, à portée de pistolet.

» Le 13 prairial an II (1er juin 1794), le vent petit frais, de la partie du sud-est, sur les huit heures du matin, le temps s'était éclairci; l'armée ennemie parut au vent, à la distance de deux lieues. Elle ne tarda pas à arriver sur nous. L'ordre de serrer la ligne et de se préparer au combat fut donné à l'armée française, et aussitôt exécuté; nous allions à petites voiles. L'ennemi forçait davantage, et en prolongeant notre colonne. Le feu s'engagea. Le vaisseau le *Vengeur* avait essuyé le feu de deux vaisseaux, dont un à trois ponts, lorsqu'un troisième vint pour lui couper la ligne : il fallait l'en empêcher; en conséquence, nous forçâmes de voiles et vînmes au lof. Cette manœuvre avait réussi, et le feu terrible de nos batteries, que notre équipage servait avec un courage et une ardeur mémorables, aurait criblé le vaisseau ennemi; mais une circonstance imprévue rendit nos efforts infructueux. Ce vaisseau s'obstinait à vouloir couper chemin; le *Vengeur*, déterminé à ne pas le souffrir, tenta l'abordage : il y parvint. Mais en allongeant, il se trouva accroché dans son bois par l'ancre de l'ennemi. Il lui envoya d'abord toute sa bordée, et ne put ensuite lui tirer que quelques coups de canon de l'arrière et de l'avant, parce qu'il n'y avait pas assez d'espace entre les deux vaisseaux pour passer les écouvillons de bois. L'Anglais, au contraire, avec des écouvillons de corde, avait l'avantage de pouvoir se servir de tous ses canons. Dans ce mouvement, nous donnâmes ordre à un détachement de sauter à l'abordage (1) : tout était disposé pour l'exécution; mais il fallut bientôt renoncer à ce projet. Nous aperçûmes deux vaisseaux ennemis, dont un à trois ponts, qui arrivaient à l'autre bord.

» Chacun alla reprendre son poste dans les batteries, et le feu recommença. L'équipage, encouragé par les officiers, soutint ce nouveau choc avec une intrépidité vraiment républicaine; nous reçûmes plusieurs volées à couler bas; de son côté l'ennemi nous abandonnait, lorsque la verge de l'ancre du vaisseau (2) avec lequel nous étions abordé depuis plus de deux heures, cassa. Le vaisseau à trois ponts le voyant s'éloigner, vira de bord, revint sur nous, et nous tira deux autres volées, qui *démâtèrent le* Vengeur *de tous ses mâts,* excepté celui d'artimon qui ne *tomba* qu'une demi-heure après; nous ne pûmes lui riposter, parce que l'eau avait subitement pénétré dans les soutes, et que l'équipage se disposait à pomper et à puiser. L'ennemi se trouvant de nouveau en désordre et confondu avec quelques-uns de nos vaisseaux qu'il avait engagés, l'armée française était sous le vent avec deux vaisseaux anglais, et s'éloignait beaucoup. Nous avions l'espoir, sinon qu'elle reviendrait pour recommencer le combat, au moins qu'elle en ferait la feinte pour obliger les Anglais à abandonner nos vaisseaux démâtés, et deux des leurs, dont ils ne paraissaient pas s'occuper. Nous n'eûmes pas néanmoins cette consolation; des raisons majeures, sans doute, y mirent obstacle. Mais nos frégates, où étaient-elles? quelle était leur mission? Dans ces circonstances, vinrent-elles nous donner des secours? Nous n'en reçûmes aucun, et nous n'en pouvons deviner la cause.

» Le vaisseau le *Vengeur*, cependant, approchait sensiblement du moment où la mer allait l'engloutir; le danger s'accroissait de la manière la plus alarmante, malgré les efforts de l'équipage à pomper et à puiser. Nous vîmes sortir du groupe ennemi, deux de nos vaisseaux, dont un, le *Trente-et-un-Mai*, venait de passer près de nous; il fit naître parmi nous quelque espérance de salut, mais elles

(1) Si la ligne n'avait pas été coupée, nous enlevions ce vaisseau, car personne de l'équipage ne paraissant sur le pont, plusieurs des nôtres y montèrent et éteignirent le feu qui avait pris en deux endroits. Ils furent obligés de descendre lorsque nous fûmes attaqués par deux autres vaisseaux.

(2) Nous avions supposé que le *Brunswick* avait coulé bas, ainsi que nous, ayant disparu après le combat; mais nous avons appris depuis qu'il était arrivé en Angleterre, coulant bas d'eau. Ce vaisseau n'est plus susceptible de rendre aucun service; il a eu, dans le combat, le capitaine, plusieurs officiers, deux cents hommes tués, et plus de quatre-vingts blessés.

furent bientôt évanouies. Il se disposait à nous prendre à la remorque, lorsque les Anglais se débrouillèrent et le forcèrent de s'éloigner, en chassant de notre côté. L'eau avait gagné l'entre-pont, nous avions jeté plusieurs canons à la mer; la partie de l'équipage qui connaissait le danger répandait l'alarme; ces mêmes hommes que tous les efforts de l'ennemi n'avaient pas effrayés, frémirent à l'aspect du malheur dont ils étaient menacés; nous étions tous épuisés de fatigue; les pavillons étaient amarrés en berne. Plusieurs vaisseaux anglais ayant mis leurs canots à la mer, les pompes et les rames furent bientôt abandonnées. Ces embarcations, arrivées le long du bord, reçurent tous ceux qui, les premiers, purent s'y jeter. A peine étaient-ils débordés, que le plus affreux spectacle s'offrit à nos regards: *ceux de nos camarades qui étaient restés sur le* Vengeur, *les mains levés au ciel, imploraient, en poussant des cris lamentables, des secours qu'ils ne pouvaient plus espérer*. Bientôt disparurent et le vaisseau et les malheureuses victimes qu'il contenait. Au milieu de l'horreur que nous inspirait à tous ce tableau déchirant, nous ne pûmes nous défendre d'un sentiment mêlé d'admiration et de douleur. Nous entendions en nous éloignant *quelques-uns de nos camarades* former encore des vœux pour leur patrie; les derniers cris de ces infortunés furent ceux de *Vive la république!* Ils moururent en le prononçant. *Plusieurs hommes revinrent sur l'eau*, les uns sur des planches, d'autres sur des mâts et autres débris du vaisseau. *Ils furent sauvés* par un cutter, une chaloupe et quelques canots, et conduits à bord des vaisseaux anglais.

» Nous nous sommes occupés depuis cette malheureuse journée à connaître le nombre des hommes échappés au péril, et, d'après nos différentes demandes verbales et par écrit, nous avons connu qu'il s'était sauvé la quantité de deux cent soixante-sept personnes (1); en sorte que de sept cent vingt-trois hommes qui composaient notre équipage, avant le premier combat, il s'en est perdu quatre cent cinquante-six, desquels il y a eu, suivant que nous en pouvons juger, à peu près deux cent cinquante tués ou blessés dans le combat, ou malades.

» En foi de quoi nous avons dressé le présent procès-verbal, pour valoir et servir ce que de raison.

» Pour copie conforme à l'original (*ceci est de la main de Renaudin*).

» RENAUDIN, Jean HUGIM, Louis ROUSSEAU, PELLET, TROUVÉE, LUSSET, PERRIN, GRANJANT, F. TALLON, etc., etc. »

(1) Ce chiffre est conforme au rapport du capitaine anglais.

Les Anglais, qui ne tiraient plus sur le *Vengeur* dès qu'il parut près de couler bas, sauvèrent tout ce qu'ils purent de son équipage, et quand l'instant fatal arriva, le commodore dit à son lieutenant: *Faites rentrer le capitaine dans sa cabine, pour qu'il n'ait pas la douleur de voir sombrer son vaisseau.* Il fut comblé d'égards et d'éloges par les Anglais; et le gouvernement britannique le laissa partir avant son échange, en motivant cette faveur sur *l'estime qu'avait inspirée l'héroïsme du marin français*. En effet, *Renaudin*, qui fut récompensé de sa courageuse conduite par le grade de contre-amiral, mais dont on n'entendit plus parler, s'était sacrifié pour le salut de l'armée navale française.

Que *Lebrun*, dans une ode très-vantée alors, ait placé ces deux strophes assez médiocres:

Captifs..., la vie est un outrage;
Ils préfèrent la mort à ce bienfait honteux.
L'Anglais, en frémissant, admire leur courage;
Albion pâlit devant eux.

Plus fiers d'une mort infaillible,
Sans peur, sans désespoir, calmes dans leurs combats,
De ces républicains l'âme n'est plus sensible
Qu'à l'ivresse d'un beau trépas...

On passe ces niaiseries vaniteuses à la poésie, qui vit de fictions; on conçoit la foi accordée, par la crédule sottise populacière, à des détails aussi invraisemblables que ceux débités par le charlatanisme révolutionnaire; mais ce charlatanisme, qui transformait un fait mémorable en un ridicule mélodrame, n'était-il pas honteux, absurde, coupable même, puisqu'il tendait à faire d'un des plus beaux combats qui eussent illustré un officier de mer, un véritable objet de risée, tandis que cette action, nûment racontée, était au-dessus de tout éloge? Mais il fallait charmer la canaille parisienne; et, pour y mieux parvenir, Barère n'oublia pas, dans son discours, de nommer les Anglais *nos lâches ennemis*, ce qui est passablement grotesque quand on vient d'être vaincu par eux!

Si nous avons rapporté en entier ce document officiel, c'est pour honorer, comme il le mérite, le nom du capitaine *Renaudin*, que la convention nationale avait laissé dans l'ombre, et pour faire revivre un trait héroïque, défiguré par ses prétendus admirateurs au point de le faire considérer comme imaginaire de la part de ceux qui rejettent comme faux tout ce qui est évidemment invraisemblable. Cependant, en dépit de la vérité, on vantera, on chantera, on prendra la version impossible de Barère; et peut-être en agissons-nous de même à l'égard des Grecs, ces gascons de l'antiquité.

XIV.

La convention peinte par elle-même.

« Il vous en souvient, citoyens, et longtemps » votre mémoire gardera ce douloureux souvenir; » il vous souvient de ce jour d'horreur, où non-» seulement la haine et la vengeance désignaient » les victimes, mais où se réalisaient, sous nos » yeux, ce que nous avons peine à croire des ty-» rans de l'ancienne Rome, quoique attesté par » Suétone, où périssaient des milliers de citoyens, » d'après les listes émarginées en caractères hié-» roglyphiques, par le chef des tyrans, ou signées » par ses complices, et confiées à ces trop perfides » bourreaux dont ils avaient composé leur tribunal » révolutionnaire, et au milieu desquels ils mar-» cheraient volontiers, comme le disait Saint-Just, » les pieds dans le sang et dans les larmes. Vous » les avez vues ces charrettes encombrées d'hommes, » de femmes de tout âge, qui, sans s'être jamais » connus même de nom, étaient condamnés et pé-» rissaient ensemble. Vous avez vu conduire au » même échafaud, le même jour, et la vieillesse » privée des sens qui lui eussent été nécessaires » pour être coupable, et la jeunesse incapable en-» core de l'être. Hommes sensibles, on vous trai-» tait *d'apitoyeurs* quand les derniers cris de » tant de mourants, quand les dernières plaintes » de l'innocence égorgée avec le crime, appelaient » vos soupirs; non, les tyrans ne vous permet-» taient pas même de rougir pour eux : la moindre » émotion que vous eût causée ce carnage journa-» lier, eût été le signal de votre proscription : » votre sensibilité eût été transformée en modéran-» tisme, et votre perte eût été jurée : oui, elle eût » été jurée; l'homme sensible est un monstre aux » yeux de l'homme barbare; sa présence est un » reproche vivant; son existence lui devient inutile, » puisqu'il n'en peut faire un complice; sous le » régime de sang, il doit donc être frappé de la » mort. »

C'était ainsi que s'exprimait, en s'adressant à la convention nationale, le régicide Courtois, peignant, dans son rapport sur les papiers trouvés chez Robespierre, les crimes enfantés au sein et sous les auspices de cette assemblée qui n'eut point de modèle et n'aura peut-être pas d'imitateurs; oh! je l'espère du moins! vœu très-désintéressé de ma part, car le gouvernement, habile à repousser un tel régime, vivra probablement plus que moi; mais vœu formé du fond de l'esprit et du cœur, en faveur de ceux-là mêmes assez ignorants, inconsidérés, stupides ou barbares pour le vanter encore, et durant lequel ils n'auraient probablement à choisir qu'entre les deux rôles de victime ou de bourreau.

C'est un tableau empreint de leçons magistralement sévères que le tableau nécrologique de la convention nationale, qui, sans pudeur, osait accuser l'étranger de ses propres erreurs et de ses propres crimes; de ce *maximum*, par exemple, qu'elle fit exécuter sous peine de mort, et qui enfanta la famine au sein d'une miraculeuse abondance agricole; de cet assassinat d'un roi, le plus honnête homme de son royaume, qu'elle poursuivit avec tant de rage; sous le sceptre sanglant de laquelle la condamnation de l'atroce *Carrier* fut en partie motivée sous couleur de tendance contre-révolutionnaire; de cette assemblée dont les fureurs n'épargnèrent pas même ses complices, témoin cinquante-sept de ses membres, jetés au bourreau, et parmi lesquels il se trouvait trente-six régicides; de cette assemblée qui se décima sans pitié comme sans prévoyance, et dont le pouvoir odieux s'engloutit, pour ainsi dire, dans les flots de sang qu'elle fit répandre.

XV.

La princesse Lubomirska.

J'ai parlé des femmes et de leur héroïsme durant la terreur, sans penser à classer parmi elles, à citer même Charlotte Corday, cette Judith de notre révolution; ne pouvant, sans une invincible répugnance, faire reposer ma pensée sur le nom et les traits d'une jeune et belle fille, représentée un poignard à la main. Que d'autres admirent son calme et son froid courage, en assassinant un petit monstre, pourri de débauche, qui, sans elle, allait bientôt mourir; dont la mort, utile à la Montagne seule qu'il embarrassait et humiliait, ne fut nuisible qu'à ceux que cette prétendue héroïne croyait servir et qu'on supposa ses complices. Quant à moi, ce n'est point ainsi que j'aime à contempler la femme, cet être essentiellement aimant, ce riche trésor de dévouement et d'amour. Dirigeons donc ici nos regards vers l'une des plus séduisantes personnes que j'ai connues, vers l'image de la noble et belle princesse Lubomirska, dont la vie fut si romanesque et la fin si déplorable; vers cette ravissante et infortunée mère de l'enchanteresse comtesse Rosalie Riéwourska, les délices de Saint-Pétersbourg et de Vienne. Elles appartiennent toutes deux à notre révolution; car c'est dans ses fers que l'une ouvrit les yeux au jour, et sur ses échafauds que l'autre trouva la mort.

Tout Paris l'a vue et admirée, cette princesse polonaise, d'une tournure si élégante, d'un esprit si brillant, et dont l'âme fut si parfaite; mais peu de gens savent ce qui l'amena et la retint malheureusement parmi nous; en esquisser l'histoire, nous offrira quelques instants de repos entre la carrière que nous avons déjà si péniblement parcourue, et celle, plus pénible encore, ouverte devant nous.

L'amour, léger épisode de la vie d'un homme, est souvent l'histoire entière de la femme. Et qui jamais le prouva mieux que notre héroïne? Cependant, fidèle Polonaise, son âme errante sur un océan d'illusions enchanteresses, ne s'en soumit pas moins aux exigences d'un patriotisme dont elle devint enfin la victime.

Riche, belle, d'une illustre naissance, et destinée à jouer le rôle le plus distingué dans un pays où tout noble a des prétentions à la couronne, et tous les grands des moyens de l'obtenir ou de la placer sur une tête amie, la jeune comtesse Rosalie Chodkiewitz possédait tout ce qui d'ordinaire répand le plus de biens ou de maux sur notre vie, une âme sensible et une imagination vive, double et abondante source des égarements de l'esprit et des fictions du cœur. Que d'écueils donc à redouter avant d'avoir acquis cette expérience que la société nous fait souvent payer si cher! Une mère tendre et vigilante aurait pu seule y suppléer, en guidant, tant de préceptes que d'exemple, un cœur neuf, pur, naïf encore; mais une tendresse distraite par le tourbillon de la société, mais l'orgueil aussi de la fortune et de la grandeur, qui semblent exiger un fastueux entourage, livrèrent la vive et séduisante Rosalie aux soins de l'une de ces gouvernantes étrangères, jugées sur leurs talents plus que sur leurs mœurs, sachant tout, hors ce qu'il eût été le plus utile de savoir; et l'éducation de la jeune comtesse ne consista qu'en une foule de talents d'agrément d'autant plus en faveur, que les qualités essentielles commencent à être moins prisées; talents dont la médiocrité est un ridicule et la perfection un malheur, les succès à cet égard excitant des jalousies haineuses, destructives de cette bienveillance réciproque dont tout le monde a plus ou moins besoin; enfin c'est un véritable danger, car ils enflamment l'imagination, à laquelle, chez les femmes surtout, on ne saurait imposer trop de frein; ils accroissent leur vanité, les distraient des devoirs les plus sacrés, et nuisent, par la fréquentation de gens dont l'éducation souvent fut peu soignée, sinon aux mœurs, du moins à ce ton élégant et noble dont les convenances sont un préservatif moral beaucoup plus puissant qu'on ne pense.

Tous ces genres d'inconvénients étaient d'autant plus à redouter pour notre héroïne, que, plus que toute autre, elle vivait de cette sensibilité d'imagination dont le sexe fort a tant de peine à se faire une juste idée, quoiqu'il y applaudisse et en abuse. Caressant donc, dans ses rêves habituels, cet élan dominateur qu'on n'avait pas su régler, sa pensée ne concevait le bonheur réel qu'au sein de l'union intime et durable de toutes les affections, de tous les intérêts, de tous les devoirs, mais dont elle ne contemplait l'image que dans des romans, fallacieux aliment de l'erreur de ses songes.

Telle était la situation morale de la comtesse Rosalie, quand, très-jeune encore, elle épousa le prince Alexandre Lubomirski, et la conformité de naissance, de rang, de fortune, de qualités extérieures, semblait devoir assurer l'harmonie du noble ménage; mais elle se trouva rompue par une diversité funeste de directions dans les sentiments dominateurs qui animaient les deux époux : le prince ne put donc réaliser cet idéal de félicité, douce illusion de sa jeune épouse; car s'il possédait d'élégantes manières, une âme élevée, une inappréciable bonté de caractère, une franche et noble générosité, son vif amour pour sa patrie absorbait chez lui tout autre intérêt, toute autre affection; et la princesse, qui ne regardait comme le monde réel que celui, totalement imaginaire, dans lequel son esprit et son cœur n'avaient cessé de vivre, retomba promptement dans ce vague qui précéda son hymen. Mais comme, à l'âge qu'elle avait, les émotions sont aussi mobiles que vives, elle crut bientôt pouvoir remplacer entièrement ce qui lui manquait en amour, par les jouissances d'une bienfaisance active.

La vigilante recherche des besoins à soulager est en tous lieux un acte de vertu, mais c'est le plus sacré de tous les devoirs dans un pays où, presque partout, les seigneurs règnent despotiquement sur leurs vassaux; en Pologne, par exemple, les paysans, hors ceux des terres du clergé et de la couronne, étant devenus serfs, ils n'attendaient leurs biens ou leurs maux que de celui que le sort leur donna pour maître.

Le prince Alexandre sentait tout ce qu'il y avait d'humiliant pour notre espèce dans un régime qui faisait de l'homme la propriété de l'homme; mais ce que d'autres regardaient comme un droit, il le considérait comme une source de devoirs, et procurait sans faste à ses sujets, par sa justice et sa bienfaisance, la réalité de cette liberté désirable et précieuse dont quelques gentilshommes, avides des éloges occidentaux, n'accordaient aux leurs que l'illusion, en s'affranchissant eux-mêmes d'un coûteux et embarrassant protectorat : philanthropie fausse et cruelle; car, qui pourrait utilement remplacer, dans un pays privé de lien, d'ordre, de justice, d'administration, cette paternelle autorité, sur une foule de prolétaires abandonnés alors à une chicane sans frein, à une mendicité sans secours, à une oppression sans protecteurs?

Hélas! combien d'esclaves véritables ne rencontrons-nous pas chez les nations mêmes qui se croient les plus libres! n'en sont-ce point, que ceux livrés à une ambition que tout irrite et que rien ne saurait satisfaire? que ceux dont la richesse calculatrice pèse les besoins pour en obtenir, au plus bas prix, la plus accablante somme de travail? Puis des affranchissements partiels n'eussent que jeté de nouvelles semences de trouble dans un État déjà disposé à s'y livrer. Un affranchissement général, au contraire, pouvait dans des circonstances favorables, prévu par la sagesse, amené par la générosité, produire une vive explosion populaire, attacher la masse à ses chefs, et, retrempant la nation entière, la précipiter avec succès contre ses oppresseurs.

Jusqu'à cette époque si ardemment désirée, le prince Alexandre, qui renfermait toute sa politique en ces trois mots : *prévoir, attendre* et *profiter,* avait, dans ses vastes domaines, conservé le lien mutuel d'un patronage et d'une clientèle héréditaire, en fondant ses propres richesses sur l'aisance de ceux qui lui étaient soumis, en respectant dans ces derniers cette liberté usuelle, sans laquelle il n'est point de véritable félicité, tandis qu'il travaillait en secret, avec la portion la plus honorable de la noblesse polonaise, à préparer les moyens de reconquérir pour sa patrie la fière indépendance qu'elle avait perdue.

Pénétré de ces généreux sentiments, quel charme ne dut-il pas éprouver en voyant sa jeune épouse s'empresser à seconder ses intentions paternelles, et s'y livrer avec cette délicatesse, apanage de son sexe, et qui double le prix du bienfait, comme avec cette chaleur de l'âme, effet d'un caractère essentiellement passionné. Heureuse du bonheur qu'elle procure, la princesse Rosalie puise, dans de si nobles soins, cette tranquillité sans tiédeur, cet intérêt dans le calme, qui, s'il pouvait durer sans cesse, constituerait la plus réelle des félicités; puis les actes de charité laissent toujours à leur suite de si doux souvenirs!

L'exercice lui avait été recommandé comme remède à ces langueurs du corps et de l'âme, que le langage décent des médecins d'alors avait qualifiées du nom de vapeurs; aussi montait-elle souvent à cheval; mais si, dans ses fréquentes promenades, un site pittoresque enchantait ses regards, elle s'arrêtait, y fixait ses yeux, son cœur, sa pensée, y retournait en s'échappant de son fastueux entourage, et y passait des heures, des journées, absorbée dans le vague des illusions les plus entraînantes.

Un jour qu'éloignée des siens, et oubliant l'univers réel, elle rêvait sous l'ombre épaisse d'un bosquet uniquement disposé des mains d'une nature toute sauvage, un rayon du jour, perçant le dôme qui la couvre, frappe sur un objet qu'il fait luire à sa vue. Elle y porte la main, s'en saisit; Dieu! c'est un portrait! c'est l'original longtemps espéré d'une créature souvent crue fantastique! c'est le dieu inconnu auquel elle ne cessa de sacrifier en secret! le voilà : il existe donc celui à qui, dans le sein du sommeil, ses sens éveillés, égarant son cœur, la livrèrent avec tous les transports d'une passion délirante! elle ne peut détacher ses yeux de cette image, qui, telle qu'un miroir magique, semble réfléchir tous les vœux qu'elle forma. C'est un ami qu'elle retrouve; elle en reconnaît les traits si vivement empreints dans sa pensée; elle lit dans ces traits séducteurs jusqu'aux affections de l'âme et toutes les perfections morales dont elle se plut à parer en idée l'objet de son culte; car dans la jeunesse on est facilement disposé à concevoir les notions du bon dans le charme du beau.

Perdue pour ainsi dire dans cette contemplation romanesque, la princesse avait erré au hasard, et sa suite, inquiète d'une si longue absence, et qui s'était dispersée pour la chercher avec plus de succès, la rejoignit enfin. Son approche et le bruit la réveillent; elle s'effraye, rougit, se trouble comme si elle se fût sentie coupable, et cache avec précipitation cette image, victorieuse déjà de tout son être. Un regard étranger sur son trésor lui eût semblé une profanation : que sais-je? une infidélité même dont elle aurait été jalouse.

La solitude qu'elle aimait devient chaque jour plus profonde, car c'est là qu'elle se sent le moins isolée; son inconnu remplit pour elle cette solitude de vœux et d'espoir, autant que de trouble et d'inquiétude. Peu accoutumée encore aux contrariétés sans nombre dont est semée notre vie, les tourments secrets qu'elle éprouve altèrent sa santé, et le prince Alexandre, qui depuis longtemps n'habitait plus Varsovie, pour ne plus y être choqué de l'impudente insolence d'un ambassadeur russe, de l'humiliation du nom polonais, de l'abjection d'un monarque devenu le geôlier d'une antique, noble et généreuse nation, se détermine à y faire un pénible voyage, espérant distraire son épouse de la sombre mélancolie qui la ronge.

La princesse accueille avec joie ce projet qui flatte une passion dont elle prend les vœux pour des espérances ; elle découvrira peut-être celui qu'elle aime ; épouse et mère, elle ne fait plus d'autre calcul, car vaincue d'amour, la raison devient impuissante à la diriger, et pourtant elle se sent chaste encore pour n'avoir pu accomplir le plus grand des torts dont un époux ait à se plaindre ; elle ne croit pas même à la possibilité d'une aussi coupable erreur.

Que veut notre héroïne? approcher son idole, l'adorer et se taire ; ce sera un ami, disait-elle ; et l'on devine assez ce que devient le jeune et bel ami d'une femme belle et jeune ! Mais elle ne rêvait encore d'autre félicité que de jouir seule de son propre amour ? elle le regardait même comme un préservatif sûr contre certains écarts, la honte de tant d'autres femmes, abusée qu'elle était par ce sophisme du cœur !

Le séjour de Varsovie n'amena cependant aucune révolution dans l'état de son âme, de son esprit, et par conséquent de son humeur et de sa santé. Elle s'y livra d'abord au tourbillon du monde ; mais comme le spectacle, le bal, les promenades publiques, les réunions les plus brillantes n'avaient pour elle d'autre but que d'y chercher un seul objet, qu'elle ne rencontrait nulle part, on la vit bientôt retomber dans un découragement plus profond que celui qu'elle avait encore éprouvé ; mille hommages lui furent vainement adressés, elle les recevait, elle les repoussait avec une glaciale indifférence.

Admirée donc, recherchée, vantée de toutes parts, et reportant tout à l'unique objet de ses pensées, elle n'en était pas moins tourmentée d'un nouveau genre d'inquiétude, car le patriotisme, élan caractéristique des nobles et élégantes Sarmates, ayant enflammé son esprit, tandis que son cœur l'était d'un sentiment plus vif et plus tendre, elle eût tremblé de rencontrer les traits si profondément gravés dans son âme, parmi les oppresseurs de sa patrie, si flatteurs tour à tour et si insolents ; amalgame bizarre de politesse étudiée, et de légèreté sans grâces, dont le ton et les manières n'étaient déjà plus barbarie, mais pas encore, comme aujourd'hui, le type de la civilisation.

Puis, qu'y avait-il là, outre ces étrangers dominateurs? quelques voyageurs français, écrasés pour la plupart du poids de leur infortune, et dont un très-petit nombre tenait à cette classe de leur nation si séduisante par la perfection du goût, des grâces, de l'amabilité, ou quelques aventuriers produits sous des noms que ne justifiaient ni leur ton ni leurs mœurs ; enfin les Polonais, véritables Français par caractère, mais séparés alors en deux classes : celle des stipendiaires de l'étranger dont tout le monde avait horreur, et celle des amis de leur pays, absorbés dans une douleur profonde.

Le prince Alexandre jouissait de voir ses sentiments partagés par l'élite de la noblesse polonaise, par les paysans même pour qui le triomphe de l'étranger n'avait été qu'un torrent dévastateur. Puis les dames polonaises, si exaltées dans toutes leurs affections, et dont la vive imagination se nourrit également d'amour, de patriotisme et de gloire, portant à l'excès la haine de l'ennemi vainqueur, stimulaient leurs parents, leurs époux, leurs amis à l'affranchissement de l'État, étaient partout et sans cesse les agents les plus actifs d'une insurrection qui leur semblait aussi urgente que noble, et aussi facile qu'urgente. Enfin, le patriotisme était à la mode chez elles, et c'était avec affectation qu'elles s'étaient vouées au deuil, sans négliger pourtant de lui prêter une élégance que le bon goût embellissait et qui les rendait mille fois plus séduisantes encore.

Cet héroïque élan, dirigé chez le sage par la raison et par le calcul chez l'ambitieux, ne l'est, dans la jeunesse sans expérience que par le sentiment qui égare ; l'esprit de parti, alors, l'emporte sur le véritable esprit public, qui attend les événements pour en profiter ; mais quand les imprudences des uns ont compromis le sort de tous, le sage se place dans les rangs des fous pour les conduire et les préserver d'erreurs.

Tel était alors l'état moral de la Pologne, grâce à un conciliabule féminin où l'amour s'unissait à la politique, et dont la princesse Rosalie était l'âme, dans l'espoir à la fois d'aller chercher au loin des alliés à sa patrie, et d'y rencontrer enfin l'original de ce portrait auquel s'adressaient ses vœux les plus chers. Là, on ne pensait plus qu'il y eût à hésiter entre l'indépendance nationale et une entière destruction ; la prudence y eût en vain demandé des délais à l'humiliation et au malheur, car l'être outragé qui se rappelle son antique gloire, se sent pénétré d'une énergie nouvelle, et, à force de souffrir, il cesse de craindre ; l'âme incandescente réchauffe et entraîne jusqu'à la froide raison.

Puis, les circonstances semblaient plus que jamais favorables à une heureuse explosion politique à laquelle une jeunesse ardente était d'autant plus disposée, que nombre de jeunes gentilshommes, élevés dans ce corps de cadets institué par le prince Czartorinski, et imbus d'idées belliqueuses, sans espoir de s'y livrer, vu l'ordre de choses existant, n'envisageaient, pour s'élever, d'autre ressource que dans un mouvement populaire, et que le noble Kosciusko les échauffait de cette ardeur dont il s'était enflammé sous les drapeaux de Washington.

La Prusse avait perdu le plus grand de ses rois, et son successeur excitait les Polonais à secouer le joug de leurs oppresseurs; Joseph II assurait les vaillants Sarmates de sa neutralité, en leur recommandant la prudence; mais le prince de Ligne, devenu Polonais par déclaration d'indigénat, leur disait cependant: « Ménagez la grande impératrice, » et surtout le prince Potemkin; soyez uniquement » Polonais, donnez plus de régularité à votre administration, de discipline à votre armée, de puissance à votre roi; conservez le régime électif, » mais que votre prince ait, pour successeur désigné » un coadjuteur bien choisi; et pourquoi ne serait-» ce pas Potemkin qui vous aime et à qui votre cou-» ronne a été secrètement promise? Redoutez la » Prusse qui vous trahira, et l'Angleterre que l'in-» térêt de son commerce fera vous abandonner. » Quant à la France, son état actuel rend ses inten-» tions nulles à votre égard. »

D'un autre côté, mon honorable ami le chevaleresque baron d'Armfeld, les assurait de l'intervention d'un monarque belliqueux et fier, son maître, son ami, et autant zélé que lui pour l'indépendance polonaise.

Les Turcs, cependant, avaient déjà commencé la guerre qu'ils allaient avoir à soutenir contre l'Autriche et la Russie; il fallait donc s'assurer contre celle-ci l'appui simultané de la Prusse, de la Suède, de l'Angleterre et de la France. Or qui pouvait-on, avec le plus d'espérance de succès, employer à ces missions importantes et délicates, que des dames polonaises, dont l'amour du plaisir couvrait les vues, et chez qui les soins de la société n'étouffaient en rien un vif et persévérant patriotisme?

Parmi celles choisies à cet effet, la princesse Rosalie devait occuper le premier rang; sa naissance, sa fortune, sa beauté, son esprit, des agréments de tous genres l'indiquaient tout autant que l'importance de son époux, et nul prétexte ne pouvait mieux motiver son voyage que l'état déplorable de sa santé, dont les dangers s'accroissaient chaque jour des souffrances de son cœur et des tourments de son imagination: aussi les médecins qui ne connaissaient rien à ses maux, s'empressèrent-ils à masquer leur ignorance en lui ordonnant comme seul remède le changement de climat.

Nous ne suivrons pas la princesse Rosalie errant au gré de son imagination à la poursuite d'une séduisante chimère; représentons-nous-la au sein de la capitale de la civilisation moderne, dans ce Paris où tout ce que la ville et la cour possédaient de plus élégant s'efforce de lui plaire, et s'étonne de la voir demeurer indifférente à tant de flatteurs hommages.

Là, pourtant, devait se dénouer le roman de sa vie, car tandis que, pour détourner le cours des pensées qui depuis si longtemps l'obsédaient, elle négociait en faveur de son pays, jouissait des sympathies qu'elle rencontrait en France pour la cause polonaise, et ne voyait chez nous d'obstacles à ses désirs que dans les troubles naissants de notre propre patrie, le jeune Élysée de B....., favorisé par la femme de confiance de la princesse, sans vouloir encore se montrer à elle, était parvenu à faire journellement retoucher le portrait chéri, de manière à finir par représenter sa propre et parfaite image.

Je passe ici les détails de cette aventure, aussi vraie que romanesque, pour ramener la princesse dans son rôle politique, dans ses intrigues avec les personnes des deux sexes les plus influentes alors, et qui n'eurent d'autre succès que de diriger vers la Pologne des agents de troubles, incapables d'en servir utilement la cause; la révolution, d'ailleurs, semblait trop monarchique à ceux qui se préparaient à briser le trône de France. Quelques traits de lumière, cependant, perçaient le sombre nuage dont étaient couvertes les destinées des nobles enfants de l'antique Sarmatie; mais, s'ils éclairèrent de flatteuses espérances, de cruelles déceptions leur succédèrent.

Il n'entre point dans mon sujet de peindre et l'ambition russe, et l'astuce prussienne, et l'inquiète politique, alors frustrée, de l'Autriche, dont notre héroïne fut douloureusement témoin; car, rappelée dans sa patrie vers les premiers mois de 1790, elle s'était vue contrainte à s'arracher d'un séjour où de doux liens l'eussent fixée pour jamais; elle n'y vit qu'avec une profonde douleur le roi Stanislas-Auguste, forcé d'accéder à la honteuse et coupable confédération de Targovitz; mais ce prince, en désespoir de cause, ayant secrètement chargé le comte Thadée Mostowski d'implorer les secours de la république française, récemment décrétée, la princesse Rosalie fut sollicitée de joindre ses soins à ceux du négociateur. Elle partit donc; mais, tracassée en Suisse comme révolutionnaire, à l'instigation du comte d'Erlach, implacable ennemi de la révolution française, elle crut obtenir plus de faveur à Paris, et se hâta d'y arriver.

Son importante mission la jetait alors dans un genre de société bien différente de celle qu'elle hanta durant son premier voyage, car après avoir eu successivement des relations politiques avec Mme de Staël, cette ardente stimulatrice de la démocratie aristocratique, avec Mme de Condorcet, directrice un moment de l'aristocratie bourgeoise, dont Mme Roland devint l'âme et bientôt la victime, l'intérêt de son pays la lia principalement avec celle-ci et les girondins, qu'elle cherchait à soumettre aux séductions de son esprit gracieux et facile, tandis que le comte Thadée leur développait avec une saine logique les motifs qui devaient conseiller à la France de secourir la Pologne, c'est-à-dire la communauté d'intérêts des deux peuples, et l'avantage d'opérer une puissante diversion en faveur des armées républicaines.

Les secours que les girondins firent espérer, et sur lesquels le comte Thadée croyait pouvoir compter, devenaient d'autant plus pressants, qu'après deux partages, un troisième et définitif était éminemment à craindre; mais au moment où la princesse et le comte étaient près de tout obtenir, les imprévoyants girondins succombèrent, et ce fut à leur farouche vainqueur qu'il fallut s'adresser.

Les agents polonais présentèrent donc leurs demandes à la convention, ils sollicitèrent dix mille hommes et dix millions, ce qui suffirait à la fois pour assurer à la Pologne son indépendance, et à la France la plus fructueuse diversion; mais le comité de salut public leur répondit : « Quoi! c'est au nom » de quelques nobles qu'on ose nous faire une telle » proposition? Massacrez-les, prenez et vendez » leurs biens, et nous vous regarderons alors comme » nos frères; sans cela, nulle alliance entre nous, » personne ici ne saurait croire au patriotisme des » nobles, nous ne connaissons que le peuple, c'est » lui seul qui doit nous faire passer les vœux de la » Pologne. » Et ce fut cette imbécile furie qui fit perdre à la république française un fidèle et puissant allié.

Il y a plus, tandis que le comte Thadée parvenait à s'échapper, la princesse Rosalie devint, en raison de sa haute naissance, l'objet de l'implacable rage des jacobins, qui ne lui pardonnaient pas ses liaisons avec leurs ennemis abattus; elle fut donc arrêtée en dépit des courageux efforts d'Elysée, qui la pressait en vain de fuir; rien ne put la soustraire à un injuste et barbare arrêt de mort, et c'était comme ennemie de la liberté qu'allait être traînée au supplice l'épouse du prince Alexandre, l'ami et le compagnon d'armes de l'héroïque Kosciusko, elle qui depuis tant d'années courait le monde pour chercher des protecteurs à la liberté polonaise!

Elle se déclara enceinte, ce qui donna à ses amis le temps de la réclamer au nom de la vaillante Pologne; ils le font, et semblent espérer un heureux succès; mais instruite malheureusement de cette démarche et de ces espérances, la noble recluse se croyant déjà sauvée, déclare que sa grossesse est feinte, et la férocité révolutionnaire ordonne l'exécution de l'horrible sentence, ne laissant à l'infortunée Rosalie que le temps de couper quelques tresses de sa belle chevelure, seul gage de souvenir qu'elle pût léguer à ses amis de France et de Pologne.

XVI.

Un arrêté du comité dirigeant de la convention. — Mme Tallien. — Origine des chouans. — Le comte d'Artois. — Georges Cadoudal.

Ce que nous avons vu sous le règne de la convention nationale fut d'une atrocité si invraisemblable, d'une tyrannie si nouvelle encore dans l'histoire du despotisme, que nous nous étonnons peu de l'incrédulité de ceux qui n'ont pas subi ce régime, dont La Harpe a dit avec vérité, *ce temps où tout fut crime, excepté le crime lui-même*. Je n'ai point vu l'intérieur des prisons de cette époque; mais les récits de ceux qui y furent détenus et qui eurent le bonheur d'en sortir, me les rend presque présentes : aussi sais-je que l'outrage y accroissait les rigueurs de la tyrannie; qu'on jeta souvent dans le même repaire et sur le même grabat la femme la plus recommandable et la plus sale coquine. Mais rien ne peint mieux un gouvernement que ses propres actes : reproduisons donc ici l'extrait d'un arrêté de l'ancien comité de sûreté générale et de surveillance de la convention nationale, en date du 11 floréal an II de la république (30 avril 1794). Voici, entre mille actes, cette pièce caractéristique :

« Le comité *ordonne* aux autorités civiles et militaires, sous quelque dénomination qu'elles existent, de donner aide et secours au citoyen *Dossonville*, porteur du présent, chargé d'exécuter » l'arrêté *séparé* du présent qui lui est confié; *défend expressément* aux autorités *de chercher* » *à en connaître la teneur et les dispositions;* » comme aussi de s'opposer ou de refuser, directement ou indirectement, d'exécuter les réquisitions qu'il sera dans le cas de leur faire, *au nom* » *du comité, même verbalement, soit de jour,* » *soit de nuit,* d'apporter aucun obstacle ou retard » à sa marche et à ses opérations; l'autorise à ame-

» ner avec lui le citoyen *Dumonceau,* et à s'adjoin-
» dre telles personnes qu'il avisera, *sans qu'il*
» *puisse être permis aux autorités civiles et mi-*
» *litaires de s'y opposer, et d'en prendre connais-*
» *sance; leur enjoint expressément de déférer*
» *et d'obéir aux dispositions du présent.*

» Les représentants du peuple :

» Signé : Élie LACOSTE, Moïse BAYLE, AMAR, LOUIS (du Bas-Rhin), VOULLAND, JAGOT, DUBARRAN. »

Que doit-on le plus admirer ici de l'impudente audace des tyrans populaciers, ou de l'abjection profonde de la France durant leur insolent pouvoir?... qu'en eût dit *Tacite,* ce profligateur des oppresseurs de notre espèce? Eh bien, on entend aujourd'hui vanter ces temps et ces hommes, dont le souvenir devrait en être un d'horreur : Robespierre a des apologistes, et Tallien des détracteurs pour l'avoir abattu; honneur pourtant à cet homme courageux, qui se réhabilita de ses sanglantes erreurs, en arrêtant l'effusion du sang humain! honneur à cette belle et bonne Mme Tallien, que j'ai connue aussi recommandable par les nobles mouvements du cœur, que séduisante par sa figure et son esprit; Bordeaux eût dû lui élever une statue, en reconnaissance des bienfaits qu'elle répandit sur tant de familles sauvées par elle de la hache révolutionnaire. Eh bien, l'ingratitude la plus révoltante fut le seul fruit qu'elle en recueillit; elle ne s'en plaignait pourtant point, mais elle se parait avec bonheur d'un simple médaillon renfermant les cheveux de toute une famille qui lui dut la vie et s'en ressouvenait encore.

On a si peu d'idées saines en France, sur le véritable patriotisme, qu'en donnant ce titre au valetage révolutionnaire, on le refuse à la seule portion du peuple français qui eut le courage de résister à la tyrannie conventionnelle, c'est-à-dire aux Vendéens et aux chouans. L'origine de ces derniers est surtout remarquable comme un acte de vive et loyale reconnaissance. En effet, *Jean Cottereau,* fils d'un sabotier et surnommé *chouan,* contrebandier d'abord, puis soldat et bientôt déserteur, est pris et condamné à mort; sa mère se jette aux pieds du roi, en obtient sa grâce, et cet homme, qui ne savait ni lire ni écrire, n'oublia pas ce bienfait; aussi sa vive reconnaissance l'empêcha-t-elle d'adopter les principes de la révolution que professent tant de gens, dans les hautes classes mêmes, et quand le 15 août 1792, les gens d'armes rassemblèrent les jeunes garçons du district de Laval pour les forcer à s'enrôler : « Non, s'écrie » *Jean Cottereau,* nous ne prendrons les armes » que pour le roi! » et tous répètent : « Oui, nous » servirons le roi, rien que le roi; » et les gens d'armes sont chassés. Dès lors il fallut songer à se défendre; on s'arma, et *Jean Cottereau* devint le premier chef de cette première insurrection royaliste, qui prit le nom de celui qu'elle avait placé à sa tête; c'est à ce noyau, sans forme régulière encore, que le comte de Puisaye se réunit le 26 juillet 1794, en devint le général, et lui donna une savante organisation.

On connaît suffisamment la Vendée et son indomptable fidélité; la génération actuelle ne s'est pas montrée digne d'en apprécier le mérite; la postérité sera tentée de mettre au rang des fables cet héroïsme qui, sans que ceux pour lesquels il s'immolait vinssent partager ses dangers, ne leur en demeura pas moins attaché, et dont le royalisme refusa les faibles secours accordés par une parcimonieuse reconnaissance, du jour où ils lui furent présentés au nom de ceux qui venaient d'arracher le sceptre des mains de la légitimité.

Vauban n'a donné que trop fidèlement les détails d'un épisode de cette guerre toute de dévouement; je les ai vérifiés sur les lieux, ainsi que ce mot si remarquable : un agent du comte d'Artois disait à *Georges Cadoudal : Nous répondez-vous de la vie du prince? — Non, mais de son honneur!*

XVII.

Mme de Genlis. — Fragment de lettre au duc d'Orléans.

A l'issue de la terreur, l'opinion générale était que la France ne pouvait demeurer en république, et, sauf la portion la plus exaltée et la plus compromise par ses œuvres, le peuple, revenu de ses illusions, appelait la monarchie de tous ses vœux; mais si les uns voulaient franchement la légitimité; d'autres, par crainte d'une vengeance méritée, inclinaient, comme nous l'avons dit, pour l'intronisation d'un prince espagnol; il en était néanmoins qui portaient leurs vues sur le duc d'Orléans; or Mme de Genlis, qui avait si vivement déblatéré contre l'émigration par un pur sentiment de fidélité, mais qui avoua cependant à l'aspect de cette terreur qu'elle n'avait pas prévue, que *tout valait mieux que ce qui existait à cette époque sanglante,* et que *les conquérants mêmes de la France ne pouvaient en être alors que les libérateurs* (*Précis de ma conduite,* page 119), Mme de

Genlis écrivit *à M. de Chartres*, le 8 mars 1796, une lettre dont voici les principaux fragments :

« Il me paraît impossible que vous ne sachiez pas » que l'on a écrit dans plusieurs papiers français, » que vous aviez *un parti* en France, et *des par-* » *tisans* qui voulaient vous placer sur le trône; » si vous ignoriez ce fait, ce serait vous rendre un » très-grand service que de vous en instruire. Pen- » dant les dix années de soins si constants que je » vous ai consacrés, j'ai eu le temps d'étudier et de » connaître votre caractère, et je n'y ai jamais » démêlé le moindre germe d'ambition; je m'en » applaudissais, certaine que vous en seriez plus » vertueux et plus heureux. Depuis votre éducation » finie, dans les trois années où nous avons eu en- » semble des rapports si tendres et si intimes, je » vous ai vu constamment le patriotisme le plus » exalté, le désintéressement le plus pur et le plus » vrai, et la plus parfaite droiture de sentiments. » Vous m'avez écrit des volumes de lettres.... j'y » trouve la certitude que vous êtes incapable de » vous prêter aux desseins qu'on vous suppose; » vous aviez vingt ans quand vous écrivîtes les der- » nières... monument précieux... de tous les senti- » ments qui peuvent honorer un jeune homme. » Vous aviez vingt ans...; peut-on se démentir... à » vingt-trois, à moins d'une faiblesse absolument » inexcusable? Non... le fond de votre cœur et vos » opinions sont les mêmes. Vous, prétendre à la » *royauté!* devenir un usurpateur pour abolir une » république que vous avez reconnue, que vous » avez choisie, et pour laquelle vous avez combattu » vaillamment! Et dans quel moment? quand la » France s'organise, quand le gouvernement s'éta- » blit, quand il paraît se fonder sur les bases » solides de la morale et de la justice! quel degré » de confiance la France pourrait-elle accorder à un » roi... qu'elle aurait vu, deux ans auparavant, » ardent républicain?... Un tel roi ne pourrait-il » pas tout aussi bien qu'un autre abolir insensible- » ment la constitution, et devenir despote?... » Pourriez-vous, en montant sur ce trône sanglant » et renversé, vous flatter même de donner la paix » à la France? Non sans doute... et... la guerre... » civile... serait le fruit de cette odieuse usurpa- » tion. La France, en reprenant la royauté, légitime » elle-même les prétentions du frère de Louis XVI : » si le trône est relevé, c'est à lui qu'il appartient; » en vous y plaçant, vous n'y porteriez jamais que » le plus odieux de tous les titres, de nouvelles » factions vous en chasseraient, et vous trouveriez » alors dans l'exil... les seuls malheurs que vous » n'ayez point encore éprouvés... le déshonneur et » les remords. D'ailleurs, quand vous pourriez » légitimement... prétendre au trône, je vous y » verrais monter avec peine, parce que vous n'avez » (à l'exception du courage et de la probité) ni les » talents, ni les qualités nécessaires dans ce rang... » Chaque état demande des qualités particulières, et » vous n'avez point celles qui font les grands rois; » vous êtes fait... pour offrir le touchant exemple » de toutes les vertus domestiques, et non pour re- » présenter avec éclat. Je suis sûr, monsieur, que » vous pensez tout ce que je viens d'exprimer, et je » me flatte que les personnes qui vous entourent... » sont incapables de chercher à vous inspirer une » ambition qui serait aussi absurde que coupable... » Je suis... persuadée que, si ceux qui vivent avec » vous vous donnaient des conseils différents... » vous les rejetteriez pour ne consulter que votre » cœur... J'ose répondre que vous avez horreur » des projets qu'on vous attribue... vous avez bien » servi votre patrie, vous avez fui pour éviter la » mort qu'un tyran sanguinaire vous préparait; » vous avez vécu depuis dans l'obscurité, sans ja- » mais chercher à vous faire des partisans; vous êtes » pur et irréprochable, conservez toujours ce bon- » heur, le seul qui vous reste et qui vous rend si » digne d'exciter l'intérêt des âmes sensibles et ver- » tueuses. »

XVIII.

Les émigrés dans l'évêché de Münster. — Serment de ceux employés dans les corps anglais.

En revenant de Hollande en 1795, avec le comte, depuis duc de La Châtre, je m'arrêtai à Munster, pour y voir le comte de Roussy, qui, malgré son grade de maréchal de camp, avait servi comme simple cavalier en 1792, dans le corps des gentilshommes champenois, commandé par mon père. J'avais vu, et je devais voir encore les émigrés victimes de leur fidélité, repoussés de toutes parts et même avec outrage (le généreux et chevaleresque roi de Prusse excepté) par ces princes séculiers d'Allemagne, si près d'avoir besoin des secours de cette fidélité qu'ils méprisèrent et qui leur manqua. Avec quelle admiration ne vis-je donc pas la noble et constante charité avec laquelle ils étaient accueillis dans les principautés ecclésiastiques, et particulièrement à Munster, en dépit des ravages commis dans une partie de l'électorat de Cologne, par le progrès des troupes françaises. Là vivait, dans une économique aisance, le maréchal de

Broglie, entouré d'hommages, fruit d'un souvenir reconnaissant qui s'était perpétué dans les familles pour l'exacte discipline qu'il maintint dans ses armées durant la guerre de sept ans, souvenir qui faisait ressortir davantage les dévastations essuyées de la part des troupes républicaines. D'autres avaient aussi conservé une certaine aisance, mais le plus grand nombre n'était soutenu que par une charité dont une sincère estime doublait le prix. Cette charité, portant sur des personnes qui sacrifiaient tout au devoir, faisait vivre dans la capitale trois cents prêtres, dont cent vingt sexagénaires, cinquante septuagénaires et huit octogénaires, ainsi que six cents autres dispersés dans les campagnes, objet partout de la vénération des habitants.

De plus, cinquante familles françaises et deux cents individus, édifient le peuple par leur courageuse résignation, leur assiduité au travail et leur conduite exemplaire dans l'hospice de *Verspohl;* cinquante et un vieux prêtres choisis, parmi les plus pauvres, y trouvent asile, nourriture et soins sanitaires. Un semblable établissement a lieu pour les émigrés laïques, qui, soignés par les ecclésiastiques français, résolus à ne pas abandonner cette fonction à d'autres, reçoivent gratis les vêtements, le pain et les médicaments, payés par la caisse du clergé; un magasin de linge pourvoit à leurs besoins; les dames émigrées le façonnent, et un ecclésiastique est le tailleur de la colonie. Cette ferveur de charité est universelle, car le plus pauvre paysan fournit aussi un asile et du pain. On ne conçoit pas comment un pays naturellement stérile et pauvre, a pu se prêter à tant de sacrifices. C'est donc avec admiration que j'ai recueilli ces détails de la bouche du comte de Roussy, et si je les consigne ici, c'est que tout ce qui est bien ne saurait s'effacer de ma mémoire, et doit, ce me semble, être reproduit comme leçon de moralité publique. Quant aux émigrés servant dans les corps à la solde britannique, loin de vouloir abjurer le titre de Français, ils ne prêtèrent serment que *sauf les droits du roi de France, et la fidélité qui lui était due,* aussi ne portèrent-ils que la *cocarde blanche.*

XIX.

Mont Cenis. — Turin. — Ruffo. — Mack. — Macdonald. — Sigisbéisme.

Il faisait un temps superbe quand je passai le mont Cenis pour entrer en Italie; malheureusement, quelques centaines de soldats français le franchissaient avec nous; ce qui me priva du bonheur d'aller visiter l'hospice de ces vénérables héros de l'humanité, relégués sur un âpre sommet au milieu de neiges éternelles, pour y secourir, au prix de leur vie, les malheureux égarés durant l'hiver; car s'ils eussent paru, les patriotes armés qui m'entouraient les auraient insultés, peut-être maltraités. J'eus encore une nouvelle douleur en arrivant à Turin, ce fut de ne pouvoir faire ma cour à cette excellente reine de Sardaigne, Marie-Adélaïde-Clotilde-Xavière de France, qui m'avait si bien traité dans ma première enfance, et d'entendre même la légation française tourner en ridicule et ses douces vertus et celles de son auguste époux, qui, plus populaire que nos directeurs plébéiens, ne refusait *à qui que ce fût une audience,* nobles, bourgeois ou paysans, et s'étudiait à leur rendre justice ou à adoucir la nécessité d'un refus.

J'admirai bientôt dans le peuple de Rome, ce caractère ardent sans inconstance, persévérant sans précipitation, indifférent à ce que l'on fait devant lui, insouciant sur ce qu'on le voit faire, et qui, sincèrement charitable, est à la fois et le plus attaché de tous à son culte, et le plus réellement tolérant que je connaisse.

C'est après la prise et la reprise de Rome, que je vis arriver au quartier général de Championnet le commandeur de Ruffo, que j'avais connu à Paris; parti de France aussitôt après l'annonce de la rupture avec Naples, il joignit l'armée à Albano; là, il s'humiliait, pleurait, protestait des pacifiques intentions de son maître; trompé, disait-il, par *ces maudits Anglais, les fléaux de l'Europe.* Il avouait cependant que l'Autriche avait de son côté poussé Ferdinand à la guerre, ce que, sans l'avouer, il savait d'autant mieux qu'il était l'agent du cabinet de Vienne, et s'il se faisait fort de ramener son roi à la paix, c'est qu'il redoutait d'être arrêté, aussi obtint-il, par ses mensonges, la permission de s'échapper.

Ce fut moi qui, à Cazerte, reçus le général Mack, lorsqu'il vint y chercher un asile, et si je le nomme ici, c'est pour rapporter ce que *Napoléon* dit de sa campagne de 1796 (*Montholon, t. VI, p. 327*): « Mack n'a jamais eu de soldats, l'armée napolitaine, même en marchant sur Rome, ne pouvait être considérée que comme une armée de » milice ayant bonne volonté. Après ses désastres, » elle n'était plus qu'une multitude mécontente et » insurgée. » C'est ainsi qu'en effet nous l'avons vue dans son ensemble et dans sa prompte dissolution.

C'est durant cette campagne de Naples que j'ai

appris à connaître et à apprécier le noble caractère et les talents distingués du général, depuis maréchal Macdonald. Je n'aurais pas, de son vivant, publié sur sa naissance et ses premières années les détails qui suivent, non qu'ils fussent flétrissants pour sa mémoire, mais parce qu'il est des susceptibilités d'amour-propre faciles à froisser, et dont on eût été peiné de faire éprouver les atteintes à celui pour lequel on professait une haute estime. Je ne les note même ici que pour rectifier ou prévenir les erreurs des biographes.

Le père du général Macdonald était l'un de ces Écossais qui suivirent les enseignes du prétendant Charles-Édouard. Réfugié en France, il faisait partie de cette compagnie composée de ses compatriotes à qui le gouvernement français accordait une solde, et dont la résidence était la ville de *Douai ;* là, il s'amouracha d'une jeune ouvrière, et en eut Étienne-Jacques-Joseph-Alexandre, depuis maréchal, duc de Tarente ; mais sa solde ne suffisant pas à faire vivre son petit ménage, il s'échappa de *Douai*, et vint joindre à Paris quelques-uns de ses camarades qui habitaient le collége écossais. La malheureuse qu'il abandonnait, ayant appris son nouveau domicile, vint le retrouver avec son enfant. Ne pouvant se résoudre à la repousser, il vécut encore avec elle, et il en résulta un second enfant, surcroît de charge qui le fit fuir à *Sancerre*, où résidaient d'autres de ses camarades. Mais la fille-mère parvint à connaître son nouveau domicile, et partit avec ses deux enfants portés successivement dans une hotte, car le fardeau était trop lourd ; elle en déposait un qu'elle venait ensuite rechercher, après avoir déposé l'autre trois ou quatre cents pas plus loin ; elle fit donc ainsi près de deux cents lieues pour parcourir les cinquante-cinq qui la séparaient de son amant. On entoura alors le père Macdonald, et on lui persuada de donner un état civil à ses enfants en épousant leur mère, ce à quoi il consentit à l'article de la mort, laissant sa triste famille dans la plus profonde misère. Mais la bienfaisance d'une dame anglaise établie à *Sancerre,* arracha le jeune Alexandre Macdonald de l'étroit et chétif logis où il végétait et que j'ai vu ; elle le plaça chez le chevalier *Paulet,* homme bienfaisant, qui ayant consacré sa fortune à l'éducation des nobles indigents, et ne pouvant suffire au payement des maîtres dont ses élèves avaient besoin, s'imagina d'y suppléer en faisant donner des leçons aux moins instruits par ceux qui l'étaient davantage, véritable origine de ce système d'enseignement mutuel, dont on a attribué l'invention à *Bell* et à *Lancastre*.

Le jeune Macdonald, par les soins de cette même dame anglaise, sa protectrice, entra comme sous-lieutenant dans le régiment irlandais de *Walsh-Serrent,* qu'il quitta pour entrer dans la légion levée par M. *de Maillebois,* au service de la Hollande : cette légion ayant été dissoute, il rentra en France, servit brillamment durant la révolution, fut cependant traduit au tribunal révolutionnaire, où il eut le très-rare bonheur d'être acquitté. On sait sa vie militaire que je ne rapporterai point ; on sait aussi sa stricte probité parmi des hommes qui, à cet égard, ne lui ressemblaient pas ; noble de caractère, modéré dans ses désirs, il fut toujours respectueux pour sa mère, qu'il fit vivre de ses économies sur ses appointements, et maria sa sœur à un chirurgien, en lui procurant sur ces mêmes économies une légère dot. Quand M. de Walsh-Serrent fut emprisonné comme émigré rentré, Macdonald se donna en sa faveur les plus grands mouvements, et parvint à obtenir sa délivrance. J'ai lu la lettre par laquelle il l'annonçait à M. de Walsh, qu'il nommait toujours *mon colonel,* et dans laquelle il s'excusait de l'avoir recommandé comme son *intime ami,* qualification *trop peu respectueuse,* disait-il, mais plus *utile à sa cause* que celle de son ancien chef. C'est Macdonald qui, le dernier parmi les généraux, demeura fidèle à Napoléon, que pourtant il n'aimait point ; il se montra également fidèle au serment qu'il prêta à Louis XVIII, et est mort estimé de tous les partis.

Finissons-en avec l'Italie et ceux que j'y ai connus, en nous occupant ici du *sigisbéisme,* dont tant de voyageurs ont si ridiculement parlé. Je n'en ai plus retrouvé, à Rome principalement, que quelques vestiges. Ce n'était même plus qu'une espèce de plaisanterie de société, sans conséquence, sous les noms de *cavaliere servante* et de *patito,* représentant le favori et la victime de la coquetterie féminine. Le sigisbéisme fut-il jadis aussi scandaleux qu'on le dit ? je l'ignore, et, à vrai dire, je crois peu aux relations de certains voyageurs, souvent aussi déclamateurs que crédules, dès qu'ils cherchent à peindre des usages et des mœurs qui leur sont étrangères, sans qu'ils aient le temps de les connaître ni de prendre le soin de les étudier. Au reste, le sigisbéisme, tant décrié, n'était peut-être que le résultat traditionnel de la noble et longue protection accordée jadis par la chevalerie à la faiblesse, et particulièrement au beau sexe.

Comme les institutions morales se modifient d'âge en âge, sans effacer les traces de leur origine, il se peut que, du chevaleresque usage de placer sous la garde de l'amitié sa sœur, son épouse ou sa fille, voire même la beauté qu'on servait, soit né ce sigisbéisme, ainsi que l'on vit naître et se perpétuer chez nous cette protection généralement accordée aux femmes par tout homme d'honneur, qu'il les connût ou non, du moment où il les voyait insultées.

XX.

Fragments de mon voyage d'Italie. — Rome. — Saint-Pierre. — Le consulat. — Le gouvernement pontifical. — Les Romains modernes. — Anecdote.

Puisque je viens de parler du sigisbéisme, il me semble opportun de placer ici quelques autres fragments de mon voyage d'Italie; ce qui surtout a rapport à Rome, à Saint-Pierre, au consulat romain, au gouvernement pontifical, aux Romains modernes, choses sur lesquelles on a répandu tant d'erreurs.

§ I.—*Rome, Saint-Pierre et le consulat romain.*

Ayant parcouru l'Italie dans un temps de troubles, à travers des armées françaises et étrangères, je pourrais présenter sur ces belles contrées, sur le caractère de leurs habitants, et les maux qui affligèrent ce brillant jardin de l'Europe, quelques aperçus neufs peut-être; mais je réserverai ces détails pour le récit complet de mon voyage, et ne rapporterai ici que ce qui a trait aux choses et aux personnes offertes à mes regards durant mon séjour sur ce sol classique du génie et des beaux-arts.

Quoique ces beaux-arts aient encore pour moi cet attrait que leur prête la verdeur d'une jeune et fraîche imagination, on en a tant radoté, que je dois les mettre ici à l'écart; mais comment ne pas parler de l'église de Saint-Pierre? A peine arrivé dans la cité sainte, je demande une voiture et me fais conduire à ce vaste et somptueux édifice. Trop prévenu peut-être en faveur de ce gigantesque monument, son aspect ne répondit pas d'abord à mon attente : tout immense qu'il est, je n'y vois que la maison du bon Dieu, quand je me figurais avoir à contempler le temple de l'Éternel. Ainsi désenchanté, j'arrive à la porte : *N'est-ce que cela?* me dis-je, tant la justesse des proportions rapetisse à la vue ce que nos pas n'ont point encore mesuré. Mais dès qu'après avoir longtemps marché pour atteindre le premier pilier on trouve des colosses dans les anges qui portent les bénitiers, et que l'on n'avait pris que pour des enfants, tout s'agrandit à l'imagination, et l'édifice semble n'avoir plus de bornes.

Qui croirait, par exemple, que ce baldaquin de Saint-Pierre, dont la masse, toute en bronze, pèse 450 milliers, et paraît trop petite pour le lieu qu'elle occupe, est haut de 122 pieds, tandis que la façade du Louvre, jusqu'à l'angle de son fronton, ne s'élève pas à 100?

Je ne chercherai point à faire passer dans l'âme de mes lecteurs la vive émotion dont on est saisi dans cette cathédrale, la plus vaste de toutes (1). Mais je rapporterai une anecdote qui y est relative.

Durant les deux années que j'ai passées à Rome, il ne s'est pas écoulé une semaine sans que j'allasse admirer cette superbe basilique, objet constant d'une admiration et d'une émotion nouvelles, et ce fut ma constance à la visiter qui en empêcha la dégradation; car la trouvant un jour obstruée d'échafaudages, et ayant appris que le consulat romain avait vendu les dorures de la voûte, aux juifs de Rome, pour un million d'écus (5,000,000 de francs), et qu'ils allaient s'empresser à les enlever; indignés que nous sommes d'un pareil vandalisme, un de nous est député vers l'abbé de Saint-Martin, secrétaire de la commission française, qui ne perd pas un moment pour en demander compte aux consuls. Ceux-ci tout honteux, mais n'osant confesser leur turpitude, crient à la calomnie, au vol, au sacrilége, rompent le marché, et les échafaudages disparaissent aussi rapidement qu'ils avaient été élevés. Un jour de retard, et cette œuvre de barbarie était consommée!

Qu'était-ce que ce consulat romain et son gouvernement? le voici. Le Directoire, pour venger ce général Duphot, qui avait révolutionné Gênes, et qui fut tué dans une insurrection fomentée par l'ambassadeur français, Joseph Bonaparte, lança sur la ville sainte une armée commandée par Alexandre Berthier, qui s'en empara sans coup férir (premier

(1) L'église de Saint-Pierre a, dans œuvre, 600 pieds de long, 440 de large à la croisée, et 186 dans la nef principale; le diamètre intérieur de la coupole est de 140 pieds, et sa hauteur, du sol au sommet de la croix, de 443 pieds. — Si on la compare aux autres temples chrétiens, l'église de Saint-Paul de Londres offrira une longueur de 469 pieds sur 233 de large et 319 de haut. — La cathédrale de Milan, 449 de long, 275 de large à la croisée, et 180 dans la nef; 238 de haut sous la coupole, 147 dans la nef et 370 jusqu'au sommet de la coupole. — Notre-Dame de Paris, 378 de long, 168 de large à la croisée, 140 dans la nef, et les tours 204. — Sainte-Sophie de Constantinople, devenue mosquée, 252 pieds de long et 228 de large.—Enfin, le dôme des Invalides, de sa base à la flèche, a 324 pieds. Aucun des temples de l'antiquité n'a approché de cet immense développement architectural.

et dernier exploit de ce grand capitaine). D'après les instructions de ses maîtres, il imposa à Rome moderne la liberté, comme elle fut infligée jadis à la Grèce par les anciens Romains. A l'instant, toutes les antiques dénominations disparaissent; les municipaux deviennent édiles; les employés des finances, questeurs; les administrateurs, préfets; les juges, préteurs; on voit des tribuns, des sénateurs; et cinq consuls représentent les deux qui succédèrent autrefois dans *Rome* à la royauté; car, en tout, la quantité suppléait ici à la qualité. Mais aussi quels consuls, bon Dieu! ce sont un médecin, un chirurgien, un apothicaire, un antiquaire et un avocat; puis, pour secrétaire général, un prêtre apostat, régicide et marié; ce qui donna lieu à une caricature représentant la république languissante, entourée de ses principaux officiers qui la purgeaient, la saignaient, lui préparaient un remède, lui dessinaient un tombeau à l'antique, écrivaient son testament et lui administraient l'absolution.

J'ai oublié les noms de la plupart de ces originaux, mais je me rappelle fort bien le médecin *Zacaleoni*, dont la bonne femme venait ennuyer la mienne, et *Visconti*, qui eût été fort au-dessus du rôle dont on l'avait affublé, s'il ne se fût véritablement cru le personnage qu'il représentait.

Quant au secrétaire *Bassal*, c'était celui-là même qui, parce qu'il avait pris femme, chercha à faire contraindre, par décret, tous les prêtres à suivre son exemple. Régicide, il était parvenu à réunir près de lui un petit sénat régicide, composé de *Duhem*, mauvais médecin, qui, après avoir tué obscurément dans sa province, était venu exercer en grand son savoir-faire dans la convention nationale; *Gayvernon*, qui pleurait ses crimes et en demandait pardon devant les honnêtes gens, tandis qu'il s'en vantait près de ses complices; *Lacombe-Saint-Michel*, chassé de *Naples*, où il avait succédé à *Garat*, en qualité d'ambassadeur de la république; d'autres encore que j'ai oubliés, dont (et ces bons républicains ne s'en cachaient pas) le héros et l'écrivain de prédilection étaient *César* et *Machiavel*.

Mais pour en revenir aux prétendus magistrats de la prétendue république romaine, ils avaient sous eux de prétendus ministres, prétendus responsables, quoiqu'ils n'eussent à répondre de quoi que ce fût; car celui des finances ne pouvait rien sans les agents français des finances; celui de la guerre, sans le général français; celui de la marine, sans la permission de l'Angleterre; et celui des affaires étrangères, sans l'aveu des cabinets européens, qui ne le reconnaissaient pas, ou du cabinet du Luxembourg, qui lui donnait ses ordres; aussi ces trois derniers ministres n'étaient-ils qu'une seule et même personne (Brémont), qui, de la cuisine du comte *Golovine*, à Saint-Pétersbourg, était venu tomber dans les bureaux de *Bonaparte*, et avait bondi de là sur le triple siége de trois ministres romains.

Si donc il existait à *Rome* une ombre de gouvernement, les rênes en étaient entre les mains des commissaires du Directoire; *Monge*, d'abord, et je ne sais plus qui; puis *Daunou* et *Florent;* enfin *Betrolio* et *Duport*. Mais au premier rang néanmoins se trouvaient *Duveyrier* et *Periller*, chefs des deux bandes calculatrices suivant l'armée, et les deux hommes alors que leur fortune, leur clientèle et leurs dîners rendaient les plus importants à *Rome;* car les principaux titres d'aristocratie moderne sont dans les coffres-forts des spéculateurs.

Quant au général commandant la division, on l'avait réduit à rien, sous prétexte de soumettre la force à la loi; aussi l'honnête *Gouvion-Saint-Cyr* fut-il destitué pour avoir voulu empêcher le vol d'un ostensoir, estimé deux millions, et appartenant à la chapelle particulière du palais *Doria;* aussi *Macdonald* gémit-il de son impuissance à combattre le mal, et le jacobin *Championnet*, de la sienne à faire tout celui qui était dans son cœur. A travers tout cela, généraux, commissaires, agents supérieurs ou simples employés, soit en exercice, soit surnuméraires, étaient logés et nourris gratis chez les particuliers, qui semblaient se consoler de tout par des pasquinades.

Cependant une constitution, tout aussi belle que nombre de celles que nous avons vues passer comme de vaines ombres, avait été improvisée par *Bassal;* livrée, imprimée et publiée, placardée, applaudie, étalée chez les libraires, placée dans les bibliothèques, et donnée en échange des chefs-d'œuvre et des trésors de Rome : elle garantissait la liberté, et l'on opprimait; la religion, et elle était insultée; l'égalité, et les Français ne connaissaient plus d'égaux; la propriété, et l'on volait sans pudeur; l'humanité, et l'on fusillait selon le moindre caprice.

La révolution romaine produisit cependant un bien; et comme c'est presque le seul qu'on lui dut, il ne faut pas l'omettre ici. Les assassinats montaient annuellement à Rome de trois à quatre cents, sans que l'on eût jamais pu les empêcher; mais, effets du premier mouvement et non de la préméditation, il suffisait de désarmer la vivacité italienne, et c'est ce que l'on fit. Une ordonnance infligea donc la peine de mort contre quiconque porterait un stylet : les stylets disparurent, et l'on n'entendit plus parler d'assassinats.

C'était un tableau très-pittoresque que l'ensemble de ces débris de demi-brigades si braves, de troupes pontificales qui ne l'étaient pas autant, mais le devinrent sous des chefs français; de cette foule d'employés militaires, avec ou sans places, poussés d'armée en armée jusqu'à la plus éloignée de toutes, et glanant où leurs devanciers avaient moissonné; de ces généraux, vivant à discrétion chez les cardinaux expulsés, ou chez les riches Romains retenus en otage.

Le plus éminent des agents de finance, n'ayant plus rien à recueillir dans un pays ruiné, eut la fantaisie de jouer des tragédies républicaines (*Brutus* et *la Mort de César*) et invita les jeunes princes romains à monter avec lui sur les planches. C'eût été pour eux une dégradation aux yeux de leurs compatriotes; aussi s'y refusèrent-ils, sous le prétexte très-plausible qu'ils ne savaient pas assez bien la langue française; mais le petit despote financier s'en irrita : *Ils s'en repentiront*, dit-il; et il les en punit en les frappant de fortes contributions, que quelques-uns ne purent payer qu'en vendant vaisselle et tableaux; il en résulta que des morceaux d'orfèvrerie, exécutés sur les dessins de *Michel-Ange*, entrèrent dans la caisse du payeur, qui les fit fondre, et que des chefs-d'œuvre de peinture furent livrés à bas prix.

§ II. — *Gouvernement pontifical.*

J'aime à comparer le passé au présent, car c'est la seule leçon utile pour l'avenir. J'en ai agi ainsi à l'égard de la France : continuons à procéder de même.

Je viens de dire ce que, avec une générosité dont elle se targuait assez gratuitement, la France avait fait pour Rome; jetons maintenant les yeux sur ce dont elle se vantait de l'avoir affranchie, c'est-à-dire sur le gouvernement pontifical; mais il faut procéder ici d'une toute autre manière que pour ces gouvernements impromptu, les seuls légitimes selon nos publicistes actuels, car ce sont les seuls qu'on ait vus naître qu'on puisse lire comme une brochure et placer dans sa poche ou sa bibliothèque.

Quant au gouvernement pontifical, il était antique, et créé sans usurpation, le temps l'avait fait plus que les hommes; sa puissance, longtemps prépondérante, ne lui donna jamais l'ambition d'accroître son territoire aux dépens de ses voisins; ce fut lui qui conserva le dépôt des lumières au sein de la barbarie du moyen âge; qui éclaira l'occident et le nord de l'Europe; qui protégea les arts dont la renaissance lui est due; qui donna à la législation, aux tribunaux, aux mœurs un caractère inconnu à l'antiquité. Que ce gouvernement donc soit considéré ou non comme légitime, voyons ce qu'il était lors de l'invasion ordonnée par le Directoire, et examinons-le dans ses bases, ses ressorts et ses résultats.

L'ordre social était fondé à Rome sur des bases bien plus solides que celles de nos gouvernements philosophiques, car ceux-ci reposent sur les rêves de l'esprit et celui-là provenait des affections du cœur. Son vrai principe fondamental, en effet, était la religion, et son but, le bien-être, ou plutôt la moindre somme possible de malaise de toutes les classes, aussi les nobles, les prêtres, les négociants et jusqu'aux mendiants, étaient-ils liés entre eux par des nœuds mutuels de service et de gratitude. A Rome le riche est plus riche, le pauvre est plus pauvre que partout ailleurs : mais la richesse n'y est pas une puissance, mais la pauvreté n'y est pas un opprobre. Puis la charité qui, chez les prêtres, est de strict devoir, est d'ostentation chez les grands qui lui doivent un surcroît de lustre, et de convenance chez tous les gens aisés qui y sont portés autant par l'élan de haine que par les préceptes de la religion : or la religion est essentiellement liée aux bases du gouvernement romain, elle en est l'appui, elle en est la séve vivifiante. La suit-on, et la suit-on bien? je n'oserais l'affirmer; mais tout le monde l'aime : les pauvres comme une ressource et une consolation fondée sur l'espoir d'un meilleur avenir; les grands comme un moyen d'ambition; la médiocrité comme une mine de fortune à exploiter; la masse entière comme un gouvernement tout en spectacle. Et pourquoi blâmer ce sentiment un peu profane? L'homme a, dans ce pays, des sens plus actifs que dans tous autres; il faut que la religion les refrène, les satisfasse ou les distraie; or les pratiques, les œuvres et les cérémonies, produisent ce triple et heureux effet chez un peuple à vive imagination.

Il est curieux d'entendre les détracteurs du culte catholique vociférer, avec ignorance, contre cette prodigalité de parfums qui rassérènent l'air dans des temples fréquentés par une foule immense; contre des cérémonies pompeuses qui, en occupant une population oisive, et lui parlant de celui dont le nom seul est un espoir pour la vertu, une menace pour le crime, la détournent au moins du vice; contre ces professions religieuses qui ôtent de l'aliment à la débauche sous un climat de feu.

Et quoi de plus doux dans ses formes que la religion telle qu'elle est pratiquée dans Rome! car elle s'y montre aussi tolérante par le fait qu'intolérante par les lois, c'est-à-dire précisément le contraire de ce qu'elle est dans presque tous les autres États européens. A Rome on ne demande pas à l'étranger quel est son culte ni s'il en professe aucun ; quant aux nationaux, leurs péchés disparaissent sous la multiplicité des indulgences, ce qui, d'après le caractère méridional, est un bien, car celui qui se croit régénéré l'est déjà, et recommence avec confiance une vie nouvelle et plus pure. Pour la peine contre la non-communion, en est-il à la fois de plus douce, humainement parlant, et de plus sévère dans l'ordre religieux, que la défense de communier ! L'inquisition encore, qui n'a de redoutable à Rome que son nom, devient la ressource du pauvre qui s'y fait renfermer sans crainte, car il y est nourri et habillé, puis il en sort avec l'espérance souvent d'y rentrer encore. Enfin c'est une police, et elle est douce. Une autre police toute religieuse était entre les mains des curés; une autre enfin se composait d'environ 1,000 sbires, 500 soldats du guet, et 300 espions; tous ceux qui voyaient venir un homme portant une lanterne sourde, avaient le droit de lui commander de la détourner de dessus eux : chose nécessaire dans des rues éclairées par les seules lampes des madones.

On s'étonne que Rome moderne renferme environ 360 églises; mais Rome antique possédait 420 temples, et ces temples n'étaient pas d'inépuisables sources de consolation, d'espérance et de charité. Ce qu'on devrait dire aussi, c'est que la capitale du monde chrétien a neuf riches hôpitaux et sept hospices; qu'on y voit vingt colléges, huit académies et cinq bibliothèques publiques. Si à Rome, ce qu'il y a de plus opulent, c'est le clergé, ce qui est le plus somptueusement partagé dans cette opulence et desservi par le clergé, ce sont les hôpitaux qui, là, comme dans toute l'Italie, brillent au premier rang des établissements publics, car *Rome, Naples, Milan* et *Florence* ont plus fait pour le pauvre que tout le reste de l'Europe réuni. Puis la bienfaisance romaine est d'ailleurs sans bornes; il y a plus, elle ne distingue jamais l'étranger du regnicole, et donne également des soins et des secours à la vieillesse et à l'enfance, à l'indigence et à l'infirmité. Que la philosophie blâme l'excès de ces aumônes, et le prêtre lui répondra : *C'est au gouvernement à empêcher la misère, mais quand elle existe, c'est à la religion à la soulager.* Aussi, presque tous les mendiants de Rome sont-ils étrangers, car le Romain est généralement bien vêtu, nourri et logé. Des dots fondées, et quelquefois accumulées sur une même tête, y facilitent les mariages; des couvents sont ouverts aux pauvres filles qui ne peuvent s'établir; l'amour sans doute n'y est pas exempt d'erreur, mais du moins la décence l'accompagne et le libertinage est rare à Rome : puis les curés ont droit de faire chasser toutes filles de vie scandaleuse, logées à moins de deux cents pas des églises, et, celles-ci, ne pouvant ainsi trouver de domicile dans la ville, sont contraintes à se retirer aux faubourgs dont les maisons sont en petit nombre, malsaines et séparées de nuit, par la fermeture des portes, des masses de la population urbaine.

Une des choses qui contribuait à empêcher la corruption de s'accroître, c'est la simplicité du costume religieux, porté par les laïques mêmes, et qui prévient les extravagances d'un luxe *dépravateur* (qu'on daigne me passer ce mot). Puis la décence est la principale parure du prêtre, c'est une partie essentielle de sa puissance, et l'habitude de cette décence en fait naître le goût.

Là on n'est servi que par des hommes, et la malignité a puisé des calomnies dans cet usage que l'opinion commandait à des célibataires obligés de donner l'exemple aux autres. Quant au célibat, il est, par rapport au mariage, dans la proportion de 30 à 100 : proportion bien inférieure à celle que nous offrait, sans reclusion nécessairement décente, cette ancienne *Rome* dont nous exaltons les vertus.

Dans l'État pontifical, l'administration municipale est entre les mains des nobles, c'est-à-dire des propriétaires; car tout riche devient facilement noble, l'anoblissement n'étant pas seulement l'effet de la faveur des papes, mais celui, bien plus souvent, d'un recrutement, par lui-même, dans certaines provinces de l'État romain. Dès qu'un individu est parvenu à acquérir une fortune en biens-fonds, d'une valeur déterminée par la loi, ou par l'usage devenu loi, il peut présenter la demande d'être inscrit sur les registres de la noblesse, et l'est en effet, après enquête sur ses vie et mœurs, ainsi que sur la réalité et la solidité de sa fortune. L'intrigue ou la corruption peuvent, il est vrai, faciliter la réception de ces preuves, mais cet abus doit être rare, car les corps sont sévères, relativement surtout aux admissions dans leur sein; puis l'abus ne pourrait avoir lieu qu'en faveur de la puissance ou de la richesse, notabilités réelles et nécessaires à rendre utiles, quand on ne veut pas qu'elles deviennent nuisibles.

Quant à l'ancienne noblesse, elle n'a de droits exclusifs qu'aux places de gonfaloniers, la première de celles municipales : aussi rien de plus exempt de morgue que cette noblesse romaine, accessible à toutes les classes et effacée par la papauté; n'acquérant pas, par l'exercice des armes, cette supériorité qui écrase le peuple, elle a plus d'aménité que toute autre et se rapproche de ses inférieurs par l'amour des lettres et des arts.

Après avoir parlé de la religion, du caractère et des mœurs des Romains comme base de leur gouvernement, disons quels sont les ressorts de cette institution théocratique.

On voit, à la tête de l'État, un vieux prêtre dont la vie s'est écoulée dans l'exercice d'un sacerdoce qui exigeait des vertus, ou du moins leurs apparences; ses passions sont amorties; son règne ne peut être de longue durée; sa conduite passée est connue; l'univers le contemple; il ne peut attacher sa renommée qu'au souvenir de quelque bien opéré par lui; l'opinion censurerait avec rigueur ce qui même pourrait être toléré dans la conduite d'un souverain laïque; il lui a fallu quelque adresse pour s'élever au-dessus de ses égaux, et probablement elle ne lui manquera pas comme politique et administrateur; puis, il ne peut, sans se déshonorer, être en contradiction avec les principes de la religion dont il se trouve le chef suprême. Son autorité, d'ailleurs, ne choque personne, car tous auraient pu y avoir des droits, et tous les états, depuis le pâtre jusqu'au prince, ont brigué et obtenu la triple couronne pontificale. Cette couronne est révérée à plus d'un titre, car le pape est à la fois évêque de Rome, métropolitain de la pentapole, prince d'Italie, patriarche d'Occident, souverain pontife et prince temporel.

Le sacré collége, composé des cardinaux, est le conseil du pape dans les affaires ecclésiastiques; les dispenses accordées sont du ressort de la *daterie*, dont les revenus s'emploient en œuvres de bienfaisance. Quant aux tribunaux romains, ils consistent en, 1° la *consulte*, dont le cardinal secrétaire d'État est le préfet; elle examine et juge les affaires civiles et criminelles y pendantes par appel, ainsi que les accusations contre les gouverneurs et les magistrats. 2° Le *bon gouvernement*, qui surveille les communautés, obligées d'obtenir son consentement et ses dispenses pour ester en justice. 3° Le tribunal *des douze juges*, qui décide dans les affaires relatives à la chambre apostolique. Son trésorier général est l'inspecteur des douanes, des côtes, des forteresses et des galères. 4° Le *grand tribunal*, qui, sous le nom du gouvernement, connaît seul des délits graves; le gouverneur de *Rome* le préside, et la torture n'y est ordonnée que par lui. 5° Le *sénateur*, qui exerce une juridiction civile, avec le grand tribunal du gouvernement, et ayant sous ses ordres trois consuls conservateurs, ainsi que deux jurisconsultes assistants, consultés tous par le pape. 6° La *rote*, tribunal d'appel supérieur. La nécessité d'y motiver et d'y publier sur-le-champ ses sentences, dont le pape seul peut suspendre l'effet; sentences dont il est permis d'appeler à elle-même, l'a maintenue dans une haute et inattaquable équité; elle est composée de sept membres de diverses nations, dont trois sont nommés par le pape, et les quatre autres par l'*Allemagne*, la *France*, la *Castille*, et les deux États réunis de *Toscane* et de *Venise*; les trois villes de *Ferrare*, *Bologne* et *Milan* lui envoient d'ailleurs chacune un juge. 7° Le tribunal de la *signature des grâces*, ayant le pape lui-même pour chef; il a le droit d'ordonner la révision des procès jugés et de les renvoyer, dans ce cas, à d'autres tribunaux chargés d'en faire de nouveau l'examen.

Dans toutes ces juridictions sont établis des avocats des pauvres, qui doivent exercer ces fonctions gratuites avant de pouvoir plaider librement et pour le compte des clients qui les requièrent. La *chambre apostolique*, enfin, dirige les finances, et l'*annone* les approvisionnements.

Quant aux *lieux de monts* (Luoghi di Monti), ce fut une caisse instituée par *Sixte-Quint*, et dont le capital primitif résulta d'un emprunt fait par ce pontife, sans autre besoin que celui de lier les propriétaires à l'État; il ordonna donc qu'on ne conférât aucun emploi comptable, sans que le titulaire n'eût préalablement déposé aux *Luoghi di Monti* un cautionnement proportionné à la nature des fonctions qu'il aurait à exercer, et ce cautionnement, qui était le gage de sa gestion, demeurait confisqué en cas de malversation. Les particuliers, reconnaissant bientôt la solidité et les avantages de cet établissement, exigèrent pour leurs fermages des cautionnements semblables, et son crédit s'établit au point que chacun y porta ses fonds; aussi les papes trouvèrent-ils de l'argent à 2 1/2 ou 3 p. %, tandis que le taux des emprunts montait à plus du double dans le commerce.

Les revenus de l'État étaient peu considérables; ils consistaient en droits de douanes, en monopole du blé et du sel; en droits féodaux, annates et domaines; mais ils suffisaient d'autant mieux à l'entretien d'une cour modeste, que les emplois et dignités en puisaient le revenu dans des biens ecclésiastiques; quant à la daterie, qui rapportait 3,000,000, quoique son produit fût affecté à des œuvres de bienfaisance, ses frais et charges étaient prelevés sur elle-même et n'étaient pas supportés par le peuple romain.

Ce qu'on a le plus amèrement blâmé dans le gouvernement papal, c'est l'administration relative aux subsistances; en effet les États pontificaux fournissaient jadis des grains à la *Toscane*, à *Gênes*, à *Venise;* ils suffisent à peine aujourd'hui à leur propre consommation, et la culture y dépérit; le mode d'approvisionnement de Rome en est seul la cause. Car le gouvernement, redoutant la famine pour une ville populeuse, et les suites qu'elle pourrait avoir, a, de temps immémorial, choisi quelques provinces nommées *annonaries* où tous les grains, par l'effet d'une fiction politique, sont censés appartenir au souverain. Le propriétaire (le plus souvent ecclésiastique ou fidéicommissaire) le sait et ne possède qu'à cette charge. Dans ces provinces, qui forment la plus petite partie de l'État, on fait donc tous les ans un relevé approximatif des produits en grains, puis on en taxe le prix, dans une assemblée composée de commissaires, de propriétaires notables et de fermiers; la chambre de l'annone prend, sur ces produits, la quantité de grains qui lui est nécessaire, la paye, en nourrit Rome; et le gain qu'elle fait dans les années abondantes lui permet, dans celles calamiteuses, de vendre le pain à un prix qui n'éprouve jamais de variation : avantage immense pour le bas peuple.

Quant à la probité politique de ce même gouvernement, elle est suffisamment prouvée par son respect pour les capitulations des provinces; aussi les deux légations de *Ferrare* et de *Bologne*, gouvernées par leurs lois et leurs magistrats, ne traitaient-elles avec le pape que comme de puissance à puissance.

En résumé, si l'État ecclésiastique pouvait être qualifié despotique de sa nature, tout y tempérait l'action de ce régime; le souverain était, par l'essence même de son pouvoir, tenu à une grande régularité de mœurs; à l'absence de toute espèce de luxe, à l'équité, à la charité; la noblesse ne pouvait, par elle-même, être rien dans l'État, elle ne pesait donc point sur le peuple; les prêtres, à la tête de tout, ne parvenaient, en général, qu'avec de l'instruction, des talents, ou après une longue subordination; le peuple trouvait à satisfaire à bon marché des besoins que sa sobriété et la douceur du climat tendaient à diminuer, ce qui diminuait aussi le nombre et l'énormité des crimes; et comment n'eût pas été douce une autorité que tout rendait facile! Ajoutez à cela que *Pie VI*, majestueux par ses traits, adorable par ses vertus, intéressant par son âge et plus tard par ses malheurs, avait non-seulement rasséréné l'air de Rome en desséchant les marais Pontins, travaillé à la réformation de la justice criminelle, créé le superbe musée Clémentin, encouragé les manufactures, les usines et autres établissements d'utilité publique; mais qu'il avait aussi fait régner, sous le gouvernement théocratique, plus de tolérance et de liberté réelles qu'il n'en existait dans la plupart des gouvernements européens! Eh bien, c'est en arrachant violemment Rome à cette administration bienfaisante, que le Directoire la livrait au régime arbitraire et aux exactions d'intrigants ou de voleurs envoyés ou protégés par lui! Aussi le respectable pontife dépossédé et enlevé restait-il l'objet de tous les regrets, de tous les éloges; et en fut-il jamais de plus flatteurs que ceux qui furent alors voués à un souverain, absent et tombé?

Ce qui attachait principalement les Romains au gouvernement pontifical, c'est que si, sous son administration, des charités sans nombre étaient prodiguées au pauvre, il s'y trouvait aussi et des moyens immenses de fortune pour l'activité ou l'industrie, et des aliments pour l'ambition; tous, en principe, pouvaient prétendre à tout; puis les fermiers, exploitant à bas prix les domaines du clergé et des grands, accumulaient promptement des capitaux acquis par leur travail, ce qui élevait de nouvelles familles bientôt classées parmi les plus importantes, en raison des dignités ecclésiastiques, source, à Rome, de toute puissance.

J'ai vu de ces *marchands de campagne*, c'est ainsi qu'on les nommait, conserver la simplicité de leur costume et de leurs mœurs avec des revenus de 4 à 500,000 francs. De ce nombre étaient de mon temps les Di Pietro et les Crucciani.

Une chose admirable en Italie, c'est la multitude des confréries, vestiges sacrés de l'esprit religieux du moyen âge; institutions fondées par la charité, et que la charité perpétua en faveur de toutes les infortunes, même coupables : car si elles donnent des soins pieux aux restes de ceux que la justice humaine envoie devant la divine justice, elles ne distinguent point à cet égard l'étranger du regnicole; elles ne le distinguent pas davantage dans les secours qu'elles prodiguent aux vivants. Cette fièvre moderne de philanthropomanie, en faveur des criminels condamnés, déni de justice pour l'homme honnête et paisible, n'avait pas atteint les magistrats romains, mais l'humanité adoucissait, de concert avec la justice, le sort des galériens mêmes, dont la peine était radoucie en raison de leur bonne conduite.

Voilà ce que le gouvernement français avait détruit; voilà ce que remplaçait une caricature de république dont le ridicule, si choquant pour le Romain spirituel et moqueur, était le moindre vice, république dont ceux qui l'instituèrent se riaient eux-mêmes, et qui, instrument servile des oppresseurs et des spoliateurs de son propre pays, ne pouvait, dans la fausse position où on l'avait mise, exister ni avec eux ni sans eux.

§ III. — *Rome et les Romains modernes.*

J'ai souvent arrêté mes regards sur une maison, située au bord du Tibre, bâtie vers le milieu du XIVe siècle, construite avec des fragments antiques réunis sans ordre; édifice abandonné, presque méconnu, et qui fut jadis habité par un homme qui, *certes*, n'était pas un personnage ordinaire.

Sorti d'une assez basse condition, Rienzi voulut rendre à Rome son antique splendeur, et peut-être se montra-t-il digne de replacer l'Italie au rang des grandes puissances. Qu'on rie aujourd'hui de sa folie, je le conçois, et pourtant Pétrarque, qu'on ne regarda jamais comme un fou, accourait pour seconder le noble dessein du tribun, quand il en apprit la chute. La gloire de l'Italie moderne brillait déjà d'un vif éclat; elle s'accrut sous Léon X, et l'on ne peut faire un pas dans Rome sans vouer un juste tribut d'admiration à la mémoire de Jules II, de Sixte-Quint et d'Urbain VIII. Églises, palais, aqueducs, tout rappelle leurs noms. Que d'autres décrivent et ces monuments et ces chefs-d'œuvre de l'art qui les décorent, je demanderai seulement ici aux détracteurs de la religion, comment ils ont pu l'accuser de la destruction des beaux-arts, quand c'est à son empire que nous en devons la renaissance? Les prêtres, dit-on, renversèrent les statues antiques, ne voyant en elles que des idoles; mais ne fallait-il pas dire aussi : 1° Que la chute des idoles rendit seule possible cette rectification des idées morales, source aujourd'hui de la supériorité de l'Europe sur le reste du monde. 2° Que le culte élevé sur les débris des temples païens, créa la liberté populaire, car un culte refrénant peut permettre, seul et sans danger, le jeu combiné des intérêts, des passions et des vanités de tous. 3° Que les prêtres firent ce qu'eussent fait les barbares qui détruisirent tout ce qu'ils renversèrent, choses dont les barbares d'Orient nous donnent encore l'exemple; tandis qu'on enfouit les statues des dieux païens au pied de leurs autels, ce qui nous en a conservé. 4° Qu'en supposant cette conservation due au hasard, et non à l'amour déjà disparu des beaux-arts, ce n'est pas du moins au hasard qu'on doit attribuer la renaissance de l'architecture, de la sculpture et de la peinture; ni celle de la littérature et des sciences qui leur est due.

Les beaux-arts, d'ailleurs, n'ont-ils pas plus gagné que perdu sous la protection des souverains pontifes? Les chefs-d'œuvre de la sculpture antique s'élèvent encore au-dessus des nôtres par la noblesse et la perfection des formes; mais ils ne rendirent que des passions molles, et (à l'exception du *Laocoon*) aucune de celles qui ont leur siége dans la moralité humaine. Et si *Jean Goujon*, *Germain Pillon*, *Bachelier* et *Legros* les égalèrent, si *Canova* et *Thorwaldsen* les rivalisent, l'antiquité ne nous a rien laissé de comparable au *Moïse* de *Michel-Ange!*

Quant à l'architecture, les modernes, par cela seul qu'ils copièrent les anciens, se sont placés à cet égard au-dessous d'eux. Pourquoi n'ont-ils pas plutôt perfectionné le genre gothique, beaucoup plus susceptible d'un grand développement, et qui pouvait également s'embellir de la sobriété, de la simplicité et du fini des détails?

Pour la peinture, on ne saurait établir de comparaison entre celles antique et moderne; car si l'on ne peut juger celle-là sur quelques fresques échappées aux injures du temps, du moins est-il certain que les anciens ne connurent pas la perspective, qu'ils ne furent donc ni ne purent être paysagistes : et qui croirait qu'ils eussent exprimé dans leurs tableaux ces affections de l'âme, auxquelles leurs statues sont étrangères, quand on nous représente, comme le chef-d'œuvre de *Timanthe*, la scène où, en voilant la douleur paternelle, il voilait aussi son impuissance à l'exprimer? Qu'on s'extasie encore, si l'on veut, sur ces fruits becquetés par des oiseaux! N'avons-nous pas vu des animaux de cette espèce becqueter ceux grossièrement peints sur des enseignes de cabaret? Au reste, tout ce que l'antiquité oppose aux beaux-arts modernes était plus grec que romain, et c'est à Rome pontificale que nous devons ce que les anciens Romains durent à cette Grèce menteuse.

Tout individu qui a vécu quelque temps à Rome, celui surtout qui a vu cette belle et antique cité, entourée de brigands, impuissante à entretenir les monuments qui la décorent, doit un tribut de respect à la mémoire de *Sixte-Quint*, l'un des plus grands génies qui aient fait honneur à l'espèce humaine; en effet, durant ses cinq ans de pontificat, il exécuta plus de choses utiles qu'aucun autre souverain dans le cours même d'un demi-siècle. Des monuments propres à illustrer un long règne, l'assujettissement à son pouvoir des deux puissantes familles des Ursins et des Colonnes, la destruction des troupes de brigands qui désolaient les campagnes, le rétablissement de la justice, la suppression de l'usure, le payement des dettes, la création du seul papier-monnaie vraiment solide et utile qui ait encore existé, la ferme consolidation d'un État en décadence : voilà ce qu'avec les seuls moyens capables de gouverner les hommes en général, et particulièrement les Italiens, c'est-à-dire le cœur d'un père et la tête d'un tyran, l'inappréciable *Sixte-Quint* opéra durant un si court pontificat. Malgré les dépenses auxquelles il fut contraint, il laissa, au château Saint-Ange, 5,000,000 d'écus (25,000,000 de liv.), dans des coffres que je n'ai pu contempler sans admirer les hautes qualités de celui qui les remplit; les Français y trouvèrent encore 400,000 écus (2,000,000 de liv.) bientôt gaspillés, et le commandant *Valter*, loin de conserver ces coffres comme un monument, n'eut pas honte de les vendre pour la modique somme de quatre piastres (20 liv.). Ces quatre piastres mêmes eussent jadis fait vivre assez longtemps *Sixte-Quint*, qui, hors les jours où sa dignité lui commandait quelque faste, avait ordonné à son maître d'hôtel de ne dépenser pour sa table que quinze bayocs (20 sols), et j'ai vu le général *Rey* exiger trois cents piastres (1,500 liv.) par jour pour la sienne, des gens d'affaires du cardinal *Renuccini*, dont il occupait l'hôtel, et qu'on avait forcé de s'expatrier!

Le *caractère, les mœurs et les usages* des Romains modernes doivent-ils enfin être mis au-dessous de ceux des anciens Romains? J'en doute, dussent se soulever contre moi tous les préjugés académiques; car, qui ne rirait pas aujourd'hui de *Lucrèce* et de son suicide un peu tardif, ainsi que des ruses révolutionnaires du premier *Brutus?* qui n'aurait pas, de nos jours, horreur de ce dernier, de *Virginius*, de *Manlius*, du second *Brutus?* qui peut lire sans indignation les trop fidèles récits d'*Appien*, ou les dégoûtants détails de *Suétone* et de *Pétrone?* à quelle société, si dépravée qu'elle fût parmi nous, oserait-on appliquer la moins révoltante partie des peintures que *Juvénal* nous a laissées des mœurs romaines? Mais écartons ce qui fut pour dire ce qui est.

Pour juger le *caractère* d'une nation, il faut en saisir les traits principaux, et ne s'arrêter à quelques détails qu'après l'avoir, par la pensée, divisée en raison des conditions. Avec ces indispensables précautions, l'on verra qu'à Rome, indépendamment du bas peuple et de la haute société qu'honorent des hommes instruits, tels par exemple que le prince Chigi et quelques autres encore, il est une classe intermédiaire très-étendue, dans le sein de laquelle on voit fleurir et les vertus domestiques et les vertus religieuses; mais cette classe si nombreuse, si intéressante, est presque totalement inconnue de l'étranger.

Au reste, il est dans toutes les divisions sociales du peuple romain, trois choses éminemment remarquables: c'est 1° une imagination vive, tempérée néanmoins par une extrême justesse dans les idées, et un esprit de suite que rien n'égare. Ces qualités, jointes à une imperturbable patience, sont ce qui a doté Rome d'un grand nombre d'hommes d'État, causes en partie de sa longue prépondérance; 2° un orgueil extrême, uni à une excessive vanité: et comment ne serait-il pas fier, le peuple qui après avoir régné par l'héroïsme et plus tard par la religion, règne encore comme gardien des plus brillants chefs-d'œuvre? Quant à la vanité, elle est principalement remarquable parmi les femmes du peuple, qui travailleront sans relâche et se priveront de tout durant la semaine, afin de pouvoir aller se promener en voiture le dimanche; 3° une sensibilité qui se porte quelquefois autant sur l'assassin que sur la victime, et ce sentiment n'a rien qui doive révolter, quand on songe que l'assassinat n'est, à Rome, que le premier mouvement de la vivacité armée.

Je me rappelle avoir vu un jeune officier français courir à cheval autour du cirque de la villa *Borghèse;* il avait brutalement écarté la foule des promeneurs, et l'on en murmurait; son cheval fait un saut, le désarçonne et l'envoie tomber sur un des pieux de la barrière, où il expire la poitrine écrasée. Il était de bonne heure encore, le jardin venait de se remplir de ces femmes qui avaient tout sacrifié pour y briller un seul jour; le cirque, dont on pouvait se détourner, n'est qu'un point dans cette immense promenade; l'officier tenait à une nation qui opprimait *Rome*, et lui-même avait insulté au public; la villa *Borghèse*, cependant, fut vide en quelques minutes, et la sensibilité la plus touchante se remarquait sur les traits des Romains des deux sexes que cet événement en faisait sortir. Comparez ce trait caractéristique à ces spectacles inhumains, où les Romains applaudissaient jadis aux convulsions de l'agonie! Je n'ajouterai ici qu'un mot: *Rome* est peut-être le seul lieu du monde où le mendiant eût imaginé de solliciter une aumône en disant: *Fate ben per voi!*

Une chose qui contraste cependant avec ces traits principaux du caractère romain moderne, et qui n'est qu'une preuve de plus des disparates de l'esprit humain, c'est qu'avec de l'imagination, de l'orgueil et de la sensibilité, les habitants de Rome ne m'ont paru avoir aucun goût pour les beaux-arts; ce n'est presque chez eux qu'un commerce; leurs regrets sur l'enlèvement des chefs-d'œuvre de l'antiquité ne portent que sur la crainte d'être moins visités de l'étranger, et ils attachent si peu de prix à la conservation des tableaux capitaux, qu'on les relègue dans des églises humides où ils périssent, dès qu'on en a fait une copie en mosaïque; et celui de la *Transfiguration,* le triomphe de *Raphaël,* n'existerait plus aujourd'hui, s'il ne fût venu à Paris recommencer une nouvelle vie, par l'opération qui l'a fait passer, d'un châssis vermoulu, disjoint, fendu et courbé, sur une toile où il a repris tout son éclat. Qui sait si les cris de l'Europe entière sur l'enlèvement des chefs-d'œuvre de la peinture, si l'intérêt que les Français ont paru y mettre, ne rendront pas aux Romains cet amour des arts qu'ils étaient loin d'avoir?

Les *mœurs* de *Rome* ne doivent pas plus être jugées d'après les jactances de la fatuité française, ou les récits des voyageurs en poste, que celles de France par les voyages de *Smolett.* Mais si, pour atténuer les erreurs qu'on pourrait à cet égard reprocher à l'Italie, il faut y noter, comme leurs causes productrices, l'activité du climat, l'oisiveté, plus grande là qu'ailleurs, en raison de la sobriété des hommes et de la prodigalité du sol, il est encore juste de comparer l'état de la cité sainte, sous ce rapport, avec ce qui se passe dans les autres contrées européennes, où une grande quantité de vastes métropoles et de chefs-lieux de cours y multiplient les centres de corruption; il faut dire, en outre, qu'en Italie il y avait jadis très-peu de troupes, et que le célibat militaire déprave incomparablement plus les mœurs que ne le pourrait faire le célibat religieux, fût-il entièrement livré à ses passions. Puis on ne connaît pas en *Italie*, et à *Rome* surtout, ce célibat forcé de la misère, qui fournit partout ailleurs tant d'aliments à la débauche.

Je n'ai parlé encore ici des mœurs que dans l'acception la plus restreinte; mais en l'étendant à tout ce qu'elle doit embrasser, il serait difficile de peindre sous les mêmes traits tous les peuples de la péninsule; je ne parlerai donc ni de *Gênes* dont je n'ai entendu dire que du mal, ni de *Milan* dont je n'ai entendu dire que du bien; et laissant de côté le *Piémontais,* hâbleur et morose, pour le Romain gai et vrai, je m'occuperai principalement des peuples que j'ai personnellement connus. Or j'ai été, plus que de toute autre chose, frappé à *Rome* de la réserve qui s'y remarque, en général, sur les physionomies. Ce qui m'y a frappé encore, c'est l'aisance et la gaieté du peuple. Les soins de la charité et l'amour du plaisir se partagent la vie des Romains; on y aime la musique avec passion, et cependant son étude n'y entre pas dans l'éducation des gens d'un certain ordre: délicatesse admirable de l'opinion, qui sent tous les dangers d'un art propre à exalter l'imagination, qui voit la dégradation du riche dans ce qui peut élever le pauvre, et ne veut pas aller sur les brisées de ceux que la grandeur doit protéger et non rivaliser. C'était ainsi que vous pensiez, bonne et élégante *Ceva,* spirituelle *Falconiéri*, charmante *Ottoboni,* très-aimable *Lanti*, jeune et séduisante *Spada*, vous, la fleur d'un sexe qui est la fleur de l'espèce humaine, vous, l'honneur du rang élevé où vous naquîtes, vous qu'on ne put fréquenter sans un indicible charme, et qu'on ne peut se rappeler sans regrets! La belle duchesse de Cesarini en agissait autrement; elle avait un théâtre, elle y faisait admirer sa danse et son chant; mais ce que le goût applaudissait n'était-il pas réprouvé par les convenances?

Quant aux *usages de Rome* moderne, ils sont, comme partout ailleurs, relatifs aux états divers de la société. Notons à cet égard ce qui s'y remarque le plus habituellement. Les femmes, généralement belles, et très-attentives à soigner leurs attraits, sont toujours vêtues avec une décence que la France avait momentanément abjurée à l'époque qui m'occupe ici. Le sigisbéisme rappelait à *Rome*, quand j'y étais, ce qu'il y avait de décent et de respectueux dans les formes galantes de l'ancienne chevalerie. Quant à la superstition, elle faisait passer au peuple de Rome, dans les églises et à la suite des processions, le temps employé par les Anglais au cabaret ou dans les clubs, par les Français dans les guinguettes ou au spectacle. Le philosophe peut considérer avec mépris de telles occupations; mais ne devrait-il pas songer que les pratiques religieuses consolent ceux qu'égareraient leurs passions; la religion d'ailleurs n'a rien de triste dans Rome pontificale, et l'on s'y arrête avec autant de plaisir à écouter les chants devant les madones, qu'on en éprouve en entendant, par une des belles nuits de ces beaux climats, ceux qui charment les nombreux promeneurs de la rue du Cours, ou les milliers de groupes qui, dès que les figues mûrissent, vont se réunir aux petites tables de la place Navonne éclairées par les rayons de la lune, et rafraîchies par les abondantes cascades de deux vastes fontaines.

Quand à un jour embrasé succède une nuit impatiemment attendue, le peuple, ivre de joie, inonde les principales rues: là les deux sexes confondus, sans que rien alarme la pudeur, chantent en chœur de mélodieuses barcarolles, accompagnées des sons de la guitare; là une multitude, spectateurs et spectacle tout ensemble, s'embellit, sous un ciel pur et à la clarté mystérieuse de l'astre rival du plus brillant soleil, de cette gaieté vive et franche, qui fait penser à ceux qui en furent les heureux témoins que si l'âge d'or exista jamais, Rome moderne en reproduirait l'image. En effet, rien de plus simple, mais de plus vif en même temps, que les plaisirs de Rome, où la sobriété est telle, que, durant deux ans de séjour, je n'y ai pas vu un seul Italien ivre.

Quant à ces plaisirs de Rome, ils se composent de la contemplation de la plus belle nature, de celle des chefs-d'œuvre de l'art, de la musique, des bals, des promenades, de la vue du musée le plus riche qui soit au monde, d'un sol où celui qui le fouille découvre un musée plus riche encore, de nombreuses bibliothèques publiques, d'une foule d'artistes et de gens instruits, d'une foule d'hommes aimables et de femmes charmantes : n'en voilà-t-il pas et pour tous les goûts et pour tous les âges? Puis, par-dessus tout cela, une liberté, non en parole, mais en réalité, chose sans laquelle tout le reste ne serait rien. Oui, je l'affirme dans toute la franchise de mon cœur, et d'après ce que j'ai ressenti, celui qui a connu Rome s'est dit cent fois : Voilà le lieu dont je ne voudrais jamais sortir! celui qui sera obligé de quitter ce séjour enchanteur regrettera de ne pouvoir y retourner, et le souvenir qu'il en conservera sera le ver rongeur du reste de sa vie.

XXI.

Borodino ou la Moscowa. — Alexandre. — Nicolas. — Murat. — Bagration. — La Russie. — Bodisco.

Que cette note soit ou non placée chronologiquement ici, je ne puis me refuser aux souvenirs qu'elle me rappelle; parlons donc d'un événement qui influa si puissamment sur le sort de la Russie, de la France et de l'Europe.

La bataille de Borodino, ou de la Moscowa, est l'une de ces grandes scènes militaires dont toute vérité a été repoussée par l'intrépidité des bulletins napoléoniens. Demandons-nous donc qui eut le plus à s'applaudir du succès de cette bataille de géants : sont-ce les Français? sont-ce les Russes?

Une victoire est solennellement déclarée par l'occupation du champ de carnage, les suites immédiates du combat, les fruits que définitivement on en recueille. Or, après cette immense boucherie de chair humaine, où de chaque côté les pertes furent presque égales (36,000 à 38,000 hommes), son sanglant théâtre demeura occupé, jusqu'au lendemain, par le général Barclai, et le corps où servait mon noble ami le baron Pahlen fit dans la nuit une reconnaissance jusque dans Borodino, évacué par Napoléon. Les Russes furent-ils donc vainqueurs? non, car toutes leurs positions avaient été emportées, hors celle que défendit Barclai; et Koutouzoff se vit contraint à se reployer sur Moscou. Les Français doivent-ils donc se glorifier de cette retraite des Russes, exécutée avec ordre et sans avoir été inquiétés? non; car leur cavalerie, entièrement ruinée, leur manqua pour fourrager ou s'éclairer, soit à Moscou, soit lors de leur propre et désastreuse retraite.

Certes! l'empereur Alexandre agissait en véritable charlatan, quand il faisait, à cette occasion, chanter à Pétersbourg un *Te Deum*, durant la célébration duquel il n'apprit qu'avec terreur la perte de l'ancienne capitale, ce qui le força à courir à *Abo*, pour resserrer les liens de son alliance avec Bernadote, en séduisant ce prince par des promesses qu'il n'exécuta pas. Mais l'empereur Nicolas, en songeant aux suites, non prévues alors, de cette bataille, put très-raisonnablement en consacrer le souvenir par l'érection d'une colonne mémorative de la plus utile des défaites. Ce monarque pourtant ne tomba-t-il pas dans le ridicule, quand, en présence de tant de princes allemands invités à cette solennité, et qui ne pouvaient ignorer un fait buriné dans l'histoire, il tendit, par un discours (grotesque gasconnade!), à faire passer cette défaite pour une victoire; et ne serait-on pas tenté d'appliquer au monument de Borodino ces vers de Pope, dans son épître à lord Bathurst, en y parlant de ce que les Anglais nommaient *ce monument?*

> Where London's column, pointing to the skies
> Like a tall bully lifts head and lies.

La charlatanerie de Borodino me rappelle un trait de même nature. L'empereur Alexandre m'ayant demandé un travail sur les progrès militaires de la Russie, je n'y avais parlé des combats de Zorndorff qu'en me servant du mot, plus que poli, de dépostement; mais un grand personnage, à qui je montrai mon manuscrit, fut choqué de cette expression, et me prouva, livre en main, que, par ukase, ces défaites étaient devenues des victoires.

Maintenant voici deux anecdotes qui se rattachent à cette mémorable bataille de Borodino.

Murat, la veille du jour où elle eut lieu, s'étant imprudemment aventuré dans une reconnaissance, tombe au milieu d'un groupe de Kosaks, qui s'apprêtent à tirer sur lui, quand l'un d'eux, qui le reconnaît à la bizarrerie de son costume, s'écrie : *Présentez les armes! vive le roi des braves!* Murat alors s'élance vers celui qui lui sauve la vie, lui remet sa montre et se retire. L'hetmann Platof, instruit de ce trait, élève au rang d'officier ce Kosak, dont la famille, qui possède la montre, n'a jamais voulu s'en défaire, quelque prix qu'on lui en donnât.

Le jour de la bataille, le prince Bagration, ce Murat de l'armée moscovite, défendait un mamelon fortifié qui couvrait la gauche des Russes; s'y voyant attaqué par des troupes que sa meurtrière mitraille ne pouvait décourager, saisi d'admiration pour une aussi brillante valeur, il s'élève sur les retranchements, et s'écrie : *Bravo! intrépides Français, bravo!* et reçoit la terrible blessure dont il mourut.

Au reste, si la bataille de Borodino commença à opérer le salut de la Russie, elle fut précédée d'une époque où l'on était loin d'y croire; époque où l'empereur Alexandre était terrifié au nom seul de Napoléon, en voici les preuves :

L'amiral Bodisco fut, durant la courte guerre contre la Suède, chargé, à la demande de l'empereur des Français, d'occuper l'île de Gothland; en vain exposa-t-il qu'il était à la vérité facile de s'en emparer, mais impossible de s'y maintenir; cependant Napoléon ordonnait, et il fallut obéir. Les prévisions de l'amiral se vérifièrent, et, maître un moment de l'île, il fut contraint à l'évacuer, assez habile ou assez heureux pour s'en retirer sans pertes. Cependant sur les plaintes émanées du cabinet des Tuileries, le brave et innocent Bodisco fut disgracié et envoyé en exil.

Le commerce de Russie, ruiné par le système continental, ne se soutenait encore qu'à l'aide des neutres ou prétendus tels : Napoléon se plaignit vivement qu'on en reçût sous pavillons suspects, et le comte Roumanzof proposa, pour le satisfaire, qu'on en confisquât vingt-deux, arrivés sur la foi des traités. La chose allait avoir lieu, quand mon vieil ami Mordwinof y mit une vive opposition, difficilement accueillie, mais qui sauva le gouvernement d'un acte aussi déshonorant qu'injuste.

A quel degré d'abaissement n'était donc pas tombée alors cette Russie, qui possède cependant sur tous les autres États européens des avantages incalculables! Ces avantages, trop méconnus, sont : d'une part, sa frontière accessible sur un seul point très-resserré et même agressive, ainsi que son climat inhospitalier; d'une autre, le bonheur qu'elle possède seule, de ne recéler ni paupérisme ni agiotage, et de n'être pas encore, malgré la masse immense et rapidement croissante de ses habitants, en proie à ces craintes d'agitations qu'enfantent simultanément et l'exubérance et la misère d'une foule d'hommes dénués de suffisantes ressources. Car, à tous les vices qui rongent et menacent de ruine les puissances occidentales, il faut joindre, comme le plus funeste de tous, les progrès illimités de la population que, contrairement au système des théoriciens, l'expérience a prouvé être un élément nécessaire de perturbation politique, par l'extension de la misère, le malaise général, l'irritation des classes pauvres et la facilité que l'intrigue ambitieuse a de les émouvoir; aussi les troubles publics ont-ils pour principal théâtre, et les grandes capitales et ces rives des grands fleuves où s'amoncellent des fourmilières d'hommes; dernier terme d'une civilisation avancée, et présage de leur chute prochaine, catastrophe inévitable.

Puisque je note ici les vices de l'état actuel des sociétés européennes, je ne dois pas omettre le système des emprunts, qui, non-seulement prêtent des éléments à l'agiotage corrupteur, mais ont le double inconvénient d'engager en faveur du présent, l'avenir et le travail même de l'ouvrier, comme aussi de multiplier la masse du numéraire fictif, ce qui en avilit la valeur réelle au détriment des créanciers de l'État, pour qui c'est une véritable banqueroute. Que serait-ce donc si on les remboursait avec une valeur déjà dépréciée, et par conséquent inférieure à celle primitivement fournie par eux?

XXII.

La Pologne. — Kosciousko.

Quand j'arrivai en Russie, le partage de la Pologne était depuis longtemps consommé, et, par suite des confiscations, de riches domaines avaient été distribués à nombre de sujets russes; mais beaucoup de ceux-ci étaient loin de croire à la solidité de ces possessions usurpées, non en raison des vices de la donation, mais dans la crainte encore subsistante d'une insurrection nouvelle de la part des Polonais justement mécontents. Quelques-uns les vendirent donc au-dessous de leur valeur, et mon beau-frère, le général Crouchchof fut de ce nombre. Cependant l'antique Sarmatie avait perdu son principal défenseur dans la personne de Kosciousko.

Comment prononcer ce nom sans s'arrêter pour payer un tribut d'estime à celui qui le porta? à cet homme constamment au-dessus de la bonne et de la mauvaise fortune? Né pauvre gentilhomme polonais, il avait été élevé dans ce corps de cadets fondé par les Czartorinski, qui ne songèrent pas qu'une éducation militaire, donnée à des hommes auxquels la nature du gouvernement ne laissait aucune voie pour en recueillir les fruits, c'était semer une pépinière d'esprits inquiets ou souffrants, disposés à exciter des troubles pour en espérer élévation et fortune. Kosciousko l'éprouva bientôt : élevé comme militaire, et ne pouvant le devenir, vu la formation constitutionnelle de l'armée polonaise, il fut forcé de se mettre à la suite d'un grand seigneur, dans une espèce de domesticité humiliante; bientôt elle ne tarda pas à l'être davantage, car étant devenu vivement amoureux de la fille de Sosnowski, maréchal de Lithuanie, cet amour parut au père un outrage qu'il punit de la manière la plus dégradante, et le jeune Polonais, se croyant déshonoré, fuit en Amérique. Là, par ses services, il acquiert l'estime du général Washington; et, par son séjour au milieu des républicains des États-Unis, il conçoit des idées d'indépendance qu'il rapporte dans son pays, où, en qualité de général, il sert en 1792, contre les Russes, sous les ordres de Joseph Poniatowski. Après d'utiles et brillants services, il quitta de nouveau sa patrie subjuguée, et n'y rentra plus tard que dans l'espoir de la venger. Il met alors dans l'espèce de dictatoriat qui lui est confié, autant de sagesse qu'il va manifester de zèle et déployer de talents, de courage, d'humanité. Vainqueur d'abord, vaincu plus tard et couvert de blessures, il est fait prisonnier, et retenu, contre les droits de la nature et des gens, comme un criminel d'État. Il souffre sans se plaindre, est rendu enfin à la liberté par le noble et infortuné Paul Ier, avec lequel il rivalise de sentiments généreux; et, sans se venger de ses ennemis, sans s'abaisser jusqu'à les injurier, après avoir refusé des trésors (nouveau *Cincinnatus*), il vit dans la médiocrité, tout comme il eût vécut dans une opulence que sa philosophie pratique a dédaignée.

Il avait refusé de servir Napoléon, et l'empereur Alexandre ayant appris le lieu qu'il habitait, lui envoya une sauvegarde, et désira de le voir; Kosciousko alors écrivit à ce prince, en date du 9 avril 1814, pour en solliciter trois grâces, qui furent 1° *d'accorder une amnistie générale aux Polonais;* 2° de se déclarer *roi de Pologne, avec une constitution libre;* 3° de donner *une place honorable à M. Zeltner*, qui, bien que pauvre, ne lui en avait pas moins procuré un asile dans son humble propriété. Le tzar lui répondit, le 3 mai, que tous ses vœux seraient *accomplis*, qu'il convaincrait les Polonais que celui *qu'ils croyaient leur ennemi*, serait *celui* qui réaliserait *leurs vœux*. En conséquence, il accorda à ceux qui avaient servi sous Napoléon, non-seulement la permission de rentrer dans leur patrie, mais la conservation de leurs grades, le payement de leurs soldes arriérées, et des secours de tous genres. Quant à Kosciousko, heureux d'avoir encore servi ses compatriotes et son pays, il refusa toutes faveurs, et rentra jusqu'à sa mort dans l'obscurité, d'où son nom, cher aux souvenirs de tous ceux qui l'ont connu, doit scintiller d'une gloire aussi pure qu'immortelle.

XXIII.

Restauration. — Lettre du duc d'Orléans. — Déclaration de Saint-Ouen. — Discours de Talleyrand.

Les révolutionnaires ont dit, et une foule de niais ont répété, que Louis XVIII avait été imposé à la France par l'étranger, tandis que ce fut, au contraire, l'étranger qui imposa la révolution à Louis XVIII; que les alliés étaient si éloignés de le placer sur le trône, qu'au moment de leur invasion, ils ne voulaient pas laisser passer les agents royalistes qui se rendaient près de *Monsieur*, et qui n'eussent pu parvenir jusqu'à lui, si le général Carbonnier n'eût pris sur lui de favoriser leur mission; puis, nous pourrions rapporter à cet égard une lettre de Wellington au duc d'Angoulême, et une dénégation formelle de l'empereur Alexandre. Nous nous bornerons à produire, dans son intégrité, la déclaration rédigée sous les auspices du tzar, et que, d'accord avec lui, Talleyrand porta à Compiègne pour la faire impérativement signer au roi, pièce dont le monarque ne raya que quelques mots que nous soulignerons, lorsqu'il la publia à Saint-Ouen; car on avait déjà signifié, à celui qui allait régner, l'obligation de donner à la France l'une de ces constitutions *superposées*, et conséquemment sans racine et sans séve nutritive.

Mais avant même l'époque d'une restauration plus désirée alors qu'espérée, les princes français se flattaient déjà d'un prompt retour dans leur patrie; car, en dépit du mauvais vouloir des souverains qui traitaient encore avec Napoléon, et eussent préféré un gouvernement faible à celui plus fort qu'une réintronisation des Bourbons assurerait, ils calculaient sainement que Napoléon tombé, il n'y avait qu'eux seuls qui pussent lui donner un successeur; aussi le duc d'Orléans écrivit-il au roi, en date de Palerme, le 10 février 1814 :

« Sire,

» Est-il possible qu'un meilleur avenir se pré-

» pare, que votre étoile se dégage enfin des nuages » qui la couvrent, que celle du monstre qui accable la France pâlisse à son tour? Que ce qui se » passe maintenant est admirable! que je suis heureux du succès de la coalition! il est temps que » l'on achève la ruine de la révolution et des révolutionnaires!

» Mon vif regret est que le roi ne m'ait pas autorisé, selon mon désir, à demander du service » aux souverains : je voudrais, en retour de mes » erreurs, contribuer de ma personne à ouvrir au » roi le chemin de Paris. Mes vœux, du moins, hâtent la chute de Bonaparte, que je hais autant » que je le méprise.

» Qui nous a fait plus de mal que lui, assassin » de notre pauvre cousin le duc d'Enghien, usurpateur de votre couronne qu'il souille de ses crimes? Dieu veuille que sa chute soit prochaine! » je le demande au ciel chaque jour dans mes » prières.

» C'est avec un profond respect que je suis,

» Sire,

» De Votre Majesté

» Le très-humble et fidèle sujet,

» Louis-Philippe d'Orléans. »

Donnons maintenant ici le texte originaire de la *déclaration* du roi, telle qu'elle fut portée à sa signature au château de Compiègne, et où j'ai souligné ce que Louis XVIII en retrancha :

« Louis, par la grâce de Dieu roi de France et » de Navarre..... Rappelé par l'amour de notre » peuple au trône de nos pères, instruit par l'expérience, éclairé par les malheurs de la nation généreuse que nous sommes appelé à gouverner; » jaloux de sa prospérité plus que de notre pouvoir; *pénétré de la nécessité de conserver* » *autour de nous ce sénat aux lumières duquel* » *nous reconnaissons devoir en partie notre retour dans notre royaume*, et résolu, *enfin*, de » faire pour la tranquillité publique tout ce qui ne » portera pas atteinte *aux droits de notre maison* » *ainsi qu'*à la dignité de notre couronne, avons » déclaré et déclarons ce qui suit :

» La monarchie, dont nous sommes le chef souverain, aura une constitution, gage mutuel et » sacré de la confiance des Français en leur roi, et » de notre amour pour eux. Nous maintiendrons » le gouvernement représentatif, tel qu'il existe » aujourd'hui, divisé en deux corps, savoir : le » sénat et la chambre, composée des députés des » départements; l'impôt sera librement consenti, » la liberté publique et individuelle assurée, la » liberté de la presse respectée, sauf les précautions » nécessaires à la tranquillité publique; la religion » catholique, apostolique et romaine, professée par » la majorité des Français, sera la religion de » l'État, sans toutefois, qu'il soit mis la plus légère » entrave à la liberté des cultes; les propriétés » seront inviolables et sacrées, la vente des biens » nationaux restera irrévocable; les ministres, responsables, pourront être accusés et poursuivis » par une des chambres qui composent le gouvernement, et jugés par l'autre; les juges seront » inamovibles, le pouvoir judiciaire indépendant, » la justice étant le plus précieux des biens que » nous nous empressons de rendre à nos fidèles » sujets; la dette publique sera garantie, les pensions, grades, honneurs militaires conservés, » ainsi que l'ancienne et la nouvelle noblesse; la » Légion d'honneur, dont nous déterminerons la » décoration, sera maintenue; tout Français sera » admissible aux emplois civils et militaires; enfin, » nul individu ne pourra être inquiété pour ses » opinions et ses votes. Tels sont les principes sur » lesquels sera établie la charte, que nous jurerons » et ferons jurer d'observer, *dès qu'elle aura été* » *consentie par le corps représentatif, et acceptée par le peuple français*. — Fait en notre » château de Compiègne, le . . . avril 1814, et de » notre règne, le . . . . »

J'ai cité en entier cet acte, auquel succéda celui du 2 mai, afin que les lecteurs puissent les comparer. M. de Talleyrand avait, le 1er mai, veille du soir où fut publiée la déclaration de Saint-Ouen, tenu, en présence du roi, un discours dont j'ignore le rédacteur, et où se trouvaient les phrases suivantes :

« En remontant sur le trône, Votre Majesté succède à vingt années de ruines et de malheurs; la » réparation d'un grand désordre veut le dévouement d'un grand courage. Il faut des prodiges » pour guérir les blessures de la patrie; mais nous » sommes vos enfants, et les prodiges sont réservés » à vos soins paternels; *plus les circonstances* » *sont difficiles, plus l'autorité royale doit être* » *puissante et sévère*. En parlant à l'imagination » par tout l'éclat des anciens souvenirs, elle saura » se concilier tous les vœux de la raison moderne, » *en lui empruntant les plus sages théories politiques*.

» Une charte constitutionnelle réunira tous les » intérêts du trône, et fortifiera la volonté première » du concours de toutes les volontés.

» Vous savez mieux que nous, sire, que de telles » constitutions, *si bien éprouvées chez un peuple* » *voisin*, donnent des appuis et non des barrières

» aux monarques amis des lois et pères du peuple.

» Oui, sire, la nation et le sénat, pleins de confiance dans les hautes lumières et dans les sentiments magnanimes de Votre Majesté, désirent avec elle que la France soit libre, pour que le roi soit puissant. »

Vaine et vide déclamation, dont les promesses devaient trop promptement être démenties ! Était-ce par ignorance, imprévoyance ou mauvaise foi que Talleyrand annonçait qu'une *charte*, à base démocratique, rendrait l'*autorité royale puissante*, et qu'il semble s'appuyer à cet égard sur l'expérience d'un *peuple voisin*, dont l'institution différait entièrement de cette charte projetée pour la France? Mais le prince de Bénévent, aussi peu instruit en matière d'économie politique que la plupart des hommes de nos jours, avait puisé ses *théories* prétendues anglaises dans *Montesquieu*, qui ne connut jamais la constitution britannique; dans *Delolme*, qui ne voulut pas la peindre telle qu'elle était; ou dans *Blackstone*, son aveugle apologiste.

XXIV.

De la charte.

Nous aurions peut-être dû commencer par parler de la restauration ; mais comme son premier acte, et le plus important de tous, a été la promulgation de la charte constitutionnelle; comme aussi nous pourrions la comparer à cette constitution anglaise qu'on a cru reproduire, en ne la considérant que dans ses formes extérieures, en posant sur une base toute démocratique l'édifice qui, en Angleterre, s'appuyait sur des lois, des formes et des habitudes aristocratiques, il est nécessaire de noter ici ce qui a pu conduire à donner, pour une institution solide et durable, une rapsodie fondée sur cette balance des pouvoirs, qui rend tout gouvernement impossible, et sur cette trinocratie vantée par Delolme, en citant à son appui Tacite qui la condamne formellement.

D'abord, c'est dans ces deux écrivains et leurs copistes que presque tous nos publicistes français avaient puisé leur doctrine politique; puis la plupart de ceux qui entouraient Louis XVIII, en voyant l'éclat de la pairie anglaise, en rêvèrent une semblable, sans songer à la différence que la loi civile, les traditions et les habitudes mettaient entre les deux États. A l'établissement de la pairie s'opposait celui d'une chambre élective dont on ne calculait point la force, nécessairement supérieure à celle de cette pairie sans racines, sans clientèle, sans tradition, sans puissance conservatrice, au sein d'un peuple qui ne respectait plus que la force, entre une assemblée qui pouvait tout envahir, et un roi qui ne pouvait rien défendre. Enfin ce gouvernement était réellement imposé à Louis XVIII, en faveur de la révolution, par l'empereur Alexandre, qui, imbu encore des théories de son précepteur La Harpe, flattait, à Paris, tout ce qui avait été antimonarchique, au point de ne parler, à l'Académie française, qu'à Garat qui signifia à Louis XVI son arrêt de mort, et à Ginguené, l'insolent persécuteur du roi de Sardaigne.

Il serait superflu de détailler ici les vices nombreux de cette charte constitutionnelle, basée sur l'idée d'une balance, qui serait en physique même une stupide rêverie; car deux forces égales et opposées s'y neutralisent : c'est bien plus encore en matière de gouvernement, où la condition première est le mouvement; mais cette balance même était totalement imaginaire. Les trois prétendus pouvoirs, totalement distincts de nature, d'intérêts, de passions, et conséquemment de direction, présageaient une lutte dans laquelle devait en définitive triompher celui qui tirait sa force de l'avantage d'être seul le représentant du peuple; et pour qu'il ne manquât rien à cette force nécessairement agressive, il était déclaré qu'*aucun impôt ne pouvait être établi sans le consentement des chambres*. L'initiative à cet égard était accordée à la chambre élective, et, dans nos États modernes, où tout se résume en argent, qui tient la bourse tient le pouvoir; enfin, comme on ne représente jamais que ce qui est, la représentation, en France, devait être celle de la démocratie, comme elle était celle de l'aristocratie en Angleterre. Tout cela pesait donc indirectement sur le gouvernement des gouvernés, ou cette souveraineté du peuple, système curieux, en ce qu'il ne pouvait strictement être établi, ni être défini logiquement, sans tomber dans le chaos ou dans l'absurde; puis c'est une théorie qui n'a encore été réalisée dans aucun temps ni en aucun lieu. Mais les brouillons en faisaient le marchepied de leur propre ambition, les fourbes un évangile de vanité; il n'était pas jusqu'au loyal rêve-creux Royer-Collard, qui, jouissant de voir la démocratie débordée de toutes parts, voulait en séparer exactement l'aristocratie, et espérait marier la royauté avec cette démocratie, pour qui elle est antipathique, sans s'imaginer que le lien du mariage exige un consentement mutuel. Ne voyait-il donc pas que le droit de refuser l'impôt suffirait pour briser cette charte et les pouvoirs prétendus balancés; que l'impôt non légalement établi ne serait ordonné par aucun administrateur, passible alors de peines flétrissantes prononcées par des tribunaux, obligés par devoir, fût-ce contre leur gré, de donner gain de cause aux imposés récalcitrants contre le gouvernement et les administrateurs qui lui obéissaient? Au reste, cette charte, dont *Carrel* disait : *Ce que j'en aime, c'est qu'elle porte en elle-même les moyens de la détruire*, avait été définitivement jugée, avant sa chute, par le journal intitulé le *Courrier français*, qui s'exprimait ainsi, le 1er janvier 1830 : « Il est évident pour tous ceux qui ont » tant soit peu étudié les doctrines du gouvernement constitutionnel, qu'en définitive tout ressortit au pouvoir qui vote l'impôt; la chambre des » députés, *théoriquement considérée*, n'est bien » qu'une branche du pouvoir législatif; mais, *par* » *le fait, tout rentre dans sa juridiction*; le vote » des subsides entraîne nécessairement l'examen *de* » *toutes les parties du gouvernement, de son* » *esprit, de ses actes, de son personnel.* »

Telle était donc, par la charte, l'omnipotence de la chambre des députés, en vertu d'une prétendue balance entre elle, d'une part, et un roi, simple décoration de la démocratie, contre laquelle il n'avait pour arme que cet article 14, dont il ne pouvait user avec succès qu'en faveur de cette même démocratie, comme l'ont prouvé l'ordonnance du 5 septembre 1816 et les ordonnances de juillet 1830; d'une autre part, la soi-disant aristocratie de cette chambre des pairs, qui ne pouvait vivre qu'en protestant contre son titre, par sa tendance à favoriser les prétentions démocratiques : aussi le libéralisme n'avait-il jamais déblatéré contre cette pairie héréditaire, qu'il était sûr d'effacer d'un souffle, après son triomphe contre le trône. En effet, on l'a vue décimée après les trois journées de juillet, durant lesquelles elle n'eût pu armer un seul homme, tandis que l'industrialisme en armait cinquante mille; et bientôt après dépouillée de l'hérédité; car c'est dans la nature de l'état social qu'il faut chercher la force ou la faiblesse des choses.

En résumé, la constitution anglaise unissait tout, et tout était mis en lutte par la charte française, faute d'une aristocratie qui, dans cet essai de gouvernement, en était le côté faible, parce qu'il est le côté faible de notre civilisation, de nos passions, de nos opinions, et en un mot de nos mœurs, telles que la révolution les a faites; de grands seigneurs, réellement puissants et conservateurs, n'existent plus et ne sauraient renaître, car il faudrait qu'ils fussent l'objet d'un respect qu'on n'éprouve plus et qu'on ne peut recréer; l'influence morale du clergé est dans la même catégorie; elle était d'opinion, et cette opinion a cessé dans les masses. Il n'en faut pas moins chercher à vivre politiquement sans tous ces éléments sociaux.

XXV.

De la première restauration. — L'empereur d'Autriche. — Gênes. — Le pape.

Appuyé sur cette charte, où l'esprit et la lettre étaient en opposition, et qui plaçait une monarchie sans éclat, et une aristocratie sans pouvoir sur une base démocratique, le rôle de Louis XVIII était des plus difficiles à jouer avec succès, tel grand comédien qu'il fût : il avait promis de conserver à chacun *ses pensions, grades et honneurs militaires*. Tous en concluaient que leurs emplois, quels qu'ils fussent, devenaient des propriétés incommutables, et jetaient des cris si on n'admettait ces prétentions abusives. Il n'y avait pas jusqu'aux femmes de chambre des princesses napoléoniennes qui ne crussent que d'avoir servi la famille impériale leur donnait le droit d'entrer dans la maison domestique de la duchesse d'Angoulême. Soixante mille officiers, nécessairement congédiés, murmuraient; on attribuait au roi la perte des conquêtes de la révolution, que Napoléon lui-même avait perdues; on disait que le roi avait été ramené par l'étranger, tandis que l'empereur déchu avait, de Prague à Châtillon, c'est-à-dire durant près d'une année, refusé constamment des traités qui lui eussent conservé sa couronne, en ruinant complétement la cause des Bourbons; on trouvait mauvais que le monarque datât de la vingtième année de son règne, ce qu'exigeait le principe de la légitimité; on eût voulu qu'il se considérât comme un roi élu, quand il n'y avait eu ni pu avoir eu d'élection; Louis XVIII, quelque condition que le sénat eût voulu y mettre (ce dont le public fut vivement choqué), n'ayant été rappelé et accueilli qu'en vertu de son droit héréditaire, et au sein d'une acclamation générale. On trouvait ridicule qu'il se dît roi *par la grâce de Dieu*, quoique Napoléon eût aussi adopté cette formule.

L'empereur d'Autriche avait invité le sénat à servir fidèlement son souverain. Voici encore un fragment de sa réponse à ce sénat, quand, le 19 avril 1814, il lui fut présenté par Talleyrand : « J'ai combattu pendant vingt ans les principes qui » ont désolé le monde. J'ai porté, par le mariage

» de ma fille, et comme souverain et comme père, » un sacrifice immense au désir de mettre un terme » aux maux de l'Europe. Ce sacrifice a été inutile; » mais je ne regretterai jamais d'avoir fait mon de- » voir. »... Le sénat, peu satisfait de ces paroles, ne voulut pas qu'elles fussent insérées dans ses registres.

Mais, tandis que ce qu'on nommait la restauration (expression aussi fausse que celle de constituante pour notre désorganisatrice assemblée de 1789) défaisait, sous l'influence de l'étranger, ce que Napoléon avait commencé à refaire, et devenait plus utile aux révolutionnaires qui la réprouvaient, qu'aux royalistes qui en jouissaient vivement, puisqu'elle ne donnait rien à ceux-ci, et donnait à la fortune de ceux-là une fixité et un avenir qu'elle n'avait point eu encore;

Tandis que l'on conjurait déjà secrètement contre cette restauration qui, seule, avait sauvé la France d'un démembrement demandé et espéré par toute l'Allemagne, l'Angleterre leurrait, par de perfides promesses, l'État de *Gênes*, et allait le livrer au roi de Sardaigne; car lord Williams Bentinck ne peut se laver d'avoir promis, les 16 et 17 avril 1814, que les Génois recouvreraient leur indépendance, promesse en vertu de laquelle, seuls, ils avaient chassé la garnison française et reçu les troupes britanniques. Cependant, dès le 18 décembre 1813, lord Bathurst avait ordonné à l'amiral anglais de secourir les Génois, s'ils témoignaient le désir de se donner au roi de Sardaigne; lord Castlereagh lui mandait de Dijon, le 30 mars 1814, de donner *tout secours* au roi de Sardaigne, mais de *s'abstenir avec grand soin de toute mesure qui pourrait compromettre sa cour ou ses alliés, à l'égard de la disposition finale de quelque autre territoire dans le nord de l'Italie, dont la destination doit être discutée lors de la paix;* puis lord Bentinck savait que l'intention de l'Angleterre était de réunir Gênes au Piémont: aussi fut-il désapprouvé par Castlereagh, dans sa dépêche du 6 mai; et les négociations de l'envoyé *Augustin Pareto*, les motifs d'intérêt et d'équité qu'il fit valoir, ne purent empêcher cette réunion, consacrée par le congrès de Vienne, et contre laquelle le marquis *de Brignolé* remit entre les mains du ministre anglais une protestation faite par le gouvernement provisoire de Gênes, le 22 décembre 1814, pièce historique qui mérite d'être conservée. La voici:

« L'espoir de rendre à notre chère patrie sa splen- » deur primitive nous avait fait accepter les rênes » du gouvernement. Tout paraissait justifier notre » attente; les proclamations du général anglais, » trop généreux pour abuser de la victoire, trop » éclairé pour mettre en avant le droit *douteux* » de conquête; les prérogatives imprescriptibles » d'un peuple dont l'indépendance s'attache au com- » mencement de son histoire, et forme une des bases » de l'équilibre de l'Italie, garantie par le dernier » traité d'Aix-la-Chapelle; l'évidente nullité de sa » réunion à un empire oppresseur, puisqu'on y » admet le principe que le consentement des habi- » tants était indispensable, et que l'on compte néan- » moins comme ayant donné leurs voix en faveur » de cette réunion tous ceux qui n'avaient point » voté; la dissolution de cet empire, et, par-dessus » tout, la garantie des hautes puissances alliées, dé- » clarant à la face de l'univers attentif et reconnais- » sant qu'il était temps que les gouvernements res- » pectassent leur indépendance réciproque; qu'un » traité solennel, une paix générale allaient assurer » les droits de la liberté de tous, rétablir l'ancien » équilibre en Europe, garantir le repos et la li- » berté des peuples, et prévenir les envahisse- » ments qui depuis tant d'années ont désolé le » monde.

» Après ces déclarations mémorables, après une » administration assez heureuse pour rouvrir les » premières sources de la prospérité nationale; » après que l'État a repris sans obstacle toutes les » marques de la souveraineté, et que son antique » pavillon a flotté sur toutes les côtes, et a été reçu » dans tous les ports de la Méditerranée; nous » avons été aussi surpris que profondément affligés » d'apprendre la résolution du congrès de Vienne, » portant la réunion de cet État à ceux de Sa Majesté » le roi de Sardaigne..... Il ne nous reste plus qu'à » remplir un triste et honorable devoir, celui de » protester que les droits des Génois à l'indépen- » dance peuvent être méconnus, mais ne sauraient » être anéantis.

» Cet acte conservatoire n'a rien d'opposé au pro- » fond respect dont nous sommes pénétrés pour les » hautes puissances... Il est dicté par le sentiment... » de notre devoir... Notre tâche est remplie... Le » peuple sera tranquille, et méritera, par une atti- » tude convenable, l'estime du prince qui va le » gouverner..... »

Ce mépris, par l'Angleterre, des promesses faites en son nom fut plus tard renouvelé par elle dans le perfide abandon de Parga.

Tandis que la restauration voguait, sans le savoir, vers un écueil, le souverain pontife, délivré de sa prison de Fontainebleau, s'était empressé d'envoyer à Rome pour y rétablir son autorité; mais celui qu'il avait chargé de ses pleins pouvoirs se crut obligé d'effacer tout ce qui avait eu lieu depuis l'usurpation, hommes et choses; c'était une désorganisation complète, et l'exaltation populaire, produite par des actes aussi inconsidérés, aurait pu entraîner les excès les plus barbares chez un peuple naturellement bon, mais dont l'imagination est vive et prompte. Les gens sages cherchèrent donc à calmer cette rage prétendue réformatrice, et qui, depuis huit à dix jours, tenait Rome sous le joug d'une terreur menaçante, qui ne prit réellement fin qu'à l'arrivée de Pie VII, vivement affligé de la conduite du fougueux cardinal, auquel il donna pour successeur le cardinal Gonzalvi. Cet homme, aussi remarquable par son caractère que par ses talents, et auquel le saint-père remit toute son autorité, sut l'exercer également pour le bonheur du peuple et le lustre de la papauté, en réduisant à une entière soumission les ministres, qui jusque-là avaient joui d'une presque totale indépendance : heureux absolutisme, par lequel un génie supérieur, animé de l'amour du bien public, sut calmer les passions haineuses, concilier les opinions les plus divergentes, rendre le gouvernement éminemment paternel, et raviver l'influence spirituelle du souverain pontife sur l'Italie, la France et l'Irlande. Gonzalvi, habile à s'entourer de tous ceux qui étaient capables d'apprécier et de seconder ses vues restauratrices, réduisit sans effort les cardinaux à n'être que de grands seigneurs environnés d'éclat, mais sans pouvoir.

Parmi les extravagances de cette époque, nous devons citer ce qui eut lieu au jardin botanique du Vatican. L'intendant de ce jardin, ayant repris ses fonctions au retour de son ancien maître, s'empressa de le visiter : *Qu'est-ce que cela?* dit-il à un des jardiniers. — *C'est une plante des terres australes, qu'on doit au capitaine Baudin. — Celle-ci? — Le lin de la Nouvelle-Zélande, dont l'impératrice Joséphine nous a fait cadeau. Il s'acclimate bien. — Je ne connais pas cela; arrachez-moi ça, arrachez, vous dis-je!* Et on allait dévaster le jardin, sans l'arrivée et la sagesse du cardinal Gonzalvi.

Qu'on déblatère à l'envi contre la suprématie spirituelle des papes, comme contre leur pouvoir temporel sur un État qu'ils rendent heureux, et dont ils tirent leur indépendance; le fait est, que leur autorité ne fut, abstraction faite de son essence sacrée, que le triomphe des lumières sur l'ignorance, de la civilisation sur la barbarie, de la spiritualité sur la force brutale; elle dut naître (miracle à part) de la nature même des choses, devint utile comme nécessaire durant le moyen âge, dut s'affaiblir comme, sous quelques rapports, moins utile en raison du progrès des lumières; blâmer son absolutisme d'alors, ou vouloir la recréer aujourd'hui telle qu'elle fut jadis, serait également une erreur; mais ce qu'il y a de remarquable, c'est que les papes ont été calomniés d'abord par les rois, que les peuples calomnient maintenant; et servis autrefois par l'opinion des masses, qui de nos jours semblent se détacher d'eux.

XXVI.

Seconde restauration. — Richelieu. — Bergasse. — Blacas. — De Serre.

Quand le roi, qui dans la première restauration avait eu à subir l'outrage de se voir adresser, par Carnot, une apologie du régicide, trompa, grâce à un prompt retour, la malveillance de l'étranger, à qui la révolution demandait un roi élu, et non un monarque légitime, trahi par ceux qui lui jurèrent fidélité, il avait certes le droit très-légal de réformer son œuvre, bienfait indignement méconnu; mais en avait-il prévu les vices et senti la nécessité d'un double budget, l'un perpétuel en raison des dépenses perpétuelles qu'il doit solder (car rien de plus absurde qu'un revenu incertain en face d'un emploi fixe et sacré, tel que dot ou pension); l'autre annuel dans les intérêts de l'ordre et de l'économie? puis, eût-il eu cette utile prévoyance, de quel degré d'autorité jouissait-il alors? C'est au révolutionnaire Talleyrand qu'il dut sa couronne, et il la devait encore au régicide Fouché; les alliés, maîtres de Paris, protégeaient bien moins la royauté que la révolution ; sans le prince de Hardenberg, ils eussent favorisé peut-être une ambition usurpatrice.

A cette époque, je me trouvais encore à Saint-Pétersbourg, et je me souviens avoir entendu dans certains salons de la haute société, dire que si l'empereur Alexandre fit venir ses jeunes frères à Paris, c'était pour les montrer à la France, façon indirecte d'inviter à couronner l'un d'eux; et à mon passage par Londres, j'entendis blâmer Louis XVIII de s'être tant hâté de rentrer en France, avant d'y être solennellement invité. A la vérité, le tzar s'opposa au morcellement de notre patrie, mais, comme le remarqua Hardenberg, c'était de peur de rendre l'Allemagne trop puissante. Au reste, le roi se trouva inopinément posséder une arme propre à lui faire asseoir son autorité sur de solides bases, l'indignation générale ayant, sans moyen d'intrigue, produit une chambre toute royaliste que le monarque qualifia lui-même d'*introuvable*. Tout aurait donc repris de la stabilité, si le prince avait pressenti tout ce que sa situation offrait de danger dans un avenir déjà assez prochain, et s'il eût été secondé par une pairie trop aveuglée du désir d'acquérir quelque popularité, ou par un ministère réellement monarchique; mais ce ministère, imbu en partie d'idées systématiques, et voué dans son chef à un gouvernement étranger, combattit, chercha à flétrir, et finit par rendre nul le zèle désintéressé des défenseurs du trône. Il y a plus, Richelieu, à la moindre velléité du roi d'entrer dans une voie conservatrice, se concertait avec les principaux ambassadeurs accrédités près la cour des Tuileries, pour faire menacer ce monarque d'une nouvelle et considérable invasion, s'il ne se maintenait pas dans la ligne qui lui avait été tracée. Au fait, Richelieu n'était en France qu'un préfet russe, et c'était pour remplir un tel rôle qu'il avait été élevé au rang qu'il occupait; voici comment les choses s'étaient passées.

Quelques royalistes, peinés de voir siéger dans le conseil de Louis XVIII un homme qui contribua à faire tomber la tête du frère de ce monarque, et sachant le crédit que Mme de Krüdner avait acquis près de l'empereur Alexandre, ainsi que la puissance dominatrice alors de ce roi des rois, en causaient avec le libraire journaliste Colnet, qui, par ses feuilletons, empreints d'une malicieuse bonhomie, était presque devenu une puissance; *il n'y a*, leur dit-il, *qu'un homme capable de diriger cette femme enthousiaste, c'est Bergasse;* on en convient : il était à la campagne, on y vole, et son royalisme ainsi que sa vanité flattée le ramènent à Paris; de là, les conciliabules de l'hôtel de Montchenu. Alexandre, subjugué par la vive, brillante et facile élocution du spirituel vieillard, cède à tous ses désirs, prend la plume, et, sous sa dictée, fait une liste de nouveaux ministres, parmi lesquels Bergasse ne veut point être placé, et cette liste est envoyée au roi, qui change aussitôt son ministère. Deux choses aidèrent aux moyens d'entraîner le tzar dans cette secrète démarche : 1° Il détestait Talleyrand depuis la signature de ce traité du 3 janvier 1815, qui tendait à unir la France à l'Angleterre et à l'Autriche, contre lui et la Prusse; 2° il savait tout l'empire qu'il exerçait et pourrait continuer à exercer sur le duc de Richelieu.

Outre l'inconvénient d'avoir un principal ministre donné par l'étranger, et dévoué à une cour étrangère; outre celui, malheureusement inévitable, de ne régner que par une charte, à principes, à bases, à instruments démocratiques, et celui d'être revenu pour la seconde fois à la suite d'une défaite humiliante, quoiqu'elle ne fût point honteuse, et que les Bourbons, sans excepter un seul, devaient intérieurement bénir, tout en la déplorant extérieurement, Louis XVIII était, à son retour, tombé au milieu d'un peuple tout autre que celui auquel il avait échappé en 1790, et ce peuple, tout renouvelé dans son existence politique et sociale, il était loin de le connaître, car on ne connaît réellement que celui au sein duquel on vit en observateur.

En France, par la révolution, les situations personnelles avaient été déplacées, les vanités exaltées; de nouveaux intérêts, de nouveaux préjugés y avaient remplacé des préjugés et des intérêts anciens; puis chaque phase révolutionnaire laissa dans les esprits et les cœurs de certains personnages plus ou moins influents, des germes de dissentiment que le plus léger froissement de l'amour-propre devait réveiller. Quelques-uns tenaient encore aux principes républicains, dont ils n'attribuaient la ruine qu'à la faiblesse ou à l'impéritie de ceux qui gouvernaient; d'autres, et c'était le plus grand nombre, habitués à l'égalité sous l'empire du sabre, et flattés des titres et décorations dont avait été payée une soumission sans murmure, voyaient avec peine, par le rétablissement de l'ancienne noblesse, leur lustre trop récent effacé par un lustre éclairé de plusieurs siècles, et eux, protecteurs la veille, devenir le lendemain des protégés; puis l'ordre moyen avait tout possédé, et il fallait partager les places et emplois avec ceux qui en furent longtemps privés. Tout froissait donc les intérêts comme la vanité de la bourgeoisie, qui cherchait tous les moyens d'interpréter la charte dans le sens le plus favorable à sa prépondérance en partie déchue. Enfin, comme si, par la nature des choses, la monarchie n'avait point encore assez d'ennemis, les seuls, soi-disant purs, en accroissaient le nombre pas leur insolence et leur intolérance, et en signalant comme révolutionnaires ceux qui avaient cessé de l'être, ou ceux qui se ralliaient à la cause royale sans exaltation, ils repoussaient vers l'illégitimité nombre de gens parmi lesquels la légitimité eût trouvé des soutiens.

Il y a plus, Louis XVIII, en flétrissant par une amnistie ceux qui l'avaient suivi dans son exil du 20 mars, mit fin à cette politique sentimentale, d'origine chevaleresque, devoir de la noblesse et lévite du trône, dont, après l'émigration armée, la réunion de Gand vit sans doute le dernier développement, et non-seulement il faisait aussi une sanglante injure à la fidélité qu'il méconnaissait, mais à peine accordait-il de légers secours à ces intrépides Vendéens, qui s'immolèrent courageusement et sans arrière-pensée à son service; hommes d'un caractère antique, qui reçurent avec respect ces médiocres bienfaits, et plus tard, refusèrent noblement de les recevoir d'une main autre que celle de la légitimité.

Une prospérité sans exemple encore, et dont Charles Dupin a tracé le miraculeux tableau, fut le fruit de la restauration.

On a énuméré, on a exagéré même ses fautes; il eût été plus équitable et plus impartial de la juger d'après la situation critique dans laquelle se trouvèrent alors les Bourbons. Assiégés d'un côté par une foule de petites ambitions d'antichambre; d'un autre, par l'ambition politique de ces hommes qui croyaient qu'avoir droit à ses libertés c'était en avoir au pouvoir; et par cette masse d'officiers avec ou sans emploi qui, regrettant l'état de guerre comme si tel était l'objet d'un gouvernement constitué, accusaient l'autorité de ne point entretenir une armée qu'elle n'aurait pu solder.

Les Bourbons voulaient rendre la France libre en la croyant gouvernable, ce qu'elle n'était plus, et Bernadotte avait raison de dire à *Monsieur*, devant notre cousin Dampierre: *Il faut une main de fer doublée de velours.* Peut-être ne sentirent-ils pas assez qu'ils ne pouvaient régner que par la force, et que la force n'était que dans l'armée; certes ils firent des fautes : c'en fut une de n'avoir pas annulé, sinon rendu utile ce Benjamin Constant, vaniteux et cupide, double moyen de l'asservir; ce fut un double scandale de n'avoir pas fait *Cathelineau* pair de France, et d'avoir accueilli les princes de Poix et de Tarente la Trémouille. Ce fut une absurde loi que la loi du sacrilége, car celui qui vole dans une église le fait uniquement par cupidité : les magistrats et les jurés se fussent bien gardés de l'appliquer, sûrs d'exciter l'indignation en mettant pour ainsi dire le glaive aux mains de la religion qui abhorre le sang.

Quant au projet de remboursement des rentes, c'eût été une véritable banqueroute et une illégalité, car l'article 1911 du Code n'est relatif qu'aux engagements réciproques des particuliers dont les créances n'éprouvent ni hausse ni baisse; leur taux est donc fixé tandis que celui de la rente est variable, et qui peut perdre doit avoir la chance de gagner. Puis, gagne-t-on réellement à la hausse des effets publics? Non, la valeur du numéraire décroissant journellement, le capital primitif de la rente serait remboursé avec un numéraire de moindre valeur, et cette dépréciation même est du fait de l'État qui rembourserait, car c'est la multiplication des effets émis par lui qui la produit. Enfin, la rente achetée en hausse, plus nominale que réelle, l'a été sous l'autorité de la foi publique, et les rentiers qui ont placé sur l'État les fruits de leurs talents, de leur travail, de leurs économies, doivent-ils en voir diminuer la valeur; et ceux qui, dans des partages, reçoivent des rentes au cours du jour n'auraient-ils pas un recours à exercer contre leurs cohéritiers? Sans entrer dans de plus longs détails, je dirai que, chaque fois qu'il est question de remboursement, on remarque la jubilation des agents de la bourse, signe certain du vice de cette opération qui donnerait de nouveaux aliments à l'agiotage.

Mais une des plus grandes fautes à reprocher à la restauration, serait l'introduction du gouvernement représentatif si elle n'eût été l'œuvre des alliés, donnant partout des constitutions dont les peuples ne savent que faire, et dont eux-mêmes n'auraient pas voulu chez eux. En effet, le gouvernement représentatif, tel qu'on le conçoit en France, est le pouvoir absolu de faire, au nom du peuple, tout ce qu'on fait sans lui; d'où naît le despotique empire des majorités fondées sur l'étroite minorité nationale, pour éviter toute action perturbatrice, ou sur le suffrage universel, élément d'instabilité, système doublement faux; car, dans le premier cas, c'est le régime gouvernemental du petit nombre exerçant les droits appartenant, dit-on, à tous en vertu d'une prétendue souveraineté populaire, ce qui ruinerait, par sa base, le principe même de cette souveraineté; et, dans le second, ce serait jeter l'autorité aux mains de l'ignorance invincible et passionnée, n'ayant pour agent que la force brutale habile à détruire, mais non à recréer; or ce fut elle qui fit la Jacquerie, la Saint-Barthélemy, le 10 août. Le gouvernement représentatif, déplorable charlatanerie révolutionnaire, est donc contraint à vivre de fictions sous peine de mort sociale, et quand c'est l'ordre moyen qui le dirige, il y entre avec toute l'étroitesse, l'imprévoyance et l'absence de dignité qui le caractérisent.

Que dire encore d'un favori tel que Blacas, homme incapable de rien apprendre, car il croyait tout savoir: digne successeur de d'Avaray, et qui, arrivé pauvre, avec son maître, sortit de France, au bout de huit mois, avec une grande fortune? Au reste, lui et Louis XVIII furent les seuls qui, dans les conseils, opinèrent pour qu'on payât et retînt les statues Borghèse, tandis que les membres de la révolution eussent voulu tout rendre.

Mais ces erreurs particulières n'étaient rien, près du vice fondamental de la charte; aussi, quand on dit en 1815 : « La division des pouvoirs rend ennemies, l'une de l'autre, les diverses fractions de la » puissance publique. *Si nous voulons la monarchie,* il faut revenir à de plus saines idées. » L'unité, cette première loi de tous les êtres, est

» aussi celle du gouvernement. Tout corps politi» que indépendant, créé par la main de l'homme, *à » côté du souverain, ne peut longtemps marcher » en harmonie avec lui*; il le subjugue s'il n'en est » subjugué. » Et à ces trop prophétiques paroles, il fut répondu : « La liberté consiste dans l'*équi» libre du pouvoir.* » Et de là, les conspirations fréquentes dont l'État fut agité, et que, par une tactique constante des révolutionnaires, ceux-ci attribuèrent au gouvernement même contre lequel elles étaient dirigées; mais qu'après leur triomphe, ils eurent le honteux courage d'avouer publiquement.

XXVII.

Benjamin Constant. — De Sèze. — Révélation sur le vol du muséum.

C'était, avec beaucoup d'esprit et de savoir, un singulier personnage que *Benjamin Constant;* je le voyais souvent, et surtout chez Mme de Staël; ses idées étaient extrêmes : république démocratique, ou despotisme féodal dans toute leur intégrité; aussi en parlait-il dans nos conversations particulières, très-différemment que dans ses écrits; instigateur du coup d'État du 18 fructidor, il déblatéra vivement en 1799, contre l'expectative d'une restauration monarchique, prétendant qu'elle ne pourrait s'opérer qu'en baignant la France de sang.

Exclu du tribunat par Napoléon, il ne fut pas un des derniers à lui jeter la pierre, dans un pamphlet intitulé : *De l'esprit de conquête et d'usurpation;* on y lisait : « La monarchie, telle qu'elle existe dans » la plupart des États européens, est une institution » modifiée par le temps, adoucie par l'habitude, » entourée de corps qui la limitent; le monarque » est, non un individu, mais une race de rois, une » tradition de plusieurs siècles. L'usurpateur est » une force qui n'est ni modifiée ni adoucie par » rien; individualité dans un état perpétuel de » défiance et d'hostilité, dynastie nouvelle aussi » orageuse que la faction, aussi oppressive que la » tyrannie. Le monarque n'a pas sa réputation à » faire, un usurpateur est obligé de justifier son » élévation. Que de ruses, de violence, de parjures, » l'usurpation nécessite!... Prendre des engage» ments que l'on veut enfreindre, se jouer de la » bonne foi des uns et de la faiblesse des autres, » éveiller l'avidité, l'injustice, la dépravation! Un » monarque arrive naturellement au trône, un » usurpateur s'y glisse à travers la boue et le sang. » Il y disait encore : « Je ne suis pas le partisan du » despotisme, mais s'il fallait choisir entre l'usur» pation et un despotisme consolidé, je ne sais si » ce dernier ne me semblerait pas préférable..... » L'hérédité n'a d'autre objet que de mettre le droit » sur le trône, afin qu'il soit partout... A ce titre, » elle devient une véritable légitimité. Ce n'est pas » tout de se déclarer monarque héréditaire, ce qui » le constitue tel, ce n'est pas le trône qu'on veut » transmettre, mais le trône dont on a hérité. »

Dans ses brochures sur les constitutions, il fait les questions suivantes : « Sous laquelle a-t-on été » libre? Est-ce à la fin de 1791, quand la France » était agitée par des passions de tous genres? est-ce » à la fin de 1792, après les massacres de septembre? » est-ce en 1795, après la journée du 13 vendé» miaire? est-ce en 1797, après le 13 fructidor » (dont par parenthèse Benjamin Constant fut un » des principaux instigateurs)? est-ce en l'an VII, » lorsqu'un acte arbitraire avait frappé de nullité » l'exercice des droits du peuple, et que les citoyens » de tous les partis refusaient de concourir à des » élections menacées du même sort? » Et combinant les ressorts d'un gouvernement mixte, en dépit du système d'absolutisme royal ou républicain dont il m'avait entretenu, il établissait ce principe : *Le roi règne et ne gouverne pas.*

On sait sa violente déclamation publiée contre Napoléon, la veille de l'arrivée de ce prince, que, le lendemain, il devait servir; mais sait-on que Mme de Staël (qui qualifiait Bonaparte, *Robespierre à cheval*), inquiète du sort réservé peut-être à Benjamin Constant, s'empressa de lui envoyer une voiture, un passe-port et de l'argent; que l'individu chargé du message l'ayant trouvé en habit de conseiller d'État, descendant son escalier pour se rendre chez l'empereur, il se hâta, sans en demander davantage, d'aller rassurer sur le compte de son ami, celle qui tremblait de le voir tomber victime de son noble courage.

Dans une note, à la suite de la troisième édition de son pamphlet (*Conquête et usurpation*), il parlait avec mépris du drapeau tricolore, et on l'a vu l'un des chefs les plus ardents de l'opposition qui releva cette infâme enseigne révolutionnaire. De telles tergiversations n'ont malheureusement pas été rares parmi nous.

Ce qui le fut davantage, c'est la constance d'opinions et de conduite, et j'aime à rappeler ici celle du courageux défenseur de Louis XVI : de Sèze, mon proche voisin de campagne, était l'objet d'une estime générale, en raison de son honorable conduite lors du procès du roi martyr; aussi fut-il, après la terreur (seule époque depuis la révolution où la France devint momentanément presque toute royaliste), nommé à l'unanimité député de Seine-et-Oise; mais l'influence de la convention nationale s'étant prolongée dans les conseils du gouvernement pentarchique, il accompagna ses remercîments d'un refus formel, en disant ne pouvoir siéger dans une assemblée où se trouvaient encore un grand nombre de régicides.

Peu d'hommes tinrent aussi fortement que lui à leurs principes, mais nuls souverains détrônés ne conservaient, autant que nos princes, après vingt-cinq ans d'exil, un aussi grand nombre de sujets fidèles; la chambre des députés de 1815 en est la preuve. Nuls ne virent ainsi qu'eux de nombreuses populations combattre pour leurs droits, sans calcul d'intérêt ou d'ambition. Au reste, en mettant à part ces hommes toujours prêts à prendre les armes en leur faveur, le feu de paille de ces acclamations qui les accueillirent depuis leur réintronisation, loin de les persuader de la solidité de leur pouvoir, aurait dû leur rappeler ces mots d'un pape célèbre qui, assiégé d'hommages populaires, à son entrée dans une ville, disait : *Ils seraient encore plus nombreux si l'on me conduisait au supplice.* Certes, il est pénible de se refuser à l'idée de l'amour qu'on inspire, quand surtout on sait l'avoir mérité; mais tout a prouvé chez nous que cette douce illusion du cœur était une erreur de l'esprit. C'est ce que dit et répète l'expérience, et l'expérience, par malheur, n'est utile qu'à ceux qui pourraient s'en passer!

Puisons ici, sur la spoliation du muséum, dans un document aussi curieux que peu connu; il expliquera, sans le justifier, le manquement de foi prémédité des alliés dans un acte où l'injustice s'accroissait encore de perfidie, et où les négociateurs français manquèrent également de fermeté et de prévoyance.

On lit dans l'Histoire de la campagne de 1815, par le général baron Muffling, qui fut l'un des deux commissaires étrangers, signataires de la convention militaire du 3 juillet 1815, signée aussi par les trois commissaires, François Bignon, Bondy et Guilleminot : « On avait proposé que le musée serait » respecté comme propriété française, et qu'il n'y » serait pas touché; le prince Blücher déclina en» tièrement cet article, et déclara qu'au contraire » il reprendrait ce qui était propriété prussienne; » et, avec d'autant plus de raison, que le roi de » France avait promis l'année précédente au roi de » Prusse de lui rendre ses objets d'art, ce qui » n'avait pas été exécuté. Alors, les commissaires » (français) proposèrent d'insérer dans l'article *cette » exception qui garantirait le reste du musée.* » Cette proposition fut rejetée par le duc de Wel» lington, qui déclara qu'il ne pouvait prendre, » pour les souverains dont il commandait les ar» mées, que des engagements simplement relatifs » *au militaire;* qu'à la vérité l'Angleterre n'avait » pas perdu d'objets d'art; mais que le roi des » Pays-Bas et les princes allemands, dont les con» tingents se trouvaient à son armée, étaient dans » un cas différent et que c'était l'affaire de ces » princes; » et à l'article onze, qui promettait la sûreté des propriétés, on ajouta : « *à l'exception » de celles qui ont rapport à la guerre.* Ces mots » furent choisis, avec soin, pour ne pas gêner les » souverains *dans le cas où ils trouveraient né» cessaire de faire détruire les monuments de » Bonaparte qui ont rapport à la guerre...* Il » était nécessaire de publier tous ces détails sur les » discussions qui eurent lieu lors de la publication, » parce que plus tard on l'a si souvent alléguée; » par exemple, *lorsque les objets d'art ont été » repris et à l'occasion du procès du maréchal » Ney...* L'article douze *assure* respect aux *per» sonnes* et propriétés *particulières* et à tous les » individus qui se trouvaient dans la capitale. » Pour leurs droits et libertés, *sans pouvoir être inquiétés ni recherchés en rien* relativement aux fonctions qu'ils *occupaient ou auraient occupées;* à leur conduite et à leurs opinions *politiques :* mais le maréchal *Ney* était-il à Paris le 3 juillet? et la convention du 3 liait-elle le roi à l'égard de ce maréchal? au reste, dans sa dépêche à lord Bathurst, datée de Gonesse le 14 juillet, lord Wellington s'exprime ainsi : « Je vous envoie la copie » de la *convention militaire* conclue la nuit der» nière. Elle a été ratifiée par le prince Blücher et » par moi, ainsi que par le prince d'Ekmühl pour » l'armée française. Cette convention décide *toutes » les questions militaires* qui existent en ce mo» ment, et ne *touche en rien à la politique.* » Il résulte de ce document que l'article *onze* fut un piége tendu aux commissaires français, qui ne l'aperçurent pas; et que les alliés se ménagèrent les moyens, en l'interprétant, de ravir ce que textuellement ils s'engageaient à *respecter;* en se fondant sur des *promesses* peut-être fausses, et sur des discussions préalables dont la convention ne parlait pas. Ce qui est ici à remarquer, c'est que dans le conseil, Louis XVIII et Blacas, les seuls qui n'appartinssent pas à la révolution, furent aussi les seuls qui cherchèrent à s'opposer à la spoliation du muséum.

XXVIII.

Louis XVIII. — Soult. — Victor. — École polytechnique. — Pairs pensionnés. — Mme de Staël. — Origine du barbarisme. — Idées libérales.

Pour juger sainement Louis XVIII et son administration, il faut commencer par se rendre compte de l'état dans lequel il trouva la France ; après vingt-cinq ans de troubles, de guerres, après les catastrophes de Moscou, de Leipsick, toutes les frontières du royaume étaient comme brisées et la capitale occupée par les étrangers victorieux qui se partageaient en espoir nos plus riches provinces. Une héroïque armée, commandée par le plus grand général de l'époque, n'avait pu arrêter les progrès de l'ennemi ; Louis XVIII se présente, et la légitimité repousse ce que ne purent repousser la valeur et le génie. Le retour de l'exilé amène une seconde invasion, et le funeste traité du 20 novembre 1815 en est un des résultats : il doit peser sur la mémoire de celui sans lequel nous ne l'eussions pas subi. Le roi avait donc à payer les frais des deux invasions ; les immenses dépenses occasionnées par les cent jours, à solder une masse considérable d'officiers nécessairement sans emploi durant la paix ; à renouveler le matériel de guerre, à relever les fortifications des places négligées depuis quinze ans ; à mettre dans l'administration militaire et civile un ordre régulier qui en avait disparu ; et cela, en dépit de deux années de disette, durant chacune desquelles le monarque donna 10,000,000 de la liste civile, et en dix ans seulement la prospérité agricole, commerciale et industrielle avait doublé, selon les tableaux statistiques de Charles Dupin.

Outre ces 10,000,000, la liste civile était chargée d'un grand nombre de pensions et de dons particuliers. Isabey en reçut 40,000 francs, que Napoléon lui devait pour le dessin représentant son couronnement. Mais sans entrer dans d'autres détails, nous dirons (fait attesté) qu'en quinze ans, la liste civile répandit en bienfaits une somme de 120,000,000, et que les 33,000,000 qu'elle coûtait annuellement étaient loin de représenter 50 millions et plus, de revenu, que la branche des Bourbons avait apportés à la couronne.

Après tant de bienfaits, comment le roi aurait-il pu ne pas croire aux protestations de fidélité sans nombre dont son retour fut accueilli avant et après la seconde restauration : par exemple, cet ordre du jour du maréchal Soult, lors du débarquement de Napoléon au golfe Juan :

« Soldats, cet homme qui naguère abdiqua aux » yeux de l'Europe un pouvoir *usurpé*, dont il avait » fait un si *fatal* usage, *Buonaparte* est descendu » sur le sol français, *qu'il ne devait plus revoir.*

» Que veut-il ? la guerre civile ; que cherche-t-il ? » *des traîtres : où les trouverait-il* ? serait-ce » parmi ces soldats qu'il a trompés et sacrifiés tant » de fois, en égarant leur bravoure ? serait-ce au » sein de ces familles *que son nom seul remplit* » *d'effroi ?*

» *Buonaparte nous méprise assez* pour croire » que nous pouvons abandonner *un souverain légitime et bien-aimé*, pour partager le sort d'un » homme qui n'est plus qu'un *aventurier*. Il le » croit, l'*insensé !* et son dernier *acte de démence* » achève de le faire connaître.

» Soldats, l'armée française est la plus brave ar- » mée de l'Europe, elle sera aussi la plus fidèle.

» *Rallions-nous autour de la bannière des lis,* » à la voix de ce *père du peuple*, de ce digne hé- » ritier des vertus du grand Henri. Il vous a tracé » lui-même les devoirs que vous avez à remplir. Il » met à votre tête ce *prince, modèle des chevaliers* » *français*, dont *l'heureux retour* dans notre » patrie a déjà chassé l'*usurpateur*, et qui aujour- » d'hui par sa présence, va détruire son seul et » dernier espoir.

» Paris, ce 8 mars 1815.

» *Le ministre secrétaire d'État de la guerre*,

» Duc de Dalmatie. »

Le comte d'Argout, dans une circulaire aux maires du département du Gard, en date du 7 mai 1817, disait aussi : « Tous les bons Français rivalisent » d'amour... pour le roi... d'attachement à son au- » guste famille, et *à la doctrine de la légitimité.* » *Ils savent que sans cette doctrine sacrée, il ne* » *peut y avoir ni repos, ni bonheur, ni honneur* » *pour la France, et que l'existence même de* » *notre patrie est intimement liée à la conser-* » *vation de ce principe.* »

Comment celui qui signa l'ordre du jour du 8 mars put-il dire dans celui du 1er juin suivant : « *Les engagements que la violence nous avait* » *arrachés* sont détruits par le vœu de la nation » qui a repris... ses droits... et désavoué ce qui » avait été fait sans sa participation ? » Comment osa-t-il dire après la seconde restauration, dans un mémoire justificatif, que « dès l'abdication de Buo- » naparte, il n'est aucun effort qu'il n'ait fait pour » ramener vers nos *princes légitimes* et les troupes » et les citoyens... M'a-t-on vu hésiter un seul in- » stant à reconnaître et à proclamer les droits des

» Bourbons? » Rentré dans son grade et dans la chambre des pairs, l'arriéré de ses traitements lui est payé en pur don sur la cassette du roi; et ne dit-il pas dans la chambre, en 1831, *n'avoir jamais eu de sympathie pour les Bourbons!*

Mais laissons tomber un voile officieux sur le trop vaste tableau de ces palinodies qui font honte à notre espèce. Je n'y noterai pourtant pas la violation, par le soldat, d'un serment commandé comme un temps d'exercice. Ce n'est qu'aux révolutionnaires qu'il appartient de qualifier les *baïonnettes d'intelligentes;* certes, il n'en est pas de même de l'officier, et surtout de ses chefs, que rien ne contraint à le prêter, dans un pays surtout où naguère une seule parole donnée devenait, sous peine de déshonneur, un engagement sacré. Ce sentiment, tout français sous le *drapeau historique*, auquel a succédé le *drapeau tricolore,* dit *national,* n'était pas encore totalement éteint, quoiqu'on n'en puisse citer aujourd'hui que des traits malheureusement très-rares. Aussi avons-nous à rappeler ici le nom du maréchal *Victor, duc de Bellune.* Dans une proclamation, datée du quartier général de Sedan, le 10 mars 1815, il disait: « L'ordonnance du roi » et la proclamation de Sa Majesté, du 6 de ce » mois, annoncent aux Français le nouvel attentat » de Buonaparte à la paix et au bonheur dont ils » jouissent sous le gouvernement paternel de leur » *souverain légitime* et justement chéri. Mais elles » annoncent en même temps le châtiment prochain » de ce nouveau crime... C'est l'homme qui a tyran» nisé, désolé, trahi la France pendant douze ans, » qu'il faut poursuivre, ainsi que les satellites qui » l'assisteraient dans ses brigandages. » Trompé dans ses espérances, le maréchal rejoignit Louis XVIII à Gand, et est mort fidèle au serment qu'il avait prêté.

L'impudeur des accusations lancées contre Louis XVIII serait curieuse à énumérer. Méchin n'a-t-il pas osé dire qu'aussitôt la restauration, on chassa tous les employés pour les remplacer par des prêtres? n'a-t-on pas dit encore que l'école polytechnique fut renvoyée, c'était en 1816, pour avoir défendu Paris, ce qui eut lieu, dit-on, en 1814. Mais il y a ici deux choses à remarquer: 1° les élèves n'avaient été renvoyés qu'après qu'on eut perdu tout espoir d'apaiser leur esprit insurrectionnel; l'école fut rétablie dès le 4 septembre de la même année; et dans l'ordonnance de réinstallation, il est dit (art. 56) que les élèves licenciés seront admis aux examens des écoles d'application; 2° ce motif prétendu de punition si tardive n'eût porté que sur une erreur que la vanité révolutionnaire adopte contrairement à la vérité. L'école polytechnique ne défendit pas Paris en 1814: elle conduisit seulement sur la route de Vincennes deux pièces de canon qui lui furent prises par un hourra de Cosaques, auxquels une charge de dragons les reprit. Leur zèle était estimable, mais fut totalement inutile; et cette fausse anecdote, dite et répétée, a été démentie à la tribune même par M. Arago, homme nullement suspect à cet égard.

Revenons à Louis XVIII. Sur cent quarante-sept pairs pensionnés, on trouve les hommes de la révolution, dont les noms suivent: Abrial, Barthélemy, le comte de Beaumont, le duc de Cadore, Chaptal, Chasseloup, Clément de Ris, Colchen, Cornet, Cornudet, Decroix, Dédelay-d'Agier, Dambarerre, Tracy, Dupuy, Fabre, Gassendi, Jaucourt, Klein, Latour-Maubourg, Lemercier, Barbé-Marbois, Monbadon, Montesquiou, Péré, Pontécoulant, Rampon, Sainte-Suzanne, Ségur, Sémonville, Soulès, Vaubois, Villemanzi, Vimar. Ces trente-quatre pairs, tous hommes de l'empire, ou de tous les régimes révolutionnaires, avaient chacun 24,000 francs de pension. Quant aux royalistes, ou soi-disant tels, quoique ayant plus que ceux ci-dessus besoin d'être favorisés, ils le furent beaucoup moins; car un seul vit son traitement monter à 20,000 francs, et encore était-ce le peu recommandable duc de La Vauguyon; un autre obtint 15,000; un troisième 13,000, et tous les autres 4-6-8-10 ou 12,000 francs; et cependant, parmi ces derniers, on remarquait des hommes constamment voués à la monarchie, et ayant souffert pour elle dans leurs fortunes et leurs personnes.

La mieux traitée de tous fut Mme de Staël, qui, certes, ne le méritait point par ses opinions et sa conduite; car, à ma connaissance et d'après mes observations, elle contribua par ses propos à Saint-Pétersbourg, à aliéner l'empereur Alexandre contre Louis XVIII; cependant ce prince lui fit payer les *deux millions* qu'elle avait réclamés vainement de Napoléon; elle n'en trouva pas moins humiliant pour son patriotisme le régime de la restauration; et la moitié de ce bienfait royal est entrée, par le mariage de sa fille avec le duc de Broglie, dans la fortune de celui-ci, qui n'en a pas tenu compte à la légitimité.

Au reste, quoique les idées de Mme de Staël aient été souvent fausses, son caractère fut toujours vrai; et bien qu'elle ait possédé un esprit transcendant, son cœur valait mieux encore que son esprit. Ses talents éblouissaient, mais ne pouvaient convaincre; elle étonnait, elle séduisait; mais elle eût séduit davantage et moins étonné si elle avait joint plus de justesse au brillant de son intelligence. Aimant à paraître, parlant beaucoup, écoutant peu, poursuivant sa pensée, sans répondre à celle qu'elle croyait opposée à son opinion, elle ne s'en choquait point, ne la combattait point; car tout ce qui n'était pas elle, ou d'elle, passait pour elle inaperçu; causant en poste, ses affections étaient aussi rapides que ses discours; on trouvait son cœur quand on le cherchait, mais il vous échappait à l'instant, à moins qu'on le provoquât de nouveau; et elle accueillait sans haine le sarcasme, pourvu qu'il fût spirituel. Ses écrits, assez volumineux, ont eu de la vogue, et beaucoup; on ne les lit pourtant plus, car, si telle ou telle époque accueille avec faveur ce qui flatte ses passions, il n'y a que le vrai qui passe à la postérité.

C'est à Mme de Staël, dans l'apologie de son père, qu'on doit le barbarisme, *idées libérales*, employé pour exprimer l'esprit de liberté; *liberalis* ne dérive cependant pas de *libertas*, mais de *libens*, qui agit de plein gré; *libenter*, volontiers, de bon cœur; *liberalitas*, générosité. Il en est de même des arts libéraux, traduction non de *artes liberales*, mais de *artes libertini*. D'autres erreurs grammaticales sont de nommer *artistes* de simples ouvriers, et *clients* leurs pratiques. Mais on aurait trop à faire si l'on voulait relever le grand nombre de fautes de langue, enfantées par l'ignorance vaniteuse de notre temps. Arrêtons-nous cependant ici sur les deux expressions, 1° *avenir*, qui ne représente rien, car un avenir encore inconnu peut être un mal comme un bien; 2° *progrès*, pris pour développement, dont on ne saurait assigner la nature utile ou nuisible.

XXIX.

Causes de la restauration. — Salvandy. — L'empereur Alexandre.

On a déblatéré avec tant d'ignorance ou de mauvaise foi sur les causes de la restauration, qu'il est bon d'en tracer l'histoire : la voici.

Les princes français exilés n'avaient plus de partisans parmi les souverains de l'Europe continentale, qui se riaient de l'espoir d'une restauration de la maison de France, conservé encore ou rêvé par quelques royalistes; et Napoléon était généralement considéré comme solidement établi sur le trône impérial. Mais ce monarque, universellement redouté, va perdre en Russie la plus formidable armée qui fût jamais; refuse, à Prague, un traité qui lui conserverait encore une immense domination; perd une seconde et brillante armée à Leipsick, et se refuse de nouveau à des stipulations grandement avantageuses : or, tandis qu'on négocie, ses dépêches interceptées prouvent qu'il n'y a aucune sûreté à traiter avec lui, ce qui force ses ennemis à briser son trône, sur lequel, jusqu'à la prise de Paris, ils avaient conservé l'intention de le maintenir. Ce fut alors que l'arrivée de Louis XVIII, dont aucune des puissances ne voulait, à l'exception de l'Angleterre, vint comme un bouclier se placer entre l'Europe et la patrie. Napoléon, échappé l'année suivante de l'île d'Elbe, vient de nouveau livrer la France aux dangers d'un morcellement que prévient encore la présence de ce même Louis XVIII, cause pour la seconde fois du salut de son royal domaine, deux fois compromis par Napoléon, en dépit des impuissants efforts de sa belliqueuse armée, commandée par le plus grand général de l'époque. Telle est l'histoire secrète et véritable de la restauration, dont l'empereur Alexandre disait à l'impératrice Joséphine que ce n'était pas lui, mais la France qui l'avait voulu.

Fidèle ici à ma méthode de m'appuyer principalement sur des autorités étrangères à mes opinions politiques, je vais citer un fragment de M. de Salvandy (*Seize mois*, ch. 10, pages 100 et suivantes). Le voici :

« Qui ne sait les hésitations, les répugnances, les » combats des hauts alliés? qui ne sait que ce fut » malgré eux peut-être que Bordeaux, Nancy, » Troyes, Paris enfin, appelèrent les Bourbons pour » s'interposer entre la patrie et ses revers? La » révolution avait rétabli la monarchie; le trône » vacant, une vertu émérite s'offre à le remplir... » C'est ainsi que la restauration s'opéra. Ce fut la » chambre des députés de l'empire, ce furent les » conseils généraux de l'empire, ce fut le sénat, » pairie de la révolution, qui proclamèrent le rap- » pel des Bourbons au trône de leurs pères... Quand » donc de ces deux sociétés, de ces deux Frances, » il en est une qu'on accuse de nos revers, *injus-* » *tice et mensonge!* Ce n'est pas elle qui était allée » chercher au fond du Nord l'avalanche sous laquelle » l'empire tomba écrasé. — Le second envahisse- » ment ne fut pas plus que le premier conduit par » eux et pour eux; il y eut, au 20 mars, soulève- » ment unanime des peuples, des aristocraties, des » rois de l'Europe, contre la réapparition du génie » des conquêtes... La dynastie antique ne servit » qu'à une chose; ce fut, le surlendemain des nou- » veaux désastres, si témérairement provoqués, à » opposer aux vainqueurs le seul rempart qui pût » nous préserver des effets de la prolongation de » nos malheurs. L'armée revenait des champs de

» bataille, délabrée, sanglante, mutilée par la for» tune; la chambre des représentants se met à la » mutiler de nouveau par le plus pusillanime et le » plus ignare des calculs; elle enlève aux soldats » leur chef; elle les dépossède de son génie, et lui » de sa couronne, dans l'espoir de tendre plus » heureusement la main désarmée à l'étranger qui » la repousse. Alors paraît, *malgré les efforts des » deux puissances*, un vieillard qui, du sein de » la capitale envahie, jette entre la France et l'étran» ger son bien et son arme unique, son bâton de » voyageur; mais ce bâton est le sceptre de soixante » rois; Louis XVIII couvre de son droit le royaume » entier... Les rois s'arrêtèrent devant ce principe » de la légitimité, à l'aide de laquelle le représen» tant de la France vaincue avait su, à Vienne, » sauver la Saxe, et qui, à Paris, combattit pour la » France. »

En effet, deux choses sont à remarquer ici : c'est 1° que n'y eût-il pu exister un seul prince de la maison de France, la guerre, deux fois provoquée par Napoléon, ainsi que les deux invasions, n'en auraient pas moins eu lieu, mais avec cette différence, que les suites en eussent été le morcellement du royaume; 2° que les alliés, pensaient si peu à une restauration, qu'ils traitèrent, tant qu'ils le crurent possible, avec Napoléon, et que l'empereur Alexandre disait, en 1814, à la reine Hortense : « J'étais pour la régence, et, surtout, pour qu'on » consultât le pays; mais on s'est empressé sans » aucune garantie, d'appeler les Bourbons. Tant » pis pour les Français s'ils s'en trouvent mal : ce » sont eux qui l'ont voulu et non pas moi. Au reste, » disait-il, Nesselrode va rédiger un projet que » nous forcerons Blacas de faire signer au roi. » Telle est l'origine de cette déclaration portée à Compiègne, et dont Louis XVIII ne raya que quelques mots, en la datant de Saint-Ouen.

XXX.

Quelques anecdotes historiques. — Mémoires de Rostopschine.

1° Le grand maître d'Hompesch, criblé de dettes, allait être déposé, l'armée française arrive et il écrit à Dolomieu, qu'il savait sur la flotte; la lettre tombe entre les mains de Bonaparte, qui ordonne au commandeur d'accompagner son aide de camp Junot et d'affirmer l'exactitude des propositions qu'il envoie par lui. Ce fut son seul rôle, ordre auquel il n'eût pu se refuser, et qui ne devait pas servir de prétexte aux calomnies déversées sur ce savant et loyal homme.

2° Lors de l'assassinat du duc d'Enghien, *d'Hauterive* et *Bresson*, effrayés, entrent dans le cabinet de Talleyrand qui, à cette apostrophe : *On ne peut plus continuer de le servir* (Bonaparte)! répond : *Eh bien, quoi? ce sont ses affaires;* et les deux chefs de service sortirent en disant : *Cet événement fait penser aux Bourbons, et un jour il servira leur cause.*

3° Napoléon disait un jour à ce même Talleyrand: *Vous êtes le roi de la conversation en Europe; quel est donc votre secret? — Je choisis mon terrain, je n'accepte que là où j'ai quelque chose à dire; je ne réponds rien au reste; en général je ne me laisse pas questionner, excepté par vous; ou, si on me demande quelque chose, c'est moi qui ai suggéré les questions; je laisse passer ce à quoi je ne pourrais faire de réponse : hors ce cas elle ne me manque jamais.*

4° Au passage du Niémen, Napoléon dit au général *Gouvion-Saint-Cyr : Jamais monarque eut-il une aussi belle armée? — Et un si bon peuple,* répond Saint-Cyr; *mais il leur faudrait plus de liberté! — La liberté! ils l'auront, mais jamais celle de la presse; cette armée, toute formidable qu'elle est, ne pourrait résister aux chansons de Paris.*

5° En dépit des relations secrètes existantes de 1807 et 1812, entre les deux cabinets de Londres et de Saint-Pétersbourg, les Anglais, profitant d'une guerre plus apparente que réelle entre les deux États, comblèrent le port septentrional de *Kola*, pour ruiner à leur profit le commerce du nord de la Russie. *Oh! les bons amis!*

6° Un trait d'amour filial, qui se lie à l'immortelle défense de Dantzig, et n'a pourtant été cité ni par l'historien de ce siége, ni par l'auteur pseudonyme des Mémoires du général Rapp, mérite, je crois, d'être rapporté. L'intrépide commandant de la forteresse, ayant déjà vu sa garnison réduite de *trente-cinq mille hommes à cinq mille,* dans une ville qui n'était plus qu'un monceau de ruines jonché de cadavres, et se trouvant sans vivres, sans munitions, n'en comptait cependant pas moins sur le génie et la fortune de Napoléon, pour se voir enfin dégagé; mais quelles étaient alors les positions des armées françaises? Il propose donc de riches récompenses à celui qui pourrait pénétrer jusqu'à l'empereur et lui en rapporter des nouvelles. Nul pourtant, parmi ces braves, n'ose se présenter. Or il existait dans les cuisines du général, un nommé Georges K..., natif de Colmar, qui n'était connu que pour son extrême pusillanimité. Cet homme, cependant, venait par hasard de recevoir une lettre où sa mère lui peignait sa profonde misère; il sollicite donc la périlleuse mission, que nul autre ne voulait accepter, s'en acquitte avec autant de fermeté que d'adresse, parvient à joindre Napoléon, et à son retour, aussi heureux que sa sortie, il rapporte à son maître, émerveillé de sa vertueuse générosité, l'autorisation de capituler.

7° Napoléon arrivé à Mayence, après les désastres de Leipsick, fait appeler le préfet (Jean-Bon-Saint-André), et lui demande s'il a des vivres pour environ soixante mille hommes, qui le suivent. *J'ai*, répond le préfet, *un bœuf qui paît dans les fortifications. — Mais j'avais ordonné*, réplique l'empereur, *qu'il y eût ici des magasins de subsistances. — J'ai reçu*, répond le préfet, *des ordres, au nom de V. M., par le comte Daru, de tout faire passer à l'armée.* Napoléon fait aussitôt appeler l'intendant général et s'emporte contre lui. Sa colère n'était point encore apaisée quand on lui annonce le général *Charles Stuart*, qui vient le solliciter, au nom des alliés, de mettre fin à la guerre pour l'intérêt de l'Europe et de lui-même, et lui proposer d'assembler à cet effet un congrès à *Manheim*, assurant que S. M. B., était disposée à traiter avec lui, de la manière la plus favorable; mais Napoléon continuait à lire des papiers qu'il avait en main, et sur la demande réitérée d'une réponse, par le ministre anglais, jetant sur celui-ci un regard de fureur : *Apprenez*, lui dit-il, *que je suis encore le maître du monde.—Puisque V. M. est encore la maîtresse du monde*, dit froidement Stuart, *nous continuerons la guerre jusqu'à ce qu'elle daigne nous donner la paix.* Puis il se retire, et en traversant, dans le salon de service, un groupe de généraux français, il leur adresse ces paroles : *Je n'ai malheureusement pas réussi dans ma pacifique mission; j'en suis fâché pour l'Europe, pour la France et pour vous.* Bientôt Napoléon partit après avoir manqué de saisir cette planche de salut. Je tiens cette anecdote d'un témoin oculaire.

8° Lors de la restauration, Louis XVIII écrivit secrètement et confidentiellement au roi Charles IV, que des bruits sourds circulaient sur la non-légitimité de la couronne de son fils Ferdinand, qu'il était donc nécessaire à la paix de l'Europe et à la sécurité de la France qu'il renouvelât sa renonciation au trône d'Espagne, intéressant à cette démarche sa générosité et son amour du bien public. Le vieux monarque y consentit et invita le congrès à considérer Ferdinand VII comme *roi légitime des Espagnes;* il écrivit dans le même sens, aux souverains de Russie, de Prusse, d'Autriche et au prince régent d'Angleterre. Le conseil de Madrid crut voir dans cette déclaration un désaveu indirect de la dictature d'Aranjuez; mais le pape se porta médiateur et Charles IV déclara que, de sa *propre volonté*, il cédait à don Ferdinand tous ses *droits incontestables sur les royaumes d'Espagne et des Indes;* et, de toutes parts on s'en tint à cette déclaration, quelques conditions qu'il y mît.

9° Voici une lettre de lord Wellington à monseigneur le duc d'Angoulême, elle suffit pour démontrer combien les alliés étaient peu disposés en 1814 à replacer les Bourbons sur le trône de France :

« Je suis fort peiné de voir que l'exposé que j'ai » eu fréquemment l'honneur de faire à V. A. R., » des principes d'après lesquels j'étais déterminé » à agir, à l'égard de la cause de la famille de » V. A. R. en France, ait fait si peu d'impression » sur l'esprit de V. A. R., qu'elle n'ait aperçu qu'à » la lecture de ma lettre du 18, que la proclama» tion du maire de Bordeaux n'était nullement con» séquente avec ce que j'avais déclaré à V. A. R. » Cette circonstance rend plus que jamais néces» saire la circonspection de ma part. Je n'agis point » comme un seul individu; je suis à la tête d'une » armée, et l'agent confidentiel de trois nations » indépendantes. Supposez que, comme individu, » je pusse tolérer que, dans une telle circonstance, » mes intentions et mes vues fussent présentées » sous un faux jour, comme général de l'armée » alliée je ne puis me soumettre.

» Je remets sous les yeux de V. A. R. la copie » d'un écrit donné, je pense, par vous au lieute» nant général comte de Dalhousie, qui montre les » conséquences de cette fausse interprétation. Dans » le cours de mes opérations, j'ai fait occuper Bor» deaux par un détachement de mon armée; et » CERTAINES PERSONNES DANS LA VILLE DE BOR» DEAUX, CONTRE MON AVIS ET MON OPINION, ONT » JUGÉ A PROPOS DE PROCLAMER LE ROI LOUIS XVIII. » — Mon expérience des guerres révolutionnaires » m'a fait pressentir ce que j'avais à attendre, et m'a » engagé à prévenir V. A. R. des dangers de la pré» cipitation.

» Je prie V. A. R. de dire à l'auteur de cet écrit, » et à tout autre, qu'aucune puissance sur la terre » ne me fera départir de ce que je conçois être mon

» devoir envers les souverains que je sers ; et que » JE N'EXPOSERAI PAS MÊME UNE COMPAGNIE D'IN- » FANTERIE POUR SAUVER LES PROPRIÉTÉS ET LES » FAMILLES QUI SE SONT MISES EN ÉTAT DE DAN- » GER, AU MÉPRIS DE MON AVIS ET DE MON OPI- » NION.

» J'ai dit à V. A. R. que si quelque grande ville » ou district de quelque étendue se déclarait en » faveur de la famille de V. A. R., je n'interviendrais nullement dans le gouvernement de cette » ville ou de ce district; et que s'il éclatait dans » tout le pays une manifestation générale en faveur » de votre maison, je remettrais dans les mains de » V. A. R. le gouvernement de tout le pays qui » aura été occupé par nos armées. Le fait est que » la déclaration, même à Bordeaux, n'est pas unanime ; que ce mouvement ne s'est point étendu » ailleurs, pas même dans la Vendée, ou dans quelque partie que je sache occupée par nos armées. » Les circonstances prévues par moi ne sont donc » point survenues, et je serais coupable d'un grand » manquement à mes devoirs envers les souverains » alliés, et de cruauté envers les habitants du pays, » si je les livrais à V. A. R. prématurément ou contre leur inclination. Je ne suis jamais intervenu » d'aucune manière dans l'administration de la ville » de Bordeaux, et je recommande à V. A. R. d'éloigner M. de Carrière du département des Landes. » J'aurais désiré n'être pas dans l'obligation d'écrire » comme je l'ai fait à M. de Toulouset, et il me sera » *très-désagréable* de prendre aucune mesure qui » marque plus fortement un malentendu entre » V. A. R. et moi ; mais je ne puis permettre que » l'honneur ou le caractère des souverains alliés, » ou le mien propre, puissent être un moment révoqués en doute.

» Je ne fais aucun doute que lorsqu'il se fera une » déclaration en faveur de la famille de V. A. R., il » est important qu'elle soit générale, et je souhaite » sincèrement qu'il en soit ainsi.

» Mais je ne puis intervenir en aucune manière » pour produire cette déclaration générale ; et » même, je dois, en honnête homme, faire connaître à tous ceux qui m'entretiendront sur ce sujet » la situation des affaires entre les alliés et le gouvernement existant en France, ainsi que je l'ai » fait jusqu'à ce moment.

. . . .

» Je dois vous dire que jusqu'à ce que je voie une » déclaration générale et libre du peuple en faveur » de la famille de V. A. R., *manifestation à laquelle je sais qu'il est disposé, et dont il » attend avec impatience l'occasion favorable*, » je ne prêterai l'assistance des troupes sous mes » ordres au soutien d'aucun système de taxation » ou de gouvernement civil que V. A. R. pourra » tenter d'établir, et j'espère que V. A. R. n'essayera » point d'établir un tel système au delà de Bordeaux. »

10° Durant les cent jours, Merlin (de Douai) ayant fait naufrage sur les côtes de Middlebourg, M. la Tour du Pin, ambassadeur de Louis XVIII à La Haye, osa demander au roi de Hollande l'expulsion du régicide ; mais Guillaume s'y refusa, en disant : « Je déteste le régicide, mais je respecte le » naufragé, c'est une épave. »

11° J'ai toujours éprouvé et ressentirai sans cesse une véritable jouissance à pouvoir donner, quand ils le méritent, des éloges à nos ennemis politiques mêmes ; sentiment d'équité qu'on m'a souvent reproché, mais dont je ne me départirai jamais ; en parlant des hommes, le bien qu'ils font console du mal qu'ils auraient pu faire, nous fait concevoir une meilleure idée de notre espèce, et nous défend de la haine nourrie de passion, ferment d'injustice que la religion condamne, et qui torture le cœur comme elle fausse l'esprit. Citons donc ici un trait honorable pour le revenant de l'île d'Elbe.

Monsieur, comte d'Artois, forcé de quitter Lyon au moment où Napoléon y arrivait, fut aussitôt abandonné de tout son entourage, un seul gendarme le suit jusqu'à ce qu'il soit en sûreté ; rentré en ville, il est appelé par l'empereur, qui d'un ton sévère, lui demande s'il est vrai qu'il a escorté le prince. — *Oui, sire*, répond le gendarme. — *Vous êtes un brave homme*, reprend Napoléon, *vous avez mérité la croix d'honneur ;* et elle lui fut donnée. Bientôt Napoléon ne devait plus être aussi généreux.

12° En 1815, un homme attaché à l'empereur est envoyé par lui au général Grouchy, et lui dit : « Le » duc d'Angoulême est en armes dans le Midi ; » partez, vous poursuivrez le prince, vous le prendrez et le ferez fusiller sur-le-champ. » Grouchy indigné, répond : « Je ferai la guerre en homme » d'honneur, et non en sauvage. — Comme vous » voudrez, reprit-on ; mais voici vos ordres : vous » serez parti à neuf heures du matin. — Non sans » avoir vu l'empereur et fait révoquer son ordre.— » Voyez-le donc, et partez. » Le général se rend à Saint-Cloud, voit à six heures du matin Napoléon, qui n'avoue ni ne désavoue son ordre ; et dit : « Vous acculerez le prince, vous l'empêcherez de » tenter une chance de salut ; vous le prendrez et » le retiendrez jusqu'à ce que vous receviez mes

» ordres. » La campagne fut courte ; Bassano, qui adorait son maître, mais ne voulait point être le complice de sa fureur, était déterminé à donner sa démission, quand il reçut de *Suchet* une dépêche annonçant la capture du prince, et la demande de ce qu'on en doit faire ; il rentra dans le cabinet de l'empereur pour lui faire part de cette nouvelle. « Eh bien, dit Napoléon, écrivez qu'on le fusille » sur-le-champ. — Ah ! sire, un tel ordre n'est » pas sorti de votre bouche, j'ai mal entendu. » Un débat vif et long a lieu entre le ministre et son maître, qui finit par dire : « Qu'il parte, mais » exigez la remise des diamants de la couronne. — » Une condition d'argent est une exigence que tout » commande à V. M. de ne pas imposer ; je ne sau» rais..... » L'empereur consentit enfin à l'exécution de la capitulation, ce que Bassano se hâta de faire savoir au maréchal Suchet, par le télégraphe ; mais il était ordonné au directeur de suspendre l'envoi de cet ordre, et la tête du prince était menacée. Bassano en cet instant court chez le directeur, et le force d'expédier l'ordre retardé ; il fait mieux, il envoie le même ordre par un homme sûr et à lui. Bassano en rend compte à Napoléon, qui lui dit : « J'espère que le premier ordre télégraphi» que n'a pas été expédié ? — Je vous demande » pardon, sire. — Mais il sera arrivé trop tard ? — » Je vous demande pardon, sire. » Et après un mouvement d'agitation, il prend la main de son ministre, et lui dit : *Vous avez bien fait.*

Quant au duc d'Angoulême, il écrivit au roi en date du Pont-Saint-Esprit, le 10 avril : « Me voilà » ici résigné à tout, et bien occupé de ceux qui me » sont chers ; mais je demande, et j'exige même » que le roi ne cède en rien pour me délivrer ; je » ne crains ni la mort ni la prison, et tout ce que » Dieu m'enverra sera bien reçu. »

13° A la seconde restauration, la chambre des pairs voulut voter des remercîments à monseigneur le duc d'Angoulême, pour sa courageuse conduite au pont de la Drôme ; mais *Monsieur,* comte d'Artois, qui assistait à la séance, s'y opposa, en disant : « Si mon fils avait eu le bonheur de déployer con» tre les ennemis extérieurs de la France le cou» rage que vous voulez bien honorer en lui, une » telle récompense mettrait le comble à ma satisfac» tion et à la sienne ; mais Français, prince fran» çais, le duc d'Angoulême peut-il oublier que c'est » contre des Français égarés qu'il a été forcé de » combattre, et combien a coûté à son cœur cette » cruelle nécessité ! Permettez donc, messieurs, » que je refuse pour mon fils des remercîments » acquis à ce titre ! »

14° Tous les gens de bien ont applaudi au trait héroïque par lequel Mme de Lavallette fit échapper de la Conciergerie son époux déjà condamné à mort, mais ce qu'on ne sait peut-être pas, c'est comment il put trouver l'asile secret et sûr, d'où trois nobles Anglais, intéressés à son sort par la princesse de Vaudemont, le tirèrent, pour le conduire hors du royaume. Le voici :

M. Bresson, dont la conduite fut si courageuse dans le procès de Louis XVI, ayant en conséquence été proscrit, avait alors été recueilli et caché par un ami ; Mme Bresson voulant payer à l'humanité souffrante cette dette de la reconnaissance, promit, et elle le répétait souvent, de rendre le même service à un condamné politique, qu'elle le connût ou non. On conduisit donc Lavallette chez elle, aux affaires étrangères, où elle logeait, et il y demeura en sûreté jusqu'au moment de son départ.

Qui croirait qu'au lieu de se courber respectueusement à l'aspect de tant de vertu, des hommes, d'ailleurs honorables, vociférèrent avec rage dans les deux chambres législatives, contre une évasion qui eût dû les combler de joie ; car Lavallette, homme excellent, était aimé et méritait de l'être ; mais les passions politiques égarent facilement l'esprit et le cœur.

15° Robert Wilson, successivement acharné et admirateur enthousiaste de Napoléon, prétendait avoir contribué à l'incendie de Moscou, avec le comte Rostopschine, qui, en ayant été instruit, fit publier la note suivante :

« Le *British Monitor*, du 7 ce mois d'octobre, » en rendant compte des services du chevalier » Robert Wilson, dit : Qu'il a été avec moi à Mos» cou, en 1812, et qu'il m'aida à exécuter le plan » d'incendier la ville. Or le chevalier Wilson arriva » au quartier général de l'armée russe, à Pakra, dix » jours après l'occupation de Moscou par l'ennemi. » C'est là où je le vis pour la première fois de ma » vie : par conséquent, il était trop tard et inutile » de m'aider.

» *Signé :* Théodore Cte Rostopschine,

» Général en chef, et commandant en chef à Moscou, en 1812, et maintenant à Paris. »

16° Le nom du comte Rostopschine nous rappelle une plaisanterie assez piquante, intitulée *Mémoires ;* les voici, ainsi que l'occasion qui y donna lieu :

MÉMOIRES DU COMTE ROSTOPSCHINE,

ÉCRITS EN DIX MINUTES.

Une dame dit un jour au comte Rostopschine,

qu'il devrait écrire ses Mémoires. Le lendemain, le comte lui apporta un petit rouleau : « Qu'avez-vous là? » lui demanda cette dame. — « Je me suis conformé à vos ordres, répondit-il; j'ai rédigé mes *Mémoires*; les voici. » — La dame ne fut pas peu surprise de la promptitude de cette rédaction, et ne s'attendait nullement à la lecture du morceau suivant :

CHAPITRE PREMIER.

Ma naissance.

En 1765, le 12 mars, je sortis des ténèbres pour être au grand jour. On me mesura, on me pesa, on me baptisa. Je naquis sans savoir pourquoi, et mes parents remercièrent le ciel sans savoir de quoi.

CHAPITRE II.

Mon éducation.

On m'apprit toutes sortes de choses, et toute espèce de langues. A force d'être impudent et charlatan, je passai quelquefois pour un savant. Ma tête est devenue une bibliothèque dépareillée, dont j'ai gardé la clef.

CHAPITRE III.

Mes souffrances.

Je fus tourmenté par les maîtres, par les tailleurs qui me faisaient les habits étroits, par les femmes, par l'ambition, par l'amour-propre, par les regrets inutiles, par les souverains et les souvenirs.

CHAPITRE IV.

Privations.

J'ai été privé de trois grandes jouissances de l'espèce humaine, du vol, de la gourmandise et de l'orgueil.

CHAPITRE V.

Époques mémorables.

A trente ans, j'ai renoncé à la danse, à quarante ans à plaire, à cinquante ans à l'opinion publique, à soixante ans à penser, et je suis devenu un vrai sage, ou égoïste, ce qui est synonyme.

CHAPITRE VI.

Portrait au moral.

Je fus entêté comme une mule, capricieux comme une coquette, gai comme un enfant, paresseux comme une marmotte, actif comme Bonaparte, et le tout à volonté.

CHAPITRE VII.

Résolution importante.

N'ayant jamais pu me rendre maître de ma physionomie, je lâchai la bride à ma langue, et je contractai la mauvaise habitude de penser tout haut. Ce qui me procura quelques jouissances, et beaucoup d'ennemis.

CHAPITRE VIII.

Ce que je fus et ce que j'aurais pu être.

J'ai été très-sensible à l'amitié, à la confiance, et si je fusse né pendant l'âge d'or, j'aurais été peut-être un bon homme tout à fait.

CHAPITRE XI.

Principes respectables.

Je n'ai jamais été impliqué dans aucun mariage ni commérage. Je n'ai jamais recommandé ni cuisinier, ni médecin; par conséquent je n'ai attenté à la vie de personne.

CHAPITRE X.

Mes goûts.

J'ai aimé les petites sociétés, une promenade dans les bois. J'avais une vénération involontaire pour le soleil, et son coucher m'attristait souvent. En couleurs, c'était le bleu, en manger le bœuf au raifort, en boisson l'eau fraîche, en spectacle la comédie et la farce, en hommes et en femmes, les physionomies ouvertes et expressives. Les bossus des deux sexes avaient pour moi un charme que je n'ai pu définir.

CHAPITRE XI.

Mes aversions.

J'avais de l'éloignement pour les sots et pour les

faquins, pour les femmes intrigantes qui jouent la vertu, un dégoût pour l'affectation; de la pitié pour les hommes teints et les femmes fardées, de l'aversion pour les rats, les liqueurs, la métaphysique et la rhubarbe, de l'effroi pour la justice et les bêtes enragées.

CHAPITRE XII.

Analyse de ma vie.

J'attends la mort sans crainte, comme sans impatience. Ma vie a été un mauvais mélodrame à grand spectacle, où j'ai joué les héros, les tyrans, les amoureux, les pères nobles, mais jamais les valets.

CHAPITRE XIII.

Récompenses du ciel.

Mon grand bonheur est d'être indépendant des trois individus qui régissent l'Europe. Comme je suis assez riche, le dos tourné aux affaires et assez indifférent à la musique, je n'ai par conséquent rien à démêler avec Rotschild, Metternich et Rossini.

XXXI.

Mon retour en Russie. — Pressentiments des dangers de la France.

J'avais eu, dans le cours de ma vie, le bonheur de contribuer, directement ou indirectement, au salut de cinq personnes indignement persécutées : c'était, 1° de Norvins (des Marquet de Montbreton) par le zèle aussi actif que généreux de Mme de Staël; 2° du duc de Choiseul, dû à l'activité de cet excellent Leaumont que nous venons de perdre, et au dévouement du général Landremont; 3° du célèbre François Piranesi, que je fis échapper, en Italie, à la rage de ses ennemis acharnés, et embarquer avec tous les cuivres de son grand et précieux ouvrage; 4° de l'improvisateur latin Gallufi, homme si inoffensif; et cela, grâce au colonel Tchoudi; 5° enfin du général Travot.

C'étaient là de doux souvenirs; mais je n'en considérais pas moins avec peine le jeu de ces passions haineuses, toujours prêtes à déblatérer contre tous ceux qui n'avaient pas d'autres torts que de ne point partager telle ou telle opinion. Je voyais aussi avec une vive inquiétude la renaissance de cette liberté de la presse, que Napoléon n'eût jamais permise, et qui, devenue un article constitutionnel, devait tôt ou tard ruiner les principes conservateurs de l'État, comme elle avait tué tous les gouvernements qui ne surent pas l'enchaîner. Cependant, toute cause devant être jugée conformément à ses effets, n'eût-il pas fallu, avant de promulguer un droit de cette nature, se demander s'il était propre à garantir ou à compromettre l'honneur des citoyens; à contenir ou à décourager les magistrats; à maintenir ou à troubler la tranquillité publique; à affermir ou à ébranler l'autorité; à éclairer ou à égarer l'opinion ; à exciter les passions ou à les calmer.

Ceux qui prétendent que sous l'ancien régime l'on ne pouvait librement exprimer sa pensée, ne sauraient nier du moins les progrès alors de toutes les connaissances utiles à la prospérité publique. Il y a plus, qu'ils se donnent la peine de lire tout ce qui fut publié durant les cinquante dernières années du XVIIIe siècle; quelle licence dans les écrits qui parurent alors ! mais combien cette licence ne s'aggrava-t-elle pas depuis que ce qui n'était qu'une coupable tolérance fut devenu un droit légalement réclamé? Comment pouvoir en atténuer les dangers sous un gouvernement qui, au lieu d'être, comme en Angleterre, une solide *aristocratie territoriale*, nécessairement conservatrice, n'est réellement qu'une *démocratie industrielle*, sans principe de fixité : gouvernement de majorité agressive, où le trône n'a pour plastron qu'une pairie bourgeoise sans doctrine, sans force, et l'égout de toutes les factions révolutionnaires?

Une majorité monarchique, justement nommée *introuvable* (grâce efficace de la fortune!), pouvait seule, vu les circonstances qui la créèrent et lui donnaient une invincible force, en regard d'une infidélité patente, pouvait, dis-je, rasseoir le trône légitime sur la plus solide des légitimités, la haute et conservatrice propriété ; mais tout était conjuré contre elle; l'étranger qui menaçait, à la demande même des ministres du roi; toutes les ambitions d'antichambre ou de corps de garde; des théoriciens à courte vue; des lâches, pour qui tout retour vers le bien semblait un arrêt menaçant ; des niais, échos de tous les fripons. C'est ainsi que cette majorité sauveresse fut brisée pour en créer une autre qui devait tout perdre.

La révolution était donc ravivée par cette restauration qui aurait dû y mettre un terme. Quant à moi qui étais né sous les douces lois de la noble maison de France, qui fus heureux et libre jusqu'à l'époque où les troubles, œuvre de l'extravagance philosophique, vinrent nous charger de fers sur lesquels le mot *liberté* était gravé, j'allais retourner en Russie, pour y jouir d'une liberté réelle qui avait déjà fait mon bonheur durant dix à onze ans, à l'ombre du sceptre paternel d'un prince absolu; car il n'en existe véritablement que là où l'homme honnête et paisible vit sans rien redouter de l'autorité, et où l'autorité est assez forte pour ne rien craindre de l'effervescence des passions populaires. Il y a plus, et c'est une des gloires du christianisme, là où règne son esprit, il ne peut y avoir de stupide tyrannie vraiment durable.

J'allais donc y retourner, dans cette Russie si puissante et si calme, dont l'avenir doit probablement être si brillant; cette Russie qui était loin de rêver sa force et sa destinée quand Napoléon vint les lui révéler. Je quittais donc la France, mais avec de sinistres prévisions; cette France que j'avais vue, aux cris de *vive la liberté!* traverser une sanglante et honteuse anarchie, pour se précipiter sous le despotisme militaire, le plus insultant de tous les jougs, et dont les éclatants triomphes n'aboutirent qu'à deux humiliantes invasions d'un territoire sans cesse accru et protégé par les Bourbons.

J'avais été contraint, pour m'y rendre, d'éviter le passage par l'Allemagne, où le nom français était en horreur; je devais, dans mon retour, l'éviter encore, car à cette haine non éteinte se joignait l'orgueil méprisant du triomphe. Je m'embarquai donc directement pour Saint-Pétersbourg, sûr d'y retrouver encore une cordiale hospitalité; mais ce qui me causa plus d'affliction que d'étonnement, ce fut l'opinion généralement reçue, que la restauration française aurait une courte durée. Ainsi pensait l'empereur Alexandre, qui, dans son intimité, disait que notre belle patrie, dont il ne parlait qu'avec dédain, ce qu'on était bien loin de croire en France, ne pouvait éviter une nouvelle révolution à la mort de Louis XVIII, et qu'il fallait se mettre en mesure d'agir alors selon que les circonstances l'exigeraient. Il était principalement maintenu dans cette idée par l'Angleterre et l'Autriche, qui voulaient le détourner de tout projet ambitieux vers la Turquie ou l'Inde.

Mais pourquoi ce prince s'opposait-il avec tant de constance à tout retour de la France aux directions franchement monarchiques?

Hélas! cette France, dont le grand Frédéric avait dit: *Si j'y régnais, on ne tirerait pas en Europe un coup de canon sans ma permission,* entrait plus que jamais, à mon départ, après tant d'essais infructueux, dans cette voie de perdition que le néologisme moderne nomme exclusivement constitutionnelle, comme si tout peuple n'avait pas une constitution bonne ou mauvaise, écrite ou non écrite. Enfin, qu'est-ce qu'une monarchie fondée sur le droit imprescriptible de la briser? où le roi craint sans cesse pour la solidité d'un pouvoir sans cesse attaqué, et l'homme paisible pour sa propre liberté? Qu'est-ce qu'une administration où, par le refus légal de l'impôt, des passions haineuses ou des caprices inquiets et sans prévoyance pourraient non-seulement rompre les liens sociaux, mais anéantir tout crédit, en manquant à la foi publique, à l'égard de ceux dont on aurait pourtant déclaré les créances sacrées? Qu'est-ce enfin qu'un gouvernement qui a besoin de séduire les hommes dont il ne peut se passer pour les faire voter conformément à la sûreté de l'État?

La constitution anglaise, dont on parle tant et qu'on connaît si peu, repose, dit-on, sur de semblables bases; non. Elle croulerait à l'instant où elle mettrait en action le principe recelé inactif dans son sein. Là il est étreint par une aristocratie territoriale, maintenant le droit de primogéniture, qui a tous les avantages des substitutions, sans leurs vicieux effets. Ce droit de primogéniture, que consacra l'antiquité, est, dans la famille, l'image de la monarchie. La représentation anglaise est celle d'une aristocratie conservatrice. En France, elle ne serait que celle de la démocratie qui y déborde de toutes parts. On ne peut représenter que ce qui est.

Le pouvoir réel, solide, conservateur, se compose de deux choses, le droit et la force. Il ne peut, dans leur intime union, produire l'effet pour lequel il existe ou doit exister, c'est-à-dire la tranquillité, hors de laquelle point d'indépendance à l'extérieur, point de liberté à l'intérieur. La prospérité d'un État, son avenir civil et politique exigent donc l'action d'un pouvoir complet. L'expérience nous apprend qu'il ne peut y avoir de système d'État que sous des gouvernements fixes et héréditaires, car ceux-là seulement ont des traditions directrices des doctrines comme des idées d'avenir, des ministres dotés d'une longue et fructueuse pratique. La France pourra-t-elle, sous la restauration, se créer un système d'État, quand le plus vil chiffonnier littéraire se croit autorisé à critiquer ce qu'il ne peut connaître, et à insulter calomnieusement les gouvernements étrangers?

Si un système d'État est, dans un ordre de choses qui s'y refuse, difficile à concevoir et à rendre politiquement fructueux, il est, dans cet ordre économique, plus difficile encore de gouverner conformément à l'intérêt présent et futur du gouvernement.

En effet, qu'établit cette charte octroyée, beaucoup plus extravagante qu'une charte imposée; car l'octroi est de sa nature irrévocable?

Une royauté à qui, faute du profond respect qu'on lui dénie, il faudrait un surcroît de force dont on la prive.

Une pairie qui, prise ensemble, n'a pas une clientèle égale à celle d'un commerçant ou d'un manufacturier; une pairie que son hérédité rend indépendante de la royauté, mais non de la chambre élective, à laquelle, faute de force, elle se lie pour obtenir quelque popularité.

Une chambre de députés, véritablement souveraine par le vote annuel de l'impôt, élément démocratique sous une loi civile et des opinions démocratiques.

Tout cela repose donc virtuellement sur la souveraineté du peuple. Or, après ce que nous avons subi durant l'interrègne de l'humanité, qui pourrait, sans démence ou barbarie, ne pas sentir que raison et peuple sont deux mots contradictoires?

Il y a plus. En mettant même à l'écart ces formes prétendues représentatives qui ne représentent en France que des intérêts privés, et vouent les peuples à de perpétuels conflits d'ambition ou de cupidité, de passions et de vanités ruineuses, la société n'y offre-t-elle pas dans son essence trois vices capitaux, savoir:

1° Plus de producteurs que de consommateurs dans une industrie accrue sans mesure?

2° Plus de candidats que de candidatures?

5° Plus d'éléments d'agiotage que de moyens d'utile reproduction?

Ce dont il résulte:

1° Des banqueroutes fréquentes, nuisibles au bien-être de l'ouvrier;

2° Une misère intelligente, la plus pénible et la plus dangereuse de toutes;

3° Toutes les saletés de la bourse, et l'immorale aristocratie de l'argent.

Quel remède à tant de maux, quand tout ce qui eût pu les prévenir est détruit sans pouvoir renaître? Les corporations, par exemple, si utiles en Angleterre, et qui, en France, disciplinaient les classes turbulentes, ne sauraient renaître aujourd'hui sans produire des factions organisées.

Par qui la restauration peut-elle gouverner? question pénible à résoudre par celui qui connut cette noble France au temps où le grand Frédéric disait: *la balance de l'Europe est dans le cabinet de Versailles!*

Eh bien! il faut le dire. Ce n'est ni par les souvenirs d'un autre temps, sans accord avec le temps actuel, ni par la noblesse, qui ne peut plus s'honorer que par ses mœurs, mais par l'ordre moyen.

Il n'est plus question de savoir si le rehaussement de cet ordre moyen est utile ou désastreux; c'est un fait. Il a été produit par une longue participation au pouvoir; il s'est illustré par la gloire, par l'administration, la magistrature, les sciences, les arts et les lettres: fait irrévocable, qui, comme tel, doit être accepté, sauf à en tirer le meilleur appui possible.

A coup sûr cependant, ce régime de l'ordre moyen, plus républicain que monarchique, serait sans dignité, sacrifierait souvent l'honneur national à des intérêts privés, sous la conduite des doctrinaires, ces bâtards du jacobinisme; mais qu'opposer à une inévitable nécessité?

Une marche franche dans la voie que le sort trace aujourd'hui au monarque; de la dignité personnelle à l'égard de l'étranger qui ne voulut pas de lui, et qu'il doit traiter en égal, non en protecteur; enfin, une constante fermeté dans les dangers qui l'assiégent. Il faut qu'il se pénètre de cette vérité principale: jamais il ne ramènera à lui les révolutionnaires, ses éternels et hypocrites ennemis. Ces hommes ne cesseront de conjurer plus ou moins secrètement, surtout quand une chambre, imprudente peut-être, mais zélée et miraculeusement formée, a contre elle et la pairie, et le ministère, et la royauté.

C'est à l'aspect de tant de justes sujets de crainte pour le succès durable de la restauration, c'est au bruit sourd des conjurations déjà flagrantes que je m'éloignais en tremblant d'un trône sans bases solides.

Mes tristes prévisions ne furent que trop tôt justifiées!

XXXII.

Approvisionnements de la France lors de la famine de 1816. — Richelieu.

Le duc de *Richelieu* (il vivait encore quand j'écrivis ceci) est un homme aimable, spirituel, foncièrement honnête, et ses torts, comme Français et comme ministre, sont le résultat de son caractère faible et entêté, ainsi que du peu de connaissance qu'il avait de la France, et du peu d'expérience que peut acquérir dans les plus grandes places mêmes, celui qui a été accoutumé à se voir bassement et promptement obéir, et de sa manie enfin, d'aimer à voir vanter sa modestie. Ce dernier travers qui le bouffit du plus risible orgueil est si bien connu des fripons, qu'ils en tirent facilement parti pour le mener à leur gré, et cela lui a fait commettre à *Odessa* les plus funestes bévues, notamment quand la protection qu'il accorda à des douaniers coupables, introduisit le fléau dévastateur de la peste dans cette ville naissante, qui penche déjà vers sa ruine : non parce qu'il l'a quittée, comme ses partisans le disent, mais parce que l'emplacement de ce port de commerce est très-inhabilement choisi. Je vais citer ici l'une de ses erreurs, relativement à l'approvisionnement extraordinaire en grain, que nécessitèrent pour la France les deux famines de 1816 à 1818, et qui occasionnèrent à l'État une dépense de 70,000,000 francs.

La portion de ces achats, faite en Russie, et extraite de ce pays en partie par le Midi, et en partie par le Nord, fut ruineuse et presque inutile ; voici comment et pourquoi :

Le mal était pressant, et le ministre *Laisné*, très-neuf peut-être alors en matière d'administration, consulta, sur ce sujet, son comité de commerce ; mais il n'était composé que de négociants de Paris qui ne connaissaient point la *Russie ;* il appela donc *MM. Begouin* du *Havre*, et *Fontenay* de *Rouen*, qui donnèrent leurs avis. Le comité loin de les suivre, les combattit par intérêt ou vanité, et le ministre eut recours alors au duc de *Richelieu*, qui indiqua la maison *Sicard* d'*Odessa*. Or ces *Sicard*, spéculateurs sans crédit, étaient des aventuriers qui, par leur jactance et leur bassesse, avaient séduit l'ignorant (vaniteux à sa manière) duc de Richelieu : ils ne possédaient aucun moyen de faire une aussi vaste opération ; il fallut donc leur avancer tous les fonds, et de cette manière, l'on se mit entièrement dans leur dépendance, ce dont ils profitèrent : 1° en fournissant, au lieu de *tchezvets russes*, des *corets polonais*, mesure d'une moindre capacité ; 2° en achetant des blés avariés à 18 roubles pour les livrer à 40 roubles ; 3° en faisant renfler les grains achetés, et qui, en Russie, sont séchés dans des étuves, ce qui (par le retrait du grain sur lui-même) les rend plus faciles à conserver, et donne un grand avantage lors de leur conversion en pain. C'est par là qu'en atteignant aux 6,000 *tchervets* demandés, et qui leur avaient préalablement été payés en entiers, ils opérèrent sans bourse délier, gagnèrent 1,800,000 fr., et obtinrent de plus un crédit qu'ils n'avaient jamais eu. Mais leur envoi fut de très-mauvaise qualité, ce qui le rendit inutile en grande partie. Le consul français d'*Odessa* (Oriol) fut révolté d'un système de fraude si complet et si impudent ; chargé de reconnaître les chargements et non de présider aux achats, il crut néanmoins de son devoir de s'opposer au départ des cargaisons qui ne remplissaient en rien l'intention du gouvernement ; mais les *Sicard* se plaignirent. Le consul eut ordre de laisser partir les grains, fut réprimandé, et la friponnerie triompha. Les *Sicard* se pressèrent alors de se faire naturaliser Russes, pour se soustraire à la vindicte française ; ils eurent cependant bientôt une vive alarme, l'agent principal de leur vol, qui comptait en partager les fruits, ayant été dupé par eux, révéla la chose au comte *de Langeron*, successeur du duc *de Richelieu* au gouvernement d'*Odessa ;* mais il avait aussi protégé les *Sicard :* ne voulant pas avouer ses torts, il couvrit par amour-propre leur turpitude, fruit de la sotte confiance de *Richelieu*.

Quant aux grains expédiés par le Nord, voici comment la chose se passa : *Richelieu* fit accorder cette affaire à une maison tarée et ennemie de la France, à qui l'on remit d'avance, aussi, les fonds nécessaires ; elle commença donc par faire ses achats de grains à bas prix, avec l'argent du gouvernement ; puis, en ayant fait hausser la valeur par ces mêmes achats, et ceux plus considérables qu'elle annonça devoir faire encore, elle taxa elle-même le montant de ses envois à cette valeur forcée, sans que la légation pût s'opposer à des manœuvres protégées par le ministère français même. De plus, les négociants choisis firent supporter à l'État un fret considérable, en chargeant sur des navires anglais, tandis qu'il y avait dans la *Néva* vingt bâtiments français, dont la moitié étaient sans chargement, et qui eussent fait payer un nolis beaucoup moindre, dont nos nationaux eux-mêmes auraient profité.

A ce tort grave, *Richelieu* joignit encore une lourde bêtise, ce fut d'avoir précédemment fait, pour le transport, demander par l'ambassadeur de France des vaisseaux de guerre à l'empereur de *Russie*, qui, choqué de sa position, traita fort mal le comte *de Noailles*.

Mais, puisque j'ai parlé ci-dessus du comte *de Langeron*, je vais encore en dire un mot. Cet homme, des plus médiocres, ayant un jour charmé l'empereur *Paul I*^er^ par son caporalisme, le tzar lui cria dans son ivresse : *Je te fais comte !* et le sot se crut agrandi à cette exclamation d'un fou. Durant la campagne de 1812, il passait son temps à griffonner ses relations ridicules et ses plates chansons, que *Peltier* imprimait alors dans son journal intitulé *l'Ambigu ;* je les voyais avant leur départ pour Londres, chez la princesse de *B...*, qui les recevait et les expédiait en Angleterre après en avoir haussé les épaules de pitié. Dans la campagne de 1814, il se conduisit en *France* avec une insolence que rendait plus choquante encore la noble conduite des généraux russes. Malheur et honte aux émigrés, si on eût dû les juger tous d'après lui ou *Saint-Priest,* et surtout d'après le général comte *de Lambert,* qui l'emporta encore sur eux à cet égard, car celui-ci se comporta en véritable brigand! Notre pauvre Champagne peut l'attester.

XXXIII.

Conspiration des libéraux. — Leurs menées à l'extérieur.

Les libéraux, en dépit de l'honorable existence de quelques-uns, et des services réels rendus par un grand nombre d'entre eux, n'en doivent pas moins être regardés, pris en masse, comme les plus implacables ennemis de tout ordre politique ou civil, durable et ferme, tant dans la France que dans l'Europe. Ces hommes de passion, d'erreur et de vanité, avaient été trompés dans leurs vœux par la seconde restauration; *Bonaparte,* dont ils espéraient faire un instrument révolutionnaire, irrévocablement tombé à *Waterloo;* la faction du *roi de Rome,* qui leur promettait l'autorité à titre de régence, déjouée par *Fouché;* la demande, par leur commission, d'un prince autre que les Bourbons, et qui n'eût régné que selon leur bon plaisir, repoussée par les alliés; l'espoir de couronner un sang régicide dans la personne du *duc d'Orléans,* devenu sans effet vu les dispositions manifestées par ce prince; l'armée de la Loire dissoute avec facilité et sur laquelle ils comptaient, quoique son chef se fût déjà soumis au roi; l'arrivée prompte, et la réception inopinée de Louis XVIII dans la capitale: tout, enfin, semblait avoir tourné contre eux, mais quoique, pour surcroît, ils vissent se préparer la réunion d'une chambre royaliste, et qu'elle dût naturellement être soutenue par le gouvernement, le choix des ministres, le caractère du roi, l'appui de l'étranger, l'expérience déjà faite de l'impunité du crime, les rassurèrent. Ils ne se départirent donc pas du projet de jeter la *France*, et par elle l'Europe entière, dans une nouvelle révolution; l'ambition connue de l'héritier du trône des *Pays-Bas;* l'apparition momentanée des jeunes grands-ducs de Russie à Paris; la présidence du conseil des ministres donnée à un Français voué à un cabinet ambitieux, leur firent croire à la possibilité de conspirer avec succès en faveur d'un frère ou du beau-frère de l'empereur Alexandre, à défaut de celui dont le bas âge eût flatté leurs vues présentes et ultérieures; car régnant d'abord en son nom, il eût été, plus que tout autre, facile à détrôner s'il n'avait point un jour satisfait tous leurs désirs.

Cette conspiration, formée dès la *rentrée du roi* en 1815, s'étaya d'abord de la double humiliation produite par la spoliation du *muséum,* et par le traité du 20 novembre; elle se nourrit de mille propos inconsidérés des royalistes, propos insignifiants, mais qu'on sut envenimer, et auxquels on en ajouta un grand nombre entièrement calomnieux; elle se fortifia du malaise, fruit de l'énormité des impôts et de la haine contre l'étranger, s'étendit en raison de la crainte produite par les rigueurs ministérielles dans l'application des lois d'exception, et eut bientôt au dehors de zélés agents parmi les exilés à qui on laissait l'usage de leur fortune, qu'un membre de la famille *Bonaparte* dirigeait, et dont quelques-uns furent favorablement accueillis des souverains étrangers. Les fonds ne leur manquaient pas, ils provenaient des contributions volontaires des riches agitateurs de la France, et des secours distribués par *Joseph Bonaparte.* Tous les conspirateurs néanmoins n'étaient pas animés d'une égale ardeur, car si les exilés, exaspérés par une position infiniment plus douce pourtant que celle où ils avaient jeté naguère une multitude de Français fidèles à leur roi, s'agitaient violemment; si quelques hommes de leur parti, et restes des plus sanglantes factions, partageaient leur impatience, un grand nombre se flattait de pouvoir marcher au désordre constitutionnellement, et épiait toute fausse direction dans les affaires de l'intérieur ou l'extérieur, afin d'en profiter; quelques-uns, enfin, attendaient les troubles, objet de leurs vœux, d'un changement de règne, que leurs désirs, pris pour des espérances, leur faisaient envisager comme très-prochain. Ces derniers disaient quelquefois, et je les ai entendus: *Pourquoi conspirer, quand tout le monde conspire pour nous?* En effet, tout le monde alors servait la conspiration antiroyaliste; ceux qui l'ignoraient comme ceux qui la tramaient, ceux qui ne pouvaient ou ne devaient pas la vouloir comme ceux par qui elle était voulue ou ignorée; c'étaient les princes et les plus niais des royalistes, avec leurs ridicules sociétés secrètes; c'était le roi, dont la fermeté seule eût suffi pour la rendre nulle; c'était le ministère qui rassurait d'un côté ceux qu'il irritait de l'autre; c'étaient les souverains étrangers, protecteurs de toutes les turpitudes, et ce fut l'ordonnance du 5 septembre qui, si elle sembla en ralentir l'activité, lui donna des instruments légaux de réussite. Les indiscrétions de quelques libéraux me l'avaient en partie fait soupçonner dès mon voyage en France, où je dînais chez *Clavier*. Le ton des journaux et des pamphlets imprimés en Belgique, et qui ne sont entièrement intelligibles que pour les initiés seuls, m'en donnèrent depuis de nouveaux indices; des lettres de Varsovie et les conversations rapportées de l'ex-directeur *Carnot*, ne me laissèrent plus aucun doute sur cet objet; mais j'en ai eu depuis les preuves écrites et incontestables dans une foule de pièces diplomatiques, sur lesquelles le hasard et mes relations antérieures me permirent de jeter la vue.

Les libéraux, à qui tout était bon dans ce qui pouvait enfanter des désordres, après avoir sollicité vainement le *duc d'Orléans*, dont ils ne purent faire un factieux, s'adressèrent simultanément à toutes les cours continentales, cherchant et à flatter leur ambition, et à les animer contre l'Angleterre, et à leur peindre les Bourbons comme incapables de régner sur la France, prête à se soulever contre eux. Leur première démarche positive pour demander des secours et désigner une nouvelle tête à couronner, fut près de l'impératrice *Marie-Louise;* mais elle renvoya les agents révolutionnaires à son père, qui ne leur fit que des réponses peu satisfaisantes. Ils songèrent alors au prince *Eugène de Beauharnais*, qui ne se soucia pas d'échanger une position sûre et brillante contre le rôle coupable et incertain d'un aventurier. Ils espérèrent mieux de *Bernadotte*, dont les réponses furent vagues, et s'arrêtèrent enfin au prince royal des *Pays-Bas*, ou, au pis aller, à un grand duc de *Russie*, mais en préférant le premier dans l'espoir de la réunion de la *Belgique*, et de la non-opposition alors de la *Russie*, jouissant aussi de l'idée de couronner un prince non catholique échauffé déjà par le souvenir de *Guillaume III*, proche voisin de la France, et disposant d'une armée longtemps française, stationnée sur la frontière la moins éloignée de Paris.

Entrer ici dans de longs détails sur les menées, les intrigues et les correspondances des libéraux du dehors ou du dedans, serait aussi fastidieux qu'inutile; tant est, que les choses en vinrent au point que le roi de Hollande, plus sage que son fils, mais qui ne pouvait s'en faire écouter, effrayé enfin du danger de sa position, placé comme il l'était entre les deux cabinets opposés à la révolution nouvelle de l'Angleterre et de la France, implora l'assistance de la cour de *Russie*, ce dont il résulta la mission en Brabant du général *Tchernichef*. Les libéraux, qui comptaient sur le succès de leurs divers agents, en *Prusse, Suède, Pologne* et *Russie*, le considérèrent d'abord comme un appui qui leur était donné par l'empereur *Alexandre;* ils l'entourèrent, le sollicitèrent, lui peignirent la France comme prête à tomber en dissolution; son trône, comme très-facile à faire passer à une maison étrangère, leur propre exil comme une atroce persécution, et leur parti comme le seul puissant et le seul conforme à l'opinion publique; mais la mission du général russe était tout autre qu'ils ne l'avaient pensé, et leurs vœux furent trompés encore. La direction de l'armée *belge* fut ôtée au prince royal, sous un prétexte qui parut niais alors, à ceux qui ne savaient pas que c'était un voile dont on voulait couvrir le véritable motif de cette disgrâce. On fit taire les journaux provocateurs des troubles, et l'on éloigna les réfugiés des frontières de France, en leur désignant les lieux où ils pourraient obtenir un asile; ils ne furent cependant pas molestés personnellement, bien différents à cet égard des anciens émigrés royalistes; les cours mêmes demandèrent leur rappel sans distinction d'égarés, de rebelles et de régicides; mais ils durent quitter leurs stations cripto-diplomatiques; aussi les rédacteurs des *Lettres normandes*, disent-ils (t. Ier, pages 165 et 164), en parlant de cette nouvelle mesure : *On dit que le prince royal* (Bernadotte) *a ordonné aux Français exilés de quitter la Norwège; il est certain que le prince royal a dû sentir son cœur se soulever en promulgant ce décret, commandé sans doute par les autres puissances.*

Tandis que ces choses se passaient, *Carnot* avait pour lui-même fait un voyage à *Varsovie; Piré* s'était établi à *Saint-Pétersbourg; Arnault* résidait à *Bruxelles, Paganel* dans l'État de *Liége, Regnault de Saint-Jean-d'Angely* dans les *États prussiens*, d'où il partit pour l'Amérique; *Maret* avait dans son département l'*Autriche* et la *Bavière*, et Mme de Saint-Jean-d'Angely, agent de correspondance, voyagea en Pologne, où le grand-duc *Constantin* mit à sa suite, avec ordre de lui enlever ses papiers, un espion dont la maladresse ou la corruption fut punie par l'exil en *Sibérie*. Quant à la *Suède*, on y envoya un homme moins connu, qui, depuis, fut agent de la même faction en Pologne, où il n'arriva qu'après l'expulsion de *Carnot*. Cet homme se nommait *Henri de Vieil-Castel*, issu d'une nombreuse et honorable famille du *Périgord;* tête chaude et désordonnée, il fut sans cesse le désespoir de ses estimables frères d'armes, et particulièrement du baron *de Vieil-Castel*, mon plus intime ami.

Déserteur tour à tour des troupes autrichiennes et prussiennes, puis de celles-ci pour les troupes françaises, d'où, sous-officier en 1815, il avait déserté à l'armée suédoise, et était parvenu à faire enlever par *Bernadotte* un poste important et mal gardé, il en avait été récompensé par le grade de colonel et la décoration de l'ordre de l'Épée; envoyé par le prince royal à *Hartwell*, le roi lui donna alors la croix de Saint-Louis et le rang de maréchal de camp; dans le Midi, en 1814, il avait montré beaucoup de zèle à la suite du duc *d'Angoulême*, et eût passé en moins de deux ans du rang de sous-officier à celui de lieutenant général, s'il n'avait subitement disparu, ce dont sa famille ne s'inquiétait guère, heureuse cependant de lui savoir enfin un état fait pour le fixer et le garantir de nouvelles et coupables folies; cette disparition, néanmoins, n'était autre chose qu'une vile et absurde intrigue en faveur des libéraux.

Voilà l'homme; voici ses œuvres :

Parti de France en juin 1816, chargé d'une mission pour *Varsovie*, il y arrive à la fin de septembre, après avoir eu, en *Suède*, des conférences avec *Bernadotte;* il sollicite une audience de l'empereur de *Russie*, ne peut l'obtenir; s'adresse alors au grand-duc *Constantin*, en est écouté, lui dévoile tous les projets de la faction en faveur d'un prince russe, mais tait le projet réel (que le cabinet russe savait déjà) en faveur du prince d'Orange; puis est chassé de *Varsovie*, est repoussé de *Suède*, où il veut retourner, et dont la *Russie* lui fait fermer l'entrée. Ses menées et celles de ses commettants sont alors dénoncées à toutes les cours. L'empereur *Alexandre* voulait même faire publier les pièces de cette conjuration, et y joindre, au nom de toutes les puissances, une déclaration formelle en faveur de *Louis XVIII;* mais les cabinets se refusèrent à cette déclaration, et s'opposèrent à la susdite publication, ce qui fit que le cabinet de *Saint-Pétersbourg* se contenta de donner communication de l'affaire au gouvernement français, outre les pièces communiquées par le gouvernement russe, et les notions recueillies sur la mission en *Brabant* du général *Tchernichef;* j'ai trouvé dans un ouvrage semi-officiel, imprimé en 1818 (*les Folies du siècle*), la note suivante, concernant les menées secrètes des libéraux. Elle y est donnée comme extraite des journaux suisses et répétée, dit-on, par toutes les feuilles du Nord. La voici :

« C'est par les Pays-Bas que nous avons reçu, » en premier lieu, la nouvelle que le comité *Bonaparte*.... cessait de distribuer des honoraires, et » suspendait tout à coup ses payements. Cette nouvelle nous a été confirmée depuis, par la voie de » *Lyon* et de *Strasbourg*, ainsi que par des recherches faites avec beaucoup de soin à cet égard. » Les appointements que l'on payait secrètement » aux nombreux agents de ce comité, répandus » dans la capitale et les départements, étaient si » considérables, qu'un sous-lieutenant avait par » mois cinquante écus, et était en outre indemnisé » de ses frais de voyage. — Il n'y a plus de doute » maintenant qu'une grande partie des fonds considérables qui étaient à la disposition dudit comité, n'aient été employés à porter le prix des » grains à un taux si élevé, et à produire ainsi en » France une disette factice, pour exciter contre » le gouvernement une insurrection générale que » l'on avait en vue, et dont les fils étaient déjà » ourdis. — On a pu regarder longtemps comme » énigmatiques les sources d'où le comité révolutionnaire tirait les fonds qu'il répandait d'une » main si *libérale*, et les causes qui lui avaient fait » changer tout à coup ses projets et ses plans. On » a maintenant des éclaircissements assez positifs » sur ces objets. On ne pouvait guère attribuer la » stagnation des payements au manque de fonds; » car, jusqu'ici, ils avaient toujours été abondants, » et l'on savait que, quelles que fussent les dépenses, » on gagnait en proportion par les spéculations » usuraires sur les grains. Les achats à *Odessa* » avaient seuls procuré un profit de *vingt-quatre* » *millions de francs*, et l'on avait gagné peut-être » autant sur les farines d'*Amérique*. — Tous ces » phénomènes s'expliquent par les circonstances suivantes : les riches *bonapartistes* qui ont émigré » en *Amérique* avaient encore en *France* des » sources secrètes de revenu, et c'étaient celles dont » le comité révolutionnaire avait la libre disposition. En conséquence, toutes les recherches du » gouvernement pour découvrir s'il ne venait pas » de fonds d'*Amérique* étaient inutiles, puisque » ce n'était pas de là qu'ils arrivaient. — Maintenant » ces mêmes *bonapartistes* ont donné à leurs projets une autre direction; ils veulent établir une » colonie aux États-Unis d'*Amérique*, dans la fertile » *Louisiane*, pays bien connu des Français, et ils » veulent y faire passer tout ce qui tient à leur » parti. Les sommes qui ont été employées jusqu'à » présent en France pour un but révolutionnaire, » doivent actuellement servir à faire prospérer rapidement cette colonie : c'est ce qui explique pourquoi, *depuis peu*, on a fait de France des remises » si considérables sur les maisons de banque d'*Amérique*. On a envoyé aussi dernièrement, par » les ports des *Pays-Bas*, des tonnes de doublons » et de piastres d'Espagne. » — Observons que tous les mouvements séditieux qui ont eu lieu sur différents points de la France semblaient avoir été combinés pour éclater le même jour. Le hasard a-t-il produit cette singularité?

La rage inconsidérée et présomptueuse des libéraux, leurs intrigues coupables, leur bassesse, leur duplicité, commencèrent à enlever à cette faction l'estime qu'elle avait imposée à l'ignorante prévention de l'empereur de *Russie*. Leurs projets d'ailleurs, ridiculement impolitiques, eussent contrarié ses intérêts réels; il sentit donc dès lors la nécessité de défendre les principes de la légitimité, que le congrès de *Vienne* avait trop affaiblis, et de raffermir la puissance française que ses mains mêmes avaient trop ébranlée. De là, sa conduite dans les affaires d'Espagne, dont nous allons voir un mot, et dans celle des liquidations dont nous parlerons ensuite. Mais remarquons ici que, tandis que le ministère français, instruit de la perfide conduite des libéraux, gardait le secret sur leurs coupables intrigues et rappelait par simple ordonnance ceux qui, proscrits par une loi, ne pouvaient être rappelés que par une loi; sentant déjà son impuissance pour écarter de la députation les ennemis de la royauté, ce même ministère continuait à décrier les royalistes, faisait arrêter, sous prétexte de conjurations qui ne purent être prouvées, et traiter préalablement avec rigueur, des gens accusés par ces mêmes ennemis de vouloir faire enfermer les ministres, forcer le roi à abdiquer, et rappeler la chambre de 1815; en appuyant leur dire de la publication de cette *note secrète*, coupable sans doute à certains égards, si elle était réelle et l'œuvre d'une faction dont les principes étaient aussi utiles et aussi vrais qu'étaient faux et ruineux ceux qui avaient dirigé les libéraux.

XXXIV.

Affaires d'Espagne.

Les insurgés américains, dont je ne prétends point juger ici la conduite, persuadés, d'après l'opinion généralement répandue, que l'empereur *Alexandre* favoriserait leur cause, envoyèrent à Saint-Pétersbourg un agent chargé d'obtenir de ce monarque la reconnaissance et la garantie de leur indépendance, ou du moins sa médiation pour leur faire accorder par le roi d'*Espagne* un gouvernement tel, que leur soumission à la métropole ne fût plus qu'un lien presque imaginaire, facile à rompre, et cela par un acte solennel, dont toutes les puissances européennes seraient garantes. Cet homme que j'ai vu, mais dont j'ai oublié le nom, que je ne puis plus même retrouver dans mes notes, fut mal accueilli, et promit alors de livrer les papiers au cabinet russe, de lui dévoiler les intrigues de l'Angleterre, de donner à *Ferdinand VII* des notes précieuses sur les forces et les ressources de ses commettants; enfin de se vouer au roi d'*Espagne*, en trahissant ceux qui lui avaient donné leur confiance. Il fut donc envoyé à *Madrid*, et recommandé au ministre russe près de cette puissance. De là, la grande faveur du comte *Tatitchef*, les succès de sa lutte contre la faction anglaise, les erreurs encouragées, ou plutôt commandées au roi, le projet absurde d'un envoi de troupes en Amérique, la révolte de *Cadix*, et la révolution qui s'en est suivie, révolution que *Tatitchef* ne prévit pas, car elle avait déjà eu lieu quand il disait à son souverain, en arrivant à Saint-Pétersbourg, que tout allait au mieux en *Espagne*. Celui donc qui avait compromis le sort de la France, en y protégeant des brouillons, compromettait le trône d'un autre roi *Bourbon* en l'encourageant dans des erreurs d'un genre diamétralement opposé, et dans l'absurde idée d'une expédition impossible. N'eût-il pas mieux valu lui faire accepter la seconde proposition des insurgés espagnols de l'Amérique, qui consistait en un pardon général du passé, l'abolition de l'inquisition, des dîmes, des tortures, des priviléges personnels, des monopoles, des douanes intérieures, dans la liberté de la presse, du commerce et de l'industrie; l'établissement d'une chambre de représentants, d'une force militaire indigène, d'une procédure publique et par jury, de l'admission des étrangers à l'indigénat, d'un commerce direct avec toutes les puissances européennes, et comme clause *sine quâ non* du serment d'allégeance, la garantie par les alliés de ces divers articles, dont la violation rendrait l'*Amérique* à l'indépendance absolue de la métropole. Ces stipulations étaient dures, mais pouvait-on mieux, et n'a-t-on pas fait beaucoup plus mal? Enfin, en entraînant Ferdinand VII dans une guerre lointaine et fatale, quels secours l'empereur Alexandre lui procura-t-il? l'envoi de sept vaisseaux tellement pourris, que l'amiral Moller, chargé de les conduire à Cadix, ne croyait pas pouvoir y arriver sain et sauf, dont plusieurs ne purent servir, dont quelques autres sombrèrent avec les troupes qu'ils portaient avant d'atteindre leur destination, et cette misérable flottille n'en fut pas moins payée par l'Espagne au prix de 7,000,000.

XXXV.

Affaire des liquidations.

Ayant eu communication de quelques-unes des pièces diplomatiques relatives à la liquidation des créances étrangères contre la *France*, stipulées payables par les deux traités de *Paris*, de 1814 et 1815, ayant de plus été alors en relation intime avec plusieurs ministres, je vais exposer ici ce que j'ai su de cette importante affaire, sur laquelle les journaux, pamphlets et ouvrages politiques plus étendus, ont débité tant de mensonges; mais il faut faire précéder de quelques détails les faits qui ont trait à cette liquidation.

La France, dans la guerre de 1812 à 1814, avait perdu, sans compter ses îles et ses colonies, un territoire peuplé de 14,393,880 âmes; de plus en *Italie*, *Illyrie* et *Sept-Iles*, 8,644,118 âmes, en tout 23,037,998 âmes, personnellement, et outre les pertes de ses alliés, presque ses sujets alors, montant à 10,463,049 âmes.

C'était avec les ressources de ces territoires détachés au profit de ses ennemis qu'elle avait contracté les dettes que ses ennemis poursuivaient contre elle. Or, si elle les eût liquidées, revêtue de sa puissance antérieure à 1812, elle en eût discuté librement la légitimité, eût pris les termes les plus favorables, et en eût fait supporter le payement à ceux qui aujourd'hui le réclamaient, sans y contribuer, sur la demande des puissances qui, accrues de ses dépouilles, avaient pour la plupart acquis, à titre gratuit, l'extension de leur territoire. Mais les finances de la France, en 1814, pouvaient supporter cette charge injuste, comme cet exposé le prouve, quelque forte qu'elle pût être. Il n'en fut plus de même lors du traité de 1815, l'usurpation de *Bonaparte* durant les cent jours l'avait considérablement grevée; la seconde invasion des alliés lui coûta, en dévastations, enlèvements de matériel de guerre, nourriture des troupes, contributions partielles, plus de 500,000,000; son territoire, plus resserré, diminuait ses ressources et accroissait ses dépenses, par la nécessité de réparer ou de construire des forteresses, et on ne l'en chargeait pas moins d'une contribution de guerre de 700,000,000, et de l'entretien d'une armée d'occupation de cent cinquante mille hommes; aussi regardait-on alors la liquidation des dettes comme un objet de peu d'importance, et l'ignorance était telle à cet égard, que l'on n'exigea pour la garantie de leur payement, celles de l'*Angleterre* et de la *Russie* exceptées, que les sommes de 3,500,000 fr. de rente, au capital de 70,000,000, somme que la France dépassa de 2,000,000 de rente, au capital de 40,000,000 : il était donc clair qu'on avait déjà fait au delà de ce que l'esprit des traités exigeait, et que, si même la masse des dettes eût été connue lors de leur signature, on n'eût point osé joindre au payement d'une dette de 1,600,000,000, accrue de l'entretien des troupes, qui pouvait s'évaluer à 750,000,000, une contribution de guerre de 700,000,000 encore, c'est-à-dire, charger la France obérée et dévastée d'un payement de 3,050,000,000, en accroissement des dettes des cent jours, et des charges produites par l'invasion.

Remarquons ici que dans la *convention concernant la liquidation*, signée le 20 novembre 1815, pour les dettes garanties par les articles 19, 26, 30 et 31 du traité du 30 mai 1814, il est dit textuellement : « Les gouvernements qui ont des réclamations à faire au nom de leurs sujets, s'engagent à les faire présenter à la liquidation, dans le délai d'une année, à dater du jour de l'échange des ratifications du présent traité; passé lequel terme il y aura déchéance de tous droits, réclamations et répétitions. » Or, ce délai expirait avec l'année 1816; le texte comme l'esprit du traité devait donc être invoqué en faveur de la France!... Remarquons enfin qu'il avait paru juste de réduire les réclamations du comte *de Bentheim*, de 4,247,000 fr., à 1,310,000 fr., c'est-à-dire à moins d'un tiers; que la cour supérieure de justice de *Bruxelles* adjugea depuis (le 26 novembre 1818), au domaine des *Pays-Bas*, la rentrée d'un prêt de 300,000 fr. fait en 1811, par le gouvernement français; or, qui a les bénéfices doit avoir les charges, car il n'est pas juste que l'actif des dettes soit réduit à l'ancien territoire quand le passif s'étend à celles contractées durant la possession d'acquisitions perdues; surtout, il était affreux de voir la France menacée d'un poids si énorme et si imprévu, au sein de la disette qui accroissait l'irritation publique, quand son ministère craignait ou négligeait indignement de protéger les justes réclamations des sujets français à l'étranger.

Mais pour en revenir aux négociations entamées relativement à la ruineuse affaire des liquidations, nous dirons que l'*Angleterre* et la *Russie* ayant traité particulièrement sur cet objet, la *Prusse* et l'*Autriche* voulurent en agir de même et cherchèrent à obtenir du ministère français des engagements particuliers; celle-ci par le jeu de toutes les tortuosités diplomatiques, celle-là par une demande formelle à laquelle le duc *de Richelieu* répondit inconsidérément, qu'il *ferait décréter par les chambres un fonds suffisant pour la satisfaire*. Mais la satisfaire était impossible, car ses réclamations montaient à 900,000,000, c'est-à-dire à près de treize fois ce qui d'abord avait été présumé suffire au service de toutes les liquidations réunies. Aussi, bien loin de contenter la *Prusse*, le ministre fut-il forcé de suspendre le travail de la liquidation, ce qui lui attira de la part du prince *d'Hardenberg* une note très-inconvenante, où la bonne foi du gouvernement français était vivement attaquée.

Dans cet état des choses, l'assistance du cabinet russe fut implorée ; ce cabinet semblait être devenu favorable à la France depuis les menées coupables des libéraux ; mais il fallait promptement mettre à profit sa bonne volonté. Le duc *de Richelieu*, cependant, soit qu'il songeât à faire la misérable épargne des frais d'un courrier, soit qu'il cherchât à éviter au comte *Melchior de Polignac* la dépense de son voyage en *Russie*, où la maladie du duc son père l'appelait; le ministre, dis-je, le chargea de ses dépêches, mais celui-ci, ayant appris à *Berlin* la mort du duc *de Polignac*, y laissa, en repartant pour *Paris*, ses paquets au ministre de France, qui, ne les croyant pas très-importants vu la manière dont ils avaient été remis, tarda de les expédier à *Saint-Pétersbourg*, où le comte *de Noailles*, plus qu'économe et qui les attendait, négligea aussi de les envoyer chercher par un courrier.

Ces dépêches demeurèrent donc en route assez longtemps pour laisser aux ministres des cours alliées le temps d'intriguer contre cette utile négociation, près d'un prince que la lenteur qu'on semblait y mettre commençait à mécontenter. D'ailleurs, il était parti pour *Moscou*, où l'ambassadeur de *France* n'avait pu le suivre, tandis que les autres ministres étrangers l'y entouraient. Le gouvernement prussien entre autres, le plus récalcitrant de tous, ne voulait point démordre de ses prétentions : il consentait seulement à se désister de la part qu'il lui restait à recevoir sur les contributions de guerre, et qui ne montait pas à plus de 40,000,000.

L'empereur *Alexandre* cependant, s'élevant au-dessus des intérêts étroits qui séduisaient les autres puissances, considéra l'affaire de la liquidation, tant sous le rapport des intérêts de la société générale de l'Europe, qui exigeait qu'on évitât les suites d'une explosion, résultat possible de l'irritation de la France, et qu'on cherchât à consolider le lien commun des puissances alliées, que sous celui des intérêts particuliers des créanciers, qui, en se relâchant de leurs prétentions, en assureraient la jouissance, compromise par la trop rigoureuse réclamation de ses droits. Il posait en fait et en droit, que les réclamations devaient être collectives, et les décisions sur cet objet prises par les signataires des traités, auteurs et garants de ces réclamations. Je n'analyserai pas ici les pièces qu'il faudrait lire en entier ; mais je remarquerai que l'empereur *Alexandre*, désintéressé dans la liquidation, ainsi que l'*Angleterre*, qu'il flattait par ses coquetteries envers le duc *de Wellington*, se trouvait l'arbitre des négociations du moment où il faisait prévaloir le mode d'une décision à la pluralité entre les quatre puissances; car, sûr de la voix de l'*Angleterre*, il devait réunir encore à la sienne celle de la *Prusse*, comme ami de son roi et son seul protecteur contre les demandes de ses sujets mécontents; puis l'*Autriche*, qui ne perdant jamais de vue ses prétentions sur l'*Italie*, ne pouvait, de peur d'être contrariée à cet égard par l'empereur de *Russie*, vouloir opposer de puissants obstacles à ses vœux. Or, l'empereur *Alexandre* établissait sur les données qui lui avaient été fournies, que les justes réclamations contre la *France*, lui et l'*Angleterre* exceptés, ne pouvaient pas monter à plus de 8 à 900 millions, qui devaient être réduits au tiers, en y comprenant les sommes déjà payées; voilà donc la base sur laquelle on pouvait solidement s'appuyer. Je ne mettrai pas ici ce qu'on lit partout sur les résultats patents de la négociation, mais je dirai, comme beaucoup de ministres me l'ont dit, que le duc *de Richelieu* eût pu traiter des liquidations en question à bien meilleur marché qu'il ne l'a fait, vu les motifs puissants qu'il avait à faire valoir, et l'appui bien plus puissant encore qui lui était assuré. Ce qu'il y a tout à la fois de très-triste et de très-remarquable à penser, c'est que les trois guerres du règne de *Louis XV*, et celle soutenue par *Louis XVI*, qui embrassent ensemble vingt-six années, dont les dépenses parurent extraordinairement ruineuses, ne coûtèrent pas, prises ensemble, à la France, plus que ne lui ont coûté les cent jours du règne de Bonaparte en 1815, si l'on comprenait comme on le doit, non-seulement ses frais d'armement, mais les dévastations, les contributions partielles, la contribution de guerre, l'entretien de l'armée d'occupation et les prétentions excessives, quoique réduites, qu'il a fallu satisfaire! Qu'ils sont donc coupables, ceux qui regrettent encore cet homme, qui fut le fléau de la France autant que celui de l'Europe. Quant au duc *de Richelieu*, put-il dire de bonne foi, dans son discours à la chambre des députés, du 25 avril 1818, que les dettes assurées par le traité de 1814 n'avaient pas été aggravées par celui de 1815? N'était-ce donc rien que d'y ajouter, outre mille charges déjà citées, 700 millions de contributions, et annuellement 150 millions pour l'entretien des troupes étrangères? Mais grâce au ciel, la France devenait libre enfin; et si, avec la richesse de son sol et le génie réparateur de son peuple, elle ne reprend pas en Europe le rang imposant que ce double élément de puissance lui assigne, elle ne le devra qu'aux viles et niaises factions vaniteuses et cupides qui la rongent, ainsi qu'à l'imprévoyante faiblesse d'un gouvernement que la sagesse unie à la fermeté rendrait fort, et qui leur permet d'être, quand il lui serait aussi facile qu'avantageux de les détruire.

XXXVI.

De madame de Krüdner.

On a tant parlé de notre très-bonne, mais très-extravagante cousine *de Krüdner*, et répandu sur son compte des mensonges si contradictoires, que j'ai cru devoir lui consacrer cet article, d'autant que le rôle qu'elle a joué à *Paris*, lors du changement des ministres, en septembre 1815, ne la rend rien moins qu'étrangère aux affaires de France, sur lesquelles elle influa indirectement, le nouveau ministère ayant été choisi chez elle et sous ses auspices.

Le spirituel et respectable *Bergasse* la dirigeait alors, et l'empereur *Alexandre* était, à cette époque, dirigé par elle et lui, ou du moins, feignait de l'être; elle prédisait déjà, mais n'avait pas commencé encore ce bizarre apostolat qui l'a rendue si remarquable. C'est une chose très-curieuse en effet que de voir une femme élégante, faible, accoutumée au luxe et d'une haute naissance, embrasser la vie des anciens apôtres, répandre de riches aumônes et tout se refuser; voyager à pied, supporter avec résignation le mauvais temps, la fatigue, des avanies continuelles; chassée de partout, ne point se rebuter; se plaindre quelquefois, mais avec douceur et en vue toujours du bonheur des hommes auquel elle croit travailler. Née *luthérienne*, on ne sait quelle est sa véritable religion, elle se dit catholique, et prétend avoir des relations habituelles avec Dieu, Jésus-Christ et la sainte Vierge; quant à son culte, c'est l'élan d'une âme tendre vers la source de toute perfection; les actes en sont la charité qui donne, la charité qui console, la charité qui ne cesse de prêcher ce qu'elle croit utile et vrai. On a prêté à ses œuvres des intentions politiques et antireligieuses: certes, ceux qui en ont jugé ainsi ne la connaissaient pas; malgré tout son esprit, elle a pu être l'instrument aveugle d'une perversité qu'elle ignorait, mais elle fut pieuse, la politique lui parut vile, et toute duplicité lui faisait horreur.

La baronne *de Krüdner* était fille de Mme *de Wittingoff* (prononcez *fitinof*), qui, née comtesse *Munich*, était petite-fille du maréchal de ce nom. Veuve avec deux enfants (un fils et une fille) du baron *de Krüdner*, ministre de Russie à *Berlin*, Mme de Krüdner commença à se faire généralement connaître par le roman de *Valérie*. Logée en 1815, dans l'hôtel tout délabré du comte *de Montchenu*, je l'y ai vue avoir à peine un meuble; l'empereur *Alexandre* y passait néanmoins presque toutes ses soirées; ce fut là que la comtesse Charles *de La Bédoyère* alla implorer son assistance pour intéresser l'empereur de *Russie* au sort de son époux. Ce prince s'y refusa, et elle écrivit à cette jeune femme: « Que je voudrais pouvoir vous consoler... » mais il n'appartient pas aux hommes de faire cette » œuvre. Je vous ai montré le seul moyen qui peut » vous tirer de cette douleur profonde..... Dieu! » Dieu seul, madame; oui, c'est à ses pieds, c'est » en embrassant cette croix, qui est le refuge des » pécheurs... que nous trouverons le repos, la paix » et le salut; c'est pour avoir déserté cette croix... » que les trônes s'ébranlent et que les peuples s'effacent de la terre..... O madame! vous qui avez » été élevée au milieu des antiques restes de la monarchie qui jadis s'enorgueillissait des premiers » rois chrétiens.... soyez chrétienne.... implorez le » Dieu vivant, jetez-vous dans son sein..... il est » meilleur que les rois de la terre. S'il frappe, ce » Dieu... c'est pour nous corriger; résignons-nous, » pleurons, prions, mais songeons que ce n'est pas » à nous de retenir son bras... Ah! madame, vous » avez vu mes larmes et savez si mon cœur est » froid; avant de vous avoir entendu nommer, j'étais aux pieds de cette croix, et je priais pour le » malheureux *La Bédoyère*, mais.... la femme de » la terre n'a que des larmes, la femme vraiment » épouse a l'éternité. C'est là le mariage que vous » présente l'Église, tout autre n'est qu'adultère... » Soyez donc chrétienne, ayez le courage de montrer à votre mari ses criminelles erreurs, mais montrez le Dieu sauveur... priez pour lui et avec lui... » Voilà vos devoirs, ma jeune amie, et je vous promets, au nom de ce Dieu... qui daigna me montrer aussi sa miséricorde, et m'arracher d'un » monde où je n'étais pas heureuse au milieu de » tout ce que les hommes envient, je vous promets, » dis-je, la paix qui vient de lui seul, et un bonheur que les hommes ne peuvent concevoir. Vous » serez grande à leurs yeux en périssant de douleur, tout ce qui fait spectacle les frappe; soyez » grande... en vous disant: *Ma tâche est d'éclairer* » *mon mari*..... qu'il pleure d'avoir offensé ce » Dieu si immense, d'avoir manqué à son roi..... » ces larmes-là sont celles des hommes rendus à » leur primitive dignité... s'il s'excuse, il est perdu. » Je vous ai parlé avec vérité... la charité est mon

» devoir... je suis chrétienne, et en m'humiliant » dans mon néant.... j'ai l'audace des plus grandes » espérances, car... j'espère le salut de votre mari, » s'il veut se jeter dans le sein du Sauveur qui ne » repousse personne. »

J'ai cité ces longs fragments parce qu'ils donnent l'idée de l'esprit, du cœur et des opinions religieuses de Mme *de Krüdner*. Quant à la petite feuille volante, intitulée *le Camp des vertus*, elle a été imprimée après avoir été écrite durant le service divin, célébré en même temps selon les trois rites catholique, grec et luthérien, dans la plaine des *Vertus*; sa tente, qui surmonte les trois tentes consacrées à ces différents cultes, était alors ouverte de toute part, et la montrait en prières pour le salut du monde. Revenue à Paris, elle en partit bientôt; la Sainte-Alliance inspirée par elle avait été signée, elle crut que les peuples allaient en devenir plus heureux, et courut les prêcher pour les rendre dignes. Partout la foule la suivait, partout aussi les gouvernements dissipèrent ses néophytes, et la chassèrent elle-même. Je ne la suivrai pas dans son pénible apostolat, dans ses déclamations zélées, mais dangereuses, contre la dureté trop réelle des riches et des grands.

En 1817, elle écrivait au ministre de *Baden* : « C'est au Seigneur à ordonner, et à la créature à » obéir; c'est lui qui expliquera pourquoi la faible » voix d'une femme a retenti devant les peuples, a » fait ployer les genoux au nom de Jésus-Christ, » arrêté le bras des scélérats, fait pleurer l'aride » désespoir, demandé et obtenu de quoi nourrir des » milliers d'affamés... Il fallait une mère pour avoir » soin des orphelins, et pleurer avec les mères..... » une femme élevée dans les demeures du luxe, » pour dire aux pauvres qu'elle était plus heureuse » sur un banc de pierre en les servant... une femme » simple pour confondre les sages... une femme » courageuse qui, ayant tout possédé, pût dire, » même aux rois, que tout n'est rien. » Le baron *de Berkheim*, son gendre, qu'elle avait envoyé en Russie, y obtint pour lui un emploi et pour elle un asile : arrivée à *Leipsick*, elle y fut visitée par le professeur *Krug*, auteur d'une brochure sur la Sainte-Alliance. Assise sur son lit, à cause de sa mauvaise santé, elle lui tendit la main, et lui dit, selon sa coutume : « Béni soit Jésus-Christ. » Sur ce, il lui demanda si elle n'était pas l'auteur de la Sainte-Alliance? elle répondit : « La Sainte-Alliance » est l'ouvrage immédiat de Dieu, c'est lui qui m'a » élue son instrument, c'est par lui que j'ai achevé » ce grand œuvre, mais vous n'en avez pas assez » bien saisi le sens. La mission de la Sainte-Alliance s'adresse à tous les hommes, elle doit leur » apprendre qu'à Jésus-Christ seul tout pouvoir fut » donné pour les arracher à la corruption, et les » préserver de la vengeance de Dieu, dont les présages s'annoncent déjà. » Le professeur prétendant que le monde actuel n'était pas plus pervers qu'il ne l'avait jadis été, elle répliqua avec vivacité : « Croyez-vous donc l'homme pervers si loin de » Dieu? De grands vices annoncent de la force, et » le vicieux peut s'adresser encore à son Sauveur; » mais le monde éclairé et civilisé est aujourd'hui » pire que vicieux, il est lâche pour tout ce qui est » bon; il est faible, indifférent; il est sans foi, sans » amour; il s'enorgueillit d'une prétendue raison, » d'une soi-disant vertu; le rationalisme, la philo» sophie que l'on prêche perdront le monde actuel. » Puis revenant à la Sainte-Alliance, elle dit que Dieu en avait, par elle, fait naître la première idée dans l'âme du grand et pieux empereur *Alexandre*, que celui-ci lui avait apporté sur ce sujet un brouillon qu'elle avait parcouru, et dont l'acte si connu s'était suivi : « Mais que de conflits opiniâtres, dit» elle, précédèrent l'achèvement de l'ouvrage! ce » qu'il avait de sublime ne fut pas compris; il fut » difficile de le garantir des mains profanes, de » celles des diplomates et des courtisans, tout alors » eût été perdu! L'un des principaux alliés ne vou» lut le signer que sur l'avis de son ministre; » l'autre parut y consentir, mais fit peu de cas de » la chose. » Sur la demande du professeur de ce qui l'avait conduite à cette idée : « C'est Dieu, dit» elle, Dieu et durant toute ma vie; lui, le Dieu de » l'amour qui m'a fait renoncer au monde, pour » faire de moi, d'un être faible, le puissant instru» ment de sa grâce. » Puis, après des détails sur sa naissance, son éducation, la vie qu'elle avait menée dans le grand monde, les plaisirs qu'elle y avait goûtés, et la langueur secrète qui toujours la portait vers des objets plus purs, sur le vide que son cœur éprouvait, sur les peines que lui causaient les souffrances de l'humanité, l'indignation qu'elle ressentait de la dureté des grands : « Comme une autre » Jeanne d'Arc, j'aurais voulu, s'écria-t-elle, saisir » le glaive et punir les tyrans! Mais une autre voie » m'était destinée, c'est en Italie qu'elle me fut ou» verte; là, parmi les ruines du vieux monde païen, » dans les monastères, devant les autels du monde » nouveau de Jésus-Christ, une lumière céleste » m'apparut, et mon cœur se pencha vers Dieu. » Insuffisamment pénétrée encore du Créateur et » de son amour, il me fallut une leçon, la plus ter» rible de toutes : je vis la France et ses erreurs, » et ses crimes et ses infortunes; saisie d'horreur, » je renonçai à tous les plaisirs, à toutes les gran» deurs du monde; je cherchai mon salut dans

» Jésus-Christ, je m'abandonnai à ses promesses, » je demeurai soumise aux commandements de l'a» mour divin, afin de pouvoir indiquer à mon pro» chain cette route solitaire; je n'ai plus besoin de » rien, je ne demande rien au monde; j'éprouve » déjà une béatitude! je me sens si indiciblement » heureuse, que, dans le ciel même, je ne saurais » l'être à un plus haut degré. Mais je voudrais tant » faire participer tous les hommes à ce bienheureux » état! » Son accent était vif, ses yeux rayonnants, son teint animé, sa tête tournée vers le ciel; puis elle retombe et prie avec ferveur. *Kellner*, son conseiller mystique, raconte alors tous les bienfaits répandus par Mme *de Krüdner*, comment en Suisse elle avait sauvé de la famine des milliers d'hommes de la manière la plus miraculeuse; que, pourtant, elle avait été persécutée, chassée d'un lieu à l'autre, traitée en criminelle; mais que la vengeance divine avait incessamment atteint ses perséeuteurs. Il se plaisait à en citer beaucoup d'exemples, quand l'air sérieux et désapprobateur de celui qui l'écoutait lui fit changer de ton, et dire : « Loin de le désirer, » nous avons prié au contraire pour ceux qui nous » persécutaient; mais Dieu, qui exauce toujours nos » prières, s'y refusa. Nous nous en étonnâmes d'a» bord; plus tard, nous nous convainquîmes qu'il » les avait réellement exaucées, car il est utile que » l'homme, pour ses péchés, fasse pénitence dans » ce monde, afin d'être sauvé dans l'autre; qu'il » souffre un moment pour que sa félicité soit éter» nelle. C'est bien plus rudement encore que ce » monde sera frappé de la main de Dieu, si tous » les princes, si toutes les nations n'acceptent pas » de cœur la mission de la Sainte-Alliance. Les » indices que nous présage la sainte Écriture sont » déjà visibles : la famine, la peste et les tremble» ments de terre; les taches que depuis longtemps » on a découvertes dans le soleil, surtout celle en » forme de faux que l'astronome *Stark* a observée » à *Augsbourg*, ne signifient-elles pas que le genre » humain est mûr pour la moisson, et qu'il tom» bera bientôt sous la faux du grand moissonneur. » Mme *de Krüdner* sortit alors de son extase, se releva, et dit : « Oui, *Napoléon*, justement détesté » comme un pécheur endurci, *Napoléon* a déjà » quitté l'île Sainte-Hélène, on le verra dans peu; » c'est ce que Dieu m'a révélé, comme il me révéla » sa première fuite de l'île d'Elbe (elle l'avait effec» tivement annoncé alors); mais *Napoléon*, cette » fois, ne se montrera pas armé d'un pouvoir vi» sible, c'est par de ténébreux artifices qu'il trom» pera les hommes. La France recèle en son sein » une espèce de ligue de sa vertu (Tugenbund), » dont les affiliés montent déjà à plus de 400,000. » Ils se déchaîneront inopinément sur l'Europe, ils » la désoleront par le fer et le feu, et l'Europe ne » pourrait être garantie de sa perte que par une » association sincère, fidèle et ferme à la Sainte» Alliance; mais les Anglais, qui se croient en sû» reté, n'en veulent pas, ils la calomnient, ils la » détractent, parce qu'elle menace de ruiner l'ido» lâtrie de l'or, seul objet de leurs hommages! » — « Mais n'y a-t-il pas, ils l'assurent, dit le profes» seur, des articles secrets qui tendent à l'oppres» sion des peuples? » — « Non, certes, reprit-elle; » non, c'est une calomnie grossière, c'est une in» jure fausse et infâme, à la Sainte-Alliance et à ses » fondateurs, contre le grand et pieux *Alexandre* » surtout; si l'on redoute en lui la soif des con» quêtes, c'est qu'on ne le connaît point; qu'on lui » offre l'empire du monde, il le refusera; son âme » est trop haute, elle tend vers un bien plus su» blime objet. » M. *Krug* ayant alors pris congé, Mme *de Krüdner* lui dit : « Les feuilles publiques » m'ont bien maltraitée, mais vous ne le croyez pas; » mes accusateurs parlent, et il ne m'est pas permis » de leur répondre. Adieu, je vous supplie, mon » cher professeur, de songer à la mission de la » Sainte-Alliance! Songez à la foi et à l'amour, flé» chissez les genoux devant Jésus-Christ. Hélas! je » désirerais tant vous voir être aussi un bienheu» reux... Que Dieu vous bénisse! »

Leipsick fut le premier lieu de l'Allemagne où elle fut traitée avec quelques égards, et où on lui accorda quelques instants de repos; elle en fut profondément reconnaissante, et prédit, pour récompense, le bonheur de cette ville. Elle en partit le 20 janvier 1818, après y avoir séjourné plusieurs semaines, sous la surveillance de la police, qui, tout en lui témoignant du respect, écarta les fanatiques dont elle était suivie; le conseiller *Mahlman* parvint à lui persuader d'en renvoyer une partie, mais ne put la décider à se séparer de *Kellner*, son Lycurgue et le flatteur de son extravagance, que la conversation ci-dessus, et un fait ultérieur, montrait être un véritable *tartufe*.

Arrivée à *Mittau* avec une suite de quinze personnes, le gouverneur exigea les passe-ports de ceux qui l'accompagnaient. — « Nous n'en avons pas, répondirent-ils. » — « Il en faut pourtant pour entrer en Russie, répond le gouverneur; à leur défaut, je suis forcé de vous renvoyer. » *Kellner* supplie alors qu'on lui permette de parler à Mme *de Krüdner*, qu'il invite à se mettre en prière pour implorer l'assistance divine. Elle y consent, puis la cassette est ouverte, et l'on y trouve les quinze passe-ports. Mais le gouverneur, qui ne se payait pas d'une telle jonglerie, qui même vit une insulte à lui et à son gouvernement, n'en renvoya pas moins les adeptes de la secte nouvelle, qu'un ordre de l'empereur ramena, à l'exception de *Kellner*, près de leur directrice spirituelle, qui les conduisit dans ses terres. Mais son apostolat les avait ruinées ; car si elle ne cesse de dire : « Il faut donner tout, le » ciel aura soin de nous comme nous avons soin » des autres, » sa conduite est entièrement conforme à ses discours. Ses discours, cependant, devinrent plus timides en Russie, qu'ils ne l'avaient été en Suisse et en Allemagne. Elle voulut prêcher à *Riga;* le gouverneur, marquis *de Paolucci*, le lui défendit, et elle se tut. Elle prêcha, dans les terres de son frère, les paysans qu'elle détournait du travail, et il la pria d'en sortir. Arrivée à Saint-Pétersbourg, elle y fut recueillie par la princesse Anne *Galitzin*, et la maison qu'elle occupa devint un lieu de curiosité pour les uns, le sanctuaire de la faveur pour d'autres, car l'empereur la visitait. Pour quelques-uns, c'était un véritable temple, un hospice pour la misère et la douleur.

Quelque favorisée qu'elle fût du souverain, il ne lui fut cependant pas permis de prêcher publiquement; bientôt même, on lui fit un crime d'avoir, dans son exaltation en faveur des Grecs, révélé à cet égard des confidences que la marche des négociations rendait indiscrètes ; aussi fut-elle chassée de Saint-Pétersbourg, dans la première moitié de l'année 1822. Je viens d'apprendre qu'elle avait voulu en sortir à pied, mais que l'empereur lui envoya une de ses voitures, avec un officier de police pour l'accompagner, ainsi que son gendre, rendu à la misère par la perte de son emploi. Son arrivée, désirée par l'intrigue, qui espérait la circonvenir, fut ignorée du pauvre; son départ fut accompagné des risées de l'intrigue déçue, et des gémissements de l'infortune.

Tout est vérité, charité, candeur en cette femme si spirituelle, comme si respectable en dépit de ses erreurs, qui n'ont pour but que la félicité présente et future de l'homme qui les injurie; tandis qu'il fait grâce, qu'il applaudit même à des erreurs qui l'oppriment et le dépravent ! C'est l'esprit qui égare le cœur chez la plupart d'entre nous; mais chez Mme *de Krüdner,* c'est, selon l'expression de La Rochefoucauld, *l'esprit qui est la dupe du cœur,* et quand on a su l'apprécier, qui ne répéterait d'après elle : « *On ne résiste guère à l'envie de communiquer aux autres ce qui nous a profondément émus nous-mêmes.* »

Rendue en Crimée, où il lui avait été permis d'habiter, elle vient d'y mourir, après y avoir fait de nouvelle folies dignes du moyen âge, accompagnée de son gendre, armé en saint Georges, de sa fille, mise en Madeleine, et d'une aventurière française qui se faisait nommer la comtesse *de Gachet* (femme-homme, qui avait fait tous les métiers, faisait croire qu'elle appartenait à la famille de Bourbon, injuriait un prince, et n'en était pas moins protégée par les impératrices). Mme *de Krüdner,* montée sur un âne et portant une croix de fer, parcourait la Crimée avec cette escorte, prêchait en français des Tatars qui ne pouvaient la comprendre et la regardaient comme une bohémienne, et faisait hausser les épaules à tous autres que les pauvres qu'elle soulageait, ou les fripons par qui elle était trompée.

XXXVII.

Projet d'invasion de l'Inde par la Russie.

Il n'y a que deux routes par lesquelles une armée européenne puisse envahir l'Inde : la première, en suivant le chemin qu'ont pris Alexandre et Nadir-Shah ; la seconde, en traversant la mer Caspienne et en remontant l'Oxus jusqu'à Bochara, d'où, jusqu'à Attock sur l'Indus, il n'y a plus qu'une distance de six cents milles. C'est cette dernière que pourrait prendre une armée russe d'invasion ; et à cet égard nous voyons que ce gouvernement n'a rien négligé pour acquérir la plus parfaite connaissance de la statistique géographique et militaire des pays qui se trouvent sur la ligne à parcourir, de même que des ressources et des obstacles de toute nature qu'il pourrait y rencontrer. Ce fut dans ce but que le colonel Mouravief, de la garde russe, fut envoyé à Khiva, sur l'Oxus, dans les années 1819 et 1820. Quelques-uns des officiers qui l'accompagnaient pénétrèrent même jusqu'à Attock ; et le résultat de cette mission fut de fournir à l'école de l'état-major de Saint-Pétersbourg des matériaux propres à former un plan de campagne pour la conquête de l'Inde. D'après la relation de Mouravief et d'autres, *tacticallement* il n'existe aucun obstacle insurmontable à l'exécution de ce projet; mais quelles sont les chances de succès? Tant que la question restera purement militaire, elle sera facilement résolue ; mais du moment qu'elle devient question politique et morale, la solution en devient extrêmement difficilement.

Toute guerre doit être conduite avec méthode; car toute guerre doit avoir un but et être faite suivant les principes et les règles de l'art. L'Inde, il est vrai, a été plusieurs fois envahie; mais la stratégie des anciens diffère complétement de celle des modernes, eu égard au peu de moyens que les premiers avaient à leur disposition. On regardera toujours comme un phénomène que Darius et Xercès aient pu faire subsister leurs immenses armées dans des pays où de nos jours il serait difficile de maintenir un corps de quarante à cinquante mille hommes. César avait posé en principe que la guerre devait se substenter par elle-même, d'où l'on a conclu que ses armées vivaient des contributions qu'elles levaient sur les pays qu'elles occupaient; mais cela est impraticable dans le système moderne. S'avancer avec une armée de cent à cent vingt mille hommes, en les cantonnant chez les habitants, cela est parfaitement possible en Belgique, en Italie, en Souabe, sur les bords fertiles du Rhin et du Danube; mais cela devient difficile dans quelques pays, et impossible en Russie, en Suède, en Pologne, en Turquie, et surtout dans les contrées à travers lesquelles passeraient les Russes pour se rendre dans l'Inde. Dans le cas cependant où le gouvernement russe voudrait tenter la solution de ce grand problème militaire, nous supposons que son plan de campagne ne serait pas à la Djenuyz-Khan, mais qu'il serait posé sur les principes de la stratégie moderne.

Les Russes ont en ce moment à Orembourg, poste bien fortifié à quatre-vingt-dix milles de la mer Caspienne, un corps de dix mille hommes. Ce corps, renforcé par d'autres, peut descendre la rivière Oural jusqu'à la mer Caspienne, et faire voile jusqu'à la baie de Merlvoi, pendant que d'autres corps s'avanceraient par le Volga, des provinces centrales de l'empire jusqu'à Astracan, d'où ils pourraient traverser la mer jusqu'à la baie de Balkan. Khiva, grande ville sur l'Oxus, qui serait le premier point de rendez-vous pour l'armée d'invasion, est située à environ vingt à vingt-cinq jours de marche de ces deux points de débarquement. La nature du pays est une steppe continuelle; l'armée aurait donc à transporter avec elle toutes les choses nécessaires à sa subsistance, même l'eau. De Khiva à Bochara, la distance est encore de cinq cents milles. L'Oxus est navigable jusqu'à deux jours de marche de cette dernière ville. Le courant est, dit-on, très-rapide; mais on y trouve des bateaux et des bacs en grande quantité. Les rives de ce fleuve sont habitées par un peuple fier et guerrier; et quoique la promesse de le faire participer au pillage de l'Inde pût l'engager à ne pas s'opposer au passage des Russes, il leur serait pourtant nécessaire d'occuper militairement le pays, afin d'assurer les communications de l'armée. A Bochara, cité populeuse située au milieu de ce pays fertile, on trouverait d'abondantes provisions; et c'est là que les Russes établiraient leur seconde base d'opérations et établiraient leurs dépôts et magasins. De ce point à Attock sur l'Indus, la distance n'excède pas six cents milles, et le pays n'offre pas de très-grands obstacles. L'Indus y est très-large et très-rapide. Si les Russes parvenaient à traverser ce fleuve, ils voudraient se procurer sans doute la coopération de Runjeet-Singh; l'accroissement rapide de cette puissance sur la frontière nord-ouest de l'Inde anglaise a toujours été vu avec peine et avec jalousie par le gouvernement britannique. L'armée de ce chef est nombreuse, et disciplinée par des officiers français et russes. Il a depuis quelque temps, ainsi que d'autres princes moins puissants que lui, établi des relations diplomatiques très-fréquentes avec le cabinet de Saint-Pétersbourg. La jonction des troupes d'invasion avec l'armée de ce prince cheik causerait une levée générale du pays contre l'Angleterre, levée qui deviendrait fatale à sa puissance dans l'Inde (1). Deux routes leur seraient ouvertes : l'une en marchant sur Delhi, et en y réveillant les souvenirs de son ancienne indépendance; l'autre en s'avançant à travers le Punjaub, sur la présidence de Bombay. Il fallut à Alexandre douze mois pour atteindre l'Hydaspe, et Nadir-Shah, avec une force presque entièrement composée de cavalerie, y employa onze mois. Mais la marche d'une armée russe, à travers la mer Caspienne jusqu'à l'Indus, demanderait au moins deux campagnes. Avant que les colonnes russes pussent atteindre l'Indus, leurs intentions seraient connues du gouvernement qui aurait étendu ses frontières du Sutledge jusqu'à l'Indus, sur les bords duquel elles trouveraient une armée anglo-indienne dans de fortes positions, et préparée à les recevoir chaudement. Dans ses guerres récentes contre la Turquie et la Pologne, la Russie n'a pas pu envoyer hors de ses frontières une armée de plus de cent vingt mille hommes. Pour envahir l'Inde, à cause de la difficulté de se procurer des subsistances, elle ne pourrait pas employer plus de quatre-vingt mille hommes; mais il lui faudrait au moins le tiers de ce nombre pour garder la ligne en arrière, car elle ne pourrait nullement compter sur les populations qu'elle aurait à traverser, dont l'amitié d'aujourd'hui pourrait se

(1) Tout ceci était écrit du vivant de Runjeet-Singh; l'anarchie qui règne depuis sa mort dans le royaume de Lahore, la dispersion de son armée et la retraite des officiers français qui l'avaient organisée, présentent maintenant une diversion qui deviendrait favorable à la cause britannique.

(*Note de l'éditeur.*)

tourner en hostilité demain. On dit que ces populations s'élèvent à douze millions. En définitive, l'expédition déjà projetée par Paul Ier, et dont sa mort subite empêcha l'exécution, est, malgré les obstacles à rencontrer, une expédition praticable, en se dirigeant vers *Caboul*, par les provinces de Balk et de Bochara, pays fertile, peu accentué, où l'on aurait l'Oxus pour moyen de transport, des tribus belliqueuses pour auxiliaires, et trois routes de *Caboul* à *Peshawer*, chez les Affghans, alliés des Russes; puis de cette ville à *Attock* sur l'Indus, quatre-vingts milles, d'où l'on aurait deux routes praticables, chez des peuples bien disposés, pour atteindre les frontières de la compagnie anglaise. Aussi le capitaine Westmacoff disait-il : *Si les hordes russes traversaient l'Attock, tous nos alliés et tributaires prendraient sans aucun doute les armes contre nous.*

XXXVIII.

Napoléon. — Encore Napoléon. — Napoléon peint par Bergasse.

C'est à la postérité seule qu'il appartiendra de décider quel rang le nom de Napoléon doit occuper parmi ceux des personnages célèbres de l'histoire, tant ancienne que moderne; quant à nous, ses contemporains, étonnés de ses longs succès, éblouis de son éclat, sommes-nous bien sûrs de n'avoir pas pris sa fortune pour ses talents, et son caractère pour son génie?

Je ne l'ai personnellement connu que dans le temps où il jouait chez Barras un rôle de complaisant presque servile; sorti de l'obscurité par les mitraillades de Toulon, après lesquelles il fut rayé du tableau de l'armée (époque de sa vie sur laquelle lui et ses amis ont étendu un voile épais); choisi par Barras au 13 vendémiaire, protégé alors par Benezech, les mitraillades de Paris l'abaissèrent autant dans l'opinion publique qu'elles l'élevèrent en grade; et un mariage qu'avec plus de moralité et moins d'ambition il n'aurait point fait, le mit à même, en lui donnant une armée à commander, de se créer cette miraculeuse existence qui le fera vivre à jamais dans la mémoire des hommes, en plaçant son nom dans les annales de toutes les nations européennes.

Aussi indépendant en Italie qu'il fut valet au Luxembourg; accueilli comme un dieu sauveur à son retour d'Égypte; momentanément l'objet d'une recrudescence de haine et même d'horreur, lors de l'assassinat du duc d'Enghien; redevenu promptement populaire dans un pays où la gloire absoudrait jusqu'au crime, les bizarres vicissitudes de l'opinion à son égard devaient le suivre au delà de sa tombe; car ce même peuple qui abattit sa statue au jour où il fut trahi par la fortune, lui aurait plus tard élevé des autels. Enfin, d'une part, ses sanglantes et ruineuses victoires flattant la vanité nationale; d'une autre, la destruction de toute aristocratie héréditaire faisant rêver à tous et à chacun un droit égal aux inégalités sociales, attachèrent à son pouvoir, par les liens les plus solides chez les Français; puis il les avait conquis en grand nombre, les uns par la reconnaissance, les autres par l'espoir, et les plus récalcitrants par la vigueur de sa volonté. Quel obstacle pouvait-il rencontrer chez un peuple dont la révolution n'a fait que de vaniteux ilotes, instruments de toutes les factions, valets de tous les pouvoirs? Aussi employa-t-il les hommes et non les choses de la révolution, qu'il endormit, sans pourtant la détruire encore, bien différent des Bourbons qui, employant plutôt les choses que les hommes de cette révolution, devaient reconstruire à leur détriment ce que Napoléon tendait à démolir.

Bonaparte, comme nous l'avons dit, devint, à son retour d'Égypte, le sauveur de la France. Il aurait voulu à cette époque rallier tous les partis : les honneurs rendus aux restes de Turenne, les pensions accordées à d'anciens officiers généraux, le rétablissement du culte, la rentrée des émigrés, le rappel des exilés, le retrait des lois atroces, la déportation des jacobins les plus prononcés, la haine hautement manifestée pour les principes et les propos révolutionnaires, témoin ce cocher qu'on lui recommandait, et qui ayant répondu à ses questions : *J'ai servi le tyran.* — *Qu'on me chasse*, dit-il, *ce coquin-là!* et quelques autres traits de ce genre, ne pourront prévaloir contre le meurtre du plus jeune des Condé; car ce n'est pas aux actions seules que s'attache l'idée d'une vertu réelle, mais à l'incontestable motif qui en fut le principe et l'objet. Portons-nous donc vers ce qui créa et justifia sa haute fortune.

La concentration de nos facultés intellectuelles sur un seul objet est ce qui produit, dans telle ou telle catégorie, la supériorité d'un individu sur la plupart de ses semblables. Or, dans l'esprit de Napoléon, tout avait convergé vers les idées militaires, ce qui en a fait le plus grand capitaine de notre âge; je dis de notre âge, car il est problématique que l'avenir doive le comparer, à son avantage, avec le colossal génie du grand Frédéric; seuls, le général Jomini a pu se permettre une telle bassesse, et Cadet-Gassicourt dire : *Vienne eût été une nouvelle Capoue, si l'armée n'avait eu qu'un Annibal.*

Napoléon a remporté plus de quarante victoires dont la France s'enorgueillit niaisement, quoique la gloire acquise par cet homme ait coûté à notre patrie, outre des flots de sang humain, la perte des conquêtes qu'il avait trouvées faites et reconnues lors de son intronisation, et de plus, sur la France des Bourbons, celle de quatre places fortes et d'une portion de notre territoire; enfin douze milliards de dette, et la honte de deux invasions dans un pays où, sous le drapeau *historique*, nos victoires et jusqu'à nos défaites n'avaient eu lieu que hors de nos formidables frontières. Puis, qui pourrait nier que Napoléon fut, par son retour de l'île d'Elbe, la funeste cause du traité du 20 novembre 1815 et de ses désastreux résultats?

A qui donc Napoléon a-t-il été réellement utile? à l'Angleterre, devenue la dominatrice des mers, empire despotique dont Louis XVI l'avait fait déchoir, — à la Russie, à qui il révéla sa force, — à l'Autriche, que nous voyons menaçante en Italie, — à la Prusse, dont il rendit l'accroissement possible, et qu'il fit ennemie naturelle de la France, d'alliée naturelle qu'elle était pour nous sous les Bourbons.

Avec d'immenses et incontestables talents, Napoléon ne fut pourtant qu'un homme incomplet en art militaire même, comme en politique et en administration, car il ne sut jamais, 1° prévoir ou s'assurer une retraite, et sa campagne de 1814, telle admirable qu'elle soit dans ses détails, n'en est pas moins dans son ensemble, sans objet et sans but; 2° fonder la suprématie vers laquelle il tendait, en divisant les États vaincus, ce qui les aurait rendus impuissants; 3° briser la révolution qu'il se contenta de comprimer; son gouvernement était donc sans avenir probable. En effet, il eût dû, pour lui donner une solide base, discipliner les diverses classes sociales, et retrancher du code civil ce qui y ruinait la propriété de famille et la puissance paternelle, ce qui rend impossible de rien construire de durable sur des fondements sans consistance.

Napoléon fut cependant, non-seulement un homme extraordinaire, mais un personnage de haute stature, par son audace, et surtout par son caractère, et par l'absence à peu près complète de niaiserie dans l'esprit; qu'on le suive dans sa vie politique, qu'on jette les yeux sur ses correspondances, qu'on lise ses notes dictées à Sainte-Hélène, et l'on ne pourra trop admirer l'adresse, la sagacité, la justesse de son intelligence, la netteté de ses vues, la rapidité de ses conceptions, la rectitude de ses jugements, dès que de pénibles souvenirs, ou d'aveugles haines ne vinrent point traverser sa conscience et l'égarer. On lui a reproché son mépris pour les hommes, mais quelle estime pouvait-il concevoir à leur égard, quand il les vit se courber si humblement devant lui?

Comment un homme si supérieur à ceux de son temps, put-il se ravaler au point de commander lui-même son éloge? En effet, il existait à la police une commission chargée de juger ceux qu'on lui adressait et qui se payaient selon leur mérite, de 1,500 à 6,000 fr.; aussi se multiplièrent-ils à l'infini, et le seul recueil des hommages poétiques, à l'occasion de la naissance du roi de Rome, renferme les noms de 1,213 poëtes, ou soi-disant tels. On sait même qu'il avait la petitesse de persécuter ceux qui refusaient de le louer, Mme de Staël fut de ce nombre.

L'un des grands torts moraux de Napoléon est d'avoir exalté les ambitions et accru le luxe corrupteur, les vanités, les cupidités plus corruptrices encore, au delà de toute mesure. Il eut, certes, des talents propres à justifier les faveurs de sa haute fortune, mais il dut beaucoup aux circonstances qui la servirent; ce fut, par exemple, un grand avantage pour lui, que cet état de guerre qui décimait ou occupait la jeunesse turbulente, et lui créait un moyen de puissance de ce qui eût pu y mettre obstacle; aussi Napoléon n'aurait-il jamais voulu la paix, sans laquelle pourtant il n'est point de véritable félicité pour le peuple, et ceux qui le vantent avec exagération seront, dans la postérité, plus nuisibles qu'utiles à sa mémoire, car il n'eut jamais de vraie grandeur, produit de l'âme et de la vertu plus que du génie; il n'eut jamais de générosité, et la preuve en est dans son astucieuse ou barbare conduite envers l'adorable reine de Prusse, le trop confiant roi d'Espagne, et le vénérable et inoffensif souverain pontife. Enfin son irascible et étroite vanité le fit échapper à la gloire de se montrer supérieur à sa fortune dans ses succès et dans son adversité. Qu'était-ce donc que Napoléon, un homme des temps barbares, lancé dans le sein de la civilisation moderne, et c'est ce qui explique peut-être l'énigme de sa grandeur et de sa chute.

Je ne saurais écarter d'ici la grande figure de Napoléon, sans m'arrêter encore sur quelques circonstances de sa vie.

Quand le général Bonaparte, arrivé devant Malte, vit qu'il ne pouvait obtenir l'entrée du port avec toute sa flotte, ce qui, par un coup de main, l'eût rendu maître de la ville, il fit des propositions avantageuses au grand maître, et celui-ci ayant écrit au commandeur Dolomieu, une lettre tombée aux mains du général, il fit venir ce savant, et lui dit : « Écoutez les propositions dont mon aide de camp Murat est chargé, et attestez-en la vérité. » Il ne pouvait refuser cette mission, mais fut indigné, et ne le cacha pas, du manque de foi de Bonaparte. — Quant à Bosridon de Ransijat, privé d'une commanderie de grâce par la demande que Marie-Antoinette en fit pour un autre, il devint révolutionnaire, et quand l'armée française débarqua, il refusa de s'armer contre elle, et fut mis en prison; mais le lâche d'Hompesch implore son appui, et c'est en son nom qu'il traite avec le général français; le premier n'eut donc aucun tort, et celui du second est moindre qu'on l'a dit.

Bonaparte bloqué en Égypte, et sans relation quelconque avec la France, ignorait les revers des armées françaises, les pertes de l'Italie et le désordre dans lequel était tombé le gouvernement territorial. Un officier anglais venu pour un échange de prisonniers lui en parle, il ne veut pas le croire, mais l'Anglais en fournit la preuve par l'envoi d'une masse de journaux, et Bonaparte, se sentant seul capable de remédier à tant de désastres, part, tombe comme la foudre sur le sol français, est heureux de ne plus retrouver au faîte du gouvernement ce Rewbell, qui probablement l'eût fait fusiller, et fort de l'opinion, effrayé du retour tenté vers le terrorisme, il rétablit miraculeusement, par le pouvoir d'un seul, ce que sous le système de la dissémination du pouvoir, la révolution, malgré l'héroïsme de ses armées et les ruineuses spoliations au dedans et au dehors, avait totalement ruiné.

Comme Napoléon se défiait des spéculations de bourse de son ministre, il agissait parfois sans le consulter; en voici la preuve. Talleyrand qui avait suivi l'empereur dans la capitale de la Prusse, donna un soir l'ordre à tous les employés de se rendre dans son cabinet, et tirant un papier de son bureau (le fameux décret de Berlin) : « C'est, dit-il, à faire » dresser les cheveux sur la tête; ordinairement un » décret impérial se fonde sur un rapport fait par » le ministre que l'affaire concerne; voici au contraire un décret déjà signé par l'empereur, et » supposant un rapport ministériel qui n'existe pas » encore. Il s'agit donc de le faire; c'est à M. de » Labenardière à mettre de l'ordre dans ce désordre. » Demain matin des courriers partent pour toutes » les ambassades françaises avec des copies tant du » décret que du rapport. » Labenardière se retira, rédigea le rapport, le fit approuver et signer du ministre, et les employés passèrent la nuit à copier une douzaine de fois, et le décret et le rapport fait après coup.

Il est curieux de voir ce que pensait de ces entraves, cet homme qui sut comprimer la révolution avec les instruments mêmes de la révolution; en voici quelques traits puisés dans le manuscrit qu'il laissa à l'île d'Elbe : « Ils m'accusent de les avoir méprisés, de les avoir abaissés au rang d'esclaves; » leur promptitude à servir, leur soif de l'or et des » distinctions les a mis à mes pieds. Pouvais-je faire » un pas sans les fouler? pour les prendre je n'ai » pas eu besoin de leur tendre des piéges; j'ai présenté à leur vanité et à leur avarice la douceur » des dignités et des richesses, dans un vase empoisonné; ils se sont jetés dessus comme un essaim » d'insectes affamés... Vils mercenaires, ils avaient » uniquement travaillé pour recevoir un salaire, et » non par amour pour la patrie! Semblables à des » insectes, ils s'étaient attachés à moi pour assouvir » leur faim; ils m'abandonnèrent sitôt qu'ils se » virent rassasiés, je n'en fus nullement étonné; » car l'homme n'a pas d'amis, c'est son bonheur » qui en a. C'est une vanité gigantesque qui sied » vraiment à ces petits nains. »

Il est curieux de voir comment, dans une lettre à l'empereur Alexandre, Bergasse appréciait le caractère de Napoléon. Voici ce fragment :

« L'histoire ne mettra certainement pas ce personnage au nombre des hommes ordinaires, et » on se ferait une bien fausse idée de lui, si l'on » pensait que ce n'est qu'à la hardiesse de sa volonté » qu'il a dû ce qu'il y a eu de prodigieux dans ses » succès, et à l'impatience de ses résolutions ce » qu'il y a eu d'étonnant dans ses revers. Doué » d'une grande force de tête, plus que d'une grande » sagesse d'esprit, secret dans ses desseins, et n'en » imaginant que de vastes, et pour ainsi dire hors » de toutes les proportions connues; laissant à » ses ennemis la circonspection dans l'emploi des » moyens, afin que l'opposition fût plus incertaine, » et qu'en lui résistant on hésitât davantage; méditant sans cesse, pour l'Europe effrayée, des destinées nouvelles, et se flattant de trouver toujours » en lui des ressources égales à ce que ses projets, » calculés d'après ses espérances, encore plus que » d'après les occasions offertes, pouvaient lui présenter de circonstances inattendues; actif, infatigable, croyant à sa fortune, comme César, comme » Sylla; mais comme eux aussi, avec la rapidité » avec laquelle il exécutait ce qu'il avait conçu, ne » lui laissant pas le temps de le trahir; se refusant » à l'amitié, parce qu'en y répondant il eût pu se » laisser voir de trop près, et qu'il ne voulait rien » perdre de l'illusion qu'il cherchait à produire; » mais récompensant les agents de sa puissance ou » de ses perfidies, avec cette profusion dont use » au besoin un chef de conjurés qui veut s'assurer

» de la fidélité de ses complices; confondant l'auto» rité avec la domination, pour que le commande» ment fût plus sévère, et qu'il y eût moins de len» teur dans l'obéissance; mais juste, néanmoins, » de cette justice de détail avec laquelle on console » un peuple de sa servitude, toutes les fois, cepen» dant, qu'un intérêt de vengeance ne le détermi» nait pas; ne connaissant, d'ailleurs, dans ses » rapports avec les nations étrangères, d'autre droit » que la force, d'autre arbitre que les événements » de la guerre; estimant la probité dans les grandes » affaires, un obstacle; la franchise, une impru» dence; la générosité, une duperie; trompant par » ses promesses, trahissant par ses traités, enchaî» nant par ses alliances; d'une ambition inexorable » comme le destin, insatiable comme l'avarice; » haïssant le malheur parce qu'il sollicite la pitié; » et qu'il était sans pitié; pardonnant rarement, » toujours par orgueil, jamais par humanité; n'ayant, » en un mot, aucune de ces qualités morales qui » font que ce qui étonne devient aussi ce qu'on ad» mire; mais se croyant le maître de l'opinion jusque » par delà de son siècle; mais confiant à sa gloire » le soin de faire oublier ses crimes, et faussement » persuadé que l'éclat extraordinaire qu'il répan» dait sur sa vie en effacerait la mémoire: tel fut » celui auquel une Providence irritée, et non pas » les hommes, abandonna, pour un peu de temps, » les destinées à la fois de la France et du monde. »

Enfin, si Napoléon ne persécuta point ses entours et ne se vengea point de leurs infidélités, c'est qu'ils étaient vils à ses yeux, souples devant lui et soumis sans pudeur à un régime dont l'illégalité fut le principal caractère; car alors, dans cette France où le mot de liberté avait été si hautement proclamé, on était jeté en prison sans forme, retenu là sans jugement, et retenu même après jugement absolutoire, selon les intérêts et sans haine, sous le sceptre d'un personnage dont le cœur n'avait jamais battu.

XXXIX.

Congrès de Vérone. — Ypsilanti. — Ferdinand VII. — Hardenberg.

Le congrès de Vérone, relatif aux affaires d'Espagne, avait été précédé de ceux de Troppau et de Laybach, où l'on décida la répression des révoltes de Naples et de Turin; ce fut à Laybach que l'empereur Alexandre désavoua, le premier, Ypsilanti, et écarta de sa personne le comte Capodistrias; désaveu un peu tardif de la part d'un État et d'un souverain, qui n'avaient cessé d'entretenir en Turquie des relations agitatrices, et d'offrir un asile à tout brouillon contraint à fuir le territoire ottoman.

Que d'intrigants de cette espèce n'ai-je pas connu durant mon séjour en Russie! si j'écarte ici le beau et noble Capodistrias, le plus remarquable des agents russes fut Czerni-Georges dont je crois voir encore la figure basanée et les petits yeux vifs, pénétrants et féroces. Cet homme, qu'on croyait né en Esclavonie, mais qui avait vu le jour dans la ville de Nancy, jeté, l'on ne sait comment, en Turquie, obligé de la fuir pour assassinat; engagé en Autriche, il déserte, se retire en Servie et se met à la tête d'une troupe de voleurs, que la renommée de sa valeur et de ses succès rend nombreuse et redoutable, au point, qu'après avoir tenté vainement de le réduire, la Porte se voit forcé de le reconnaître souverain de Servie, mais n'en cherche pas moins à soulever contre lui la population qu'il opprime. Il s'en venge en faisant contre les Turcs une diversion en faveur des Russes; se bat et se raccommode successivement avec les ottomans; et, ne pouvant se maintenir entre la haine de ses sujets et les attaques fréquentes des Turcs, il s'allie enfin à la Russie, est nommé général et prince par Alexandre Paolowitch, auquel il fut présenté en 1816; mais ayant été bientôt envoyé en mission secrète dans la Servie, il est reconnu, arrêté et décapité, sans que le tzar, cause de cette catastrophe, eût daigné le réclamer.

Les vues du cabinet de Saint-Pétersbourg, déjouées par le supplice de Czerni-Georges, prirent une direction nouvelle à l'occasion de l'insurrection grecque. La Russie et la Porte s'étaient également interdit, par le traité de Bucharest, toute marche d'armée dans les provinces de Moldavie et de Valachie; si, pourtant, on pouvait faire en sorte que les Turcs y envoyassent des troupes, celles des Russes se seraient trouvées autorisées à y entrer et à s'y établir.

Telle fut la mission du prince Alexandre Ypsilanti. Ce brave et noble jeune homme, déjà général-major, quitta donc son cantonnement avec quelques troupes (presque toutes polonaises) qu'il avait rassemblées et formées sur le territoire russe, et entra dans les hospodarats en y plantant le drapeau insurrectionnel des Grecs. Il y trouva un émule, bientôt son ennemi, dans la personne d'un noble Valaque, nommé *Todor*, dont il s'empara, et qu'il fit décapiter; mais abandonné des troupes de Todor, et entouré de bandits de tous les pays, gens qui tous voulaient commander et non pas obéir; toujours prêts à piller et jamais à se battre, ordonnait-il de placer un poste, *Qu'il veille lui-même !* répondait-on; une reconnaissance, *Qu'il y aille!*... Quelques étrangers se réunissaient-ils à eux, ils les maltraitaient, leur refusaient tout, et les abandonnaient dans le péril. Une centaine de Polonais qui avaient servi dans la garde de Napoléon, devint la seule troupe sur laquelle Ypsilanti put solidement compter, ainsi que sur quelques Français entraînés à sa suite par un libéralisme irréfléchi. Presque tous y périrent, et leur meilleur chef, écrasé par les Turcs et contraint à fuir, se réfugie sur le territoire autrichien, avec son fidèle compagnon le colonel grec, comte Orfano ; à la demande de l'empereur Alexandre, qui commençait à revenir des idées politiques qu'il avait sucées dans son éducation, et ne voulait point qu'on pût révéler le secret de l'insurrection valaque, *Ypsilanti* et *Orfano* furent enfermés dans la cruelle prison d'État du Spitzberg. Mais à l'avénement de Nicolas, et d'après le consentement de ce prince, les deux prisonniers furent relâchés. Ypsilanti survécut à peine à sa délivrance; quant à Orfano, plus fortement constitué, il résista au régime de la prison, et s'est, depuis, marié en Russie.

Nous n'avons pas noté la comédie politique de Naples, dont le dénoûment fut si honteux ; ni la ridicule farce piémontaise, que déjoua une abdication royale ; mais le congrès de Vérone nous ramène à l'issue de la guerre d'Espagne, rapidement et heureusement terminée, en dépit des prévisions de lord Wellington et du général Foy, et faite, comme plus tard celle d'Alger, contre le gré manifeste de l'Angleterre ; et ce qui passerait toute croyance, si cela n'avait eu lieu sous nos regards, c'est que les armées françaises venaient à peine de soustraire Ferdinand VII aux mains de la révolte, quand, par un décret du 26 mars 1830, il dépouilla sa famille d'un trône sur lequel il n'était monté qu'en vertu d'un ordre de succession, légalement et politiquement établi depuis plus d'un siècle. Trône auquel son frère don Carlos, et les autres princes de sa branche et de celle de Naples, vivants à cette époque, avaient un droit éventuel acquis déjà.

Pour traiter à fond cette question politique, il faut rétrograder jusqu'aux traités qui terminèrent la guerre de la succession d'Espagne, et aux considérations qui les dictèrent.

La crainte de voir réunis un jour les deux sceptres de France et d'Espagne, avait armé l'Europe en faveur de Charles d'Autriche, et les intérêts des alliés ayant changé quand le même Charles monta sur le trône impérial, alors fut arrêtée la pragmatique de 1713, acte unilatéral qui contient à la fois renonciation de Philippe V à la couronne de France et règlement nouveau sur la succession à celle d'Espagne, le tout *consacré comme principe de droit public européen*, par les traités d'Utrecht (11 avril 1713), de Rastadt (7 mars 1714), et plus tard par la quadruple alliance (2 août 1718), mais bien plus encore par plus d'un siècle de durée, sans que rien vînt ou pût troubler la pratique de cet ordre de succession.

Cette pragmatique, acte *européen* par sa coexistence avec la renonciation voulue par le traité, était devenue légalement un acte *espagnol*, par l'acte d'acceptation qui en fut fait constitutionnellement en 1713 ; car cet acte, examiné dans le conseil d'État, transmis par lui au conseil de Castille, ensuite aux cortès, munies à cet effet de pouvoirs spéciaux, avait donc eu l'assentiment des deux conseils, des cortès et du roi, ce qui, en vertu d'une publication légale, le constituait loi du royaume : loi qui ne pouvait être abolie que dans les formes selon lesquelles elle avait été promulguée. Il y a plus; il fallait, d'une part, qu'on eût légalement et politiquement le droit de violer des traités faits et renouvelés depuis plus d'un siècle, et sur lesquels les intérêts du corps politique européen étaient fondés ; que, d'une autre part, on donnât à l'abrogation de cet acte un effet rétroactif, au mépris des droits acquis sous l'empire du régime d'hérédité qu'on prétendait détruire. Enfin, devait-on, pouvait-on mettre en oubli l'acte en vertu duquel l'intronisation de Philippe V avait été reconnue, le titre primordial de la royauté des Bourbons d'Espagne et par conséquent de Ferdinand VII lui-même?

Charles IV, par des motifs que nous nous abstiendrons de noter, communique aux cortès, en 1789, mais en leur recommandant le *secret*, une *proposition* de changement dans l'ordre de la succession au trône ; c'est-à-dire la substitution (conformément aux anciens usages espagnols) du système *cognatique*, en système *agnatique*. Ce *projet*, eût-il été politiquement admissible, n'avait aucun caractère légal, puisqu'il ne fut pas soumis aux deux conseils d'État et de Castille, que les cortès n'avaient point été autorisées à délibérer sur ce sujet, et que nulle publication légale n'eut lieu à cet égard.

Il y a plus, non-seulement il ne fut point question de ce *projet*, durant l'espace de dix-neuf années; mais le recueil des lois imprimé en 1804 renferme la loi de succession agnatique, de Philippe V, ainsi que l'injonction de ne reconnaître pour lois de l'État que celles légalement *signifiées et publiées* par les *magistratures publiques*.

Or c'est ce *projet* ou cet acte illégal, sans date certaine, sans signature, sans mention des cortès, acte explicitement désavoué en 1804, que Ferdinand VII, de son propre et *bon plaisir*, exhume le 29 mars 1830; bien est-il vrai qu'il le révoqua le 18 septembre 1832; et, s'il fut renouvelé le 29 juin 1833, ce retour à l'illégalité n'a pour appui que le serment de la princesse des Asturies, dénué de délibération préalable sur un acte qui viole toutes les lois, tous les droits, tous les traités et toutes les formes voulues, et du vivant de celui (don Carlos) qui avait déjà un droit éventuel acquis à la couronne.

Qui s'imaginerait, après ces détails, posés en fait, que, dans ce qu'on nomme la chambre des pairs, un ministre des affaires étrangères ait pu, dans la séance du 9 janvier 1837, faire entendre ces inimaginables paroles : « Isabelle est reine..... de droit, » car... ou les cortès de 1712 n'ont pas eu le droit » d'approuver la pragmatique de Philippe V; ou » bien il faut reconnaître aux cortès de 1830 le droit » d'approuver l'abolition de cette même pragmatique. » Au reste, ce ministre, aussi ignorant que présomptueux, prend pour cortès de 1712 et 1830, celles de 1715 et 1833, et oublie ou feint d'oublier que ces dernières n'ont ni délibéré, ni émis une approbation sur un objet aussi grave, mais n'ont que prêté serment; il oublie ou ignore que l'acte unilatéral, tenant au droit politique européen, n'eût pu être soumis à la délibération seule des cortès. Il n'en fut pas moins applaudi par la stupide politique de cour, si empressée à relever, entre nous et l'Espagne, ces Pyrénées qu'avait abaissées Louis XIV.

Le gouvernement français protesta contre un acte aussi nuisible à la France qu'à la famille royale; Louis-Philippe, duc d'Orléans, protesta de son côté; et il avait en cela un double intérêt, c'est-à-dire : 1° un droit constant au trône espagnol, en cas de deshérence des branches de la maison régnante à Madrid et à Naples; 2° l'expectative plus prochaine de la couronne de France, si le duc de Bordeaux venait à manquer. Remarquons encore que la renonciation de la branche espagnole n'étant fondée que sur les intérêts politiques de l'Europe, qui repoussait l'idée de la réunion des deux sceptres dans une même main, l'exhérédation des princes mâles des Bourbons d'Espagne et de Naples annulerait cette renonciation, et ruinerait les droits légitimement héréditaires de la maison d'Orléans au trône de France.

Quant à cette abjuration de la succession agnatique, fruit de l'aveugle ambition d'une reine qui finit par en devenir la coupable victime, et de celle d'un homme que j'ai connu (Zea-Bermudez), pénétré alors, en apparence du moins, de sentiments légitimistes, la postérité, qui juge irrévocablement les forfaits politiques, a déjà commencé pour eux.

Il en est de même d'un autre homme de ma connaissance, Bordaxi-Azzara, si vivement ami de toute légitimité en Russie, et agitateur révolutionnaire à Turin, quand il y résidait comme ministre des cortès, successeurs de nos jacobins de la terreur, troubles durant lesquels *Charles-Albert* avait, avec autant d'adresse que de courage, servi utilement la cause royale qui allait triompher sans secours étrangers, quand l'envoyé russe, comte de Moncenigo, fit suspendre les opérations militaires contre les rebelles, déjà réduits à une totale impuissance, avec lesquels il entra en négociation, et auxquels il servit de plastron, ce qui prolongea encore l'agonie de cette révolution dont son intervention sauva les coupables.

Ce que je ne dois pas omettre en terminant ce chapitre, c'est la mort d'un des plus grands ministres de cette époque, celle du prince de Hardenberg chancelier d'État du roi de Prusse, arrivée à Gênes, le 26 novembre 1822. Cet homme, qui contribua si puissamment à la grandeur et à la prospérité de sa patrie adoptive; qui, après avoir défendu au congrès de Vienne les principes de la légitimité contre les intentions de l'empereur Alexandre en faveur du duc d'Orléans ou de la régence de Marie-Louise, opina vivement pour le morcellement de la France, lors des négociations qui amenèrent le traité du 20 novembre 1815, se retrouve successivement à Aix-la-Chapelle, à Tœplitz, à Troppau, à Laybach, et termine sa carrière à l'âge de soixante et douze ans, en laissant des mémoires conservés aux archives de Berlin, à la demande de nombre de personnes intéressées à leur non-publication.

XL.

Supplément au chapitre sur le congrès de Vérone. — Bergasse. — Metternich. — Pozzo di Borgo. — Zea.

Je ne donnerai point ici les détails de cette guerre d'Espagne, décidée à Vérone, que la France voulut faire sans le concours de ses alliés, et qu'elle fit en dépit d'une vive opposition de la part de l'Angleterre; de cette guerre dont on a peut-être trop parlé, et où les armées de la restauration furent reçues avec autant de faveur, par les populations, que celles de l'empire l'avaient été avec rage. Je dirai seulement qu'à l'époque où les révolutions d'Espagne, de Naples et de Piémont éclatèrent, Bergasse adressa au prince de Hardenberg, avec prière de le communiquer à l'empereur Alexandre, un mémoire politique où il démontrait l'urgente nécessité de refréner la secte révolutionnaire, qui, de nouveau, menaçait la tranquillité de l'Europe, secte dont il dénonçait les principes, les vues, les menées perturbatrices. « Ce qui se passe, disait-il, » en Espagne, à Naples, dans quelques parties de » l'Italie autrichienne et de l'État romain, en An- » gleterre et même en France, au moment où j'écris » ceci, ne justifie que trop ma triste prévoyance... » Peu de gens connaissent les mystères de la secte » et ses immenses ressources; peu savent comment » une multitude innombrable d'individus concou- » rent, sans s'en douter, au succès de leur plan. Je » sais bien qu'il n'appartient à aucun souverain » d'exercer une influence directe sur les résolutions » des autres souverains; personne n'est plus con- » vaincu que moi que les nations doivent demeu- » rer indépendantes. Aussi dans la lettre que j'ai » l'honneur d'écrire à Votre Majesté, me suis-je » borné à des réflexions générales sur la nature et » les progrès du mal dont il importe si fort d'arrê- » ter les ravages; si j'ai parlé de la nécessité d'un » congrès où l'on prendrait en considération l'état » moral de la société européenne, Votre Majesté a » dû voir que je me suis bien gardé de spécifier, en » aucune manière, les déterminations qu'il con- » viendrait de prendre. »

Ce mémoire, dont nous ne donnons qu'un léger fragment, inspira l'idée de ces congrès successifs dont les effets furent si prodigieusement fructueux pour la tranquillité continentale. L'Europe perdait cependant alors l'un de ses plus habiles soutiens, dans la personne du prince de Hardenberg, qui avait rendu à la Prusse de si grands services, et lui laissait pour héritage de précieux travaux relatifs à son organisation économique. Mais une perte bien plus grande encore eût été celle du prince de Metternich, heureusement encore dans la force de l'âge; homme qui joignait aux formes les plus aimables, et à une bonté d'âme que la politique, si desséchante, n'avait point atténuée, des vues aussi étendues que saines; homme qui tout en se montrant conciliant ne recula pourtant jamais devant une mesure vigoureuse dès qu'il la crut nécessaire; aussi, répondit-il ainsi à un envoyé de Naples qui le suppliait d'épargner à son pays une invasion armée : « La révolution napolitaine est l'ouvrage » d'une secte coupable, l'effet de la surprise et de » la violence : si les cours lui donnaient le moindre » encouragement, ne fût-ce que par le silence, » elle répandrait les semences de la révolte dans » les pays où elle n'a pas encore pénétré. Le pre- » mier intérêt, le devoir le plus sacré des puis- » sances, est de l'écraser dans son berceau. Quant » à l'offre du gouvernement napolitain de faire tout » ce qui dépendra de lui pour empêcher l'extension » de la propagande, en eût-il le pouvoir, nous ne » lui devrions aucune reconnaissance de ce que » nous exigerions de lui comme un devoir. La re- » connaissance du nouvel ordre de choses à Naples » ébranlerait les fondements de notre propre État, » et enlèverait au vôtre les seuls moyens qu'il pos- » sède aujourd'hui de s'opposer aux hommes de » l'anarchie. Ces moyens sont l'ordre et le maintien » des principes sur lesquels seuls se fonde la tran- » quillité des États, et ces principes triompheront » du moment où le gouvernement sera résolu de » maintenir les anciennes institutions contre l'at- » taque des innovateurs. » L'ambassadeur, un peu surpris, ayant demandé si un arrangement à l'amiable était absolument impossible, le prince lui répondit : « Il ne s'agit point ici d'un arrangement, » mais d'appliquer un remède au mal; employez » tous vos efforts pour que les hommes bien pen- » sants de votre pays supplient le roi de reprendre » les rênes du gouvernement, d'annuler tous les » actes faits depuis le 5 juillet; de punir les indivi- » dus qui ont conduit votre patrie sur les bords de » l'abîme, et, enfin, d'adopter des mesures capa- » bles d'assurer le bonheur et la prospérité du » peuple. Si vous faites cela, l'Autriche et toute » l'Europe vous soutiendront. » L'envoyé ayant paru douter que, dans l'état actuel des affaires, il se trouvât à Naples des hommes disposés à en agir ainsi : « Si vous n'en trouvez pas, reprit le grand » chancelier, S. M. l'empereur mon maître saura » vous en fournir, qui ont tout le pouvoir d'effec- » tuer le bien que je vous ai indiqué. Disposez » de 80,000 ou s'il le faut de 100,000 soldats au- » trichiens; ils s'avanceront à votre première ré- » quisition, et vous ramèneront à Naples vainqueurs » des rebelles. » Le gouvernement napolitain étant hors d'état de tenir tête, à la révolte, de plus en plus audacieuse, c'était le seul moyen d'en finir; mais l'ambassadeur s'y refusa, en exprimant avec amertume sa peine de voir les Autrichiens adopter des mesures extrêmes quand il était venu pour prévenir l'effusion du sang. « Oui, répliqua le prince » de Metternich, en terminant l'entretien, il faudra » que le sang coule, mais il retombera sur la tête » de ceux qui ont sacrifié le bonheur de leur pays » aux inspirations d'une ambition personnelle; » quant à moi j'en repousse la responsabilité. »

Le système politique de l'Autriche était triple : 1° Maintenir l'Allemagne et l'Italie dans le calme. 2° Être l'avant-garde du Nord vers l'Occident. 3° Surveiller, en Orient, la trop grande extension de la Russie, rôle totalement conservateur; aussi préférerait-elle, en France, tout gouvernement faible, à celui qui pourrait devenir agitateur. Telle était la politique invariable et ferme du cabinet de Vienne sous la direction du prince de Metternich. La politique du cabinet de Saint-Pétersbourg suivait alors à peu près la même direction. Pozzo di Borgo, dans une dépêche au comte Nesselrode, en date des 10-22 décembre 1826, mandait, d'après la correspondance d'Espagne et de Portugal, qu'on y a ponctuellement exécuté les ordres de S. M. I., ayant pour but d'*inculquer la justice et la modération aux deux gouvernements de la Péninsule*; mais il peint Canning comme auteur de l'indépendance de l'Amérique espagnole, pour se venger de la guerre faite aux libéraux de la Péninsule, et dit qu'il s'opère en Angleterre, dans les esprits, *une révolution contraire à la tranquillité des monarchies du continent*, et que la nation récourra *aux moyens les plus noirs pour atteindre à ce but:* le comte Pozzo di Borgo rassurait aussi le gouvernement russe sur l'état moral de la France; quoique, dit-il, le clergé soit *exalté* d'un *zèle inconsidéré;* le premier *ministre sans dignité*, et qu'une *jalousie inquiète éloigne les talents; il* signale comme dangereuse la liberté accordée à la presse, et dit que la France doit se placer sous la protection de la Russie. — Dans une dépêche du 12 décembre 1828, il signale déjà les prétentions ambitieuses et la faiblesse du prince de Polignac, non encore ministre; mais ce à quoi l'on devait le moins s'attendre, ce fut au décret du 29 mars 1830 sur un nouveau mode de succession au trône d'Espagne, œuvre inconsidérée d'une femme ambitieuse, et d'un ministre (Zea) sorti de basse classe, parvenu sans talent, comme j'ai été trop à même de le juger.

XLI.

Alexandre Paolowitch. — Essai de révolte. — Principaux conjurés.

Je ne prétends pas donner ici la biographie de ce prince, que Napoléon a peint d'un seul trait en disant : Quant à celui-ci, *c'est un Grec du Bas-Empire.* Citons pourtant quelques faits qui le concernent.

Le tzar, non content d'avoir excité sous main la Norwége à ne pas se soumettre à Bernadotte, quoiqu'il la lui eût hautement garantie, ne cessait d'employer sa puissante influence en Allemagne pour l'empêcher d'y contracter une alliance de famille avec quelqu'un des princes de ce pays. Charles-Jean, se voyant donc fermer toutes les portes souveraines, se rabattit sur le prince Alexandre de Wurtemberg, général au service de Russie, spéculant sur la connaissance acquise de la faiblesse et de la cupidité de ce personnage. Il lui demanda donc la main de sa fille pour le prince royal Oscar, et l'eût facilement obtenue; mais la vaniteuse et fière épouse du prince Alexandre en parla avec effroi à l'empereur, qui la rassura en lui promettant qu'il arrangerait la chose à sa satisfaction. Il commença donc par approuver l'union sollicitée, et invita le prince à l'accepter avec autant d'ardeur que de reconnaissance; mais à condition que dans le cas où les futurs conjoints ne laisseraient point d'héritiers mâles, la couronne de Suède serait dévolue au fils aîné du duc de Wurtemberg. Or Charles-Jean qui ne pouvait prendre un tel engagement, considérant cette réponse comme une honnête défaite, n'eut, pour marier son fils, d'autre ressource que de l'unir à la fille d'Eugène de Beauharnais. Qui aurait cru que plus tard un Beauharnais épouserait la nièce de l'empereur Alexandre?

Novikoff avait été, en Russie, l'instituteur des loges maçoniques; choqué de l'ignorance et de la corruption de ses compatriotes sous l'empire de la Messaline philosophe qui les gouvernait, il tenta d'éclairer leurs esprits et de réformer leurs mœurs, ne proclama que des idées saines et ne professa que des opinions religieuses; mais l'impératrice Catherine II, effrayée de tout ce qui portait un caractère de nouveauté, le fit enfermer dans la forteresse, et ordonna même qu'il fût mis à mort. L'humanité néanmoins l'emportant sur la peur, lui fit de jour en jour différer l'exécution de cet ordre barbare. Novikoff atteignit ainsi l'avénement de l'empereur Alexandre, qui lui rendit la liberté. Tourgenieff, son ami et son associé, avait aussi été condamné à une prison perpétuelle.

Novikoff, qui ne mourut qu'en 1813, put voir le tzar son libérateur permettre l'ouverture des loges maçoniques, qu'il ne tarda pourtant pas à faire fermer, ce qui ne fit qu'enlever à la police des moyens de surveillance; tandis que ce prince éveillait lui-même les idées révolutionnaires en disant à la Pologne, en plein sénat, que le plus beau jour de sa vie serait celui où il donnerait des constitutions à tous ses États. Dès lors les têtes fermentèrent, parmi la jeunesse surtout, dont l'élan, dénué d'expérience, est si facile à enthousiasmer pour des idées théoriquement séduisantes.

Les premières semences d'insurrection furent pourtant étrangères à toutes opinions politiques. Le colonel Schwartz excita par sa brutalité, dans le régiment des gardes de Séméonofski des mécontentements qui allèrent jusqu'à la révolte. Les grands-ducs ne purent rien obtenir du soldat, qui s'apaisa pourtant à la voix du général comte Miloradovitch; quelques soldats furent punis, les officiers renvoyés dans les divers corps de l'armée; et les régiments des gardes, mécontents, furent durant quelques mois cantonnés en Pologne. Ceci avait lieu à la même époque que les révolutions d'Espagne, de Turin, de Naples, et concourut, ainsi que les relations de Bergasse avec l'empereur Alexandre, à dégoûter ce prince des idées qui lui avaient fait protéger en France les révolutionnaires préférablement à la légitimité. Aussi, quand l'héroïque duchesse de Berri fut accouchée d'un prince, répondit-il à la notification qu'on lui en fit, par ces mot adressés à Louis XVIII : « La naissance du duc » de Bordeaux est un événement que je regarde » comme très-heureux pour la paix de l'Europe et » qui porte de justes consolations au sein de votre » famille. Je prie Votre Majesté de croire que je ra» tifie le titre d'enfant de l'Europe dont on a salué » M. le duc de Bordeaux. » C'était en effet ainsi qu'il l'avait été par le nonce du pape, au nom du corps diplomatique.

Alexandre Paolovitch était, alors, très-désillusionné des idées révolutionnaires; aussi quand Murat se fit prendre, en voulant imiter Napoléon, le roi de Naples hésitait à le faire fusiller avant d'avoir consulté l'empereur de Russie. Le duc de Serra-Capriola, qui connaissait ce prince, dit à son maître : « N'en faites rien. Votre Majesté causerait » un vif embarras au tzar, qui sera charmé d'ap» prendre que vous vous soyez débarrassé d'un en» nemi. » En effet, Alexandre récompensa richement le courrier qui lui apporta la nouvelle du supplice de Joachim.

Quant à la grande conjuration ourdie contre son autorité et même sa vie, il est mort en décembre 1825 sans l'avoir réellement connue. La discrétion des nombreux conjurés l'avait fait échapper à la sagacité de la police, quoique des propos et des écrits frondeurs eussent dû la lui dévoiler. J'ai connu la plupart des chefs de cette intrigue révolutionnaire; c'était pour la plupart des jeunes gens pleins d'esprit, pleins d'honneur, l'élite de la société russe; j'ai vécu parmi eux; mais j'étais loin de penser qu'il y eût, chez ces extravagants, autre chose qu'une exaltation stérile, et qu'ils osassent entreprendre une révolution, sans avoir pour instrument le peuple ou l'armée. Toute complicité était resserrée dans les hautes classes, qui peuvent faire une révolution de palais et non une révolution politique. La conjuration découverte quelques heures seulement avant l'heure fixée pour son exécution, les enquêtes furent longues, vexatoires, portèrent sur plus de trois mille personnes, et aboutirent à la condamnation, en juillet 1826, de 121 coupables, dont 110 à être décapités, 5 à être écartelés, Pestel, Réléief, Mouravief, Bestouchef-Riumin, Kakhovsky, et 6 aux travaux forcés; il n'y eut d'exécutés que les cinq, dont toutefois la sentence fut commuée, et qui furent pendus au lieu d'être écartelés.

C'était un jeune homme plein de feu et dévoré d'ambition que *Pestel*, craint de ses complices, qui, croyant en avoir besoin et tout en s'en servant, projetaient déjà de le perdre; il se repentit de sa conduite, écrivit à sa famille une lettre touchante et marcha au supplice avec fermeté. *Réléief*, poëte distingué, montra encore plus de sérénité. L'empereur Nicolas, sachant que sa veuve était sans fortune, lui envoya demander ce qu'il pourrait faire pour elle et ses enfants : *M'envoyer un bourreau*, répondit-elle. Il n'en fut pas ainsi d'un des frères Pestel, qui obtint l'aiguillette d'aide de camp, ce qui fit dire que c'était la corde de son frère : quant au père, il demanda de l'argent. *Mouravief*, *Bestouchef* et *Kakhovski* manifestèrent le même courage, et ce dernier eut la noblesse de déclarer qu'il n'avait aucun parent, quoiqu'il y eût à la cour des personnes de son nom que son supplice aurait humiliées.

Quant à Mouravief, son peu de succès en voulant insurger les troupes, dans le Midi, prouve combien le projet des conjurés était absurde. *Vous pourrez parvenir*, leur disait-il, *à tous les grades, à toutes les dignités. — Et que deviendra l'empereur?* demande un des soldats. — *Il n'y en aura plus! — Allons, c'est un fou!* Et ils s'éloignent tous.

Le deuil de l'empereur avait fait taire dans les rues cet instrument nommé orgue turc; elles en furent inondées le jour du supplice des cinq malheureux; depuis ce jour-là je ne puis les entendre sans un douloureux souvenir, d'autant que le colonel des chevaliers-gardes célébra ce même jour par une fête à la campagne.

Plusieurs femmes voulurent suivre leurs maris dans l'exil, mais il leur fut brutalement signifié que si elles exécutaient ce dessein, leurs biens seraient séquestrés; la princesse Trubetskoï, fille d'un Français, n'en partit pas moins, et un Français, qui l'accompagna jusqu'au lieu d'exil de son époux, fut, aussitôt son retour, expulsé de la Russie (1). Quant à l'impératrice mère, déjà rendue à Moscou, elle tomba en faiblesse en apprenant le supplice des coupables.

Parmi ceux dont l'arrêt de mort fut commué en exil perpétuel, il en est dont l'histoire est assez curieuse : ce sont les Pogio. La voici. Quand l'impératrice Catherine voulut peupler les déserts qu'elle venait d'acquérir sur la frontière méridionale de son empire, on ramassa par ses ordres, parmi les Italiens, Corses, Grecs et Lévantins, tout ce qu'on put réunir de ces gens en guerre avec la société. Une cargaison de cinq cents de ces bandits arrive à Kherson, et son début est l'assassinat du capitaine du navire qui les importa. Or, depuis qu'en Russie l'on ne supplicie plus, comme jadis, pour oui et pour non, ce qui donne au crime une impunité qui fait croire au reste de l'Europe qu'il ne s'y en commet plus, on commença par les mettre aux fers; mais les nourrir sans les occuper devenait une charge dont on chercha à se débarrasser; et comme la plupart ne savaient pas ce que c'était qu'un instrument aratoire, et que nul préparatif n'avait eu lieu pour les coloniser, en se contenta de leur assigner 5 kopecs par jour (alors 25 sous de France), et de leur donner la faculté de chercher fortune à leur gré. Parmi ces indépendants de toutes lois et de tout commerce social, se trouvait un certain Pogio. Il avait été garçon barbier, se dit chirurgien, demanda du service en cette qualité, et fut envoyé exploiter un régiment russe. Là il acquit de grade en grade celui qui le faisait noble, mit sou sur sou, et plaça ses fonds avec d'autant plus d'avantage, que, dans les premiers médicaments, les profits étaient immenses, et l'argent rare au point qu'on y plaçait celui-ci à trois pour cent par mois sur nantissement, et même beaucoup plus haut quelquefois. Il lui fut d'ailleurs accordé de vastes terres, qu'on prodiguait à qui en voulait et autant que l'on en demandait : terres prodigieusement fertiles, qui procurèrent bientôt une grande fortune à ce Pogio. Ses deux fils furent placés dans les gardes, chose très-facile à cette époque. L'aîné épousa la fille du gouverneur général de Crimée (Baratzine); je n'ai connu que l'autre, servant au régiment de Préobrajinski, jeune homme d'une jolie figure, plein d'esprit, mais fanatique d'athéisme et de jacobinisme, bon ami, bon camarade, de mœurs si douces en apparence, qu'il n'aurait pas voulu faire mal à un poulet, et qui néanmoins proposait à ses complices de tuer la famille impériale tout entière, hommes, femmes et enfants, contraste dont la révolution française nous a fourni de nombreux exemples, ce qui doit faire gémir tout homme sage à l'idée de ces événements qui dépravent à un tel point des âmes naturellement droites et pures.

La rigueur qui porta, sous de simples soupçons, sur environ trois mille personnes arrachées à leurs foyers pour être jetées en prison, et dont l'innocence fut plus tard reconnue, fit naître un intérêt presque général à l'égard des coupables mêmes. Parmi les conjurés, quelques-uns, favoris des princes ou leur tenant par le sang, furent épargnés; les Bobrinski, par exemple, fils d'un bâtard de Catherine II. Il ne fut pas même question d'eux dans les actes publics de cette époque, bien qu'ils eussent plus que tous autres fourni des fonds pour aider à la conspiration; aussi quand le grand-duc Constantin lut à Varsovie les détails de cette œuvre de folie furieuse au colonel B.... : *Ceux-là*, dit-il, *ne nous traitent pas en cousins*. Or, le colonel B...., à qui il s'adressait, avait, quoique très-légèrement, trempé dans les menées secrètes de ceux qui étaient déjà en jugement, et à la lecture que le prince lui faisait des détails complets de cette affaire, il tremblait à chaque mot d'entendre prononcer son nom : il ne le fut pas. Le grand-duc lui fit cette question terrifiante : *Et vous, qu'allez-vous faire ? — Retourner à Saint-Pétersbourg. — C'est ce que je vous conseille.* Et croyant presque marcher au supplice, il part pour la capitale et se rend sur-le-champ près de l'empereur. *Voilà bien des événements*, lui dit le tzar, *mais cela est fini. — Oui, pour Votre Majesté*, répond le colonel, *mais non pour moi. — Soyez tranquille, B., il n'a pas même été question de vous.* D'autres éprouvèrent la même faveur ; mais je ne nommerai pas ceux sur les noms desquels la bienveillance impériale daigna jeter un voile.

Ce que je dois noter ici, c'est, d'une part, que les conjurés s'étudiaient depuis longtemps à vanter outre mesure le grand-duc Constantin, dont ils eussent voulu faire un mannequin révolutionnaire; et, d'une autre, que, durant les quinze jours où ce prince fut déclaré empereur, je ne cessai d'entendre dire dans les salons de gens haut placés : « L'avénement de Constantin est un grand bonheur » pour le grand-duc Nicolas; car si celui-ci était » parvenu au trône, il ne se serait pas passé un » mois avant qu'il n'eût été traité comme son père » et son aïeul. » Eh bien, plusieurs de ces hommes, qui tenaient ou accueillaient de tels propos, n'en ont pas moins été comblés de faveur par l'empereur actuel, qui ignora ou voulut paraître ignorer ce

(1) L'exil en Sibérie de cette famille, composée du père, de la mère, et de *cinq* enfants, n'a pas éprouvé depuis lors le plus léger adoucissement.

(*Note de l'éditeur.*)

qu'ils dirent ou pensèrent avant une intronisation à laquelle ils ne croyaient pas, et qu'après coup ils saluèrent de tout le zèle hypocrite d'une ambitieuse courtisane, exaltant plus que tous autres la noblesse avec laquelle Nicolas Paolovitch avait fait proclamer celui qu'il savait avoir abdiqué d'avance en sa faveur.

Au reste, le nouvel empereur, miraculeusement sauvé, avait manifesté dans cette terrible journée autant de magnanimité que de courage.

XLII.

Ukases de l'empereur Nicolas relatifs aux paysans russes.

A la suite de la tentative d'insurrection comprimée à Saint-Pétersbourg, beaucoup de villages se révoltèrent, et il fallut les contenir par la force; aussi y eut-il du sang répandu. Non content de les punir, le tzar, pour les éclairer, donna, le 12 mai 1836, un ukase dans lequel, attribuant à la malveillance le bruit répandu de l'affranchissement de tout impôt pour les paysans de la couronne, et de soumission à leur maître pour ceux des particuliers, il ordonnait, sous peine d'être traités *selon la rigueur des lois*, de se soumettre *sans réplique à la volonté de leur seigneur*, enjoignant aux gouverneurs des provinces la plus sévère surveillance à cet égard, et la lecture de cette ordonnance impériale dans les églises, tous les dimanches et jours de fêtes, ainsi qu'aux marchés et foires, durant l'espace de six mois. Mais les désordres continuant encore, l'empereur, par un nouvel ukase donné le 9 août, durant le séjour de Sa Majesté à Moscou, ordonna de faire juger les paysans qui persistaient dans leur désobéissance à leur seigneur, par un tribunal de guerre, composé *moitié d'officiers, moitié de juges de l'arrondissement* où le délit aurait eu lieu, et dont les décisions seraient exécutoires par l'approbation du gouvernement civil, si les punitions corporelles n'excédaient pas neuf personnes, sinon elles devraient être présentées à la confirmation de l'empereur; et pour donner plus d'activité à la police de surveillance, il forma, sous la direction de son aide de camp général Benkendorff, une troisième section de sa chancellerie privée, dont le cercle d'opérations renferme :

1° Toutes les mesures organiques, et tous les renseignements qui ont trait à la haute police.

2° Les notions les plus détaillées sur tous les individus qui sont sous la surveillance de la police, ainsi que toutes les mesures régulatrices qui ont trait à cet objet.

3° Le renvoi et la fixation du lieu de résidence des individus suspects.

4° Tous les règlements et les mesures régulatrices relatives aux étrangers, soit domiciliés en Russie, ou qui y arrivent, soit qu'ils quittent l'empire.

5° Les tableaux de tous les cas fortuits qui ont lieu dans toute l'étendue de l'empire.

6° L'annonce de toutes les affaires qui concernent la découverte des faux monnayeurs, ou de fabricateurs de timbre, documents ou autres titres, lesquelles affaires seraient examinées et débattues par les ministres de l'intérieur et des finances.

En conséquence de cette ordonnance, les chefs des provinces doivent adresser leurs rapports directement à Sa Majesté, en y ajoutant : « A la troisième section de la chancellerie privée de Sa Majesté Impériale, » et ne plus les envoyer au ministre de l'intérieur, chargé précédemment de les recevoir.

Dès lors le réseau de la police s'étendit plus que jamais sur tout l'empire; mais il faut rendre justice à Benkendorff, quelle que fut l'activité qu'il donna à sa police, elle ne fut point vexatoire, malgré les nombreux agents qu'il entretint depuis le salon jusqu'au cabaret, et qu'il nommait ses ambassadeurs : c'est le mot dont il se servit en me dévoilant, sans le vouloir, celui d'un homme que je n'eusse jamais soupçonné de jouer un rôle aussi infâme.

XLIII.

Indemnité aux familles des émigrés et des condamnés politiques.

J'étais encore en Russie à l'époque où il fut accordé des indemnités *aux familles des émigrés et des condamnés politiques*, et l'on y accueillit cette mesure comme un acte de nature à reconstituer et à raffermir la propriété, base de l'état social. Mais des clameurs parties de France s'élevaient contre cette charge d'*un milliard*, imposée sur la France en faveur *des émigrés*, disait-on. Or ce n'était pas *un milliard*; les *émigrés* n'en profitaient pas seuls, et, par le fait, ce ne fut point une charge pour l'État, tandis que c'était un avantage immense pour les acquéreurs de biens nationaux.

Mettant donc à part l'opportunité ou l'inopportunité de cette opération, nous allons opposer ici la vérité à des déclamations, fruits de l'ignorance ou de la mauvaise foi.

1° La confiscation était doublement illégale; car, supprimée en principe, elle n'eût pas dû, existant encore, exhéréder les enfants non émigrés; il y a plus : en leur refusant leur part héréditaire, on la reproduisait comme *droit*, pour s'emparer d'avance même de leur montant sur les biens de leurs auteurs non émigrés; on faisait revivre ce *droit* durant cinquante ans au profit de l'État.

2° Ce prétendu *milliard* était 30,000,000 de rente, dont le capital, raisonné au denier vingt, n'était réellement que de 600,000,000. On en a confisqué depuis un sixième, ce qui l'a réduit à 500,000,000, moitié du milliard supposé.

3° Les héritiers des *condamnés politiques* qui devaient prendre, et ont pris en effet part à l'indemnité, depuis Louis-Philippe-Joseph d'Orléans, jusqu'à Fouquier-Tinville, Carrier et autres, en ont touché par la somme d'environ 150,000,000.

4° Sur les 350,000,000 restant, les créanciers des expropriés, qui auraient dû être payés par l'État, détenteur d'une immense masse de propriétés séquestrées, qui ne l'avaient point été et avaient perdu tout droit à l'être, en ont enlevé encore pour 50,000,000, ce qui réduit cet effrayant milliard à 300,000,000, tout le reste ayant passé aux mains de Français non émigrés, ou non héritiers d'émigrés.

Enfin, si l'on note les frais, au profit de l'État, des réclamations, et la hausse opérée dans les droits de mutation, par la hausse du prix vénal des biens dits nationaux; portion du revenu public équivalant à la rente réelle de l'indemnité, on verra que l'État n'y a rien perdu.

Qui sont donc ceux qui ont le plus gagné à l'indemnité? ce sont les acquéreurs des biens nationaux, par la hausse rapide de ces biens. Je ne citerai ici qu'un fait, sans le donner pourtant pour une règle générale. Le château et parc de La Roche, département de Seine-et-Marne, vendus 60,000 fr. avant l'indemnité, l'ont été après cette opération au prix de 180,000 fr., valeur triplée pour l'acquéreur.

Il fut assez curieux alors de voir nombre de libéraux crier contre l'indemnité, et tendre les mains pour en saisir leur part. En effet, voici la liste des principaux indemnisés :

Le duc de Choiseul.	1,100,000 fr.
Le duc de Liancourt	1,400,000
Le marquis de Lafayette. . .	450,682
Gaëtan de La Rochefoucauld. .	428,206
Charles de Lameth.	201,696
Thiard.	337,850
Louis-Philippe.	14,000,000

Sans compter l'héritage des Condé.

Des capitalistes bien connus, après avoir gagné en biens-fonds des sommes immenses sur l'achat et la liquidation de la succession du dernier rejeton d'une illustre famille, victime de la terreur, exigèrent encore et obtinrent les indemnités auxquelles des héritiers naturels auraient pu seuls prétendre.

Enfin les indemnités furent recueillies en grande partie, non par les expropriés, mais par leurs ayants cause, qui légalement n'eussent pas dû être exhérédés.

Quant à ceux qui justifient l'expropriation des émigrés considérés comme ennemis de la révolution, ils auraient dû au moins distinguer les émigrés armés de ceux qui, très-inoffensifs, avaient, selon le droit naturel, celui de fuir pour éviter l'insulte, la prison ou la mort. Eh bien, je crois devoir citer ici, à l'égard des émigrés armés, ce fragment d'un écrit de Bergasse : « Je ne m'arrêterai pas... à » démontrer que la cause que les émigrés ont dé» fendue est une cause éminemment juste... J'ob» serverai seulement qu'il y a, dans la conduite des » émigrés, une circonstance qui doit les rendre sin» gulièrement recommandables. Les autres guer» riers combattaient pour la gloire (il aurait pu » ajouter pour la fortune et l'ambition); ils n'avaient » à craindre que la mort sur un champ de bataille, » ou une détention honorable et passagère chez les » ennemis. Ceux-ci se battaient avec un courage » d'autant plus héroïque, que, dans la victoire, au» cune gloire, du moins présente, ne leur était ré» servée; et s'ils étaient pris, une fin ignominieuse » les attendait sur l'échafaud. On a beau dire, il y a » là quelque chose de plus qu'une grandeur ordi» naire. C'est le devoir seul et le devoir obscur qui » commande; c'est la fidélité sans aucune espérance » personnelle qui obéit. »

Telle était, sur les émigrés armés, l'opinion du respectable Bergasse; telle était aussi celle du maréchal Macdonald, qui fut le premier à demander des indemnités pour ceux qu'il qualifiait *les courtisans du malheur*.

Notons ici que le roi et les princes de la branche aînée n'ont point participé à l'indemnité.

Notons encore que ceux qui ont tant déblatéré et déblatèrent encore aujourd'hui contre l'émigration armée en faveur de la monarchie attaquée par des révolutionnaires barbares ou exaltés, se taisent sur l'émigration armée d'Armand Carrel contre une restauration qui préservait la France d'un démembrement, et lui rendait *paix*, *crédit* et *dignité*; ajoutons que les émigrés étaient conduits au supplice par la révolution, et qu'Armand Carrel fut gracié par la légitimité.

XLIV.

Mon retour en France en 1828. — Voyage à Baden. — Ministère Polignac.

La miraculeuse renaissance de la France depuis la restauration, l'étonnement qu'elle produisait à l'étranger, et qu'on lisait dans les traits des ministres européens, dont la transparence dévoilait l'extrême jalousie, sentiment qui porta Castlereagh au suicide; l'opinion généralement répandue que le cabinet de Versailles allait obtenir, par l'effet d'une politique lumineuse et ferme, cette frontière du Rhin, que les longs triomphes de Napoléon n'avaient pu conserver; enfin l'amour de la patrie et des miens me déterminèrent, vers la fin de 1828, à quitter cette Russie où j'avais été si heureux, et où je laissais d'honorables amis.

Partout, sur ma route, j'entendais avec une vive jouissance retentir l'éloge de mon pays; et, bien différent de mon premier retour en 1815, mon voyage devenait une marche triomphale qui me faisait éprouver combien on pouvait être fier du nom de Français. Mais cet enchantement dura peu, car, après avoir franchi notre frontière, j'entendais dire à chaque pas que le cabinet des Tuileries était bassement à la traîne de l'étranger; et cela, après qu'il venait de faire la guerre d'Espagne malgré l'Angleterre, et allait, en dépit d'elle, conquérir Alger. Cependant, après avoir visité mes parents, je fis en Allemagne une nouvelle tournée par Luxembourg, Trèves, Ems, Francfort, Baden, et retrouvai là pour notre noble patrie la même estime jalouse et craintive que j'avais déjà vue se manifester hors de cette France obstinée à rêver une honte imaginaire, en regard de tous les présages d'un agrandissement inespéré et prochain.

Revenu de ce nouveau voyage, ce ne fut pas sans effroi que j'appris la nomination au ministère du prince de Polignac, homme honnête et franc, très-déterminé à marcher dans le sens le plus utile aux intérêts réels de l'État, mais très-impopulaire; aussi, eût-il eu tout le génie d'un cardinal de Richelieu, joint à l'adresse de Mazarin, les circonstances étaient telles qu'elles le plaçaient totalement dans l'impuissance de faire le bien qui réellement était dans son esprit et son cœur.

Sincère ami d'un roi éminemment loyal, sentiment mutuel auquel la calomnie donna une cause des plus absurdes; malgré ses incontestables vertus et ses intentions pures, il était, sur l'annonce seule de sa nomination, redouté des bureaux des affaires étrangères; aussi d'Hauterive, le noble vétéran de cette administration, sollicita-t-il le duc Adrien de Laval-Montmorency, alors ambassadeur à Vienne, et à qui le ministère avait été proposé, de l'accepter sans retard. Mais le courrier chargé de cette lettre en portait une de la famille d'Adrien, qui le conjurait de ne point accepter. On avait cependant oublié de mettre cette lettre dans le paquet : on s'en aperçut assez à temps pour rappeler le courrier. Elle partit, et le refus du duc de Laval en fut le résultat.

Chargé de former un ministère, il aurait rappelé celui de Martignac, et la direction du cabinet ainsi que les événements eussent totalement changé. Je tiens ces détails de sa famille même. Quant à la nouvelle administration, les vues en étaient saines, généreuses et toutes françaises, témoin ce rapport confidentiel trouvé aux Tuileries après la grande catastrophe.

Bientôt après, un événement majeur occupa les esprits : ce fut l'expédition d'Alger, que tout le parti du mouvement aurait voulu faire manquer, sacrifiant l'honneur de nos armes à de vils intérêts d'ambition personnelle. Or le prince de Polignac démontra alors combien la conduite du cabinet à la tête duquel il se trouvait était indépendante de toute influence étrangère; ce que prouvent ses réponses calmes, prudentes, mais fières et fermes, à la légation anglaise. Je dirai encore à son honneur qu'il avait, après le départ de l'expédition, profité de sa courte apparition au ministère de la guerre, pour bonifier le sort du soldat et des titulaires de pensions militaires; mais la faction révolutionnaire était parvenue à le discréditer, au point que cet homme, de mœurs si douces, passait pour un être féroce aux yeux de la multitude; et l'on entendait dans la rue, après sa chute, le peuple dire à un enfant mutin, ou à un chien hargneux : *Tu n'es qu'un Polignac!*

XLV.

Politique de Charles X.

Avant de jeter un coup d'œil sur les miraculeux effets de cette restauration à qui nous dûmes si rapidement en Europe la plus haute considération, citons quelques traits de la politique de Charles X, politique saine, prévoyante, digne d'un descendant de Louis XIV, et conforme aux vrais et durables intérêts de la France ; politique dont les précieux avantages ont disparu le jour même où ce noble et loyal prince est tombé.

Charles X, quoi qu'on en ait pu dire, tenait à la charte de Louis XVIII, non d'opinion, mais de conscience. Il avait juré de la maintenir, et ce monarque, profondément religieux, ne pouvait songer à devenir infidèle à son serment. Or par qui était-elle principalement attaquée? par ceux qui, en attaquant le pouvoir royal, manifestaient l'intention de la ruiner : son devoir était donc de la défendre contre des hommes qui ont dévoilé leur coupable intention au point de dire (*le Globe*, 25 novembre 1830) : « Lorsque nous jurions fidélité à » Charles X et obéissance à la charte, lorsque nous » étourdissions ce monarque de nos protestations » d'amour, lorsque nous couvrions pour lui nos » routes d'arcs de triomphe, lorsque nous rassem- » blions les populations sur son passage pour le » saluer de mille acclamations, lorsque nous se- » mions l'adulation sur ses pas... tout cela n'était » qu'*une feinte*. Détrompez-vous, pairs, députés, » magistrats, simples citoyens, *nous avons joué* » *une comédie de quinze ans...* » *La Tribune* disait aussi : « *Il y avait, sous la restauration,* » *une opposition hostile, hostile à mort!* »

Et que de biens pourtant cette restauration n'avait-elle pas procurés à la France! Nous en ferons le détail par chiffre, en nous appuyant de l'aveu des ennemis de cette même restauration.

Cela posé, et quand on songe que des soixante-deux ministres employés depuis quinze ans, il n'en est pas un qui n'ait laissé l'autorité plus affaiblie au moment qu'il la quittait qu'à celui où il en fut revêtu ; c'était, certes, pour le roi un devoir sacré de mettre son pouvoir constitutionnel et la charte elle-même à l'abri de toute atteinte, afin de n'être point troublé dans l'exécution de ces grands et utiles desseins auquel Chateaubriand travailla avec zèle, que le général Lamarque dévoila à la tribune depuis la révolution de 1830, que le roi de Bavière se résignait à subir, et qui nous eussent restitué, par l'effet d'une habile et ferme diplomatie, ce que le plus grand général moderne et la plus héroïque armée n'avaient pu nous conserver.

Charles X, à qui l'empereur Nicolas envoyait de riches cadeaux d'amitié, arrivés aux portes de Paris durant la lutte sanglante des trois journées, et que le tzar fit retourner en Russie après la chute de celui à qui il les destinait ; Charles X, dont les vues étaient plus justes que celles de ses ministres, regardait avec raison la Russie comme notre allié naturel, sous les rapports politiques, militaires et commerciaux, le seul qui pût inquiéter l'Angleterre, notre éternelle rivale, le seul qui pût nous faciliter le recouvrement de la barrière du Rhin. Polignac, homme d'honneur et éminemment Français, mais entêté de toute la naïve pureté de ses intentions, pensait tout autrement. Cet homme, qui s'était fait estimer en Angleterre, comme il l'était en France de tous les gens de bien, avait adopté le stupide système de Talleyrand, c'est-à-dire celui d'une union intime, offensive et défensive entre la France, la Grande-Bretagne et l'Autriche, sous la direction du torysme anglais, contre la Russie et la Prusse. De là ces fréquentes allées et venues du prince de Polignac de Paris à Londres, où il était alors ambassadeur. Mais toutes ces négociations échouèrent devant la ferme et judicieuse volonté du roi. Sans entrer à cet égard dans les curieux détails que contiennent les correspondances de Pozzo di Borgo et du comte de Nesselrode, sans récriminer sur ces brillantes espérances qui allaient devenir des réalités, passons à l'affaire d'Alger.

Il faut ici rendre justice au prince de Polignac : une fois ministre des affaires étrangères, il rompit les liens qui avaient pu l'attacher au système britannique, et, fidèle à celui de son maître, il ne fit aux ministres anglais, comme nous l'avons déjà dit, que des réponses nobles, fières, mais mesurées et dignes d'un gouvernement qui se respecte et sait se faire respecter. Il connaissait la pensée du roi, qui était, si les circonstances le permettaient, de remplacer la colonisation, ruinée dans les deux Indes, par celle sur la côte d'Afrique. Aussi le ministre, dans ses dépêches, manifestait-il laconiquement l'intention de ne point souffrir que les Anglais s'entremissent dans les affaires relatives à l'expédition projetée, témoin celles du 12 mars, du 12 et du 18 mai 1830. Dans cette dernière, après avoir parlé des conquêtes faites par les Anglais dans la presqu'île de l'Inde : *L'idée*, dit-il, *d'un agrandissement de la France en Afrique déplaît à la cour de Londres; mais s'est-elle informée si celle de son extension dans les Indes a été agréable à l'Europe?*

Il avait, avant le départ de l'expédition (avril 1830), annoncé qu'elle avait pour but de venger l'honneur français et de détruire la piraterie ; car il ne pouvait dire toute la pensée de son maître, mais tout la faisait entrevoir, sans que rien la démentît ; de plus, Charles X s'était expliqué assez clairement dans une conversation dont nous croyons devoir citer ce fragment : « Il n'est pas sûr, disait-il, que » des réparations ne puissent pas encore faire éviter » la guerre ; il n'est pas sûr que si nous la faisons » nous prenions Alger ; quand nous l'aurons, nous » adopterons les moyens plus convenables de tirer

» parti de notre conquête. — Mais les Anglais, sire! » — Les Anglais, reprit-il avec vivacité, nous ne » leur avons demandé aucune explication quand » ils ont fait, dans l'Inde, la guerre aux Birmans, » dont ils avaient à se plaindre. Je suis souverain » chez moi et maître de faire ce qui convient à la » dignité et aux intérêts de la France : si l'on m'en » empêchait, je jetterais ma couronne au feu. »

Enfin cette brillante expédition, dont le succès consterna les libéraux, comme leurs devanciers furent atterrés de celui de Marengo, n'avait réussi qu'en dépit de tout ce que les hommes du mouvement avaient tenté pour la faire échouer; je fais la grâce aux coupables de ne pas les nommer ici.

XLVI.

Révolution de 1830. — Ses effets. — Le roi. — Chabrol. — Madame la dauphine. — Folk et non pas Fox. — Montesquiou. — Salvandy.

On sait généralement aujourd'hui comment et par qui tout était préparé pour briser le trône du loyal Charles X; on sait le nom et les noms de ceux dont les menées furent découvertes par le préfet de police Mangin, qui ne put jamais faire croire à ses rapports, ni obtenir l'autorisation d'arrêter les coupables. Je n'entrerai pas plus avant dans ces odieux détails, dont quelques-uns sommeilleront longtemps encore. Je ne raconterai donc ici que ce qui, peu ou point connu du public, mérite cependant de l'être, et m'a été transmis par une voie parfaitement sûre.

Le duc d'Angoulême avait, dans son voyage à Toulon pour y inspecter les troupes destinées à l'expédition d'Alger, consulté les préfets des départements qu'il traversait, sur les élections qui allaient avoir lieu, et à son retour il rapporta au roi leur opinion, qui était que là où il y avait eu *trois* députés royalistes, on pouvait à peine espérer d'en conserver *deux*. Mais Charles X, aveuglé par les nombreuses réclamations qui l'assaillirent dans ses différentes pérégrinations, n'en voulut rien croire. Il se persuadait avoir pour lui la nation tout entière. Le prince de Polignac, Blacas et le cardinal de Latil le confirmaient dans cette idée; aussi, lorsqu'à la dernière audience que M. de Chabrol eut du roi, en quittant le ministère, le monarque lui demanda « ce qu'il pourrait faire pour lui? » le ministre répondit « qu'il suppliait Sa Majesté de lui » accorder une seule grâce, c'était de ne pas prendre l'initiative dans la lutte qui paraissait assez » vraisemblable; de ne pas s'armer trop tôt d'un » *pouvoir dictatorial*, de laisser aux ennemis de » sa dynastie le tort de l'attaque, tout en s'y tenant » préparé. » Charles X lui répliqua : « Ce n'est que » *pour quinze jours* que je prendrai la dictature. — Votre Majesté serait alors obligée de la garder » *bien plus longtemps*, si une fois elle la prenait, » reprit le ministre. — « Vous vous trompez, » dit le monarque, « vous vous trompez; les royalistes » vont se montrer, et j'aurai les élections de 1815. »

Quand l'adresse des 221 vint en partie le désillusionner, on délibéra sur ce qu'il y avait à faire, et connaissant enfin les projets hostiles des députés les plus influents, il fut résolu de présenter à la chambre élective les ordonnances les plus favorables au bien public, et que les intérêts comme les opinions de tous sollicitaient; puis, sur le refus déjà certain de les accueillir, de casser la chambre comme criminelle envers la nation, et de convoquer de nouveau les colléges électoraux. Mais tout changea dans la nuit, sur la crainte, dit-on, d'une marche vers Paris des nombreux ouvriers de Lyon, et l'on se contenta de dissoudre la chambre, qui revint ce qu'elle était, avec un surcroît de force et de malveillance. Alors parurent ces funestes ordonnances dont il serait oiseux ici de discuter la légalité et l'opportunité! Je dirai seulement qu'avant les événements de juillet, les conspirateurs tremblaient d'entamer la lutte, et attendaient qu'elle le fût par le gouvernement, pour paraître, en attaquant, ne faire que se défendre. La promulgation des ordonnances fut donc une faute grave, quoique *le National* en ait reconnu (20 juin 1831) la légalité en disant : « La charte octroyée, sans l'article 14, » eût été une *absurdité;* le fondateur de la charte » avait dit et *dû dire :* Je veux faire une concession, » mais non telle que cette concession puisse détruire » moi et les miens.... Je me réserve la faculté de » *reviser ma constitution*, et *c'est là ce que j'exprime par l'article* 14... » *L'article* 14 donnait à la royauté légitime la faculté (octobre 1832) de reviser *par ordonnance* toutes les lois qui pourraient être jugées incompatibles *avec la légitimité.* — Mais qu'est-ce que le droit sans le pouvoir de l'exercer?

Je ne relèverai point ici toutes les fanfaronnades des Parisiens sur leur héroïsme dans la lutte des trois journées. Qu'est-ce, en effet, que l'escalade de l'hôtel de ville, gardé alors par douze hommes, et dont les prétendus assaillants, qui s'en échappèrent rapidement à l'arrivée d'un détachement de la ligne, n'y rentrèrent qu'après en avoir appris l'évacuation? Que dire de ces demandes de récompenses pour la prise de 260 canons sur des troupes qui n'en avaient que 12, et n'en perdirent qu'un, abandonné à Sèvres par ceux qui le servaient? Mais ce que je n'ai pu voir sans admiration, c'est la marche calme et régulière de ce régiment de la garde, se rendant, par les boulevards, de la Madeleine à la Bastille, passant les nombreuses barricades dans un ordre parfait; faisant feu au commandement, sans qu'un coup partit avant ou après les autres, et cela en butte à une fusillade qui l'environnait de toutes parts.

Nous devons noter aussi ce trait de M. le dauphin. — Visitant le poste situé au pont de Sèvres, il voit une bande de populace menaçant de le passer; le prince s'avance sur elle pour l'inviter à reculer, n'en reçoit que des injures et des coups de fusil; ne voulant pas faire tirer sur ces misérables, il ordonne à un corps de lanciers de les charger; la troupe hésite et semble prête à passer à l'ennemi: « Soldats, dit-il, si vous voulez m'abandonner, que » ce ne soit pas en fuyards. » A sa voix une charge balaye le pont. « Maintenant, dit le prince, si vous » voulez déserter, voilà votre chemin; partez. »

Madame la dauphine, qui seule avait quelque crédit près du roi, se fût sans doute opposée à un coup d'État qu'on ne sut pas exécuter, et le lendemain duquel, dans le cas même de succès, on eût été très-embarrassé de gouverner. Mais elle se trouvait très-éloignée de la cour par un voyage aux eaux de Vichy; insultée à Dijon lors de son retour, elle est escortée jusqu'à une lieue hors de la ville, par le commandant de la gendarmerie et par mon cousin le marquis de Compiègne, brave officier qui fit toutes les guerres de l'empire et qui était alors colonel du 6e hussards, en garnison dans ce chef-lieu du département de la Côte-d'Or. S. A. R. lui demande ce qu'il pense de *l'effet des ordonnances:* « Elles me causent les plus vives inquiétudes, » répondit-il. « A qui le dites-vous! » répliqua Mme la dauphine.

Compiègne, près d'être maréchal de camp, quitte le service sans demander même de traitement, et lui, qui avait tant affronté la mort sans recevoir la moindre égratignure, meurt bientôt d'un seul grain de plomb reçu dans l'œil, à la chasse.

Parlons donc ici de cette curieuse mystification des trois journées, où les gladiateurs du libéralisme se firent tuer pour porter au pouvoir des hommes qu'ils ne connaissaient pas; où ces ambitieux agitateurs tournèrent contre elle-même les bienfaits de la restauration, et dont l'un des plus ardents auteurs, le marquis de Lafayette, dit à *Fenimore Cooper,* ce célèbre romancier américain, qu'il avait *reçu plus d'injures personnelles du gouvernement vénal établi en France par la dernière révolution* (celle des trois journées) *que de la restauration, de l'empire et du Directoire, réunis à tous les pouvoirs qui les ont précédés.*

Nous ne donnerons pas ici des détails que tout le monde connaît sur la chute du trône, effet d'un coup d'État entrepris sans forces suffisantes, sans connaissance même de celles qu'on avait, car le prince de Polignac, plus occupé du secret que du succès, ne consulta ni ne prévint personne, et se trompa entièrement sur la puissance de résistance et sur les moyens de la réprimer. Il ne fit donc que mettre le feu à la mine, déjà chargée sous le trône de son maître par ceux dont le patriotisme bâtard s'est impudemment glorifié de quinze ans de basse et hypocrite conspiration. En effet, un coup d'État ne pouvait se faire avec succès que dans le sens de la révolution, depuis surtout que Charles X, par une bonté trop aveugle, avait remis aux mains de ses ennemis ce poignard de la presse dont ils se hâtèrent de le frapper.

On a dit, et même quelques gens graves ont imprimé que dans les trois journées le premier coup de fusil fut tiré par un Anglais nommé *Fox*, et parent du célèbre orateur; or voici le fait: Un jeune étudiant en médecine du nom de *Folk*, voyant entamer, rue Saint-Honoré, la lutte entre le peuple et les troupes, se réfugie à l'hôtel Royal, tenu par M. Lawson; mais une imprudente curiosité l'ayant fait se mettre à la fenêtre, une décharge faite du dehors le tue et blesse deux garçons de l'hôtel, aussi imprudents que lui. Voilà le fait dont l'historien Lacretelle a fait un vrai roman, que d'autres ont reproduit, pour le transformer en intrigue politique du cabinet de Saint-James.

Quant aux effets immédiats de la révolution de juillet, les voici. Il sembla d'abord que Paris avait été pris d'assaut par les filles publiques échappées à la stricte surveillance de la restauration: les images les plus déshonnêtes furent bientôt étalées chez les marchands d'estampes; des livres obscènes couvrirent les étalages des bouquinistes; on vit paraître des caricatures infâmes sur la vertueuse et charitable duchesse d'Angoulême et le respectable archevêque de Paris. Madame de Berri seule fut épargnée par la rage populaire! Ce que l'on vit encore, ce fut le déchaînement de la canaille contre les fleurs de lis (fleurs de lances, dignes d'un peuple belliqueux). Parmi les dévastations de cette époque, l'une des plus odieuses fut celle du portique de la maison de Jeanne d'Arc; ce portique, élevé par Louis XI en l'honneur de l'héroïque sauveresse de la France, et que le règne de la terreur avait respecté, fut, après les trois journées, mutilé par la garde nationale du lieu, le maire en tête.

Comment pourrais-je ne pas exhumer ici, sans honte pour notre espèce, non les lâches vociférations de tant de petits illustres, dont l'histoire ignorera les noms, mais ce propos tenu dans la séance du 7 août 1830 (*Constitutionnel* du dimanche 8 août, nº 220) par un homme qui, vu son existence sociale, eût dû se respecter un peu plus : « Comment » pourrait-on vouloir nous faire courber la tête » devant le dernier rejeton d'une famille *dont le* » *nom ne peut nous rappeler que des crimes?* »

Qu'il est doux, après cet excès de turpitude, d'avoir à citer le trait de l'abbé de Montesquiou, qui, déjà sérieusement malade, se fit transporter au Palais-Royal pour y plaider la cause du duc de Bordeaux. Que ne m'est-il possible d'exposer ici tous les détails de cette scène, après laquelle le noble solliciteur cessa bientôt de vivre!

Ce que je ne dois pas omettre ici, c'est l'opinion non suspecte de M. de Salvandy, dans son ouvrage intitulé : 20 *mois de la révolution de* 1830 (introduction, pages 8 et 9). « Les Bourbons, ce qui ne » s'était pas vu encore, sont tombés du trône, le » lendemain et dans l'éblouissement d'une vic- » toire; ils sont tombés du premier trône de l'uni- » vers, après l'avoir relevé par les lois, honoré par » la science et les armes. Ils trouvèrent la France » épuisée d'argent, d'hommes, de courage; ils l'ont » laissée populeuse, prospère, passionnée pour » toutes les entreprises et prête à toutes les gloires. » Nos finances étaient anéanties, ils ont laissé le » trésor le plus riche et le crédit le plus haut du » continent : le monde avait oublié notre pavillon, » ils nous ont laissé une marine puissante et victo- » rieuse, qui humilia Rio-Janéiro, emporta Cadix, » illustra Navarin. En un mot, quand ils parurent, » l'Europe, tenait captifs Paris, nos provinces; » l'Europe, amenée au cœur de la France par l'étoile » fatale de l'empire, a laissé la France redoutable à » l'univers, libératrice en Orient, conquérante en » Afrique, et embrassant désormais dans son do- » maine les deux rives de la Méditerranée. »

Devant un suffrage aussi irrécusable, et au moment où l'on faisait un roi pour éviter une république menaçante de terreur, devait-on s'attendre à trouver dans un discours du trône du 20 avril 1831, les phrases suivantes : « Votre session s'est ouverte » au milieu de grands dangers; la lutte terrible » dans laquelle la nation venait de défendre ses » lois, ses droits et ses libertés, contre une injuste » agression..... Ce grand événement de juillet qui » assure à l'avenir, par des voies légales, toutes les » améliorations que le pays a droit d'attendre, et » qui sépare à jamais les destinées de la France » d'une dynastie exclue par la volonté nationale. »

Passons d'ici aux bienfaits sans nombre dus à cette dynastie.

XLVII.

Bienfaits de la restauration.

Honneur à M. de Salvandy, pour les justes éloges qu'il a donnés à des princes déchus, dont il ne partageait point la religion politique; honneur à Charles Dupin, qui dans son ouvrage intitulé : *Situation des forces progressives de la France, depuis* 1814, trace le miraculeux tableau de la prospérité que notre patrie dut aux douze premières années de la restauration. Comment donc, en face de tant de bienfaits patents, M. Humann a-t-il pu dire : *l'empire nous a légué une dette de deux milliards, les prodigalités de la restauration ont plus que doublé le fardeau?* Comment le comte de Montalivet a-t-il osé, dans un discours prononcé à la chambre des pairs, le 5 mars 1831, s'exprimer ainsi : « Elles étaient profondes, les » plaies que la restauration nous a laissées à guérir! » les places fortes démantelées, sans approvision- » nements, sans munitions, les arsenaux sans » armes.... »

N'opposons ici à ces deux détracteurs d'un pouvoir disparu, que quelques chiffres qui ne laissent point matière à discussion.

M. Roy, dans un discours du 17 janvier 1833, avance et prouve que la France, à la restauration, était *accablée sous le poids d'un arriéré de* 754 *millions*, et sans celui de 2,416,886,300 fr. de charge envers les étrangers; que cependant, malgré d'abondantes allocations de fonds, reçues par tous les services, 92 millions de dégrèvements avaient été successivement accordés sur les contributions directes, une diminution de 1,072,328,263 fr. opérée sur la dette fondée, sur la dette flottante, sur les charges de l'arriéré et de l'invasion, dont la restauration avait *recueilli le triste héritage*, et qu'après avoir soldé 126 millions de rente de l'indemnité, 34 millions à la Légion d'honneur, les dépenses de la guerre d'Espagne, l'expédition de Morée et autres, il était transmis à la nouvelle administration des valeurs pour 137,690,182 fr. 79 c., et l'espoir d'un excédant annuel de recette de 80 millions, sans accroissement d'impôts. M. de Chabrol avait déjà prouvé, dans un rapport non contesté, que la totalité de la dette inscrite par suite des événements *antérieurs à la restauration de* 1815, était réellement de 193,325,102 fr., représentant un capital de près de 4 milliards; c'était donc les dettes de Napoléon (dont il ne nous reste de ses victoires, que leurs noms) que M. Humann signalait comme *prodigalités de la restauration,* qui les avait diminué de plus d'un milliard, en dégrevant l'impôt de 92 millions.

Mais l'assertion du comte de Montalivet est bien plus curieuse encore; car, non-seulement les forteresses que Napoléon laissait tomber en n'employant chaque année que 12 à 15 cent mille francs à leur entretien, se réparèrent en partie durant la restauration, mais en outre il existait dans les magasins:

1° Un approvisionnement de réserve en grains pour nourrir 180,000 hommes pendant six mois, et un approvisionnement d'habillements de réserve pour 60,000 hommes.

2° Les arsenaux renfermaient 910,334 fusils neufs, 48,590 mousquetons, 56,385 paires de pistolets, 336,324 sabres, 26,330 lances, ce qui, avec les armes distribuées aux troupes, donnait au 10 janvier 1830, un total de plus de 1,200,000 armes à feu, et près de 400,000 armes blanches, chose qui, jusqu'alors, n'avait jamais eu lieu en France.

3° L'artillerie possédait 11,152 bouches à feu, dont 4,503 de campagne, 10,580 affûts de siége ou de campagne, 8,612 voitures pour le service de l'artillerie, 1,200 pour le service des équipages militaires, 9,000,000 kilogrammes de poudre, 2,319,000 kilogrammes de plomb, 41 milliards de cartouches; ainsi, le matériel de la guerre, presque nul en 1815, s'élevait en 1830 à la valeur de 187,680,068 francs.

4° La marine avait une réserve de 190,600 stères de bois de construction, et un approvisionnement de mâtures pour plus de vingt années; elle avait fait construire 20 cales nouvelles, refondre une grande partie de son artillerie, augmenté les travaux hydrauliques de plusieurs millions, creusé de nouveaux bassins à Brest et à Toulon; elle possédait 5,000 caisses à eau, ses bâtiments à flot ou en construction étaient de 54 vaisseaux, 71 frégates, 19 corvettes, 48 bricks, 921 bâtiments d'un ordre inférieur.

La conquête d'Alger, faite contre le vœu de l'Angleterre, et dont la colonisation projetée eût réparé nos pertes opérées par la révolution dans les deux Indes, coûta 49,017,433 fr. 80 c.; elle valut en écus au trésor 48,017,340 fr., plus un matériel de guerre ou de marine de 5,702,017 fr. 41 c.; total 54,719,357 fr. 41 c., c'est-à-dire toute dépense payée un bénéfice de 5,701,923 fr. 61 cent.

Le budget des ponts et chaussées qui n'était en 1814 que de 25,430,000 francs, avait été porté à 45,770,000 fr., malgré le dégrèvement de l'impôt foncier, aussi l'entretien des routes avait-il monté de 12,600,000 fr. à 15,160,000 fr. Nombre de ponts rompus durant les invasions étaient rétablis, et les canaux de navigation dont il n'avait été creusé que 160 lieues du règne de Henri IV à la seconde restauration, c'est-à-dire dans un espace de 204 ans, durent en 15 ans à cette restauration, selon un rapport officiel et non démenti, une étendue de 463 lieues 2/5, c'est-à-dire presque triple.

Si l'on ajoute à tout cela, le rétablissement du crédit, la protection accordée à l'industrie, la haute considération acquise par le gouvernement français, incalculable service d'avoir deux fois empêché le démembrement du royaume, et si l'on compare la France, telle que la branche aînée la retrouva, à l'état dans lequel elle l'a laissée, que dire des assertions de MM. Humann et Montalivet?

XLVIII.

Ce que la révolution de 1830 pouvait être et ce qu'elle a été.

Eh bien! quel fut le prix de tant d'irrécusables bienfaits? l'exil et l'injure!

Ce que la France, sous la restauration, allait obtenir d'une ferme et sage politique, nourrie de la haute importance qu'elle avait si rapidement acquise, la révolution de juillet pouvait le devoir à ses armes, et dans notre pays la gloire légitime tout. Mais au lieu de profiter des semences de troubles qui se manifestèrent en Belgique, pour reporter notre territoire jusqu'au Rhin, et celles déjà remarquables en Pologne, pour paralyser les trois puissances copartageantes de l'antique Sarmatie, ce qui, vu les craintes de l'Europe continentale, eût procuré à notre patrie une honnête prépondérance; l'amour des places, ferment du patriotisme révolutionnaire, aveugla sur les vrais intérêts de l'État, ceux qui furent alors appelés à un pouvoir qu'ils ambitionnaient sans savoir ce qu'ils en pourraient faire. Des ministres noyés dans le chaos des portefeuilles jetés en leurs mains, voulurent satisfaire toutes les cupidités complices et menaçantes des bédouins du libéralisme, qui devaient traîner à leur suite la foule des candidatures de l'estaminet. Aussi Gérard laissa-t-il désorganiser l'armée; Dupont (de l'Eure) la magistrature, Guizot l'administration : ignorant, ou ne voulant pas savoir que la plupart des hommes qu'ils destituaient eussent servi la nouvelle révolution, comme ils en avaient servi successivement tant d'autres; s'excusant, pour la centième fois, par ces mots, masque de l'égoïsme : *la France avant tout!* que, d'ailleurs, ceux-ci eussent apporté dans l'exercice de leurs fonctions l'aptitude aux affaires, et quelques-uns cette considération personnelle qui aide le pouvoir. D'une autre part, l'on crut que la paix suffirait seule à l'affermissement du gouvernement nouveau, sans altérer sa considération; substituant la souplesse à la dignité, on s'épuisa en bassesses près de l'étranger, revenu de son premier effroi par l'expectative d'une paix à tout prix, et que, la première effervescence négligée, l'on ne pouvait rompre, là où une force imposante devenait indispensable à la sûreté de l'autorité. Aussi le gouvernement fut-il contraint à refuser la réunion de la Belgique, à abandonner la Pologne insurgée, qui, en cas de guerre, eût offert le secours d'une puissante diversion. Certes! nul officier n'aurait quitté le service, au moment de marcher contre l'ennemi. Mais on préféra l'intérêt de faction à l'intérêt national, et l'Angleterre se hâta de reconnaître le nouveau pouvoir, tant celui déchu lui était odieux, en raison de sa prospérité rapidement croissante; aussi lord Wellington dit-il à l'un des ministres de Charles X échappé de France après la catastrophe de 1830: « Vous ne trouverez pas de sympathie parmi nous; » vous avez fait contre notre gré les expéditions » d'Espagne, de Morée, d'Alger. » Il aurait pu ajouter, comme grief contre la restauration, les menées secrètes du cabinet français avec les catholiques d'Irlande, de Belgique et d'Italie, afin de donner assez d'inquiétude à l'Angleterre, la Prusse et l'Autriche, pour qu'elles ne pussent s'opposer au reculement de notre frontière du nord; menées qui forcèrent le cabinet de Saint-James à cette émancipation catholique, source de la réforme parlementaire, première pierre arrachée aux fondations de l'édifice constitutionnel britannique. L'intronisation de la branche cadette des Bourbons, en manquant à sa fortune, fut donc pour l'Angleterre un bonheur inespéré, qu'elle ne reconnut qu'en entraînant la France dans cette quadruple alliance qui releva les Pyrénées abaissées par Louis XIV, et ruina le commerce de nos provinces méridionales; mauvaise politique de Talleyrand, dont ses successeurs nous délivrèrent dans la question d'*Orient*.

—

XLIX.

Départ du roi. — Reproches faits à madame la duchesse de Berri. — Lettre de cette princesse. — Note d'un voyageur à Gratz.

Non, je n'aurai point le courage de suivre pas à pas, dans le déplorable voyage de Cherbourg, ce cortége de l'exil, emportant trois générations de rois! ne pouvant surtout dévoiler l'affreux mystère qui couvre encore le tableau des dangers courus par cette auguste famille qu'une insurrection préparée semblait devoir faire entièrement disparaître; oui, entièrement, jusqu'à cette bonne duchesse dont on a dit, assez légèrement, qu'elle avait manqué à sa destinée et à celle de la branche aînée, en ne se rendant pas avec son fils dans la capitale, où cette héroïque princesse était éminemment populaire, ayant toujours fait par goût ce que la politique eût pu lui conseiller. Mais comment eût-elle exécuté ce noble projet sans la participation du chef de la maison royale, et la coopération du gouverneur du jeune prince, qui, selon toute apparence, n'eût pas voulu prendre sous sa responsabilité une démarche aussi hasardeuse? Puis ne se serait-elle pas vu désavouée par ceux mêmes qu'elle aurait servis, et déclarée rebelle, quand elle fût devenue sauveresse d'une couronne déjà perdue? Enfin elle voulut et ne put se livrer à cet utile et glorieux projet, si digne de celle qu'on vit plus tard affronter avec intrépidité les plus grands dangers, et que désavoua alors celui même qui d'abord l'avait autorisé.

Il s'éloignait donc ce funèbre convoi de la monarchie légitime; il fuyait devant ce ramas de bandits sans ordre, et à peine armés, que *Maison* disait à Charles X être une force de soixante à quatre-vingt mille hommes. Notons ici que *Maison*, fait pair de France le 4 juin 1814; gouverneur de la première division militaire (Paris), marquis et grand-croix de la Légion d'honneur, le 22 juillet de la même année; grand-croix de l'ordre de Saint-Louis, le 29 septembre 1818; maréchal de France en 1828, avait reçu 400,000 francs sur la cassette de Charles X, et qu'il se trouvait parmi les commissaires chargés de conduire le monarque et sa famille comme des prisonniers d'État. Aussi, en raison de tant de bienfaits méconnus, la vue du maréchal parut-elle particulièrement déplaisante au malheureux prince; et quand il lui entendit dire qu'il n'avait accepté ces fonctions que pour être utile à Sa Majesté: *Ah! c'est trop fort, c'est trop fort!* dit le roi; ce sont là ses propres paroles.

M. Mazas, dans ses *Mémoires sur la révolution de* 1830, dit (page 308 et 309) que le duc de Laval-Montmorency, arrivé dans la capitale lors de la retraite des troupes, parvint à gagner Trianon, et proposa au roi *de conduire à Paris la duchesse de Berri et son fils, mais seul, sans escorte*, et que *le roi s'y refusa, malgré les vives sollicitations de M. de Laval, que Mme de Berry elle-même appuyait.*

Ayant conçu quelque doute sur la vérité de cette anecdote, j'eus l'honneur d'en écrire à son altesse royale, et voici sa réponse.

Naples, ce 25 avril —39.

« Comme vous avez l'intention, monsieur, d'ex-» poser avec exactitude, dans les mémoires que » vous publiez, les événements qui se rapportent » aux journées de juillet, je vous engage à ne » point répéter un fait que les documents dont » vous parlez retracent sur de faux renseignements; » il s'agit de la proposition qui m'aurait été faite » par M. Adrien de Laval-Montmorency, proposi-» tion que j'apprends seulement par votre lettre du » 7 janvier dernier. C'est moi qui ai prié avec in-» stance le roi de me laisser aller à Paris, mais cela » me fut interdit.

» Je vous autorise à faire de cette déclaration ce » que vous jugerez convenable.

» Croyez, monsieur, à toute mon estime et » amitié.

» MARIE-CAROLINE. »

Encore un mot sur cette adorable princesse! Un voyageur français causait avec elle à Gratz; tout à coup elle s'arrête, et en le regardant : « M. de » Schonen, dit-elle, comment se porte-t-il? » Son interlocuteur surpris de cette question, elle sourit et ajoute : « J'aime M. de Schonen, car il a été bon » pour moi, lorsqu'il accompagnait à Cherbourg la » famille royale. Pendant l'affreux trajet, un jour-» nal annonça la mort du roi de Naples; un des » commissaires, je crois, voulut le mettre sous mes » yeux: Ah! s'écria M. de Schonen, est-ce que cette » malheureuse princesse n'a pas assez de douleurs! » Il prit le journal et le déchira. Je n'ai jamais ou-» blié cette attention. » Et, sur le propos attribué à Odilon Barrot, que plus tard il a tenté d'expliquer, elle dit au même voyageur : « Je tenais Henri par » la main, et nous allions nous embarquer, lorsque » Odilon Barrot s'approcha de moi, étendit la main » sur la tête de Henri et m'adressa ces mots : *Ma-» dame, conservez bien cet enfant, l'avenir de » la France repose sur lui.* Odilon peut aujour-» d'hui renier sa prophétie; je l'ai entendue, je » l'ai recueillie dans mon cœur. »

L.

Qui a plus gagné ou plus perdu à la révolution de 1830?

Ce chapitre sera court, car je ne parlerai ici ni des loups-cerviers de la bourse, qui, sous tous les régimes, spéculent aussi fructueusement sur les malheurs que sur la prospérité des États; ni des coureurs de portefeuilles, habiles à sacrifier tout un peuple au succès de leur propre ambition; ni de ces députés qui ne représentent réellement qu'eux ou les leurs; ni de ces gouvernements à la mode aujourd'hui, et en vertu desquels on peut opprimer et pressurer légalement une nation; ni de ces bénéficiaires du carbonarisme, juges de ceux qui les élevèrent au pouvoir; car qu'importent des individus passant comme de vaines ombres! mais je ne noterai ici que les royalistes et les révolutionnaires pris en masse, et abstraction faite de toute individualité. Ceux-ci, recrutés presque entièrement dans l'ordre moyen, qui, avant nos troubles publics, possédaient tous les emplois de nature à peser sur le peuple, et exerçaient toutes les professions lucratives, jalousaient la classe supérieure qui ne pesait que sur elle-même, et ne savait que se ruiner et servir; gens qui, après avoir eu le privilége de s'immoler, eurent le lustre d'être barbarement immolés à la vaniteuse rage de leurs adversaires parvenus aux plus hautes dignités, ou qui plutôt les abaissèrent jusqu'à eux, car l'on ne saurait nier que ces dignités perdirent de leur éclat en devenant accesssibles à tous; il y a plus, elles manquaient de stabilité quand la restauration, qui déshérita le royalisme, son appui, vint leur en prêter. Dès lors les maréchaux d'empire devinrent, sous le nom de maréchaux de France, les égaux des Turenne et des Condé; et les pairs, quelle que fût leur origine, les égaux des Montmorency. Ces recrues de grandeurs nouvelles durent alors à l'hérédité (ce type éternel de l'ordre social dans toutes ses phases privées ou publiques) l'espoir de s'élever d'âge en âge au-dessus de ceux qui jadis les primèrent; leur titre même eût pu être coté à la bourse à près d'un million, en cas de mariage; et cela de génération en génération, ce qui aurait grandement accru la fortune de leur famille, tandis que celle de la noblesse ancienne se fût journellement amoindrie. Enfin, par trait de temps, il n'aurait plus existé en France de noble et d'important que ce patriciat, à racine presque généralement bourgeoise. Eh bien ! cet état de choses, si nuisible aux gens d'ancienne race, et si favorable à l'ordre moyen, est détruit par une révolution à laquelle l'ordre moyen applaudit avec une rare stupidité. Ces ducs et pairs, bâtards légitimés par la légitimité, en perdant l'hérédité qui élevait leur race et fixait leur fortune, n'ont plus qu'un pas à faire pour retomber dans leurs noms bourgeois, dénués bientôt de richesses, par l'effet des partages successifs, tandis que les nobles qu'ils allaient écraser se relèveront par le lustre des souvenirs. N'avais-je donc pas raison, en répondant à une duchesse de fraîche date, qui se vantait de n'être point et de n'avoir jamais été légitimiste, de lui dire : « En vérité, je vous en fais mon compliment de condoléance, car vous y perdez autant que nous autres nous y gagnerons ? »

LI.

Qu'est-ce que la révolution française?

Après avoir parlé des événements de 1830 et de leurs suites, autant du moins que les lois en vigueur le permettent, explorons ici la révolution française, en remontant à l'époque où elle éclata, et cherchons, pour la bien apprécier, à la considérer successivement dans son principe, son esprit, sa marche et ses résultats.

Le principe essentiel de la révolution est celui dont on retrouve l'empreinte dans toutes ses œuvres, dans tous ses discours, dans toutes ses affections : c'est ce sentiment inné auquel l'enfance se livre si naïvement, la vertu avec tant de noblesse, et la corruption d'une manière si coupable, c'est-à-dire l'instinct, l'amour ou la fureur de l'égalité.

Ce fut sous les noms sacrés et trompeurs de liberté, de justice et de dignité qu'on la vit armer le clergé inférieur contre l'épiscopat, la noblesse de province contre celle de cour, le barreau contre la magistrature, la multitude contre les propriétaires de tous rangs; enfin ceux qui n'avaient rien à perdre contre ceux qui avaient tout à défendre. Cet amour de l'égalité compta donc des prosélytes dans les salons comme à l'Académie, ou dans les coteries bourgeoises; c'est lui qui, s'irritant d'abord contre les dignités anciennes, accueillit plus tard les dignités nouvelles, auxquelles tous avaient ou croyaient avoir des droits ; ce qui, en détruisant toute hiérarchie, ruinait les bases de toute institution durable, sous l'influence d'un code civil essentiellement démocratique, et où le morcellement indéfini des propriétés acheva ce que commença la propriété mixte, et fit définitivement triompher la triple expropriation du clergé, de la noblesse et de la magistrature.

Ce fut l'amour de l'égalité, qui, favorisé par la cupidité des rois, créa jadis les communes, confondit plus tard les conditions, appela indistinctement enfin toutes les ambitions à l'exercice du pouvoir, comme si l'objet d'une institution politique n'était pas plutôt, pour le peuple, d'être bien gouverné que de se gouverner lui-même. Ce fut lui encore qui, voyant la grande propriété rentrer dans la direction des affaires publiques, par la chambre de 1815, repoussa le gouvernement vers la propriété démocratique, et le contraignit à introduire la démocratie (puissance destructrice de sa nature) jusque dans la chambre des pairs, déjà inclinée vers cette direction, dans l'espoir de se populariser. Au fait, l'égalité, enivrée de son triomphe, et fortifiée d'une longue habitude, régna seule; son existence lui semblait un droit, et tout ordre de choses qui la froissait un opprobre. Si donc la liberté (mot contentieux) lui avait d'abord servi de masque, elle en servit enfin à l'ambition.

Aussi hait-elle comme un ennemi tout ce qui fut grand, ou rappelle une grandeur qui lui est étrangère, et, dénuée de générosité comme de justice, cherche-t-elle à flétrir la victime qu'elle vient d'immoler; car si la liberté a des émules, l'égalité ne connaît que des rivaux.

Aussi la vraie et consciencieuse liberté, qui suppose une abnégation de ses propres intérêts, inconnue à l'égoïsme de l'égalité, n'eut-elle jamais de sincères partisans durant notre révolution, où le despotisme gouverna et put seul gouverner, sous ce qu'on nomma l'assemblée constituante, la convention nationale, le Directoire, l'empire; et le tort de la restauration fut de ne pas saisir le vrai caractère de ce sentiment masqué d'un peuple que, toujours esclave ou rebelle, on ne cessa de voir errant entre le pouvoir absolu et l'anarchie, c'est-à-dire entre le despotisme d'un seul et celui de tous.

Si donc, après avoir triomphé du pouvoir monarchique, de la propriété qui le soutenait, de la magistrature dont il était servi, et des rangs qui le décoraient, l'égalité a pu prévaloir sur les absurdes erreurs de ses créations éphémères, sur l'atrocité même des crimes qu'elle enfanta, qui pourrait aujourd'hui briser son sceptre, et nier que le principe de la révolution réside en elle?

Si des principes de la révolution nous passons à son esprit, nous devons d'abord poser comme un fait positif, et qui tient à la débilité de notre nature morale, que toutes les affections humaines sont placées entre un vice et une vertu, nécessaire et funeste voisinage qui produit mainte illusion, source d'erreurs! En effet, l'amour de l'égalité séduit autant la pureté d'une âme forte que la faiblesse d'un cœur abject; et s'il enfante la générosité dans l'un, il plonge l'autre dans une vanité puérile et aveugle, qui fut le vrai principe agissant dans la révolution. Ce que nous avons déjà dit de l'égalité suffirait peut-être pour en donner la preuve, mais non pour suivre la vanité dans tous ses écarts; car si la première avait désorganisé l'État, celle-ci désorganisa jusqu'à la famille.

A toutes les phases de nos troubles, nous avons vu cette vanité active et féconde créer des opinions avec ses jouissances récemment acquises, chercher bientôt dans de telles opinions des instruments de jouissances nouvelles, également productrices de nouvelles opinions; nous avons vu, sous son influence, toutes les époques de la révolution marquées par des préjugés auxquels d'autres succédaient, armés de la tyrannie que les précédents avaient exercée, et qui, semblables à un ouragan furieux, entraînaient avec eux les hommes et les choses, les gouvernements et leurs chefs, les tribuns et les rois.

C'est la vanité blessée qui irrita les parlements contre l'autorité, les petits contre les grands, dans toute la hiérarchie sociale qu'elle détruisit; c'est elle qui soumit les grands eux-mêmes aux coteries académiques, philosophiques et bourgeoises, ainsi que les gouvernements à un faux système de popularité. Elle retint des royalistes bavards dans cette assemblée dite constituante où leur présence autorisait le crime et en était un : on la vit journellement applaudir à des désastres publics, en raison de son intérêt privé; elle fit accueillir à la noblesse nouvelle des titres que sa renommée ne demandait point, mais qui flattaient la plus étroite de ses passions; elle s'enivra de cet amour des conquêtes, source plus ou moins féconde ou d'esclavage intérieur, ou d'humiliation vengeresse; on l'a vue placer, par la loi des élections, la démocratie dans l'oligarchie, l'ambition et la cupidité dans le régime représentatif, sacrifier enfin l'État à des théories sans pratiques chez les indépendants, comme chez les ministériels à des places lucratives; elle armerait encore aujourd'hui l'Europe contre l'indépendance nationale, au risque de n'échapper à la soumission extérieure que par le gouvernement militaire : en vain la gourmanderait-on de sa propre expérience, il est dans sa nature de se faire le centre de tout et de ne vivre qu'au présent, en jugeant celui-ci sur ses propres jouissances, comme le passé sur son amour-propre, et l'avenir sur son inéclairable présomption.

Mirabeau et Napoléon comprirent seuls la révolution, que l'un fit et que l'autre comprima, en se servant tous deux du ressort puissant de la vanité nationale, tandis que la double et funeste erreur des novateurs politiques et des royalistes de bonne foi, fut dans ce que les premiers, rêveurs sans expérience, crurent trop à la vertu de l'homme, et les autres, politiques chagrins, trop à sa perversité; mais, par la plus curieuse des inconséquences, ils eurent, à quelques exceptions près, pour sectateurs, ceux-ci des hommes probes, ceux-là des monstres de perversité. De là tant d'erreurs réciproques, et si peu de moyens de rapprochement.

Cependant, quoique nos égarements soient les produits de l'interminable lutte de nos passions contre la vérité, ces passions ont parfois quelque chose de noble, et c'est par cette qualité séductrice qu'elles subjuguent jusqu'à la vertu. L'honneur, par exemple, est le lustre de la vanité, puis la vérité ne perd jamais sur nous tous ses droits, et c'est souvent par son ombre qu'on est guidé vers l'erreur : aussi, dans ce cahos, effet de l'amalgame d'une opinion dépravée, de l'orgueil le plus aveugle, des haines les plus coupables et de tous les genres de corruption morale, fruit de la marche sociale que nous avons tracée, et quand tous et chacun voient des abus dans tout ce qui froisse leur vanité, et le sublime de la perfection là où leur est offert l'espoir d'une situation plus flatteuse, le beau idéal de la société n'est pas encore un sentiment tellement éteint dans l'âme des agitateurs mêmes, et le retour vers le bien eût encore été possible à la prévoyance du génie, en faisant coïncider avec les intérêts réels de l'autorité ceux de cette société qui, dans les causes et les effets (sources de ses opinions), avaient suivi les révolutions du temps, car les vanités mêmes sont des rênes que le pouvoir peut très-utilement saisir.

Mais mon objet est moins de dire ce qu'on aurait dû faire ou tenter dans des circonstances qui ne sont plus, que de noter ici les effets de cette vanité, dont les prétentions accrues de succès furent le véritable esprit de la révolution française, devenue depuis européenne, vanité qui l'accompagna dans tout son cours, prit avec elle et par elle de nouvelles forces; vanité déguisée aujourd'hui sous l'alliance des mots *idées libérales,* comme les droits de l'homme le sont dans celle d'*esprit du siècle*, doctrine adorée du peuple, accueillie des grands, protégée par des souverains, et qui, créatrice d'institutions expérimentales, prépare les destinées, encore inconnues des hommes, des sociétés et des rois.

Quant à la marche de la révolution, il faut, pour s'en faire une idée nette, ne point perdre de vue son principe et son esprit; car ce qu'elle dut d'irritabilité à celui-ci, de puissance agressive à celui-là, d'égoïsme et de persévérance à tous deux, démontre comment et pourquoi elle sut triompher de l'imprévoyance, de l'irrésolution et de la faiblesse, sans développer ni talents supérieurs, ni sentiments généreux, ni recommandables vertus.

Dans cet état réciproque de choses, rien de plus commun, mais de plus constant, que la tactique adoptée par la révolution pour combattre ses ennemis. Cette tactique consistait à prendre toujours l'offensive, en commençant par discréditer, en les calomniant, ceux qu'elle voulait vaincre; à se plaindre des persécutions, quand c'était elle qui persécutait; à proclamer ses vœux comme des droits, et leurs succès comme des validations de titre; à se hâter d'accuser ses rivaux de tous projets propres à les sauver, afin, soit de les en détourner, soit de les flétrir, s'ils osaient les tenter: à flatter toutes les erreurs de l'autorité, en lui offrant un appui perfide, et signalant à sa susceptibilité toute opposition sauveresse, comme une rébellion; à rejeter le tort des échecs de ses coupables conceptions sur les menées d'agents soi-disant provocateurs; à nier le vrai ou affirmer le faux, sans hésitation comme sans pudeur; à supposer des faits pour en déduire des raisonnements et tirer de ceux-ci des accusations; à parler de modération avec fureur, et de fureur avec modération, ce qui malheureusement n'est point un jeu de phrase; à rajeunir sous des expressions nouvelles des systèmes usés sous d'autres expressions; à sourire avec dédain, quand elle ne pouvait répondre par des raisonnements valables; à transformer en qualifications honorables des sobriquets déshonorants donnés à ses adeptes, et en termes de mépris celles honorables de leurs adversaires; à placer ceux-ci dans l'alternative de se perdre ou de la servir, en popularisant son système de manière à les contraindre à se soumettre à ses formules, pour le combattre dans ses conséquences; à donner à son langage séducteur et passionné le nom de raison supérieure, et celui de passion aveugle ou de préjugé gothique, à la raison calme qui lui serait opposée; à prévenir les effets d'une prévoyance rivale, en la déclarant conspiratrice; à voiler sans cesse l'égalité absolue, et impossible en fait, sous le nom de liberté, la vanité sous celui de gloire, l'usurpation sous celui d'indépendance nationale; en effrayant les imaginations par l'idée d'un despotisme qui n'était point, et d'une féodalité qui ne pouvait plus être.

La révolution, armée de tous ces moyens, aussi perfides que puissants, écrasa tout, ne releva rien; et nul ne peut fixer le terme ou son char destructeur s'arrêtera; Napoléon parvint seul à en ralentir la rapidité et l'eût détourné peut-être du but vers lequel il ne cesse pas de tendre; mais il rentra dans ses voies sous la main douce et faible qui en laissa flotter les rênes, et le royalisme conservateur eût dès lors contre lui et les fureurs du peuple, et la pusillanimité du prince. Arrêtons-nous ici, et considérons les résultats des principes, de l'esprit et de la marche révolutionnaire.

Quels sont pour la France les résultats de la révolution? D'une part, la ruine de sa puissance maritime; la perte de ses plus riches colonies, la diminution de son territoire, l'affaiblissement du seul point encore vulnérable de ses frontières, la destruction de son influence politique, l'incommensurable supériorité des Anglais sur mer, l'extension de la puissance russe, l'envahissement d'un tiers de l'Italie, devenu autrichien; l'établissement d'un nouveau corps germanique hostile, d'allié qu'il était; d'une autre part, la ruine du principe fondamental de la propriété, dans son essence, par d'immenses et violentes expropriations; dans ses effets, par le morcellement des propriétés; la tiédeur croissante des sentiments religieux, les progrès de l'égoïsme, le déchaînement des ambitions et des cupidités, ainsi que leur disproportion d'avec les moyens de les satisfaire; la multiplication des crimes et surtout des vices, la perte de cette extrême délicatesse que souille le soupçon même, de ce noble et chaste honneur, dont le culte ne peut subsister là où le meurtre, le vol et la trahison sont, non-seulement absous, mais accueillis; la faveur accordée à des opinions politiques qui cherchent dans l'individualité la source des intérêts sociaux essentiellement collectifs; le mépris hautement avoué pour tout système d'hérédité, quand tout est hérédité dans les choses sociales; le rejet de toute idée traditionnelle ou expérimentale, quoique tout nous vienne de nos pères et du temps; enfin une institution où l'esprit et la lettre se rapportent à deux principes différents et inconciliables. Aussi avons-nous vu l'autorité, en butte à des partis acharnés, louvoyer entre des écueils, escortée, plus que défendue, par toutes les médiocrités et toutes les bassesses, en regard de ces imaginations mobiles, accoutumées aux émotions violentes qu'elles chérissent et rêvent encore, dans des bouleversements nouveaux, des dignités nouvelles et de nouvelles fortunes, rivales de celles si scandaleuses que la légitimité sanctionna.

Voilà donc, sans noter la masse immense et déplorable des maux individuels, le bilan physique, moral et politique de la révolution française.

Si maintenant nous voulons rechercher dans le tableau des principes, de l'esprit, de la marche et des résultats déjà connus de notre révolution, les présages du sort futur de la France, l'effroi et l'hésitation assiégent simultanément notre pensée; car, s'il nous est démontré, par le raisonnement comme par l'histoire, qu'en dépit de nos vaniteuses erreurs, tout est, dans la marche des sociétés humaines, une succession nécessaire de causes et d'effets; que les choses s'y enchaînent dans un ordre indestructible; que toute idée féconde y produit inévitablement des résultats identiques à son essence; que l'esprit du temps agit puissamment sur les actions, comme celles-ci sur les opinions, et l'ensemble des opinions sur les destinées des États; que la nature du système de propriété détermine celle des institutions; que l'égalité ne peut, sans la liberté, produire que le despotisme, ou la république, si la liberté s'y joint; qu'il existe anarchie ou présage de révolution, là ou l'harmonie a cessé entre les intérêts, l'action et la pensée, qu'augurer de notre avenir?

Si tout cela est logiquement vrai, il n'est pas moins vrai aussi que l'existence seule d'un gouvernement quelconque, est (en dépit de ce qui semble annoncer, préparer ou hâter sa ruine) une force réelle, presque mystérieuse, et conséquemment inexplicable; puis l'effet des causes secondes, et celui incalculable d'événements accidentels, la Providence enfin, quelque nom qu'on veuille lui donner, trompent souvent les coupables espérances du crime, comme les prévisions de la sagesse alarmée. Néanmoins, quand on pense qu'aujourd'hui le royalisme n'est plus qu'une opinion, la légitimité qu'un système, la fidélité qu'un calcul, et le patriotisme qu'un métier; qu'on voit d'un côté l'impudente audace des apostats de la liberté, de l'autre l'élan noble, mais inconsidéré, de la jeunesse, et que le langage des passions devient une puissance irrésistible quand il est d'accord avec les passions populaires; que celui-là seul triomphe, chez quiconque a le droit légal de dire tout ce qui flatte la multitude, et que les avantages des factieux sont incontestables quand ils ont la presse pour glaive, pour bouclier le jury, et pour approbatrice la vanité; quand on pense encore que dans le délire de leur utopie, ils ont totalement oublié les horreurs de cette monstruosité intitulée république, si étrangère à nos intérêts, à nos mœurs, à notre prospérité, qui, en abusant de tout, ne put vivre de sa propre vie, s'affaissait sous elle-même et allait disparaître au moment où Napoléon vint bien moins la détruire que signaler sa chute; il est impossible de ne point apercevoir une funeste tendance, soit vers le despotisme, si le gouvernement devient fort; soit vers la démocratie la plus ruineuse, s'il demeure faible.

La révolution, telle que nous venons de l'explorer, dut sans doute être odieuse à tout homme qui, chérissant la véritable liberté, n'admettait que des idées justes, des sentiments purs, et des données incontestables; mais en la considérant dans ses résultats, c'est un fait, ce fait une puissance, un ordre de choses indestructible. Il faut donc se dire que si les révolutionnaires furent coupables, la révolution eut, dans des éléments anciens, élaborés par le temps, des causes dont les effets étaient à la longue inévitables; que le gouvernement, loin d'en retarder le développement, ne cessa de l'accélérer; que dans cette impulsion générale, on vit les torts de l'autorité précéder ceux du parlement; le clergé et la noblesse avoir bientôt les leurs, qu'ils expièrent, à la vérité, par un dévouement sublime; que le peuple fut le dernier à entrer dans cette voie de perdition, et n'y entra même que par la brèche que le gouvernement avait faite à l'institution monarchique.

J'ai employé ici le mot de tort et non de crime, car l'autorité voulait le bien, tout en froissant des droits sacrés, ce qui la priva de ses appuis constitutionnels. Le clergé, la noblesse et la magistrature, ne réclamaient, quoique très-imprudemment, que des priviléges généraux et légitimes. Enfin, si la multitude eut les torts les plus graves, ce furent les crimes de plusieurs, les fautes d'un grand nombre, et les erreurs de tous, ce dont il résulte que nul n'a le droit de se constituer accusateur, depuis le trône jusqu'à la chaumière; mais quand des scélérats ont souillé cette révolution, coupable d'inexpérience et rachetée d'héroïsme, quand l'indignation publique devait et pouvait s'absoudre de leurs forfaits, par quel infernal délire les bourreaux seuls ne veulent-ils rien pardonner, et trouvent-ils à cet égard des approbateurs?

Pour nous résumer, nous dirons ici, que sur une base de vanité satisfaite, il s'est établi en France un ordre de choses plus ou moins transitoire; ce que l'exemple de l'Angleterre n'avait pu produire depuis plus d'un siècle, celui que nous avons donné l'a opéré subitement; les princes les plus absolus ont voulu nous imiter, et, semblables à une armée victorieuse, dans des murs pestiférés, l'effet le plus certain de leur triomphe, sera de reporter chez eux les germes d'une épidémie qui les fera périr.

LII.

Question à résoudre.

La question de savoir ce que nous sommes devenus par l'effet de la révolution, n'est pas difficile à résoudre; la France et l'univers le voient; mais n'en est-il pas une autre assez curieuse, celle de décider ce que nous serions aujourd'hui, si cette révolution n'avait pas eu lieu? Question purement historique, et qui ne pourrait avoir pour objet que de démontrer ce qu'ont produit les errements révolutionnaires, et ce qu'ils produiraient encore, si l'on ne sortait de cette voie de perdition.

En effet, si les royalistes, qui les premiers élevèrent la voix contre toute espèce d'abus, eussent pu faire prévaloir leurs principes réformateurs, mais conservateurs, consignés, à leur exemple, dans les cahiers de tous les ordres de l'État, et auxquels seuls ils demeurèrent fidèles, la France n'eût été souillée ni par le régicide, ni par un sanglant interrègne de l'humanité, elle n'aurait point été dévastée par la guerre civile, humiliée par deux invasions, et une occupation militaire accompagnée de pesants tributs payés à l'étranger, nous ne verrions pas deux intérêts agressifs s'agiter et détruire toute unité sociale, dans le sein d'un pays où le principe fondamental de la propriété, ruiné par des spoliations, a été broyé par un code civil démocratique, et où les éléments de reproduction de ses richesses agricoles sont rongés par l'improductif agiotage; les créanciers de l'État ne se seraient pas vus réduits à la misère par une banqueroute patente et par un papier-monnaie qui en enfanta nombre de réelles, à l'aide de remboursements frauduleux.

Il y a plus:

Le déficit de 1789, très-inférieur à celui d'aujourd'hui, eût été promptement comblé par des réformes promises, et par les sacrifices qu'offrait le clergé.

La dette publique, moindre que celle actuelle, et dont une partie ne portait point ou peu d'intérêts, aurait été facilement amortie, ne fût-ce que par l'extinction journalière des rentes viagères.

L'administration des provinces serait devenue doublement utile sous le régime paternel et éclairé de ces assemblées de propriétaires, qui y eussent fait leur éducation administrative et politique, pépinière d'hommes d'État et de défenseurs des libertés publiques.

La France posséderait encore sa riche colonie de Saint-Domingue, aujourd'hui perdue; l'Ile-de-France, conquise par les Anglais; ses opulents comptoirs de l'Inde, rendus maintenant presque nuls; enfin sa marine, déjà redoutable à l'Angleterre, dès sa renaissance sous Louis XVI.

L'Espagne, la Hollande, la Prusse, actuellement ses ennemies, fussent utilement demeurées ses alliées.

L'Angleterre, qui doit tout à nos révolutions, moins riche sans elles, moins redoutable, serait restée dans l'isolement où une saine politique l'avait mise durant la guerre d'Amérique; elle n'occuperait pas Malte, dont le nom rappelle tant de gloires françaises; elle ne se serait pas substituée en Turquie et dans tout le Levant, à l'exclusive prépondérance que nous y possédions.

Notre union se serait maintenue avec la Prusse, devenue notre ennemie; avec la Suède, passée de notre alliance à celle du tzar; avec la Pologne, que nous nous sommes mis dans l'impuissance de faire échapper à une entière destruction; avec l'empire ottoman qui se débat dans les convulsions de la mort; cette vaste confédération politique eût formé contre la Russie, à qui Napoléon a révélé sa force, une barrière que, sans nos troubles, elle n'aurait pu franchir.

L'Autriche que nous dominions, vu la situation et la faiblesse de ses provinces belgiques, n'aurait point acquis par l'accroissement de ses domaines italiens, une puissance hostile à notre égard, et dangereuse à notre considération politique.

Notre frontière, rendue si formidable par Louis XIV, serait encore fortifiée au midi par une étroite alliance de famille; à l'est par une intime union avec les Suisses; au nord, par cette triple ligne de places que Napoléon laissa détériorer; ligne qui conserverait ce qu'elle avait d'imposant pour l'Autriche avant la cession de la Belgique.

Il y aurait encore chez nous, ce je ne sais quoi de noble, d'indépendant, de désintéressé qui primerait, comme jadis, cette supériorité de la richesse dont aujourd'hui l'éclat éclipse tout; une ambition moins stimulée, n'enfanterait point cette foule de prétentions impossible à satisfaire, et qui ne font que des misérables ou des brouillons; ni ces fortunes rapides trop souvent illicites, qui trompent tant d'espérances et corrompent tant de cœurs.

Les chambres législatives représenteraient la propriété, et l'on ne verrait point, grotesquement bouffis d'une vanité bourgeoise, des hommes admis à la première de ces chambres, sous un titre logiquement impropre, donner ainsi leur signature : *le pair de France*, tel ou tel, formule qui en atteste suffisamment aujourd'hui la nature et l'origine.

Des corporations disciplineraient encore les classes inférieures et turbulentes de la société, et la France aurait conservé plusieurs centres de fortune et d'ambition modestes dans ses provinces, ce qui empêcherait les populations hautes et basses, de s'amonceler à Paris, foyer d'intrigues et de troubles.

Les hôpitaux n'auraient pas perdu leurs biens, patrimoine de l'infirmité et de la pauvreté; ceux du clergé se dépenseraient encore dans les provinces, au lieu d'alimenter dans la capitale la débauche et le luxe.

Les libertés publiques, fondées sur des bases antiques, solides, territoriales, droit national reconnu et non œuvre passagère d'une théorie sans pratique; les libertés publiques, disons-nous, défendues par la grande propriété qui a seule le pouvoir et le besoin de les défendre, eussent fleuri depuis un demi-siècle; on aurait vu sous leurs auspices, s'élever des générations imbues de leurs saines maximes, en harmonie avec elles, homogènes dans toutes leurs parties, et la liberté, cette chimère des grandes âmes, ne serait point comme aujourd'hui, en butte aux attaques inconsidérées de ces révolutionnaires bouffis de philanthropomanie, qui en vocifèrent le nom sacré, tout en la compromettant par leurs œuvres.

Enfin, l'on n'eût prêté qu'un seul serment, la morale publique n'aurait point eu à s'indigner des éloges donnés à l'ignoble impudence, qui avoua le jeu d'une comédie sacrilége de quinze ans; Paris ne verrait encore qu'une Bastille, si toutefois celle qui exista, n'eût point disparu à la voix de la noblesse, qui seule s'était élevée contre elle dans ses cahiers; la France ne se serait pas vue envahie et occupée par l'ennemi, ne se fût pas laissée arracher quelques portions de son territoire, et quatre forteresses utiles à sa défense, perte qu'elle cherche à voiler des souvenirs d'une gloire ruineuse; tout Français pourrait, comme jadis, aller et venir sans passe-port, voyager à l'étranger, s'y établir, y servir conformément à notre ancien droit public, sans qu'on lui en fît un crime ou qu'on le soupçonnât de non-intention de retour; puis les Français seraient encore par l'aménité de leurs mœurs, le ton, le goût, la religion des convenances, l'art de la vie et de la conversation, le respect pour les égards mutuels, considérés comme les nobles et brillants modèles de la civilisation la plus parfaite; et pour remonter ici des intérêts privés jusqu'à ceux qui touchent l'honneur national, je dirai que la France, dominant encore le continent, opposant son bouclier à l'ambition britannique, et rappelant l'époque où Louis XIV exigeait que les maréchaux de France qu'il envoyait en ambassade aux diètes germaniques, y eussent le même rang que les électeurs; la France, dis-je, continuerait à réaliser ce mot du grand Frédéric : *la balance politique de l'Europe est dans le cabinet de Versailles.*

CONCLUSION.

Dans le cours de ces mémoires ou plutôt de ces souvenirs, j'ai rempli certaines lacunes de mes volumes des *Mémoires tirés des papiers d'un homme d'État,* révélé plusieurs faits inconnus avant la présente publication, exposé consciencieusement ce que je vis, sus, ou pensai, sans déguiser mes inaltérables opinions politiques, ni leur immoler les droits de la vérité, sur le compte des personnes et des choses; je puis donc, ainsi que Montaigne, dire à tous lecteurs impartiaux : *C'est ici un livre de bonne foi.*

Dum vitant stulti vitia, in contraria currunt.
HOR., sat. II.

FIN.

Table des Chapitres

CONTENUS DANS LE TOME SECOND.

FIN DE LA TABLE.

Publications Nouvelles.

MÉMOIRES
TIRÉS DES PAPIERS
D'UN HOMME D'ÉTAT,
SUR LES CAUSES SECRÈTES QUI ONT DÉTERMINÉ LA POLITIQUE DES CABINETS DANS LES GUERRES DE LA RÉVOLUTION ;
Par M. le comte d'Allonville.
3 volumes gr. in-8°.
(Cet ouvrage est publié également en 16 vol. in-18.

VOYAGE
AUTOUR
DU MONDE,
Par Jacques Arago,
ÉDITION ILLUSTRÉE DE 61 BELLES ESTAMPES
ET ENRICHIE DE NOTES SCIENTIFIQUES.
1 volume grand in-8°.

HISTOIRE
DES
DUCS DE BOURGOGNE,
PAR M. DE BARANTE,
Nouvelle édition ornée de 33 vignettes, et enrichie d'un grand nombre de notes
PAR M. GACHARD.
2 très-gros volumes grand in-8°.

COLLECTION
DE
VIGNETTES
GRAVÉES SUR BOIS A L'ÉCOLE ROYALE DE GRAVURE,
SERVANT D'ILLUSTRATIONS
A L'HISTOIRE DES DUCS DE BOURGOGNE,
Par M. De Barante.
7 livraisons grand in-8°, composées chacune de 5 planches Sur papier de Chine.

HISTOIRE
DE LA
RÉVOLUTION FRANÇAISE,
PAR M. THIERS;
DOUZIÈME ÉDITION,
Suivie d'une continuation, précédée du Résumé de l'Histoire de France, jusqu'au règne de Louis XVI, par Félix Bodin,
ET ORNÉE DE 40 PORTRAITS AVEC 40 SUJETS
Représentant les principales scènes de la révolution française.
2 volumes grand in-8°,
Le même ouvrage, 6 volumes in-8°.

HISTOIRE
DE LA
RÉVOLUTION FRANÇAISE,
PAR MIGNET,
ILLUSTRÉE PAR RAFFET ET AUTRES CÉLÈBRES ARTISTES;
1 volume gr. in-8°, orné de 200 vignettes.

COLLECTION
DE
PORTRAITS ET VIGNETTES,
POUVANT SERVIR D'ILLUSTRATIONS
A L'HISTOIRE DE LA RÉVOLUTION FRANÇAISE
Par Thiers, Mignet, etc., etc.
10 livraisons grand in-8°, composées de 4 sujets et de 4 portraits.

HISTOIRE
DE
NAPOLÉON,
PAR NORVINS,
ILLUSTRÉE PAR RAFFET ET VERNET;
1 volume grand in-8°, orné de 350 vignettes.

HISTOIRE
DU RÈGNE
DE LOUIS XVI,
Pendant les années
OU L'ON POUVAIT PRÉVENIR OU DIRIGER LA RÉVOLUTION FRANÇAISE;
Par Joseph Droz,
De l'Académie française et de l'Académie des sciences morales politiques.
1 volume grand in-8°.

OEUVRES COMPLÈTES
DE
CASIMIR DELAVIGNE,
SEULE ÉDITION AVOUÉE PAR L'AUTEUR.
1 vol. grand in-8°, orné d'un superbe portrait gravé sur acier, et de 100 vignettes gravées sur bois.

LEÇONS ET MODÈLES
DE
LITTÉRATURE FRANÇAISE
ANCIENNE ET MODERNE,
Par Tissot,
MEMBRE DE L'ACADÉMIE FRANÇAISE.
PROSE.
1 vol. gr. in-8°, orné de vignettes sur bois, etc.

www.ingramcontent.com/pod-product-compliance
Ingram Content Group UK Ltd.
Pitfield, Milton Keynes, MK11 3LW, UK
UKHW020132220726
13923UKWH00001B/118

9 782019 967666